Provence
Côte d'Azur

3e édition

Benoit Éthier
Hans Jörg Mettler
François Hénault
Howard Rombaugh

Guides de voyage
ULYSSE
mieux voyager

Auteurs
Benoit Éthier
Hans Jörg Mettler
François Hénault
Howard Rombaugh
Collaboration
Éric Gourrier
Lorette Pierson
Marc Rigole

Éditrice
Stéphane G. Marceau

Directrice de production
Pascale Couture

Traduction (Provence)
Pierre Corbeil

Correcteur
Pierre Daveluy

Adjointe à l'édition
Elyse Leconte
Assistantes
Julie Brodeur
Isabelle Lalonde
Dena Duijkers
Marie-Josée Béliveau

Cartographes
André Duchesne
Yanik Landreville
Patrick Thivierge
Bradley Fenton

Infographiste
Stéphanie Routhier

Directeur artistique
Patrick Farei (Atoll)

Illustrateurs
Marie-Annick Viatour
Josée Perreault
Richard Serrao
Vincent Desruisseaux
Jenny Jasper

Photographes
Page couverture
Bernard Van Berg
The Image Bank
Pages intérieures
M. Raget/Megapress
Mauritus-Vidler/Reflexion
Tibor Bognár/Reflexion
Mehlig/Reflexion
Hinous/Megapress
E. Luider/Megapress
C. Sappa/Megapress

Remerciements : un grand merci à tous nos amis et amies de la région pour leur précieux aiguillonnage, et plus particulièrement à Danièle Bérard, sans laquelle la création du lexique provençal-français aurait été beaucoup plus ardue; merci aussi à Bertrand Pierson, Christian Dussac, Sandra Hélie (CRT PACA), Francine Riou (Office de tourisme d'Arles), Katia Zeitlin (Office de tourisme de Marseille), Natalie Steinberg et Carole Amy (CDT Bouches-du-Rhône), Gaël Jean (Gattière, France) et François Guindon.

BUREAUX
CANADA : Guides de voyage Ulysse, 4176 rue St-Denis, Montréal, Québec, H2W 2M5, ☎(514) 843-9447 ou 1-877-542-7247, fax : (514) 843-9448, info@ulysse.ca, www.guidesulysse.com

EUROPE : Guides de voyage Ulysse SARL, BP 159, 75523 Paris Cedex 11, France, ☎01 43 38 89 50, fax : 01 43 38 89 52, voyage@ulysse.ca, www.guidesulysse.com

ÉTATS-UNIS : Ulysses Travel Guides, 305 Madison Avenue, Suite 1166, New York, NY 10165, ☎1-877-542-7247, info@ulysses.ca, www.ulyssesguides.com

DISTRIBUTION
Canada : Guides de voyage Ulysse, 4176, St-Denis, Montréal (Québec) H2W 2M5, ☎(514) 843-9882, poste 2232, ☎800-748-9171, fax : (514) 843-9448, www.guidesulysse.com, info@ulysse.ca

États-Unis : Distribooks, 8120 N. Ridgeway, Skokie, IL 60076-2911, ☎(847) 676-1596, fax : (847) 676-1195

Belgique : Presses de Belgique, 117, boulevard de l'Europe, 1301 Wavre, ☎(010) 42 03 30, fax : (010) 42 03 52

France : Inter Forum, 3, allée de la Seine, 94854 Ivry-sur-Seine Cedex, ☎01 49 59 10 10, fax : 01 49 59 10 72

Espagne : Altaïr, Balmes 69, E-08007 Barcelona, ☎(3) 323-3062, fax : (3) 451-2559

Italie : Centro cartografico Del Riccio, Via di Soffiano 164/A, 50143 Firenze, ☎(055) 71 33 33, fax : (055) 71 63 50

Suisse : Havas Services Suisse, ☎(26) 460 80 60, fax : (26) 460 80 68

Pour tout autre pays, contactez les Guides de voyage Ulysse (Montréal).
Données de catalogage avant publication (Canada). (Voir p 9)

Bibliothèque nationale du Québec
Dépôt légal - Quatrième trimestre 2000
ISBN 2-89464-326-8

«Pour aller au village, en descendant de mon moulin, on passe devant un mas bâti près de la route au fond d'une grande cour plantée de micocouliers. C'est la vraie maison du ménager de Provence, avec ses tuiles rouges, sa large façade brune irrégulièrement percée, puis tout en haut la girouette du grenier, la poulie pour hisser les meules, et quelques touffes de foin brun qui dépassent.»

Alphonse Daudet (1840-1897)

«L'Arlésienne»
les Lettres de mon Moulin

Sommaire

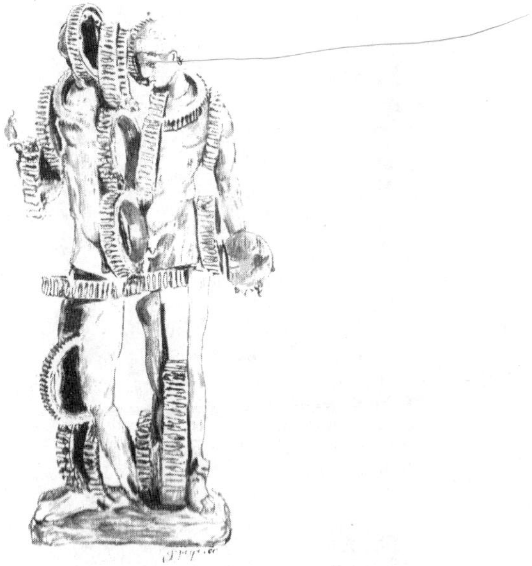

Liste des cartes

Légende des cartes

Information touristique	Parc ornithologique
Gare ferroviaire	Montagne
Gare routière	Ruines
Aéroport	Fortifications
Stationnement	Point de vue
Plage	Église

Tableau des symboles

≡	Air conditionné
asc	Ascenceur
S	Stationnement
⊛	Baignoire à remous
⊘	Centre de conditionnement physique
	Coup de cœur Ulysse, nos adresses préférées
ℂ	Cuisinette
½p	Demi-pension (nuitée, dîner et petit déjeuner)
pc	Pension complète
pdj	Petit déjeuner inclus dans le prix de la chambre
≈	Piscine
ℝ	Réfrigérateur
ℜ	Restaurant
dp	Salle de bain avec douche
bc/dc	Salle de bain commune
bp	Salle de bain privée (installations sanitaires complètes dans la chambre)
⌂	Sauna
⇄	Télécopieur
☎	Téléphone
tv	Téléviseur
tlj	Tous les jours
⊗	Ventilateur

Classification des attraits

★	Intéressant
★★	Vaut le détour
★★★	À ne pas manquer

Classification de l'hébergement

Les tarifs mentionnés dans ce guide s'appliquent, sauf indication contraire, à une chambre standard pour deux personnes en haute saison.

Classification des restaurants

Les tarifs mentionnés dans ce guide s'appliquent, sauf indication contraire, à un dîner pour une personne, excluant le service et les boissons.

$	moins de 75F
$$	de 75F à 150F
$$$	de 150F à 225F
$$$$	plus de 225F

Tous les prix mentionnés dans ce guide sont en francs français.

Écrivez-nous

Tous les moyens possibles ont été pris pour que les renseignements contenus dans ce guide soient exacts au moment de mettre sous presse. Toutefois, des erreurs peuvent toujours se glisser, des omissions sont toujours possibles, des adresses peuvent disparaître, etc.; la responsabilité de l'éditeur ou des auteurs ne pourrait s'engager en cas de perte ou de dommage qui serait causé par une erreur ou une omission.

Nous apprécions au plus haut point vos commentaires, précisions et suggestions, qui permettent l'amélioration constante de nos publications. Il nous fera plaisir d'offrir un de nos guides aux auteurs des meilleures contributions. Écrivez-nous à l'adresse qui suit, et indiquez le titre qu'il vous plairait de recevoir (voir la liste à la fin du présent ouvrage).

Guides de voyage Ulysse
4176, rue Saint-Denis
Montréal (Québec)
Canada H2W 2M5
www.guidesulysse.com
texte@ulysse.ca

Catalogage

Données de catalogage avant publication (Canada)

Mettler, Hans Jörg
Provence, Côte d'Azur
(Guide Ulysse)

ISSN 1486-2654
ISBN 2-89464-326-8

1.Provence (France) – Guides. 2.Côte d'Azur (France) – Guides. I. Collection.

DC611.P958P76 914.4'90484 C99-301879-3

Remerciements

«Les Guides de voyage Ulysse reconnaissent l'aide financière du gouvernement du Canada par l'entremise du Programme d'Aide au Développement de l'Industrie de l'Édition (PADIÉ) pour ses activités d'édition.»

Les Guides de voyage Ulysse tiennent également à remercier la SODEC pour son soutien financier.

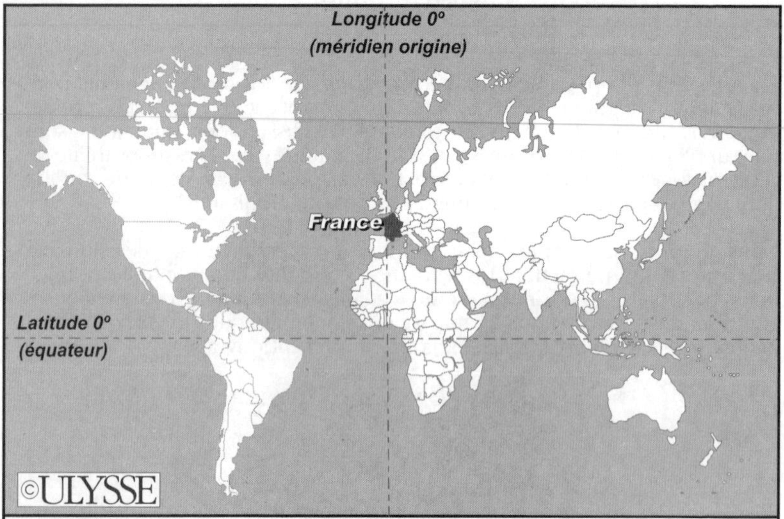

Situation géographique dans le monde

FRANCE	Provence-Alpes-Côte d'Azur
Capitale : Paris Langue : français Population : 58 333 000 hab. Superficie : 547 026 km²	Population : 4 257 000 hab. Superficie : 31 400 km²

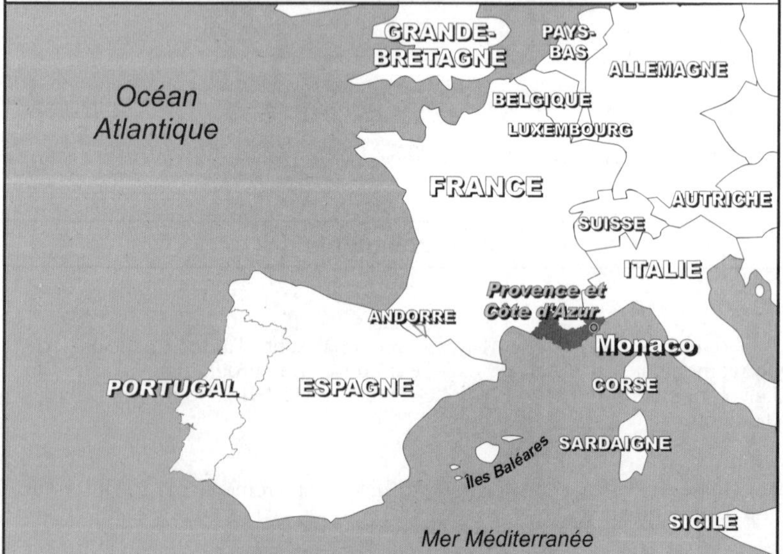

©ULYSSE
La France
ROYAUME-UNI
BELGIQUE
ALLEMAGNE
LUXEMBOURG
SUISSE
ITALIE
ESPAGNE
Andorre
Monaco
Manche
Océan Atlantique
Mer Méditerranée
N
Calais
Lille
Abbeville
Amiens
Cherbourg
Le Havre
Rouen
Caen
Reims
Metz
Châlons-sur-Marne
Nancy
Strasbourg
Paris
Brest
Rennes
Quimper
Vannes
Le Mans
Orléans
Troyes
Mulhouse
Auxerre
Dijon
Tours
Nantes
Besançon
Nevers
Moulins
Poitiers
Guéret
Genève
La Rochelle
Limoges
Lyon
Albertville
Angoulême
Clermont-Ferrand
St-Étienne
Grenoble
Bergerac
Bordeaux
Rodez
Alès
Orange
Avignon
Albi
Mont-de-Marsan
Nîmes
Toulouse
Aix-en-Provence
Nice
Auch
Montpellier
Arles
Cannes
Bayonne
Marseille
Toulon
Perpignan
A1
A13
E5
A4-E50
N175
E50
N57
A31-E21
E60
N137
A10
A6-E15
A36-E60
A71
A6
A20
A10-E5
E11
A7-E15
N85
N10
A62
N20
N96
A68
A8-E80
E80
A61-E80
0
50
100km
30
60mi

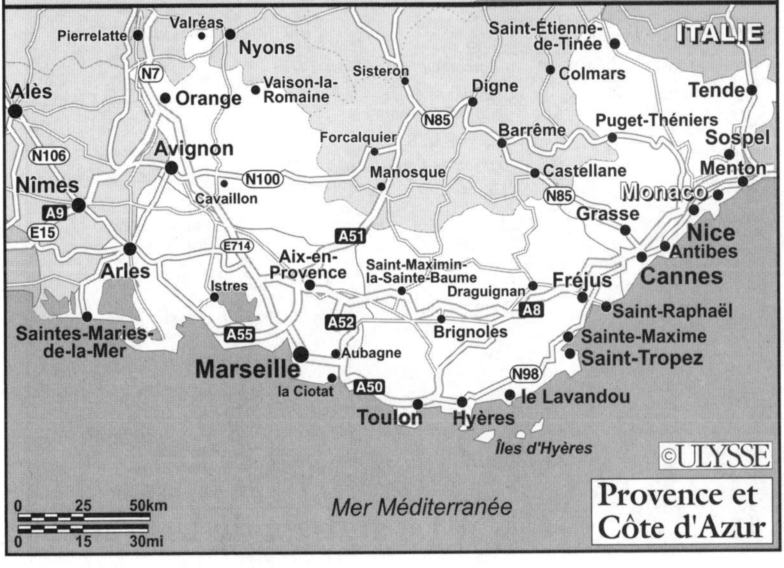
ITALIE
Pierrelatte
Valréas
Nyons
Saint-Étienne-de-Tinée
Sisteron
Colmars
Alès
Orange
Vaison-la-Romaine
Digne
Tende
Forcalquier
Barrême
Puget-Théniers
Sospel
Avignon
Manosque
Castellane
Menton
Nîmes
Cavaillon
Monaco
Grasse
Nice
Antibes
Arles
Aix-en-Provence
Saint-Maximin-la-Sainte-Baume
Draguignan
Fréjus
Cannes
Istres
Saint-Raphaël
Saintes-Maries-de-la-Mer
Brignoles
Sainte-Maxime
Saint-Tropez
Marseille
Aubagne
la Ciotat
le Lavandou
Toulon
Hyères
Îles d'Hyères
N7
N85
N106
N100
A9
E15
E714
A51
A8
A52
A55
N98
A50
©ULYSSE
Mer Méditerranée
Provence et Côte d'Azur
0
25
50km
15
30mi

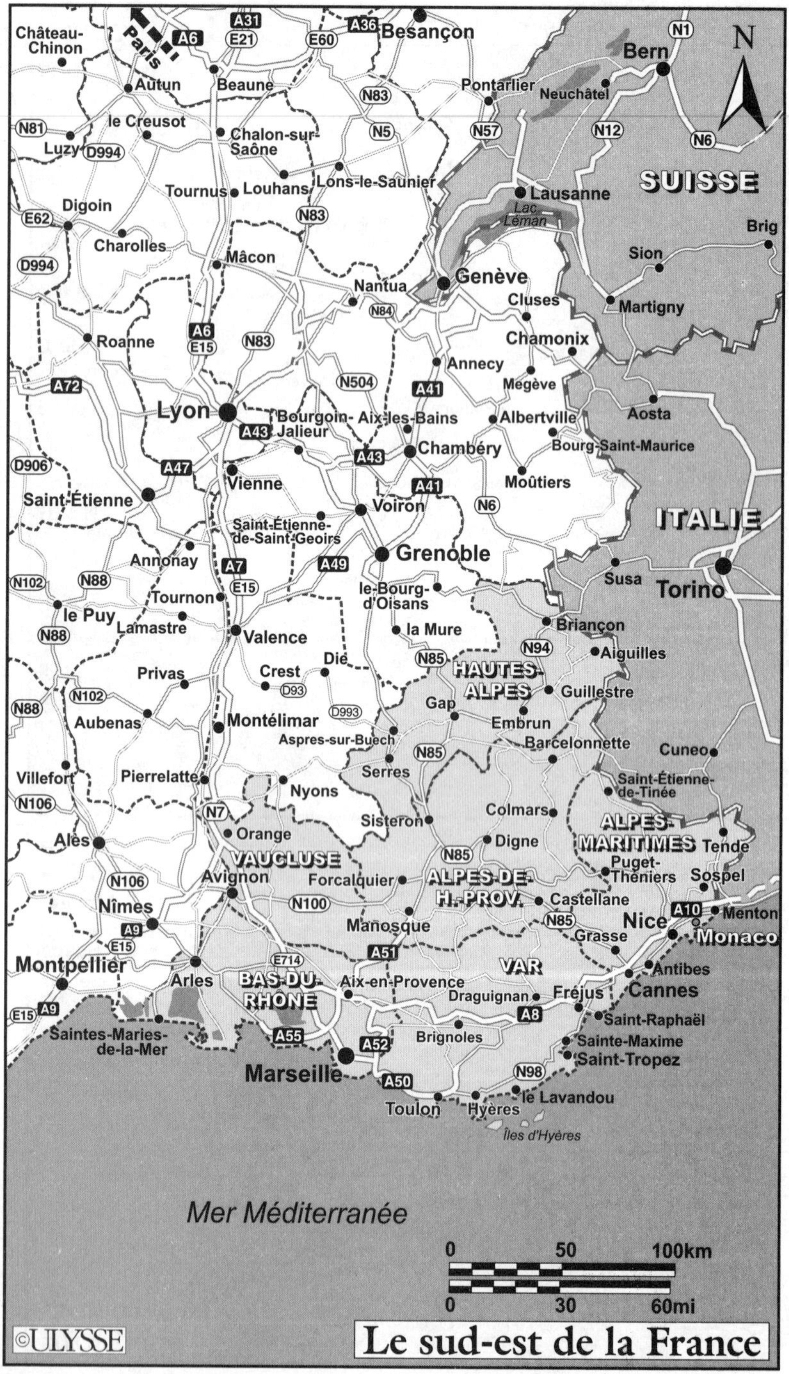

Le sud-est de la France

La région de la Provence et de la Côte d'Azur est un endroit qui en fait rêver plusieurs.

Le climat ensoleillé et le mode de vie méditerranéen réservent d'agréables surprises à tout un chacun, que ce soit dans les plaines marécageuses de la Camargue ou sur les collines ondulantes du Luberon.

Les centres métropolitains diffèrent brutalement des villages traditionnels, des sentiers cachés et des superbes paysages de l'intérieur des terres. La Provence et la Côte d'Azur recèlent une variété infinie de trésors qui ne demandent qu'à se laisser découvrir. À chaque détour de la route, semblent se dresser un monument romain, un champ enivrant de lavande, un sentier à explorer ou un restaurant local servant une exquise bouillabaisse ou une non moins étonnante ratatouille.

Histoire

Raconter l'histoire de la région Provence-Alpes-Côte d'Azur (PACA), c'est se plonger dans une mosaïque de territoires aujourd'hui regroupés administrativement mais qui connurent au cours de leur évolution nombre de fractures et de soubresauts.

La préhistoire

La présence humaine dans la région est attestée dès le paléolithique (période qui s'étend de 3 millions d'années à 10 000 ans av. J.-C.) par la découverte d'outils de pierre taillée retrouvés près de Roquebrune–Cap-Martin et datés de 950 000 ans. On a également découvert près de Nice, dans la grotte du Lazaret, les restes d'un homme qui aurait vécu là, il y a plus de 200 000 ans. Mais c'est au néolithique (période qui débute au Ve millénaire av. J.-C.) que l'on retrouve les premières traces du style de vie de l'homme préhistorique. Outre la chasse et la cueillette, déjà pratiquées au paléolithique, ce sont l'agriculture, centrée autour de la culture du blé et de l'orge, ainsi que l'élevage qui se développent alors. Avec la sédentarisation et l'arrivée de l'âge de fer, apparaissent les premiers villages constitués de huttes en pierre et protégés des agressions extérieures par des remparts.

Mais c'est au fond de la Méditerranée que se trouvent encore nombre de vestiges du paléolithique. En effet, le niveau de la mer était à cette époque de 100 m à 120 m plus bas qu'il ne l'est aujourd'hui, de sorte que tous les vestiges de cette époque ont été engloutis sous les eaux. La découverte récente de la grotte Cosquer (du nom de son découvreur) dans une calanque, près de Cassis, avec ses parois tapissées de peintures datant de 15 000 ans, a fait renaître l'espoir de trouver encore dans la région des trésors de la préhistoire.

Les Grecs et les Romains

L'arrivée des Grecs vers 600 av. J.-C et la fondation de Massalia (aujourd'hui Marseille), qui devient rapidement une escale commerciale importante, entraînent des troubles avec les tribus celto-ligures qui occupent la région. Outre Marseille, pôle principal de développement, l'implantation des Grecs s'étend à d'autres colonies côtières, en particulier Nikaia (Nice), Antipolis (Antibes), Athenopolis (Saint-Tropez), Kitharista (La Ciotat) et Olbia (Hyères). Les guerres sont nombreuses entre les Celto-Ligures et les Grecs.

Lorsque Marseille en vient à être menacée en 125 av. J.-C. par les tribus celto-ligures, les Romains débarquent en force et en profitent pour rester, conscients de la position stratégique de Marseille entre l'Italie et l'Espagne. Parallèlement, les relations entre Marseille et Rome se développent assez vite, à tel point que Cicéron (106-43 av. J.-C.) considère les Marseillais comme de «fidèles alliés». La guerre dure de 125 à 121 av. J.-C., et, une fois les peuples celto-ligures vaincus, les Romains peuvent désormais disposer d'une voie de communication terrestre sûre entre les Alpes et les Pyrénées.

Les Romains conquièrent rapidement tout le sud de la Gaule, sous l'impulsion du conseiller Sextus Calvinus, qui s'installe près des sources thermales de l'actuelle Aix-en-Provence.

Cette région prend rapidement le nom de «Provincia» (d'où le nom actuel de «Provence»), avec pour capitale Narbonne, fondée en 118 av. J.-C. (d'où son autre nom de «Narbonnaise»).

C'est le début de la période de la Pax Romana, qui dure près de quatre siècles et qui permet à la région de se développer et de s'équiper d'un réseau routier exceptionnel et complexe, dont font partie la Via Agrippa (l'actuelle nationale 7) et la Via Domitia, qui traverse le pays jusqu'aux Pyrénées puis en Espagne.

Les voies romaines suivent généralement le tracé des anciennes routes liguriennes, si bien qu'on peut encore reconnaître de nombreux villages datant de cette époque en se fiant à la terminaison de leurs noms en «asque», «osque» et «esque», tels Vénasque, Manosque et Bresque. Les thermes romains, les théâtres (ceux entre autres d'Orange, d'Arles ou de Vaison-La-Romaine), les arènes (Arles, Fréjus, Cimiez, Nîmes), les arcs de triomphe (Orange), les aqueducs (pont du Gard) et les monuments se multiplient également un peu partout, et la plupart des plus grands ouvrages existent encore de nos jours.

Arles se porte à merveille, surtout depuis que César en a fait la nouvelle capitale de la province en 49 av. J.-C., après avoir conquis Marseille, jusque-là indépendante. La Narbonnaise est cependant exploitée par l'Empire romain, et la population locale subit des taxes élevées et de très forts droits de douane et de péage tout en étant sous la coupe de politiciens et d'administrateurs corrompus.

Le déclin de la région s'amorce en 250 ap. J.-C., avec la première d'une série d'invasions barbares. Le territoire est divisé, et c'est Arles qui tient bon le plus longtemps, sans toutefois pouvoir résister à l'invasion des Wisigoths en 476 (à l'époque même de la chute de l'Empire romain). La chrétienté, qui n'a progressé qu'à petits pas sous la domination romaine, en vient à jouer un rôle de plus en plus important dans la politique et dans la vie quotidienne. Les monastères de Saint-Victor (413), à Marseille, et des îles de Lérins, en face de Cannes, coulent alors des jours fastes. Les innombrables invasions barbares n'en continuent pas moins pour autant, et, après les Wisogoths, les Burgondes et les Ostrogoths, la Provence est finalement rattachée au royaume franc en 536, bien qu'elle conserve une certaine indépendance.

Le Moyen Âge

Après avoir été unifiée pendant six siècles dans le giron de l'Empire romain, la Provence est maintenant entourée au nord par le puissant Empire germanique, désireux de s'étendre jusqu'à la Méditerranée pour atteindre l'Italie puis l'Orient, et au sud par les puissances arabes, qui commencent à se déployer en force au VIIe siècle.

Les Sarrasins, envahisseurs musulmans du nord de l'Afrique et de l'Espagne, menacent la région de 830 à l'an 1000 par la mer. Avant la fin du IXe siècle, ils s'implantent à Fraxinetum, près de Saint-Tropez, et pillent les voyageurs et les pèlerins de passage. La communauté chrétienne se défend vigoureusement au cours des années 970 et 980, et ses troupes détruisent même Fraxinetum en 973. Bien que le rétablissement de la paix dans l'arrière-pays suit peu de temps après, la côte demeure vulnérable aux raids Sarrazins tout au long des 200 prochains ans (plus particulièrement le monastère de Lérins, situé sur une île au large de Cannes, ainsi que Toulon, les îles d'Hyères et la Camargue). Dans l'ensemble, les actes de piraterie Sarrazins contre Nice, Antibes, Toulon et Marseille causent plus de dommages que les incursions dans l'hinterland, où les musulmans représentent certes une nuisance sérieuse, mais sans pour autant constituer une menace constante.

Durant cette période, la région passe officiellement aux mains de plusieurs monarques. Ainsi, Charles le Gros, ou Charles III (839-888), se déclare momentanément roi de Provence en 884.

En fait, le pouvoir local appartient cependant aux comtes d'Arles et d'Avignon. Ainsi, c'est à William, comte d'Avignon, dit le Libérateur, qu'on doit la chute définitive de la forteresse sarrasine de Fraxinetum (973), et c'est précisément ce genre d'autorité et d'indépendance qui permet à la Provence de se doter d'un système féodal à l'économie fondée sur l'agriculture. Sa population connaît alors une croissance constante, la chrétienté prend de l'ampleur et l'on assiste même, avec le renouvellement du commerce, à la naissance d'une noblesse et d'une bourgeoisie locales.

Les comtes de Provence

La Provence fut sous la domination de plusieurs comtes de Barcelone (Catalogne) à partir de 1112. Cette

Au pays de la lavande

«La lavande est l'âme de la haute Provence.»
- Jean Giono

Plus qu'un symbole, la lavande marque le sceau de la Provence, celle sauvage et discrète qui nous révèle ses richesses aux détours des chemins. Impossible d'imaginer ce pays, du Vaucluse aux Alpes-de-Haute-Provence, des Hautes-Alpes aux confins de la Drôme, sans ces mauves infinis qui ondulent à l'horizon et parfument de leurs effluves villages et sites pittoresques. Partie intégrante de la culture provençale, la lavande livre ses secrets à travers les lieux de connaissance tels les distilleries, les musées et les jardins. Elle entraîne le visiteur émerveillé dans les villages, sur les sites enchanteurs, les marchés et les foires où sont dévoilées ses multiples facettes : bouquets, essences, miel. Récoltée lorsqu'elle est en pleine floraison de la mi-juillet à la mi-août, la lavande réserve de grands moments d'émotion aux êtres sensibles aux beautés de la nature.

Depuis les années cinquante, la lavandine, qui produit cinq fois plus d'huile que sa cousine, a presque complètement remplacé la lavande fine d'autrefois. Aujourd'hui, la nouvelle espèce représente environ 80% de la production de lavande en Provence et l'espèce mère ne se retrouve plus que dans les hautes contrées. Les offices de tourisme pourront vous aider à retrouver les plus beaux sites et pourront également vous remettre *Les Routes de la Lavande*, brochure gratuite qui vous guidera à travers le pays de la lavande. Parmi les plus beaux champs du Vaucluse, signalons celui de l'abbaye de Sénanque près de Gordes, celui du Musée de la Lavande à Coustellet et ceux de la région de Sault, à l'est du mont Ventoux sur le plateau de Vaucluse.

union survient au moment où l'héritière de la Provence, Douce, épouse Raymond Bérenger III, alors comte de Barcelone.

La Catalogne et la Provence étaient déjà de grands partenaires au chapitre du commerce maritime, et cette nouvelle alliance administrative leur est profitable. Leur union donne en fait naissance à l'une des plus grandes puissances maritimes de la Méditerranée, et la prospérité économique qui en découle permet à certaines villes de devenir des municipalités indépendantes, ou consulats : Arles (1130), Avignon (1136), Nice (1144), Tarascon (1150) et Marseille (1178).

Le plus célèbre de tous les comtes catalans est Raymond Bérenger V (1209-1245), réputé pour ses entreprises législatives et son raffinement culturel. Son plus grand legs est toutefois la réorganisation de la région, de manière à en permettre un contrôle plus complet, ce qu'il fit en morcelant la Provence en régions administratives distinctes (vers 1235). Son pouvoir s'étend ainsi à l'ensemble du territoire. Une fois de plus, la Provence se retrouve à la tête des civilisations européennes, son influence se faisant sentir dans le reste de la France mais aussi en Italie et en Espagne.

En 1388, un nouveau chapitre commence avec le rattachement de Nice au comté de Savoie. Ainsi, les Alpes-Maritimes marquent une rupture radicale : de provençales, elles deviennent savoyardes.

Rapports avec le royaume de France

La région est grandement affectée pendant la première moitié du XVIe siècle par les jeux de pouvoir que se livrent alors François Ier, roi de France, et Charles Quint, à la tête de l'Empire germanique. Les armées suisse et allemande de François Ier introduisent également à cette époque le luthéranisme protestant en Provence, source de nouveaux troubles dans la seconde moitié du XVIe siècle, dominée par les guerres de Religion.

Le XVIIe siècle est beaucoup plus calme dans la région de Nice qu'en Provence, laquelle appartient à la France. La Provence se livre en effet à des batailles incessantes pour retrouver son indépendance. Cependant, vers la fin du siècle, la région de Nice fut une fois de plus le champ de bataille entre la Savoie et la France, et c'est la France qui l'emporte, occupant désormais toute la région. En 1720, la peste fait rage, faisant plus de 100 000 victimes (Marseille est particulièrement touchée).

L'économie locale bénéficie à cette époque d'une diversité remarquable, la production agricole (olives et raisins essentiellement) côtoyant une vigoureuse industrie manufacturière (cuir, papier, savon et tissus). Ce sont les côtes de la Provence qui en profitent le plus grâce à leur position commerciale stratégique entre l'intérieur du pays et ses voisins méditerranéens. Marseille devient le plus grand port commercial de France.

La Révolution

La France semble bien se porter lorsque Louis XVI accède au trône en 1774. Son économie prospère, ses villes se développent rapidement et sa culture domine toute l'Europe. Mais dans les années 1780, le pays sombre dans une crise économique : la noblesse corrompue tente de conserver ses privilèges, le peuple se voit taxé à outrance et les finances de la nation sont dilapidées dans des combats à l'étranger. La notion de «monarchie de droit divin» est donc sérieusement compromise, alors que les habitants de la Provence, appuyés par les autres provinces françaises, manifestent en vue d'obtenir l'égalité et d'avoir leur mot à dire dans la direction du pays.

Le 14 juillet 1789, la bourgeoisie et le peuple de Paris se rebellent et prennent d'assaut la prison de la Bastille. En août, les privilèges de la noblesse lui sont retirés, et, le 26 du même mois, a lieu le vote de la Déclaration des droits de l'homme, prônant la liberté, l'égalité et la fraternité. Vers la fin de décembre, on divise la France en 83 départements (eux-mêmes subdivisés en districts, en cantons et en communes), une structure qui sera modifiée en 1800, pour porter finalement le nombre des départements à 98.

La Provence est alors divisée en trois départements (les Bouches-du-Rhône, le Var et les Basses-Alpes) en 1791. Puis en 1793, c'est le comté de Nice (incluant Monaco) qui est annexé à la France.

Après l'exécution de Louis XVI en 1793, la

Provence continue d'osciller entre les causes révolutionnaire et contre-révolutionnaire, alors qu'émerge une nouvelle figure politique : Napoléon Bonaparte. La première victoire militaire de ce jeune et ambitieux lieutenant corse a lieu dans la région : la reprise de Toulon aux Anglais en 1793.

En 1804, Bonaparte fait de la France un empire et se couronne lui-même empereur sous le titre de Napoléon Ier. Après une série de victoires héroïques à travers l'Europe (y compris le siège de l'Autriche et de la Prusse), il mésestime la vigueur de la résistance nationaliste en Espagne (1808), en Russie (1812) et en Allemagne (1813). Devenu trop ambitieux, l'empereur ne sait plus s'arrêter et, à la suite d'écrasantes défaites politiques et militaires, il abdique le 6 avril 1814. Et Nice revient au royaume de Piémont-Sardaigne en 1814.

Mais de sa terre d'exil, sur l'île d'Elbe, Napoléon prépare un retour au pouvoir. Débarquant à Golfe-Juan en mars 1815, il est repoussé d'Antibes par des troupes royalistes et prend la direction de Grasse. Il entreprend alors de traverser les Alpes à pied par une route enneigée et redoutable en passant par Séranon et Castellane, après avoir franchi la Durance à Sisteron. C'est ainsi que, depuis ce jour, la fameuse «route Napoléon» traverse le territoire. Son périple vers Paris est surnommé le «vol de l'aigle». Napoléon gouverne alors durant 100 jours, les Bourbons se réfugiant temporairement en Belgique. Sa désastreuse défaite à la bataille de Waterloo, le 8 juin 1815, met fin toutefois définitivement à son retour, et son second exil a lieu cette fois sur l'île de Sainte-Hélène.

À la suite du second épisode napoléonien, la Restauration ramène une stabilité longuement convoitée en Provence; la bourgeoisie mène ses affaires sans entraves, et l'autorité de l'Église catholique faiblit à vue d'œil. L'industrie connaît par ailleurs une croissance rapide à la suite de l'invention du moteur à vapeur, qu'il s'agisse de l'usine de savon de Marseille, des mines de charbon de la région d'Aix, des fileries de Manosque, des tanneries de Barjols, des parfumeries de Grasse ou des papeteries du Vaucluse.

L'industrialisation n'affecte cependant pas l'intérieur de la Provence, dont les habitants demeurent principalement des fermiers.

Le duc d'Orléans, Louis-Philippe, membre de la branche libérale de la famille royale, forme un nouveau gouvernement en 1830. Il abaisse l'âge légal du droit de vote et accroît considérablement les pouvoirs des classes moyennes. La noblesse et le clergé perdent de plus en plus leur influence. La France, qui s'industrialise rapidement à cette époque, voit émerger une nouvelle classe politique, celle des socialistes, dont l'objet est de défendre les intérêts du peuple. Le mouvement ouvrier se fait dès lors de plus en plus visible dans les municipalités provençales, tout spécialement à Toulon.

Un peu après 1850, Frédéric Mistral (1830-1914), lauréat du prix Nobel de littérature, fonde le Félibrige, un mouvement visant à rétablir l'usage de la langue d'oc et à redonner vie à la littérature provençale, menacée de disparition. Bien que les pressions économiques, sociales et démographiques en présence soient trop grandes pour pouvoir faire aboutir son projet, Mistral parvient néanmoins à faire préserver les célébrations traditionnelles de la région.

Napoléon III s'allie avec le Piémont et joint la région de Nice en 1860 par le traité de Turin. Un réseau de transport étudié voit alors le jour en Provence, des lignes ferroviaires reliant Marseille et Avignon à l'ouest, ainsi que Cannes et

Nice à l'est. Le canal de Suez, inauguré en 1869, ouvre de nouveaux marchés aux négociants de Marseille. Nice devient la ville touristique par excellence de la Provence, un titre autrefois détenu par Cannes et Hyères dans les années 1830. Une foule cosmopolite (notamment d'Anglais et de Russes fortunés) envahit alors la nouvelle promenade des Anglais, avide de soleil hivernal et de somptueuses fêtes nocturnes.

D'une région en crise...

Avant que n'éclate la Première Guerre mondiale, la France connaît une croissance économique importante avec, entre autres succès, la colonisation de l'Afrique (au nord et à l'ouest) et de l'Indochine. Cependant, même si les affaires se portent bien grâce au commerce de la France avec ses colonies africaines, et que nombre de navires de passagers quittent Marseille en direction de l'Afrique et de l'Asie, la région entame son déclin et Marseille cesse d'être le plus important port européen, supplantée par Anvers, Hambourg et Rotterdam. Le nord de l'Europe profite d'une industrialisation plus rapide et plus efficace, ce qui lui permet d'offrir de meilleures conditions de transport des marchandises.

Le déclin ultime survient en 1914 avec la Première Guerre mondiale, qui provoque une misère dont la Provence ne parviendra pas à s'extirper avant la fin de la Deuxième Guerre mondiale. Les petites industries de l'intérieur du pays s'affaiblissent, la main-d'œuvre est décimée par la conscription, et les touristes russes cessent d'affluer au lendemain de la révolution d'Octobre (1917). Des touristes américains les remplacent sur la Côte d'Azur au cours des années vingt, mais l'effondrement de la Bourse de Wall Street, en 1929, les force à rester chez eux.

Au cours de la Deuxième Guerre mondiale, la Provence bénéficie officiellement du statut de territoire non occupé jusqu'en 1942 seulement, quoiqu'elle soit constamment envahie par les Allemands et les Italiens. En août 1944, alors qu'elle est occupée par l'armée allemande, la Provence est libérée par les troupes alliées, débarquées sur les côtes des Maures et de l'Estérel.

La vie politique de la Provence se modèle par la suite sur le XIXe siècle. De puissantes factions de droite comme de gauche émergent, et Marseille continue de projeter une forte image d'indépendance contre le gouvernement central de Paris. L'extrême-gauche fait surtout des adeptes à l'intérieur des terres provençales.

Sa population, ses entreprises et ses institutions politiques sont grandement influencées par le retour au pouvoir des nationalistes français en 1962, à la suite de la guerre d'Algérie. Les Provençaux ont l'habitude d'élire des députés socialistes pour les représenter à l'Assemblée nationale, mais ils n'en firent pas moins un virage à droite aux élections des années quatre-vingt et du début des années quatre-vingt-dix. C'est ainsi que le parti national d'extrême droite de Jean-Marie Le Pen, prônant une politique anti-immigration, a vu grandir ses forces depuis la fin des années quatre-vingt. Mais la scission du Front national en 1997 a contribué à l'affaiblissement de ce parti ainsi qu'au retour de la croissance plus vigoureuse dans la région.

...vers une région florissante

Aujourd'hui, la région profite toujours de ses atouts climatiques et de sa position géographique, au cœur d'un des axes majeurs de communication du sud de l'Europe, pour attirer de plus en plus d'entre-

Fontaine

prises de pointe. Elle mise sur la matière grise et le développement du tourisme pour oublier les crises qu'elle a connues avec le déclin de l'activité portuaire et des industries lourdes dont seules subsistent les raffineries de la région de Marseille. La conjoncture économique plus favorable des dernières années est visible partout.

On retiendra néanmoins de cette histoire riche et très longue, de tout ce patrimoine architectural et artistique, de ces luttes incessantes pour garder son autonomie, la fierté d'un peuple, défenseur acharné d'une région qui, aujourd'hui encore, grâce à son climat, à la diversité de ses paysages et à la qualité de vie qu'on peut encore y trouver, est l'explication vivante des convoitises dont la région a été l'objet par le passé.

Portrait politique et économique

La **Provence** et la **Côte d'Azur** sont des appellations couramment utilisées dans le monde du tourisme. Toutefois, elles ne correspondent à aucune réalité politico-administrative.

En 1790, un an après la Révolution française, la France a été divisée en 95 départements regroupant environ 36 000 communes (villes, villages, etc.). En 1960, le président Charles de Gaulle a divisé le territoire en 22 régions administratives pour faciliter la gestion du pays. La région administrative **Provence-Alpes-Côte d'Azur** (PACA), telle qu'elle existe aujourd'hui, a été définitivement établie en 1972, alors que le président Pompidou était au pouvoir. Elle comprend six départements : Alpes-de-Haute-Provence (04), Hautes-Alpes (05), Alpes-Maritimes (06), Bouches-du-Rhône (13), Var (83) et Vaucluse (84).

En 1982, le président socialiste Mitterrand (élu en 1981, réélu en 1988 pour un autre septennat et décédé en 1996) a renforcé le statut de collectivité territoriale de chacune des régions en introduisant la loi sur la décentralisation. Actuellement, le pouvoir régional est partagé entre trois instances politiques :

• les **préfets** (proposés par le premier ministre, mais nommés par le président de la République), représentants du gouvernement national et responsables de l'application de ses lois; les **conseillers généraux** (élus par suffrage pour une période de six ans), membres du Conseil régional et représentants des départements;

• les **maires** et les **conseillers municipaux** (élus par suffrage pour une période de six ans), responsables de l'administration communale (perception des impôts fonciers et des taxes d'habitation, aménagement du territoire, etc.);

• le **président du Conseil régional**, élu par l'Assemblée régionale pour une période de six ans, voit aux intérêts et au bien-être de sa région; les **conseillers régionaux** le soutiennent dans ses fonctions.

Malgré cette structure, les véritables instances politiques sont les départements et les communes. Le maire représente généralement la majorité politique de la commune. Les instances régionales ne perçoivent qu'une quote-part des taxes foncières, des taxes d'habitation, des taxes professionnelles et des taxes provenant de l'immatriculation des voitures. Leur budget sert surtout aux dépenses d'investissements de la région. Les régions ont donc certains pouvoirs, mais n'ont pas l'«autonomie politique» que connaissent les cantons en Suisse. La France, malgré ses efforts de décentralisation vers les régions, n'est pas devenue un pays fédéraliste.

Il existe un phénomène intéressant en France qui montre assez bien l'importance des communes : les maires des grandes villes peuvent être des hommes et des femmes politiques qui «débarquent» tout droit de Paris. Les électeurs de ces villes élisent souvent ces maires dans l'espoir que leur ville obtiendra des budgets d'opération un peu hors du commun, selon l'importance de ces personnalités politiques au niveau national.

La PACA est une région essentiellement dirigée par les conservateurs (parti RPR – le Rassemblement pour la république) et les libéraux (parti UDF – l'Union de la démocratie française, mais surtout sa composante PR – le Parti républicain). Seul le département des Bouches-du-Rhône, dont surtout l'agglomération de Marseille, connaît des fiefs socialistes importants et une certaine allégeance au communisme défunt.

Dans les années quatre-vingt, l'extrême droite a constamment accru sa popularité, en particulier dans les régions de Marseille, Toulon et Nice, répondant à l'appel de citoyens qui considéraient que leur région était trop fortement envahie par les étrangers arabes. Ainsi depuis la fin des années quatre-vingt-dix, quatre communes de la région sont gérées par le Front national.

Le Parti vert, qui n'obtient que 8% des votes sur le plan national, concentre ses efforts dans la région à la surveillance du développement du tronçon Lyon-Nice du TGV. Ses représentants veulent surtout assurer la protection des beaux paysages qu'on retrouve entre Avignon et Aix-en-Provence, paysages qui ont d'ailleurs été immortalisés par le peintre Paul Cézanne.

Lors des plus récentes élections présidentielles en 1995, Jacques Chirac, le candidat du RPR, a remporté la victoire sur le candidat socialiste Lionel Jospin. Fort d'un appui parlementaire largement dominé par les partis traditionnels de centre et de droite, Chirac a nommé Alain Juppé au poste de premier ministre. Événement prometteur et bien vu par une large majorité des Français puisque, à l'époque, Juppé jouissait d'une excellente réputation aussi bien en France qu'à l'étranger. Mais le nouveau premier ministre n'a pas eu la vie facile. Il a dû composer avec une économie stagnante, une augmentation du chômage, ainsi qu'avec une grève nationale dont l'ampleur fut considérable. Résultat : une image ternie et une énorme perte de confiance de la part de la population.

Ainsi, Chirac a décidé de déclencher des élections en mai 1997, avant l'échéance. La gauche a repris le pouvoir parlementaire, et Chirac, président de droite, a dû nommer Lionel Jospin comme premier ministre. La France connaît donc depuis lors une «cohabitation» entre la droite et la gauche. D'ailleurs Mitterrand, un président de gauche, avait vécu cette situation avec la droite à deux - reprises : entre 1986 et 1988, puis entre 1993 et 1995.

Le paysage parlementaire a beaucoup changé depuis l'avènement de la gauche au pouvoir. En effet, le gouvernement est formé d'une majorité de ministres socialistes, mais on y trouve également quelques ministres communistes et écologistes. Avec, à la tête du pouvoir, un président conservateur, la France est gouvernée par une social-démocratie avec un pouvoir partagé entre la gauche et la droite modérée. Cela en attendant l'élection d'un nouveau chef d'État en 2002.

Portrait démographique et ethnique

La région Provence-Alpes-Côte d'Azur a une population d'environ 4,5 millions d'habitants. Après l'Île-de-France (la région parisienne), cette région est la plus urbanisée de France. Presque 90% de ses habitants, soit environ quatre millions, vivent dans les grandes villes et leur agglomération. Les Alpes-Maritimes comptent pour près du quart de la population globale de la PACA. Le Var, quant à lui, en détient environ 20%.

Avant 1840, la population était répartie assez uniformément dans les six départements qui composent la région. À partir de 1936, l'industrialisation, le développement important du tourisme et l'installation massive de retraités dans certaines parties au climat plus favorable ont bouleversé cette répartition. C'est pourquoi, de nos jours, les densités de population les plus fortes se retrouvent dans les communes longeant la Méditerranée : les gens ont quitté l'arrière-pays pour profiter des conditions plus favorables qu'offrent ces communes.

À l'inverse, certaines grandes villes du littoral ont connu un exode de leur population vers la banlieue. Ainsi, depuis 1975, une ville comme Marseille a perdu plus de 100 000 habitants. L'amélioration du réseau routier, une meilleure qualité de l'environnement et surtout les prix plus abordables des maisons et des terrains en sont les causes.

Le phénomène des résidences secondaires a aussi un impact démographique. Leur nombre a plus que quadruplé depuis 1962, passant de 97 000 à 400 000 en 1994. Le Lubéron, région de la Provence, est un site privilégié par les Parisiens en quête d'une résidence secondaire. Les prix pour l'habitation y sont donc plus élevés. La même situation se reproduit en certains endroits des Alpes-Maritimes. Ainsi, le coût de l'habitation à Cannes et dans les villages avoisinants est très élevé. Mais c'est à Monaco que les prix de l'immobilier culminent, en raison du peu d'espace et du paradis fiscal que celle-ci procure.

La région Provence-Alpes-Côte d'Azur a été pendant longtemps le territoire le plus attrayant de France. Aujourd'hui, elle est deuxième derrière le Languedoc-Roussillon, surtout à cause des prix pour l'habitation. En 1962, lorsque l'Algérie a obtenu son indépendance de la France, la PACA a connu une augmentation importante de sa population : des centaines de milliers de pieds-noirs (ressortissants français d'Algérie) sont rentrés et se sont installés dans la région. De plus, dans les années soixante et soixante-dix, années de forte croissance économique, des dizaines de milliers d'ouvriers nord-africains (Algériens, Marocains et Tunisiens) y ont trouvé des emplois dans les industries et dans le secteur de la construction. Actuellement, à cause de la forte vague intégriste que connaissent ces pays, la pression pour immigrer s'est accentuée, malgré qu'il soit de plus en plus difficile de le faire à cause de la politique plus stricte que la France applique depuis quelques années.

Cette région accueille aussi des immigrants d'autres peuples méridionaux : Italiens, Espagnols et Portugais. On y retrouve aussi, en plus petit nombre, des gens à l'aise financièrement, venus des pays de l'Europe du Nord et de l'Est, y inclus de la Russie. Actuellement, on compte environ 400 000 étrangers qui résident dans la région, soit 9% de la population totale (proportion comparable à la moyenne française). Ils se sont surtout établis dans les départements des Bouches-du-Rhône et des Alpes-Maritimes.

Portrait économique et social

La région Provence-Alpes-Côte d'Azur est la région touristique qui occupe le premier rang en France, surtout à cause de l'axe littoral Cannes-Nice-Monaco-Menton des Alpes-Maritimes. Son territoire est aussi très fertile : la culture agricole et florale y est très importante. Enfin, la région démontre aussi un potentiel considérable dans le domaine de l'industrie, du commerce et de la recherche technologique, même si le secteur industriel y est moins développé en comparaison de la moyenne nationale.

La région représente un carrefour et un pôle de développement économique ouvert sur le monde grâce au port de Marseille, premier port de la Méditerranée, et grâce à ses deux aéroports, à Marseille et à Nice. Au cours des siècles, la région a développé d'importantes relations avec les pays du Moyen-Orient, de l'Afrique et de l'Asie : 20% de ses importations proviennent de ces pays et presque 10% de ses exportations y sont destinées. En outre, elle maintient des rapports solides avec les pays de l'Union européenne, surtout l'Italie, avec laquelle elle effectue le plus grand nombre de transactions commerciales : 20% des exportations et 17% des importations.

Portrait agricole

Avec un peu plus de 660 000 ha, la PACA détient 2,3% de la surface agricole nationale. Les paysages agricoles sont très diversifiés, car la région connaît des climats et des types de sols variés. Le long de la mer, les surfaces agricoles sont réduites, mais très fertiles pour la culture des légumes et des fruits. On y trouve aussi un grand nombre de serres qui font la culture des fleurs. L'excellente irrigation qui caractérise le département des Bouches-du-Rhône favorise la culture maraîchère et fruitière. La culture du riz est particulièrement remarquable dans la Camargue. Les viticultures et arboricultures (oliviers, cerisiers et abricotiers) forment une vaste ceinture qui part du nord des Bouches-du-Rhône et qui se répand jusqu'à l'est du département du Var. Au cœur de la région, on trouve un vaste territoire où l'on cultive les céréales, les espèces fourragères et les espèces végétales qui produisent de l'huile. Près des Alpes du Sud, dans le delta du Rhône et dans l'Estérel, le territoire n'est pas approprié pour la culture agricole. Par contre, il est idéal pour la culture des herbes et des plantes aromatiques qui ont donné à la Provence une renommée mondiale. Cette culture occupe 1 500 entreprises sur un territoire de près de 12 000 ha. Les champs de lavande et de lavandin sont caractéristiques de cette région.

La région détient la première place sur le plan national pour la culture des fleurs. Elle est exploitée par 1 200 entreprises et occupe un territoire de 1 800 ha couvrant surtout les plaines littorales du Var et les Alpes-Maritimes.

Le nombre d'agriculteurs a chuté des deux tiers au cours des 40 dernières années. Au début des années quatre-vingt-dix, il en restait un peu plus de 60 000. La région se caractérise par des en-

Bien plus que des rosés!

Les côtes-de-Provence sont souvent considérés, à tort, comme des vins mineurs. L'adage veut que cette région méridionale ne produise que des rosés. Or, il en est tout autrement : les rosés y sont exceptionnels, mais encore on trouve d'excellents blancs totalement méconnus. Et enfin que dire des rouges : plusieurs constituent de magnifiques vins de garde qui se bonifient avec le temps et dont les qualités n'ont rien à envier aux bons bordeaux et aux bons bourgognes.

Il faut tout de même dire que cette réussite n'a pas été gratuite : elle est le fruit de l'effort des vignerons provençaux qui ont exercé une plus grande rigueur dans leurs méthodes de production et ont appliqué un meilleur contrôle de la qualité afin d'obtenir le label côtes-de-Provence, une appellation d'origine contrôlée. Leur territoire couvre 18 000 ha qui s'étendent d'Aix-en-Provence à Nice.

Il faut d'abord apprendre à connaître ces vins, les apprivoiser et surtout savoir comment les boire, car les bons rouges possèdent beaucoup de tannin et ont besoin de respirer et même d'être décantés à l'avance. Sinon ils peuvent être rêches et difficiles à absorber. Le mieux est de visiter les caves et de les déguster sur place. Vous constaterez alors qu'ils se bonifient sans cesse une fois versés. Il faut souvent attendre la troisième gorgée avant de découvrir toute leur ampleur. Et là, le plaisir commence!

Vous serez étonné de découvrir le nombre et la diversité des domaines qui produisent des vins. Vous pourriez passer vos vacances à visiter des caves. Mais comme beaucoup d'autres activités sont possibles dans la région, nous vous suggérons quelques adresses:

La Maison des vins côtes-de-Provence
fermé dim hiver
route nationale 7, Les-Arcs-sur-Argens
☎04.94.99.50.20
⇄04.94.99.50329
Cette maison a été créée dans le but de faire la promotion des côtes-de-Provence. Chaque domaine peut présenter trois cuvées différentes parmi leur production. On y trouve ainsi une collection de 650 bouteilles. De plus, 12 vins différents sont proposés à la dégustation chaque semaine. Les vins sont vendus aux mêmes prix que les producteurs pratiquent. Si les employés peuvent vous fournir des conseils judicieux, il vous est également possible de participer à des cours de dégustation. Enfin, on y vend également des produits du terroir provençal et l'on trouve un restaurant gastronomique sur place.

La Maison des vins Côteaux varois
Abbaye de La Celle, La Celle
☎04 94 69 33 18
⇄04 94 59 04 47
Même principe pour cette maison que la précédente. Toutefois on y présente les vins de l'appellation d'origine contrôlée Côteaux varois. Cette appellation regroupe une grande famille : 400 vignerons répartis en 12 caves coopératives et 65 domaines regroupés sur 28 communes gravitant autour de Brignoles, dans le centre-ouest du Var ou «Provence verte». La maison propose la dégustation de ses vins, organise des événements spéciaux ponctuels alliant gastronomie et vins, et contenant un volet pédagogique sur la vigne et le vin. Enfin, la maison occupe un des bâtiments de l'Abbaye Royale de La Celle, ce monument historique exceptionnel qui loge aussi l'hôtel luxueux du même nom.

Il peut s'avérer intéressant de visiter les deux maisons précédentes afin de vous aider à identifier les caves que vous aimeriez visiter personnellement. Mais voici déjà quelques adresses de producteurs de vins de qualité.

Château de Cabran
fermé dim
Puget-sur-Argens
☎**04.94.40.80.32**
⇄**04.94.40.75.21**
Près de Fréjus, ce domaine propose des vins très agréables et à très bon prix : son rosé est un coup de cœur. Son propriétaire, un bon vivant, redéfinit le mot «sympathique».

Château Saint-Maur
fermé dim toute l'année et le sam en hiver
route de Collobrières, Cogolin
☎**04.94.54.63.12**
⇄**04.94.54.00.63**
Petit vignoble en bordure du massif des Maures et de la péninsule de Saint-Tropez.

Château Minuty
☎**04.94.56.12.09**
⇄**04.94.56.18.38**
fermé sam - dim en hiver
Gassin
Localisé dans la péninsule de Saint-Tropez. On vous accueille dans une bastide provençale du début du XIXe siècle. Domaine très reconnu.

Château Sainte-Roseline
Les-Arcs-sur-Argens
☎**04.94.99.50.30**
⇄**04.94.47.53.06**
Sur le site de l'ancienne abbaye dont la chapelle se visite. Le vin de ce domaine est distribué au Québec. On reconnaît immédiatement ses bouteilles, gracieuses et uniques.

Domaine de L'Aumérade
8h à midi et 13h30 à 19h, jusqu'à 17h30 hiver, tlj sauf dim en hiver
Château de l'Aumérade, Pierrefeu-du-Var
☎**04.94.28.20.31**
⇄**04 94 48 23 09**
Ce merveilleux domaine, ombragé par de nombreux et gigantesques platanes vieux de plus de 400 ans, niche dans la plaine aux confins du massif des Maures, un peu plus à l'ouest de Collobrières, dans l'arrière-pays de Hyères. Un des 18 détenteurs du titre *Cru Classé* en Provence, son vin de grande qualité bénéficie d'une présentation sans pareille grâce à l'élégance incomparable de ses bouteilles. Élégance qui n'est égalée que par sa charmante propriétaire, Mme Grimaldi, qui, avec son frère, perpétue une tradition vieille de 400 ans (le roi Henri IV l'avait découvert au XVIe siècle). Mme Grimaldi a l'accent chantant du Midi et la ferveur provençale. Le domaine abrite également un musée du santon qui comprend plus de 1 700 pièces de collection en provenance d'une multitude de pays et dont certaines remontent jusqu'au XVIIIe siècle. La présentation en est impressionnante.

Château Saint-Julien d'Aille
9h à 12h30 et 14h à 18h30, 19h30 été, fermé dim en hiver
route de La-Garde-Freinet, Vidauban
☎**04.94.73.02.89**
⇄**04.94.73.61.31**
Cette propriété dont les origines remontent au Moyen Âge est située aux contreforts du massif des Maures. Elle produit un très bon vin rouge : La Cuvée des Rimbauds, une véritable découverte plaisir!

Pour terminer voici quelques vins blancs de la région des Arcs-sur Argens, fortement recommandés : **Château Roubine** *(⇄04.94.85.94.94, Lorgues)*, **Château La Font du Broc** *(⇄04.94.47.48.20, Les Arcs-sur-Argens)*, **Château Barbeiranne** *(⇄04.94.78.-84.46, Pignans)* **et Château du Rouët «Cuvée Belle poule»** *(⇄04.94.99.21.10, Le Muy)*, moins cher, mais délicieux.

treprises de plus petite taille que pour la moyenne nationale : l'entreprise moyenne exploite 15 ha contre 29 ha au niveau national.

Cela est d'autant plus évident dans les Alpes-Maritimes, avec une moyenne de 11,2 ha, et encore plus dans le Var, avec uniquement 7,7 ha. Par contre, ces entreprises bénéficient généralement de revenus élevés, surtout celles exploitant la culture des fleurs, des fruits et des légumes.

Tout le territoire de la PACA bénéficie de larges surfaces irrigables, sauf les Alpes-Maritimes et le Var.

La viticulture

Depuis plus de deux millénaires, les vignes et les oliviers marquent les paysages agraires de la Provence. Les vignes occupent plus de 100 000 ha en Provence, soit 16% de l'espace agricole, et constituent 11% du vignoble français. Les 20 000 viticulteurs de la région exploitent un vignoble dont la taille moyenne est de 6 ha, contre une moyenne nationale de 5,5 ha. La plupart des viticulteurs sont membres d'une des 174 caves coopératives de la région.

Malgré la réduction constante des surfaces globales occupées par les vignes, le nombre de vignobles d'appellation a augmenté. La viticulture provençale est très dynamique et cherche à se spécialiser toujours plus afin de produire des vignobles d'une qualité croissante.

Au cours des 25 dernières années, les appellations d'origine contrôlée et les vins de table ont inversé leurs positions : les appellations contrôlées représentent maintenant environ les deux tiers de la production vinicole régionale. Il existe actuellement 16 appellations de tailles variables qui assurent la renommée des vins de Provence. Ces appellations se caractérisent par la variété des cépages autorisés. D'ailleurs, la plupart des vins provençaux sont produits en combinant plusieurs cépages.

La production viticole revêt une très grande importance dans le Var grâce aux vins de Bandol, des côtes de Provence et des côteaux varois. Dans les Alpes-Maritimes, il n'y a que quelques petites exploitations viticoles dont certaines ont une bonne réputation, en particulier les vins de Bellet.

L'élevage

Les vastes surfaces d'herbe qu'on retrouve dans les départements alpins et les vastes pacages salés de la Camargue sont essentiellement destinés à l'élevage. L'élevage du mouton constitue l'un des éléments d'une trilogie agraire (olives, vins et moutons) qui existe en Méditerranée depuis plus de deux millénaires. Dans cette région, 3 600 entreprises se partagent l'élevage de 60 000 brebis mères.

L'élevage bovin se fait en grande majorité dans les montagnes des Hautes-Alpes. L'élevage des porcs se concentre dans les Bouches-du-Rhône. Cette industrie se trouve actuellement en net recul à cause de la surproduction européenne qui a fait dégringoler les prix. L'élevage de la volaille est généralement effectué par des entreprises de grande taille qui produisent surtout des poules pondeuses et des poulets pour la chair.

La pêche

La pêche n'est pas très importante dans la région, malgré ce que l'on pourrait penser. Dans une année, les 1 500 pêcheurs entre Marseille et Menton ne prennent en moyenne qu'environ 20 000 tonnes de poisson, dont environ 90% proviennent du département des Bouches-du-Rhône. Les sardines constituent la moitié de ces prises; le reste se partage entre les bars (loups), les mulets, les rascasses et les poulpes, dont plus de la moitié provient des Bouches-du-Rhône, et le reste, surtout du Var et des Alpes-Maritimes.

Ce sont d'ailleurs généralement les espèces de poissons que vous trouverez au menu des restaurants de la région; les autres espèces sont importées de l'Atlantique, où la pêche est beaucoup plus variée.

Les pêcheurs critiquent souvent la politique européenne en matière de pêche, car elle impose des quotas afin de protéger les stocks de poisson.

Le secteur industriel

Au cours des années, le secteur industriel s'est développé autour de deux pôles différents. Le premier forme un secteur puissant et moderne avec de grandes sociétés françaises et étrangères, comme Exxon, BP, Arco, IBM et Texas Instruments, ces deux dernières étant établies dans les Alpes-Maritimes.

Ces sociétés œuvrent dans les secteurs touchant le pétrole, la construction navale, l'aéronautique, la sidérurgie et l'électronique. Le second pôle comprend une multitude de petites et moyennes entreprises qui produisent essentiellement de l'artisanat et des biens de consommation tels que des produits agro-alimentaires, des vêtements, des peaux et des cuirs, de l'ameublement et des bâtiments.

Ce développement est le fruit d'une expansion industrielle importante qu'a connue la région entre 1950 et 1974, surtout dans le secteur portuaire : chantiers navals, raffinage du pétrole, pétrochimie et aménagement industriel des ports comme Marseille et Toulon, qui est la préfecture du Var. Depuis lors, ce secteur est en baisse à cause du vieillissement des installations et du retard pris dans la recherche. De nouveaux pays se sont industrialisés et ont saisi une part du marché dans les secteurs du raffinage, de la pétrochimie, de la construction navale et de l'aéronautique. Le secteur secondaire a ainsi perdu100 000 emplois depuis 1975.

Dans les années quatre-vingt, plusieurs chantiers navals ont fermé leurs portes. Les gouvernements en ont fait des zones industrielles. Malgré leur multiplication, le nombre d'emplois a diminué. Aujourd'hui, la région compte une centaine de zones industrielles, dont 40% se situent dans les Bouches-du-Rhône.

La PACA a subi des pertes importantes d'emplois industriels entre 1975 et 1990. Le Var, quant à lui, a été particulièrement touché avec une perte d'environ 20%. Depuis, avec la récession du début des années quatre-vingt-dix, la situation s'est encore aggravée.

Le bâtiment

La construction de bâtiments a longtemps tenu une place importante dans la région. En 1974, elle occupait 166 000 employés. À partir de 1990, ce nombre a baissé à 124 000, soit 8,4% du total des travailleurs de la région et 38% des emplois du secteur secondaire. Aujourd'hui, le secteur s'est atrophié encore plus et a subi des pertes considérables au niveau du chiffre d'affaires et du nombre d'emplois : résultat de la crise économique de 1991-1993 et de la saturation qui s'est créée dans le domaine de la construction au sein des communes du littoral. En effet, dans les années quatre-vingt, le secteur de la construction avait connu une énorme poussée sur le littoral, créant une forte spéculation. On construisait partout! Cela a évidemment créé des sites trop construits, d'un esthétisme déficient, et surtout surpeuplés. En somme, de nombreux sites y ont aussi perdu une grande partie de leur charme.

Le secteur énergétique

Le secteur énergétique occupe 19 000 employés, dont plus de la moitié travaillent dans les Bouches-du-Rhône. Ces employés œuvrent dans les secteurs de l'exploitation des mines de charbon (dans les houillères de Provence, l'exploitation du charbon alimente une centrale thermique produisant 2,5 milliards de kilowattheures), du raffinage du pétrole et du gaz naturel (près du tiers de la production nationale annuelle, soit 27 mégatonnes, provient en grande partie des raffineries situées sur les rives du Fos et de l'étang de Berre) ou du secteur hydraulique (concentré dans l'arrière-pays alpin, où les nombreuses centrales produisent près de 7 milliards de kilowattheures).

La route des hautes technologies

La route des hautes technologies forme un réseau puissant de pôles technologiques touchant à des activités souvent complémentaires. Ces pôles établissent la structure du développement économique de la région et en sont le moteur.

Six pôles technologiques ponctuent le territoire. Ils sont, d'ouest en est :

- «l'Agroparc» Avignon-Montfavet, site de l'Institut national de la recherche agronomique (INRA), qui s'occupe des questions agroalimentaires;
- le pôle Manosque-Cadarache, qui se spécialise dans le secteur nucléaire;
- «l'Europôle» d'Aix-en-Provence, qui occupe 8 000 ha sur le plateau de l'Arbois et qui se spécialise dans l'électronique;
- le pôle polyvalent Marseille-Provence;
- le pôle Toulon-Var, qui se spécialise dans l'instrumentation et l'armement;
- le pôle polyvalent Nice-Sophia-Antipolis, sorte de «Silicon Valley californienne» à la française.

Les pôles technologiques ont un but commun de recherche et d'innovation. Ils participent à la valorisation du potentiel technologique de la région et cherchent à équilibrer les bassins d'emplois. Par ailleurs, ils tentent d'attirer les grandes sociétés afin de renforcer la dynamique de «l'arc méditerranéen», qui s'étend de Valence, à l'ouest, jusqu'à la Lombardie en Italie, à l'est. On envisage même d'élargir cet arc en établissant une coopération avec les pôles technologiques de Gênes en Italie et de Barcelone en Espagne.

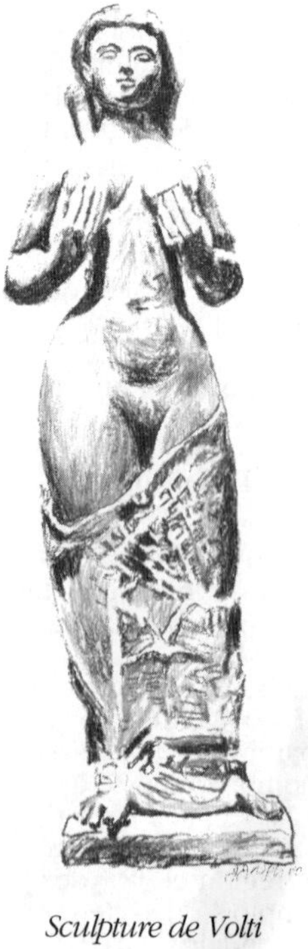

Sculpture de Volti

La région occupe le deuxième rang sur le plan national au niveau de la recherche. On y trouve environ 9 000 chercheurs, soit 10% de tous les chercheurs français.

Grâce au développement toujours croissant du parc technologique de Sophia-Antipolis – en 25 ans, ce parc est devenu le plus grand technopôle d'Europe avec plus de 700 raisons sociales –, les Alpes-Maritimes bénéficient désormais d'une réputation enviable dans le secteur de l'électronique.

Portrait culturel

Parler de la culture de cette région, c'est parler de son très riche patrimoine, de sa langue, de ses traditions, de ses coutumes et de son folklore. C'est aussi parler de ses grands artistes, dont le plus illustre est sûrement le peintre Cézanne, le précurseur du cubisme.

Mais déjà au XVe siècle, dans le comté de Nice, une école de peinture inspirée par la Renaissance italienne faisait son apparition. C'est ainsi que Louis Bréa acquît une certaine renommée. On l'identifiait parfois comme le Fra Angelico provençal. Bien sûr, il n'avait certes pas la grandeur de l'autre, mais on y reconnaît dans ses tableaux une sobriété et une humanité assez similaires. Ses œuvres peuvent êtres admirées dans plusieurs chapelles et petites églises de la région.

Toutefois, c'est surtout au XXe siècle que les arts plastiques ont pris un essor considérable dans la région : plusieurs grands peintres, dont Matisse, Picasso, Chagall et Léger, s'y sont installés pour bénéficier de la lumière, des paysages et du climat doux.

La région est aussi le berceau d'un courant artistique qu'on a dénommé «l'école de Nice», avec des artistes comme Klein, Arman et César. Cette école en est maintenant à sa troisième génération.

Aujourd'hui, Nice et ses environs demeurent au premier plan dans la création artistique. Cette floraison artistique explique le grand nombre de musées, petits et grands, qui parsèment sa région.

La PACA s'est cependant créé une renommée internationale grâce à ses nombreux festivals, comme celui du théâtre et de la danse à Avignon, ou celui de l'opéra à Aix-en-Provence, pour n'en citer que quelques-uns. Vous trouverez d'ailleurs une liste des principaux festivals à la toute fin du chapitre «Renseignements généraux».

Mais qui dit festival, dit Cannes et son festival du film, qui existe depuis plus de 50 ans. Voilà sans contredit «le festival international» le plus célèbre. Quel cinéphile n'a pas rêvé d'y aller un jour! Chaque année, en mai, le cœur de Cannes ne bat que pour l'industrie cinématographique : producteurs, acteurs, actrices et réalisateurs connus ou moins connus, sans oublier les «fameuses» starlettes, animent son bord de mer et sa célèbre Croisette.

En somme, la culture est fortement ancrée dans la région et bénéficie actuellement d'une importance inégalée dans l'histoire de cette contrée, et ce, même si la crise économique du début des années quatre-vingt-dix a causé des coupures budgétaires importantes au sein de certaines activités artistiques.

Le patrimoine

La région Provence-Alpes-Côte d'Azur possède un patrimoine monumental, et son histoire est extrêmement riche. L'architecture, en particulier, est assez exceptionnelle. On y retrouve des sites architecturaux qui remontent aux temps préhistoriques. Les amateurs d'histoire de l'art peuvent donc y faire un voyage dans le temps, retourner aux temps préhistoriques et remonter le temps jusqu'à aujourd'hui, en traversant l'Antiquité, le Moyen Âge et la Renaissance.

Heureusement, depuis le début du XXe siècle, la France déploie de plus en plus d'efforts pour protéger son patrimoine, qui a été endommagé par les nombreuses guerres et les négligences millénaires. On a d'abord adopté une loi en 1913, suivie d'un décret en 1924. Ainsi, 30 000 sites et éléments sont maintenant protégés en France. La PACA en compte 1 500.

De nos jours, les efforts continuent. En 1983, on a adopté un code d'urbanisme pour assurer une plus grande protection des sites classés. Il faut maintenant obtenir des autorisations spéciales avant de pouvoir construire autour des périmètres protégés afin d'en préserver le caractère esthétique ou historique. Il est un peu dommage que cette loi n'ait pas été adoptée plus tôt, car de nombreuses constructions ont malheureusement hypothéqué certaines beautés naturelles du territoire de la PACA.

Voici une liste des principaux attraits architecturaux de la région. Vous en trouverez des descriptions plus détaillées dans les chapitres couvrant les régions géographiques.

• Les **sites préhistoriques et antiques** se trouvent dans le Haut-Pays niçois (mont Bego, Fontanalba, vallée des Merveilles) et sur la côte (Terra Amata, grotte du Lazaret à Nice). Sans oublier les sites mégalithiques du Haut-Var, de l'Estérel, de Grasse et de Vence.

• Il existe beaucoup de vestiges de l'**époque romaine** : le trophée de la Turbie, les thermes de Cimiez (Nice), les nombreux monuments de Fréjus (arènes, théâtre, aqueduc et Porte Dorée).

• L'**héritage médiéval** se retrouve partout : dans les nombreux villages médiévaux tels qu'Antibes, Èze, Villefranche, Menton, Vence, Saint-Paul, le Castellet et autres; dans les monuments tels que Saint-Honorat dans les îles de Lérins, La Verne à Collobrières; sans oublier l'abbaye cistercienne de Thoronet. Enfin, les innombrables églises et cathédrales (Saorge, Moustiers-Sainte-Marie, Digne) ainsi que le château-forteresse de Brignoles témoignent aussi de cette architecture du Moyen Âge.

Tu tires ou tu pointes?

Devenu symbole de la Provence et mettant en valeur le goût méridional pour la palabre, les jeux de boules apparaissent omniprésents dans les villes et les hameaux qui comptent presque tous un boulodrome. Jadis plus populaire, le jeu provençal de la «longue» a cédé sa place à la pétanque («pieds tanqués», c'est-à-dire immobiles) depuis le début du XXe siècle, alors que Jules «Le Noir» et Ernest Pitiot, l'un champion pris de rhumatisme et l'autre unijambiste, adaptent le jeu à longue distance à leurs besoins particuliers. Ainsi est née la pétanque, en 1910, à La Ciotat, ville qui compte d'ailleurs une avenue de la Pétanque!

Que ce soit la «longue», plus appréciée des puristes et des joueurs en bonne forme, ou la pétanque, le but et les règles du jeu demeurent pratiquement les mêmes. Il s'agit tout simplement de lancer tour à tour une boule de fer de 650 g à 800 g le plus près possible du bouchon (ou cochonnet), bille de bois de 25mm à 35 mm de diamètre. Que l'on choisisse de pointer (lancer la boule de façon à la placer le plus près du bouchon) ou de tirer (lancer la boule plus violemment en arc de cercle afin de déloger les boules des adversaires), le jeu suscite toujours passions et longues discussions qui se finissent le plus souvent devant un pastis bien frais.
Les boules ont des passionnés dans le monde entier et près de 40 pays font partie de la Fédération internationale de pétanque et de jeu provençal. À elle seule, la Fédération française compte plus d'un demi-million de licenciés, dont 80 000 en Provence-Alpes-Côte d'Azur.

• La **Renaissance** a laissé de nombreux joyaux d'architecture : les hôtels particuliers; les châteaux de Gordes, d'Entraigues et autres; les bastides du pays de Toulon et La Ciotat; les immeubles d'habitation du centre-ville de Toulon et de Nice; les architectures militaires telles que le Fort Carré, à Antibes, et l'Arsenal, à Toulon. Enfin, les nombreuses églises à l'**architecture baroque** d'influence génoise qu'on retrouve dans le pays niçois, à Menton, à Sospel, dans la Turbie, etc.

• Pendant la seconde moitié du XIXe siècle, le style **Belle Époque** s'est imposé et a laissé de somptueuses villas partout sur la Côte : à Hyères, à Cannes, à Nice, à Menton et sur la côte des Maures. Villas arborant des styles différents aux influences orientales (néo-mauresque), anglaises (néo-gothique) ou italiennes (néo-baroque).

• Au **XXe siècle**, quelques réalisations architecturales modernes aux qualités esthétiques inégales ont vu le jour : le Palais des Festivals à Cannes, le Musée Chagall et le complexe culturel de l'Acropolis à Nice. Le début du XXIe siècle est plutôt marqué par l'amélioration du patrimoine existant et le souci de préserver les sites naturels.

L'art médiéval

Le Moyen Âge a connu deux grands courants architecturaux : l'**art roman** et l'**art gothique**.

L'**art roman** dans la région a subi deux influences : la première venait d'Arles, centre ecclésiastique de l'époque, berceau de l'**art provençal** (ou art rhodanien); la deuxième venait de la Lombardie en Italie et a donné naissance à l'**art alpin**.

Au XIIe siècle, Arles a connu une renaissance économique, juridique et culturelle. Les artistes se sont alors inspirés de l'art romain. On reconnaît surtout l'**art roman provençal** à ses églises au plan cruciforme simple : le plus souvent à une seule nef, avec des voûtes en berceaux brisés, coupées par de grands arcs doubleaux reposant sur des piliers. Les fenêtres y sont rares et se terminent en un demi-cercle dans leur partie supérieure.

L'**art roman alpin** s'est surtout répandu dans les régions bordant l'Italie et s'est développé à partir de l'ancienne province ecclésiastique d'Embrun, qui en demeure l'exemple le plus achevé. Cependant, cet art se dilue et est combiné à l'art roman provençal, à mesure qu'on se dirige vers l'ouest. Ainsi, à Fréjus, à Grasse et à Vence, on a construit des cathédrales à plan basilical à trois nefs avec arcatures lombardes. Enfin, la Haute-Provence constitue une zone d'interférence entre ces deux types d'art : l'**art rhodanien** prédomine, mais se mêle à une profusion de traits autochtones.

L'**art gothique** n'est pas fortement représenté à cause de l'étendue et de la forte implantation de l'architecture romane dans la région. Elle a été introduite beaucoup plus tard dans la région : d'abord par la dynastie française des Angevins et ensuite par les papes d'Avignon. De plus, elle n'est apparue que dans une forme simplifiée : le **gothique méridional**, caractérisé par des églises à une seule nef, large et peu élevée, au chœur sans déambulatoire et aux murs appuyés sur des contreforts. Le plus bel exemple de ce type d'architecture se retrouve à la basilique dominicaine de Saint-Maximin (en Provence).

La langue et ses dialectes

Depuis toujours, la langue historique de cette région est la langue d'oc. C'est une langue de dialectes qui présentent des modulations régionales parfois importantes. La langue d'oc est au carrefour des langues néo-latines. Elle est beaucoup plus

Lexique provençal français

Quelques termes de cuisine :

pomme d'amour : tomate

aigua saou : eau et sel

fricot (fricoter) : petit ragoût (faire une casserole avec ce que l'on trouve dans le frigo)

rabasse : truffe

aïoli (ail + oli) : mayonnaise à l'ail et à l'huile

tapène : câpre

nade : olive

tapenade : mélange de câpres et d'olives

paquetoun : lapin désossé présenté en un petit paquet

poupetoun : agneau désossé présenté en un petit paquet

Quelques autres mots :

pitchoune, pitchounette: petite, petite fille

baou : rocher

bagna, pan bagna : mouillé, sandwich niçois arrosé d'huile d'olive

pantailler : rêver

fada : fou

castagne : bagarre

Quelques expressions :

il douro d'èr (donner de l'air) : ressembler à quelqu'un

se touca il cinq sardine (se toucher les cinq sardines) : se toucher les cinq doigts

garda li cabro (nistral) (faire garder les chèvres) : tenir la dragée haute

agué leu blanc dóu porr (avoir le blanc du poireau) : avoir la bonne part

faire uno pèu de rire (faire une peau de rire): rire de bon cœur

une bégueule : femme d'une pudeur excessive

peta dóu rire (péter de rire) : rire sans retenue

parla pounchu : parler pointu

loin du français que du catalan (avec laquelle elle se confondait avant le XVe siècle), de l'italien, de l'espagnol et même du portugais.

La répartition géographique des dialectes n'a jamais coïncidé avec le territoire politico-administratif. Il existe plutôt deux grands pôles : le **sud-occitan** ou **rhodano-méditerranéen** et le **nord-occitan** ou **rhodano-alpin**.

De nos jours, seules les personnes âgées l'utilisent encore. Par contre, il n'est pas rare de voir les noms des villages ou même des rues être écrits en français et en provençal, surtout dans l'arrière-pays. Au cours de son histoire, cette langue a toujours été menacée. Déjà en 1539, François Ier a imposé le français comme langue officielle. Ensuite, en 1561, l'italien est devenu la langue officielle du comté de Nice. Au milieu du XVIe siècle, on a commencé à utiliser l'orthographe française pour la langue d'oc. Tout cela a contribué à en faire une langue de patois, de moins en moins utilisée par les gens au XXe siècle. Cependant, depuis quelques années, il semble y avoir un certain regain d'intérêt pour cette langue. Certaines régions revendiquent son utilisation dans la vie courante : à la radio, à la télévision ou dans les noms de rues ou de localités.

La **littérature occitane** a connu deux périodes de gloire au cours de son histoire : au temps des troubadours (entre les XIe et XIIIe siècles) et au XIXe siècle. L'œuvre des troubadours était marquée d'influences chrétiennes, juives, arabes et orientales. Son contenu était imprégné soit d'érotisme, soit de religion. Au XIXe siècle, la langue occitane a connu une renaissance avec la publication d'un dictionnaire provençal-français, mais surtout grâce à l'œuvre poétique de Frédéric Mistral, qui s'est fait le chantre de la cause provençale. Toutefois, outre ses écrits passés à la postérité, l'apport de ce dernier est important puisqu'il a dirigé le félibrige, un mouvement régionaliste fondé pour promouvoir la culture et la langue provençale. Par la suite, plusieurs autres poètes ont suivi ses traces, mais il demeure la figure marquante du genre littéraire provençal.

Tableau des distances (km/mi)

par le chemin le plus court

©ULYSSE

	Strasbourg	Paris	Nice	Marseille	Lyon	Dijon	Brest	Bordeaux	Avignon
Avignon									
Bordeaux									559/ 347
Brest								496/ 308	1135/ 704
Dijon							722/ 448	519/ 322	411/ 255
Lyon						180/ 112	770/ 477	442/ 275	219/ 136
Marseille					274/ 170	451/ 280	955/ 592	512/ 318	117/ 73
Nice				163/ 101	300/ 186	444/ 275	1054/ 653	648/ 402	269/ 167
Paris			690/ 428	661/ 410	396/ 246	261/ 162	506/ 314	500/ 310	631/ 391
Strasbourg		391/ 242	538/ 334	607/ 376	376/ 233	235/ 146	896/ 556	753/ 467	687/ 426
Toulouse	726/ 450	586/ 363	476/ 295	323/ 200	359/ 223	501/ 311	703/ 436	213/ 132	317/ 197

Exemple : la distance entre Paris et Lyon est de 396 km ou 246 mi.

Renseignements généraux

Le présent chapitre se veut un carnet de référence où l'on trouvera toutes les coordonnées utiles à la préparation d'un séjour en Provence et sur la Côte d'Azur.

Formalités d'entrée

Pour entrer en France, les voyageurs nord-américains doivent avoir en leur possession un passeport valide. Cette obligation ne s'applique pas aux résidants de l'Union européenne et de la Suisse, qui peuvent y venir munis seulement de leur carte nationale d'identité.

Avec leur passeport, les ressortissants québécois, canadiens et américains sont admis sans visa pour des séjours de moins de trois mois.

Par ailleurs, tous les voyageurs, sauf les résidants des pays membres de l'Union européenne et de la Suisse, doivent détenir un billet de retour ou de continuation de voyage.

Comme ces formalités pourraient changer lors de circonstances spéciales, nous vous recommandons de les vérifier auprès de l'ambassade ou du consulat de la France le plus près de chez vous avant votre départ.

Douane

Les voyageurs canadiens de plus de 18 ans sont autorisés à apporter en France un litre de spiritueux contenant plus de 22 % d'alcool, 2 l de vin et 200 cigarettes (ou 100 cigarillos ou 50 cigares ou 250 g de tabac).

Les visiteurs en provenance de pays membres de l'Union européenne ou de la Suisse peuvent, quant à eux, apporter en France 1,5 l d'alcool, 4 l de vin et 300 cigarettes (ou 150 cigarillos ou 75 cigares ou 400 g de tabac).

Le téléphone

Actuellement, dans toute la France, les numéros de téléphone sont composés de 10 chiffres, les deux premiers représentant une des cinq «régions téléphoniques», à savoir :

01 pour Paris et l'Île-de-France
02 pour le Nord-Ouest
03 pour le Nord-Est
04 pour le Sud-Est
05 pour le Sud-Ouest

Lorsque vous téléphonez de l'étranger, le préfixe 0 ne s'applique pas et vous devez alors composer un numéro à neuf chiffres seulement.

Ambassades et consulats

Les ambassades se trouvent à Paris, mais la Belgique et la Suisse ont un consulat sur la Côte d'Azur.

Canada

Ambassade
35 av. Montaigne
75008 Paris
métro Franklin-Roosevelt
☎***01.44.43.29.00***
⇄***01.44.43.29.99***

Belgique

Ambassade
9 rue de Tilsitt
75017 Paris
☎***01.44.09.39.39***
⇄***01.47.54.07.64***

Consulat
5 rue Gabriel Fauré
06000 Nice
☎***04.93.87.79.56***
⇄***04.93.87.41.96***

Suisse

Ambassade
142 rue de Grenelle
75007 Paris
☎***01.49.55.67.00***

Consulat
13 rue Alphonse Karr
06000 Nice
☎***04.93.88.85.09***
⇄***04.93.88.52.47***

France

Ambassade
3 rue Noisiel
75016 Paris
métro Porte-Dauphine
☎***01.47.27.35.29***
⇄***01.47.55.00.40***

Ambassades de France à l'étranger

Canada
42 Sussex Drive
Ottawa, Ont.
K1M 2C9
☎***(613) 789-1795***
⇄***(613) 562-3704***

Belgique
65 rue du Cale
1000 Bruxelles
☎***(02) 548 87 11***
⇄***(02) 513 68 71***

Suisse
46 Schosshaldenstrasse
C.P. 3000
3006 Berne
☎***(031) 359 21 11***
⇄***(031) 359 21 91***

Italie
Piazza Farnese 67 000
00186 Rome
☎***(06) 68.60.11***
⇄***(06) 68.60.13.60***

Offices de tourisme de la France à l'étranger

Canada

Maison de la France
1981 avenue McGill College, bureau 490
Montréal (Québec)
H3A 2W9
☎***(514) 288-4264***

Belgique

Maison de la France
21 avenue de la Toison-d'Or
1060 Bruxelles
☎***(02) 513 66 23***
⇄***(02) 514 33 75***

Suisse

Maison de la France
2 rue Thalberg
1201 Genève
☎***(022) 909 89 77***

Maison de la France
Löwenstr 59 Postfach 4979
CH 8022 Zurich
☎***(01) 221 35 61***
⇄***(01) 221 16 44***

Renseignements et excursions touristiques

Au cours de votre visite, il vous sera facile de recueillir de l'information touristique additionnelle. La grande majorité des endroits disposent d'un syndicat d'initiative, dont l'un des rôles consiste à accueillir et à renseigner les visiteurs. Nous vous indiquerons leurs coordonnées, tout au long de cet ouvrage, dans les sections «Renseignements pratiques».

Organisateurs d'excursions

Certaines entreprises se spécialisent dans l'organisation de visites guidées dans la région, en plus de proposer des excursions en bateau. Les syndicats d'initiative se feront un plaisir de vous aider.

Vos déplacements

En avion

La majorité des visiteurs d'outre-mer arrivent à Paris et poursuivent leur voyage vers le sud en prenant le train à grande vitesse (TGV), à moins qu'ils ne prennent l'avion directement pour Marseille ou Nice.

Les vols internationaux arrivent généralement à l'aéroport de Roissy-Charles-de-Gaulle de Paris, quelques vols nolisés se rendant parfois à l'aéroport Orly de la capitale française. Certaines compagnies aériennes de nolisement desservent également l'aéroport Satolas de Lyon, et leurs passagers peuvent ensuite prendre le TGV jusqu'en Avignon ou jusqu'à Marseille à partir de la gare SNCF reliée à l'aérogare de cette ville.

Aéroports

Aéroport de Roissy-Charles de Gaulle
Renseignements
☎01.48.62.22.80
⇌01.48.62.63.89
www.airfrance.fr

Aéroport d'Orly
Renseignements
☎01.49.75.15.15

Pour atteindre le centre de Paris depuis l'aéroport Charles-de-Gaulle ou l'aéroport d'Orly, plusieurs options s'offrent à vous :

1) La location d'une voiture;

2) Le taxi (180F-250F depuis Charles-de-Gaulle, 140F-180F depuis Orly; durée du trajet : de 40 min à 1 heure 15 min selon la circulation);

3) Le RER (transport en commun rapide) jusqu'au centre-ville, puis le métro (exploité par la RATP) ou le taxi. Les billets de RER coûtent entre 40F et 50F, le trajet est d'environ 45 min et les départs ont lieu toutes les 15 min environ, tout au long de la journée.

La RATP propose également un service direct de bus (Roissybus) entre l'aéroport Charles-de-Gaulle et la place de l'Opéra (environ 40F), de même qu'un service similaire entre Orly (Orlybus) et la station de métro Denfert-Rochereau (environ 30 F). Départs toutes les 15 min, toute la journée.

4) Le service de cars d'Air France, qui dessert directement la place de l'Étoile (Arc de Triomphe) depuis l'aéroport Charles-de-Gaulle (45F) ou les Invalides et Montparnasse depuis l'aéroport d'Orly (35F).

Les vols de Paris vers la Provence et la Côte d'Azur partent de l'aéroport d'Orly, situé au sud de la capitale, ce qui cause bien des maux de tête aux voyageurs d'outre-mer descendant à l'aéroport de Roissy-Charles-de-Gaulle, situé au nord de la ville. Soyez prêt à faire un long trajet en RER, puis en métro jusqu'à l'autre bout de la ville, ou à débourser une somme considérable pour effectuer ce déplacement en taxi. Nombre de visiteurs préfèrent carrément passer une journée ou plus à Paris même.

Les compagnies aériennes françaises Air France, Air Inter, AOM et TAT proposent des vols réguliers sur Avignon et Marseille à toute heure du jour. Ces vols durent en moyenne 1 heure 10 min. Pour de plus amples renseignements, adressez-vous à votre agent de voyages ou directement à la compagnie aérienne de votre choix.

Aéroport d'Avignon-Caumont
Renseignements
☎04.90.81.51.51

Aéroport de Marseille-Marignane
Renseignements
☎04.42.14.14.14
⇌04.42.14.27.24

Une fois en Avignon ou à Marseille, vous aurez le choix entre plusieurs agences de location de voitures disposant de divers types de véhicules et proposant différents forfaits. Les prix varient considérablement, et il importe de savoir que certaines des meilleures aubaines ne sont disponibles que depuis l'étranger, lorsque vous réservez à l'avance pour une location d'une semaine ou plus. Néanmoins, certaines agences locales sont à même de battre les prix des multinationales, de sorte que vous auriez tout intérêt à étudier les possibilités qu'elles vous proposent. Vous trouverez une liste complète des agences de location d'Avignon et de Marseille dans les chapitres qui leur sont consacrés (voir p 72 et p 238).

Aéroport Nice-Côte d'Azur
☎04.93.21.30.30 *(standard)*
☎08.36.69.55.55 *(information sur les vols)*
⇌04.93.21.30.29
Plusieurs agences de **location de voitures** sont présentes à l'aéroport, parmi lesquelles Avis, Hertz, Budget et Europcar.

Mais attention, les prix pratiqués à l'aéroport sont normalement plus élevés que ceux de la gare SNCF, au centre de Nice.

Cependant, les meilleurs prix que l'on puisse trouver pour la location d'une voiture s'obtiennent auprès d'une agence de location située à Cagnes-sur-Mer, **ADA** *(☎04.93.14.31.44)*. Cette agence vous livrera la voiture à l'aéroport.

Vous trouverez également à l'aéroport quelques bureaux de change, dont la B.P.C.A., ouverte tous les jours de 8h30 à 19h (en été jusqu'à 20h45).

Certaines compagnies aériennes internationales proposent quelques vols par semaine, avec correspondance pour Nice, en partance du Canada ou des États-Unis. Parmi celles-ci, on retrouve British Airways, KLM et Lufthansa. De plus, plusieurs compagnies américaines assurent des liaisons directes en partance des grandes villes américaines.

Il est toujours possible pour les Nord-Américains d'entrer en France par Paris et ensuite de prendre l'un des nombreux vols quotidiens vers Nice assurés par les compagnies françaises Air France, Air Inter, AOM ou TAT.

Bien sûr, les voyageurs européens n'auront aucune difficulté à s'y rendre puisque les compagnies aériennes européennes assurent des vols réguliers vers Nice.

On peut aussi se rendre en Corse au départ de Nice. Plusieurs vols quotidiens assurent la liaison avec les villes importantes. D'ailleurs, on peut aussi accéder à la Corse en bateau au départ du port de Nice.

À partir de l'aéroport, le voyageur trouvera de nombreuses liaisons de bus vers la destination de son choix, y compris la gare SNCF de Nice. Il existe également un service d'hélicoptère vers Monaco.

Outre l'aéroport de Nice, il existe un autre aéroport qui dessert la partie occidentale de la Côte :

Aéroport de Toulon-Hyères
☎04.94.22.81.60

Cependant, cet aéroport ne sert que pour les vols domestiques. Il se trouve à 18 km à l'est de Toulon. On peut se rendre à Toulon en bus ou en train.

En train

La région possède un excellent réseau ferroviaire. Plusieurs liaisons quotidiennes sont assurées par le TGV au départ de Paris *(renseignements : ☎01.45.82.50.50)*,

Lyon ou Marseille. Cependant, si vous devez arriver à Nice en passant par l'Italie, vous devrez vous armer de patience : les trains sont presque toujours en retard et s'arrêtent très souvent (même les trains express). Heureusement, le paysage compense...

En voiture

Il existe un réseau important d'autoroutes qui relie Nice avec Paris, l'Italie et l'Espagne. Il faut cependant compter débourser beaucoup d'argent pour emprunter ces autoroutes. De plus, le prix de l'essence est cher par rapport à l'Amérique du Nord : le litre d'essence coûte près de 6F, ce qui équivaut à un peu plus du double du prix canadien et du triple du prix américain. Pour les Européens cependant, il s'agit là de prix tout à fait raisonnables.

La santé

Aucun vaccin n'est exigé pour entrer en France. Les services de santé y sont excellents.

Les risques de maladie

On rapporte de nombreux cas de sida (deuxième région la plus affectée en France après Paris). Bien sûr, comme partout ailleurs, il existe aussi des cas de maladies vénériennes. Il est donc sage d'être prudent à cet égard.

Le soleil

Le soleil, malgré ses bienfaits, entraîne de nombreux petits ennuis. Apportez toujours une crème solaire qui protège des rayons nocifs du soleil. Une trop longue période d'exposition pourrait causer une insolation (étourdissement, vomissement, fièvre...). Les premières journées surtout, il est nécessaire de bien se protéger et de ne pas prolonger les périodes d'exposition, car on doit d'abord s'habituer au soleil. Par la suite, il faut éviter les abus. Le port d'un chapeau et de verres fumés peut aider à contrer les effets néfastes du soleil. Souvenez-vous finalement que, pour une plus grande efficacité, il est recommandé d'appliquer la crème solaire de 20 min à 30 min avant de vous exposer au soleil.

La trousse de santé

Une petite trousse de santé permet d'éviter bien des désagréments. Il est bon de la préparer avec soin avant de quitter la maison. Veillez à apporter une quantité suffisante de tous les médicaments que vous prenez habituellement ainsi qu'une prescription valide pour le cas où vous les perdriez. Quant au reste, vous pourrez acheter tout ce qu'il vous faut sur place dans l'une des très nombreuses pharmacies que l'on retrouve souvent même dans le plus petit village reculé.

Les assurances

Annulation

Cette assurance est normalement offerte par l'agent de voyages au moment de l'achat du billet d'avion ou du forfait. Elle permet le remboursement du billet ou forfait dans le cas où le voyage devrait être annulé en raison d'une maladie grave ou d'un décès. Les gens n'ayant pas de problèmes de santé ont peu de chance d'avoir à recourir à une telle protection. Elle demeure par conséquent d'une utilité relative.

Vol

Les visiteurs européens doivent vérifier que leur police protège leurs biens à l'étranger, car ce n'est pas automatiquement le cas. La plupart des assurances-habitation au Canada, pour leur part, protègent une partie des biens contre le vol, même si celui-ci a lieu à l'étranger. Pour réclamer, il faut avoir un rapport de police. Comme tout dépend des montants couverts par votre police d'assurance-habitation, il n'est pas toujours utile de prendre une assurance supplémentaire.

Maladie

Sans doute la plus utile pour les étrangers, l'assurance-maladie s'achète avant de partir en voyage. La couverture de cette police d'assurance doit être la plus complète possible, car, à l'étranger, le coût des soins peut s'élever rapidement. Au moment de l'achat de la police, il faudrait veiller à ce qu'elle couvre bien les frais médicaux de tout ordre, comme l'hospitalisation, les services infirmiers et les honoraires des médecins (jusqu'à concurrence d'un montant assez élevé, car ils sont chers). Une clause de rapatriement, pour le cas où les soins requis ne peuvent être administrés sur place, est précieuse. En outre, il peut arriver que vous ayez à débourser le coût des soins en quittant la clinique. Il faut donc vérifier ce que prévoit la police dans ce cas. Durant votre séjour, vous devriez toujours garder sur vous la preuve que vous avez contracté une assurance-maladie, ce qui vous évitera bien des ennuis si par malheur vous en avez besoin.

Le climat

Provence

La Provence bénéficie d'un climat méditerranéen, caractérisé par un été sec et chaud, des précipitations peu abondantes (moins de 60 jours de pluie par année) et donc beaucoup de soleil.

Le mercure peut atteindre 35°C en été, bien qu'il gravite plutôt autour de 30°C. En hiver, le climat s'avère doux sur la Côte, et le mercure descend rarement au-dessous de 10°C. Cependant, les villages de l'arrière-pays sont souvent plus frais en hiver, surtout ceux qui se trouvent en région exposée au vent autour du Vaucluse et des collines du Luberon. Avril et octobre sont les mois les plus humides, et ils connaissent de fortes ondées ainsi que des averses pouvant durer quelques jours.

Les conditions sont à leur meilleur de la fin mai à la fin juin, lorsque les températures oscillent autour de 26°C et que le soleil abonde. Les plantes, les fleurs et les arbres fruitiers s'épanouissent pleinement, et les routes sont généralement libres de vacanciers. Septembre se veut agréable et bénéficie également d'un climat favorable; la mer est d'ailleurs encore assez chaude pour ceux qui désirent prendre des vacances sur la Côte. Par contraste, juillet et août correspondent à la haute saison touristique en Provence. Les Européens sont en vacances à cette époque de l'année, et il devient nécessaire de réserver longtemps à l'avance en ce qui a trait à l'hébergement. Certaines des localités les plus populaires sont prises d'assaut, et il faut plus de temps et de patience pour se déplacer en voiture.

Le mistral, ce vent bien connu, frappe la Provence tout au long de l'année. Il s'agit d'un vent violent qui peut atteindre 100 km/h et souffler toute une journée ou même plusieurs jours de suite.

Côte d'Azur

La Côte d'Azur est marquée par le climat méditerranéen provençal, caractérisé par une période de sécheresse estivale, un faible nombre de jours de pluie dans l'année (moins de 120) et donc un excellent ensoleillement. Mais la présence de vigoureux reliefs conduit à une lente dégradation climatique, manifeste au niveau des températures (gel) et des précipitations (quantités et régimes de pluie), au fur et à mesure que l'on s'éloigne du littoral en direction de la haute montagne, siège d'un climat montagnard à nuances méditerranéennes.

Le climat de la Côte diffère déjà sensiblement de celui de l'arrière-pays proche. Il peut souvent faire soleil sur la côte, alors qu'une dizaine de kilomètres plus loin on vit sous les nuages, le brouillard ou la pluie.

Les températures dépassent rarement 30°C en été. En hiver, le climat est doux sur le littoral, et la température chute rarement au dessous de 10°C. Par contre, dans les villages de l'arrière-pays, la température peut descendre plus bas à cause de l'altitude. Sans oublier qu'on peut faire du ski, à une heure à peine du littoral, sur des montagnes qui atteignent jusqu'à 3 000 m.

En avril et en octobre, la région est souvent marquée par de fortes pluies qui peuvent durer plusieurs jours.

Le mistral, ce vent célébré de la Provence, touche généralement la partie de la Côte qui se trouve à l'ouest de Fréjus. Ce vent peut atteindre jusqu'à 100 km à l'heure. Cannes, qui s'étend à l'est de Fréjus, en subit les derniers effets, avec une trentaine de journées de vents soutenus chaque année.

En été, la chaleur n'est jamais excessive sur la Côte, puisque des brises régulières provenant de la mer viennent tempérer le climat. De plus, en hiver, certains endroits, tel Monaco, bénéficient d'une protection grâce aux rochers qui les entourent.

La Côte est très visitée en juillet et en août, moment où les Européens sont en vacances. Cependant, les mois de juin et de septembre sont encore plus agréables : les températures sont moins élevées, et il y a moins de monde. Pour les amateurs de la baignade, le mois de septembre s'impose car la température de la mer est encore chaude.

Quoi mettre dans ses valises

Tout dépend du genre de voyage que vous projetez et de la saison à laquelle vous y irez. Dans l'arrière-pays, les températures sont beaucoup plus fraîches, surtout en hiver. Alors, il faut penser à emporter des chandails de laine et un coupe-vent imperméable. En été, les vêtements de coton, légers et amples, s'avèreront confortables. Prévoyez en outre des vêtements plus chics pour les soirées au casino, surtout si vous projetez d'aller à Monaco. Il faut se rappeler que les shorts et les jeans ne permettent généralement pas l'accès aux salles de jeu du casino.

En été, lunettes de soleil, crème solaire et chapeau devraient aussi trouver place dans vos bagages.

La sécurité

Si vous allez à la plage, ne laissez pas vos effets personnels importants sans surveillance. Il vaut mieux les laisser dans un coffret à l'hôtel.

Il est bon d'inclure dans ses valises une photocopie de son passeport et une liste des numéros de ses chèques de voyage. Dans l'éventualité où ces papiers seraient volés, le fait d'en avoir les numéros de référence facilite l'obtention de nouveaux documents.

Bien que la Provence et la Côte d'Azur ne soient pas des régions dangereuses, les petits voleurs demeurent présents, surtout dans les stations balnéaires très touristiques. Une ceinture de voyage vous permettra de dissimuler une partie de votre argent, vos chèques de voyage et votre passeport. N'oubliez pas que moins vous attirez l'attention, moins vous courez le risque de vous faire voler. Dans les petits villages près du littoral, il faut exercer une certaine vigilance à l'égard des groupes de jeunes, qui peuvent être de petits voyous, souvent par désœuvrement.

Vol dans les voitures

Il est difficile pour un Nord-Américain d'imaginer à quel point le risque de se faire voler des objets dans sa voiture est grand dans le sud de l'Europe. La Provence et la Côte d'Azur ne font malheureusement pas exception, et le voyageur fera bien de prendre les précautions que nous leur recommandons.

- Ne laissez jamais votre voiture sans surveillance avec vos bagages à l'intérieur. Les voleurs peuvent agir en cinq minutes, sans laisser aucune trace. Les serrures de voitures n'ont pour eux aucun secret et ne vous procurent absolument aucune protection contre ces malfaiteurs professionnels.

- Surtout ne laissez rien à la vue qui puisse laisser supposer une valeur quelconque : sacs, vestes, manteaux. On pourrait forcer la serrure en espérant qu'une veste contient un portefeuille.

- Si vous devez circuler avec des bagages dans la voiture, méfiez-vous des arrêts aux stations-service ou aux casse-croûte; essayez de placer la voiture de façon à la voir constamment. Si vous devez garer en ville, utilisez un stationnement payant et placez votre voiture à la vue du gardien.

- Laissez toujours la boîte à gants ouverte; ainsi, on n'imaginera pas que votre caméra s'y trouve.

D'une manière générale, laissez vos bagages à l'hôtel pour faire vos balades, même si vous avez quitté votre chambre. On acceptera toujours de les garder pour vous à la réception. Enfin, dites-vous que, malgré toutes vos précautions, on pourrait encore vous voler, et évitez autant que possible de transporter des objets de valeur.

Postes et télécommunications

On peut se procurer des timbres dans les bureaux de poste, bien sûr, mais aussi dans les grands hôtels. La levée du courrier se fait partout sur une base quotidienne.

Pour téléphoner, on trouve partout des cabines fonctionnant le plus souvent avec des télécartes disponibles dans les tabacs. Elles se détaillent à 40F pour 50 unités.

Pour téléphoner en Provence ou sur la Côte d'Azur depuis le Québec, il faut composer le 011 33 puis le numéro de votre correspondant. Depuis la Belgique ou la Suisse, il faut composer le 00 33 puis le numéro de votre correspondant.

En appelant durant certaines périodes précises, vous pouvez bénéficier de rabais substantiels. Ainsi, depuis le Canada, la période la plus économique s'étend entre 18h et 9h. En Suisse et en Belgique, choisissez un moment entre 20h et 8h, ou faites votre appel le dimanche (toute la journée).

Pour appeler au Canada depuis la Provence ou la Côte, il faut composer le 00 1, l'indicatif régional et finalement le numéro de votre correspondant. Pour téléphoner en Belgique, composez le 00 32 puis le numéro de votre correspondant. Pour appeler en Suisse, composez le 00 41 puis le numéro de votre correspondant.

Pour rejoindre les autres régions de France depuis la Côte, voir p 36.

Par ailleurs, la plupart des hôtels disposent de télécopieurs et de télex.

Les transports

Le réseau routier

Outre les autoroutes, il existe un tissu important de routes nationales, départementales et locales, qui vous mèneront jusqu'aux plus petits villages perdus dans l'arrière-pays. Mais attention, même les routes nationales ne sont pas nécessairement des routes à voies larges. Les routes sont plutôt étroites et les haltes routières, une denrée rare. De toute façon, elles sont généralement peu accueillantes. Il est donc difficile de dénicher un bel endroit où piqueniquer, mais cela se trouve!

Dans les villages de l'arrière-pays, les routes sont fort sinueuses et souvent très étroites, ce qui peut surprendre les visiteurs, d'autant plus que les résidants, habitués à ces conditions, roulent souvent à vive allure.

Ainsi, il vaudrait mieux laisser sa voiture dans les stationnements publics qui se trouvent à l'entrée des villages.

De plus, à l'approche des villages et à l'intérieur de ceux-ci, il faut se méfier des nombreux dos-d'âne, ces espèces de bosses disséminées çà et là sur la chaussée. Bien sûr, leur raison d'être est louable : ralentir la circulation pour protéger les piétons. Mais, si l'on n'y prend garde – on ne remarque souvent les panneaux les signalant qu'après les avoir percutés –, votre voiture pourra subir un choc violent. Au mieux a-t-on tout juste le temps de ralentir à la dernière seconde au moyen d'un freinage brusque.

Il faudrait aussi préciser que, sur la Côte, les conducteurs ne sont pas très courtois : ils sont même plutôt impétueux, ont le klaxon facile, ne cèdent que rarement le passage et même n'hésitent pas à dépasser dans les courbes. Par ailleurs, il faut faire particulièrement attention aux conducteurs de motos, car ils se faufilent sournoisement de tous côtés.

Quelques conseils

Permis de conduire : votre permis de conduire national est valide en France.

Le code de la route : les Nord-Américains doivent savoir qu'aux intersections la priorité est donnée aux voitures qui viennent de la droite, peu importe quelle voiture est arrivée en premier. Souvent, il n'y a ni feux ni panneaux stop : il faut donc être prudent. Les intersections des routes importantes sont souvent marquées par des ronds-points, et les voitures qui y sont engagées ont toujours priorité. Il faut donc attendre que la voie soit complètement libre avant de s'y engager. De plus, dans certains cas, une route est prioritaire (marquée par un losange jaune) : la priorité à droite ne compte alors plus.

Le port de la ceinture de sécurité est obligatoire en France.

Notez que la vitesse maximale permise sur les autoroutes est de 130 km à l'heure. Malheureusement, comme partout ailleurs, elle est peu respectée!

Les postes d'essence : ceux qui se trouvent sur les autoroutes sont ouverts 24 heures par jour, les autres étant généralement fermés la nuit. Par contre, l'essence y est plus chère.

L'essence la moins chère se trouve généralement dans les stations-service situées dans les stationnements des centres commerciaux. Les cartes de crédit sont acceptées dans presque toutes les stations-service et aux postes de péage des autoroutes.

Pour faciliter vos déplacements et le repérage des sites vers lesquels vous désirez vous diriger, nous vous conseillons de vous munir d'une bonne carte routière. Il existe des cartes détaillées, avec basse échelle, publiées par Michelin ou par l'Institut géographique national (IGN), qui identifient même les plus petites routes. Ces cartes vous seront d'une grande utilité dans l'arrière-pays.

La location d'une voiture

Toutes les firmes internationales offrent leurs services dans la région. La plupart sont d'ailleurs représentées dans les aéroports et autour des gares principales. De plus, tout au long de ce guide, nous nous efforcerons de vous communiquer les coordonnées des bureaux régionaux de location de voitures dans les sections «Pour s'y retrouver sans mal» de chacun des chapitres.

Plusieurs agences proposent, outre les différentes catégories habituelles d'automobiles «classiques», des véhicules décapotables. Il peut être fort agréable de se balader sur les routes du littoral, les cheveux au vent et la peau caressée par les rayons du soleil...

Le permis de conduire de votre pays d'origine suffit pour louer une voiture. Vous devez cependant être âgé de 21 ans et plus.

Pensez à la formule «achat-rachat» d'une voiture, plus avantageuse que de louer sur place. Renseignez-vous à votre agence de voyages.

Si vous louez sur place, il faut compter environ 250F par jour (kilométrage illimité) pour la location d'une petite voiture, à moins que vous ne puissiez bénéficier d'un forfait spécial. Quoi qu'il en soit, si vous désirez louer une voiture pour une période de trois jours ou plus, informez-vous des tarifs auprès de votre agent de voyages ou du centre de réservation internationale des grandes agences de location avant votre départ. Vous pourriez profiter de rabais substantiels.

La location d'une moto ou d'un scooter

L'idée de sillonner les routes sur une motocyclette ou un scooter en séduira plus d'un. À noter que le port du casque de sécurité est obligatoire. Quelques agences se spécialisent dans la location de ces véhicules. Référez-vous aux sections «Renseignements pratiques» des chapitres pour les adresses d'agences de location.

Les transports en commun

Les villes et les villages de la région sont dotés d'un réseau de plus en plus important de bus et minibus qui les relient.

L'auto-stop

L'auto-stop est un «moyen de transport» utilisé surtout par les jeunes.

Admettons-le, il s'agit là d'une bien agréable façon pour se déplacer tout en rencontrant des gens. Bien sûr, les mêmes précautions de base que n'importe où ailleurs dans le monde s'imposent pour assurer votre sécurité si vous optez pour cette solution. Toutefois, l'auto-stop s'avère de moins en moins fructueux, et même franchement difficile.

Les taxis

Les taxis privés constituent une solution intermédiaire aux autres moyens de transport, surtout pour de courts trajets. Ils deviennent toutefois plutôt coûteux si l'on désire se déplacer d'un endroit éloigné d'un autre. Il faut compter environ 13F par kilomètre, en sus du tarif de base. De plus, on doit débourser une petite somme supplémentaire pour chaque bagage placé dans le coffre.

On en trouvera sans problème à l'aéroport et aux abords des gares et des grands hôtels, sans oublier les stations de taxis disséminées un peu partout dans les villes plus importantes.

Le transport maritime

Plusieurs transporteurs privés assurent la navette avec les îles qui se trouvent au large du littoral. Parfois, vous pourrez vous étonner du prix demandé pour couvrir une si courte distance...

Il est également possible de se rendre en Corse au départ de

Nice. Vous trouverez les renseignements pertinents dans le chapitre sur Nice (voir p ?).

Les amateurs de navigation de plaisance trouveront en différents endroits – mais surtout dans les grands centres balnéaires – d'innombrables possibilités de location d'embarcations, depuis le petit bateau jusqu'au grand yacht avec skipper.

Taux de change

1 FF : 0,20 $CAN	1 $CAN : 4,97 FF
1 FF : 0,23 FS	1 FS : 4,32 FF
1 FF : 6,15 FB	10 FB : 1,63 FF
1 FF : 25,35 PTA	100 PTA : 3,94 FF
1 FF : 295,01 LIT	1000 LIT : 3,39 FF
1 FF : 0,13 $US	1 $US : 7,49 FF
1 FF : 0,15 € (EURO)	1 € (EURO) : 6,56 FF

L'argent

La devise locale est le franc français (F), divisible en 100 centimes. Des pièces de 5, 10 et 20 centimes, ainsi que de ½, 1, 2, 5, 10 et 20F (attention à ne pas confondre avec les deux derniers!), circulent sur le marché, en plus des billets de 20, 50, 100, 200 et 500F.

Afin de faciliter l'utilisation de ce guide une fois sur place, tous les prix indiqués le sont en francs français. À partir du 1er janvier 2001, vous pourrez également payer en euros.

Les banques

C'est dans les banques que l'on obtient généralement les meilleurs taux, lorsqu'il s'agit de convertir des devises étrangères en francs.

Les heures d'ouverture de la majorité des institutions bancaires se lisent comme suit : du lundi au vendredi de 8h30 à midi et de 14h à 16h30.

Les bureaux de change

Outre les banques traditionnelles, on peut faire appel aux bureaux de change. Certains de ces bureaux sont ouverts 24 heures par jour. Néanmoins, les taux qu'ils offrent ne sont pas les plus favorables. Sans compter les frais qu'ils exigent parfois...

En dehors des heures d'ouverture des banques et des bureaux de change, il est toujours possible de changer de l'argent dans les plus grands hôtels, mais à des taux bien moins avantageux.

Une solution, qui s'avère souvent la plus avantageuse, consiste à retirer des fonds de son compte de banque avec la carte de guichet automatique ou à obtenir une avance de fonds sur sa carte de crédit (s'assurer que celle-ci comporte un code permettant son utilisation aux guichets automatiques). On évite, de cette façon, les pertes de temps reliées aux attentes à la banque. Une faible commission est perçue (8F), mais le taux utilisé est, en général, meilleur que celui affiché au comptoir.

Les cartes de crédit et les chèques de voyage

Les cartes Visa et MasterCard (ou EuroCard) sont les plus acceptées. Dans les grandes zones très touristiques (Nice, Cannes ou Monaco), on accepte aussi les cartes American Express. Cependant, les établissements plus modestes n'acceptent pas toujours les cartes de crédit. Il convient alors de ne rien prendre pour acquis et de s'informer.

L'utilisation des chèques de voyage ne pose généralement aucun problème, sauf peut-être dans les très petits villages.

Attraits touristiques

Les attraits sont cotés selon un système d'étoiles pour vous permettre de faire un choix si le temps vous y oblige.

★ Intéressant
★★ Vaut le détour
★★★ À ne pas manquer

Le nom de chaque attrait est suivi d'une parenthèse qui vous donne ses coordonnées. Le prix qu'on y retrouve est le droit d'entrée pour un adulte. Informez-vous car plusieurs endroits offrent des réductions pour les enfants, les étudiants, les aînés et les familles. Plusieurs de ces attraits sont accessibles seulement pendant la saison touristique, tel qu'indiqué dans cette même parenthèse. Cependant, même hors saison, certains de ces endroits vous accueillent sur demande, surtout si vous êtes en groupe.

Hébergement

L'infrastructure hôtelière de la région est importante et très variée. Du village de vacances au gîte rural en passant par l'hôtel de luxe et le meublé de tourisme, les options sont nombreuses et fort diversifiées.

Dans cet ouvrage, nous avons cherché à sélectionner les sites nous apparaissant comme les meilleurs de chacune des catégories. Les prix indiqués étaient ceux pratiqués au moment de mettre sous presse et sont, bien sûr, susceptibles d'être modifiés en tout temps. Tous les prix, sauf indication contraire, s'entendent pour deux personnes.

Nous avons de plus indiqué les coordonnées complètes des établissements sélectionnés (adresse postale, téléphone, télécopieur) afin de faciliter les réservations depuis votre lieu de résidence.

La grande hôtellerie

La région compte plusieurs hôtels de luxe – appartenant le plus souvent à des intérêts privés –, principalement regroupés dans les grands centres balnéaires, comme Nice, Cannes, Monaco et Saint-Tropez. Dans ces hôtels trois ou quatre étoiles, on retrouvera les normes internationales en matière de confort et de service.

La petite et moyenne hôtellerie

On trouve un peu partout de multiples petits et moyens établissements qui appartiennent à des particuliers. Ces endroits constituent le plus souvent une garantie de bon accueil et de service personnalisé. Souvent tout aussi bien situés que les hôtels de luxe (près des plages, belle vue, etc.), ils présentent la plupart du temps un meilleur rapport qualité/prix.

Les meublés de tourisme et les résidences hôtelières

Ces deux formules sont en fait très similaires. Dans les deux cas, les invités sont logés dans des studios ou appartements tout équipés, avec cuisinette, réfrigérateur, vaisselle, etc.

Les résidences hôtelières, tout en présentant quelques caractéristiques propres aux hôtels traditionnels (chambres avec salle de bain privée complète, téléviseur et téléphone), se distinguent par le fait qu'on y offre les services quotidiens habituels. Il faut toutefois se renseigner quant aux modalités de réservation, car ce genre de résidence n'est souvent proposé qu'à la semaine.

Les Gîtes de France

Les Gîtes de France regroupent une multitude de gîtes et de chambres d'hôtes. Cette formule est plus fréquente dans les petits villages et plutôt inexistante dans les grands centres touristiques. Elle permet de faire plus ample connaissance avec les habitants.

Le gîte est un logement indépendant, ou attenant à celui du propriétaire, meublé et équipé. On peut, si on le désire, le louer à la semaine. La chambre d'hôte est située dans la maison même du propriétaire et est généralement louée à la nuitée, petit déjeuner inclus.

Tous ces lieux d'hébergement doivent répondre à des critères de qualité précis avant de se voir proclamer «Gîtes de France». Pour avoir accès à une liste complète, vous pouvez vous procurer dans les librairies de voyage le répertoire annuel des *Gîtes Ruraux de France*, ou celui des *Chambres et Tables d'Hôte en France*.

Pierre et vacances

Dans la région de la Côte d'Azur, cette organisation regroupe une quinzaine d'établissements qui proposent un éventail de services et d'activités qui s'étendent de la simple hôtellerie (Les Résidences) au style plus complet qu'on retrouve dans les endroits de type *resort* (Les Villages). Ils sont tous admirablement situés à des endroits qui tirent plein avantage de la beauté des environs.

Ils proposent des appartements avec cuisine qui vont du petit studio (pour deux ou trois personnes) au trois-pièces (pour sept personnes). Ce genre d'établissement est idéal pour les familles qui voyagent avec des enfants. Certains sites proposent même des activités spéciales pour les enfants.

Les locations se font sur une base hebdomadaire seulement. Vous pouvez obtenir de plus amples renseignements en contactant :

Espace Pierre et vacances
94 bd du Montparnasse
75014 Paris
☎***01.41.26.22.22***

Le camping

Il y a beaucoup de terrains de camping dans la région qui satisferont les amateurs les plus exigeants. On y trouve une très grande diversité de sites ayant chacun leurs mérites. Néanmoins, le camping sauvage est prohibé.

Restaurants et gastronomie

$	jusqu'à 75F
$$	75F à 150F
$$$	150F à 225F
$$$$	supérieur à 225F

La Provence et la Côte d'Azur regorgent de bonnes tables. On peut y faire d'excellents repas. Il s'agit là, à n'en point douter, d'une des grandes qualités de cette région. La rencontre en ces lieux des traditions culinaires françaises et italiennes permet, en effet, de proposer une restauration variée, aux saveurs sans pareilles et où la Provence transparaît toujours. Diverses cuisines internationales sont également représentées (orientale, occidentale, africaine, etc.), complétant ainsi le tableau gastronomique de la région.

En règle générale, les heures de service dans les restaurants s'étendent de midi à 15h et de 19h à 22h. Dans les grands centres, on pourra trouver à se restaurer même plus tard, surtout pendant la haute saison. Quelques établissements ne servent que le dîner, à partir de 19h, et, hors-saison, la plupart ferment leurs portes une journée par semaine.

Il est fortement conseillé de réserver votre table à l'avance, surtout en saison touristique de pointe. Vous en profiterez alors pour vérifier si

Lexique gastronomique

Aïoli : mayonnaise à l'ail, plutôt épaisse et parfumée, à l'huile d'olive.

Anchoïade : purée d'anchois à laquelle on ajoute de l'huile d'olive et des câpres.

Le bœuf en daube : bœuf cuit avec huile d'olives, lard, oignons, ail et herbes. Accompagné d'une sauce au vin rouge.

Gnocchis : pâtes faites à base de pommes de terre. Remarquez que leur origine est niçoise et non italienne.

La *porchetta* niçoise : cochon de lait farci avec de l'ail, des oignons et des herbes. Se fait aussi avec du lapin.

Le lapin à la provençale : cuit à feu doux dans du vin blanc avec ail, moutarde, herbes et tomates.

Le loup au fenouil : le loup est un poisson qu'on appelle aussi «bar», et qui est très souvent au menu des restaurants.

Le pan bagnat : gros sandwich niçois fait d'anchois, de tomates et de câpres, arrosé d'huile d'olive.

La pissaladière : tarte (quiche) à l'oignon avec anchois et olives. À n'en pas douter, une spécialité niçoise.

La soupe au pistou : soupe aux légumes assaisonnée de pistou (mélange de basilic, d'ail et d'huile d'olive), appelé *pesto* en Italie.

La ratatouille niçoise : courgettes, aubergines et tomates rehaussées d'herbes de Provence, d'ail, d'oignons et d'huile d'olive. Se mange chaud ou froid.

Les raviolis : autre spécialité niçoise. Pâtes farcies avec de la viande ou des légumes. De préférence, il faut goûter ceux de fabrication maison.

La rouille : accompagne la soupe de poisson et la bouillabaisse. Concoctée avec des piments rouges écrasés, de l'ail, de l'huile d'olive, de la mie de pain et un peu de bouillon de la soupe.

La salade niçoise : laitue garnie de poivrons verts, de tomates, de filets d'anchois, de radis et d'œufs. Mais il semble qu'il existe plusieurs variations, car parfois on y ajoute des haricots verts et même des betteraves. Et arrosée, cela va sans dire, d'huile d'olive.

La tapenade : purée d'olives noires ou vertes à laquelle on ajoute des câpres, de l'huile d'olive et un peu d'anchois.

les cartes de crédit sont acceptées dans l'établissement qui a retenu votre attention, car ce n'est pas toujours le cas.

Dans cet ouvrage, nous avons tenté de donner la meilleure sélection possible de restaurants pouvant convenir à tous les budgets. Chaque fois, vous retrouverez le numéro de téléphone, ce qui facilitera vos démarches de réservation. Les prix mentionnés constituent une indication du coût d'un repas pour deux personnes, avant les boissons, mais incluant taxes et service. D'ailleurs, tous les prix affichés sur les menus sont des prix nets, c'est-à-dire qu'ils incluent les taxes et le service.

La cuisine niçoise et provençale

Pendant votre séjour sur la Côte, vous en profiterez pour vous familiariser avec la gastronomie locale, une cuisine variée et tout à fait délectable. Quelques bonnes tables se spécialisent dans la **cuisine provençale traditionnelle**, un mélange d'influences provenant des terroirs italiens et français, où l'olive et les herbes règnent. L'essence de cette cuisine tient dans l'utilisation de produits toujours frais qui proviennent du terroir régional. Note : il y a très peu d'espèces de poissons locales, malgré le fait que la bouillabaisse ait donné ses lettres de noblesse à la cuisine locale. Les rares espèces locales de poissons, le loup et la rascasse, entrent d'ailleurs dans la composition de la bouillabaisse. Puisqu'il y a des restrictions de pêche sur ces poissons, le prix de la bouillabaisse est conséquent. Ainsi, on trouvera de nombreux produits de la mer, en particulier les crustacés et les mollusques, qui proviennent de l'Atlantique, au menu des restaurants.

Tarification dans les cafés

Les cafés et brasseries, et parfois aussi les restaurants, appliquent des tarifs différents selon que vous consommez debout au bar, assis à une table ou assis à la terrasse. Ce qui semble naturel aux Méditerranéens s'avère tout à fait surprenant pour les Européens du Nord et encore plus pour les Nord-Américains. Si vous désirez prendre un petit café pour vous réveiller rapidement, prenez-le donc debout au bar. Vous participerez d'ailleurs ainsi à une tradition bien latine. Le café vous coûtera alors un peu plus de 5F. Si vous le prenez assis à une table, il vous coûtera un peu plus de 10F, alors que, sur la terrasse, il pourra facilement vous coûter 15F. Ne commettez surtout pas l'erreur de commander votre café au bar pour aller le boire assis à la terrasse!

Les boissons

Le **pastis** est l'apéro méridional le plus répandu. Les deux marques les plus connues sont le Pernod et le Ricard – de là, l'expression souvent entendue dans les bars : *«Donnez-moi un Pernod!»*

Autre apéro très populaire, le **kir** est composé de vin blanc arrosé d'un peu de liqueur de cassis ou de framboise. Le kir royal substitue le champagne au vin blanc.

Il n'existe aucune **bière** de fabrication régionale. Les trois marques de bière les plus répandues sont la Heineken, la Carlsberg et la Kronenbourg. Elles sont souvent servies en pression. Pour changer, essayez un **panaché**, mélange de bière et d'eau gazeuse citronnée.

Le **vin** est privilégié dans la région, en particulier les côtes-de-Provence et les vins de Bandol. Ces derniers sont dotés d'une A.O.C. (appellation d'origine contrôlée) et prennent toute leur ampleur lorsqu'ils sont vieillis. De plus, on trouve presque partout des cuvées locales de qualité acceptable, sinon étonnante.

Un petit pastaga?

En 1915, l'absinthe, contenant des substances «épileptisantes» et des produits considérés comme des stupéfiants, est frappée d'un interdit catégorique. La boisson anisée, qui a fait des ravages parmi ses amateurs, est officiellement interdite à la vente et à la consommation en France. Dans le Midi, où l'on connaît depuis des siècles les vertus rafraîchissantes de l'anis, cet interdit ne marque pas la fin des boissons de ce type et les patrons continuent à fabriquer très artisanalement leurs propres produits. Après sept ans de prohibition, les pouvoirs publics autorisent enfin la consommation des autres boissons anisées. Dès 1922, la Provence voit naître une véritable frénésie pour le «petit jaune». Désaltérant et économique, le pastis devient la vedette des comptoirs. Les marques se multiplient et le pastis se veut rapidement synonyme de soleil et de bord de mer. En 1932, un ingénieux Marseillais du nom de Paul Ricard met au point son propre pastis. Profitant d'un efficace réseau de vente et de distribution, le nouveau pastis *Ricard* prend vite la première place d'un fabuleux marché qui dépassera rapidement les limites méridionales. Depuis les années cinquante, et à la suite des interdictions découlant de la Seconde Guerre mondiale, le pastis a traversé les frontières et fait des amateurs sur presque tous les continents.

La région produit une quantité appréciable de vin rosé. Il est bu frais et souvent à l'apéro.

Dans les restaurants, il est toujours plus avantageux de commander les vins du pays en pichet. Ils sont généralement plutôt légers et frais, et garantissent un bon rapport qualité/prix. Outre les vins régionaux, la plupart des restaurants maintiennent une bonne sélection de vins français, mais le plus souvent aux prix retentissants...

Sorties

On trouve de tout dans cette région. Les gens qui aiment sortir le soir peuvent choisir parmi une foule d'activités et d'endroits, en particulier dans les grands centres : casinos, théâtres, concerts, nombreuses boîtes de nuit, discothèques, etc. Par contre, les gens qui préfèrent le calme seront comblés par le silence des petits villages de l'arrière-pays.

Il existe deux publications hebdomadaires qui vous informent de tout ce qu'il y a à faire dans la région : *L'Officiel des Loisirs* et *La Semaine des Spectacles*, toutes deux vendues 3F dans les kiosques à journaux. Ces publications procurent également des renseignements sur les expositions, les musées, les restaurants et les salles de cinéma.

Achats

Les amateurs de magasinage et de belles boutiques seront comblés à Cannes et à Monaco, où l'on retrouve à peu près tous les grands noms européens (parfums, cristal, haute couture, montres, articles de cuir, etc.). De plus, Les Galeries Lafayette ont une succursale à Nice.

Mais, puisque ces centres sont très touristiques, il faut peut-être se méfier des prix. Bien sûr, comme partout ailleurs, il y a toujours possibilité de conclure de bonnes affaires.

Les heures d'ouverture des magasins sont généralement de 9h à 13h et de 15h à 19h du lundi au vendredi, et de 9h à 17h le samedi. Outre les grandes rues commerçantes, les grandes villes comptent plusieurs centres commerciaux en banlieue.

Les grands magasins offrent généralement la possibilité de se faire rembourser les taxes – ce qu'on appelle la «détaxe» –, lorsqu'on achète pour une somme qui dépasse 2 000F. Il faut se renseigner aux comptoirs d'information. Cette détaxe ne s'applique qu'à ceux qui résident hors de la Communauté économique européenne. On doit présenter les factures **et** les marchandises à la douane française en quittant le pays. Un chèque de remboursement est ensuite envoyé par la poste. De plus, plusieurs établissements qui vendent des parfums pratiquent des prix qu'on dit *duty free*.

Parmi les objets plus typiques à la région pouvant constituer d'agréables souvenirs qui prolongent le voyage (ou du moins, qui en donnent l'impression...), mentionnons les savons, les herbes de Provence, les produits de l'olive, les santons de Provence (petites figurines qui relatent la vie quotidienne provençale), les poteries et, bien sûr, le vin.

Les amateurs de brocante et d'antiquités doivent se rendre sur le cours Saleya, à Nice, où se tient un grand «marché aux puces» tous les lundis. De plus, Nice compte un grand nombre de magasins d'antiquités regroupés principalement autour de l'Acropolis et de l'hôtel Negresco. Enfin, il y a deux importants salons d'antiquités qui ont lieu dans la région : début janvier à Cannes et autour de Pâques à Antibes. *La Semaine des Spectacles*, ce petit magazine hebdomadaire, donne généralement quelques détails.

Il ne faut pas oublier tous les produits artisanaux qu'on peut acquérir dans les petits centres et villages de l'arrière-pays, comme Tourrettes-sur-Loup, Gourdon ou Moustiers-Sainte-Marie.

Calendrier

Les jours fériés

1er janvier
Jour de l'An

Variable
Lundi gras (Nice)

Variable
Mardi gras (Nice)

Variable
Vendredi saint

Variable
Pâques

1er mai
Fête du Travail

8 mai
Armistice 1945

Variable
Ascension

Variable
Pentecôte

14 juillet
Fête nationale

15 août
Assomption

1er novembre
Toussaint

25 décembre
Noël

Divers

Décalage horaire

Il y a six heures de décalage avec le Québec et l'Est américain. Quand il est midi à Montréal, il est 18h à Nice. Plus on s'éloigne vers l'ouest, plus le décalage augmente. Ainsi, les côtes ouest, canadienne et américaine, connaissent un décalage de neuf heures. Le changement d'heure ne se faisant pas au même moment en Europe et en Amérique, pendant quelques semaines en avril,

Événements et manifestations

Janvier
Salon des antiquaires à Cannes;
Célébration de la fête de sainte Dévote à Monaco;
Festival du cirque de Monte-Carlo (janvier-février).

Février
Carnaval de Nice (deuxième quinzaine);
Fête du citron (deuxième quinzaine);
Corsos du mimosa et corsos fleuris à Sainte-Maxime, à Bormes-les-Mimosas et à Saint-Raphaël (se continue jusqu'en mai).

Mars
Fête des violettes à Tourrettes-sur-Loup;
Concours de boules dans tout le Var (se continue jusqu'en septembre).

Avril
Exposition florale internationale à Cagnes-sur-Mer (début avril);
Salon des antiquaires à Antibes;
Foire des vins à Brignoles;
Festival du Printemps des Arts de Monte-Carlo (avril-mai).

Mai
Festival international du film à Cannes;
Fête de la rose à Grasse;
Foire artisanale et produits artisanaux à Aups;
Floralies à Sanary-sur-Mer;
Festival des arts et de la poésie à La Seyne-sur-Mer;
Grand Prix automobile de Monaco.

Juin
Triathlon de Nice;
Fêtes médiévales à Coaraze;
Foire de l'olive à Draguinan;
Festival de musique de Toulon (juin-juillet);
Fête des fleurs à Bormes-les-Mimosas;
Exposition du Prix international d'art contemporain

Juillet
Festival international de jazz à Antibes – Juan-les-Pins;
Festival d'art lyrique «Musiques au cœur d'Antibes» (juillet-août);
Festival de jazz à Cannes;
Festival international de folklore du Lavandou.

Rencontres internationales de musique médiévale à l'abbaye du Thoronet (mi-juillet);
Jazz à Ramatuelle (mi-juillet);
Festival de Provence à Sanary-sur-Mer (tout l'été);
Fête des pêcheurs à Saint-Tropez (début juillet);
Festival international des feux d'artifice de Monte-Carlo (juillet-août);

Août
Festival de musique à Menton;
Fête du jasmin à Grasse;
Foire vinicole et artisanale à Vidauban;
Foire du cuir à Barjols;
Festival de jazz au Fort Napoléon de La Seyne-sur-Mer;
Festival de théâtre à Ramatuelle;
Festival international de musique de chambre à Entrecasteaux;
Festival national de pétanque aux Arcs-sur-Argens;
Festival de folklore mondial à Le Beausset.

Septembre
Salon des antiquaires, brocanteurs et métiers d'art à Cagnes;
Foire aux potiers à Fayence.

Octobre
Festival international des marionnettes à Cannes;
Floralies «fleurs séchées» à Entrecasteaux;
Festival de la bande dessinée à Hyères;
Festival des quatuors à cordes à Fayence;
Coupe du Monde de triathlon à Monaco;
Foire internationale de Monaco (FICOMIAS).

Novembre
Festival international de danse à Cannes;
Festival international de jazz d'hiver à Cannes;
Festival MANCA (musique actuelle) à Nice;
Foire aux châtaignes à La Garde-Freinet.

Décembre
Foires aux santons à Fréjus, à Aups, à Draguignan, à Bormes-les-Mimosas et à La Garde-Freinet (novembre-décembre);
Fête du millésime des vins de Bandol (5 décembre).

le décalage est de sept heures, alors qu'il est de cinq heures pendant quelques semaines en octobre.

Électricité

Les prises électriques fonctionnent à une tension de 220 volts (50 cycles). C'est donc dire que les voyageurs nord-américains doivent se munir d'un adaptateur et d'un convertisseur pour utiliser leurs appareils électriques.

Femme seule

Une femme voyageant seule ne devrait pas rencontrer de problèmes. En général, les hommes sont respectueux des femmes, et le harcèlement est relativement peu fréquent. Bien sûr, un minimum de prudence s'impose; par exemple, évitez de vous promener seule, dans des endroits mal éclairés, tard la nuit...

Les gays

En France, la perception publique de la communauté gay est moins libérale que sur le continent américain. Et ce, de façon plus évidente, dans le sud du pays, à cause de la présence de la culture méditerranéene dont les valeurs se fondent sur une idée traditionnelle de la famille où le machisme fait encore souvent foi. De plus, puisqu'on relève une forte présence de l'extrême-droite dans la région de la Provence-Côte d'Azur, ce mouvement y sème la haine non seulement contre les étrangers, mais également envers les communauté homosexuelle.

Dans ce contexte, il existe dans les grandes villes des associations gays appelées «SOS Homophobie», qui dénoncent les actes violents
faits contre la communauté et viennent en aide aux victimes de ces actes. Par ailleurs, d'autres associations gays luttent contre le sida et aident les victimes. Sinon, la vie gay des grands centres connaît un certain épanouissement et possède ses lieux de rencontres tels que bars, discothèques, salles de sport et parfois même saunas, même s'ils sont plutôt cachés. Vous trouverez quelques adresses dans les sections «Sorties».

Poids et mesures

Le système métrique est en vigueur en France.

Tabacs

On vend cigarettes, timbres-poste et cartes d'appel téléphonique dans les tabacs ou bars-tabacs. On repère facilement ces établissements par leur affiche lumineuse en forme de deux cônes rouges, l'un contre l'autre, généralement accompagnés du mot «Tabac».

Soupe au pistou

Plein air

Le climat exceptionnel et le relief varié permettent à la région de la Provence-Côte d'Azur d'offrir aux tempéraments actifs une foule d'activités de plein air.

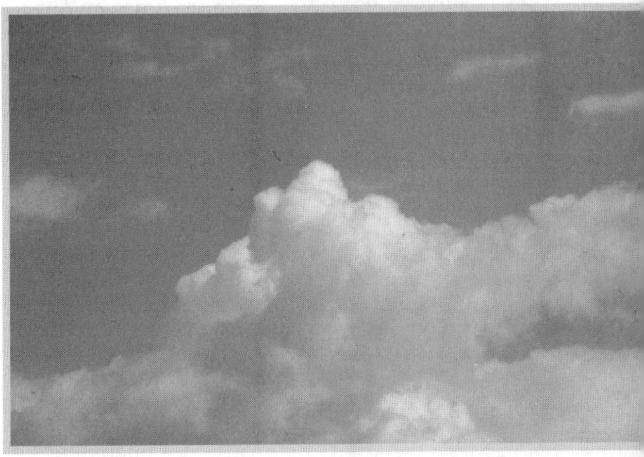

Le Provence et la Côte d'Azur épousent en effet le contour des côtes de l'immense mer Méditerranée, puis s'élèvent jusqu'à des altitudes atteignant 1 900 m au sommet du mont Ventoux; l'extraordinaire diversité géographique rend ainsi possibles toutes sortes d'activités, de la baignade au ski alpin et de la planche à voile au deltaplane.

Nous dressons dans le présent chapitre une liste des activités les plus prisées afin de brosser un tableau d'ensemble des sports de plein air. Dans les chapitres ultérieurs, tous consacrés à une région définie, la section «Activités de plein air» fournira des adresses détaillées, nous permettant ainsi d'aller encore plus loin dans la précision des renseignements mis à la disposition du lecteur.

Parcs

Vous trouverez en Provence le **Parc naturel régional du Luberon** (120 000 ha), qui chevauche les départements du Vaucluse et des Alpes-de-Haute-Provence, de même que le **Parc naturel régional de la Camargue** (72 000 ha), dans les Bouches-du-Rhône. Les organismes responsables de la gestion de ces deux parcs doivent veiller à préserver l'environnement tout en en faisant la promotion. Ils organisent en outre diverses activités, allant des randonnées guidées aux festivals environnementaux en passant par les visites de musées.

Centre de Ginès
Centre d'information du parc naturel
Pont de Gau
13460 Saintes-Maries-de-la-Mer
☎***04.90.97.86.32***
information seulement

Mas du Pont de Rousty
Pont de Rousty
13200 Arles
☎***04.90.97.10.40***
Musée du parc de la

Les périodes de floraison

Êtes-vous amateur de fleurs? Alors sachez que la saison commence déjà en janvier par le mimosa...

Le **mimosa**
(janvier à mars)

La **violette** de Tourrettes-sur-Loup
(mars-avril)

La **fleur d'oranger**
(avril-mai)

La **rose** de Grasse
(mai)

Le **jasmin**
(avril à juin)

Le **narcisse sauvage** de la plaine de Valderoure
(fin mai)

La **lavande**
(été)

La **tubéreuse**
(juillet-août)

Camargue et sentier balisé, à 12 km au sud-ouest d'Arles sur la D570.

Maison du parc du Luberon
1 place Jean Jaurès
84400 Apt
☎***04.90.74.08.55***
information, musée et boutique

Côte d'Azur

Ensemble de hautes montagnes parsemé de nombreux petits lacs et de vallons, la **vallée des Merveilles** offre un paysage grandiose. Le site est unique grâce surtout aux gravures préhistoriques qu'on peut y voir.

D'ailleurs, le parc national du Mercantour (créé en 1973) est l'un des 7 parcs nationaux de France. Il couvre 68 000 ha d'espaces préservés.

C'est l'endroit idéal pour les amateurs d'excursions pédestres. Cependant, il vaut mieux prévoir de bonnes chaussures de marche et un lainage à cause des intempéries possibles, compte tenu de la hauteur. Une description détaillée se trouve dans le chapitre «De Nice à Tende» (voir p 400).

Renseignements
Destination Merveilles
☎***04.93.73.09.07***
Destination Nature
☎***04.93.33.06.93***

Loisirs d'été

Baignade

Provence

La Provence n'est pas qu'une succession de villages perchés à flanc de falaise et de pistes de randonnée exceptionnelles. On y trouve également des cours d'eau, des rivières et des étangs cristallins qui invitent volontiers à la baignade par temps chaud. On dénombre plus de 20 sites officiellement désignés «lieux de baignade» dans le Vaucluse, et tous sont annuellement évalués en ce qui a trait à la qualité de l'eau (*A* pour bonne, *B* pour moyenne et *C* pour les eaux pouvant être polluées à l'occasion). Téléphonez au service de la santé de la DDASS (Direction départementale des Affaires sanitaires et sociales) pour un rapport à jour sur la qualité de l'eau des différents sites au ☎04.90.27.70.00. Il n'y a pas de surveillants de plage à tous les endroits; il appartient donc à chaque baigneur de veiller à sa propre sécurité.

Dans les Bouches-du-Rhône, les plages de sable et de galets de la Camargue, à proximité de la Méditerranée, y compris celles de la région de Saintes-Maries-de-la-Mer, offrent un large éventail de choix. À Marseille, la municipalité a diligemment reconquis les sols marins au cours des années quatre-vingt, si bien qu'aujourd'hui les plages du Prado comptent parmi les destinations estivales les plus populaires, aussi bien pour les habitants de la ville que pour les visiteurs. Une gamme complète d'activités nautiques sont proposées, quoique la baignade et le bronzage demeurent les occupations favorites des vacanciers (voir p 251).

On trouve des plages naturistes à Martigues (plage de Bonnieu), à Salin-de-Giraud en Camargue (plage de Piemanson, aussi connue comme la plage d'Arles) et à la calanque Sugiton, près de Marseille (à une heure de marche de l'aire de stationnement de Luminy).

Côte d'Azur

Des plages, il y en a partout! Souvent petites et rocheuses, à l'exception des grandes stations balnéaires, comme Saint-Tropez, Cannes ou Antibes–Juan-les-Pins, elles revêtent différents aspects. Les plages de Nice et de Menton sont reconnues pour leurs galets, ces petites pierres plates. Certains endroits sont un peu plus «sauvages» à cause des rochers : Saint-Jean-Cap-Ferrat, Cap-Martin, les îles de Lérins et les îles d'Hyères.

La plage «classique» de sable se retrouve à Antibes, à Golfe-Juan et à Cannes, mais les plus belles se trouvent sûrement dans les environs de Saint-Tropez, sur sa presqu'île. Elles sont larges et s'y succèdent sur plusieurs kilomètres. Mais ne vous attendez pas à être seul, surtout en juillet et en août... C'est pourquoi elles sont forcément moins propres que celles, plus calmes et donc plus agréables, que l'on trouve entre le Lavandou et Hyères.

Outre la mer, il y a peu d'endroits propices aux sports nautiques, à part le lac de Saint-Cassien et le très grand lac de Sainte-Croix, lac artificiel à la belle couleur émeraude.

La couleur de l'eau varie d'un endroit à l'autre. Elle va du bleu profond au bleu turquoise, caractéristique des eaux des Caraïbes. D'ailleurs, quand on débarque à l'île de Porquerolles, on a l'impression d'être arrivé dans une île des Caraïbes. L'eau, à Nice, revêt toute la gamme des couleurs.

La mer est généralement calme ou peu agitée lorsqu'il y a des orages. Par conséquent, il n'y a pas vraiment de vagues.

La qualité de l'eau est normalement bonne. Les eaux les plus propres se trouvent sur la presqu'île de Saint-Tropez et sur les îles. Enfin, certains endroits n'invitent guère à la baignade à cause de la présence d'algues et de toutes sortes de saletés.

La température de l'eau permet la baignade entre juin et début octobre. Pendant le mois de juin, l'eau passe de 16°C à 21°C. Elle peut atteindre jusqu'à 25°C en juillet et en août. En septembre, elle est normalement agréable.

Il y a deux choses auxquelles les baigneurs devraient faire attention : les oursins, sorte de boules épineuses qui se fixent aux rochers, et les méduses, qui collent à la peau et brûlent.

La seule plage naturiste «officielle» se trouve sur l'île du Levant. D'ailleurs, la petite partie (10%) qui n'est pas occupée par la Marine française, Héliopolis, est un domaine réservé entièrement aux amateurs de naturisme. Sinon, les endroits moins accessibles sont souvent des lieux où le naturisme se pratique, en particulier l'île Sainte-Marguerite (au large de Cannes) et le côté ouest de Saint-Jean-Cap-Ferrat. Toutefois, il est courant pour les dames de se dénuder les seins.

Les insolations

La majorité des plages publiques n'offrent aucune possibilité de se réfugier à l'ombre. Les risques d'insolation sont donc importants. Crampes, chair de poule, nausées et manque d'équilibre constituent les premiers symptômes d'une insolation. Dans une telle situation, la personne souffrante devrait être rapidement mise à l'ombre, réhydratée et ventilée.

Afin d'éviter ces embarras, veillez à toujours porter un chapeau et munissez-vous d'une bonne crème solaire. De plus, il est fortement conseillé d'aller à la plage vers la fin de l'après-midi. À cette heure-là, les rayons ultraviolets du soleil sont beaucoup moins forts. Sinon, optez pour l'une des nombreuses plages privées qui disposent de parasols.

Navigation de plaisance/ yachting

Provence

Vous trouverez dans la région toutes sortes de possibilités de prendre le large, y compris des excursions en mer et la location de tout type d'embarcations. Naturellement établies sur la côte méditerranéenne, dans les principaux ports que sont Marseille, Cassis et La Ciotat, plusieurs entreprises proposent aux amateurs de voile tout un éventail d'activités. Informez-vous aux offices de tourisme locaux pour connaître les détails des événements présentés, y compris les courses et les régates. Sinon, adressez-vous au :

Comité départemental de voile
Base de Tholon
18 boulevard de Vallier
13500 Martigues
☎***04.42.80.12.94***

Côte d'Azur

Association des ports de plaisance de la Méditerranée, du littoral et des voies navigables françaises
83 700 Saint-Raphaël
☎***04.94.95.34.30***

Canoë-kayak

Provence

Bien que la majorité des cours d'eau de Provence ne se prêtent guère à ce genre d'activité sportive, il existe une exception : la panoramique rivière Sorgue du Vaucluse, courue par tous les amateurs.

Pour une excursion avec guide accompagnateur et commentaire dynamique sur la Sorgue, entre Fontaine-de-Vaucluse et L'Isle-sur-la-Sorgue, adressez-vous à :

Michel Melani, Kayak Vert
84800 Fontaine-de-Vaucluse
☎***04.90.20.35.44***

Pour prendre des cours individuels ou en groupe, adressez-vous au :

Club de Canoë-Kayak Islois
La Cigalette
84000 L'Isle-sur-la-Sorgue
☎***04.90.38.33.22***
☎***04.90.20.64.70***

Pour tout autre renseignement, adressez-vous au :

Comité départemental de canoë-kayak
Jean-Pierre Claveyrolle
HLM Les Contamines 3, n° 106
EGI
route d'Avignon
84300 Cavaillon
☎***04.90.71.32.53***

Côte d'Azur

Aéro Aventures
☎***04.93.83.37.33***

Azur Canyoning
☎***04.93.29.36.34***

Espaces Sauvages
☎***04.93.08.15.18***

Sports nautiques

Côte d'Azur

Le long du littoral, on peut pratiquer tous les sports nautiques, en passant par la plongée sous-marine (l'île des Embiez s'y spécialise), la planche à voile et la voile, le ski nautique, etc. Puisque ces activités sportives nécessitent la location d'équipement, elles sont généralement pratiquées sur les plages des plus grands centres. Vous trouverez plus de détails dans la section «Activités de plein air» des différents chapitres.

De plus, plusieurs formules sont proposées aux visiteurs en ce qui a trait à des excursions organisées en mer ou à la location d'embarcations de toutes sortes.

Les loueurs de bateaux et les clubs de nautisme offrent toute une panoplie de possibilités aux marins en herbe.

Plongée sous-marine

Provence

Les gorges cachées du Vaucluse, particulièrement le long de la rivière Albion (qui relie les sites terrestres de la Fontaine de Vaucluse, du canyon de la Nesque et du plateau d'Albion), recèlent des sites de plongée tout à fait uniques quoique dangereux. Seuls les plongeurs certifiés y ont d'ailleurs accès. Adressez-vous au :

Comité départemental de spéléologie du Vaucluse
Musée Requien
67 rue Joseph-Vernet
84000 Avignon

Les bassins calcaires de la côte méditerranéenne, riches d'une faune et d'une flore colorées, attirent les plongeurs expérimentés du monde entier. La portion de la côte qui s'étend entre Marseille et Cassis présente d'ailleurs certaines des meilleures conditions de plongée de toute l'Europe. On a même découvert des grottes sous-marines préhistoriques, notamment la grotte Cosquer, en juillet 1991. Là, par 37 m de fond, Henri Cosquer découvrait alors une grotte aux parois peintes au charbon ou à l'oxyde de magnésium, il y a de cela 10 000 ou 20 000 ans. Les plongeurs qui désirent s'y aventurer doivent être certifiés et chevronnés; d'ailleurs, on propose en plusieurs endroits de la région de Marseille des cours d'une journée ou d'une demi-journée (incluant une première sortie en mer). Pour plus de détails, adressez-vous au :

Comité départemental des sports sous-marins
24 quai de Rive Neuve
13007 Marseille
☎*04.91.09.36.31*

Comité départemental des plongeurs
☎*04.93.61.26.07*

Spéléologie

Côte d'Azur

Aero Aventures
☎*04.93.83.37.33*

Pêche

Provence

Les rivières et les étangs de la région sont les rendez-vous favoris des amateurs de pêche. Parmi les espèces les plus communes évoluant dans ces eaux, mentionnons la truite, le saumon et l'anguille. La pêche en haute mer se pratique le long de la côte méditerranéenne à partir des ports de Cassis, de La Ciotat et de Marseille, pour ne nommer que ceux-là (les offices de tourisme vous donneront plus de détails). Vous devez respecter les règlements locaux, de sorte que nous vous suggérons de vous mettre en contact avec les associations de la région avant de jeter votre ligne à l'eau.

On pratique par ailleurs en Provence un autre type de pêche, dite «pêche à pied», sur les rivières sablonneuses de la région marécageuse qu'est la Camargue; il s'agit alors de ramasser à la main de petits mollusques connus sous le nom de «tellines», semblables aux moules mais beaucoup plus petits. Apprêtées avec de l'ail et du persil, ces savoureuses créatures sont servies comme hors-d'œuvre dans la région.

Dans le Vaucluse, adressez-vous à la :

Fédération départementale de pêche
5 boulevard Champfleury
84000 Avignon
☎*04.90.86.62.68*

Dans les Bouches-du-Rhône, adressez-vous à la :

Fédération départementale de pêche
Espace La Beauvallée - Hall B
rue M. Gandhi
13084 Aix-en-Provence
☎*04.42.26.59.15*

Deltaplane

Provence

Voler suspendu à une voile portante à une altitude de 2 500 m constitue certes une approche stimulante par rapport aux sports plus «terre-à-terre». Dans le Vaucluse, les organismes voués à cette activité se retrouvent essentiellement autour du mont Ventoux et dans le Luberon. Dans les Bouches-du-Rhône, la montagne Sainte-Victoire et le massif de Sainte-Baume comptent parmi les sites les plus populaires.

Pour de plus amples renseignements sur les sites, les conditions de vol, les cours proposés et les écoles de deltaplane de la région, adressez-vous aux organismes suivants :

Ligue de Vol Libre de Provence
à l'attention de A. Keller
2 rue Émile Guigues
03200 Embrun
☎/⇄*04.92.43.53.71*

Association Vaucluse Parapente
Maison IV de Chiffre
26 rue des Teinturiers
84000 Avignon
☎*04.90.85.67.82*

Côte d'Azur

Fédération française de vol libre
☎*04.97.03.82.82*

Randonnée pédestre

Provence

La région se prête merveilleusement bien à toutes les formes de randonnée, des promenades paisibles le long des sentiers ruraux aux expéditions en terrain escarpé. Quelle que soit votre condition physique, une chose est certaine : le paysage est toujours remarquable, et vos chances d'apercevoir des espèces végétales et animales peu communes sont bonnes.

Les jardins

La Provence et la Côte d'Azur forment un paradis en ce qui concerne les nombreux jardins botaniques (voir les sections «Attraits touristiques»). Leur existences et le climat favorable ont donné naissance à de multiples événements particuliers. Voici les plus importants.

Monaco :
Salon décoration et Jardins
mars

Nice :
Fêtes des plantes
mars

Sophia-Antipolis :
les Journées jardins de Sophia
mars

Antibes :
Journées Exflora
avril

Vence :
les Jardins de la Cité
avril

Monaco :
Monaco Expo Cactus/ Salon du Jardin méditerranéen
mai

Menton :
le mois des Jardins
juin

Un petit guide pratique et animé, publié par les Éditions Dakota, *Balades nature en Provence*, fera un compagnon parfait pour ces promenades qui resteront certes gravées dans votre mémoire.

Les randonneurs professionnels comme les promeneurs du dimanche seront gâtés dans le Vaucluse et les Bouches-du-Rhône. Le Vaucluse, par exemple, offre plusieurs sentiers balisés aux amateurs de différents calibres.

Des randonnées faciles vous attendent dans les plaines de l'Enclave des Papes autour de Valréas, dans les environs du centre vinicole de Châteauneuf-du-Pape, à travers les champs de faible altitude et le long des petits cours d'eau du Comtat Venaissin. À peine plus ardus, des sentiers bien balisés parcourent les glorieuses collines des Dentelles de Montmirail.

Comme dans la plupart des régions, vous trouverez ici des offices de tourisme, entre autres dans les charmants villages de Séguret, de Gigondas et de Sablet, qui proposent des cartes spécialement préparées à l'intention des visiteurs désireux de découvrir leurs alentours à pied.

Par ailleurs, l'Office de tourisme de Vaison-la-Romaine est particulièrement bien équipé pour répondre à vos questions et vous fournir les cartes dont vous pourriez avoir besoin.

Pour nombre de visiteurs, la Provence est synonyme de villages à flanc de falaise et de champs de lavande tels qu'on en trouve dans le Luberon. D'innombrables sentiers, chemins secondaires et pistes aménagées par des spécialistes sillonnent cette région bénie.

Une grande partie du Luberon est d'ailleurs constituée en parc naturel régional et soigneusement gérée par des spécialistes qui ont publié plusieurs ouvrages sur ses sentiers de randonnée, sa faune et sa flore.

Quant au département des Bouches-du-Rhône, il bénéficie d'une situation en bordure de la mer. Les explorateurs du dimanche sont invités à y découvrir la région de la Camargue, dans le delta du fleuve qu'est le Rhône.

Les amants de la nature ne sont pas laissés pour compte, puisque la plus grande partie de la Camargue forme également un parc naturel régional où vivent en liberté des représentants peu habituels de la faune terrestre, entre autres les fameux flamants roses.

Le long de la côte à l'est de Marseille, les criques, entourées de roches qu'on désigne ici du nom de «Calanques», offrent aux randonneurs chevronnés quelques sentiers justifiant une excursion d'une journée complète.

À l'intérieur des terres, vous avez le choix entre les jolies Alpilles, autour des centres touristiques de Saint-Rémy et des Baux (sentiers relativement faciles, bien qu'accidentés, permettant d'admirer la campagne inondée de soleil, les jours clairs), et mieux encore entre l'incroyable variété de sentiers qui parcourent en tous sens la région bien-aimée de Cézanne : la montagne Sainte-Victoire et le massif de la Sainte-Baume, au sud-est d'Aix-en-Provence.

En raison des risques de feux de forêt, certains sentiers sont systématiquement fermés en été; informez-vous donc à l'office de tourisme de la région qui vous intéresse avant de vous y rendre.

Le gouvernement régional du Vaucluse publie une excellente brochure renfermant une carte et tous les détails concernant les sentiers de randonnée de la région. Il s'agit du *Mémento de la randonnée pédestre en Vaucluse*, que vous pouvez vous procurer en écrivant à la Chambre départementale de tourisme du Vaucluse.

Vous pouvez obtenir des renseignements

spécifiques sur la randonnée dans le Vaucluse en vous adressant au :

Comité départemental de la randonnée pédestre
63 rue César Frank
84000 Avignon

Dans les Bouches-du-Rhône, adressez-vous au :

Comité départemental de la randonnée pédestre
La Batarelle Haute - Bâtiment D1, 1 impasse des Agaces
13013 Marseille

Côte d'Azur

Voilà probablement l'activité de plein air la mieux organisée et pour laquelle le plus d'efforts de développement sont déployés dans l'arrière-pays de la Côte d'Azur. Il faut dire qu'il s'agit là d'une façon privilégiée de faire connaître quelques-unes des plus grandes richesses naturelles de la région.

Ainsi, la région est traversée par un réseau très important de sentiers pédestres balisés et entretenus. D'ailleurs, il existe un réseau de sentiers, dits de «Grande randonnée» (les GR), qui peuvent vous conduire jusqu'au nord de l'Europe.

Des cartes détaillées vous permettront du reste de mieux préparer encore vos excursions. Nous suggérons à cet effet celles de l'Institut géographique national (IGN) de la série bleue (1/25 000), disponibles dans les librairies de voyage.

Plusieurs randonnées sont décrites brièvement dans chacun des chapitres, à l'intérieur des sections «Activités de plein air». De plus, partout dans la région, vous trouverez aisément des guides et des livres qui en feront une description plus détaillée.

En règle générale, on peut toutefois dire que la majorité des circuits sont accessibles à tous. Cela dit, le randonneur sera toujours exposé à certains «dangers» : risque d'insolation, changement de température brusque et risques de brume dans les hauteurs.

Comité départemental de la randonnée pédestre
☎/⇌04.93.09.91.27

Les serpents

Il n'y a qu'un seul animal qui puisse paraître dangereux dans cette région. En effet, dans les collines de l'arrière-pays, on peut rencontrer des vipères; mais les seules qui peuvent être dangereuses sont celles qu'on retrouve dans la région des Bouches-du-Rhône; ailleurs, elles sont inoffensives. Néanmoins, il est avisé de voir un médecin s'il advenait qu'une de ces vipères vous morde.

Cependant, le moindre bruit les fait généralement fuir. Il est donc peu probable que vous en rencontriez.

La pluie

Les pluies sont plus fréquentes au printemps et à l'automne. Alors, si vous prévoyez faire une balade en montagne, il serait plus sage de s'enquérir des prévisions météorologiques avant de partir.

L'habillement

Pour les sentiers en montagne, apportez un chandail à manches longues. Si vous longez le littoral, n'oubliez pas votre maillot de bain et un chapeau pour vous protéger des rayons du soleil.

En hiver, prévoyez des vêtements chauds car, une fois le soleil couché, les températures sont beaucoup plus fraîches, et ce, d'autant plus dans les villages en haute altitude.

Quoi emporter

Pour toute randonnée, votre sac à dos devrait contenir les objets suivants : une gourde, un canif, un antiseptique, des pansements, du sparadrap, des ciseaux, de l'aspirine, de la crème solaire, un insectifuge et la nourriture nécessaire à la durée de l'expédition.

Camping et caravaning

Côte d'Azur

L'infrastructure d'accueil à l'intention des campeurs est très développée dans cette région. Partout, on trouve des campings bien aménagés. Par contre, il faut noter que le camping sauvage est généralement interdit.

Les prix varient beaucoup selon le genre de services offerts.

D'autre part, des loueurs de caravanes ou d'équipement de camping offrent leurs services en plusieurs endroits. Nous mentionnons leurs coordonnées tout au long du présent ouvrage dans les sections «Hébergement».

Vélo

Provence

Le vélo constitue un excellent moyen pour explorer les villages et la campagne environnante. Ce moyen de transport, qu'il s'agisse du cyclotourisme ou de la simple randonnée à vélo, permet au visiteur de prendre le temps d'apprécier l'histoire, les paysages et les parfums de la Provence, tout en lui laissant le loisir de tracer ses propres circuits en fonction de ses goûts personnels. Les hôtels, les auberges et les *bed and breakfasts* mettent souvent des bicyclettes à la disposition de leurs clients; n'hésitez pas à en faire la demande. Pour les randonnées plus sérieuses, surtout en terrain difficile, nous vous recommandons toutefois de vous munir d'un vélo de montagne.

Des cyclistes professionnels du monde entier participent chaque année au Tour de France en juillet, et vous pourrez assister à cet événement passionnant si vous vous rendez en Provence à cette époque de l'année, car le tracé de la course, qui fait le tour du pays, passe dans la région. Les offices de tourisme et la presse locale vous indiqueront à quel endroit et à quel moment les cyclistes sont attendus.

Pour obtenir un calendrier des événements cyclistes et une liste des regroupements locaux, adressez-vous à la :

Ligue de Provence de cyclotourisme
Jacques Maillet
15 La Trévaresse
13540 Puyricard
☎***04.42.92.13.41***

Dans le Vaucluse, adressez-vous au :

Comité départemental du Vaucluse de cyclotourisme
Roland Gabert
4 chemin des Passadoires
84220 Piolnec
☎***04.60.29.62.10***

Dans les Bouches-du-Rhône, adressez-vous au :

Comité départemental des Bouches-du-Rhône de cyclotourisme
Pierre Flecher
Les Pervenches B 12
36 avenue de Saint-Barnabé
13012 Marseille
☎***04.91.34.89.92***

Vélo de montagne (VTT)

Quel meilleur moyen de découvrir les trésors cachés de la Provence que de partir à l'aventure sur un vélo de montagne (aussi appelé VTT ou vélo tout-terrain)! La chaleur des jours d'été et les nombreuses collines à gravir dans les régions du Vaucluse, du Luberon, des Alpilles et de la montagne Sainte-Victoire ont toutefois tendance à en décourager certains. Sachez simplement que vous devez être en bonne condition physique pour apprécier ce sport dans ces régions.

Le gouvernement régional du Vaucluse publie une excellente brochure renfermant une carte détaillée et indiquant les niveaux de difficulté de tous les tracés du département. Certains segments de route sont parfaitement accessibles aussi bien aux simples cyclistes qu'aux amateurs de vélo de montagne. Procurez-vous à l'avance cette brochure intitulée *Mémento de la promenade et randonnée cyclotouriste/VTT en Vaucluse*, auprès de la Chambre départementale de tourisme du Vaucluse.

Pour tout autre renseignement concernant le vélo de montagne sur l'ensemble du territoire provençal, adressez-vous au :

Comité départemental de VTT
Stanis Kowalczyk
5 rue de Bretagne
13117 Lavéra
☎***04.42.81.59.05***

Côte d'Azur

Les nombreuses routes sinueuses aux paysages magnifiques, que ce soit en bordure de mer ou dans les collines de l'arrière-pays, feront le bonheur des cyclistes. Cependant, pendant la haute saison, puisque les cyclistes doivent les partager avec les voitures, ça peut devenir pénible. De plus, la chaleur, la pollution causée par les voitures et les multiples côtes à gravir rendront les choses plus difficiles pour certains. Enfin, une bonne condition physique est nécessaire pour pratiquer cette activité dans l'arrière-pays à cause des nombreux cols, vallées et routes en lacets.

Plusieurs endroits font la location de VTT. Il faut dire que la topographie est idéale pour la pratique de ce sport.

Fédération française de cyclisme
comité régional Côte d'Azur
☎***04.94.38.50.55***

Escalade

Provence

Avec autant de falaises et de surfaces rocheuses abruptes, la Provence se prête merveilleusement bien à ce sport. L'escalade présente toutefois des dangers et ne s'adresse par conséquent qu'aux personnes expérimentées. Quoi qu'il en soit, ne vous y risquez pas sans équipement approprié et sans avoir reçu de formation adéquate.

Dans le Vaucluse, les principaux sites se trouvent à Buoux, aux Dentelles de Montmirail et à la colline Saint-Jacques (Cavaillon). Adressez-vous au :

Comité départemental de la montagne et escalade
7 rue Saint-Michel
84400 Avignon
☎***04.90.25.40.48***

Dans les Bouches-du-Rhône, le nombre de sites de difficultés variables est tout simplement ahurissant. Les plus courus sont Sainte-Victoire, les Calanques (une escalade vertigineuse au-dessus des eaux turquoise de la mer), Sainte-Baume et les Alpilles. Adressez-vous au très efficace Daniel Gorgeon du :

Comité départemental Mont-Alp-Escalade
5 impasse du Figuier
13114 Puylobier
☎***04.42.66.35.05***

Côte d'Azur

Comité départemental de la Montagne et de l'Escalade
☎***04.93.96.17.43***

Équitation

Provence

On trouve plusieurs centres équestres dans les différents coins de la Provence, soit une cinquantaine au total, qui louent des chevaux avec ou sans guide. Il arrive souvent que des cavaliers partent quelques jours à la découverte des collines et des plaines de Provence, mais notez que seuls ceux qui ont l'expérience des hautes altitudes, des terres isolées et des conditions climatiques variables (orages, brouillard, chaleur et froid) peuvent songer à se lancer dans une telle aventure.

Le gouvernement régional du Vaucluse publie une excellente brochure à l'intention des amateurs d'équitation, contenant une carte, des suggestions de pistes, des adresses d'écuries et d'autres renseignements utiles. Pour recevoir ce *Mémento de la randonnée équestre en Vaucluse*, écrivez à la Chambre départementale de tourisme du Vaucluse.

Également dans le Vaucluse :

Comité départemental d'équitation
René François
chemin Saint-Julien
30133 Les Angles
☎***04.90.25.38.91***

Dans les Bouches-du-Rhône, adressez-vous au :

Comité départemental des sports équestres
M. Girard - Les Décanis
chemin de Collaver
13760 Saint-Collaver
☎***04.42.57.35.42***

L'équitation constitue l'un des moyens les plus populaires pour découvrir la faune et la flore de la Camargue sans les perturber. Adressez-vous à l'**Association camarguaise de tourisme équestre**, au Centre de Ginès (Pont de Gau).

Côte d'Azur

L'équitation se pratique dans toute la région. Néanmoins, on trouve plus de centres hyppiques dans l'arrière-pays (même proche), où le paysage est moins urbanisé.

Comité départemental d'Équitation de randonnée
☎***04.93.42.62.98***

Golf

Provence

Pourquoi ne pas entrecouper vos visites touristiques de quelques parties de golf? On trouve en Provence plusieurs parcours à 18 trous de même qu'à neuf trous et des terrains d'entraînement. Le Comité départemental du tourisme des Bouches-du-Rhône publie un excellent guide en couleurs des 11 golfs du département.

Côte d'Azur

La région compte plusieurs terrains de golf, en particulier dans le Var. De plus, le Club Med, à Opio, près de Grasse, privilégie le golf. Les adresses les plus intéressantes sont fournies dans les sections «Activités de plein air» des différents chapitres.

Ligue de golf P.A.C.A
☎***04.42.39.86.83***

Tennis

Certains grands hôtels de type *resort* mettent des courts de tennis à la disposition de leur clientèle. Plusieurs sont dotés d'un système d'éclairage permettant de jouer durant la soirée. L'équipement est souvent fourni sur place, mais le plus souvent offert en location.

Loisirs d'hiver

Ski alpin

Bien qu'il ne se compare pas exactement aux Alpes, le mont Ventoux met deux stations de ski alpin à la disposition des amateurs pendant la saison froide. Appelez au préalable pour connaître les conditions de ski. Cours et location d'équipement disponibles sur place.

Mont Serein
(sept pistes d'une longueur totale de 7 km, restaurant)
☎***04.90.63.42.02***

Chalet Reynard
(deux pistes d'une longueur totale de 3 km)
☎***04.90.63.16.54***
Comité départemental de ski

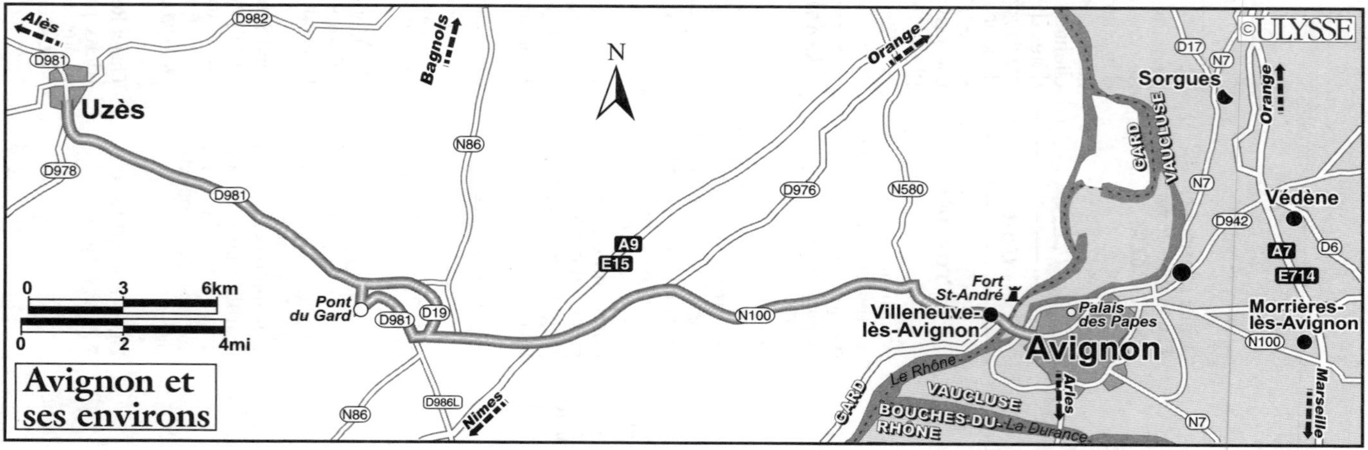
Avignon et ses environs
©ULYSSE
N
Uzès
Alès
Bagnols
Orange
Nîmes
Pont du Gard
Villeneuve-lès-Avignon
Fort St-André
Palais des Papes
Avignon
Arles
Marseille
Sorgues
Vedène
Morrières-lès-Avignon
Le Rhône
La Durance
GARD
VAUCLUSE
BOUCHES-DU-RHÔNE
D981
D982
D978
D19
D986L
N86
A9
E15
D976
N580
N100
D17
N7
D942
D6
A7
E714
0
3
6km
0
2
4mi

Avignon : la porte de la Provence

La ville historique d'Avignon constitue le point de départ classique vers la découverte des richesses de la Provence.

Désormais célèbre pour son imposant palais des Papes, son festival annuel d'arts dramatiques (en été) et ses superbes musées, Avignon subsiste de façon indélébile dans l'esprit de tous les enfants qui ont entonné le refrain de *Sur le Pont d'Avignon*, en référence à un ouvrage du XIIe siècle officiellement connu sous le nom de Pont Saint-Bénezet.

Avignon a été habitée depuis l'ère néolithique. Au IVe siècle av. J.-C., la tribu liguro-celtique des Cavares y formait déjà une communauté et, dès le IIe siècle av. J.-C., elle était devenue un comptoir commercial pour les Massaliotes, originaires de la région. Pendant l'occupation romaine de la Provence (qui dura quatre siècles à partir de 123 av. J.-C.), le bourg s'appelait «Avenio» et faisait l'objet de grandes convoitises du fait de sa position stratégique sur la rive gauche du Rhône. Le rocher des Doms, un plateau de 35 m d'élévation, qui permet une vue avantageuse sur le fleuve, sur l'île de la Barthelasse et sur la campagne avoisinante, devait être le point central du développement d'Avignon.

Après la chute du Saint Empire romain en 476 ap. J.-C., et jusqu'à la fin du Xe siècle, la ville fut habitée par de nombreux peuples et devint le théâtre de luttes de pouvoir et de batailles sanglantes. Entre autres, des troupes barbares, dont les Goths et les Francs, se disputaient chaudement la région. Puis, Charles, plus tard connu sous le nom de «Charlemagne», absorba Avignon avec le reste de la Provence,

Les papes en Avignon

Si Avignon est le centre artistique qu'elle est aujourd'hui, c'est grâce à l'extraordinaire développement culturel qu'elle a connu sous le règne des papes au XIVe siècle. Au début de ce siècle, l'Italie se voyait déchirée par des rivalités familiales, chaque clan cherchant à s'emparer du pouvoir. Le pape Clément V, ancien archevêque de Bordeaux, voulut fuir cette époque turbulente en s'installant en Provence en 1309. Son successeur de 1316 à 1334, Jean XXII (ancien évêque d'Avignon), confirma pour de bon le rôle de la ville en tant que centre du monde chrétien. Il contribua également à la réputation vinicole de la région, puisque le château (désormais abandonné) du fameux village de Châteauneuf-du-Pape lui servait de résidence d'été.

C'est toutefois sous le règne de l'ancien moine cistercien qu'était le pape Benoît XII (1334-1342) et de son cultivé successeur Clément VI (1342-1352) qu'Avignon se développa réellement. Ce qu'on appelle maintenant le «vieux palais» fut construit sous Benoît XII sur le site de l'ancienne résidence des évêques. Le «nouveau palais» fut construit par la suite et reflète davantage les goûts plus raffinés de Clément VI. Ce dernier ne regardait apparemment pas à la dépense, puisque les meilleurs artisans d'Italie et du reste de l'Europe furent dépêchés sur les lieux pour achever son palais.

Aujourd'hui, la sobriété recherchée du palais nous fait davantage songer à une forteresse qu'à une résidence officielle, et non sans raison. Les maisons et les rues étroites se pressaient contre le monument, et le pillage était chose courante dans la région à cette époque. Ce n'est que le 1er février 1404 (sous Benoît XIII) que l'espace frontal du palais fut complètement arasé, dégageant l'impressionnant square piétonnier que nous pouvons admirer aujourd'hui.

Sous le règne de Clément VI, la population d'Avignon atteignait 100 000 personnes. Des pèlerins de toute la chrétienté se rendaient alors en Avignon, et la ville devint un centre intellectuel, attirant poètes, écrivains et artistes dans la région, et jeunes gens à son université. Les meilleurs artisans, ébénistes, tailleurs et orfèvres y installèrent leurs boutiques, et, avec l'envolée de l'économie locale, Avignon devint également un centre financier et commercial.

Des architectes de toute l'Europe construisirent d'élégantes demeures gothiques pour les cardinaux, et les nobles se firent ériger de magnifiques hôtels particuliers. En 1348, la comtesse régnante, la reine Jeanne, vendit Avignon à Clément VI pour 80 000 florins d'or. On dit que Jeanne renonça à la ville afin d'être absoute par le pape de l'accusation qui pesait sur elle d'avoir assassiné son premier mari. Urbain V (1352-1370) succéda à Clément VI, et c'est à cette époque que furent reconstruits les imposants remparts qui ceinturent aujourd'hui la ville.

Mais la gloire d'Avignon ne dura pas éternellement. Les querelles se calmant en Italie, le pape Grégoire XI décida de retourner à Rome le 13 décembre 1376 et d'en refaire le lieu de résidence officiel du pape dès l'année suivante. Il mourut en 1378, époque à laquelle éclata le Grand Schisme. Cédant aux pressions du public, le Vatican élut alors Urbain VI au trône pontifical, en faisant le premier pape italien en plus d'un siècle. Nombre de cardinaux se révoltèrent contre cette décision et s'enfuirent en Avignon. Ils nommèrent, pour leur part, Clément VII (1378-1394) pour les diriger, suivi de Benoît XIII (1394-1408). La population était alors passée de 100 000 à 5 000 habitants. Appuyés par la France, l'Espagne et Naples, les deux dissidents allaient devenir connus sous le nom d'«antipapes», après quoi Avignon fut gouvernée par des administrateurs de la papauté jusqu'à la Révolution (1789).

qui fit brièvement partie de l'Empire carolingien.

Les XIe et le XIIe siècles furent gages de meilleurs jours, alors qu'Avignon jouissait d'une indépendance pour ainsi dire incontestée du reste de la Provence. Au XIIe siècle, cette dernière fut en effet scindée en deux parties, respectivement gouvernées par le comte de Toulouse et le comte catalan de Barcelone; Avignon sut toutefois demeurer impartiale face à ce déchirement, et ce, à compter de 1136, car elle avait alors son propre consulat et sa propre force militaire à l'exemple de plusieurs villes-États italiennes de l'époque.

Au cours d'un conflit d'ordre religieux survenu au début du XIIIe siècle, soit la croisade des Albigeois contre le roi catholique de France (Louis VIII), les Avignonnais, ainsi qu'on dénomme la population locale, soutinrent le comte de Toulouse, Raymond VI.

Contraint par le pape Honorius III, Louis VIII assiégea et prit Avignon le 12 septembre 1226, avec l'aide du comte de Barcelone, Raymond Bérenger V (désormais comte de Provence) et une armée de 50 000 hommes. Louis détruisit plusieurs bâtiments de même que les remparts de la ville.

Après la mort de Bérenger V en 1246, la Provence passa aux mains de son gendre, Charles Ier d'Anjou. Fait notoire, le pouvoir allait ainsi des comtes catalans à la famille d'Anjou. Entêtée et toujours indépendante, Avignon résista et fit un pacte avec Arles et Marseille en 1247 pour contrer les efforts de la maison d'Anjou. Les comtes de Provence et de Toulouse, Charles Ier et Alphonse de Poitiers, assiégèrent alors la ville, le 7 mai 1251, et se partagèrent le pouvoir sur celle-ci.

La même année, afin d'étendre son pouvoir personnel, Charles remplaça le consulat d'Avignon par une viguerie, soit un conseil qui se rapportait directement à lui et au comte de Poitiers, si bien qu'en 1290 la ville fut entièrement cédée au comte de Provence, Charles II, qui l'intégra rapidement au reste de la région.

Avignon connut sa plus grande période de gloire entre 1309 et 1417, lorsqu'elle devint la cité des Papes, une appellation qu'elle a conservé jusqu'à ce jour. Fuyant les querelles de Rome, le pape Clément V décida qu'Avignon deviendrait le centre du monde chrétien. Il s'agissait d'un choix naturel, puisque les dirigeants de la papauté avaient déjà désigné une grande partie de la Provence «territoire papal», en 1274, sous le nom de Comtat venaissin. De plus, à l'arrivée de Clément V, Avignon se trouvait géographiquement plus près que Rome du vrai cœur de la chrétienté. Au total, sept papes vécurent en Avignon. La ville prospéra de façon remarquable pendant plus de 100 ans, alors que rois, princes, intellectuels, artistes, administrateurs de la papauté et familles de cardinaux y élisaient domicile.

En 1481, à la mort de Charles III, le neveu et unique héritier du bon roi René d'Anjou (décédé un an plus tôt), Louis IX de France, devint comte de Provence. Il annexa celle-ci une fois pour toutes au royaume de France en 1486, la monarchie absolue qui trônait à Paris n'ayant que faire d'un partenaire méridional à l'esprit indépendant.

Ainsi, pendant un siècle et demi, les institutions locales disparurent, et, avec elles, le droit de la Provence à l'autodétermination. Rome continuait toutefois d'administrer Avignon, de sorte que la ville prospère demeura une parcelle de terre étrangère au sein du royaume français, et ce, jusqu'à la Révolution.

La monarchie française convoitait Avignon et ne ménagea aucun effort pour s'emparer de ce précieux joyau. Louis XIV occupa la ville de 1663 à 1667, puis en 1689-1690, tandis que Louis XV s'en empara de 1768 à 1774. Avignon finit par se soumettre et fut proclamée territoire français (avec le Comtat venaissin) en vertu d'un décret voté par l'Assemblée nationale le 14 septembre 1791. Dans les faits, toutefois, ce n'est que le 19 février 1797 que le pape Pie VI consentit à se départir d'Avignon (traité de Tolentino).

La ville continua à prospérer au cours du XIXe siècle grâce à son importance en tant que centre agricole et artistique. Elle devint même le chef de file dans la fabrication de la céramique et dans le tissage de la soie et des étoffes. Les fameux imprimés provençaux, largement commercialisés de nos jours, se veulent des reproductions locales des admirables «indiennes» importées d'Orient au cours de cette période. L'architecture d'inspiration religieuse, administrative et privée qui prévalait aux XVIIe et XVIIIe siècles se perpétua, quoique à un rythme plus lent. Plusieurs hôtels particuliers de conception remarquable de cette époque présentent d'ailleurs un intérêt indéniable.

Bien que la population d'Avignon soit aujourd'hui de 87 000 habitants, son agglomération en regroupant quelque 170 000. Outre son rôle d'important centre touristique, l'industrie (surtout dans les banlieues nord) a remplacé le textile au chapitre des principales sources de revenus. Les deux tiers de la population active œuvre par ailleurs dans le secteur tertiaire, et l'agriculture participe également à l'économie (Avignon possède l'un des plus grands dépôts de fruits et légumes de toute la région). Comme partout ailleurs, surveillez vos objets de valeur, et garez votre voiture dans un endroit sûr.

Pour s'y retrouver sans mal

En avion

Avignon est desservie par l'aéroport d'Avignon-Caumont, qui reçoit quotidiennement des vols de tout le pays. Pour de plus amples renseignements, adressez-vous à Air Inter. Certains vols internationaux arrivent à Nice ou à Marseille, bien que la plupart se rendent à l'aéroport de Roissy-Charles-de-Gaulle (Paris).

En train

Le TGV (train à grande vitesse) relie Paris à Avignon en quatre heures et demie seulement. Une nouvelle station de TGV inaugurée à la fin de 1994, à l'aéroport de Roissy-Charles-de-Gaulle, permet désormais aux voyageurs d'outre-mer de se rendre directement en Provence sans avoir à pénétrer dans la capitale française. Il va sans dire vous devrez coordonner l'heure d'arrivée de votre avion avec celle du départ du train de manière à faire le trajet la même journée.

D'autres préféreront sans doute prendre un peu de repos et en profiter pour visiter certains attraits de Paris avant de prendre la direction du sud. Des TGV quittent la capitale deux fois par jour, sept jours par semaine, que ce soit de la gare de Lyon ou de la gare Charles-de-Gaulle. Il n'est pas nécessaire de réserver hors saison, bien que des rabais (tarifs Joker) soient offerts à ceux qui réservent de deux semaines à un mois avant leur départ. Les réservations permettant de bénéficier des tarifs Joker ne peuvent être faites que sur le territoire français, et, une fois le billet acheté, vous devez rigoureusement vous en tenir à l'heure de départ et au jour indiqués sur ce dernier. Les horaires sont disponibles dans n'importe quelle gare ou boutique de la SNCF, de même que chez les agents de voyages.

En voiture

Il faut compter au moins huit heures de route pour se rendre de Paris à Avignon (722 km) par l'autoroute du Soleil A7-E15. Notez toutefois que la circulation est très dense en période de vacances (les fins de semaine de juillet et d'août, et la semaine de relâche scolaire en février, par exemple), si bien que vous pouvez alors facilement ajouter quelques heures de route. En arrivant du nord par la A7-E15, continuez sur la A7 après Orange (la E15 va vers Nîmes), et suivez les indications vers Avignon, lesquelles vous entraîneront sur la D225 ou la N100, qui mènent toutes deux au centre de la ville. De la Côte d'Azur et du Sud-Ouest, la N7 se rend directemente en Avignon. De Marseille, prenez la A7 Nord, puis la N7 Nord jusqu'en Avignon. Assurez-vous d'avoir en votre possession des devises françaises pour les péages des autoroutes. Les routes françaises sont en excellent état, mais vous devez payer pour les emprunter!

La location d'une voiture

Les principales agences de location se trouvent près de la gare principale de la SNCF, sur votre droite après la sortie.

Avis
34 bd Saint-Roch
☎*04.90.82.26.33*

Budget
2A av. Monclar
☎*04.90.87.03.00*

Europcar
2A av. Monclar
☎*04.90.82.49.85*

Hertz
4 bd Saint-Michel
☎*04.90.82.37.67*

Renseignements pratiques

Offices de tourisme

Office de tourisme d'Avignon
41 cours Jean Jaurès
84000 Avignon
☎*04.32.74.32.74*
⇄*04.90.82.95.03*
www.ot-avignon.fr

Vous obtiendrez ici des plans gratuits, de l'information et des détails sur les événements spéciaux, y compris le festival d'arts dramatiques. Certains membres du personnel se montrent parfois prétentieux.

Heures d'ouverture :
lun-ven 9h à 13h et 14h à 18h
sam 9h à 13h et 14h à 17h
dim (du 1er avr au 30 sept seulement) 9h à 13h et 14h à 17h

Durant le festival d'arts dramatiques :
lun-ven 10h à 19h
sam, dim et fêtes 10h à 17h

Il y a une succursale de l'Office de tourisme près du pont d'Avignon.
Du 1er oct au 31 mars : mar-sam 9h à 17h
Du 1er avr au 30 sept : tlj 9h à 18h30.

Office de tourisme de Villeneuve-les-Avignon
4 rue des Récollets (près de la place Charles David)
30400 Villeneuve-les-Avignon
☎*04.90.25.61.33*
⇄*04.90.25.91.55*

Le festival d'arts dramatiques

Si vous désirez vous familiariser avec les derniers développements de la danse, de la musique et du théâtre dans le monde, le festival d'Avignon est pour vous. Créé en 1947 par Jean Vilar, ce festival attire chaque année environ 120 000 personnes entre le début de juillet et le début d'août. L'avant-programme est disponible dès la mi-mars, alors que le programme définitif n'est offert qu'à la mi-mai. Adressez-vous au siège du festival *(8bis rue de Mons, ☎04.90.82.67.08)* pour obtenir des renseignements, ou composez le ☎04.90.86.24.43 pour réserver des billets (à partir de la mi-juin). Depuis les années soixante, un événement parallèle, connu sous le nom de «Festival Off», se déroule en même temps que le festival officiel et réunit surtout de jeunes troupes de théâtre françaises se produisant dans les rues.

Pour obtenir le programme de cet événement parallèle (disponible à la mi-mai), envoyez 16F à Avignon

Public Off, B.P. 5, 75521 Paris cédex 11; ☎01.48.05.20.97.

Le stationnement

Avignon est une ville ancienne avec plusieurs rues sinueuses, nombre d'entre elles étant étroites ou exclusivement piétonnières, de sorte que le stationnement peut poser des problèmes à l'intérieur des murs. Des stationnements souterrains payants allègent toutefois quelque peu le problème, le plus pratique étant celui qui se trouve à proximité du palais des Papes *(900 places; ouvert 24 heures par jour; on y accède en suivant les indications depuis la rue de la République et la place de l'Horloge)*. Sinon, il vaut mieux stationner immédiatement à l'extérieur des remparts, à la périphérie du centre, ou sur le terrain prévu à cet effet sur l'avenue Monclar, entre la gare SNCF et la gare routière.

Les banques

Toutes les grandes banques françaises sont présentes dans le centre-ville, la plupart d'entre elles se trouvant sur la rue de la République. Elles sont ouvertes du lundi au vendredi entre 8h30 et midi, de même qu'entre 14h et 16h. La plupart disposent d'un comptoir de change qui offre généralement de meilleurs taux que les bureaux indépendants. Informez-vous au préalable du taux de change et des frais de commission.

Le bureau de poste

Cours Kennedy
☎*04.90.86.78.00*
Lun-ven : 8h à 19h
Samedi : 8h à 12h

Attraits touristiques

★★

Avignon

Le **palais des Papes** ★★ *(45F avec audio-guide; tlj sauf 25 déc et 1er jan; 2 jan au 31 mars et 2 nov au 31 déc 9h à 13h45 et 14h à 18h; 1er avr au 20 août et 1er oct au 1er nov 9h à 19h; 20 août au 30 sept 9h à 20h; les derniers billets sont vendus une heure avant la fermeture; place du Palais; ☎04.90.27.50.74)*. La résidence de sept papes et de deux antipapes au cours du XIVe siècle domine Avignon par sa façade et ses tours majestueuses. Le vieux palais fut bâti par l'architecte local Pierre Poisson pour le compte du pape Benoît XII (1334-1342) et affiche une certaine sobriété cistercienne. Clément-VI (1342-1352) y ajouta discrètement son nouveau palais dans un style gothique semblable, quoique plus luxueux (architecte : Jean de Louvres). De nos jours, en suivant le plan, les visiteurs en découvrent les cloîtres, les chapelles, les salles de réception publiques, les appartements privés, les cuisines et même les cellules des prisonniers. Assurez-vous de voir les remarquables fresques de Matteo Giovanetti dans la chapelle du consistoire, illustrant la vie de saint Jean-Baptiste et de saint Jean l'évangéliste.

Le palais s'est dégradé après le départ des papes pour Rome, et il a servi de caserne aux armées de Napoléon; il aurait été démoli, n'eût été l'intervention du Service des monuments historiques de l'État français. Une partie du palais est utilisée comme centre de congrès, et, depuis 1947, la cour principale accueille le festival d'arts dramatiques qui se tient chaque été en Avignon. Les intérieurs du palais se révèlent assez dépouillés et présentent surtout un intérêt pour les gens que fascine le règne des papes en France. Sinon, contemplez ce monument historique de la **place du Palais** ★, créée en 1404, ou du **rocher des Doms**, d'où le **panorama** ★ est remarquable.

Avignon

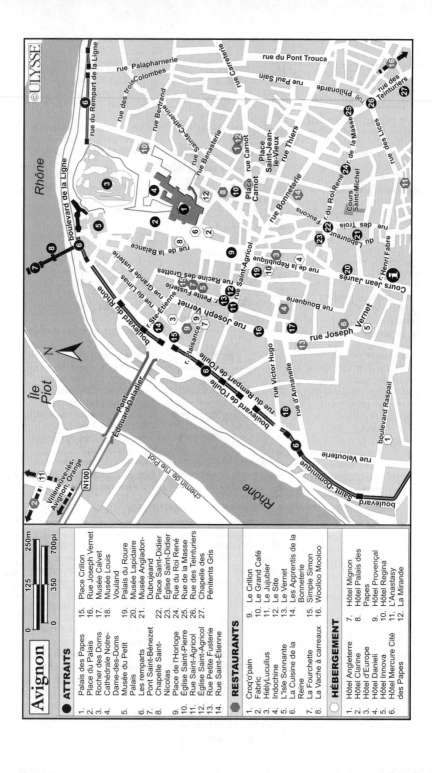

0 125 250m
0 350 700pi

● ATTRAITS

1. Palais des Papes
2. Place du Palais
3. Rocher des Doms
4. Cathédrale Notre-Dame-des-Doms
5. Musée du Petit Palais
6. Les remparts
7. Pont Saint-Bénezet
8. Chapelle Saint-Nicolas
9. Place de l'Horloge
10. Église Saint-Pierre
11. Rue Saint-Agricol
12. Église Saint-Agricol
13. Rue Petite Fusterie
14. Rue Saint-Étienne
15. Place Crillon
16. Rue Joseph Vernet
17. Musée Calvet
18. Musée Louis Vouland
19. Palais du Roure
20. Musée Lapidaire
21. Musée Angladon-Dubrujeand
22. Place Saint-Didier
23. Église Saint-Didier
24. Rue du Roi René
25. Rue de la Masse
26. Rue des Teinturiers
27. Chapelle des Pénitents Gris

RESTAURANTS

1. Croq'o'pain
2. Fabric
3. HiélyLucullus
4. Indochine
5. L'Isle Sonnante
6. La Cuisine de la Reine
7. La Fourchette
8. La Vache à carreaux
9. Le Crillon
10. Le Grand Café
11. Le Jujubier
12. Le Site
13. Le Vernet
14. Les Apprentis de la Bonneterie
15. Simple Simon
16. Woolloo Mooloo

HÉBERGEMENT

1. Hôtel Angleterre
2. Hôtel Clarine
3. Hôtel d'Europe
4. Hôtel Danieli
5. Hôtel Innova
6. Hôtel Mercure Cité des Papes
7. Hôtel Mignon
8. Hôtel Palais des Papes
9. Hôtel Provençal
10. Hôtel Regina
11. L'Anastasy
12. La Mirande

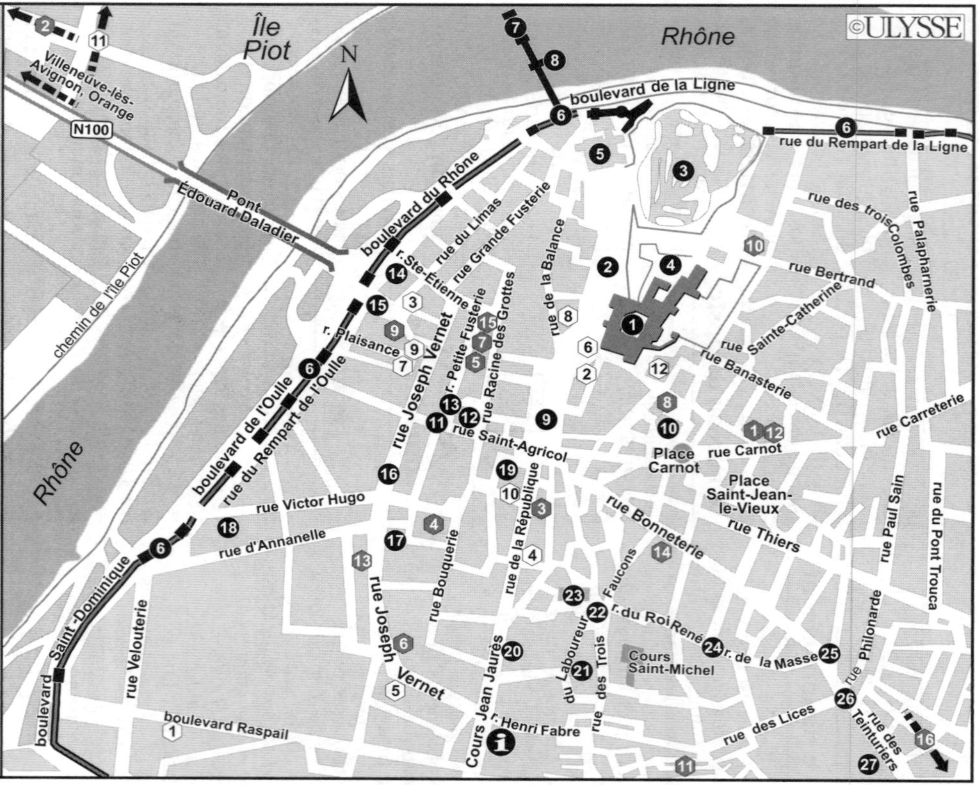

Les indiennes provençales

Bien avant d'apprendre à imprimer le coton, les Provençaux tissent la laine, le chanvre, le lin et la soie, qu'ils savent également teindre. Au XVIIe siècle, c'est la création de la Compagnie française des Indes qui permettra aux premiers bateaux de ramener à Marseille d'incroyables tissus d'Asie : taffetas, satins, bourres et surtout cotonnades imprimées venues d'Inde. La recherche des motifs et l'éclat de leurs couleurs font fureur auprès de la haute bourgeoisie et de l'aristocratie. Très vite, les «indiennes», nom donné à ces étoffes de coton imprimé venues d'Orient, habilleront les canapés, les lits et les fenêtres de la haute société. Devant un tel succès, de nombreux ouvriers de l'industrie de la laine et de la soie quittent Paris et Lyon pour s'installer en Provence et fabriquer des cotonnades. Les fabricants se réfugient à Marseille, protégés par une barrière douanière, et surtout en Avignon, territoire papal non soumis au Roi. Très naturellement, ils vont décliner sur leurs étoffes tout ce que la Provence leur inspire : fleurs, vignes, herbes et oliviers. La mode sera ensuite aux figures géométriques, stylisées, presque contemporaines, avec une dominance pour les tons mauve et vert olive. Tombées en disgrâce au moment où les fabriques se mécanisent au milieu du XIXe siècle, les cotonnades sont aujourd'hui redécouvertes et mondialement appréciées pour leurs chaudes et chatoyantes couleurs de terre, de ciel, de soleil, de mer, de vignes et de fleurs. La tradition perdure grâce au savoir-faire des entreprises comme Souleïado, basée à Tarascon.

La **cathédrale Notre-Dame-des-Doms** ★★ *(place du Palais, rocher des Doms, ☎04.90.86.81.01)* se présente comme une sympathique église romane du XIIe siècle, où les papes avaient l'habitude de célébrer la messe. Originellement construite entre 1140 et 1160, avec quelques ajouts subséquents (surtout aux XIVe et XVe siècles), la cathédrale renferme la tombe de Jean XXII et ce qu'on croit être celle de Benoît XII. Remarquez l'autel de pierre du XIIIe siècle et le chœur, avec son trône de pontife du XIIe siècle et sa superbe coupole peinte.

Le **Musée du Petit-Palais** *(30F; tlj sauf mar 9h30 à 11h50 et 14h à 18h; place du Palais, ☎04.90.86.44.58)* renferme une impressionnante collection de peintures italiennes du Moyen Âge à la Renaissance, provenant surtout de la collection privée de la marquise Campana di Cavelli Gian Pietro (XIXe siècle), de même que des tableaux de l'école d'Avignon (XVe siècle) et quelques sculptures romanes et gothiques. Pour amateurs d'art des XIVe et XVe siècles seulement. L'édifice superbement rénové était le palais d'un cardinal au XIVe siècle.

Les **remparts**. Le mur de pierres de 4,3 km qui encercle la ville a été terminé en 1370 et conçu pour protéger Avignon des envahisseurs à l'époque des papes. Douze portails à tours donnent accès à la ville, dont la porte de la République, qui mène au cours Jean

Jaurès, à la rue de la République, à la place de l'Horloge et au palais des Papes.

Le **pont Saint-Bénezet** ★★ *(19F, Pont et Palais 55F; 1er oct au 31 mars tlj 9h30 à 17h30; 1er avr au 30 sept tlj 9h à 19h; fermé 25 déc, 1er jan et 1er mai, ☎04.90.85.60.16)*, le fameux pont d'Avignon, fut d'abord bâti en bois de 1177 à 1185, puis reconstruit en pierre en 1226. La légende veut qu'en 1177 un jeune berger du nom de Bénezet se soit vu ordonner par un ange d'ériger un pont sur le Rhône. L'évêque d'Avignon aurait accepté de débourser les fonds nécessaires à condition que le garçon se montre capable de soulever une pierre que 30 hommes n'auraient pu faire bouger. Bénezet aurait miraculeusement réussi à transporter la pierre en question jusqu'aux berges du Rhône, à l'emplacement même de la première arche. Inutile de dire qu'à la suite de cette démonstration, la communauté appuya l'ambitieux projet de Bénezet en lui fournissant argent et main-d'œuvre. Le pont enjambait le fleuve jusqu'à l'île de la Barthelasse, mais il ne subsiste aujourd'hui que 4 des 22 arches originales, et le pont s'arrête au beau milieu du fleuve.

On peut aussi visiter la petite **chapelle Saint-Nicolas** *(9h à 12h et 14h à 18h en été, 14h à 17h30 en hiver)*, une construction de deux étages dédiée au saint patron des bateliers. Le niveau inférieur est de style gothique du XIIIe siècle, tandis que le supérieur, ajouté en 1513, est de style roman.

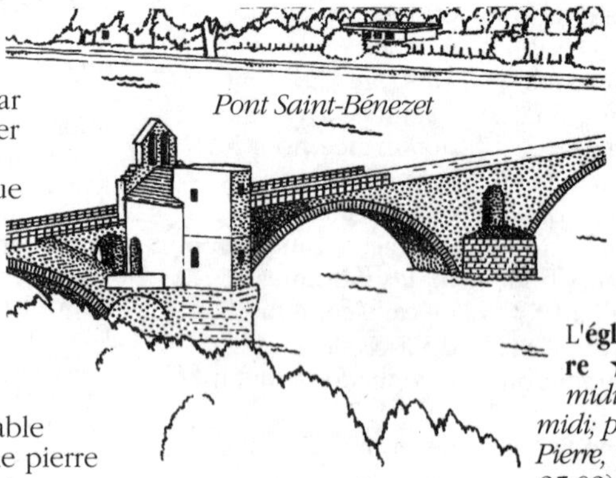

Pont Saint-Bénezet

La **place de l'Horloge**, tout au bout de la rue de la République en direction du palais des Papes, est touristique et très fréquentée par les musiciens de rue et les mendiants. À l'ombre de grands platanes, vous trouverez une rangée de restaurants médiocres proposant leur menu dans une pléthore de langues sur de simples ardoises. De jeunes serveurs et serveuses gravitent en bordure des terrasses en s'efforçant d'attirer les passants. C'est ici que se trouvent l'hôtel de ville et le théâtre municipal, deux robustes exemples d'architecture du milieu du XIXe siècle et, bien entendu, la tour de l'horloge du XIVe siècle.

Les rues les plus intéressantes sillonnent la vieille ville de part et d'autre de la rue de la République et de la place de l'Horloge (procurez-vous un plan gratuit à l'Office de tourisme). Une grande partie de ce labyrinthe est piétonnier, et nombre de merveilles architecturales pointent ici et là à travers la cohue des commerces.

L'**église Saint-Pierre** ★ *(sam 10h à midi et dim 8h30 à midi; place Saint-Pierre, ☎04.90.82.25.02)* date des XIVe et XVe siècles. Ses portes fabuleuses (XVIe siècle) en bois sculpté représentent la Vierge Marie, l'ange de l'Annonciation, saint Michel et saint Jérôme. À l'intérieur, on peut admirer des tableaux et des scènes florales incrustées dans des panneaux de bois dorés typiques du XVIIe siècle, une chaire en pierre sculptée du XVe siècle et un retable en pierre serti dans une petite chapelle de l'aile sud qui date du début des années 1500.

Vous pouvez également faire une autre promenade d'intérêt à l'ouest de la place de l'Horloge. Descendez la **rue Saint-Agricol** *(la rue Collège du Roure et le palais du Roure se trouvent à votre gauche)*, passé l'éÉglise Saint-Agricol *(fermé dim après-midi)*, fondée au XIIe siècle par le saint patron d'Avignon et restaurée au XIVe siècle. Vous pourrez alors explorer la **rue Petite-Fusterie**, la **rue Saint-Étienne** et la **place Crillon**, où se dresse l'Hôtel d'Europe (quatre étoiles) avec sa jolie cour et sa fontaine, et la **rue Joseph Vernet** ★ *(trois rues bordées d'élégants hôtels particuliers du XVIIIe siècle aujourd'hui transformés en boutiques chics, en restaurants et en magasins d'antiquités)*.

Le **Musée Calvet** ★★ *(30F; fermé jours fériés, mer-lun 10h à 13h et 14h à 18h; 65 rue Joseph Vernet, ☎04.90.86.33.84)* a rouvert ses portes en 1996 après d'importants travaux de rénovation. Il s'agit d'un des plus beaux musées de France. Il porte sur la préhistoire et l'antiquité grecque et romaine, mais présente aussi des tableaux, des sculptures et divers objets d'art, de la Renaissance au XXe siècle. On y met surtout l'accent sur l'art français, et plus particulièrement sur les peintres avignonnais. Découvrez-y également une importante collection de fers forgés datant du Moyen Âge. Il occupe le joli Hôtel de Villeneuve-Martignan (XVIIIe siècle).

Le **Musée Louis Vouland** *(20F; juin à sept 10h à midi et 14h à 18h, oct à mai mar-sam 14h à 18h; 17 rue Victor Hugo, ☎04.90.86.03.79, ⇄04.90.85.12.04)*. Musée d'arts décoratifs des XVIIe et XVIIIe siècles aménagé dans un somptueux hôtel particulier.

Le **palais du Roure** *(20F; visite du musée sur demande ou visite guidée gratuite tous les mardis à 15h; 3 rue Collège du Roure, ☎04.90.80.80.88)* offre un regard intéressant sur la vie bourgeoise provençale à travers la résidence privée de la dernière propriétaire, Jeanne de Flandreysy-Espérandieu, qui vécut ici de 1909 à 1944 (beaux meubles et tissus, tableaux d'artistes locaux). Le bâtiment, l'Hôtel de Baroncelli-Javon, construit en 1469, est l'ancien manoir d'un banquier florentin prospère. Aujourd'hui, il abrite également une bibliothèque consacrée à l'histoire et la littérature de la Provence. La cour intérieure, avec sa porte gothique, ses figuiers, sa curieuse collection de cloches en fer suspendues aux murs et quatre authentiques pots d'Anduze (merveilleuses poteries émaillées fabriquées dans la région pendant plus d'un siècle), est un véritable havre de paix en plein centre d'Avignon. Une plaque commémorative nous apprend que Jeanne de Flandreysy-Espérandieu sauva l'édifice, «lui donna une âme et accueillit plusieurs hôtes illustres».

Le simple fait de déambuler le long des rues étroites des quartiers historiques d'Avignon est l'un des plus grands plaisirs que la ville ait à offrir. Le cours Jean Jaurès et la rue de la République, qui existe depuis les années 1850, en définissent l'axe nord-sud. Il s'agit malheureusement là de rues commerciales affairées présentant peu d'attraits. Néanmoins, l'étonnante façade baroque du **Musée Lapidaire** *(10F; nov à avr inclusivement; mar-sam 10h à 13h et 14h à 18h; 27 rue de la République, ☎04.90.85.75.38)* mérite qu'on s'y attarde. Une chapelle jésuite du XVIIe siècle abrite aujourd'hui une importante collection de pierres précieuses et d'objets archéologiques.

Avignon

Le **Musée Angladon-Dubrujeaud** ★★ *(30F; nov à avr mer-dim 13h à 18h, mai à oct 13h à 19h; 5 rue Laboureur, ☎04.90.82.29.03, ⇄04.90.85.78.07)*. Établi dans un magnifique manoir restauré et ouvert depuis 1996, ce musée d'art procure un double plaisir : le rez-de-chaussée met en valeur des peintures de

Manet, Degas, Picasso, Modigliani, Cézanne et Van Gogh, tandis que les salons chinois de l'étage renferment des trésors d'Extrême-Orient.

En partant de la paisible **place Saint-Didier**, jetez un coup d'œil à l'**église Saint-Didier ★** *(à l'heure des messes seulement)*, une église toute simple de style gothique provençal construite dans les années 1350. Une large nef, des fresques du XIVe siècle et un charmant autel en pierre illustrent le chemin de la Croix. On la désigne couramment sous le nom de «Notre-Dame du Spasme»; vous comprendrez pourquoi en voyant l'expression douloureuse des personnages représentés.

En prenant ensuite vers l'est par la **rue du Roi René ★**, notez la présence d'un superbe trio d'hôtels particuliers des XVIIe et XVIIIe siècles. L'austère Hôtel d'Honnorate de Jonquerettes, au numéro 12, date du XVIIIe siècle et fait face au coquet Hôtel de Fortia de Montréal, construit un siècle plus tôt. Un chef-d'œuvre vous attend ensuite au coin de la rue, au numéro 7 : le faste Hôtel de Berton de Crillon (1649), qui abrite aujourd'hui des bureaux.

En poursuivant vers l'est, la rue du Roi René débouche sur une rue sinueuse et plus étroite, la **rue de la Messe**, et sur une paire de magnifiques hôtels particuliers. Prenez à droite sur la **rue des Teinturiers ★★**, pour vous retrouver dans le quartier naguère occupé par les producteurs des fameux imprimés provençaux, connus sous le nom d'«indiennes» au XVIIIe siècle. La rue est bordée de platanes et longe la tortueuse rivière Sorgue; quelques vieilles roues à aubes utilisées par les teinturiers y subsistent encore, quoique abandonnées depuis longtemps. Ce secteur tranquille possède quelques bars et cafés, deux boutiques et une petite imprimerie, et il est surtout fréquenté par des résidants quelque peu bohèmes. L'endroit est très joli le soir et peu animé. Au numéro huit, vous découvrirez l'adorable **chapelle des Pénitents Gris** *(8h à midi et 14h30 à 18h, fermé dim après-midi, mar et jours fériés)*, datant du XVIe siècle.

Villeneuve-les-Avignon

Sous le règne des papes en Avignon au XIVe siècle, Villeneuve accueillit les demeures somptueuses de nombreux cardinaux. Sa prospérité dura jusqu'à la Révolution, et l'on peut encore admirer ses larges boulevards et ses remarquables hôtels particuliers du XVIIe siècle. Campée bien haut sur la rive droite du Rhône, Villeneuve vaut qu'on passe quelques jours à explorer ses sites historiques (le fort médiéval Saint-André, la chartreuse du Val-de-Bénédiction, qui date du XIVe siècle et renferme de jolis cloîtres, la tour Philippe le Bel...). L'Office de tourisme propose un «Passeport pour l'Art» au coût de 45F, qui permet d'obtenir des rabais en certains endroits, y compris l'accès gratuit à cinq sites, dont ceux que nous avons déjà mentionnés, l'église Notre-Dame et le musée municipal Pierre-de-Luxembourg (où se trouve une toile célèbre d'Enguerrand Quarton représentant le couronnement de la Vierge, réalisée en 1453-1454).

D'impressionnants **panoramas ★★** d'Avignon, du mont Ventoux, du Luberon et des Alpilles vous attendent aussi bien au fort Saint-André qu'à la tour Philippe le Bel. Un marché aux puces s'y tient les samedis, dans le stationnement jouxtant la place Charles David et l'avenue Charles de Gaulle. D'Avignon, traversez le pont Daladier, suivez les indications pour Villeneuve, et tournez à droite sur l'avenue Gabriel Peri pour atteindre le centre.

Activités de plein air

Vélo de montagne et randonnée pédestre

L'Office du tourisme du département de Vaucluse, situé en retrait du centre, fournit des cartes et divers renseignements concernant les visites à pied et les randonnées pédestres ou à vélo. (L'Office de tourisme d'Avignon est également en mesure de vous renseigner à ce sujet.)

Comité départemental de Tourisme
La Balance, place Campana
B.P. 147
84008 Avignon cédex
☎04.90.86.43.42

Transhumance
B.P. 9
84004 Avignon
☎04.90.95.57.81
Que ce soit à vélo de montagne (VTT, ou vélo tout-terrain) ou à pied, ce groupe organise diverses excursions dans la région d'Avignon. Sont disponibles des excursions d'initiation, des excursions d'une journée et des excursions de plusieurs jours (autour des Dentelles de Montmirail, des montagnes du Vaucluse ou du parc du Luberon). Équipement proposé en location sur place.

Vélomania
1 rue de l'Amelier
☎04.90.82.06.98

Alain Blache
11 av. Monclar
☎04.90.85.56.63

Ces deux dernières firmes louent des bicyclettes à l'heure ou à la journée.

Équitation

Centre Équestion et Poney Club d'Avignon
Île de la Barthelasse
Chemin du Mont Blanc
☎04.90.85.83.48

Autres activités sportives

Pour plus de détails sur le golf, les piscines publiques, le tennis, le squash ou même le patin à glace, composez le numéro du Service municipal des sports
(☎04.90.85.22.58).

Hébergement

Avignon

Hôtel Innova
160F-340F, pdj
bp, dp, ☎, tv
100 rue Joseph Vernet
☎04.90.82.54.10
⇄04.90.82.52.39
Bon marché, simple et à proximité de tout. À ce prix, on ferme volontiers les yeux sur le papier peint et le mobilier défraîchis de cet hôtel une étoile. Son accueil chaleureux est d'ailleurs fort apprécié.

Hôtel Mignon
200F-280F, pdj
dp, tv, ☎
17 rue Joseph Vernet
☎04.90.82.17.30
⇄04.90.85.78.46
Un charmant petit hôtel qui a beaucoup de caractère. Les chambres se révèlent rudimentaires, mais, compte tenu de sa situation centrale, cet établissement offre un bon rapport qualité/prix. Petit déjeuner en salle.

Hôtel Provençal
310F, pdj
dp
13 rue Joseph Vernet
☎04.90.85.25.24
⇄04.90.82.75.81
Chambres propres mais simples (certaines auraient besoin d'être rafraîchies) avec de petites salles de bain. Pas d'ascenseur. Bien situé.

Hôtel Régina
310F-330F, pdj 35F
bp, dp, ☎, tv
6 rue de la République
☎04.90.86.49.45
⇄04.90.86.49.78
Établi au-dessus d'un café situé à l'angle sur l'une des rues les plus passantes d'Avignon, le Régina possède trois atouts de taille : il est peu coûteux, bien placé, et à proximité de la gare ferroviaire SNCF. Ses 30 chambres disposent de toutes les installations de base, mais leur décor est démodé, et certaines d'entre elles auraient besoin d'être rafraîchies. La réception sert également de salle de petit déjeuner.

Hôtel Angleterre
310F-410F
tv
29 bd Raspail
☎04.90.86.34.31
⇄04.90.86.86.74
L'Hôtel Angleterre constitue un excellent choix relativement abordable pour la ville d'Avignon. Situé à l'intérieur des remparts, tout près du centre névralgique de la cité, il se dresse néanmoins dans un environnement assez calme, en retrait de la cohue. L'établissement de 40 chambres, sans charmes particuliers mais propres et bien tenues, possède un stationnement privé à l'arrière de l'édifice.

Hôtel Palais des Papes
320F-600F, pdj 40F
1er mars au 31 déc
bp, tvc, ☎, ℜ
1 rue Gérard Philippe
☎04.90.86.04.13
⇄04.90.27.91.17
Un hôtel confortable d'intérieur gothique, davantage recommandé pour sa proximité immédiate du palais des Papes que pour son accueil, quelque peu froid.

Hôtel Clarine
320F-450F, pdj 36F
≡, bp, ☎, tv
26 place de l'Horloge
☎04.90.82.21.45
⇄04.90.82.90.92
Une bonne valeur en plein cœur d'Avignon, à quelques pas seulement du palais des Papes. Les 33 chambres manquent sans doute de charme, mais elles sont propres, tendues de couleurs fraîches et parfaitement convenables pour une nuitée ou deux. De plus, bien qu'elles donnent sur la place de l'Horloge, elles sont insonorisées.

Hôtel Danieli
390F-490F, pdj 42F
fermé Noël et Nouvel An
bp, tvc
17 rue de la République
☎04.90.86.46.82
⇄04.90.27.09.24
Des chambres invitantes, quoique dépourvues de tout charme local, et un accueil amical vous attendent dans cet hôtel central établi sur la trépidante artère commerciale de la ville. Une salle réservée aux petits déjeuners et un bar s'ajoutent aux installations, sans oublier le stationnement dans un parc municipal souterrain à 200 m de l'hôtel.

Hôtel Mercure Cité des Papes
630F, pdj 60F
≡, tv
1 rue Jean Vilar
☎04.90.80.93.00
⇄04.90.27.39.21
H1952@accor-hotels.com
Ce grand hôtel de six étages compte 73 chambres au décor sans style particulier mais au confort indéniable. Les hôtes le choisissent non pas pour son cachet ou son charme rustique, par ailleurs inexistant, mais plutôt pour sa localisation judicieuse, à l'ombre du palais des Papes. Le petit déjeuner est servi en terrasse (au sixième étage) avec une vue panoramique saisissante de la cité.

Hôtel d'Europe
690F-3 300F, pdj 98F
≡, bp, tvc, ☎, ℜ
12 place Crillon
☎04.90.14.76.76
⇄04.90.85.43.66
Magnifique hôtel particulier du XVIIe siècle ayant appartenu à la noblesse provençale avant d'être transformé en établissement commercial au XVIIIe siècle. De grands personnages ont séjourné en ses murs, de Napoléon à Charles Dickens. Cinquante chambres de bonnes dimensions vous sont proposées, et le service s'avère courtois. Le restaurant de l'hôtel, La Vieille Fontaine, s'est récemment vu décerner une étoile par Michelin.

La Mirande
1 800F- 2 600F, pdj 150F
≡, bp, tvc, ℜ
4 place de l'Amirande
☎04.90.85.93.93
⇄04.90.86.26.85
Cet ancien palais de cardinal tout à fait éblouissant a été converti en manoir au XVIIIe siècle par le célèbre architecte Mignard, puis récemment rénové par l'architecte Gilles Grégoire et le décorateur-ensemblier François-Joseph Graf. Tenu pour l'un des plus beaux hôtels de France, cet établissement possède 19 chambres et un appartement, un restaurant, une salle réservée aux petits déjeuners, un bar, une cour intérieure couverte et une terrasse, tous de conception irréprochable et habillés d'une symphonie de couleurs, de tissus et d'antiquités dans l'esprit d'un hôtel particulier de l'époque. Les propriétaires, la famille Stein, sont considérés comme des mécènes par les Avignonnais pour leur formidable entreprise de restauration. Situé au pied du palais des Papes, cet hôtel témoigne d'un luxe feutré dans son expression la plus pure. Mérite une visite, ne serait-ce que pour y prendre le thé en après-midi. On organise des ateliers de cuisine (d'une demi-journée à une semaine) dans les caves voûtées entièrement rénovées de l'hôtel.

Île de la Barthelasse

L'Anastasy
350F- 450F, pdj
aucune carte de crédit acceptée
☎, ≈
☎04.90.85.55.94
⇄04.90.82.94.49
Sur l'île de la Barthelasse, à 5 km au nord de la ville par le premier virage à droite à la sortie du pont Daladier, vous trouverez L'Anastasy. Un accueil chaleureux vous attend dans cet attrayant *bed and breakfast* tenu par une personnalité locale, Olga Biquet, ancienne propriétaire et chef d'un café d'Avignon, et son époux, M. Manguin, petit-fils de l'influent fauviste Henri Manguin. Un copieux petit déjeuner vous sera servi dans un patio ombragé entouré d'un magnifique jardin par temps chaud, dans une paisible atmosphère champêtre (bien que vous ne vous trouviez qu'à 15 min de route du centre d'Avignon). Quatre chambres toutes simples sont proposées, dont deux avec salle de bain privée. Sur demande, Olga vous préparera le repas du soir *(150F par personne)*; elle propose en outre des cours de cuisine provençale d'une semaine plusieurs fois l'an (hébergement compris; appelez ou écrivez pour de plus amples renseignements). On ne trouve pas toujours facilement cet établissement; une fois sur le chemin des Poiriers, il est situé sur votre gauche, 50 m passé la Distillerie Manguin.

Villeneuve-les-Avignon

Foyer International YCJG - YMCA
80F-120F pdj
fermé du 25 déc au 2 jan
7bis chemin de la Justice
☎04.90.25.46.20
Deux cents lits répartis entre un dortoir, des chambres partagées et d'autres individuelles. Pension complète et demi-pension disponibles.

Restaurants

Avignon

Croq'o'pain Sandwicherie
$
23 rue Carnot, pas de téléphone
Un endroit populaire auprès de la foule estudiantine, attirée à n'en point douter par son désign contemporain (tables de café en métal et chaises en bois verni) et ses bas prix. Essayez le menu Croq'o, composé d'une salade ou d'un sandwich, d'une boisson et d'un café, pour 32F.

La Vache à Carreaux
$
14 rue Peyrollerie
☎***04.90.80.09.05***
C'est vachement bon, comme diraient les Français! Ici, tout est fromage! Le chef se spécialise dans la préparation de plats originaux, tous à base de fromage. Au miel, aux noix, aux herbes, aux cerises ou encore à l'anis, les Pélardons des Cévennes, les chèvres, les Banons, les bleus et les brebis de Béarn font le délice des amateurs. Le petit établissement, au décor chaleureux avec ses murs en pierre et ses plafonds bas, se dresse sur une rue paisible près de la place Saint-Pierre.

Le Crillon
$
15 place Crillon
☎***04.90.27.17.01***
Un café français typique où la nourriture est bonne sans être exceptionnelle, et où personne ne bouscule les clients qui s'attardent devant un express. Plats de pâtes à 45F, omelettes à 30F et dix salades au choix entre 40F et 50F. Un trio de menus à prix fixe, désignés du nom de Formules Bières, vous donne droit à un plat principal, à un dessert et à une bière pour 60F, 75F ou 80F. Par temps chaud, on place une douzaine de tables sur la terrasse aménagée à même la charmante place Crillon. Menu à 110F.

Le Site
$
lun-ven midi à minuit, sam 16h à 1h
23 rue Carnot
☎***04.90.27.12.00***
Aménagé dans une cave en pierre voûtée et bien éclairée, ce «restaurant Internet» propose des sandwichs et des plats chauds, auxquels s'ajoute un menu à prix fixe de trois services à 95F. Un certain nombre de tables sont pourvues d'ordinateurs pour vous permettre de surfer tandis que vous mangez.

Les Apprentis de la Bonneterie
$$
28 rue de la Bonneterie
☎***04.90.27.37.97***
Petit bistro à l'ambiance et au service détendus dans le secteur piétonnier au sud-est de la place de l'Horloge, Les Apprentis de la Bonneterie propose une cuisine généreuse et sans prétention, qui met en valeur les traditions et les produits locaux. De l'agneau à la rascasse, en passant par le canard, le chef apprête tout avec doigté. L'établissement, dont la première salle présente un aspect négligemment et sympathiquement rétro avec ses objets divers et ses vieilles armoires vitrées, accueille un bon mélange de clientèles composées de résidants et de visiteurs.

Simple Simon
$
11h45 à 19h, fermé dim-lun
26 rue Petite Fusterie
☎***04.90.86.62.70***
Une authentique saveur britannique en plein cœur de la Provence, ce qui n'est pas une mauvaise idée lorsque tartes, salades et autres délices anglais tels que scones, tarte à la crème de citron et diplomate (en été seulement), se révèlent aussi délicieux. Intérieur douillet, petite terrasse et serveuses souriantes.

Woolloo Mooloo
$
fermé dim-lun
16bis rue des Teinturiers
☎***04.90.85.28.44***
Ce café long et étroit renfermant de vieilles tables disposées entre des murs de béton nu attire une clientèle d'artistes. Au menu, un curieux mélange de cuisines antillaise et américaine (truite agrémentée de légumes au curry et de riz blanc, croustade aux pommes). Menus à 67F et 89F.

Le Grand Café
$-$$
fermé dim midi et lun
4 rue Escaliers Sainte-Anne
☎***04.90.86.86.77***
Une formidable atmosphère (tables en bois, cinq immenses miroirs baroques, hauts plafonds et sol en pierre), une clientèle artistique et une cuisine appréciable font du Grand Café un favori le midi comme le soir. Parmi les plats récemment

proposés, mentionnons le lapin au romarin, le tajine au poisson citronné et le risotto aux légumes verts. Menus à 95F et 160F; excellents desserts. La très bonne carte des vins retient un certain nombre de crus au verre *(15F à 19F)*. Directement derrière le palais des Papes, à côté du cinéma de La Manutention.

Indochine
$$
3bis rue Petite Calade
☎***04.90.86.20.74***
Un aquarium où s'ébattent des poissons exotiques tout à côté du bar, un décor oriental coloré et des serveurs en veste blanche donnent le ton à ce restaurant. Quant à son menu, inspiré des cuisines du Laos, du Cambodge et du Tonkin, il offre variété et valeur *(49F à 69F le midi, 89F le soir)*. Service feutré et un tant soit peu formel.

La Cuisine de la Reine
$$
fermé dim
Le Cloître des Arts
83 rue Joseph Vernet
☎***04.90.85.99.04***
Le Cloître des Arts est un manoir rénové du XIXe siècle qui abrite un salon de thé, un bar, une boutique et un restaurant, La Cuisine de la Reine. Ce dernier est élégamment pourvu de planchers de bois foncé, de murs moutarde et de fauteuils en velours prune, rose et or. Son menu contemporain comprend un bon choix de viandes, de poissons et de pâtes, et les desserts sont maison. Le menu du déjeuner est à 110F; celui du dîner, à 165F. Brunch tous les samedis de 11h30 à 14h30.

La Fourchette
$$
fermé sam-dim
17 rue Racine
☎***04.90.85.20.93***
Des fourchettes au mur et au plafond campent le décor de ce chic restaurant aux allures d'auberge champêtre, d'ailleurs fort apprécié des gens du coin. Menu à 150F *(120F sans entrée)* accordant une place de choix au poisson. Le bœuf en daube avec macaroni gratiné et le saumon grillé à l'oseille et garni de pommes de terre en purée sont excellents.

Le Jujubier
$$
aucune carte de crédit acceptée
lun-ven déjeuner seulement
24 rue des Lices
☎***04.90.86.64.08***
«La cuisine de Provence comme jadis», annonce-t-il, et c'est bien vrai! Marylin et Marie-Christine ont passé six mois à étudier les anciennes recettes provençales, qu'elles recréent maintenant dans les moindres détails dans leur agréable restaurant aux chaudes couleurs jaune et vert olive. Soupe froide aux courgettes et au basilic, joue de bœuf aux carottes et anchois, aïoli (le vendredi) et boudin noir aux poireaux ne sont que quelques-unes des merveilles que vous y découvrirez. Les viandes de 85F à 110F et les poissons à 90F présentent, comme le reste de la carte, un excellent rapport qualité/prix. L'accueil est chaleureux.

Le Vernet
$$
Pâques à oct
58 rue Joseph Vernet
☎***04.90.86.64.53***
Le charmant restaurant Le Vernet s'est acquis une réputation des plus enviables au fil des années, au point d'être considéré comme l'une des bonnes tables d'Avignon. Fondé par le chef Claude Clareton, l'établissement jouit certainement de la plus attrayante terrasse de la ville, à l'ombre d'arbres imposants, isolée des bruits de la rue par un mur de pierre et une clôture en fer forgé. Aujourd'hui, Anne-Marie, épouse de Claude, ainsi que Laurent, son fils, perpétuent le riche héritage du regretté chef Clareton. Parmi les plats servis, retenons la sublime agnolade d'Avignon, spécialité de la maison, la tendre entrecôte de bœuf et le, toujours frais, poisson du jour, tous apprêtés avec grand art. Le menu à prix fixe de 120F comprend trois services, ce à quoi il faut ajouter 25F pour un quart de litre de Côtes-du-Rhône. Il est essentiel de réserver à l'avance pour obtenir une table sur la terrasse, sinon vous sa-

vourerez votre repas dans la sympathique salle à manger aménagée dans un ancien cabinet de pharmacien. Si vous voulez faire plaisir à la patronne, parlez-lui de Montréal, où sa fille, la chorégraphe et danseuse Estelle Clareton, s'est expatriée il y a quelques années et où elle poursuit une belle carrière.

L'Isle Sonnante
$$$
menu déjeuner à 160F
dîner à 285F seulement
fermé dim-lun
7 rue Racine
☎04.90.82.56.01
Salle à manger au décor frais rehaussé de jolies porcelaines et d'un bar en chêne aux garnitures de laiton. Il s'agit d'un des meilleurs restaurants d'Avignon, ce que confirme son menu : terrine de rouget arrosée d'un coulis de tomate, filet de lapin truffé de purée d'olives de Nyons, feuilleté de dorade entouré de févettes à la menthe... Excellents fromages et desserts. Hautement recommandé.

Hiély-Lucullus
$$-$$$
fermé mar et mer midi, une semaine fin juin et deux semaines en jan
5 rue de la République
☎04.90.86.17.07
Ce restaurant très couru d'Avignon, situé à l'étage d'un bâtiment voisin de la place de l'Horloge, témoigne d'une élégance discrète. Les grands classiques de la cuisine française y sont apprêtés avec beaucoup d'égards et proposés selon trois formules de menu à prix fixe *(130F, 160F à 220F)*. À titre d'exemple, le foie de lapin rôti en feuilleté et la morue grillée parfumée au fenouil et servie avec une purée d'aubergines sont tout simplement délicieux. Notre seule déception après un repas à faire rêver fut un plateau de desserts pour le moins banal; l'endroit a vraiment besoin d'un bon chef pâtissier.

Villeneuve-les-Avignon

Fabrice
$$
fermé dim soir et lun
3 bd Pasteur
☎04.90.25.52.79
Mérite qu'on traverse le pont Daladier pour se rendre à Villeneuve *(suivez l'av. du Général Leclerc, et prenez à droite sur le bd Pasteur)* afin d'y déguster une cuisine provençale fraîche apprêtée au goût d'aujourd'hui. Le jeune chef Fabrice Guisset a fait son service militaire dans les cuisines d'Édouard Balladur, à l'époque ministre des Finances à Paris. Il réalise de pures merveilles avec les fruits et légumes de la région, comme cette délicieuse terrine de courgettes, d'aubergines et de tomates bien juteuses arrosée d'une vinaigrette à la tapenade, à moins que vous ne préfériez son potage au pistou et aux croûtons de chèvre, ou le thon fumé aux asperges et aux artichauts croquants. La salle à manger, au décor nautique enrichi de subtiles teintes coralliennes, se trouve dans la maison autrefois habitée par son grand-père. Service attentif et courtois. Agréable patio. Menus à 130F et à 180F.

Sorties

Avignon

Bars et discothèques

L'Esclave Bar
tlj 22h à 5h
12 rue du Limas
☎04.90.85.14.91
Discothèque gay.

Le Bistrot d'Utopia
lun-sam 11h45 à minuit
dim 14h à 23h
4 rue Escaliers Sainte-Anne
☎04.90.27.04.96
Un café-bar décontracté apprécié des jeunes et situé à côté du cinéma de La Manutention et du Grand Café. Bon choix de cafés, de thés, de chocolats chauds et de jus de fruit, ainsi que de tartines grillées (sandwichs grillés), d'assiettes de charcuterie et de gâteaux. Les bières se vendent entre 12F et 22F, et comprennent l'Adelscott, la Chimay Rouge et la Pietra. Terrasse par beau temps.

Le Blues
25 rue Carnot
☎***04.90.85.79.71***
Musique sur scène et disques-jockeys y attirent une foule moins bruyante et légèrement plus âgée qu'au Red Zone, à la porte voisine.

Le Liverpool
tlj
23 rue de la République
☎***04.90.82.17.78***
Lieu de prédilection des jeunes amateurs de billard d'Avignon, cet établissement est tenu par un gars fort sympathique. Ouvert relativement tard tous les soirs.

Le Red Zone
25 rue Carnot
☎***04.90.27.02.44***
Une atmosphère de pub, un certain nombre de bières pression et une clientèle jeune en font un bon endroit où apprécier les prestations de formations variées (musique latine, rock, blues, salsa) de même que les montages de disques-jockeys diffusant des airs hip-hop, *jungle* et house.

Théâtre

Avignon s'enorgueillit d'une vie théâtrale riche et variée, si bien qu'il faut prendre la peine de consulter les journaux locaux ou de s'informer du lieu et de l'heure des représentations auprès du personnel de votre hôtel. Songez tout particulièrement aux salles suivantes :

Théâtre du Balcon
38 rue Guillaume Puy
☎***04.90.85.00.80***

Théâtre du Bélier
53 rue Portail Magnanen
☎***04.90.82.51.83***

Théâtre du Cabestan
11 rue de la Croix
☎***04.90.86.11.74***

Théâtre des Carmes
6 place des Carmes
☎***04.90.82.20.47***

Théâtre du Chêne Noir
8bis rue Sainte-Catherine
☎***04.90.86.58.11***

Théâtre du Chien Qui Fume
75 rue des Teinturiers
☎***04.90.85.25.87***

Le théâtre du directeur artistique Gérard Vantaggioli présente toujours quelque chose d'intéressant, notamment une soirée d'amateurs et de semi-professionnels baptisée *Les Amoureux de la Scène* (le dernier vendredi de chaque mois), réunissant des acteurs, des comédiens, des poètes et des chanteurs rock ou d'opéra, ainsi qu'une soirée d'improvisation intitulée *Ce soir on improvise au Chien* (un vendredi par mois), mettant en vedette des humoristes.

Cinéma

Le Capitale
3 rue de Pourquery de Boisserin
information et réservation

☎***08.36.68.20.22***
Les plus récents films sur quatre écrans.

Pathé Palace
38 cours Jean Jaurès
information et réservation

☎***08.36.68.20.22***
Les plus récents films sur cinq écrans.

Le Vox
place de l'Horloge
information et réservation

☎***08.36.68.03.70***
Les plus récents films sur deux écrans.

La Manutention Utopia Cinema
4 rue Escaliers Sainte-Anne
☎***04.90.82.65.36***
Le meilleur cinéma d'art de la région. Il présente des films du monde entier et abrite un excellent bar de même qu'un café.

Île de la Barthelasse

Bars et discothèques

Le Bistroquet
18h à 3h30
☎***04.90.82.25.83***
Le rock, le reggae, le rhythm and blues… à vous le bonheur d'en goûter les nuances dans cette boîte de nuit établie de longue date à quelques minutes de route de l'autre côté du Rhône (par le pont d'Aladier). Pour plus de détails sur les formations de passage et sur l'horaire des spectacles, consultez les journaux locaux. Le stationnement ne pose aucun problème.

Achats

Avignon

Cafés au Brésil
10h à midi et 14h à 19h
fermé dim
24 rue des Fourbisseurs
☎04.90.82.49.71
On y propose les meilleurs thés, cafés et petites gourmandises fines (dont les miels locaux).

Droguerie - Vannerie
10h à midi et 14h à 19h
fermé dim et lun matin
33 rue de la Bonneterie
☎04.90.86.13.66
Magasin à rabais proposant le savon de Marseille (pour le corps aussi bien que pour le linge) provenant du seul fabricant authentique qui subsiste aujourd'hui. Méfiez-vous donc des imposteurs qui tentent de vous vendre à gros prix des produits similaires dans d'autres établissements plus touristiques.

FNAC
fermé dim
19 rue de la République
☎04.90.14.35.35
☎04.90.14.35.43
Énorme choix de disques compacts et de livres (de la fiction aux arts, en passant par la technologie et les voyages).

Fontaine de Bacchus
mar-dim 8h à 13h30
Les Halles, place Pie
☎04.90.82.74.84
Nicole, une Québécoise joviale, et son époux français, Alain Bellec (d'anciens résidants de Montréal), proposent un bon choix de vins des Côtes-du-Rhône et vous indiqueront les meilleurs vignobles à visiter. Ce petit kiosque du marché mérite une halte, ne serait-ce que pour côtoyer ce jeune couple sympathique.

Foto Éclair
fermé dim
4 rue Saint-Agricol
☎04.90.85.15.72
Développement en une heure : 2,80F par photo plus 18F pour un 24 poses.

Galeries Lafayette
fermé dim
22 rue de la République
☎04.90.86.59.13
Pour tout trouver sous un même toit — des vêtements, des articles de sport, des produits de beauté, des articles ménagers, de petits appareils électriques... Doit bientôt être réaménagé sur le même emplacement pour s'intégrer à un complexe commercial.

Hervé Baum
fermé dim-lun
19 rue Petite Fusterie
☎04.90.86.37.66
⇄04.90.27.05.97
Cet antiquaire, établi de longue date en Avignon et réputé l'un des meilleurs de la région, vend divers objets, y compris des articles de jardin et des pièces décoratives. Le choix exceptionnel, résultant des efforts personnels de Baum, révèle un riche éventail aux prix variant entre quelques francs et plusieurs milliers. Le propriétaire expose également sa marchandise à L'Isle-sur-la-Sorgue les fins de semaine. Notez par ailleurs qu'on trouve d'autres boutiques d'antiquités sur la rue Petite Fusterie, parallèle à la rue Joseph Vernet (où se multiplient les boutiques de mode).

La Mémoire du Monde
9h à 19h
fermé dim
26 rue Carnot et 16 rue de la Bonneterie
☎04.90.82.47.93
Librairie disposant d'un bon choix d'œuvres littéraires, d'ouvrages dramatiques et de guides de voyage.

La Tropézienne
7h30 à 20h
fermé lun
22 rue Saint-Agricol
☎04.90.86.24.72
Bonne pâtisserie proposant des friandises typiquement locales, comme les cailloux, lescalissons d'Aix et d'autres produits savoureux, tels ces crattelons fougasse. La spécialité de la maison est le gâteau Tropézienne (brioche fine garnie de crème mousseline).

Les Halles
mar-dim 6h à 13h
place Pie
Marché couvert moderne où les producteurs de la région vendent fruits et légumes,

viandes et poissons. Choix extraordinaire en saison : cerises, abricots, prunes et pêches fraîchement cueillis. L'endroit tout indiqué pour faire des achats en prévision d'un pique-nique, puisque viandes tranchées, pains, fromages, olives et vins sont également proposés.

Monoprix
fermé dim
24 rue de la République
☎**04.90.82.60.14**
Tout ce que vous pouvez désirer auprès du pendant français de Woolworth.

Mouret Chapalier
10h à midi et 14h à 19h
fermé dim-lun en basse saison
ouvert lun après-midi de mi-juin à fin sept, et dim pendant le festival de théâtre
20 rue des Marchands
☎**04.90.86.37.66**
⇌**04.90.27.05.97**
Reproductions de qualité d'anciennes poteries provençales dans de riches tons de bleu, de vert et de jaune. La charmante propriétaire, Martine Fouga, est d'un précieux conseil.

Pharmacie Grégoire
fermé dim
7 rue de la République
☎**04.90.80.79.79**
Pharmacie pratique située à proximité de tout.

Seret Sports
fermé dim
29 rue Saint-Agricol
☎**04.90.82.57.73**
Grand choix d'articles et de vêtements de sport.

Sports Montagne
fermé dim
50 rue Carnot
☎**04.90.85.61.45**
Boutique de sport spécialisée renfermant tout ce dont vous pouvez avoir besoin pour prendre les montagnes d'assaut en toute saison, y compris l'équipement de randonnée, de ski et d'escalade.

Véronique Pichon
fermé dim
21 place Crillon
☎**04.90.85.89.00**
De belles poteries aux couleurs riches fabriquées tout près, à Uzès, par la même famille depuis près de 200 ans.

De Nîmes à Gênes, via San Francisco

Immigrant juif de Bavière, M. Lévy-Strauss débarque en 1847 à San Francisco avec dans ses bagages un lot de serge nîmoise, tissu fort résistant et imperméabilisé qui sert à recouvrir les marchandises et à fabriquer les pantalons des marins et des pêcheurs. S'exportant depuis le port de Gênes, ce tissu de Nîmes aurait servi à la fabrication des voiles des caravelles de Christophe Colomb parties à la conquête des Amériques. Ne trouvant pas d'acheteurs pour son tissu, Lévy-Strauss décide de le tailler pour en faire des pantalons. Il n'y va pas dans la dentelle et les confectionne très solidement, avec des coutures renforcées par des rivets.

Comme pour tout entrepreneur qui connaît le succès, la chance est au rendez-vous. En 1849, la Ruée vers l'or éclate et les mineurs ont besoin de vêtements d'une solidité extrême. Les pantalons du fortuné tailleur arrivent fort à propos et obtiennent un succès immédiat parmi les prospecteurs. C'est le début de la grande aventure du «bleu de Gênes», qui, prononcé à l'américaine, devint *blue jeans*, maintenant l'un des symboles de l'Amérique. La marque Denim perpétue l'apport du textile nîmois.

En 1850, Lévy-Strauss fonde sa première usine de fabrication. Le succès est phénoménal. Aujourd'hui, ce simple pantalon de mineur est porté par des millions de jeunes et moins jeunes sur la planète.

Nîmes

À la fois retenue, nonchalante et animée, Nîmes se tient à la jonction de deux mondes, le provençal et le languedocien.

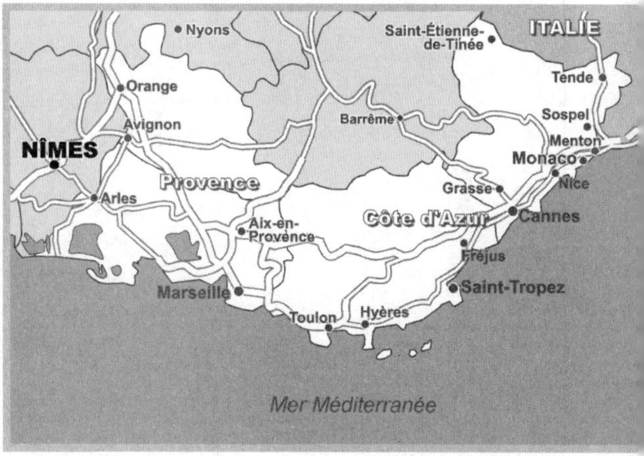

Pourtant, ce qui pourrait développer pour d'autres un problème d'identité, devient ici une richesse. Nîmes sait, plus que toute autre, tirer le meilleur de sa situation géographique particulière. L'histoire de la ville, qui apparaît par ailleurs marquée par la culture tauromachique qui atteint son paroxysme lors des colorées férias (voir p 99), remonte à la nuit des temps.

Fondée par l'empereur romain Auguste, la colonie de Nemausensis atteint son apogée au IIe siècle de notre ère, bien fournie en eau par un réseau impressionnant d'aqueducs dont fait partie le célèbre pont du Gard, qui se dresse toujours dignement à 23 km au nord-est de la ville. À cette époque, la ville figure, avec Lyon et Narbonne, parmi les plus importantes en Gaule romaine.

Trois siècles plus tard, elle se voit envahie par les Vandales, événement qui marque le début d'une période sombre pour l'ancienne colonie. Au Moyen Âge, la ville se rétrécit autour de la cathédrale Saint-Castor et des Arènes qui servent de forteresse, lieu de refuge pour la population en cas de conflit. Nîmes vit une première renaissance à la fin des guerres de Religion grâce à l'industrie textile à partir du XVIIe siècle. L'urbanisme aussi prend un nouvel essor à cette époque : le développement des faubourgs et les nombreuses constructions publiques et privées sont les signes de sa nouvelle prospérité. La destruction des remparts à la fin du XVIIIe siècle et l'arrivée du chemin de fer, un siècle plus tard, donnent à la ville sa structure actuelle.

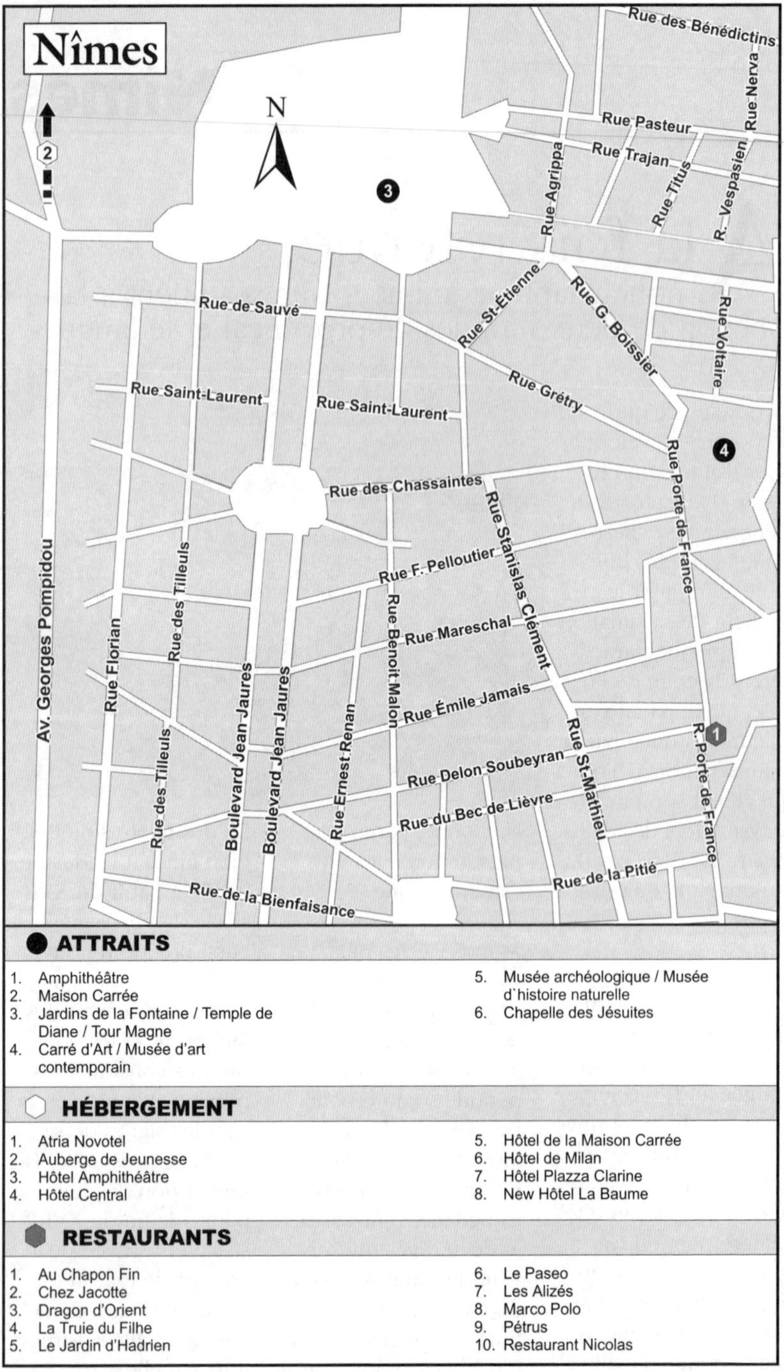

ATTRAITS

1. Amphithéâtre
2. Maison Carrée
3. Jardins de la Fontaine / Temple de Diane / Tour Magne
4. Carré d'Art / Musée d'art contemporain
5. Musée archéologique / Musée d`histoire naturelle
6. Chapelle des Jésuites

HÉBERGEMENT

1. Atria Novotel
2. Auberge de Jeunesse
3. Hôtel Amphithéâtre
4. Hôtel Central
5. Hôtel de la Maison Carrée
6. Hôtel de Milan
7. Hôtel Plazza Clarine
8. New Hôtel La Baume

RESTAURANTS

1. Au Chapon Fin
2. Chez Jacotte
3. Dragon d'Orient
4. La Truie du Filhe
5. Le Jardin d'Hadrien
6. Le Paseo
7. Les Alizés
8. Marco Polo
9. Pétrus
10. Restaurant Nicolas

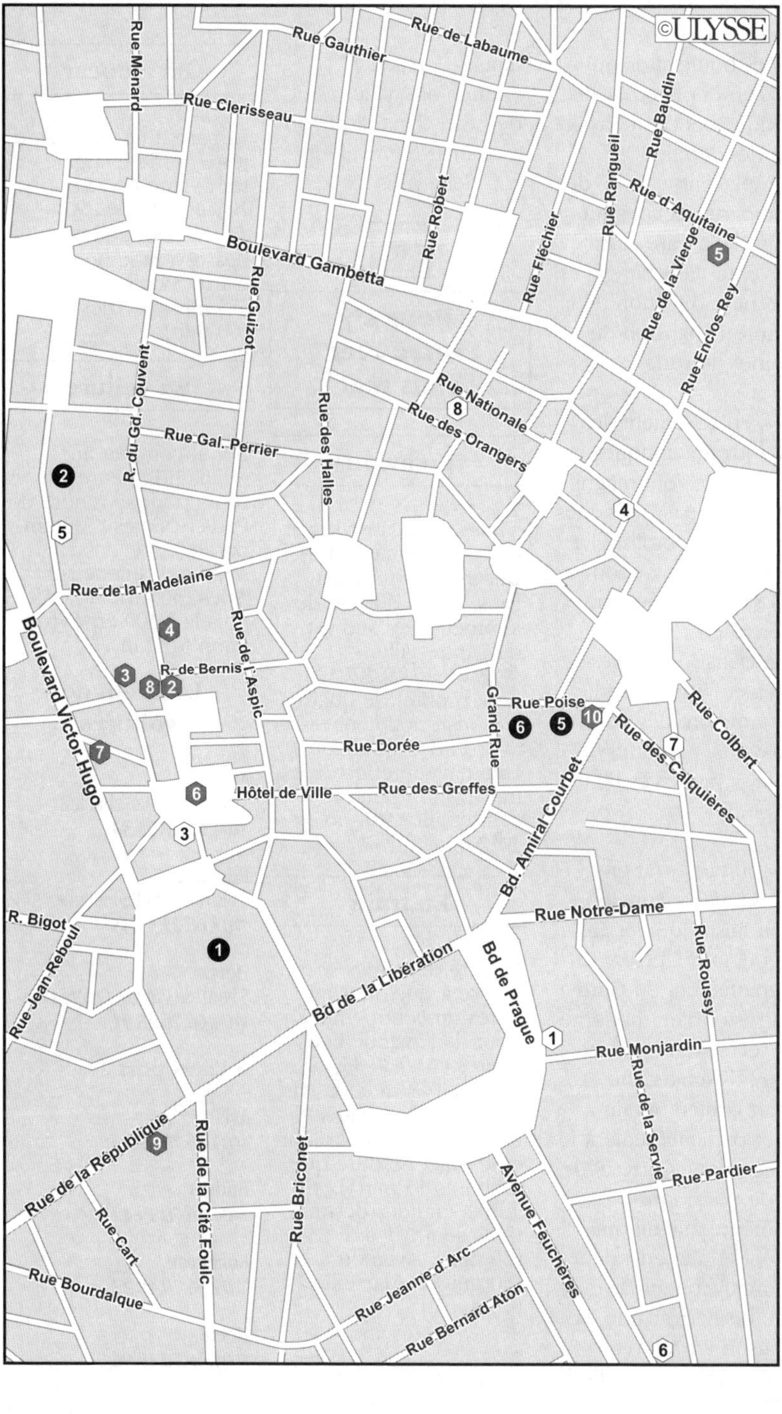
©ULYSSE
Rue de Labaume
Rue Gauthier
Rue Ménard
Rue Clerisseau
Rue Baudin
Rue Rangueil
Rue Robert
Rue d'Aquitaine
Rue Fléchier
Boulevard Gambetta
Rue Guizot
Rue de la Vierge
Rue Enclos Rey
R. du Gd. Couvent
Rue Nationale
Rue des Orangers
Rue des Halles
Rue Gal. Perrier
Rue de la Madelaine
Boulevard Victor Hugo
Rue de l'Aspic
R. de Bernis
Grand Rue
Rue Poise
Rue Dorée
Rue des Calquières
Rue Colbert
Hôtel de Ville
Rue des Greffes
Bd. Amiral Courbet
R. Bigot
Rue Jean Reboul
Rue Notre-Dame
Bd de la Libération
Bd de Prague
Rue Roussy
Rue Monjardin
Rue de la Servie
Rue de la République
Rue de la Cité Foulc
Rue Briconet
Avenue Feuchères
Rue Pardier
Rue Cart
Rue Bourdalque
Rue Jeanne d'Arc
Rue Bernard Aton

Les boulevards qui cernent le cœur historique, «Secteur Sauvegardé» depuis 1985, remplacent le fossé des remparts. La construction de la gare et de l'avenue Feuchères fixent la direction de la future expansion de Nîmes, le sud.

Heureusement, les joyaux antiques et historiques ont magnifiquement passé les âges et sont aujourd'hui les témoins d'une époque glorieuse. Nîmes (nom dérivé du romain Nemausensis, puis Nesmes et Nismes) abrite notamment des édifices romains, parmi les mieux préservés d'Europe.

Pourtant, tout en sauvegardant son côté historique et antique, la préfecture du département du Gard a su rester bien moderne et recèle quelques bijoux d'architecture et d'art contemporain, tout particulièrement le magnifique Carré d'Art (voir p 94) ,qui s'intègre magnifiquement et met en valeur d'une façon audacieuse sa voisine romaine, la Maison Carrée (voir p 93). Sans contredit, la ville de 130 000 habitants se présente comme une ville moderne et dynamique qui a su mettre en valeur son riche passé.

Pour s'y retrouver sans mal

En avion

Nîmes est desservie par l'aéroport **Nîmes-Arles-Camargue**, situé à Garons, à une dizaine de kilomètres au sud-est du centre-ville *(☎04.66.70.49.49)*. On peut profiter de quatre liaisons quotidiennes avec Paris (une heure). Une navette effectue le transport depuis le centre-ville *(☎04.66.29.27.29)*.

En train

La gare de Nîmes se dresse à quelques minutes du centre-ville au bout de l'avenue Feuchères *(☎08.36.35.35.35)*. Le TGV relie la ville à la capitale Paris cinq ou six fois par jour et le trajet ne dure que 4 heures 15 min. Les autres grandes destinations sont Arles (30 min), Avignon (30 min) et Marseille (75 min).

En autocar

La gare routière se situe juste derrière la gare ferroviaire *(rue Ste-Félicité, ☎04.66.29.52.00)*. Des autocars desservent le pont du Gard (35 min), Avignon (75 min) et Arles (60 min).

En voiture

Il faut compter au moins huit heures de route pour se rendre de Paris à Nîmes (725 km) par les A7 et A9. La A54 vous amène sur Arles (30 km) et la A9 puis la N100 en Avignon (43 km).

Location de voitures

Avis
1800 av. du Maréchal Juin
☎04.66.29.05.33

Europcar
1 bis rue de la République
☎04.66.21.31.35

Hertz
5 boul. de Prague, Centre Atria
☎04.66.76.25.91

À l'aéroport

Avis
☎04.66.70.49.26

Budget
☎04.66.70.49.42

Europcar
☎04.66.70.49.22

Hertz
☎04.66.70.19.96

Stationnement

Au total, la ville de Nîmes dispose de six stationnements publics payants. Le stationnement des Arènes (esplanade Charles de Gaulle) est le plus central d'entre eux, et donc le plus pratique pour un visiteur.

Renseignements pratiques

Office de tourisme
6 rue Auguste
30000 Nîmes
☎04.66.67.29.11
⇌04.66.21.81.04

Bureau de poste
On trouve un bureau de poste au 1, boulevard Bruxelles (esplanade Charles de Gaulle), ainsi qu'à l'angle du boulevard Gambetta et de la rue Robert.

Attraits touristiques

★★

Nîmes

Une carte valide pour trois jours permet d'avoir accès à tous les monuments, les musées et l'Amphithéâtre pour 60F. On peut l'acheter au guichet des divers sites.

Érigé à la fin du 1er siècle de notre ère, l'**Amphithéâtre romain de Nîmes** ★★★ *(28F, 34F avec la Tour Magne; juin à sept 9h à 19h, oct à mai 9h à midi et 14h à 17h; au bout de la rue de l'Aspic, ☎04.66.76.72.77)* se veut le mieux conservé du monde. Quasi identique à son frère arlésien, il a des dimensions de 133m sur 101m lui permettant d'accueillir 24000 spectateurs.

Transformé en forteresse par les Wisigoths en 404 à la suite de l'interdiction des combats de gladiateurs, l'édifice à arcades voit s'y ériger par la suite un château des vicomtes de Nîmes puis un véritable village qui comptait quelque 700 habitants au XVIIIe siècle. À partir du début du siècle suivant, on organise le dégagement puis la restauration de l'édifice, qui retrouve sa vocation première de lieu de spectacles avec l'organisation de courses de taureaux camarguais puis, à partir de 1853, de corridas.

Même si cet antique monument a vu les gladiateurs céder leur place aux toreros, sportifs et artistes, il garde pour nous l'image la plus forte de la société romaine qui aimait et cultivait tant le grand spectacle, celui qui donne des frissons aux spectateurs.

La **Maison Carrée** ★★ *(entrée libre; juin à sept 9h à midi et 14h30 à 19h, oct à mai 9h à 12h30 et 14h à 18h; place de la Maison Carrée, ☎04.66.36.26.76)*, un des temples romains les mieux préservés du monde, se dressait à l'origine sur la place du forum, centre administratif et économique de la ville. Seul survivant de cet ensemble, le monument romain, érigé sous le règne de l'empereur Auguste dans les premières années de notre ère sur le modèle du temple d'Apollon à Rome, a certainement subi une influence grecque comme en font foi la pureté de ses lignes, les proportions de l'édifice et l'élégance de ses colonnes.

Tour à tour salle de réunion des consuls de la ville au Moyen Âge, écuries du sieur de Brueys au XVIe siècle, église du couvent des Augustins au siècle suivant, bureau des archives départementales après la Révolution, musée des Beaux-Arts et musée archéologique jusqu'en 1875, le sublime édifice a retrouvé aujourd'hui sa grâce et son dépouillement d'antan. À l'intérieur, le visiteur peut voir une discrète exposition sur l'histoire du lieu. Son nom curieux s'explique par le fait que, dans l'ancien français, tout rectangle (la forme réelle du monument) avec quatre angles était désigné par le mot «carré».

Réalisés en 1745 d'après un projet de Jacques-Philippe Mareschal, ingénieur militaire du roi Louis XV et directeur des fortifications de la province de Languedoc, les **Jardins de la Fontaine** ★★ *(entrée libre; tlj été 7h30 à 22h, hiver 7h30 à 18h30; entrée angle Quai de Fontaine et av. Jean-Jaurès)* s'étendent autour de la Source de Nemausus, site d'un théâtre, d'un temple et de thermes, à l'époque gallo-romaine. Grand espace vert à la française, des plus romantiques avec son majestueux portail en fer, ses allées ombragées, ses statues, sa fontaine et ses plans d'eau, les jardins abritent quelques vestiges romains antiques. À gauche de la fontaine se dresse le **temple de Diane**, sérieusement endommagé en 1577 lors des guerres de Religion. Les ruines de ce monument du IIe siècle, confondues avec la végétation, donnent le plus bel effet.

Au sommet du mont Cavalier, après une ascension d'une dizaine de minutes sur des sentiers peuplés d'essences méditerranéennes, vous trouverez l'un des symboles de la ville, la **Tour Magne** ★ *(15F, 34F avec l'Amphithéâtre; juin à sept 9h à 19h, oct à mai 9h à 17h; ☎04.66.67.65.56)*. Plus importante et seule survivante des tours qui ponctuaient les 7 km de remparts de l'époque romaine, la tour polygonale à trois étages, haute de 34 m, permet de superbes vues sur la ville et la région du haut de sa plate-forme.

Le **Carré d'Art** ★, bâtiment résolument moderne dessiné par Norman Foster qui se veut le pendant contemporain de sa voisine, la Maison Carrée, abrite la médiathèque et le **Musée d'art contemporain** ★ *(28F; mar-dim 10h à 18h; place de la Maison Carrée, ☎04.66.76.35.70)*. Collection de près de 300 œuvres illustrant plusieurs des différents mouvements artistiques les plus marquants depuis 1960, elle se divise en trois grands axes : l'art en France, l'identité méditerranéenne et la création anglo-saxonne et germanique. Y sont représentés les grands mouvements picturaux contemporains comme le nouveau réalisme, Supports/Surfaces, la figuration libre et la nouvelle figuration.

Le **Musée archéologique** ★ *(28F; fermé lun, avril à sept 10h à 18h, oct à mars 11h à 18h; 13 bis Amiral-Courbet, ☎04.66.67.25.57)*, installé dans l'ancien collège des Jésuites et son cloître, abrite l'une des plus importantes collections d'objets se rapportant à l'Antiquité de toute la France. Retrouvées lors de fouilles effectuées dans la région de Nîmes, colonnes, mosaïques, sculptures et bornes militaires se retrouvent dans la galerie du rez-de-chaussée, alors qu'à l'étage le visiteur peut admirer des objets de la vie quotidienne à l'époque gallo-romaine, de la verrerie, des céramiques (grecque, étrusque ou punique), des pièces de monnaie et des maquettes en liège des principaux monuments antiques de la cité.

Pendant que vous êtes au Musée archéologique, faites un tour au vénérable **Musée d'histoire naturelle**, espace muséal aménagé dans le même bâtiment qui dégage un charme désuet et qui présente toute un panoplie d'animaux empaillés dormant là depuis des décennies.

Plus bel édifice religieux de la ville qui abrite aujourd'hui des salles d'exposition et de concerts, la **chapelle des Jésuites** *(entrée libre; Grand'Rue, ☎04.66.67.25.57)* fut construite à la fin du XVIIe siècle. Avec une façade imposante, le temple possède des intérieurs splendides marqués par un décor sculpté impressionnant.

★★★

Le pont du Gard

Depuis Nîmes, prenez la N86 jusqu'à Remoulins, puis empruntez la D19 sur 2 km.

Ne manquez pas l'occasion d'admirer ce pont vieux de 2 000 ans, le plus haut pont-aqueduc jamais construit par les Romains. Érigé en 19 av. J.-C., il était utilisé pour acheminer l'eau des rivières et des vallées voisines jusqu'à Nîmes! Il a servi jusqu'au Moyen Âge et fut restauré sous Napoléon III (1843-1846). Fait d'une magnifique pierre ocre, l'aqueduc est haut de 49,75 m (lorsque l'eau est basse) et composé de trois niveaux d'arches : 6 à la base, 11 au milieu et 35 au sommet.

Aujourd'hui, on peut le traverser en voiture, pique-niquer tout près, se baigner à sa base et même louer un canot ou un kayak pour explorer les environs. Plus de deux millions de personnes le visitent chaque année, et l'endroit devient plutôt affairé au cours des mois d'été, quoiqu'on ait suspendu le projet d'y aménager un centre d'information ultramoderne, ce qui lui conserve un certain charme naturel.

Uzès

De Nîmes, prenez la N86 jusqu'à Remoulins, puis la D19 jusqu'au pont du Gard et la D981 jusqu'à Uzès.

Seize kilomètres plus loin, vous découvrirez ce joyau de village médiéval qui, comme le pont du Gard, ne fait plus partie de la Provence, mais plutôt du département du Gard. Peu importe, cependant, car vous pouvez facilement passer un après-midi à explorer les rues pittoresques d'Uzès, qui a fait l'objet de travaux de réfection considérables.

Partez de la place aux Herbes, avec sa fontaine et ses jolis bâtiments à colonnades, puis engagez-vous dans les rues secondaires. De la place du Duché, vous pourrez admirer la mairie et visiter le **palais du Duché** *(droit d'entrée)*, avec son curieux mélange de styles architecturaux et une vue incomparable sur la campagne avoisinante. Vous pourrez également contempler celle-ci de l'idyllique promenade Jean Racine (ainsi nommée en l'honneur du dramaturge, qui passa ici un an de sa vie), en bordure de la cathédrale Saint-Théodorit, un monument du XVIIe siècle, à l'intérieur duquel se trouve encore l'orgue original en bois doré.

Consultez les sections qui suivent pour d'autres suggestions d'excursions au départ d'Avignon :

Orange (voir p 103);
les collines et villages du Luberon (voir p 138);
La Camargue (voir p 184);
Vaison-la-Romaine (voir p 108);
Arles (voir p 177);
Saint-Rémy-de-Provence (voir p 168).

Activités de plein air

Kayak

Découvrez le pont du Gard en canot ou en kayak avec **Kayak Vert** *(30210 Collias, ☎04.66.22.80.76)*. Possibilité de location de vélos de montagne.

Équitation

Le **Centre Équestre Camarguais Tour Magno Gardiano** *(Domaine de la Bastide, route de Générac, 30900 Nîmes, ☎04.66.38.36.30)* initie les néophytes à la monte camarguaise. On y propose des cours et des randonnées, et l'on présente également des spectacles équestres (jeux, gardians, défilés, etc.).

Golf

Golf de Nîmes Vacquerolles
route de Sauve
30900 Nîmes
☎04.66.23.33.33
Très beau terrain de 18 trous où il est possible de louer du matériel.

Hébergement

Nîmes

Auberge de Jeunesse
47F, pdj 19F
chemin de la Cigale
☎***04.66.23.25.04***
⇄***04.66.23.84.27***
À 3,5 km au nord-ouest de la gare, l'auberge de jeunesse de Nîmes propose des lits en dortoir dans une ambiance évidemment jeune et décontractée. Pour s'y rendre, il suffit de prendre l'autobus n° 2, direction Alès ou Villeverte, à la gare et de descendre au stade.

Hôtel de Milan
200F, pdj 30F
tv
17 av. Feuchères
☎***04.66.29.29.90***
⇄***04.66.29.05.31***
Installé dans un immeuble de caractère sur une avenue ombragée, l'Hôtel de Milan se dresse à quelques minutes de la gare. Alliant caractère d'époque et modernité, l'établissement dispose de 33 chambres insonorisées par des fenêtres à double vitrage. L'établissement possède quelques places de stationnement juste en face, dans la contre-allée de l'avenue.

Hôtel Central
210F-260F, pdj 30F
bc/bp, tv
2 place du Château
☎***04.66.67.27.75***
⇄***04.66.21.77.79***
Petit établissement familial tout près du centre piétonnier, l'Hôtel Central propose 15 petites chambres au cadre désuet mais à la propreté irréprochable. Une adresse centrale à retenir pour les voyageurs à budget plus limité qui se soucient peu de la décoration des lieux et des dimensions restreintes des chambres.

Hôtel de la Maison Carrée
240F, pdj 30F
bc/bp, tv
14 rue de la Maison Carrée
☎***04.66.67.32.89***
⇄***04.66.76.22.57***
À deux pas du monument antique, le sympathique Hôtel de la Maison Carrée propose une vingtaine de chambres aménagées dans une vieille demeure du centre de Nîmes. Si les petites chambres ne possèdent pas de charme particulier, les invités y trouvent un accueil cordial, une propreté incontestable et des tarifs plus que raisonnables.

Hôtel Amphithéâtre
260F, pdj 35F
tv
4 rue des Arènes
☎***04.66.67.28.51***
⇄***04.66.67.07.79***
hotel-amphitheatre@wanadoo.fr
Après plus de 30 ans de la même administration, l'Hôtel Amphithéâtre a changé de mains en avril 2000, mais constitue toujours une excellente adresse à deux pas de l'Amphithéâtre de Nîmes. Maintenant tenu par un charmant couple, l'établissement compte 17 petites chambres au décor sympathiquement désuet, sans charme particulier, aménagées dans un vieil hôtel particulier du XVIIIe siècle. L'accueil chaleureux des propriétaires, la localisation centrale et les tarifs fort raisonnables font de l'Hôtel Amphithéâtre un établissement au rapport qualité/prix des plus avantageux.

Hôtel Plazza Clarine
350F-370F, pdj 40F
≡, tv, ℜ
10 rue Roussy
☎***04.66.76.16.20***
⇄***04.66.67.65.99***
www.new-hotel.com
Membre de la chaîne hôtelière bien connue, l'Hôtel Plazza Clarine possède un charme certain, lui qui est aménagé dans un bâtiment original par sa forme au cœur d'un des plus anciens quartiers de la ville. Jouissant d'un décor inspirant qui allie lignes contemporaines et objets d'époque, l'hôtel possède 28 chambres ravissantes avec toutes les commodités désirées. L'accueil chaleureux et le respect de l'intimité des invités font la marque de cet établissement de caractère qui se dresse sur une petite rue tranquille mais à quelques minutes des boulevards animés.

New Hôtel La Baume
540F, pdj 55F
≡
21 rue Nationale
☎04.66.76.28.42
⇄04.66.76.28.45
Alliant confort moderne, charme ancien, luxe bourgeois et grande classe, le New Hotel La Baume représente un établissement exceptionnel conçu dans un hôtel particulier du XVIIe siècle au passé prestigieux. Les 34 chambres, construites autour d'un escalier intérieur aux pierres anciennes, apparaissent des plus ravissantes avec leurs poutres apparentes et, pour certaines, avec leurs plafonds peints à la française. Délicieux mélange de modernité et de tradition, le New Hôtel La Baume vous réserve un séjour des plus sereins et apaisants.

Atria Novotel
580F, pdj 58F
≡, tv, ℜ
5 boul. de Prague
☎04.66.76.56.56
⇄04.66.76.26.36
Résolument moderne et au décor léché, l'Atria Novotel propose 117 chambres dont sept suites au confort contemporain mais qui dégagent peu de charme et de chaleur. Situé autour des jardins de l'Esplanade, le bâtiment moderne de six étages se démarque par sa forme plane et angulaire et par la rigueur de ses lignes. Le cadre intérieur, vaste et impersonnel, se veut toutefois un bel exemple d'aménagement moderne dans une vieille ville européenne.

Restaurants

Nîmes

Nîmes possède plusieurs places où il fait bon flâner, pour prendre l'apéro sur une terrasse ou déguster un repas dans un bistro ou un café. Parmi les plus intéressantes, mentionnons la place du Marché (avec son palmier), la grande place de la Maison Carrée (avec l'intéressant Café Carré) et la plus intime place aux Herbes.

La Truie qui Filhe
$
fermé dim
9 rue Fresque
☎04.66.21.76.33
Voilà un endroit peu banal qui attire une clientèle fidèle qui apprécie la simplicité et la convivialité du lieu depuis des années. En entrant, les convives sont invités à prendre un plateau et à choisir une entrée chaude ou froide, un plat et un dessert parmi ceux qui leur sont proposés derrière le comptoir de type cafétéria. Ensuite, avant de se diriger vers la pittoresque salle à manger sous les arches, tout en pierre et pourvue de tables et de chaises en bois qui ont vu bien des clients s'y asseoir, on doit acquitter les 52F que coûte le repas complet. Une belle adresse, autant pour son rapport qualité/prix, difficile à battre, que pour le cadre splendide d'authenticité.

Dragon d'Orient
$-$$
27 rue de l'Étoile
☎04.66.67.56.11
Tout nouvel établissement spécialisé dans la cuisine authentiquement vietnamienne, Dragon d'Orient propose des plats à la carte et des menus pour le déjeuner et le dîner. L'accueil et le service attentionnés, affables et soignés, méritent certainement d'être soulignés, tout autant que la qualité des plats servis.

Le Paseo
$-$$
10 place du Marché
☎04.66.67.76.94
Sur la fort sympathique place du Marché, où trône un symbolique et majestueux palmier, se trouve Le Paseo, établissement idéal pour un repas estival en plein air. Sa grande terrasse sous les parasols attire une clientèle nombreuse, autant le midi que le soir. La cuisine méridionale se veut simple et met en vedette quelques spécialités de taureau. Des menus à 75F et 89F sont proposés.

Marco Polo
$-$$
fermé lun
12 rue Fresque
☎04.66.67.07.74
Certains peuvent croire qu'un restaurant offrant à la fois des plats français, des pizzas et des plats indiens ne peut réussir dans tous les domaines. Pourtant, Marco Polo, petit établissement d'une vingtaine de tables, se défend fort bien. Ses plats indiens, malheureusement seulement à base de viande, se veulent fidèles aux traditions d'Asie du Sud, alors que les pizzas et les plats plus français méritent l'appréciation des convives. Dans une petite rue piétonnière du vieux Nîmes, l'endroit vous assure d'un calme certain.

Chez Jacotte
$$
fermé dim
15 rue Fresque
☎04.66.21.64.59
Soyez attentif à la minuscule enseigne dans la ruelle de la rue Fresque car elle vous mènera Chez Jacotte, chaleureux, attrayant et très charmant petit restaurant judicieusement décoré de peintures et d'objets d'art qui lui donnent des allures sympathiquement bohèmes. Intime, la salle à manger au plafond bas sous les arches est complétée par quelques tables disposées dans la ruelle sans issue. La carte du soir met à l'honneur le croustillant de foie gras et les plats d'agneau.

Au Chapon Fin
$$
fermé dim
3 place du Château Fadaise
☎04.66.67.34.73
Au Chapon Fin fait honneur à la Confrérie des Restaurateurs de Métier du Gard. À l'ombre de l'église Saint-Paul, le petit restaurant, à la devanture verdoyante et au décor chaleureux de style bistro où domine le bois, propose une saine et savoureuse cuisine régionale avec notamment de succulents magrets de canard. Le midi, les convives peuvent prendre un menu à 75F, alors qu'à la carte les entrées coûtent de 30F à 50F et que le prix des plats s'élève de 80F à 100F.

Les Alizés
$$
fermé lun
26 bd Victor Hugo
☎04.66.67.08.17
Animé restaurant et pizzeria, Les Alizés propose des menus complets à 100F et 120F qui incluent l'entrée, le plat, le fromage et le dessert. Outre quelques spécialités de la région, la carte présente un bon choix de pizzas et de pâtes fraîches. Le cadre du populaire établissement, administré par une sympathique et souriante dame qui a su trouver un personnel à son image, se veut simple et sans prétention avec sa terrasse sur le trottoir et ses deux salles aux couleurs pastel tapissées de grands miroirs.

Restaurant Nicolas
$$
fermé lun
1 rue Poise
☎04.66.67.50.47
Membre de la Confrérie des Restaurateurs de Métier du Gard, le Restaurant Nicolas propose une cuisine locale comportant entre autres des spécialités de taureau et d'agneau. Le cadre, classique et sans prétention, présente la même retenue que la carte, traditionnelle et authentique. Que ce soit les menus saveur, détente ou gourmand, tous assurent aux convives des plats savoureux utilisant judicieusement les produits de la région.

Le Jardin d'Hadrien
$$
11 rue Enclos Rey
☎04.66.21.86.65
Autre membre de la renommée Confrérie des Restaurateurs de Métier du Gard, Le Jardin d'Hadrien, outre son excellente cuisine régionale, offre à ses convives un cadre des plus agréables et chaleureux avec sa salle à manger aux murs de pierre et sa splendide et verdoyante cour intérieure admirablement aménagée. Outre des plats à la carte, le chef propose un menu délectable.

Pétrus
$$$
fermé dim
7 rue de la République
☎04.66.76.04.81
Reconnu comme l'une des meilleures tables de Nîmes, le chic restau-

rant Pétrus garantit à ses convives une cuisine régionale de grande qualité, saine, fraîche, authentique et parfumée. Que ce soit le foie gras ou la salade de homard comme entrée, ou les savoureux poissons et les tendres viandes grillées, tout transpire le grand art culinaire. Le cadre, chic et de bon goût, évite toutefois l'ostentation.

Sorties

Nîmes

Espace Pablo-Romero
fermé dim
12 rue Émile-Jamais
L'Espace Pablo-Romero, troquet hispanique à l'atmosphère marquée par la tauromachie, dispose de bars surmontés d'impressionnantes têtes de taureaux et agencés autour d'un patio où les clients dégustent des tapas bien espagnoles.

La Cantina
fermé dim en été, dim-mar 18h30 à 1h, mer-jeu 18h30 à 2h, ven-sam 18h30 à 3h
4 rue Graverol
☎04.66.21.65.10
Bar latino au cadre familier, au décor bric-à-brac sympathiquement négligé et à l'ambiance décontractée, La Cantina se veut un endroit propice pour prendre une bière importée ou un verre de vin en savourant des repas légers d'inspiration mexicaine. La musique latino, notamment la salsa, est à l'honneur. On y présente en outre des spectacles sur scène.

Les férias
Chaque année, au moment de la Pentecôte en juin, les rues de Nîmes se remplissent d'une effervescence sans pareille. On y boit, on y chante, on y danse.

La Féria se veut une véritable fête qui dure cinq jours pendant lesquels on peut assister à des corridas dans les Arènes, à des *abrivados* ou des *encierros* (lâchers de taureaux dans les rues), voir déambuler sur les boulevards ces troupes musicales que l'on appelle *peñas*, danser la sévillane dans les *bodegas*, ces fameuses caves dans lesquelles le vin coule à flots, voir les joutes sur les canaux de la Fontaine, assister à la Pégoulade (le défilé carnavalesque du mercredi soir sur les boulevards) ou encore danser au gré des bals et des concerts.

Instituée en 1952, la Féria n'a depuis cessé d'évoluer et s'est multipliée par trois puisque sont venues s'ajouter à celle de la Pentecôte la Féria des Vendanges en septembre et la Féria de Primavera en février. On peut réserver les places pour les différents événements au Bureau de Location des Arènes *(1 rue Alexandre Ducros, ☎04.66.67.28.02)*. Il faut compter entre 100F et 500F pour une corrida.

Achats

La charmante **rue de la Madeleine**, qui compte notamment au n° 1 la plus ancienne maison du vieux Nîmes, constitue la plus importante artère commerciale de la ville.

L'industrie textile à Nîmes est née sous Louis XI et, pendant des siècles, a été le moteur économique de la ville. Bien qu'encore vivante, la tradition du tissage nîmois vivote et l'on ne peut trouver des tissus de qualité qu'à quelques rares endroits. Les **Indiennes de Nîmes** *(2 place des Arènes)* représente une petite boutique fort intéressante pour les amateurs de tissus.

Se tient un grand **marché** les lundis sur le boulevard Gambetta. Les vendredis, un **marché de produits biologiques** a lieu sur l'avenue Jean-Jaurès. Le samedi matin, on fait place au **marché aux puces** dans le stationnement du stade des Costières.

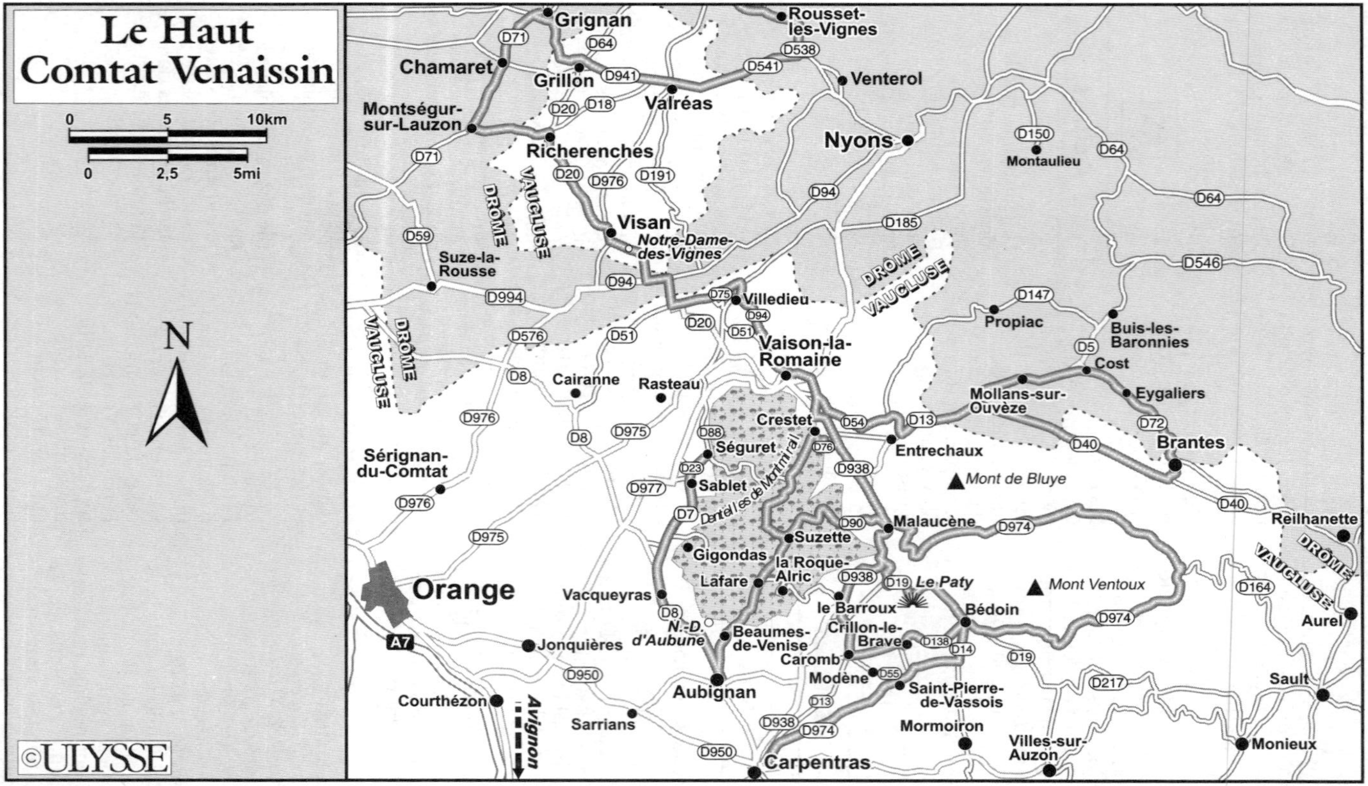
Le Haut
Comtat Venaissin
0
5
10km
0
2,5
5mi
N
©ULYSSE
Grignan
Rousset-les-Vignes
Chamaret
Grillon
Valréas
Venterol
Montségur-sur-Lauzon
Richerenches
Nyons
Montaulieu
Visan
Notre-Dame-des-Vignes
Suze-la-Rousse
Villedieu
Propiac
Buis-les-Baronnies
Vaison-la-Romaine
Cost
Cairanne
Rasteau
Eygaliers
Mollans-sur-Ouvèze
Crestet
Séguret
Entrechaux
Brantes
Sérignan-du-Comtat
Sablet
Mont de Bluye
Dentelles de Montmirail
Malaucène
Suzette
Reilhanette
Gigondas
la Roque-Alric
Lafare
Le Paty
Mont Ventoux
Orange
Vacqueyras
le Barroux
Bédoin
N.-D. d'Aubune
Beaumes-de-Venise
Crillon-le-Brave
Aurel
Jonquières
Caromb
Modène
Sault
Aubignan
Saint-Pierre-de-Vassois
Courthézon
Avignon
Sarrians
Mormoiron
Villes-sur-Auzon
Monieux
Carpentras
DRÔME
VAUCLUSE
A7
D71
D64
D941
D538
D541
D20
D18
D150
D976
D191
D94
D185
D59
D994
D75
D147
D546
D576
D51
D5
D8
D88
D54
D13
D72
D975
D76
D40
D23
D938
D977
D7
D90
D974
D19
D164
D138
D14
D950
D55
D217

Le Haut Comtat Venaissin

Le Haut Comtat Venaissin comprend Orange, Vaison-la-Romaine, les Dentelles de Montmirail, l'Enclave des Papes et Carpentras.

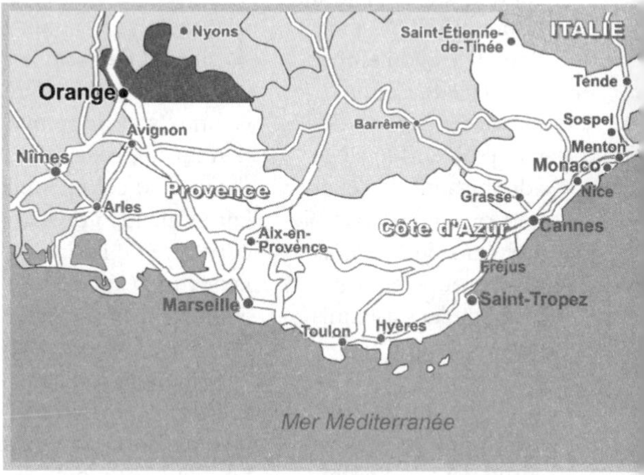

La région jadis connue sous le nom de Comtat Venaissin (version provençale de l'appellation française du comté de Venasque) couvrait la plus grande partie du département actuel du Vaucluse. La partie septentrionale de cette région panoramique procure de nombreux plaisirs à plus d'un visiteur de la Provence, car elle recèle une riche histoire, un paysage varié et plusieurs petits bourgs qu'on peut explorer sans être gêné par les hordes de touristes qui déferlent à certaines périodes de l'année sur les villes plus importantes, comme Avignon, Marseille et Aix-en-Provence, ou sur les monts du Luberon.

Le comté fut créé en 1125 et gouverné par les comtes de Toulouse (Raymond VI et Raymond VII) à la suite du morcellement d'une région plus vaste connue sous le nom de «marquisat de Provence».

En vertu du traité de Paris (1229), le Comtat Venaissin devint territoire papal. Huit ans plus tard, la fille de Raymond VII, Jeanne, épousa Alphonse de Poitiers, et le Comtat tout entier fut confié au jeune époux en guise de dot. Après la mort d'Alphonse, le Comtat devint la propriété de son neveu Philippe III, alors roi de France. Trois ans plus tard, en 1274, celui-ci en fit don au pape Grégoire X, un Français d'origine et un ancien évêque d'Avignon, et le Comtat demeura sous tutelle papale jusqu'à la Révolution.

Le Comtat Venaissin prit de l'ampleur au cours de l'installation des papes en Avignon entre 1305 et 1376 (de même que durant le règne des antipapes, ou Grand schisme d'Occident, de 1378 à 1417). Carpentras fut achetée en 1320 et désignée capitale du Comtat, un honneur détenu par Pernes-les-Fontaines depuis 968. Cette même Carpentras devint plus tard le siège administratif des états du Comtat, comparable aux états de Provence, un regroupement d'assemblées administratives.

Le pape Jean XXII s'appropria les droits sur la petite ville de Valréas et sur Richerenches en 1344, auxquelles s'ajoutèrent par la suite Visan (1344) et Grillon (1451). Cela explique qu'une petite portion du nord du Vaucluse, entouré de toutes parts par le département de la Drôme, revête aujourd'hui la forme d'une petite enclave. En 1348, le pape Clément VI acheta Avignon à la reine Jeanne, mais la ville demeura indépendante du Comtat Venaissin. Ce n'est que beaucoup plus tard que Louis XIV (en 1662-1663 et en 1688-1689) et Louis XV (entre 1768 et 1774) occupèrent la région et tentèrent d'annexer le Comtat Venaissin à la France. Celui-ci succomba finalement, avec Avignon, le 14 septembre 1791.

La région entourant la ville d'Orange possède sa propre histoire. Connue sous le nom d'«Arausio», cette ville devint une colonie militaire romaine après la conquête de la Provence par César en 50 av. J.-C. À compter de 35 av. J.-C., une ville typiquement romaine prit forme, avec voies de circulation, maisons, boutiques et monuments, et, aujourd'hui encore, on s'émerveille devant le fameux théâtre, l'arc de triomphe et le temple d'Orange.

Au cours du XVe siècle, cette petite enclave du Comtat Venaissin devint la principauté d'Orange, après être passée des mains de la maison de Baux à celles de Chalon, puis de William de Nassau et de Stathouder (Pays-Bas) en 1529. La principauté jouissait d'un certain nombre de privilèges. Elle possédait une importante université et, du fait de son esprit libéral, accueillit de nombreux protestants au cours des guerres de Religion. Durant la guerre contre la Hollande et son dirigeant d'alors, William de Nassau, Louis XIV occupa Orange (1662) et détruisit la citadelle, les fortifications et les remparts. Aujourd'hui, la famille royale néerlandaise conserve le nom historique d'Orange-Nassau.

Pour s'y retrouver sans mal

En voiture

Le Haut Comtat Venaissin est desservi par un bon réseau routier. De Paris au nord et d'Avignon ou Marseille au sud, l'autoroute N7 traverse **Orange**, tandis que l'autoroute du Soleil (A7-E15) passe tout près.

Vaison-la-Romaine se présente comme une ville de taille respectable comptant plusieurs lieux d'hébergement et restaurants, et constitue un bon point de départ pour l'exploration de toute la région (quoiqu'elle soit plutôt tranquille hors saison).

De là, on peut facilement atteindre les Dentelles de Montmirail (y compris plusieurs villages, comme Séguret et Le Barroux) et les monts Ventoux. Vaison-la-Romaine se trouve au carrefour de la D975 et de la D977 (d'Orange) ou de la D938 (de Carpentras). La SNCF relie par voie de chemin de fer ces villes aux centres plus importants, mais vous trouverez sans doute plus pratique de louer une voiture en Avignon ou à Marseille, car vous pourrez ainsi visiter nombre de petites localités inaccessibles par train.

Renseignements pratiques

Offices de tourisme

Les offices de tourisme dont nous vous donnons ici les coordonnées vous fourniront une foule de plans et de renseignements précieux. Tous possèdent un personnel compétent et avenant. Celui de Vaison-la-Romaine met en vente un large éventail de livres, des guides culinaires de la région et de l'artisanat local; on y trouve même un comptoir de dégustation de vin, avec possibilité d'achat.

Orange
5 cours Aristide Briand
☎04.90.34.70.88
⇄04.90.34.99.62
Une succursale de l'Office de tourisme est aussi ouverte du 1er avril au 30 septembre sur la place des Frères-Mounet.

Vaison-la-Romaine
place du Chanoine Sautel
☎04.90.36.02.11

Carpentras
170 allée Jean Jaurès
☎04.90.63.00.78
⇄04.90.60.41.02

Entrechaux
place du Marché

Grignan
☎04.75.46.56.75

Valréas
place Aristide Briand
☎04.90.35.04.71

Attraits touristiques

★★

Orange

La Provence offrant tant de sites et de villages intéressants à explorer, on néglige souvent Orange. D'aucuns prétendent qu'il suffit de passer une heure ou deux dans cette ville de 28 000 habitants, le temps de jeter un coup d'œil sur le Théâtre romain et de faire un crochet par l'Arc de triomphe, pour ensuite se consacrer à des attraits plus stimulants.

Tout en reconnaissant qu'Orange n'a pas l'élégance d'Avignon ou d'Aix-en-Provence, le caractère de Marseille ou les splendeurs naturelles des monts du Luberon, il faut souligner que la ville regorge de plaisirs cachés et mérite sans contredit une visite prolongée. On peut parler de ses charmantes petites places, de ses cafés animés à l'ombre de hauts platanes, de son agréable vieille ville aux rues étroites et de son marché provençal coloré (tous les jeudis). On y présente en outre tout l'été des spectacles musicaux (opéra, récitals, concerts de jazz et de rock) et des films sur écran géant, le tout en plein air dans l'enceinte du théâtre antique : des événements à ne pas manquer.

Le **Théâtre romain (Théâtre antique)** ★★★ *(30F, tarif réduit 25F donne accès au Musée municipal; 1er avr au 4 oct tlj 9h à 18h30, 5 oct au 31 mars tlj 9h à midi et 13h30 à 17h, fermé 25 déc et 1er jan)*, le plus célèbre des monuments d'Orange, est le seul théâtre romain d'Europe dont le mur de scène est demeuré intact. Il date du début du Ier siècle ap. J.-C., époque à laquelle on y

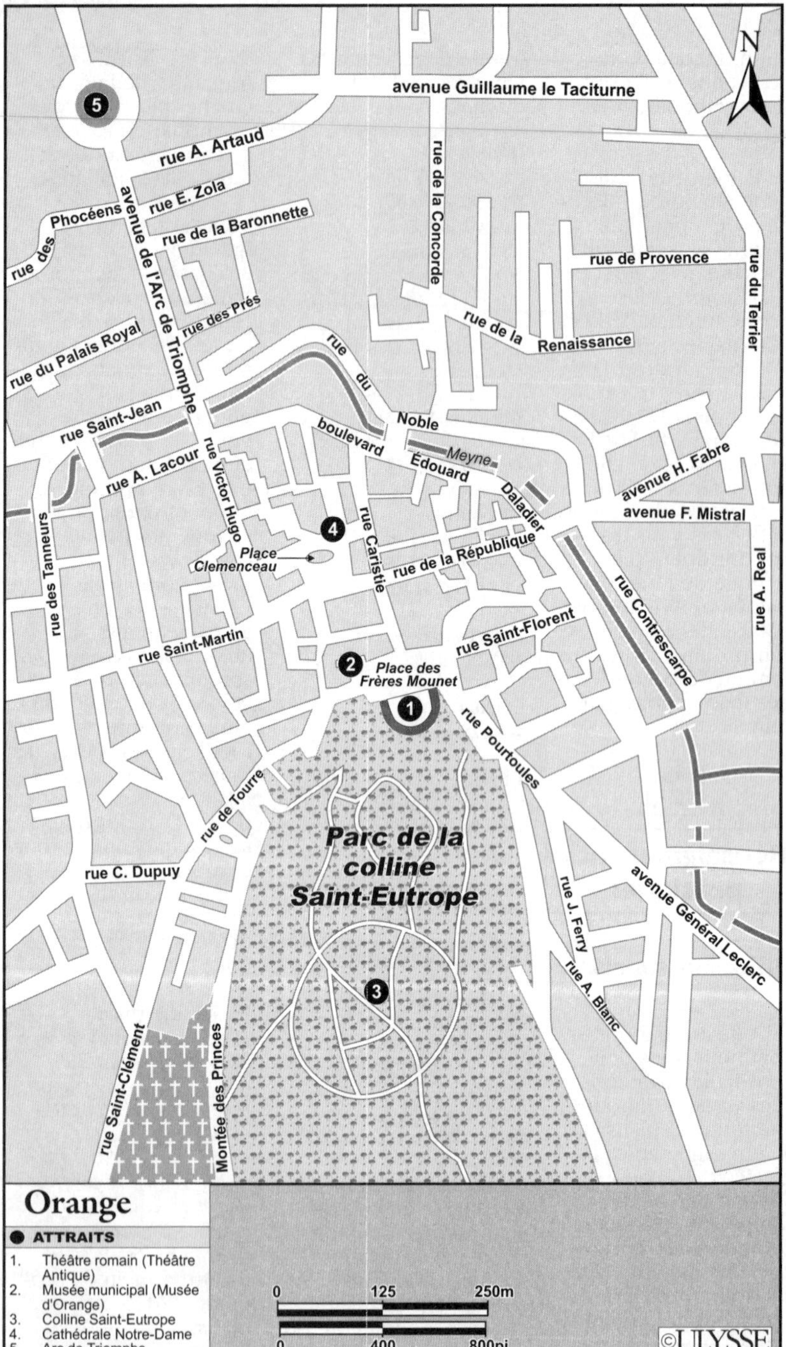
avenue Guillaume le Taciturne
rue A. Artaud
rue E. Zola
rue des Phocéens
rue de la Baronnette
avenue de l'Arc de Triomphe
rue de la Concorde
rue de Provence
rue du Terrier
rue de la Renaissance
rue des Prés
rue du Palais Royal
rue du Noble
rue Saint-Jean
boulevard Édouard Daladier
Meyne
rue A. Lacour
rue Victor Hugo
avenue H. Fabre
avenue F. Mistral
rue des Tanneurs
rue Caristie
Place Clemenceau
rue de la République
rue Contrescarpe
rue A. Real
rue Saint-Florent
rue Saint-Martin
Place des Frères Mounet
rue Pourtoules
rue de Tourre
Parc de la colline Saint-Eutrope
rue C. Dupuy
rue J. Ferry
avenue Général Leclerc
rue A. Blanc
rue Saint-Clément
Montée des Princes
N
Orange
ATTRAITS
1. Théâtre romain (Théâtre Antique)
2. Musée municipal (Musée d'Orange)
3. Colline Saint-Eutrope
4. Cathédrale Notre-Dame
5. Arc de Triomphe
0 125 250m
0 400 800pi
©ULYSSE

présentait une grande variété de spectacles (le jour). De l'extérieur, le grand mur fait 103 m de longueur sur 37 m de hauteur. À l'intérieur, le mur d'enceinte s'étage sur cinq niveaux, les deux du haut servant d'appuis à la scène et les autres présentant divers ornements.

Si la statue de l'empereur Auguste placée audessus du portail royal vous semble reconstituée, c'est qu'elle l'est. Elle fut trouvée en pièces au cours de fouilles effectuées sur le site en 1931, et tous ses morceaux furent assemblés pour lui redonner forme, mais le produit fini ne paraît pas très équilibré. La scène, longue de 61,20 m et large de 13,20 m, était en bois, et un toit décoratif la recouvrait.

À l'époque des Romains, les membres de la classe privilégiée prenaient place sur des sièges amovibles de chaque côté de la scène dans un espace dit *parascenia*. Derrière eux, 9 000 spectateurs s'assoyaient sur des gradins en pierre (*cavea*) divisés en trois sections et reliés par des galeries souterraines aux larges entrées. Les ruines d'un temple et d'un des trois seuls gymnases romains du monde flanquent l'un des côtés du théâtre.

Aujourd'hui, si vous visitez Orange en été, essayez d'assister à l'un des spectacles présentés au théâtre en soirée, et appréciez la qualité acoustique remarquable de cette enceinte. Dieu merci, Louis XIV a eu la délicatesse de préserver le mur de scène, qu'il qualifiait de *«plus beau mur de mon royaume»*, lorsqu'il ordonna la destruction de la citadelle d'Orange et des remparts voisins au XVIIe siècle. Des films sont projetés tout au long de juillet et d'août *(pour plus de détails, adressez-vous à l'Office de tourisme, ☎04.90.34. 70.88)*; un festival de classe internationale d'opéra et de musique classique, les Chorégies d'Orange (créées en 1869 par les comédiens Antony Réal et Félix Ripert), se tient en juillet *(adressez-vous aux Chorégies d'Orange, B.P. 205, ☎04.90.51. 83. 83, ⇌04.90.34.87.67; réservations ☎04.90.34. 24.24)*, et un festival international de musique, de danse et de théâtre, les Nuits d'Été, a lieu en août *(adressez-vous aux Nuits d'Été, ☎04.90.51.89.58 d'Orange ou ☎01.44.68.69.00 de Paris)*.

Le **Musée municipal (Musée d'Orange)** *(30F, tarif réduit 25F donne accès au Théâtre romain; 1er avr au 4 oct lun-sam 9h à 19h, dim 10h à 18h, 5 oct au 30 mars lun-sam 9h à midi et 13h30 à 17h30, dim 9h à midi et 14h à 17h30; rue Madeleine Roch, ☎04.90.51.18.24)*. Situé dans un ancien manoir du XVIIe siècle, ce musée explique les origines d'Orange et renferme des statues, des poteries, de vieux plans de la ville, des portraits peints de dignitaires locaux et des meubles du XVIIIe siècle. La salle des cadastres abrite le registre original des terres d'Orange datant de 100 ap. J.-C., de même que des segments des frises exceptionnelles qui ornaient le Théâtre antique.

À l'étage, une salle baptisée «l'Art de Faire l'Indienne» fascinera tous ceux qu'intrigue l'histoire des étoffes provençales, celles-là mêmes qu'on vend sur les places de marché et dont se parent plusieurs hôtels et chambres de *bed and breakfasts*. Les premières étoffes de coton imprimé, ou «indianisé», furent importées par la Compagnie des Indes au XVIIe siècle. Elles connurent aussitôt un grand succès, et les Européens commencèrent à les imiter.

En 1686, l'importation d'imprimés indiens fut frappée d'interdiction, de manière à protéger les industries locales de la laine et de la soie, essentiellement établies autour de Lyon. L'interdiction fut levée en 1759, et les usines de la région, comme celle des frères Wetter d'Orange, devinrent d'importants fabricants d'«indiennes». Un grand tableau des frères Wetter, représentant l'un d'eux vêtu d'un impressionnant veston cramoisi rehaussé d'un motif à feuilles vertes, peut être admiré dans cette salle, ainsi que des photographies des méthodes de fabrication qu'ils employaient, certaines montrant des ouvriers en train d'appliquer de gros blocs d'impression sur des toiles vierges.

Procurez-vous un plan gratuit des rues d'Orange à l'Office de tourisme afin de découvrir Orange à pied. Partez de n'importe laquelle des jolies places de la **Vieille Ville** derrière le théâtre et la place des Frères-Mounet, qu'il s'agisse de la place aux Herbes, de la place de Langues ou de la place de la République. De la place Saint-Martin, vous apercevrez plusieurs maisons coquettes des XVIIe et XVIIIe siècles, de même que les murs d'un couvent le long des rues Millet et Condorcet. La rue Victor Hugo, plus animée, dévoile quant à elle quelques façades et cours intérieures intéressantes, notamment aux numéros 43, 39 et 25.

Depuis 1714, l'**hôtel de ville** occupe l'ancienne résidence de la riche et noble famille de Langes. Son beffroi caractéristique en fer forgé date de 1711, bien que la façade ait été reconstruite en 1880. Le Musée municipal d'Orange a reconstitué une tombe contenant le crâne et les ossements d'un corps découvert sur les lieux au XIIe siècle! La rue du Pont-Neuf (XVe siècle) était jadis la principale artère d'Orange, mais elle a depuis cédé la place à la rue de la République, qui lui est parallèle.

La **colline Saint-Eutrope**. *(À pied : empruntez le passage Princes de Nassau, ou le plus difficile passage Philibert de Chalon, qui partent tous deux de l'extrémité sud du cours Aristide Briand, ou passez du côté est du théâtre en partant de la rue Pourtoules pour atteindre les marches du passage A. Lambert. En voiture : prenez la montée à sens unique des Princes de Nassau et stationnez près de l'entrée).* Cette colline offre une belle **vue panoramique** sur la ville, et nous la recommandons aux photographes désireux de capturer sur pellicule le Théâtre romain, la plaine de Comtat et même le mont Ventoux. Elle accueillit tout d'abord une colonie celtique puis un camp romain, et, au Moyen Âge, l'évêque Saint-Eutrope y érigea une église. Un château fort construit par la maison de Nassau y fut détruit par Louis XIV à l'époque des conflits qui l'opposaient aux Pays-Bas au XVIIe - siècle. Aujourd'hui, il s'agit d'un parc paisible doté de sentiers, d'une plate-forme d'observation, d'une statue de la Vierge Marie et d'une piscine publique extérieure aménagée parmi les conifères *(Piscine des Cèdres, tlj 10h à 19h en été; casse-croûte avec terrasse ouvert aux non-baigneurs).*

La **cathédrale Notre-Dame** *(messe à 10h30 en été seulement; rue Notre-Dame).* Consacrée le 26 octobre 1208 et reconstruite à maintes reprises, elle fut détruite par les huguenots en 1561, restaurée au XVIIe siècle et de nouveau au XVIIIe siècle par le dernier évêque d'Orange, monseigneur du Tillet. Au XIXe siècle, la porte est, de style néoclassique, fut ajoutée, et des fresques ainsi que des vitraux furent commandés. La ravissante quoique sobre chapelle Saint-Joseph a récemment été remise en état dans le style provençal, ses murs montrant des fragments des murales qui y ont été peintes à différentes époques (XVIIe, XVIIIe et XIXe siècles). Un temple romain occupait l'emplacement de cette cathédrale à l'origine.

L'**Arc de triomphe ★★**. Tout comme le Théâtre antique, cette arche magnifique, construite entre 21 et 26 ap. J.-C., est classée monument historique par l'Unesco. Elle ne commémore en réalité aucune victoire militaire, mais elle marquait autrefois l'entrée de la ville romaine d'Arausio (aujourd'hui devenue Orange) et témoigne des hauts faits

Arc de triomphe d'Orange

des soldats de la IIe Légion qui la fondèrent en 36 av. J.-C. La face nord du monument à trois ouvertures en arc est la mieux conservée; vous y verrez des trophées d'armes, des vestiges de batailles navales, des objets de culte et des inscriptions gravées. La masse rectangulaire de l'édifice est de 19,57 m sur 8,50 m sur 19,21 m, et l'arche centrale fait 8 m de hauteur. Sous la couverture voûtée, notez les motifs d'ornementation hexagonaux.

Sérignan-du-Comtat

Ce charmant petit village renferme un joli hôtel particulier du XVIIe siècle situé tout à côté de l'**église Saint-Étienne** (XVIIIe siècle), avec son clocher à campanile en fer forgé qui abrite trois cloches datant d'époques différentes. Sérignan-du-Comtat se trouve à 8 km au nord d'Orange, au croisement de la D43 et de la D976.

★

Châteauneuf-du-Pape

Tout le monde aime bien avoir une résidence d'été, y compris les papes. Durant son séjour en Avignon au XIVe siècle, le pape Jean XXII se fit construire un château dans cette localité, qui prit dès lors le nom de «Châteauneuf». Les papes qui lui succédèrent firent à leur tour planter des vignes sur les terres caillouteuses entourant leur domaine estival, et l'on en tira un vin parfaitement buvable qui, compte tenu des goûts raffinés des pontifes et de leurs prélats, ne tarda pas à devenir un grand cru. On en prit note pour la première fois à l'extérieur de la région au cours du XVIIIe siècle, et on le considère comme l'un des grands vins de ce monde depuis 1929, date à laquelle il reçut le titre d'appellation d'origine Châteauneuf-du-Pape, qui en soumet la culture et la production à des règles très strictes.

De nos jours, environ sept millions de bouteilles, soit près de la moitié de la production totale, sont destinées à l'exportation. Il est également intéressant de souligner que le Châteauneuf-du-Pape est le seul vin français que les autorités vinicoles autorisent à faire entrer dans sa composition 13 cépages différents. *(Pour de plus amples renseignements sur les vignobles, les visites et les dégustations de Châteauneuf-du-Pape, adressez-vous au Comité de Promotion des Vins de Châteauneuf-du-Pape, 12 avenue Louis Pasteur, 84230 Châteauneuf-du-Pape, ☎04.90.83.72.21, ⇄04.90.83.70.01.)*

Le village de Châteauneuf-du-Pape est sillonné de nombreuses artères minuscules ponctuées de fontaines (notamment la **fontaine de Souspiron**, qui date du XIVe siècle), arbore les vestiges d'anciens remparts et compte de jolies demeures ainsi que deux chapelles (Saint-Pierre-de-Luxembourg, du XVIIIe siècle, et Saint-Théodoric, du XIe siècle). L'**église romane provençale Notre-Dame-de-l'Assomption** ne présente que peu d'ornements, mais sa simplicité lui confère une beauté candide. Il ne reste du château des papes qu'une tour de garde et une partie du mur d'enceinte des quartiers résidentiels; le reste fut incendié au cours des guerres de Religion, puis sérieusement endommagé en 1944. Néanmoins, on y a une vue splendide sur la vallée du Rhône, Avignon, les Dentelles de Montmirail et le Luberon. Enfin, le **Musée des outils de vignerons du père Anselme** *(entrée libre; tlj 9h à midi et 14h à 18h; route d'Avignon, ☎04.90.83.70.07)* expose une collection d'instruments et d'accessoires datant du XVIe siècle, parmi lesquels on retrouve un pressoir, des tonneaux et des tire-bouchons.

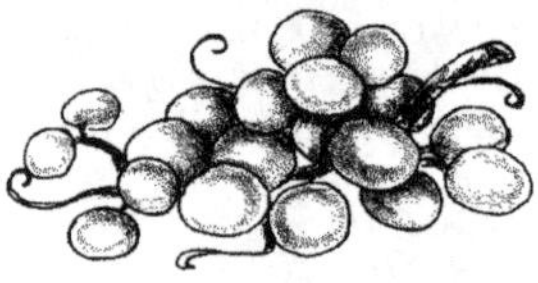

★★

Vaison-la-Romaine

Les visiteurs de Vaison-la-Romaine obtiennent trois villes pour le prix d'une. Cette charmante localité du plus haut intérêt archéologique est scindée par l'Ouvèze. Sur la rive droite se trouvent le site de l'ancienne colonie romaine de même que la Vaison moderne, tandis que sur la rive gauche, adossée contre un escarpement rocheux, s'étend la Haute Ville, dont les origines remontent au Moyen Âge.

La tribu celtique des Voconces habitait la région depuis l'âge de fer, et une colonie du nom de «Vasio» occupant l'emplacement de l'actuelle Vaison devint une importante capitale administrative et politique. Après l'occupation de la Provence par les Romains au Ier siècle av. J.-C., les Voconces devinrent leurs alliés à la suite des guerres locales (58-51 av. J.-C.) Au cours du Ier siècle ap. J.-C., Vaison se transforma en une ville romaine organisée, avec des commerces, un théâtre, des rues résidentielles et de l'eau acheminée par un aqueduc voisin.

Après la division de la Provence en 1125, Vaison appartenait à Raymond V, comte de Toulouse. Il construisit rapidement, sur la rive droite, un château à flanc de colline dominant l'Ouvèze. Au cours du XIIIe siècle, à la suite des guerres de Religion, la population délaissa la plaine pour s'installer dans la Haute Ville, au pied du château, pour mieux se protéger des envahisseurs. Avec le XVIIe siècle, survint une période relativement plus paisible, et les citoyens de Vaison retournèrent vers les plaines inférieures, de l'autre côté de l'Ouvèze. Bien que des documents d'archives fassent état de travaux de reconstruction remontant au XVe siècle à Vaison-la-Romaine, ce n'est qu'en 1848 que la Ville reçut des fonds de l'État pour effectuer des fouilles archéologiques sur le site. Les fouilles sérieuses débutèrent en 1907 (époque Puymin) puis se poursuivirent en 1934 (époque Villasse). Le Pont romain fut rouvert en 1994 après avoir été fermé pour réfection à la suite du débordement désastreux de l'Ouvèze le 22 septembre 1992. Au cours d'un violent orage, la rivière causa des dommages s'élevant à 150 millions de francs et, tragiquement, provoqua 37 morts.

Dans le somptueux décor parfumé des Dentelles de Montmirail, les 5 700 Vaisonnais se révèlent toujours aussi chaleureux, et ils prennent le temps d'accueillir les visiteurs. Ne serait-ce que pour cette raison, il vaut la peine de s'arrêter ici un moment et de s'imprégner de l'histoire locale avant d'entreprendre des excursions vers les sites d'intérêt des environs.

Les **Cités romaines de Puymin ★★ et de Villasse ★** *(41F, enfant 14F, étudiant 22F, billet valable pour les deux sites de même que pour le Musée archéologique, la cathédrale et le cloître; juin à août, tlj 9h à 12h30 et 14h à 18h45; mars à mai et sept à oct, tlj 9h30 à 12h30 et 14h à 17h45; nov à fév, tlj sauf mar 10h à midi et 14h à 16h30; fermé 25 déc et 1er jan).* Aussi étonnant que cela puisse être, ces deux sites archéologiques furent seulement découverts au cours du XXe siècle. Ils nous fournissent un indice quant à la raison pour laquelle la bourgade romaine de Vasio était surnommée *urbs opulentissima* ou «ville très opulente». Comme il s'agit de ruines, il importe de se procurer un plan descriptif à l'Office de tourisme avant d'entreprendre une exploration poussée des lieux. Puymin *(en face de l'Office de tourisme, entrée à l'angle des rues Burrhus et Bernard Noël)* se veut plus intéressante que Villasse, car les vestiges de constructions sont en meilleur état, de sorte que toute la complexité de la vie romaine s'expose à vos yeux.

En entrant dans Puymin, on aperçoit tout d'abord la villa de la riche famille Massii (remarquez la cour intérieure, les salles de réception, la cuisine et les salles d'eau). Une grande partie de la maison repose encore sous la cité moderne; on croit en effet qu'elle couvrait quelque 2 000 m^2. Vient ensuite une promenade flanquée de colonnes (portique de Pompéi) qui mène à une série de maisons étroites offertes en location à l'époque. Derrière le secteur boisé se dresse le **Musée archéologique**, qui renferme plusieurs objets (bijoux, outils, céramiques...), des frises et, fait notoire, des marbres des empereurs Claude, Domitien et Hadrien, ainsi que de l'épouse de ce dernier, Sabine, tous découverts sur le site.

Derrière le musée, le long d'une voie montante, s'élève le **Théâtre romain** du Ier siècle ap. J.-C. Semblable par sa conception à celui d'Orange, celui-ci se révèle plus petit, et il a perdu son mur d'enceinte. Environ 7 000 spectateurs pouvaient y prendre place sur 32 rangées de gradins séparées par trois escaliers principaux. Il a fait l'objet d'importants travaux de reconstruction, et l'on y présente désormais des pièces de théâtre et des concerts les soirs d'été *(pour de plus amples renseignements sur la programmation des Nuits d'été, adressez-vous à l'Office de tourisme)*.

Le **quartier de la Villasse** *(entrée en face du stationnement de la place Burrhus, près de l'Office du tourisme)* présente les ruines de deux grandes résidences (la **maison au Dauphin** et la **maison au Buste d'Argent**) séparées par la rue des Colonnes et la rue des Boutiques, et des bains publics alimentés par une source d'eau chaude.

Théâtre romain

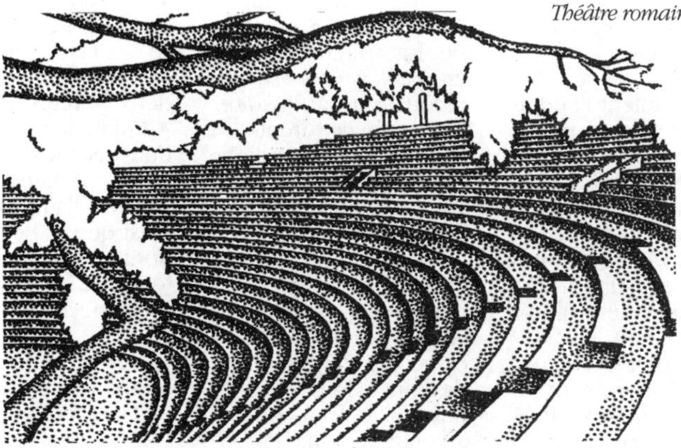

La **cathédrale Notre-Dame-de-Nazareth et le cloître** ★ *(mêmes heures d'ouverture que les ruines romaines, mais fermés entre midi et 14h d'oct à avr).* Entièrement reconstruite aux XIIe et XIIIe siècles à l'emplacement d'une église du VIe siècle, la cathédrale de Vaison s'impose comme un exemple remarquable d'architecture romane provençale. De l'extérieur, lorsqu'on fait face à l'abside est, on constate que l'édifice repose en fait sur les vestiges (tambours de colonnes, fragments d'entablement) d'une basilique gallo-romaine. Pour une raison qui demeure obscure, le clocher carré se trouve décentré. À l'intérieur, six travées et allées sont soutenues par des piliers carrés. Le plafond voûté de forme cylindrique de la nef et la coupole dominant la dernière travée sont des ajouts datant du XIIe siècle. Notez au passage les autels en marbre; on croit que celui de l'abside nord date du VIe siècle.

En empruntant l'entrée distincte du mur nord, vous pourrez visiter le joli cloître à voûte en berceau. Comme la cathédrale, il fut achevé entre 1150 et 1160, puis restauré vers la fin du XIVe siècle. Les colonnes soutenant les arches tournées vers la cour intérieure sont admirablement sculptées, et sarcophages, statues et inscriptions dans la pierre bordent les galeries voisines. Ceux qui se passionnent pour l'architecture ecclésiastique devraient par ailleurs se donner la peine de visiter la **chapelle de Saint-Quenin** *(de l'av. du Général de Gaulle, tournez à gauche par l'av. Saint-Quenin; la chapelle se trouve à 500 m sur la gauche; on ne visite que par arrangement préalable avec l'Office de tourisme).* Construite au cours de la seconde moitié du XIIe siècle dans le style roman provençal, la nef fut refaite entre 1630 et 1636. Sa particularité tient de son abside triangulaire peu usitée et de ses ornements raffinés, notamment ses demi-colonnes fuselées à chapiteaux corinthiens et sa frise exubérante. Saint Quenin était évêque de Vaison au VIe siècle.

Le **Pont romain** *(relie la Grande Rue à la Haute Ville).* Vieux de près de 2 000 ans, le modeste Pont romain n'est large que de 17 m et haut de 7 m à peine. Son parapet fut arraché par une crue éclair en 1616 et reconstruit par la suite. Ses remblais furent détruits par une bombe allemande en 1944, et son arche s'en trouva ébranlée. Puis, la crue de septembre 1992 emporta de nouveau le parapet. Après des travaux de réfection qui ont coûté 2,5 millions de francs, le pont est une fois de plus ouvert à la circulation. Les résidants remarquent que la structure est désormais plus étroite qu'avant, mais les architectes n'ont fait qu'en respecter le dessin original.

La **Haute Ville** ★★ *(tournez à droite après avoir franchi le Pont romain, et accédez à la Haute Ville par une rampe aménagée sur la gauche de la chaussée. En voiture, traversez l'Ouvèze sur le Pont-Neuf, et suivez les indications vers le stationnement du château).*

Au XIIIe siècle, alors qu'ils étaient menacés par d'impitoyables envahisseurs, les Vaisonnais se déplacèrent de la rive droite de l'Ouvèze vers la Haute Ville, près du château. Une promenade à travers les étroites rues pavées de ce bourg, dont la plupart demeurent inaccessibles aux véhicules automobiles, est en quelque sorte un retour dans le temps. En venant du Pont romain, vous verrez la place des Poids. Les seuls véritables vestiges architecturaux du XIVe siècle sont des sections de remparts et deux portails en arc. Admirez les magnifiques façades des maisons, qui datent du XVIe au XVIIIe siècle, ainsi que le beffroi, dont le campanile en fer forgé remonte au XVIIe siècle.

La coquette place du Vieux-Marché, avec son platane, sa fontaine et son petit café, fut le théâtre d'un marché hebdomadaire de la fin du XVe siècle jusqu'au XIXe siècle. Dans la rue de l'Évêché, vous découvrirez le Palais épiscopal, passablement détérioré, l'Hôtel de Taulignan, la chapelle des Pénitents-Blancs et l'Hôtel Fabre de Saint-Véran. Le temple qui se dresse au bout de la rue de l'Église, et dont l'intérieur demeure fermé au public, fut construit en 1464 (certains ajouts sont plus récents). Le square qui se trouve devant l'église, minuscule quoique attrayant, offre de beaux points de vue.

La Haute Ville est dominée par les ruines du château érigé par le comte de Toulouse, Raymond V, vers la fin du XIIe siècle *(on n'y accède qu'à pied, et l'ascension est plutôt raide)*. Il devint une forteresse papale, lorsque le Comtat Venaissin passa aux mains des papes en 1724. À partir du XVIe siècle, il fut aménagé de manière à le rendre plus confortable, mais tomba néanmoins dans l'abandon durant la Révolution. Le principal attrait du château de nos jours réside dans l'excellente vue qu'il offre sur Vaison-la-Romaine et ses environs lorsqu'on se trouve au pied de ses ruines *(on ne visite pas)*.

★★

Les Dentelles de Montmirail

Cette jolie chaîne de montagnes aux profondes vallées, au sud-est de Vaison-la-Romaine, présente certains des plus beaux paysages de toute la Provence, qui n'ont rien à envier au Luberon entre autres. Ses formations calcaires aux crêtes acérées en dents de scie justifient parfaitement son nom. Plusieurs villages charmants semblent s'accrocher comme par miracle aux flancs des falaises escarpées, et les routes étroites qui sillonnent le massif se voient embaumées du doux parfum du genêt jaune, des herbes aromatiques et des pins. La fin du printemps et l'été y sont particulièrement agréables, alors que les fleurs et les arbres fruitiers y éclatent de mille et une couleurs. On peut passer une journée entière, ou même davantage, à parcourir les routes secondaires en voiture et à s'arrêter ici et là dans quelques-uns des nombreux villages pittoresques de la région. Sinon, les Dentelles de Montmirail constituent un véritable paradis pour les randonneurs *(l'Office de tourisme de Vaison-la-Romaine vous fournira renseignements et cartes)*. Le point culminant du massif est le mont Saint-Amand (734 m), et la majorité des sentiers, dont plusieurs sont balisés, ne sont pas trop éprouvants.

Circuit recommandé

De Vaison-la-Romaine, prenez vers le sud la D938 (direction Carpentras) sur environ 5 km. Tournez ensuite à droite par la D76 afin de visiter le charmant village de **Crestet** ★. Vous y verrez la belle **église Saint-Sauveur**, qui date du XIe siècle (la fontaine qui agrémente sa façade, et qui fonctionne toujours, remonte quant à elle à 1787), un château privé ayant appartenu aux évêques de Vaison-la-Romaine jusqu'à la Révolution, de même que de splendides panoramas. Près de l'endroit où vous devez laisser votre voiture, il y a un vieux lavoir municipal couvert, ponctué de quelques marches en pierre, flanqué d'un petit caniveau et agrémenté de belles fleurs sauvages. Un peu plus haut, quelques rues piétonnières s'entrelacent, et l'entrée des maisons, dont certaines semblent abandonnées,

Les herbes de Provence

La terre provençale, alpine et méditerranéenne, fertile et ensoleillée, est marquée par une grande diversité de plantes aromatiques et offre un magnifique panel de couleurs et senteurs caractéristiques d'un bien-être si convoité. Dès l'Antiquité, les Provençaux accordèrent aux plantes, si abondantes dans la région, une place de choix. Que ce soit comme monnaie pour le troc, comme médicament pour la pharmacopée ou comme ingrédient pour la cuisine, les plantes aromatiques ont depuis toujours été étroitement liées à l'histoire de la Provence et à ses traditions.

Aujourd'hui, la Provence compte des centaines d'espèces différentes sur son territoire, certaines très populaires et célèbres, certaines domestiquées, d'autres sauvages. Les plantes aromatiques, connues sous l'appellation «herbes de Provence», sont devenues au fil des années des incontournables de la cuisine provençale et, présentées en bouquet ou en poudre, ont participé à la notoriété de la région.

Mais quelles sont-elles, ces plantes aromatiques si chères aux Provençaux? Vous noterez que la plupart vous seront familières et qu'elles s'avèrent des condiments indispensables dans votre cuisine. D'abord, il y a l'ail, qui a donné son nom au célèbre aïoli. Ensuite, l'oignon, dont la soupe aurait des vertus digestives. Et puis vient toute une série de plantes fort connues tel l'estragon, idéal pour les conserves, la sauce scarlée, utilisée pour la production d'huiles essentielles, le persil, consommé cru, le fenouil, avec sa forte odeur anisée, la sarriette, aux usages multiples, et le basilic, appelé «pistou» par les méridionaux, qui a acquis ses lettres de noblesse grâce à la célèbre soupe dont il est le parfum essentiel.

Nous terminerons cette nomenclature fort incomplète par le paysage emblématique de la Provence, l'endroit où l'on respire le plus fortement les odeurs du Midi, la garrigue. Ces terrains calcaires pierreux et ces taillis arides en pentes douces voient pousser la lavande, si odorante, le romarin, dont la fleur est recherchée par les abeilles, le laurier-sauge, arbuste dont les feuilles sont utilisées dans les ratatouilles et les marinades, le thym, puissant antiseptique omniprésent dans la garrigue, et la marjolaine, appelé aussi «origan», qui pousse souvent aux abords des routes et qui parfume si bien les pizzas. Peut-on imaginer une cuisine dépourvue de ces parfums sublimes?

donne directement sur la rue. Il n'y a ni boutiques, ni cafés, ni commerces d'aucune sorte. Un historien local, Charley Schmitt, a écrit un guide sur le village intitulé *Mieux connaître Crestet, village vauclusien*, disponible au coût de 45F dans les librairies du coin ou directement chez l'auteur, dont la maison est identifiée.

Pourquoi ne pas vous informer au préalable de la programmation du **Centre d'art de Crestet** *(indiqué depuis le village, chemin de la Verrière, Crestet, ☎04.90.36.34.85, ⇄04.90.36.36.20; les heures d'ouverture varient)*? Administré de concert avec le ministère français de la Culture, ce centre d'art contemporain organise des expositions temporaires et des séminaires en plus de gérer un programme d'artiste à demeure. L'art et la nature sont ici à la clé, et l'on exploite pleinement l'emplacement du centre, situé en pleine forêt au sommet d'une colline. Vous y découvrirez, entre autres œuvres, des sculptures cachées parmi les chênes, les pins et les figuiers, comme les brillantes sphères massives de calcaire et de chêne de Dominique Bailly.

Reprenez la D938 et tournez à droite par la D90 à **Malaucène** (10 km), dont l'artère principale, passablement affairée, est bordée de platanes. Le tronçon de la D90 qui relie Malaucène et Beaumes-de-Venise en passant par Suzette, de même que la très étroite D90A conduisant à La Roque Alric, comptent sans doute parmi les plus belles routes de Provence. De magnifiques vues des Dentelles et des vignobles environnants vous attendent à chaque détour de la route, sans oublier le parfum capiteux du thym sauvage, les genêts et les pins.

À **Suzette**, vous trouverez une église attrayante et aurez une très belle vue sur les collines ondulantes. Si vous avez osé braver la sinueuse D90A, vous pourrez également admirer la petite communauté de **La Roque Alric**, perchée à flanc de falaise et surmontée d'une croix en bois tout au sommet de la colline. De retour sur la D90, vous croiserez ensuite **Beaumes-de-Venise**; l'excellent vin doux de Muscat du même nom provient des raisins cultivés dans les vignobles des alentours, inondés de soleil.

Suivez maintenant la D81 jusqu'à la D8 Nord en direction de **Vacqueras**. Vous croiserez ici la **chapelle Notre-Dame d'Aubune**, qui date des IXe et Xe siècles. Passé Vacqueras, prenez à droite la D7 pour atteindre **Gigondas**. La région produit le célèbre cru rouge des Côtes-du-Rhône et le vin vieux de Gigondas, tenu pour le meilleur de ce coin de pays. De nombreuses propriétés vinicoles et une coopérative locale proposent des dégustations *(informez-vous auprès de l'Office de tourisme, place du Portail, 84190 Gigondas, ☎04.90.65.85.46)*. La ville remonte au Moyen Âge, et l'on y découvre les ruines d'un château de même qu'une belle vue des impressionnants paysages avoisinants depuis le parvis de l'église. À l'intérieur de l'**église Sainte-Catherine** (XIe siècle) reposent trois intéressantes statues de bois recouvertes de feuilles d'or, celles des saints patrons de la paroisse, Cosme et Damien, et celle de Notre-Dame des Pallières.

En continuant vers le nord sur la D7, vous arriverez au village de **Sablet**, calme et serein, puis, en prenant sur la droite (D23), à la populaire ville de **Séguret** ★, un centre d'artistes et d'artisans aux jolies petites rues pavées où l'on retrouve une église du XIIe siècle, un beffroi du XIVe siècle et la fontaine des Mascarons, tous fort bien entretenus. Néanmoins, son appellation officielle de «plus joli village de France» (que partagent plusieurs autres localités) fait qu'il est envahi par la foule les fins de semaine et tout au long de l'été.

Le nombre de boutiques de souvenirs et le stationnement spécialement aménagé pour les voitures et les cars de tourisme témoignent d'ailleurs de la popularité de Séguret auprès des visiteurs, et il vaut définitivement mieux s'y rendre en semaine si vous en avez la possibilité. De Séguret, empruntez la D88 Nord puis la D977 pour retourner à Vaison-la-Romaine.

★★★

Le mont Ventoux

Une excursion en voiture jusqu'au sommet de cette montagne (la plus haute de Provence avec ses 1 912 m) saura combler les amateurs de paysages renversants. De Vaison-la-Romaine, prenez la D938 Sud (direction Carpentras) jusqu'à Malaucène. Une fois dans le village, tournez à gauche par la route marquée «D974-mont Ventoux». La D974 se présente comme une route panoramique de 26 km bien entretenue, quoiqu'elle soit escarpée et sinueuse par endroits; elle mène directement au sommet par la face nord. De là-haut, vous aurez des **vues imprenables** jusqu'aux Alpes, au nord-est, et jusqu'à Marseille, au sud. Deux tables d'orientation expliquent les principaux sites géographiques, et une station météorologique, un observatoire, une monstrueuse antenne de télévision et une petite chapelle complètent le décor. Veuillez noter que le brouillard et les vapeurs de chaleur peuvent réduire la vue, et que des vents violents rafraîchissent parfois considérablement la température au sommet. Enfin, la partie supérieure de la D974 est fermée par mauvais temps (comme lorsqu'il y a trop de neige en hiver).

Du sommet, poursuivez votre route sur la D974. La route, alors bordée de pins, est ponctuée de quelques tables de pique-nique et d'une **station de ski** *(pour connaître les conditions de ski ou vous informer des prix et des possibilités de location d'équipement, téléphonez au Chalet d'accueil du mont Ventoux, ☎04.90.63.49.44)*. En bas, plus près de la civilisation, vous trouverez restaurants, cafés et gîtes. **Bédoin** se présente, pour sa part, comme un joli petit village aux rues ombragées, avec une église jésuite du début du XVIIIe siècle.

De Bédoin, la D19 passe par une halte panoramique appelée «Le Paty» avant de rejoindre la D938, qui mène à Vaison-la-Romaine au nord ou à Carpentras au sud. Une autre route, qui mérite un détour, est la petite D138, que vous pouvez prendre en traversant le centre de Bédoin et en tournant à droite (vers l'ouest) en direction du village de montagne de **Crillon-le-Brave**. Ce village porte le nom d'un soldat ayant servi sous Henri IV qui naquit à Murs, vécut à Avignon et posséda ici un château. De nos jours, le bourg a repris du poil de la bête grâce à une auberge campagnarde quatre étoiles tenue par un groupe de Canadiens (voir p 123) et à un très bon restaurant sans prétention installé à sa base (voir p 128). Les seuls attraits des lieux, outre le panorama, sont toutefois des vestiges de remparts et l'**église Saint-Romain** (XIIe au XIVe siècle).

Une succession de routes vous ramènera à la D938 et au hameau de **Le Barroux**. Essayez de suivre la D138 Sud au départ de Crillon-le-Brave, et tournez à droite par la D55 pour atteindre les bourgades de Saint-Pierre de Vassols, de Modène et de Caromb. La D55, la D21 et, mieux encore, la D13 Nord mènent à la D938. L'imposant **château de Le Barroux** *(20F, tarif réduit 10F; mai, juin et oct, tlj 14h30 à 19h; juil à sept, tlj 10h à 19h; ☎04.90.62.35.21)*, une véritable forteresse, domine le paysage. Construit au XIIe siècle et rebâti au XVIe siècle, le château tomba en ruine après la Révolution. Des travaux de réfection furent commencés en 1929, mais il fut incendié par l'armée allemande en 1944. La vue et la conception intéressante de la structure sont dignes d'intérêt, mais, comme on a de nouveau entrepris de restaurer l'édifice, il n'y a guère de meubles ou d'objets à voir.

★

Le mont Bluye

De Vaison-la-Romaine, nous vous recommandons également une seconde excursion, celle-là autour du panoramique mont Bluye et de la vallée de la rivière Toulourenc, une autre région d'une grande beauté naturelle. Peu touchée par l'homme, elle offre l'occasion de visiter d'autres villages charmants perchés à flanc de colline dans un décor escarpé. À 3 km au sud de Vaison sur la D938 (direction Carpentras), prenez à gauche la D54 vers **Entrechaux**, avec sa **chapelle Notre-Dame-de-Nazareth** (Xe siècle), sa **chapelle Saint-André** (IXe siècle) et sa **chapelle Saint-Laurent** (XIe siècle).

Traversez Entrechaux sur la D13, qui, au moment de franchir la Toulourenc pour entrer dans le département de la Drôme, devient comme par magie la D5! Poursuivez jusqu'à Mollans-sur-Ouzève et faites encore 6 km sur la D5 en direction de Buis-les-Barronies, mais sans vous y rendre; vous tournerez en effet à droite par la plus étroite D72 au minuscule hameau de **Cost**. Cette petite route panoramique défile vers l'est en croisant **Eygaliers** (réputée pour sa production de tilleuls), puis s'élève de façon abrupte en approchant de Brantes.

Perchée à 600 m d'altitude sur une falaise déchiquetée, **Brantes ★★** semble avoir été oubliée par le temps. Une hostellerie rudimentaire accueille les visiteurs, mais il n'y a aucun commerce. Quelques rues étroites conduisent à une petite **chapelle ★** *(on y accède à pied seulement)* qui fait face à la vallée. Tel un écrin caché, elle se pare d'arches en trompe-l'œil fraîchement peintes, de tableaux, de trois candélabres suspendus en cuivre et de statues. Tout près apparaît l'atelier de poterie de Jaap Wieman et de Martine Gilles; le couple produit ici d'adorables céramiques (motifs à fleurs et à fruits dans les tons de rose, de jaune et de bleu clair, entre autres) depuis maintenant 20 ans et approvisionne désormais une boutique parisienne. Une petite salle d'exposition est ouverte au public *(téléphonez à l'avance au ☎04.72.28.03.37, ⇌04.75.28.18.61)*, où une simple assiette à dessert peut facilement vous coûter 160F!

Au départ de Brantes, suivez le parcours sinueux de la D136, puis tournez à droite par la D40 (vers l'ouest). Cette **balade de 16 km dans la vallée ★**, le long des rives bordées d'arbres de la Toulourenc, est un véritable plaisir. Les gens du coin se baignent dans la rivière et y pêchent la truite; la quiétude de ces lieux en fait par ailleurs un endroit idéal pour les randonnées à bicyclette, à pied ou à cheval. Après avoir ainsi complété une sorte de boucle, vous retrouverez la D5, que vous prendrez à gauche vers Entrechaux, et la D938, qui vous ramènera finalement à Vaison-la-Romaine ou à Carpentras.

★

L'Enclave des Papes

Cette petite parcelle de terre apparemment incluse dans la Drôme, au nord de Vaison-la-Romaine, fait en réalité partie du Vaucluse. La ville principale de Valréas fut achetée du roi de France par le pape Jean XXII au XIVe siècle, et cette région intégrée au Comtat Venaissin est demeurée sous tutelle papale jusqu'à la création des départements, en 1791, à la suite de la Révolution. Les quatre communautés de Valréas, de Richerenches, de Visan et de Grillon acceptèrent de rester loyales à leurs origines provençales et résolurent de se joindre au Vaucluse. Aujourd'hui, l'économie locale est soutenue par l'industrie légère, l'élevage des moutons, l'agriculture (notamment la tomate, les melons et l'asperge), le très bon vin des

Côtes-du-Rhône et, dans certains secteurs boisés, cette gâterie typiquement française qu'est la truffe.

De Vaison-la-Romaine, prenez la D51 Nord et, 2 km plus loin, tournez à droite par la D94 pour atteindre **Villedieu** (encore 4 km). Ce village endormi de 550 habitants renferme une place ombragée par de gros platanes, de même qu'une fontaine (on sert également du café et des boissons alcoolisées au Bar du Centre). Franchissez à pied l'imposant portail de pierres du vieux mur de rempart, et marchez jusqu'à l'église du XIIe siècle. Son intérieur sobre arbore, au-dessus de l'autel, un petit vitrail circulaire rehaussé d'une croix rouge lumineuse, ainsi que quelques tableaux, dont un du XVIIe siècle, qui représente un diable particulièrement menaçant.

Les habitants de la région se rendent à Villedieu le dimanche soir, lorsqu'il y a une «Soirée Pizza» sur la place. Arrivez tôt (à partir de 19h) pour commander votre pointe de pizza au «camion-restaurant», et joignez-vous à la fête. La place s'anime aussi les samedis soirs d'été (du 1er juin au 15 août), alors que des groupes de résidants y servent un dîner à la provençale (brochettes et pistou) pour environ 60F, vin de Villedieu compris.

À Villedieu, prenez la D75 (qui devient la D51) jusqu'à la D20, et suivez cette dernière jusqu'à l'Enclave des Papes *(la route bifurque sur la gauche et, sur quelques centaines de mètres, devient la D94; prenez ensuite la première à droite pour retrouver la D20)*. Tout juste avant Visan, tournez à droite dans un petit chemin signalé par un panneau, sur lequel on peut lire «Notre-Dame-des-Vignes». Cette chapelle remarquable, une véritable oasis de paix sacrée en pleine nature, repose cachée parmi les cèdres. Entièrement restaurée et classée monument historique par l'État français, la **chapelle de Notre-Dame-des-Vignes ★** *(tlj sauf lun, 10h à 11h30 et 15h à 18h, mer 15h à 17h30 et dim 15h à 18h; ferme à 17h en hiver)* date du XIIIe siècle. Les voûtes ont été refaites au XVIIe siècle avec des fleurettes en trompe-l'œil, et les panneaux boisés de l'autel rutilent de feuilles d'or. La chapelle a servi d'ermitage aux religieuses depuis 1490. On l'avait fermée plus tôt au cours du XXe siècle, mais deux sœurs veillent désormais à son entretien. On y célèbre la messe tous les vendredis d'été à 18h, et une retraite populaire s'y tient le 8 septembre de chaque année.

Poursuivez votre route sur la D20 en passant par Visan jusqu'à ce que vous arriviez à **Richerenches** (10 km). Remarquez les vieux remparts de pierres qui entourent encore la vieille ville, et plus particulièrement le lourd portail clouté et l'intéressante tour de l'horloge carrée qui domine la place. Un important marché de truffes se tient ici tous les samedis matins de novembre à mars.

À la sortie du village, prenez à gauche la D18 (qui devient la D71B) en direction de **Montségur-sur-Lauzon**. Officiellement situé dans la Drôme, ce hameau de 800 âmes n'est mentionné ici que parce qu'au sommet de la colline qui s'élève dans le centre de Montségur-sur-Lauzon, à côté des ruines d'un château du XIIe siècle, se dresse une curieuse **chapelle** primitive datant de 958 *(ouverte à l'occasion d'expositions, de concerts et de visites organisées tout au long de l'année, généralement l'après-midi; informez-vous d'abord auprès de l'Office de tourisme de Grignan, ☎04.75.46.56.75)*. Un curieux élément, soit un petit dôme en pierre, surmonte en effet son clocher carré, et, à l'intérieur, vous remarquerez l'étrange structure en forme de réservoir qu'on a découvert dans le mur ouest de la nef originale du Xe siècle. Les historiens ne savent pas trop encore s'il s'agissait d'un autel druidique, d'un tombeau sacrificiel ou de fonts baptismaux primitifs. On a par ailleurs découvert des squelettes sous les lourdes dalles de pierre qui recouvrent le sol, un rappel du fait que jusqu'à la Révolution les paroissiens pouvaient se faire inhumer à l'intérieur de l'église s'ils le désiraient.

Suivez la D71 Nord jusqu'à **Grignan**, passé Chamaret. Ici encore, nous nous trouvons officiellement dans la Drôme, mais vous ne devriez pas manquer de visiter l'un des plus beaux châteaux de Provence. Grignan se présente comme une petite ville dotée d'une banque, d'un bureau de poste, de cafés et de commerces disposés autour du haut château et de l'église du XVIe siècle (notez au passage le retable et l'orgue de l'église, tous deux du XVIIe siècle). Contrairement à tant de châteaux de la région, le **château de Grignan** *(30F, comprenant la visite guidée obligatoire; toute l'année, tlj 9h30 à 11h30 et 14h à 17h30, jusqu'à 18h juil et août; fermé mar du 1er nov au 31 mars, et 25 déc et 1er jan; ☎04.75.46.51.56)* a été magnifiquement restauré, et il renferme une belle collection de meubles d'époque, de tableaux et d'objets d'art.

Ce château Renaissance date du XIe siècle, mais il a été entièrement restauré au XVIIe siècle, alors qu'il appartenait au comte François de Grignan, le gendre de la célèbre femme de lettres qu'était la marquise de Sévigné. De sa résidence de l'hôtel Carnavalet, dans le quartier parisien du Marais, la marquise de Sévigné se rendit trois fois au château pour des séjours prolongés auprès de sa fille et y mourut d'ailleurs en 1696. Apparemment, elle jugeait la Provence trop froide et l'appelait «la terre des chèvres». Avec un peu de chance, vous parcourrez le château en compagnie de l'amusante et intéressante Isabelle Schuimer, qui s'y trouve en qualité de guide permanente et qui sait très bien tourner une histoire.

De Grignan, empruntez la D941 jusqu'à Grillon et Valréas. Ancienne capitale de l'Enclave des Papes, **Valréas** en est aujourd'hui la principale ville. Le **château de Simiane** ★ *(entrée libre sept à juin avec visite guidée, lun-sam 15h à 17h; juil et août, 20F, comprenant une visite guidée de deux heures de la ville et de ses monuments, tlj sauf mar, 10h à midi et 15h à 19h; place Aristide Briand, ☎04.90.35.00.45)*, aujourd'hui l'hôtel de ville, est l'ancienne résidence de la petite-fille de la marquise de Sévigné. Il fut restauré par son époux, Louis de Simiane, au début du XVIIIe siècle, et l'on peut en admirer les salles de réception, la bibliothèque, les archives, les tableaux et le mobilier.

L'**église Notre-Dame-de-Nazareth** ★ *(tlj 10h à midi et 14h à 18h)* semble avoir été construite sur une église du XIe siècle, puis transformée au XVe siècle. Le **Musée du cartonnage et de l'imprimerie** *(10F; avr à sept 10h à midi et 15h à 18h, oct à mars 10h à midi et 14h à 17h; 3 av. Maréchal Foch, ☎04.90.35.58.75)* est un endroit plutôt curieux. Au cours de votre visite de la ville, jetez également un coup d'œil à l'intérieur de la **chapelle des Pénitents Blancs** *(entrée libre; juil et en août seulement deux jours par semaine, qui ne sont pas toujours les mêmes, de sorte que vous devriez d'abord vous informer auprès de l'Office de tourisme; à côté de l'église)*, qui date du XVIe siècle et arbore un plafond coloré incrusté de rosettes. Observez aussi les élégants manoirs des XVIIe et XVIIIe siècles qui se trouvent sur la Grande-Rue, la rue de l'Horloge et la rue de l'Hôtel-de-Ville. Le 23 juin de chaque année, on célèbre la **Nuit du Petit Saint-Jean** dans les rues de Valréas par un défilé auquel prennent part 350 personnages costumés et au cours duquel on choisit un jeune garçon comme protecteur de la ville. Spectacle son et lumière gratuit à compter de 22h.

Une visite de **Rousset-les-Vignes** *(route D538, à 6 km de Valréas)* s'impose également puisque le village tout entier est classé site historique, sans compter qu'il offre une belle vue sur l'ensemble de la plaine occupée par l'Enclave des Papes.

Carpentras

Carpentras se trouve dans la plaine fertile de Comtat, à distance à peu près égale de Vaison-la-Romaine (28 km), d'Orange (24 km) et d'Avignon (23 km). Elle a toujours été une ville de marché et subit au fil des siècles de nombreuses invasions et plusieurs occupations. Les Grecs et les Phocéens y venaient déjà pour acheter divers produits locaux, qu'il s'agisse de blé, de miel, de moutons ou de chèvres, et la ville devint colonie romaine sous Jules César (l'arche commémorative qui se dresse à l'extrémité sud de la ville est encore intacte). À l'époque des grandes invasions, des remparts furent érigés, et les évêques cherchèrent refuge sur les hautes terres de Venasque. Les Bourguignons, les Ostrogoths et les Francs occupèrent la cité à tour de rôle, et ce, jusqu'au XIIe siècle, époque à laquelle la région tomba sous la domination du comte de Toulouse. Carpentras fut intégrée au nouveau territoire papal du Comtat Venaissin en 1229, et, pendant 100 ans, regroupements locaux et évêques se disputèrent le contrôle de la ville. Elle devint la capitale du Comtat en 1320, et une deuxième ligne de remparts fut érigée afin de mieux résister aux pillards. Carpentras connut une ère de prospérité relative au cours des XVIIe et XVIIIe siècles, pendant laquelle on restaura plusieurs bâtiments et construisit nombre d'hôtels particuliers. Un ghetto de taille respectable, abritant des Juifs qui étaient venus se réfugier en territoire papal à la suite des persécutions menées contre eux en France au XIVe siècle, y subsista jusqu'au XIXe siècle.

Carpentras a considérablement grandi depuis la Deuxième Guerre mondiale, passant de 10 000 à 30 000 habitants, et son économie repose essentiellement sur l'industrie et le commerce, de même que sur l'agriculture (melons, cerises et raisins). Elle possède un certain nombre de monuments historiques intéressants et d'édifices importants, mais le charme et le caractère de plusieurs autres communautés provençales lui font sans doute défaut. Qu'à cela ne tienne, le marché coloré qui se tient tous les vendredis matins dans ses rues bénéficie d'une réputation enviable dans toute la région et mérite d'être vu, tout comme d'ailleurs le marché aux truffes *(du 27 nov au début de mars, ven 9h à midi; place Aristide Briand)*.

Conscient de ce que les vieux remparts romains n'offraient pas de protection suffisante à la ville, le pape Innocent VI fit ériger un nouvel ouvrage défensif en pierre autour de Carpentras entre 1357 et 1379. La plus grande partie en fut détruite au XIXe siècle, mais la **porte d'Orange ★** lourde porte tient encore debout.

La **cathédrale Saint-Siffrein ★** *(place du Général de Gaulle, ☎04.90.63.08.33)*, construite sur le site d'une cathédrale romane du XIIe siècle, révèle une grande diversité d'influences architecturales, attribuable au fait que sa construction a demandé plus de 100 ans (1405-1519). L'ensemble demeure cependant essentiellement de style gothique méridional. Une impressionnante *Gloire* en bois doré, réalisée par le célèbre sculpteur local Jacques Bernus (1650-1728), honore le chœur. Remarquez la délicate balustrade en fer forgé ponctuée de huit candélabres du balcon de la nef; elle conduit aux appartements des évêques. L'entrée sud, aux sculptures complexes de style gothique flamboyant, est appelée «la porte des Juifs», car elle était empruntée par les Juifs convertis au catholicisme.

L'**Arc romain** *(place d'Inguimbert)* fut construite sous le règne d'Auguste, au Ier siècle ap. J.-C., pour commémorer la victoire des Romains sur les Barbares. Sa face est, du côté du palais de justice, représente deux prisonniers enchaînés, et il s'agit du seul vestige romain de Carpentras.

L'**aqueduc de Carpentras** *(le long de la D974 en direction de Bédoin)*, entièrement construit d'une remarquable pierre ocre, a été érigé au XVe siècle par Antoine d'Allemand et restauré 300 ans plus tard. Il compte 48 arches et fait 631,50 m de long sur 23 m de large.

Le **Musée Comtadin-Duplessis ★** *(30F, tarif réduit 20F donne accès aux deux musées; nov à mars 10h à midi et 14h à 16h, avr à oct 10h à midi et 14h à 18h, fermé mar; entrée par la bibliothèque Inguimbertine, 234 bd Albin Durand, ☎04.90.63.04.92)* présente deux collections invitantes dans un agréable hôtel particulier du XVIIIe siècle que jouxte un jardin. **Musée Comtadin** (rez-de-chaussée) : importante collection portant sur le folklore local, comportant des meubles et des objets inusités comme des appeaux, des cloches pour le bétail et des santons. **Musée Duplessis** (à l'étage) : tableaux du XIVe au XVIe siècle représentant des personnages locaux, y compris des canevas du peintre de Louis XIV, Joseph Duplessis, originaire de Carpentras, ainsi que quelques meubles d'époque.

Le **Musée Victor de Sobirat** *(mêmes heures d'ouverture que le Musée Comtadin-Duplessis; rue du Collège, ☎04.90.63.04.92)* possède une intéressante collection d'arts décoratifs : meubles, poteries et objets variés dans une attrayante résidence du XVIIIe siècle. Remarquez au passage le rare bidet en céramique de Moustiers datant des années 1700.

Le **Musée Lapidaire** *(mêmes heures d'ouverture que le Musée Comtadin-Duplessis; rue des Saintes-Maries, ☎04.90.63.04.92)* expose, quant à lui, une collection d'objets préhistoriques et d'histoire naturelle portant essentiellement sur les découvertes archéologiques faites dans la région.

Bien que la place de la Juiverie ait été presque entièrement détruite au XIXe siècle, la **Synagogue ★★** *(lun-jeu 10h à midi et 15h à 17h, ven 10h à midi et 15h à 16h, fermé les jours fériés; place de la Mairie, ☎04.90.63.39.97)*, a conservé la majorité de ses éléments d'origine. Située au centre de l'ancienne carrière, elle fut construite entre 1741 et 1743 par l'architecte Antoine d'Allemand. Si sa façade ne diffère pas de celles des maisons avoisinantes, c'est en raison d'une loi très stricte interdisant tout ornement extérieur de même que les constructions de dimensions excessives. La partie médiévale inférieure, où se trouvent la *mikva* et la boulangerie, révèle un escalier monumental conduisant à la salle du culte, qui lui-même occupe deux niveaux. Le premier abrite le hall des fidèles à proprement parler, avec son tabernacle, et l'autre, la galerie surélevée, avec sa *tebah*, ou galerie de l'officiant.

À l'intérieur de l'**Hôtel-Dieu ★** *(10F; lun, mer et jeu 9h à 11h30; place Aristide Briand, ☎04.90.63.10.72)*, cet hôpital du XVIIIe siècle, se cache une pharmacie datant de 1762 et encore parfaitement intacte. Remarquez les panneaux peints de Duplessis, la remarquable collection de vases en céramique (d'Italie, de Montpellier et de Moustiers) ainsi que quelques récipients en laiton et en verre. Jetez également un coup d'œil à l'intérieur de la chapelle et sur le grand escalier. Espérons que ce sera là votre seule et unique visite à l'hôpital au cours de votre voyage en Provence.

Activités de plein air

Randonnée pédestre

La région du Haut Comtat Venaissin se prête merveilleusement bien à la marche et à la randonnée pédestre. Les sentiers les plus remarquables se trouvent dans les magnifiques Dentelles de Montmirail.

Les randonneurs chevronnés seront emballés par le sentier bien balisé qu'est le GR4, dont le ruban serpente à travers la région en passant par Crestet, Séguret et Gigondas. Nous vous suggérons de compter au moins trois jours pour compléter la totalité de ce circuit de 55 km. Pour obtenir un guide et plus de détails, adressez-vous à :

Cimes et Sentiers
Vaison-la-Romaine
☎04.90.36.02.11

L'Office de tourisme de Vaison-la-Romaine publie un excellent guide intitulé *Inventaire des chemins et drailles du massif des Dentelles de Montmirail.* Plusieurs associations organisent en outre des randonnées guidées et seront en mesure de vous fournir des renseignements détaillés.

Vaison-la-Romaine
Rando-Ventoux
Centre régional de la randonnée
Buisson
☎04.90.28.95.61
Ce groupe organise des randonnées guidées à travers les collines des Dentelles de Montmirail de même que dans la région du mont Ventoux.

Rasteau
Le Centre laïque d'accueil et d'éducation populaire
juin à sept seulement, jeu seulement
☎04.90.46.15.48
Ce centre établi près de Séguret publie un guide portant sur deux sentiers balisés et intéressants qu'il a créés et qui permet de découvrir la flore, les champs et les vignes de la région. Il organise aussi des randonnées guidées instructives sur des thèmes précis tels que «Villages et panoramas», «La flore méditerranéenne et la vie des abeilles», «L'Ouvèze», etc.

Dans l'Enclave des Papes, il existe également des sentiers bien balisés variant entre 4 km et 12 km au départ de Richerenches, Valréas et Visan.

Pour de plus amples renseignements, adressez-vous aux offices de tourisme de ces localités. Enfin, un sentier balisé de 16 km fait le tour de Châteauneuf-du-Pape (l'Office de tourisme de la ville offre un dépliant explicatif).

Équitation

Orange
École du 1er REC
route du Parc
☎04.90.51.63.85

Cette école d'équitation propose des randonnées guidées à cheval dans la région.

Vaison-la-Romaine
Rando-Ventoux
Centre régional de la randonnée
Buisson
☎04.90.28.95.61
Ce groupe organise des randonnées guidées à cheval à travers les collines des Dentelles de Montmirail et dans la région du mont Ventoux.

Le Crestet
Centre équestre «Les Voconces»
☎04.75.23.42.05

Carpentras
Ranch de l'Étalon Blanc
chemin de Sève
Entraigues
☎04.90.83.17.68
Équitation et ferme d'élevage de poneys.

Vélo de montagne

Orange
Le Club de cyclotourisme
48 cours Aristide Briand
☎04.90.34.08.77
Cette association orga-

nise des randonnées à vélo dans la région tous les samedis après-midi.

Gigondas

Détroit Évasion Sportive
Éric Neuville
☎04.90.36.03.57
Cet organisme loue des vélos de montagne et fait sur demande des randonnées guidées dans les Dentelles de Montmirail.

Hébergement

Orange

Hôtel Arcotel
150F sans douche
230F avec douche
pdj 25F
bc/bp, ☎
8 place aux Herbes
☎04.90.34.09.23
⇄04.90.51.61.12
Excellent emplacement sur une place charmante dominée par un grand platane. Les 19 chambres de ce vieux bâtiment sont modernes quoique élémentaires, et chacune d'elles s'avère propre et bien équipée. Stationnement dans la cour privée de l'hôtel.

Hôtel Saint-Florent
200F- 350F, pdj 35F
bp, ☎
4 rue du Mazeau
☎04.90.34.18.53
⇄04.90.51.17.25
Plusieurs des 18 chambres décorées de tissus provençaux sont grandes et conviendront donc aux familles ou aux couples. Il s'agit d'hébergement assez simple, et certaines chambres auraient besoin d'être rafraîchies. Situation centrale, près du Théâtre antique et de la place aux Herbes. Pas de stationnement.

Hôtel Clarinne Orange-Centre
250F-450F, pdj 40F
tv
4 rue Caristie
☎04.90.34.10.07
⇄04.90.34.89.76
Petit établissement un peu à l'écart de l'activité centrale des Arènes, l'Hôtel Clarinne Orange-Centre propose le confort moderne de 29 chambres rénovées au cadre sobre et dépouillé. Il s'agit certes d'une bonne adresse, propre et bien tenue, à quelques minutes des principaux attraits d'Orange.

Hôtel Le Glacier
285F-400F, pdj 36F
bp, ≡, tv, ☎
46 cours Aristide Briand
☎04.90.34.02.01
⇄04.90.51.13.80
Les 30 chambres de cet établissement sont de bonne taille, régulièrement rafraîchies et dotées de salles de bain modernes. Bien que l'hôtel se trouve sur une rue bruyante, toutes les chambres sauf deux donnent sur l'arrière et surplombent les terrasses du voisinage. Le Glacier appartient à la famille Cunha depuis trois générations, et vous pouvez vous attendre à un accueil cordial et chaleureux.

Hôtel Arène
360F avec douche
600F avec baignoire
pdj 40F
bp, ≡, tv, ☎
place de Langes
☎04.90.34.10.95
⇄04.90.34.91.62
Dans cet établissement considéré par plusieurs comme le meilleur hôtel d'Orange, chacune des 30 chambres arbore un décor différent, et certaines disposent d'un petit balcon surplombant la jolie place de Langes (directement derrière l'hôtel de ville). La propriétaire, Danielle Coutel, d'ailleurs fort avenante, veille aux moindres détails, qu'il s'agisse des confitures maison au petit déjeuner ou des boîtes de fleurs suspendues aux fenêtres. Garage privé.

Sérignan-du-Comtat

Hostellerie du Vieux Château
360F-800F, pdj 50F
ermé une semaine à la fin de décembre et une autre en février
bp, ☎, ℜ
route de Sainte-Cécile-les-Vignes
☎04.90.70.05.58
⇄04.90.70.05.62
Les chambres sont vastes et fraîches, décorées de façon individuelle et pourvues de salles de bain modernes, mais s'avèrent plus chères que dans d'autres établissements de même catégorie.

Châteauneuf-du-Pape

La Garbure
320F- 380F, pdj 42F
bp, ≡, ☎, tv
3 rue Joseph Ducos
☎04.90.83.75.08
Ce charmant hôtel aux chambres accueillantes et situé à proximité de tout se dresse en face de l'hôtel de ville. Sa salle à manger propose une cuisine locale à bon prix *(menus à 98F, 130F et à 150F).*

Vaison-la-Romaine

Hôtel Burrhus
240F-320F, pdj 32F
garage 30F
fermé mi- nov a mi-déc
bp, ☎, tv dans certaines chambres
2 place Montfort, B.P. 93
☎04.90.36.00.11
⇄04.90.36.39.05
On trouve ici 24 chambres simples mais gaies (10 d'entre elles, à 250F, sont refaites à neuf), dont certaines donnent sur la place, qui peut s'avérer bruyante en été, quoique la vue sur la Haute Ville et sur le château soit magnifique. Lorsque la température le permet, on prend le petit déjeuner à la terrasse. Excellent rapport qualité/prix; hôtel recommandé pour l'accueil amical et le charme terre-à-terre de Jean-Baptiste et Laurence Gurly.

Hôtel de Lis
350F-450F, pdj 32F
bp, ☎, tv
2 place Montfort, B.P. 93
☎04.90.36.00.11
⇄04.90.36.39.05
Il s'agit de la grande sœur, plus élégante, du Burrhus (où vous devriez jeter un coup d'œil en premier lieu), avec huit grandes chambres refaites à neuf et décorées avec une discrétion de bon ton. Petit déjeuner dans votre chambre ou au Burrhus.

Le Logis du Château
360F-470F, pdj 40F
fermé fin oct à fin mars
bp, tvc, ☎, ≈, ℜ
Les Hauts de Vaison
☎04.90.36.09.98
⇄04.90.36.10.95
La vue saisissante, le calme des lieux et le personnel amical constituent trois bonnes raisons de choisir cet établissement, bien que le décor date des années soixante-dix et que le petit déjeuner soit à éviter (jus d'orange insipide, café innommable...). On accueille surtout une clientèle plus âgée, mais aussi certains groupes. Stationnement couvert.

L'Évêché
400F-440F pdj
aucune carte de crédit
bp, ☎, tv au salon
rue de l'Évêché
☎04.90.36.13.46
⇄04.90.36.32.43
Ce charmant gîte, qui occupe une maison restaurée du XVIe siècle dans le cœur de la Haute Ville médiévale, propose quatre chambres d'hôtes confortables aux sols carrelés de tuiles fraîches, aux murs blancs tendus d'étoffes provençales et avec quelques antiquités. Les salles de bain sont petites mais modernes. On prend le petit déjeuner sur une terrasse privée bien garnie de fleurs et de plantes, et offrant une vue sur la ville. Les propriétaires, Aude Verdier et son mari Jean-Loup, architecte de profession, vous réservent un accueil chaleureux et des attentions particulières, telles ces serviettes bien épaisses et ce savon parfumé de fabrication locale. L'endroit est populaire auprès des touristes étrangers, si bien qu'il serait prudent de réserver bien à l'avance.

Hostellerie Le Beffroi
465F-655F, pdj 50F
fermé 31 jan au 31 mars
tv, ≈, ℜ
rue de l'Évêché, Cité médiévale
☎04.90.36.04.71
⇄04.90.36.24.78
Hôtel familial d'époque, dans la Cité médiévale, l'Hostellerie Le Beffroi possède 22 chambres au décor classique. Judicieusement situé au cœur de la Haute Ville, il offre, depuis son magnifique jardin, des vues panoramiques incroyables sur Vaison-la-Romaine et la région. L'établissement dispose de places de stationnement, fait à noter dans cette vieille ville aux ruelles piétonnières étroites.

Crillon-le-Brave

Clos Saint-Vincent
340F-430F
un cottage à 700F pour deux personnes et à 800F pour quatre, pdj
aucune carte de crédit acceptée
≈, tv au salon
☎04.90.65.93.36
⇄04.90.12.81.46
Il s'agit d'un *bed and breakfast* très bien coté proposant cinq chambres aux poutres apparentes; elles sont décorées avec goût dans un style provençal frais. D'épais duvets sont fournis en hiver, alors qu'en été ce sont de confortables édredons en coton léger. La demeure de Françoise Vazquez embaume le romarin frais, et, pourvu qu'elle soit prévenue une journée d'avance, elle se fera un plaisir de vous servir le dîner *(130F, vin et apéritif inclus)*. Quant au petit déjeuner, qui comprend des confitures et du pain maison, il est servi sur une longue table commune. Retenez qu'en haute saison les chambres sont souvent réservées plusieurs mois à l'avance.

Hostellerie de Crillon-le-Brave
750F-1 150F, pdj 75F
fermé jan à mars
bp, tv, ☎, ≈, ℜ
place de l'Église
☎04.90.65.61.61
⇄04.90.65.62.86
Cet hôtel âgé tenu par des Canadiens est entièrement décoré d'imprimés provençaux (des tentures murales aux vestes des serveurs) et se distingue par d'agréables salles de lecture, un service professionnel et une attention discrète aux détails. La vue sur le mont Ventoux et sur les Dentelles de Montmirail y est remarquable. On dénombre 20 chambres, auxquelles s'ajoutent des appartements, le tout réparti dans quatre bâtiments. Le très bon restaurant, quoique un peu cher, s'enorgueillit d'un âtre pour les mois plus froids et d'une adorable terrasse aménagée autour d'une fontaine pour l'été (très populaire le dimanche midi auprès d'une population qui aime bien se vêtir). Bref, le charme incomparable d'une auberge de campagne anglaise. On trouve un restaurant sous l'hôtel (voir p 128).

Villedieu

Château de la Baude
580F, pdj
aucune carte de crédit
tvc, ☎, ≈, tennis, billard
La Baude
☎04.90.28.95.18
⇄04.90.28.91.05
Après avoir passé deux ans à restaurer cette forteresse du XIIe siècle, Chantal et Gérard Monin y ont ouvert un *bed and breakfast* de luxe en 1994. Ses trois chambres et ses deux suites de deux chambres à coucher *(880F pour quatre personnes)* arborent un style provençal frais. Cadre naturel paisible et accueil chaleureux.

Brantes

L'Auberge
120F-150F, pdj 25F
☎04.75.28.01.68
L'Auberge propose un hébergement des plus rudimentaires (lavabo seulement, douche et toilettes dans le couloir). Nous l'avons retenu pour son atmosphère conviviale de coin perdu dans un charmant petit village perché à flanc de corniche et surplombant à 600 m de hauteur la rivière Toulourenc.

Carpentras

Hôtel du Fiacre
250F-480F, pdj 40F, garage 30F
bp, ☎, tv
rue Vigne
☎04.90.63.03.15
⇄04.90.60.49.73
Un paisible hôtel particulier du XVIIIe siècle avec cour intérieure (où l'on sert le petit déjeuner). Le personnel se montre avenant et souriant, et, malgré le décor quelque peu vieillot des chambres, il s'agit d'une bonne adresse dans cette ville dont la plupart des établissements recommandables se trouvent dans des rues très passantes.

Bastide Sainte-Agnès
450F-520F, suite 700F pdj
fermé 15 nov au 15 mars
≈
1043 chemin de la Fourtrouse, prendre la route de Bédouin puis la route de Caromb
☎04.90.60.03.01
⇄04.90.60.02.53
gerlinde@infornie.fr

Si Carpentras ne regorge pas de lieux d'hébergement extraordinaires, la Bastide Sainte-Agnès fait sûrement exception. Les sympathiques propriétaires Jacques et Gerlinde accueillent chaleureusement leurs hôtes dans leur invitante ancienne ferme du XIXe siècle, rénovée au goût du jour. Le décor, autant des quatre chambres et de la suite de 70 m² que des pièces communes, dégage une gaieté et un bon goût incontestables, alors que le verdoyant jardin appelle au calme. Près de la piscine, un coin cuisine a été judicieusement aménagé afin que les hôtes puissent se préparer barbecues et autres repas en plein air de façon autonome. En outre, les patrons vous recommanderont les meilleurs restaurants et vous suggéreront des itinéraires afin que vous découvriez les merveilles de la région.

Crestet

Le Mas de Magali
350F-375F, pdj 45F
fermé mi-oct au 1er avr
tv, ⇄, ℜ
quartier Chante Coucou
☎04.90.36.39.91
⇄04.90.28.73.40

Hébergement de neuf chambres de grande qualité dans un cadre champêtre, Le Mas de Magali vous offre calme, verdure et sérénité sur un domaine de 3 ha. Les chambres, spacieuses avec salle de bain et certaines avec terrasse, assurent une ambiance chaleureuse et confortable. Le jardin et la terrasse de cet établissement familial offrent des vues panoramiques imprenables sur le mont Ventoux et les environs. En soirée, on y sert, sous les étoiles, des mets raffinés provençaux aux parfums du terroir.

La Respelido
350F-450F pdj
33 rue de l'Hospice
☎/⇄04.90.36.03.10

Jacques et Gi Veit, amoureux de leur superbe village d'adoption, Le Crestet, possèdent La Respelido depuis 1998. Aménagées dans un ancien moulin à huile, les deux coquettes chambres d'hôtes, une grande et une plus petite, sont à l'image du reste de la demeure, pleine d'histoire, de charme et de bon goût. Le sympathique couple vous sert un petit déjeuner copieux dans la cour fermée verdoyante et fleurie, lequel est composé de fruits de saison, de confitures maison, d'œufs de la ferme et de pain biologique. Amateurs de vins et de truffes, sachez que Jacques possède quelques bonnes adresses de producteurs et vous transmettra volontiers son grand savoir viticole et historique sur le village et la région. Sur demande, il organise des séjours sur les thèmes du vin, de l'huile d'olive et de la gastronomie provençale. En hiver, les propriétaires proposent des séjours d'initiation à la truffe noire fraîche : recherches, marchés et préparation. Une excellente adresse au cœur d'un des plus authentiques petits villages médiévaux de la Provence.

Mastignac
350F-450F pdj
fermé 1er nov au 15 mai
≈
route de Taulignan
☎04.90.35.01.82

Madame de Précigout, hôtesse de grande classe, accueille les visiteurs, depuis 1991, dans sa magnifique demeure du XIXe siècle. Acquise en 1967 et entièrement rénovée par la suite, la vénérable résidence de campagne, sise à 4 km de Valréas, fut habitée par la famille avant que la maîtresse des lieux n'ouvre ses cinq chambres au public. Les hôtes apprécieront le raffinement du décor des chambres et des pièces communes, ainsi que le paisible jardin qui jouxte les vignes. Certes, une maison d'hôtes de charme!

Ferme La Ribaude
1 000F, pdj 70F
début avr à fin oct
≈, bp, tv, ☎
☎04.90.36.36.11
⇄04.90.28.81.29
Un *bed and breakfast* exceptionnel avec sept immenses suites aux sols de pierre frais et aux chambres à coucher élégantes, rehaussées d'un décor minimaliste réalisé par l'hôtesse elle-même, Renata Luhmann. Construite sur l'emplacement d'un ancien domaine vinicole, La Ribaude vous promet la solitude, le silence, la paix, le confort et des vues inégalées sur des paysages qui s'étendent au-delà des collines panoramiques des Dentelles de Montmirail.

Restaurants

Orange

La Roselière
$
fermé mer et jeu midi
4 rue du Renoyer
☎04.90.34.50.42
Ce restaurant rustique agrémenté d'une petite terrasse ombragée donnant sur une intersection tranquille se trouve près de la cathédrale Notre-Dame et de l'hôtel de ville. Tout y est frais du marché, que ce soit les aubergines grillées, le filet de morue ou le lapin rôti. Ambiance décontractée et accueillante.

La Claire Fontaine
$-$$
4 place des Cordeliers
☎04.90.34.55.44
Le restaurant, café et glacier La Claire Fontaine se dresse sur la charmante place des Cordeliers, pittoresque avec ses énormes platanes qui rafraîchissent les chauds après-midi d'été. Le petit établissement, à deux minutes des Arènes que l'on aperçoit à l'arrière-plan, possède une terrasse invitante qui jouxte la fontaine d'où il tire son nom. On y propose une cuisine sans prétention et honnête qui se présente sous la forme de différents menus.

L'Aïgo Boulido
$-$$
menu déjeuner à 70F, dîner à 95F et à 150F
20 place Sylvain
☎04.90.34.18.19
Un attrayant décor provençal égaie ce restaurant spécialisé dans les plats régionaux tels que poitrine de poulet fourrée à la tapenade, petit demi-poulet servi avec un chutney à l'oignon et au zeste d'orange, et loup de mer rôti aux clous macérés dans l'ail. Essayez de réserver une table dans la salle frontale ou sur la terrasse (si vous n'êtes pas gêné par le bruit des voitures qui passent tout près).

Le Parvis
$$
3 cours Pourtoules
☎04.90.34.82.00
Le Parvis fait partie des restaurants les plus raffinés d'Orange, son chef J.M. Berengier vous proposant des versions au goût du jour des grands classiques de la cuisine provençale. La plupart des plats sont de franches réussites, comme les escargots enrobés de pâte filo et arrosés d'un coulis de tomates, le rouget grillé et le nougat aux framboises fraîches, quoique les portions soient maigres et que les sauces n'aient rien d'enlevant. Quant au service, il se veut efficace mais discret. Bon rapport qualité/prix.

Le Garden
$$
menus à 85F, 105F, 155F et 185F
6 place de Langes
☎04.90.34.64.47
Le Garden bénéficie d'un bel emplacement sur une place tranquille et propose une variété de plats régionaux : terrine de lapin, saumon sur lit de fenouil arrosé d'une sauce à l'aneth, filet de porc parfumé au romarin... Des amuse-gueule chauds ouvrent le repas, tandis que des tuiles maison (petits gâteaux aux amandes ultrafins en papillote) accompagnent certains desserts. Les jeunes serveuses font de leur mieux, mais manquent de professionnalisme.

Sérignan-du-Comtat

Le Pré du Moulin
$$-$$$
de Pâques à oct
route de Sainte-Cécile-les-Vignes
☎*04.90.70.05.58*
Le Pré du Moulin, l'excellent restaurant de l'Hostellerie du Vieux-Château, n'a plus besoin de présentation. À l'image des chambres d'hôtes, de grande qualité, on y propose une cuisine raffinée fort appréciée de la population locale et des visiteurs qui peuvent délier les cordons de leur bourse. Une bucolique et superbe terrasse, bien protégée et fraîche sous les platanes, jouxte la vénérable demeure. Des plats servis, retenons le délicieux pressé de jarret de veau et le croustillant de dorade au pied de cochon et à la moelle.

Châteauneuf-du-Pape

Le Pistou
$$
fermé dim soir et lun
15 rue Joseph Ducos
☎*04.90.83.71.75*
Bonne cuisine de Provence à laquelle s'ajoute une carte des vins fortement axée sur les crus de la région (huit Châteauneuf-du-Pape variant entre 150F et 250F). Décor de jaune et d'orangé rehaussé de gravures encadrées représentant les 13 cépages qui entrent dans la composition ô combien unique du Châteauneuf-du-Pape.

Vaison-la-Romaine

Du Vieux Vaison
$
tlj midi à 15h30 et 19h à minuit
fermé mer de sept à juin
rue du Château, Haute Ville
☎*04.90.36.19.45*
Du Vieux Vaison est tout indiqué pour de délicieuses pizzas cuites sur feu de bois et d'autres plats généralement proposés dans les pizzerias. Repas servis sur l'agréable terrasse aux pieds des remparts ou dans une salle offrant une vue panoramique sur la ville. Le service est cordial.

Le Bateleur
$-$$
menu à 99F, 118 et 155F
fermé dim soir, lun et en oct
1 place Théodore Aubanel
☎*04.90.36.28.04*
Bonne cuisine familiale avec spécialité de carrés d'agneau farcis aux amandes. L'endroit a complètement été rénové après avoir fermé ses portes pendant six mois à la suite de la tragique cru de l'Ouvèze voisine en 1992. Carte de vins à prix raisonnables.

Le Cigalou
$$
fermé mar soir et mer
45 cours Taulignan
☎*04.90.36.04.67*
Le Cigalou, agréable petit restaurant provençal, se dresse sur une rue bordée de platanes où s'enfilent nombre d'établissements de qualité variable. De ces établissements, il se démarque certainement par sa cuisine authentique et son service affable et chaleureux.

Que ce soit dans la salle à manger, gaie aux couleurs chaudes, ou sur sa terrasse extérieure, vous savourerez avec plaisir la caillette provençale, les cuisses de lapin à la tapenade, le gigot d'agneau à la crème d'ail et les alouettes. Les samedis soirs, une guitariste y met un peu d'ambiance avec des classiques de la chanson française. Les convives peuvent choisir entre trois formules : le menu à 120F, une entrée et un plat pour 100F ou un plat et un dessert pour 90F.

Le Tournesol
$$
fermé mar soir et mer
30 cours Taulignan
☎04.90.36.09.18
Le Tournesol propose une cuisine d'inspiration provençale, simple et sans fantaisie. Ce petit restaurant d'une douzaine de tables à l'intérieur et trois en terrasse sur rue attire une clientèle variée: jeunes, moins jeunes, résidants et visiteurs en apprécient le service attentionné et courtois. Bien que limitée, la carte présente assez de spécialités pour qu'on apprécie à sa juste valeur la cuisine provençale, et les convives peuvent choisir entre différents menus. À l'image des plats servis, le cadre se veut simple et sans artifices.

Auberge de la Bartavelle
$$-$$$
fermé lun
Place-sur-Auze
☎04.90.36.02.16
Le menu innovateur du chef Richard Cayrol s'inspire du sud-ouest de la France. À titre d'exemple, les raviolis sauce aux truffes, la morue arrosée d'une légère sauce à la crème parfumée au safran et la terrine chaude au chocolat. Les fines herbes sont employées sans réserve, et les plats composent un véritable festin de couleurs. Tout bien considéré, les menus à 150F, 200F et 280F représentent d'excellentes valeurs.

Le Brin d'Olivier
$$-$$$
menus à 140F, 200F et 300F
fermé mer et sam midi
4 rue du Ventoux
☎04.90.28.74.79
Très bonne nourriture provençale préparée avec goût. Populaire auprès des gens du coin. D'autant plus agréable au cours des mois chauds, alors qu'on peut dîner sur la terrasse (l'intérieur du restaurant est plutôt banal).

Les Jardins du Beffroi
$$-$$$
rue de l'Évêché, Cité médiévale
☎04.90.36.04.71
Établissement gastronomique de l'Hostellerie Le Beffroi, Les Jardins du Beffroi propose une excellente cuisine du Sud-Ouest et de la Provence dans un cadre enchanteur. Les splendides jardins font le bonheur des convives qui profitent de magnifiques vues sur la région. La maison propose différents menus.

La Fête en Provence
$$$
fermé mer
Haute Ville, place du Vieux Marché
☎04.90.36.16.05
On ne peut souhaiter plus agréable, plus intime, plus paisible et plus pittoresque terrasse que celle de l'excellent restaurant La Fête en Provence. Ceinturée des murs de pierre des vieux bâtiments de la Cité Médiévale et dotée de beaux jardins, elle inspire les meilleurs moments gastronomiques provençaux et du Sud-Ouest comme il se doit! Le chef prépare avec grand art une cuisine imaginative de laquelle on retiendra, sans hésitation, le sublime marbré de saumon, la divine morue à l'ail et les extraordinaires truffes en feuilletés. Un menu à 150F qui en vaut ô combien la peine. La cave comporte quelques bonnes bouteilles de Côtes-du-Rhône ou Côtes-du-Ventoux et quelques-unes exceptionnelles de Châteauneuf-du-Pape.

Séguret

Le Mesclun
$$
fermé lun hors saison, et oct à Pâques
rue des Poternes
☎04.90.46.93.43
⇄04.90.46.93.48
Il s'agit d'un restaurant chaleureux situé dans une jolie rue dallée du village. On y propose de délicieux repas composés de produits frais de la région, tels ces linguinis aux fines herbes et au fromage de chèvre, cet agneau rôti aux amandes et aux pruneaux ou, comme dessert, ce gâteau au fromage accompagné de petits fruits rouges. La terrasse extérieure s'ouvre sur des panoramas renversants.

Crillon-le-Brave

Restaurant du Vieux Four
$-$$
menus à prix fixe seulement
70F le déjeuner en semaine
120F le dîner de même que le déjeuner du dimanche
aucune carte de crédit acceptée
fermé lun, et du 2 jan au 15 fév
sous l'Hostellerie de Crillon-le-Brave, voir p 123
☎***04.90.12.81.39***
Le Restaurant du Vieux Four est un établissement de style campagnard qui a ouvert ses portes en 1993 en prenant la place de la boulangerie du village. Parmi ses merveilleuses spécialités provençales, mentionnons le filet de saumon sauce au poireau et au basilic, l'agneau parfumé au thym et les aubergines grillées arrosées d'un coulis de tomates. Desserts frais. Populaire auprès des gens du coin, amateurs de bonne chère à prix raisonnable; prenez donc la peine de réserver.

Brantes

L'Auberge
$
☎***75.28.01.68***
Le restaurant de L'Auberge propose des déjeuners et des dîners au prix imbattable de 75F, et le déjeuner spécial du dimanche n'y coûte que 130F.

Carpentras

Le Marijo
$
fermé dim midi et mar midi
73 rue Raspail
☎***04.90.60.42.65***
Le Marijo est un endroit gai accueillant aussi bien les habitants de la ville que les étudiants ou les touristes en quête de bons plats provençaux, qu'il s'agisse de soupe de poisson, de «pieds et paquets» à la marseillaise (pieds de mouton et tripes farcies) ou de steak accompagné de tapenade (pâte d'olives), suivi de fromages ou d'un dessert.

Les Halles
$-$$
fermé dim
41 rue Galonne
☎***04.90.63.24.11***
Sympathique petit restaurant proposant une cuisine simple et familiale à des prix très raisonnables, Les Halles apparaît comme un endroit convivial et populaire parmi la population de Carpentras. Le petit bistro animé arbore sur ses murs des peintures modernes aux couleurs vives alors que sa terrasse, au fond d'une grande cour paisible près de la mairie, se veut des plus apaisantes. Le service est attentionné et ses menus sont des plus abordables compte tenu de la qualité de la nourriture servie, sans prétention mais savoureuse.

Le Vert Galant
$$
menu déjeuner 95F, menu dîner 159F et 240F
fermé sam midi, dim soir et lun midi
12 rue Clapies
☎***04.90.67.15.50***
Le Vert Galant présente un agréable décor rustique (chandelles et fleurs séchées sur les tables, toiles d'artistes locaux sur les murs) et constitue l'un des meilleurs restaurants de la ville. Parmi le vaste choix de propositions au menu, retenons le filet de canardeau grillé, le borécole farci aux escargots, d'excellents fromages et une succulente tarte aux agrumes.

Le Poème
$$
fermé mar et mer midi
montée du Tricot, Grignan
☎***04.75.91.10.90***
Tout petit et sympathique restaurant d'un dizaine de tables au centre du charmant village de Grignan, Le Poème s'avère une halte de paix et de plaisirs culinaires. Les menus raviront les convives avec leurs plats simples, authentiques et impeccablement présentés. Le petit établissement, sans terrasse mais frais à l'intérieur, se dresse à quelques minutes en contrebas du château et surplombe la mairie du village.

Au Délice de Provence
$$-$$$
fermé mar soir et mer
6 La Placetta
☎***04.90.28.16.91***
Sans contredit la meil-

leure table de Valréas, Au Délice de Provence propose, comme il se doit, une cuisine provençale authentique et généreuse qui se présente sous la forme de menus. Sans terrasse mais frais à l'intérieur, le réputé établissement tire le meilleur des traditions et des produits locaux comme en témoignent le délicieux filet de rascasse, le parfait coquelet rôti et le raffiné choux blanc à l'étouffée aux trois poissons.

Sorties

Malheureusement pour les oiseaux de nuit, le Haut Comtat Venaissin est une région paisible, et l'on a beaucoup de mal à y trouver des lieux de divertissement nocturnes. Les jeunes fêtards en quête de boîtes de nuit et de bars cosmopolites présentant les musiques les plus récentes devront plutôt se tourner vers les centres plus importants, comme Avignon, Aix-en-Provence et Marseille *(consultez les chapitres appropriés)*.

Ici, les soirées se passent dans les restaurants et les cafés locaux. De fait, dans la majorité des villes et villages, l'événement nocturne le plus animé prend la forme d'une prestation offerte par un musicien local dans un bar ou un café. Lorsque c'est le cas, de petites affiches disposées un peu partout vous renseigneront sur le lieu et l'heure du spectacle.

Font exception à la règle les nombreux **festivals de culture et de traditions** organisés chaque année, de préférence en été. Les plus connus se tiennent dans le spectaculaire Théâtre romain d'Orange, vieux de 2 000 ans; il s'agit des **Nuits d'été du Théâtre antique** *(août; opéra, ballet, musique classique et populaire; ☎04.90.51.89.58)* et des **Chorégies d'Orange** *(juil et août; musique classique et opéra; ☎04.90.34.24.24)*.

Théâtre de la Haute Ville
rue des Fours, Ville Haute
☎04.90.28.71.85
Les amateurs de théâtre s'intéresseront sans doute de plus près au Théâtre de la Haute Ville de Vaison-la-Romaine. Le comédien et directeur Bernard Jancou y présente en effet une variété de pièces largement appréciées, et ce, tout au long de l'année. Pour plus de détails sur la programmation, consultez les journaux locaux ou le personnel de votre hôtel.

Cinéma El Florian
54 av. Jules Ferry
Vaison-la-Romaine
☎04.36.68.69.22
Les fervents du grand écran devraient jeter un coup d'œil sur les affiches du Cinéma El Florian, qui présente sur deux écrans un bon assortiment de productions françaises récentes, de films américains en vogue et de créations artistiques.

Les amateurs de vin apprécieront par ailleurs les festivités hautes en couleur de Châteauneuf-du-Pape :

La Saint-Marc
25 avr
Les célébrations de la Saint-Marc, ainsi nommées en l'honneur du saint patron des viticulteurs, comprennent un défilé, des dégustations et un dîner.

La Fête de la Véraison
première fin de semaine d'août
Ces festivités, qui durent toute la fin de semaine et attirent des milliers de personnes, célèbrent le moment où le raisin parvient à maturité; dégustations, artisanat local, divertissements en plein air, messe à l'intérieur de la chapelle Saint-Théodoric.

Le Ban des Vendanges
sept
Le jour du début des vendanges est annoncé publiquement à l'occasion d'un grand dîner.

Parmi les autres festivals et événements spéciaux, mentionnons le Festival de la Sorgue, qui se tient à L'Isle-sur-la-Sorgue, à Lagnes et au Thor *(juil et août; musique et théâtre)*, la Fête d'été de Malaucène *(août; musique)*, les Estivales de Carpentras *(juil; musique, danse, théâtre)*, la Fête votive de Châteauneuf-du-Pape *(première semaine de juil; musique et danse folklorique, tournoi de pétanque)*, le Grand Prix de la chanson française et les Nuits de la Nesque de Pernes-les-Fontaines *(août; musique et théâtre)*, la Foire d'art et de poterie de Gigondas *(juil et août)*, la Foire artisanale et la Grande Fête des vins d'Acqueyras *(juil)*, le Festival de musique et la Foire artistique de Beaumes-de-Venise *(août)*.

Villedieu

Bar du Centre
$
juil et août, tlj 7h30 à minuit
fermé lun le reste de l'année
☎04.90.28.91.64
Un bar comme tant d'autres où l'aimable Yvelise Clerand sert des boissons fraîches en face de la place municipale à l'ombre des hauts platanes.

Achats

Orange

Le César
47 rue Caristie
☎04.90.34.99.88
Le César est une boulangerie-pâtisserie recommandée pour ses excellents sandwichs sur pain baguette préparés à votre goût (jambon fumé, saucisson, thon...). L'endroit est tout indiqué pour faire des provisions en vue d'un pique-nique, que vous pourrez faire sur les marches du Théâtre antique voisin tout en admirant ce site restauré.

Vaison-la-Romaine

Lanchier-Avias
tlj sauf lun 7h30 à 20h
fermé hors saison entre 13h et 13h30
place Montet
☎04.90.36.09.25
Lanchier-Avias est une bonne pâtisserie exploitée par la même famille depuis trois générations. Parmi ses spécialités, notons le pavé (tartelette aux fruits, à la pâte d'amandes et au miel de la région) et les croquantes (petit gâteau croustillant aux amandes). Toutes les pâtisseries sont faites avec des fruits frais de la région tels que cerises, abricots et prunes. M. Avias se rend au Japon une fois l'an pour y enseigner son art.

Lou Canesteou
fermé dim après-midi et lun
10 rue Raspail
☎04.90.36.31.30
Lou Canesteou se présente comme la plus fine fromagerie de Vaison. Elle propose un bon choix de chèvres locaux, y compris le banon (enveloppé de feuilles de chêne), le picadon et le cachat.

Pharmacie Lecerf
fermé dim-lun
32 place Montfort
☎04.90.36.37.88
Pharmacie aux heures d'ouverture prolongées.

Photo Vidéo
av. du Général de Gaulle
☎04.90.36.02.09
Développement de photos en une heure.

Carpentras

Jouvaud
rue de l'Évêché
☎04.90.63.15.38
⇄04.90.63.21.62
Jouvaud est une pâtisserie et une boutique de cadeaux des plus chic. On a même songé à disposer ici et là quelques tables et chaises, au cas où vous succomberiez sur place à la vue des extraordinaires gâteaux, pâtisseries et chocolats de la maison. Spécialité de nougat au miel de lavande. Parmi les articles en vente, mentionnons les arrangements de fleurs glacées,

les bouteilles thermos enveloppées d'osier, les gravures, les fauteuils de jardin et divers objets ménagers.

R. Clavel
rue Porte d'Orange
☎***04.90.63.07.59***
R. Clavel est une confiserie-chocolaterie qui existe depuis cinq générations. Elle prétend détenir le record mondial du plus gros berlingot (friandise) jamais fabriqué.

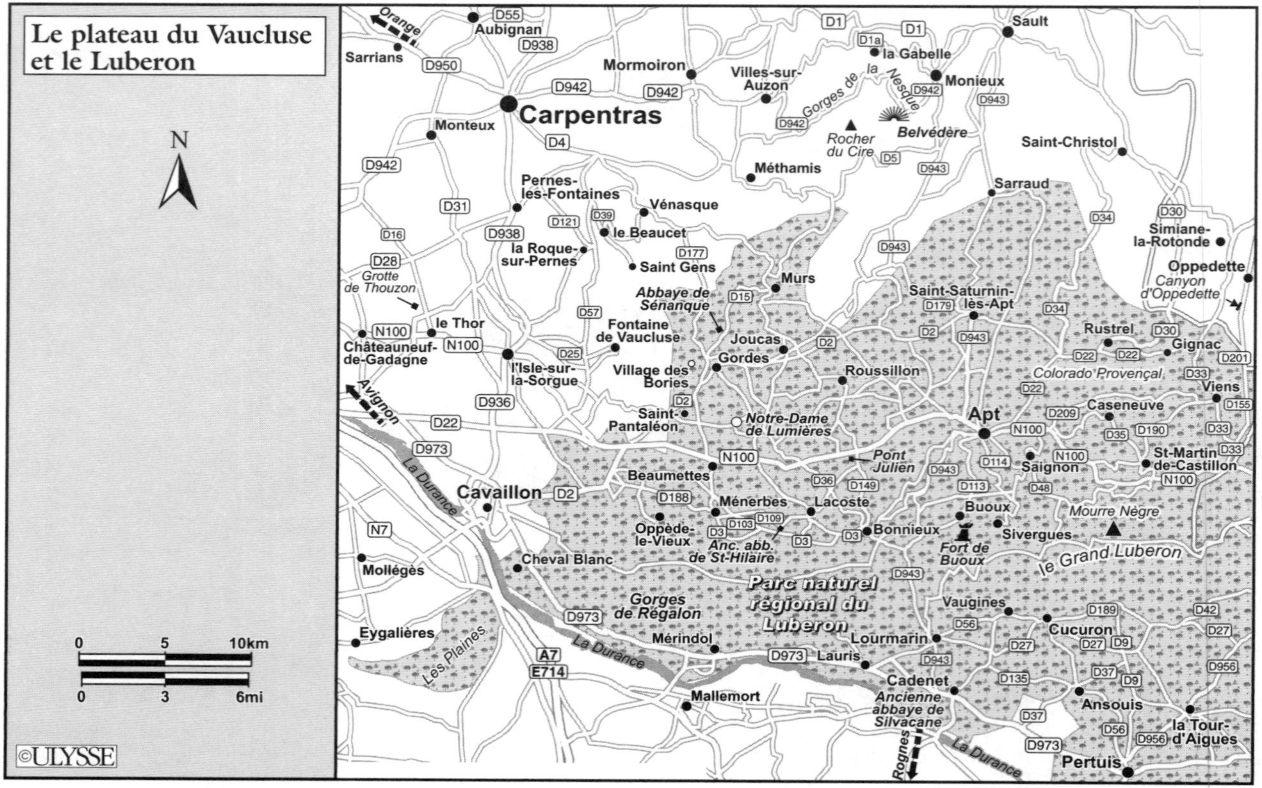
Le plateau du Vaucluse et le Luberon
N
0 5 10km
0 3 6mi
©ULYSSE
Orange
Sarrians
Aubignan
Carpentras
Monteux
Mormoiron
Villes-sur-Auzon
Gorges de la Nesque
la Gabelle
Monieux
Sault
Rocher du Cire
Belvédère
Méthamis
Saint-Christol
Sarraud
Simiane-la-Rotonde
Oppedette
Canyon d'Oppedette
Pernes-les-Fontaines
Vénasque
le Beaucet
la Roque-sur-Pernes
Saint Gens
Murs
Abbaye de Sénanque
Grotte de Thouzon
le Thor
Châteauneuf-de-Gadagne
l'Isle-sur-la-Sorgue
Fontaine de Vaucluse
Joucas
Gordes
Village des Bories
Roussillon
Saint-Saturnin-lès-Apt
Rustrel
Gignac
Colorado Provençal
Viens
Caseneuve
Apt
St-Martin-de-Castillon
Avignon
Saint-Pantaléon
Notre-Dame de Lumières
Pont Julien
Saignon
Cavaillon
Beaumettes
Ménerbes
Lacoste
Oppède-le-Vieux
Anc. abb. de St-Hilaire
Bonnieux
Buoux
Fort de Buoux
Sivergues
Mourre Nègre
le Grand Luberon
Cheval Blanc
Mollégès
Parc naturel régional du Luberon
Gorges de Régalon
Vaugines
Cucuron
Eygalières
Les Plaines
La Durance
Mérindol
Lourmarin
Lauris
Cadenet
Ancienne abbaye de Silvacane
Mallemort
Ansouis
la Tour-d'Aigues
Rognes
Pertuis
A7
E714
N7
N100
D1
D1a
D2
D3
D4
D5
D9
D15
D16
D22
D25
D27
D28
D30
D31
D33
D34
D35
D36
D37
D39
D42
D48
D55
D56
D57
D103
D109
D113
D114
D121
D135
D149
D155
D177
D179
D188
D189
D190
D201
D209
D936
D938
D942
D943
D950
D956
D973

Le plateau du Vaucluse et le Luberon

Pour nombre de ses visiteurs et de ses résidants, cette jolie région représente le cœur de la Provence.

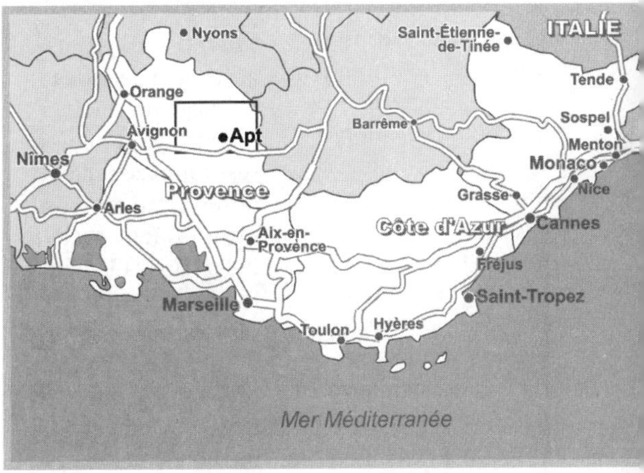

Vous la trouverez riche d'une beauté naturelle variée et inégalée, rehaussée de douces collines ondulantes, d'impressionnantes gorges et de plaines fertiles.

L'histoire du plateau du Vaucluse et du Luberon est étroitement liée, cela va sans dire, à celle de la Provence. Bien que cette région rurale ait été quelque peu distante des luttes de pouvoir qu'ont connues pendant des siècles les centres plus importants, comme Marseille, Avignon et Aix-en-Provence, les villages du plateau du Vaucluse et du Luberon n'en furent pas moins touchés par la situation politique environnante.

La région est habitée depuis le paléolithique (10000 av. J.-C.) à tout le moins. Les Celtes et les Ligures occupèrent le territoire en leur temps, c'est-à-dire à compter du IVe siècle av. J.-C., ainsi qu'en témoignent des ruines d'*oppidas* (le nom donné à leurs communautés) mises au jour sur ces terres. C'était à l'époque où les druides, prêchant l'immortalité et la réincarnation, étaient des chefs religieux respectés. Les Celtes, un peuple superstitieux, croyaient que certains bergers possédaient des pouvoirs surnaturels, comme la capacité d'interpréter les signes et d'entendre les «voix» de la terre et du ciel. Leur entendement des phénomènes naturels protégeait, disait-on, leurs troupeaux de moutons et favorisait d'abondantes récoltes. Ils préparaient des potions magiques à base de plantes et d'herbes destinées à éloigner les maladies et à contrecarrer les forces du mal, et ils croyaient en l'existence de sorciers et de sorcières voués à la perte du monde. La tradition semble d'ailleurs se perpétuer puisque certains croient encore que ces êtres maléfiques continuent l'œuvre de Satan contre les bons bergers de la région.

Les Romains s'installèrent à leur tour par ici après la création de leur nouvelle colonie en 118 av. J.-C., mais on ne sait que peu de chose de leur séjour malgré l'existence de quelques ruines attestant leur présence. La région subit ensuite fortement l'influence d'une vague de ferveur chrétienne vers la fin du Moyen Âge, et ce, jusqu'au Xe siècle.

La religion joua un rôle de premier plan pendant plusieurs siècles. On érigea alors des églises et des prieurés, de même que les trois grands chefs-d'œuvre d'architecture cistercienne que sont les abbayes de Sénanque, de Silvacane et de Thoronet, qui datent du XIIe siècle. À la même époque, le mouvement religieux vaudois, qui serait de nos jours considéré comme une secte fondamentaliste, gagnait en popularité et divisait la population. Il fut créé à la fin du XIIe siècle par un riche marchand lyonnais, Pierre Vaud (ou Vald), qui dut quitter sa ville natale après que son mouvement eut été excommunié par le pape Lucius III en 1184. Les dirigeants de la secte étaient des prédicateurs laïques renonçant à toute possession matérielle et observant rigoureusement les Évangiles (traduits dans la langue locale d'oc). Ils s'opposaient à la religion organisée et se réunissaient en secret dans les demeures des membres du culte. La plupart d'entre eux n'étaient que de paisibles fermiers, quoique certains historiens rapportent que les vaudois allaient parfois jusqu'à raser des églises.

Au XVe siècle, de nombreux vaudois s'établirent dans un Luberon dévasté par la peste et les pillages. Les riches propriétaires terriens de la noblesse, de même que les prieurés et les abbayes, voyaient d'un bon œil ces nouveaux arrivants à même de repeupler la région et d'y reprendre la culture des sols. Les vaudois furent toutefois persécutés au cours de la Réforme, lorsque des inquisiteurs furent nommés à travers toute la France dans le but de capturer les «hérétiques», et plus particulièrement les disciples de Luther. C'est ainsi qu'en 1545 les troupes de François Ier furent dépêchées dans la région pour éliminer les vaudois. Appuyée par le baron d'Oppède, alors président du Parlement d'Aix, et dirigée par le capitaine Polin, l'armée quitta Pertuis le 16 avril de la même année et détruisit 11 villages en six jours, y compris Lacoste, Lourmarin, Ménerbes et Cadenet. Près de 3 000 personnes furent tuées, pendues ou brûlées dans le cadre de cette opération, et des milliers d'autres cherchèrent refuge dans les collines et dans les coins les plus reculés du plateau du Vaucluse, sans compter ceux qui partirent carrément pour l'Italie.

Les siècles qui suivirent se révélèrent passablement plus paisibles, mais n'en furent

Depuis la nuit des temps, l'olivier

L'olivier est tellement représentatif du paysage de la Provence qu'il est difficile d'imaginer qu'il n'ait pas existé de tout temps. Certainement déjà présent à l'état sauvage, il aurait commencé à être cultivé au VIe siècle avant notre ère sous l'instigation des colonisateurs phocéens. L'huile d'olive était, dans l'Antiquité, d'un commerce courant et l'on s'en servait pour différentes fonctions : combustible pour l'éclairage, onguent, baume médicinal et composant de base pour la cuisine. Ses bienfaits sur l'organisme, déjà reconnus par les anciens, sont redécouverts aujourd'hui à travers des études pharmacologiques et diététiques.

Les olives qui servent à la fabrication de l'huile sont apportées au moulin dans un délai de trois à quatre jours maximum après leur cueillette pour ne pas perdre leur fraîcheur. Pour obtenir une huile première pression à froid, on broie d'abord les olives pour en extraire une pâte épaisse. Cette pâte est ensuite étalée en de larges couches sur des nattes rondes empilées les unes sur les autres et fortement pressées. En sort un jus de couleur vert sombre à or qui rejoint directement la centrifugeuse où l'huile est finalement séparée de l'eau. L'huile vierge est obtenue uniquement à partir du fruit de l'olivier par procédé mécanique ou physique, à l'exclusion de tout traitement chimique, et se classe en plusieurs catégories. Seules l'huile extra-vierge (goût parfaitement irréprochable dont l'acidité ne dépasse pas 1%) et l'huile vierge (goût irréprochable dont l'acidité ne dépasse pas 2%) sont obtenues par pression à froid et bénéficient de la double appellation «huile vierge» et «produit naturel».

Comme pour le vin, nombreux sont les aspirants à l'«Appellation d'Origine Contrôlée», il existe un vocabulaire aux infinies nuances pour exprimer tous les goûts et les toutes les saveurs de chacune de ces huiles, bien personnalisées par le mélange de plusieurs variétés d'olives à différents stades de maturation. Car des variétés d'olives, il y en a! Environ 630, dont certaines sont destinées à la confiserie, c'est-à-dire à la consommation de table courante.

Une petite question pour terminer. Est-ce que l'olive verte et l'olive noire sont deux variétés différentes? Eh bien non! La seule différence réside dans leur degré de maturité, la noire étant bien sûr la plus mûre.

pas moins ponctués de violence. Les guerres de religion de la Réforme, opposant les catholiques entre eux, se poursuivirent en effet jusqu'au XVIe siècle. Les turbulences qui entourèrent la Révolution à Paris se répercutèrent par ailleurs avec autant de véhémence dans la région : la population surtaxée demandait un gouvernement à représentation populaire et la fin de la monarchie absolue. Comme partout ailleurs, le XIXe siècle en fut un de croissance économique. L'importance agricole de la région fut reconnue, et l'on vit émerger une infrastructure (ateliers d'artisans, petits commerces) destinée à satisfaire les besoins de la gent locale.

Aujourd'hui, cette région reste peu touchée par l'industrialisation commune à toutes les régions où se trouvent des agglomérations plus importantes. L'agriculture y demeure la principale activité économique, et les nobles métiers de fermier et de gardien de troupeaux continuent d'y régner. Les paysans sont indépendants et exploitent rarement plus de 30 ha chacun, la norme se situant plutôt autour de 15 ha ou 20 ha. En vous baladant dans les environs, à pied ou en voiture, vous aurez tôt fait de découvrir la variété des cultures, essentiellement dominées par deux types d'exploitation : les vignes des vallées et les champs de lavande des hautes terres, plus sèches. Mais vous n'y trouverez pas moins partout des champs de blé, des vergers (cerises, abricots, pêches...) et des amandiers, tandis qu'on fait pousser des melons, des asperges, des pommes de terre, des tomates et d'autres produits maraîchers dans les sols plus fertiles.

Les habitants de la région vivent de la terre. Ils cultivent leurs propres fruits et légumes, et élèvent des poules, des moutons et des porcs. Le lait des chèvres d'ici sert en outre à la fabrication de fromages, parmi les meilleurs en France. Et l'abondance des herbes aromatiques (romarin, sauge, thym...) et des raisins vinicoles n'est plus à démontrer.

Certains villages semblent ne pas avoir changé depuis des siècles, plusieurs d'entre eux étant perchés sur des falaises calcaires, comme Venasque, Gordes ou Bonnieux. Les habitations et l'activité locale gravitent aujourd'hui comme autrefois autour de l'église et du château de chaque village. Le plateau du Vaucluse et le Luberon ont toutefois bel et bien changé depuis les années soixante-dix, époque à laquelle de riches Parisiens et Européens de toutes provenances ont fait l'acquisition de résidences secondaires dans la région. Les demeures et les piscines des comédiens, des politiciens et des industriels se cachent discrètement au bout de sentiers silencieux, derrière des écrans de cyprès et des grilles pourvues de systèmes d'alarme. Somme toute, cette invasion a eu un effet positif, car c'est grâce à elle que le parc naturel régional du Luberon a vu le jour en 1977. Ses 120 000 ha sont en effet devenus un lieu de conservation où la moindre construction se voit soumise à des règles très strictes afin de protéger son écosystème fragile et sa beauté naturelle.

Plusieurs nouveaux venus sont des écrivains, des artistes ou des artisans qui respectent la terre et souhaitent conserver la région dans son état actuel. Par ailleurs, le tourisme joue désormais un rôle important dans l'économie locale et constitue le seul moyen de subsistance de bon nombre de propriétaires d'hôtels, de restaurants et de boutiques. Au cours des chauds mois d'été, les villes les plus populaires, comme Gordes et Roussillon, attirent un nombre impressionnant de visiteurs avides de photos, de cartes postales et de sachets de lavande séchée. D'innombrables articles et reportages attirent l'attention des gens sur cette région précise de la Provence, depuis que les années quatre-vingt ont vu débarquer des cars bondés de touristes venus d'aussi loin que de l'Australie ou du Japon. Si vous en avez la possibilité, nous vous suggérons donc de visiter ce coin de pays au début de l'automne ou, mieux encore, en mai ou en juin. Peut-être manquerez-vous alors le spectacle des champs de lavande en fleurs (juillet et août), mais vous serez tout de même récompensé par celui, tout aussi renversant, des arbres fruitiers en fleurs, sans compter que vous aurez beaucoup moins de mal à vous loger.

Pour s'y retrouver sans mal

En voiture

Étant donné que plusieurs petits villages intéressants se trouvent dans des coins relativement isolés, une automobile s'impose pour explorer cette région comme il se doit. (Vous trouverez un bon choix d'agences de location de voitures à Avignon et à Marseille.)

Le plateau du Vaucluse s'étend à 40 km à l'est d'Avignon et à 15 km à l'est de Carpentras. Empruntez la N100 (direction Apt) jusqu'à L'Isle-sur-la-Sorgue, puis pénétrez dans la région par le sud (prenez à gauche la D2 Nord pour atteindre Gordes, ou à gauche la D4 Nord pour aller à Roussillon). D'Avignon, vous pouvez également suivre la D942 jusqu'à Carpentras, puis continuer sur cette route (vers les gorges de la Nesque) ou prendre la D4 Sud (vers Venasque et une route panoramique, quoique indirecte, conduisant à Gordes et à Roussillon par le nord).

La partie la plus occidentale du Luberon se trouve à 40 km à l'est d'Avignon. Trois routes directes sont possibles selon votre destination finale. Pour atteindre les villages du nord du Luberon, y compris Oppède-le-Vieux, Ménerbes, Lacoste, Bonnieux et Apt, empruntez la D100 Est au départ d'Avignon (direction Apt) et suivez les indications de l'endroit où vous désirez vous rendre.

Pour atteindre ces mêmes villages, vous pouvez également prendre la N7 Est en partant d'Avignon; après 11 km de route, là où la N7 bifurque radicalement vers Salon-de-Provence, continuez tout droit sur la D973 (direction Cavaillon). Quatre kilomètres plus loin, évitez le virage vers Cavaillon et continuez sur la D22 (direction Apt), qui rejoint la D100 18 km plus loin.

Une troisième option, qui conviendra à ceux qui désirent explorer le sud du Luberon, consiste à contourner Cavaillon par la D973, qui longe les berges de la Durance en direction de Lourmarin, de Curcuron et d'Ansouis.

Renseignements pratiques

Offices de tourisme

Les offices de tourisme de plusieurs villages proposent d'intéressantes visites guidées d'une ou deux heures, et certains peuvent vous fournir des guides locaux sur demande. Par ailleurs, la région se prête particulièrement bien aux randonnées à pied et à vélo; si ces activités vous conviennent, adressez-vous à l'office de tourisme le plus près pour obtenir des cartes spéciales et toute l'information requise sur l'équipement nécessaire à de telles entreprises. (Le chapitre «Plein air» renferme les noms des principales associations de cyclisme et de randonnée pédestre, de même que des renseignements qui vous mettront sur la bonne piste.)

Plateau du Vaucluse et nord du Luberon

Fontaine-de-Vaucluse
chemin de la Fontaine
84800 Fontaine-de-Vaucluse
☎*04.90.20.32.22*
⇄*04.90.20.21.37*

Gordes
place du Château
84220 Gordes
☎*04.90.72.02.75*
⇄*04.90.72.04.39*

L'Isle-sur-la-Sorgue
place de l'Église
84800 L'Isle-sur-la-Sorgue
☎*04.90.38.04.78*

Pernes-les-Fontaines
place de la Nesque
84210 Pernes-les-Fontaines
☎*04.90.61.31.04*
⇄*04.90.61.33.23*

Le Thor
place du 11 Novembre
84250 Le Thor
☎*04.90.33.92.31*

Venasque
place de la Mairie
84210 Venasque
☎*04.90.66.11.66*

Cavaillon
79 rue Saunerie
84300 Cavaillon
☎*04.90.71.32.01*
⇄*04.90.71.42.99*

Apt
place Bouquerie, B.P. 15
84400 Apt
☎*04.90.74.03.18*
⇄*04.90.04.64.30*

Bonnieux
7 place Carnot, B.P. 11
84480 Bonnieux
☎*04.90.75.91.90*
⇄*04.90.75.92.94*

Roussillon
place de la Poste
84220 Roussillon
☎*04.90.05.60.25*

Sud du Luberon

Lourmarin
avenue Philippe de Girard
84160 Lourmarin
☎*04.90.68.10.77*

Curcuron
Mairie, rue Léonce Brieugne
84160 Curcuron
☎*04.90.77.28.37*

Ansouis
à la Mairie
☎*04.90.09.96.12*
⇄*04.90.09.93.48*

Attraits touristiques

★★

Plateau du Vaucluse

★★

L'Isle-sur-la-Sorgue

Deux villages enchanteurs reposent au pied du plateau vauclusien dans la plaine du Comtat : L'Isle-sur-la-Sorgue et Pernes-les-Fontaines. Des canaux coulent paisiblement à travers les deux sites et en font d'agréables haltes avant de pénétrer dans la région montagneuse avoisinante.

L'Isle-sur-la-Sorgue possède un réseau de canaux peu profonds alimenté par la Sorgue et a, de ce fait, été surnommée «la Venise du Comtat». Les premiers habitants de ce coin de pays étaient des pêcheurs, et ils n'ont jamais cessé de jouer un rôle dans l'histoire de la municipalité. Au début du XIIIe siècle, Raymond Bérenger VII leur accordait déjà un droit de pêche exclusif sur la Sorgue, de sa source jusqu'au Rhône, et de nos jours on élit une fois l'an un roi de la Sorgue. Les noms des rues de la ville trahissent d'ailleurs visiblement son passé halieutique : rue de l'Anguille, rue de l'Écrevisse, rue de la Truite... Vous remarquerez que plusieurs roues à aubes fonctionnent toujours, vestiges de l'époque où L'Isle-sur-la-Sorgue était une importante ville productrice de soie (XVIIe siècle) puis de papier (XIXe siècle). Sachez enfin que c'est à pied qu'on découvre le mieux la vieille ville, avec ses canaux, ses rues ombragées par des platanes et ses élégantes constructions.

Notre-Dame des Anges ★ *(10h à midi et 15h à 18h, sauf sam et dim; place de l'Église).* Une église collégiale arborant un riche intérieur baroque du XVIIe siècle, y compris une grande gloire de bois doré représentant l'assomption et le couronnement de la Vierge Marie.

Hôtel-Dieu *(entrée libre; toute l'année 10h à midi et 14h à 18h, mais vous devez d'abord voir le concierge; ☎04.90.38. 01.31).* Tout comme l'hôpital de Carpentras, ce bâtiment du XVIIIe siècle abrite une intéressante pharmacie au décor peint signé Duplessis et renfermant une belle collection de faïences de Moustiers.

L'Isle-sur-la-Sorgue devient également le paradis des amateurs d'antiquités tous les samedis et dimanches de l'année, alors que la ville tout entière se transforme en **marché aux puces et d'antiquités ★**. L'occasion est rêvée pour se procurer des faïences originales émaillées de jaune et de vert, au même prix que les reproductions en série vendues ailleurs. Plusieurs habitants de la région y viennent à la recherche de meubles et d'objets provençaux pour la maison ou le jardin. Mais que vous achetiez ou non, l'atmosphère festive des lieux n'a pas d'égal.

★ Pernes/ les Fontaines

Cette localité est ainsi nommée en raison des 36 fontaines anciennes dont elle est parsemée. Jadis capitale du territoire papal qu'était le Comtat Venaissin (968-1320), Pernes gagna en importance après l'installation des représentants des comtes de Toulouse dans son château en 1125. Des remparts furent ensuite érigés aux XVe et XVIe siècles afin de protéger les villageois contre les pillards, les vaudois et les pestiférés.

Seuls les portails de ces remparts subsistent encore aujourd'hui (les murs ayant été détruits au XIXe siècle). Le plus frappant, datant du XVIe siècle, est la **porte Notre-Dame ★** *(quai de Verdun, près de la Nesque)*; à cet endroit, admirez la **fontaine du Cormoran** (construite en 1761, elle porte le nom de l'oiseau qui la domine) et le **pont Notre-Dame**, flanqué d'une chapelle du XVIe siècle. De l'autre côté de la rivière se dresse le vieux **château des comtes de Toulouse**, ou du moins ce qu'il en reste (le donjon et le campanile en fer forgé). La sobre **église Notre-Dame-de-Nazareth** s'élève, quant à elle, en marge du square du même nom et date du XIe siècle.

On propose également des visites guidées de l'intéressante **tour Ferrande** *(15F, 20F pour la visite combinée de la tour de l'Horloge; rue des Barbes; vous devez cependant vous inscrire d'avance à l'Office de tourisme)*, une construction crénelée du XIIIe siècle originellement rattachée à une grande demeure. À l'intérieur, vous pourrez contempler des fresques de la même époque et visiter le joli **Musée du Costume Comtadin** *(entrée libre; juil à sept; angle rue de la République et rue Victor Hugo)*, ouvert en 1991 dans la boutique abandonnée d'un marchand de vêtements du XIXe siècle, Augustin Benoît Marbaud. Y sont exposés des robes, des jupons, des bonnets de dentelle et des édredons de coton fabriqués dans les environs, le tout dans une atmosphère de boutique à l'ancienne. Même lorsqu'il est fermé, sa vitrine vaut le coup d'œil.

L'Office de tourisme de Pernes met gracieusement à votre disposition un plan d'emplacement des fontaines de la ville avec leur nom et leur date de construction. Prenez garde de ne pas boire l'eau de la **fontaine de la Lune** *(en face de la porte de Saint-Gilles, qui date du XIVe siècle)*, dont la légende dit qu'elle rend lunatique ou fantasque!

Le Thor

Le Thor *(5 km à l'ouest de L'Isle-sur-la-Sorgue par la N100)* est une petite bourgade fondée au VIIe siècle. Son principal attrait réside dans l'austère église Notre-Dame-du-Lac; bâtie au XIIIe siècle, elle ne possède qu'une seule nef, mais n'en constitue pas moins un exemple remarquable d'architecture ecclésiastique romane. Notez aussi la porte Notre-Dame, transformée en tour de l'horloge doublée d'un clocher en 1847.

Non loin de Le Thor *(à 3 km par la D16)*, vous découvrirez une grotte souterraine naturelle remontant à la période géologique du crétacé, la **Grotte de Thouzon** *(32F, enfant 24F; mars et nov, dim 14h à 18h; 1er avr au 31 oct, tlj 10h à midi et 14h à 18h; juil et août 9h30 à 19h; ☎04.90.33.93.65, ≠04.90.33.74.90)*, formée à même le flanc d'une colline calcaire et découverte en 1902. La visite guidée vous entraîne le long d'un étroit sentier, vous explique les étranges formations rocheuses de la grotte et vous donne l'occasion d'observer de près stalactites et stalagmites. Notez qu'il s'agit d'une exploitation privée; le commentaire, quoique intéressant, tombe parfois dans la banalité, et le «spectacle» son et lumière de 5 min n'ajoute pas grand-chose à l'expérience.

★★ Venasque

Venasque occupe le sommet d'un rocher escarpé dominant la vallée de la Nesque et la plaine de Carpentras. Cette situation stratégique en faisait la seconde résidence rêvée des évêques de Carpentras, qui s'y réfugièrent d'ailleurs du VIe au XIe siècle pour échapper aux invasions barbares de Carpentras. Aujourd'hui, ce charmant village mérite une visite pour ses jolies rues, ses vues imprenables et son histoire peu banale.

Ne manquez pas le **Baptistère** ★★ *(10F, gratuit pour les moins de 12 ans; visites guidées; toute l'année, tlj sauf mer, 10h à midi et 15h à 19h; à côté de l'église Notre-Dame)*, tenu pour le plus vieux bâtiment religieux de la région, voire de la France tout entière au dire de certains, ses origines n'étant pas clairement établies. La légende veut qu'une construction païenne ait occupé le site au temps des Romains et qu'un sanctuaire ait été érigé sur ses ruines au VIe siècle, à l'ère mérovingienne, par saint Siffrein de Lérins, consacré évêque de Venasque avant 542 ap. J.-C. La construction de pierres fut rebâtie au XIIe siècle et utilisée comme chapelle funéraire épiscopale. Sa conception correspond au modèle cruciforme grec : quatre absides voûtées de forme semi-circulaire entourent un carré central où se trouve un bassin creux qui servait probablement de fonts baptismaux. L'abside nord est la plus ancienne, et ses colonnes élancées proviennent de temples romains.

L'**église Notre-Dame** *(toute l'année 9h à 19h; place de l'Église)* fut construite au XIIe siècle (seule une abside semi-circulaire subsiste de cette époque), puis agrandie aux XIIIe, XVIIe et XVIIIe siècles. La seconde chapelle, sur la gauche, abrite un tableau de l'école d'Avignon représentant la Crucifixion, commandé en 1498 par le seigneur Jean de Thézan à l'occasion de son mariage avec Siffreine de Venasque.

Autour de la ville, remarquez les vestiges des remparts qui entouraient jadis le village ainsi que la très jolie fontaine du XVIIIe siècle *(place de la Fontaine)*. Tout à côté se dressent trois tours, la plus haute faisant 18 m; elles furent érigées afin de défendre le village, mais elles se sont peu à peu détériorées au fil des années. Certaines de leurs pierres furent même employées dans la construction d'habitations et d'une école voisine.

La **chapelle Notre-Dame-de-Vie** repose au pied de Venasque sur la route D4. Ce petit temple du XVIIe siècle renferme la pierre tombale de Boethius, évêque de Carpentras mort en 604. Celle-ci doit son nom aux baptêmes rituels pratiqués sur des enfants mort-nés qui, dit-on, revenaient momentanément à la vie pour les besoins de la consécration, ce qui permettait à leur âme de monter au Ciel; cette cérémonie se déroulait dans une chapelle occupant le même site au VIe siècle. Un couvent de carmélites occupe maintenant les lieux.

★

Le Beaucet

Près de Venasque, sur la route D39 Sud (à voie unique), s'étend le pittoresque village du Beaucet, perché en bordure d'une falaise et dominé par les ruines d'un château du XIIe siècle construit pour les évêques de Carpentras. Malheureusement, l'escalier de 80 marches qui relie le village au château est le plus souvent fermé par suite de chutes de pierres ou de glissements de terrain, ce qui ne vous empêchera pas pour autant d'apercevoir le donjon en ruine, les quatre murs de la chapelle, les réservoirs d'eau et le pont-levis.

Un pèlerinage populaire à la mémoire d'un ermite du XIIe siècle, Gens Bournareau, sanctifié en raison de son aptitude à faire tomber des pluies miraculeuses sur la vallée desséchée, a lieu dans la région à minuit le 16 mai de chaque année depuis le XVe siècle. Au cours du pèlerinage, on transporte la statue de l'ermite à partir de l'église de son village natal de Monteux (près de Carpentras) jusqu'à l'ermitage Saint-Gens, à 15 km du Beaucet. L'ermitage en question renferme des reliques de saint Gens, et la fontaine naturelle qu'il aurait découverte est identifiée le long d'un sentier.

On trouve également au Beaucet un important atelier proposant des stages de conservation et de techniques artisanales. Pour de plus amples renseignements, adressez-vous à monsieur H. Morel, Les Ateliers du Beaucet, Centre international de formation en métiers d'art, 84210 Le Beaucet, ☎04.90.66.10.61.

★★

Fontaine-de-Vaucluse

Sur la D57 au sud de La Roque-sur-Pernes, à 7 km à peine de L'Isle-sur-la-Sorgue par la D25, repose le village de Fontaine-de-Vaucluse. En suivant à pied le chemin de la Fontaine le long d'un joli canal, vous croiserez l'Office de tourisme et plusieurs kiosques de souvenirs avant d'atteindre la fameuse source naturelle à l'origine de la Sorgue.

Sertie dans une gorge luxuriante, cette fontaine est la plus puissante de France et la cinquième en importance au monde, avec un débit d'eau annuel moyen de 630 millions de mètres cubes. C'est en hiver et, surtout, au printemps que son flot devient le plus spectaculaire, alors que 90 m^3 d'eau s'en échappent chaque seconde avant de se déverser dans le lit de la rivière.

En été, lorsque le niveau de l'eau est à son plus bas, vous ne verrez qu'un bassin profond et paisible, mais vous pourrez aussi admirer la falaise abrupte, érodée et sculptée par les flots déchaînés. Des plongeurs y ont atteint une profondeur de 205 m (dont l'Allemand Hasenmeyer en 1983), et l'on y a introduit divers instruments de mesure, mais l'origine de la source demeure toujours un mystère. Des spéléologues ont, pour leur part, découvert un réseau complexe de galeries sous-marines creusées à même le calcaire de la falaise avec l'aide des pluies et des neiges fondantes qui descendent du mont Ventoux et du plateau du Vaucluse chaque printemps.

Mais il n'y a pas que la fontaine à voir ici. Au XIVe siècle, le poète italien Pétrarque séjourna plusieurs fois à Fontaine-de-Vaucluse, où il avait une maison bâtie à flanc de falaise, en bordure de la rivière et de l'autre côté du vieux pont. On en a fait le **Musée Pétrarque** *(10F, gratuit pour les enfants; tlj sauf mar du 15 avr au 15 oct, sam et dim seulement le reste de l'année; rive gauche de la Sorgue, ☎04.90.20.37.20)*, consacré à son œuvre (des collections de ses écrits expliquent le mouvement pétrarquiste) et à ses séjours répétés dans le Vaucluse, sans compter une petite collection d'art moderne portant sur des thèmes humanistes (y compris des gravures de Braque, de Miró et de Picasso). Entre autres écrits, nous devons au poète les magnifiques sonnets de la Canzonière, composés après qu'il eut aperçu sa bien-aimée Laure Chiabau, épouse de Hugues de Sade, le 6 avril 1327 à l'église Sainte-Claire d'Avignon.

Posée sur le site d'un ancien temple païen, dans le village même, l'**église Sainte-Marie et Saint-Véran**, datant du XIe siècle, constitue un bel exemple d'architecture romane provençale avec sa voûte en plein cintre et ses trois absides semi-circulaires. Dans la chapelle, vous remarquerez le cercueil de 2 m de long de saint Véran, un ermite du VIe siècle qui introduisit le christianisme dans la région et devint plus tard évêque de Carpentras.

Chamois

Entre le village et la fontaine, trois musées d'intérêt variable se succèdent. À côté d'une grande roue à aubes en bois, le **moulin Vallis Clausa** *(entrée libre; chemin de la Fontaine, ☎04.90.20.31.72)* se présente comme un musée vivant du papier. Un moulin à papier y fut exploité de 1686 à 1887, et le Vallis Clausa y remet aujourd'hui à l'honneur les méthodes de fabrication traditionnelle en vigueur du Moyen Âge à l'ère industrielle. Une boutique vous y propose toutes sortes d'articles en papier fabriqués sur place.

Le **Musée du Santon** *(20F, enfant 10F; toute l'année tlj 10h à 12h30 et 14h à 18h30; l'après-midi seulement du 15 nov à fév; à l'intérieur de la galerie du Vallis Clausa, à côté du moulin, ☎04.90.20.20.83)* renferme une incroyable collection de plus de 1 000 figurines en terre cuite, anciennes et nouvelles, de même que des crèches de Noël.

Le **Musée de la Résistance** *(10F, gratuit pour les enfants; tlj sauf mar 10h à midi et 14h à 18h du 1er sept au 15 oct et du 15 avr au 30 juin, 10h à 20h du 1er juil au 31 août; sam et dim seulement 10h à midi et 13h à 17h du 16 oct au 31 déc, 10h à midi et 14h à 18h du 1er mars au 14 avr; fermé jan et fév; chemin du Gouffre, ☎04.90.20.24.00)* rend hommage à la vie quotidienne sous l'occupation allemande au cours de la Seconde Guerre mondiale et explique le mouvement de la Résistance dans le Vaucluse d'une manière étonnamment intéressante et moderne. L'exposition a été conçue par Willy Hot, décorateur de plateau du film *Camille Claudel*.

Le **Musée Norbert Casteret**, voué au célèbre spéléologue, recrée tout un monde souterrain avec des stalactites et des stalagmites, des cascades et des peintures préhistoriques *(27F, gratuit pour les enfants; visite guidée tlj sauf lun et mar 10h à midi et 14h à 17h de fév à avr et de sept à nov, tlj 10h à midi et 14h à 18h de mai à août; fermé jan et fév; chemin de la Fontaine, ☎04.90.20.34.13)*.

Mise en garde : Fontaine-de-Vaucluse est littéralement envahie pendant la saison chaude, et les kiosques de souvenirs qui bordent le chemin de la Fontaine donnent malheureusement au village des allures de piège à touristes, ce qui n'enlève rien à sa beauté, cela va sans dire.

★★★ Gorges de la Nesque

Les gorges de la Nesque forment un canyon spectaculaire d'une profondeur de 400 m, creusé à même le plateau du Vaucluse. Autrefois habitées par l'homme du paléolithique, les Celtes et les Ligures, puis par les Romains, les gorges offrent des vues saisissantes qu'aucune trace de modernité n'entrave. Une courte balade en voiture d'une demi-journée sur la route circulaire, quoique irrégulière, qui en fait le tour peut se faire au départ du village de Villes-sur-Auzon (à l'ouest) ou de la ville de Sault (à l'est).

Villes-sur-Auzon *(5 km à l'est de Mormoiron sur la D942)* est un charmant village ponctué de vestiges de remparts, de plusieurs fontaines et de coquettes demeures. Prenez la D1 en direction de Sault, et tournez dans la petite route secondaire D1A (plus panoramique) pour traverser le hameau de La Gabelle avant de rejoindre de nouveau la D1.

À **Sault**, passez un moment dans le petit parc qui se trouve en bordure de l'avenue de la Promenade, d'où l'on a une vue splendide sur les collines de Sault et sur la vallée de la Nesque. On trouve ici les ruines d'un château, l'église de la Transfiguration (anciennement appelée «église Saint-Sauveur»), qui date du XIIe siècle et s'enorgueillit d'une rare nef voûtée en plein cintre, de même que d'intéressantes maisons dont la construction remonte au Moyen Âge et qui sont entrecoupées de quelques beaux hôtels particuliers du XVIIIe siècle. Un important festival de la lavande s'y tient en août *(informez-vous à l'Office de tourisme, av. de la Promenade, 84390 Sault, ☎04.90.64.01.21)*, de même qu'un attrayant marché en activité depuis 1515, tous les mercredis. Sault est enfin réputée pour son miel (souvent de lavande) et son délicieux nougat (voir p 164).

Reprenez la D1 en sens inverse et, environ 2,5 km plus loin, engagez-vous dans la D942 en direction de **Monnieux**, dont l'église Saint-Pierre, de style roman avec des ajouts ultérieurs, et les ruines de la tour de garde du XIIe siècle retiendront votre attention. Rebroussez ensuite chemin sur la D942 pour revenir à Villes-sur-Auzon (20 km). Ce tracé constitue la portion la plus impressionnante des gorges de la Nesque; le long de cette route sinueuse et escarpée, vous croiserez un belvédère surplombant le rocher du Cire (872 m) et passerez sous trois courts tunnels.

★★ Gordes et le Petit Luberon

Le Petit Luberon, bien que de taille plus modeste, n'est pas moins spectaculaire que la chaîne montagneuse du Grand Luberon, plus à l'est, et bon nombre de villes typiques de Provence s'y accrochent à flanc de falaise, surtout au nord.

★ Gordes

Gordes compte parmi les petites villes les

mieux connues de la région. Ses maisons en pierre sèche de couleur ocre s'alignent précairement autour des arêtes du plateau du Vaucluse, en face des collines du Luberon. La meilleure vue à distance de Gordes et des collines du Luberon s'obtient du poste d'observation aménagé sur la D15 avant de pénétrer dans le village.

Gordes était autrefois habitée par des peuples primitifs d'avant les Romains regroupés sous le nom de «Vordeuses», d'où le nom du village (qui n'a rien à voir avec les gourdes!). Découvrez-en les jolies maisons en pierre sèche datant du XVIe au XVIIIe siècle et les chemins pavés qui encerclent la place du Château ainsi que l'église Saint-Firmin (XVIIIe siècle). Cette communauté a été gâtée par une affluence de gens fortunés s'étant fait bâtir des résidences secondaires dans la région, de même que par le tourisme, de sorte que ses restaurants et lieux d'hébergement sont en grande partie surévalués et plus chers qu'ailleurs.

Le massif **château de Gordes**, dont la construction date de la Renaissance (1525-1541), arbore de grandes tours circulaires et est situé sur le site d'une forteresse du XIIe siècle. La longue salle à manger du rez-de-chaussée comporte un immense foyer de pierres, long de plus de 7 m et couronné d'une cheminée richement ornée.

Classé lieu historique, le **Village des Bories** ★ *(35F, gratuit pour les enfants; tlj 9h au crépuscule; empruntez la route marquée à cet effet à la jonction de la D15 et de la D2, au sud de Gordes,* ☎*04.90.72.03.48)* se présente comme un hameau aux abris de pierres sèches à toit pointu de forme plutôt inusitée. Bien que cette technique de construction s'inspire des structures du néolithique, la majorité des bories datent du XVIe au XIXe siècle, et elles étaient généralement utilisées par des bergers et des chasseurs; on en trouve d'ailleurs un peu partout dans la région. Et pourtant, ainsi que vous pourrez le constater ici, des communautés autonomes vivaient également dans ces abris. Cinq groupes d'habitations, comprenant des enclos à moutons, des fours à pain et deux étages de quartiers résidentiels remplis d'objets de tous les jours tels que cuves à vin et ustensiles de cuisine, s'offrent à la vue des visiteurs.

Nichée dans un val verdoyant en bordure d'un champ de lavande, l'**abbaye de Sénanque** ★★★ *(30F; tlj 10h à midi et 14h à 18h mars à oct, l'après-midi seulement le dim et les jours de fête liturgique, 14h à 17h nov à fév, 14h à 18h les fins de semaine et les jours de congé scolaire; messe tous les dim à 9h et les jours de semaine à midi; 4 km au nord de Gordes sur la D177,* ☎*04.90.72.05.72)* s'impose incontestablement comme l'un des plus remarquables monuments de Provence. Fondée en 1148, cette abbaye constitue un exemple exceptionnel d'architecture cistercienne, réputée austère, son plan reposant sur une combinaison de carrés et de cercles imbriqués. Bien que toujours active, l'abbaye cistercienne permet au public de visiter les bâtiments entièrement rénovés du XIIe siècle (le cloître, la salle capitulaire, l'église abbatiale, le dortoir et la salle des moines). On y trouve en outre une librairie et une boutique de souvenirs vendant du miel et de l'essence de lavande fabriqués sur place ainsi que de la liqueur de Sénancole, inventée par le moine Marie Maurice et aujourd'hui fabriquée à Marseille, alors qu'on la préparait jadis sur place à partir d'herbes aromatiques cueillies ici même. Vu l'importance de l'abbaye de Sénanque, il va sans dire qu'on y afflue de toutes parts en haute saison.

Saint-Pantaléon

Saint-Pantaléon est un paisible hameau situé au sud de Gordes et doté d'une gracieuse chapelle romane du XIIe siècle. Les amateurs d'huile d'olive ne voudront pas manquer le fascinant musée du **moulin des Bouillons**. Installé dans un vieux mas, il renferme l'un des plus anciens pressoirs à olives (XVIe siècle), fait d'un tronc de chêne, et explique à travers différentes vitrines le procédé de fabrication de l'huile et l'histoire du vaillant olivier.

Tout à côté se dresse le **Musée du vitrail**, abritant surtout des œuvres contemporaines de Frédérique Duran et racontant brièvement l'histoire de sa fabrique. *(Le moulin des Bouillons et le Musée du vitrail : billet combiné, 15F, gratuit pour les enfants; tlj sauf mar 10h à midi et 14h à 18h, fermé du 15 déc au 15 fév; route D148, à 5 km au sud de Gordes, près du village de Saint-Pantaléon, ☎04.90.72.22.11.)*

★★
Roussillon

Roussillon s'impose comme un magnifique village perché bien haut parmi les impressionnantes carrières d'ocre et les riches pinèdes verdoyantes de la vallée des Fées. L'industrie de l'ocre, florissante au XIXe siècle, atteignit son apogée au cours des années vingt, alors qu'on en extrayait du sol 40 000 tonnes par an; la carrière n'est cependant plus exploitée. On obtient le pigment ocre en séparant puis en broyant l'oxyde de fer contenu dans le sol jusqu'à ce qu'il se transforme en poudre sèche; on l'utilise ensuite dans la peinture, les cosmétiques, les colorants alimentaires (il n'est pas toxique) et le plâtre. Comme vous pourrez le constater, les maisons de Roussillon font ample usage de cette riche terre ocre, dont les teintes varient du jaune clair au rouge flamboyant, tandis que le pourtour des portes et des fenêtres s'habille de couleurs contrastantes.

Quelques cafés donnent sur le square ombragé du village, la place de la Mairie, qui jouxte le bâtiment municipal. Un agréable sentier partant de cette place serpente jusqu'au pied d'un attrayant beffroi (jadis fortifié) surmonté d'un campanile en fer forgé caractéristique de la région, puis jusqu'à l'église romane de Saint-Michel, toute simple avec sa façade du XVIIe siècle et son chœur du XVIIIe siècle. Suivez ensuite le sentier qui se dessine derrière l'église pour découvrir une vue panoramique sans pareille du mont Ventoux et des Alpes, plus au nord (une table d'orientation pointe en direction des différents sites de la région). D'autres points de vue vous attendent à chaque détour, entre autres au bout de la place Pignotte, sur le chemin de Ronde et en face du bureau de poste et de l'Office de tourisme, rue de la Poste.

À quelques kilomètres au nord de Roussillon reposent les petits villages de Joucas *(D102 vers la D102A)* et de Murs *(D102A vers la D4)*. **Joucas** possède de jolies rues sinueuses bordées d'attrayantes maisons, une église du XVIIIe siècle et un point de vue intéressant sur les collines ocreuses qui s'élèvent plus au sud. Quant à **Murs**, c'est là qu'est né le célèbre soldat de Henri IV qu'était Crillon le Brave, dont la demeure *(aujourd'hui transformée en petit musée préhisto-*

Renard roux

rique; informez-vous d'abord au restaurant Crillon, ☎04.90.72.02.03) flanque l'église romane. Ce village abrite un château restauré du XVe siècle, de même que ce qui reste du mur de Peste, érigé en 1721 pour protéger la région de l'envahissante maladie.

Cavaillon

Cette ville, réputée pour les délicieux melons qu'on cultive à sa périphérie dans la vallée de la Durance, s'étend aux limites de la plaine du Comtat à l'approche du Petit Luberon. Étant donné qu'elle se trouve à la croisée de routes majeures comme la D973 (en provenance d'Avignon et d'Aix-en-Provence), la D938 (en provenance de L'Isle-sur-la-Sorgue, de Pernes-les-Fontaines et de Carpentras) et la A7 (en provenance de Marseille), il y a fort à parier que vous circulerez dans ses environs à un point ou un autre de votre voyage. Il y a toutefois tellement de choses à voir dans la région que, si votre horaire est trop limité, vous n'avez pas vraiment besoin d'entrer dans Cavaillon même.

Cavaillon est une ville de marché de toute première importance, et certains monuments attestent le rôle qu'elle a pu jouer dans l'histoire ancienne de la Provence. Peuplée depuis le néolithique, elle est devenue colonie romaine en 42 av. J.-C., alors qu'elle portait le nom de «Cabellio». Sur la place François Tourel, à l'opposé de la place du Clos, gisent les restes d'un **arc de triomphe romain** datant du Ier siècle, déplacé et reconstruit à cet endroit, il y a maintenant plus de 100 ans. Derrière lui, un sentier mène à la petite chapelle Saint-Jacques du XIIe siècle *(peut-être visitée l'après-midi en s'adressant à la gardienne)*, puis au sommet de la **colline Saint-Jacques**, offrant une vue somptueuse sur les montagnes environnantes (on peut également s'y rendre en voiture par le cours Carnot et la route d'Avignon, soit la D938).

Melon

Soit dit en passant, le véritable melon de Cavaillon n'est pas le cantaloup, auquel il ressemble pourtant, mais plutôt le charentais, plus petit, plus rond, plus sucré et enveloppé d'une pelure vert clair.

La **cathédrale Saint-Véran** *(tlj; place Joseph d'Arbaud; entrée par la porte sud)* date originellement du XIIe siècle, mais certains ajouts remontent au XIVe siècle, et elle a été rénovée du XVIIe au XIXe siècle. Son cloître à voûte ornée et les lambris de bois doré de ses chapelles latérales méritent une visite.

La construction de l'élégante **Synagogue** de style Louis XV *(20F; tlj sauf mar 10h à midi et 14h à 18h du 1er avr au 30 sept, 10h à midi et 14h à 17h du 1er oct au 31 mars; rue Hébralque, voisine de la rue Chabran, ☎04.90.76.00.34; le même billet permet également la visite du Musée archéologique, cours Gambetta; même horaire)* date du XVIIIe siècle et nous rappelle que Cavaillon possédait autrefois une petite population juive, une des quatre seules communautés juives de Provence sous le règne des papes catholiques, les autres étant celles d'Avignon, de Carpentras et de L'Isle-sur-la-Sorgue.

À l'intérieur de l'ancienne boulangerie de la synagogue, vous découvrirez un intéressant petit musée, le **Musée Judéo-Comtadin**, qui relate la vie des Juifs dans le Comtat Venaissin au cours de cette difficile période d'intolérance et de persécution. Des objets rituels et des documents historiques sont exposés à côté du bloc de marbre et du four utilisés pour la préparation du pain azyme.

Petit Luberon Sud

Un chapelet de villages pittoresques du Petit Luberon, au sud de la N100, parviennent à conserver leur charme naturel et se voient moins fréquentés que les communes populaires s'étendant plus au nord, comme Gordes, Roussillon et L'Isle-sur-la-Sorgue.

★★
Oppède-le-Vieux

Oppède-le-Vieux, une minuscule bourgade construite au sommet d'un éperon rocheux à 12 km à l'est de Cavaillon sur la D176, semble caché derrière une pinède et une végétation envahissante. On accède au vieux village par un sentier bien balisé qui conduit à l'église puis aux ruines d'un château du Moyen Âge, d'où le panorama se laisse dévorer des yeux. Abandonné à une certaine époque, le hameau a lentement été restauré depuis les années cinquante. Les travaux ont essentiellement porté sur quelques grandes demeures des XVe et XVIe siècles, de même que, plus récemment, sur la belle église du XIIe siècle. Il se passe bien peu de chose à Oppède, ce qui vous laisse tout le temps de vous imprégner de l'atmosphère de la paisible place du village et de ses rues pavées. L'endroit a souffert à un certain moment d'une mauvaise réputation car le château appartenait au baron Maynier, qui avait autorisé le massacre des vaudois en 1545.

★★
Ménerbes

En roulant sur la D188, vous croiserez Ménerbes à la jonction avec la D103. Bâtie au sommet d'une colline, elle fut, au XVIe siècle, à l'époque des guerres de Religion en Provence, la capitale du mouvement protestant. Après la chute des autres communautés protestantes du Luberon, le mouvement résista ici aux troupes françaises pendant plus de cinq ans vers la fin des années 1580 avant de capituler. Aujourd'hui, on peut encore admirer l'église du XIVe siècle, une imposante citadelle érigée entre les XIIe et XVe siècles (beau panorama) de même que de magnifiques demeures anciennes et de charmantes rues pavées. Ménerbes s'impose en outre comme la ville natale du poète républicain Clovis Huges, et l'artiste Nicholas de Staël vécut à son époque dans un des deux châteaux du village.

L'attrayant **Musée du Tire-Bouchon** *(30F, gratuit pour les enfants; tlj 10h à midi et 14h à 19h juil et août, 10h à midi et 14h à 18h hors saison sauf sam après-midi et dim; ☎04.90.72.41.58)*, un musée privé entièrement voué aux tire-bouchons, se trouve dans la D103 Nord (en direction de Beaumettes), sur la propriété vinicole du Domaine de la Citadelle. Vous y trouverez plus de 1 000 spécimens en bois, en bronze, en or et en argent, recueillis en France, en Angleterre, en Allemagne, aux Pays-Bas et aux États-Unis, et vous apprendrez que cet outil a été inventé au XVIIe siècle par un Français (naturellement!).

Suivez la D103 au sud de Ménerbes sur 2 km (en direction de Bonnieux) et, avant d'atteindre la D3, remarquez sur votre gauche l'un des rares dolmens du Vaucluse, qui est d'ailleurs aussi l'un des plus petits. Ce monument préhistorique composé d'une pierre couchée à l'horizontale sur deux pierres verticales porte le nom de **Dolmen de Pitchoun** ou **Pitchouno**.

Aux abords de Lacoste, sur la D109, surgit l'ancienne **abbaye de Saint-Hilaire** *(bien qu'il s'agisse désormais d'une propriété privée, on peut encore la visiter l'après-midi sur rendez-vous; ☎04.90.75.88.83)*, qui abrite une petite chapelle du XIIe siècle et une autre voûtée, celle-là du XIIIe siècle. Le 15 août de chaque année, on y célèbre une grand-messe en l'honneur de saint Louis.

★

Lacoste

Situé à 6 km à l'est de Ménerbes dans la D109, le village de Lacoste est réputé comme le lieu de résidence du célèbre auteur d'écrits érotiques (dont *Les 120 Journées de Sodome* et *Justine*) qu'était Donatien Alphonse François, compte de Sade, dit le marquis de Sade.

C'est en 1771 qu'il fuit Paris pour échapper à un scandale provoqué par ses habitudes libertines et se réfugier dans le château de son grand-père, ici même à Lacoste. Ses frasques ultérieures le firent emprisonner et condamner à mort, et c'est à l'asile de Charenton, près de Paris, qu'il rendit son dernier souffle. Le magnifique château familial du XIe siècle appartient maintenant à un professeur qui le restaure depuis plus de 30 ans *(visite possible la fin de semaine en prenant contact avec le propriétaire, M. André Bouër, ☎04.90.75.80.39)*.

Lacoste possède encore bon nombre de rues dallées en plan incliné ainsi que de jolies maisons en calcaire ocre (quoique certaines soient passablement délabrées) rayonnant autour de la rue Basse, artère principale de la commune. Celle-ci s'avère moins fréquentée que d'autres localités de la région, et une vue saisissante sur Bonnieux, de l'autre côté de la vallée, s'offre au regard du côté est du village.

★

Bonnieux

Bonnieux est un village coquet aux maisons coiffées de terre cuite, aménagées en paliers à flanc de falaise au-dessus de la vallée de la Calavon. Il occupait jadis une position stratégique sur la principale route reliant l'Espagne à l'Italie, à l'époque où les Romains occupaient la Provence.

C'est au Moyen Âge qu'il se déplaça vers le sommet de la colline, à l'emplacement qui est aujourd'hui le sien. Afin de garder à distance les tribus de maraudeurs, il se dota, aux XIIIe et XIVe siècles, de remparts et de tours dont il ne subsiste aujourd'hui que quelques ruines. Les Bonnieulais catholiques entretenaient par ailleurs une certaine animosité à l'endroit de leurs voisins protestants de Lacoste. Quelques magnifiques résidences des XVIe, XVIIe et XVIIIe siècles nous rappellent enfin que Bonnieux fut une ville prospère à l'époque où le Comtat Venaissin appartenait aux papes. Plusieurs évêques choisirent en effet Bonnieux comme lieu de résidence entre le XIVe siècle et la Révolution, de sorte que la commune jouissait alors de privilèges particuliers.

La mairie *(rue de la Mairie)* occupe l'ancien Hôtel de Rouville (XVIIIe siècle).

Tandis que vous y êtes, pourquoi ne pas visiter le **Musée de la Boulangerie** *(20F; tlj sauf mar 10h à midi et 15h à 18h30 du 1er juin au 30 sept, fins de semaine et jours fériés seulement oct à mai; 12 rue de la République, ☎04.90.75.88.34)*? Vous y découvrirez les machines, les techniques et l'histoire du pain, sans parler d'une étonnante collection de miches présentée dans une ancienne boulangerie.

Une église romane du XIIe siècle, simplement appelée **La vieille église**, est entourée de cèdres magnifiques et domine un tertre *(86 marches de pierres à gravir; adressez-vous à l'Office de tourisme pour visiter l'intérieur)*. Beau panorama vers le nord, en direction de Gordes et de Roussillon, depuis le petit parc qui servait jadis de cimetière à l'église. La «nouvelle» église (datant des années 1870) se trouve au pied de Bonnieux et renferme quatre tableaux primitifs du XVIe siècle représentant la Passion et provenant de La vieille église.

Ne manquez pas non plus le petit pont romain qui enjambe la rivière Calavon *(6 km au nord de Bonnieux sur la D149, à proximité de la N100)*. Construit de pierres taillées ajustées sans mortier en l'an 3 av. J.-C., le **pont Julien** ★ est encore en bon état. Ses trois arches s'étendent sur 70 m.

Vous en avez assez des vieilles églises et de la ratatouille? Songez à la **Galerie de la Gare** *(tlj sauf mar 14h30 à 18h30 de Pâques au 15 oct; entre Bonnieux et Goult sur une route secondaire partant de la D36 immédiatement au sud de la N100)*, une galerie d'art claire et aérée proposant des expositions temporaires d'œuvres de peintres et de sculpteurs contemporains toujours stimulantes. Tout à côté, le Restaurant de la Gare sert des boissons et des repas légers.

★★

Grand Luberon

Apt

Apt est un important centre de commerce desservant l'ensemble du Grand Luberon. Elle est, entre autres choses, connue pour son marché provençal du samedi matin *(place des Martyrs de la Résistance)*, où vous pourrez vous procurer un assortiment éblouissant de produits locaux, y compris des poteries artisanales.

La ville et les communautés qui l'entourent sont aussi réputées pour les tuiles de céramique colorées qu'on y fabrique à la main (les fameux carreaux d'Apt), leurs gelées de fruits et leurs fruits confits. Outre ces plaisirs, cependant, Apt n'a pas grand-chose à offrir aux touristes, d'autant moins que de récentes constructions sont venues oblitérer le paysage.

La **vieille ville**, entourée de murs de pierres, recèle quelques fontaines, des chapelles et des habitations des XVIe, XVIIe et XVIIIe siècles, sans oublier, tout à côté de la cathédrale, une splendide **tour de l'horloge** *(rue des Marchands)* du XVIe siècle. En 1660, après une visite d'Anne d'Autriche, alors en pèlerinage dans la région, une chapelle fut ajoutée à la **cathédrale Sainte-Anne** *(tlj sauf dim après-midi et lun 9h à 11h et 16h30 à 18h30; place de la Cathédrale)*, qui date des XIIe et XIVe siècles; remarquez aussi les cryptes des Ier et XIe siècles, de même que le trésor.

Le grand **Musée archéologique** *(10F, gratuit pour les enfants; tlj sauf mar et dim 14h à 17h, sam 10h à midi, oct à mai; tlj sauf mar 10h à midi et 14h à 17h, dim 10h à midi, juin à sept; 4 rue de l'Amphithéâtre, ☎04.90.04.74.65)* renferme une belle collection d'objets datant de la préhistoire et de l'ère gallo-romaine, les restes d'un théâtre romain et une collection remarquable de céramiques d'Apt et de Moustiers.

C'est également ici que se trouve la **Maison du parc régional du Luberon** ★ *(lun-sam 8h30 à midi et 14h à 18h, jusqu'à 19h en juil et août, fermé le sam après-midi d'oct à Pâques; 60 place Jean Jaurès, ☎04.90.04.42.00)*. L'endroit est tout indiqué pour obtenir de l'information sur les nombreux sentiers fascinants du parc ou pour s'inscrire à une excursion guidée à travers les collines du Luberon. On y présente en outre chaque année d'intéressantes expositions portant sur des thèmes régionaux, en plus d'une collection permanente sur l'évolution des fossiles étalée dans un décor de grotte. Les amants de la nature trouveront enfin à la boutique de souvenirs un excellent choix d'ouvrages sur le Luberon, ses sentiers de randonnée, sa faune, sa flore et son histoire.

★★

Rustrel et le Colorado

À 10 km au nord-est d'Apt s'étend le minuscule village de **Rustrel** *(sur la D22)*, au cœur même de la production d'ocre d'il y a 100 ans, qui était un important centre de l'industrie du fer auparavant. Un château du XVIIe siècle abrite sa mairie, mais son principal attrait est sans conteste le **Colorado provençal** ★★ voisin.

Au sud de la D22 entre Rustrel et le hameau de Gignac, en bordure de la rivière Dôa, de nombreux sentiers conduisent à une incroyable succession de rochers de couleur rouille aux configurations pour le moins étranges, de même qu'à des carrières d'ocre et à plusieurs postes d'observation; mieux que partout ailleurs, on comprend ici d'où vient l'expression «terres d'ocre, de sang et d'or». Le Colorado ne peut être rejoint qu'à pied, mais les sentiers d'accès sont clairement identifiés, et sa pièce maîtresse est la fameuse cheminée des Fées. *(L'Office de tourisme de Roussillon propose, au coût de 30F, une brochure détaillée écrite par un spécialiste local, François Morénas, et intitulée Circuits de découverte du Colorado provençal.)*

Viens

Un chapelet isolé de villages paisibles comptant chacun quelques centaines d'habitants seulement fait son apparition à l'est d'Apt. **Caseneuve** et **Saint-Martin-de-Castillon** se trouvent entre la D209 et la N100 sur l'étroite route secondaire qu'est la D35.

Plus loin, à la jonction de la D209 et de la D33, surgit le village moyenâgeux de Viens, datant déjà d'un millénaire. Il s'agit d'un bon endroit où faire une halte, car Viens possède un bureau de poste, une boulangerie, une petite épicerie et un café-restaurant bordé d'une terrasse verdoyante, sans compter que ses habitants se révèlent particulièrement accueillants. Vous pourrez également vous procurer à la Mairie *(place de l'Ormeau, 84750 Viens, ☎04.90.75.20.02, ⇄04.90.75.31.10)*, au coût de 10F, des photocopies d'une brochure exposant un intéressant circuit pédestre autour du village. Notez le portail du village et sa tour de l'horloge, la vue panoramique qui s'offre à vous à côté du château rénové du XVIe siècle et, sur le chemin du Cimetière, l'église Saint-Hilaire (XVIe et XVIIe siècles, autel de style baroque flamboyant) avec sa chapelle romane Saint-Ferréol *(l'église n'est ouverte qu'à l'heure des offices, soit à 18h les premier, troisième et cinquième samedis du mois)*. Jetez également un coup d'œil sur le four communal de la rue Notre-Dame, offert en 1357 par le seigneur de Viens, Augier de Forcalquier, aux habitants du village qui venaient y faire cuire leur pain après avoir d'abord préparé la pâte à la maison; il fut en usage jusqu'au XIXe siècle.

Oppedette

Au nord de Viens, sur l'étroite et sinueuse D201, au-delà du joli **canyon d'Oppedette ★★**, émerge un village apparemment perché aux confins du monde. Connu sous le nom d'Oppedette, il fut jadis une communauté ligurienne, avant que les Romains n'occupent la Provence. Il n'y a pas grand-chose à voir ici, si ce n'est des maisons en pierre, un minuscule café et une petite église du XIIe siècle *(fermée)*. Les dangereuses gorges de la rivière Calavon qui encerclent le village abritèrent autrefois des protestants qui cherchaient à fuir les persécutions suscitées par les guerres de Religion.

★ Buoux

Dans les collines du Grand Luberon, au sud d'Apt et de la N100, repose le charmant village de Buoux. Il renferme un château qui appartient désormais au parc régional du Luberon, de même qu'une église du XVIIIe siècle.

Les environs accidentés regorgent de grottes et de falaises escarpées épousant les contours irréguliers de la rivière Aigue-Brun, un secteur très fréquenté par les alpinistes d'expérience. Parmi les gorges, s'élève le **fort de Buoux ★★** *(10F, enfants 5F; toute l'année de l'aube au crépuscule; ☎04.90.74.25.75; suivez les indications sur la D113 au sud du village; après la colonie de vacances, fran-*

chissez le pont, et vous apercevrez un stationnement à proximité du sentier pédestre qui conduit au fort; assurez-vous de porter des chaussures appropriées à ce genre d'excursion), les ruines d'une forteresse des XIVe et XVe siècles perchée au sommet d'un plateau. Les vestiges d'un rempart, d'un ancien village, des murs de la forteresse et d'une chapelle romane sont encore visibles sur les lieux. Vous remarquerez également de curieux «silos» en pierre creusés à même le sol, un escalier en pierre caché et, le long du sentier, plusieurs tombeaux aménagés dans le roc de la falaise. Ce site a joué un rôle défensif naturel depuis la préhistoire, et il a servi de place forte aux protestants au XVIe siècle, mais il fut partiellement détruit peu après.

Saignon ★★ est un endroit serein dominant la vallée de la Calavon où l'on trouve une très belle église romane (Notre-Dame, en face de la Mairie), les ruines d'un château, un atelier de poterie et une fontaine au doux clapotis en marge d'un charmant petit «hôtel-restaurant», sur la place du village. En d'autres mots, l'endroit est idéal pour une ou deux nuits et des heures d'exploration des sites et des sentiers du Luberon (ne le dites pas trop fort, car peu de visiteurs connaissent encore Saignon).

Les randonneurs s'en donneront à cœur joie avec l'ascension du **Mourre Nègre ★★**, le plus haut sommet du Grand Luberon (1 125 m), de magnifiques panoramas de l'ensemble du Vaucluse les attendant tout en haut *(petit stationnement à 4 km au sud de Saignon, accès par le sentier du marché GR92)*.

Sivergues

Sivergues se présente comme un hameau isolé à 9 km au sud de Saignon et ne peut être rejoint que par une petite route en lacets se détachant de la D232. Les splendides montagnes en dents de scie qui l'encerclent sont tantôt recouvertes de forêts, tantôt de bruyères, et l'élevage du mouton constitue la principale activité de la région. Bien qu'habitée depuis le Ve siècle, la communauté n'existe à proprement parler que depuis le XVIe siècle, époque à laquelle sept familles vaudoises s'établirent ici. Leur cimetière (désigné «Enclos de cimetière») se trouve en contrebas du hameau. Sivergues est dominé par un petit château, le Castellas, et l'on peut en explorer l'église (fin XVIe siècle) et les maisons, de même que les ruines de l'église Saint-Tropime (XIIe siècle).

★ Lourmarin

Entre Bonnieux et Cadenet, la pittoresque **route D943 ★★** serpente à travers la vallée de l'Aigue-Brun, séparant le Petit Luberon du Grand Luberon. C'est là, parmi les vignes, les oliviers et les amandiers, que niche le village de Lourmarin , plus animé que ses voisins avec ses cafés, ses bars et ses boutiques de spécialités régionales, sans oublier quelques bons restaurants. Ses habitants aiment bien souligner le fait qu'Albert Camus, Prix Nobel de littérature, a vécu et écrit ici; il est d'ailleurs enterré dans le cimetière de Lourmarin. Inutile de dire qu'avec autant d'activités dans un cadre aussi enchanteur, Lourmarin jouit d'une grande popularité auprès des touristes en haute saison.

Outre son église romane, son temple et ses jolies rues ponctuées de fontaines, le principal attrait de Lourmarin demeure son **château ★** des XVe et XVIe siècles *(30F, gratuit pour les enfants; tlj 11h, 14h30, 15h30 et 16h30 oct à juin; fermé mar nov à juin; 11h, 11h30 et aux demi-heures de 15h à 18h juil à sept; ☎04.90.68.15.23)*. L'École des beaux-arts d'Aix-en-Provence en occupe une aile, mais les visiteurs n'y ont pas moins la possibilité de faire une visite guidée, d'ailleurs instructive, de la partie Renaissance du bâtiment, avec ses curieux escaliers, ses appartements magnifiquement meublés, sa salle de musique et ses deux énormes foyers en pierre.

Curcuron

Vient ensuite Curcuron, à 7 km à l'est de Lourmarin sur la D56, un petit village paisible pourvu d'une attrayante tour de l'horloge et d'un portail en pierre, vestige d'une mur de défense érigé au XVIe siècle, de même que de quelques belles maisons. Quant à l'**église Notre-Dame-de-Baulieu** ★ (XIIe, XIIIe et XIVe siècles), elle s'enorgueillit d'un magnifique retable du XVIIe siècle et d'une statue en bois peint grandeur nature du Christ ligoté et transpercé d'épines. Plus bas, près d'un café, de hauts platanes entourent richement un grand bassin rectangulaire appelé «l'Étang», dont les eaux sont toutefois plutôt troubles.

★★ Ansouis

Plus à l'est, le village d'Ansouis abrite une splendide résidence privée du XIIe siècle méritant une visite pour sa collection de meubles des XVIIe et XVIIIe siècles, ses tapisseries de Flandre et sa jolie façade. Le **château d'Ansouis** ★ *(30F, gratuit pour les enfants; visite guidée tlj 14h30 à 18h, sauf mar de nov à mars, visite additionnelle à 11h du 14 juil au 30 août; ☎04.90.09.82.70)* a été habité par la famille de Sabran depuis sa construction, il y a maintenant 800 ans. À part le château, vous trouverez ici des rues coquettes, un beffroi couronné d'un campanile en fer forgé construit à même un bâtiment du XVIe siècle ainsi que l'église Saint-Martin (XIIIe siècle), attachée aux remparts du château.

L'impressionnant squelette du **château de La Tour-d'Aigues** *(25F, gratuit pour les enfants; tlj 10h à 13h et 15h30 à 18h30 juil et août; 9h30 à 11h30 et 14h à 17h oct à mars, fermé mar après-midi, sam et dim matins; 9h30 à 11h30 et 15h à 18h avr à juin et sept, fermé mar après-midi, sam et dim matins; ☎04.90.07.50.33)* est tout ce qu'il en reste, ce qui ne vous empêche pas de visiter les ruines. Il appartient au Conseil régional du Vaucluse et fait l'objet d'une restauration. Les proportions élégantes de sa façade du XVIe siècle offrent un contraste frappant avec celles des châteaux plus sobres de la région. Le Festival de théâtre, de musique et de danse du sud du Luberon a lieu chaque été dans la cour du château *(adressez-vous au château pour plus de détails)*.

Vallée de la Durance

La Durance coule d'ouest en est, parallèle au Petit Luberon et au Grand Luberon, et plusieurs villages sont établis sur ses rives. De fréquentes crues printanières ont conduit à la construction d'un réseau de canaux qui fournissent désormais de l'électricité et irriguent la plaine, et la beauté naturelle des sommets voisins du Luberon fait défaut à plusieurs secteurs de cette région, le paysage étant surtout dominé par l'industrie et les centrales hydroélectriques. On y dénombre néanmoins plusieurs sites intéressants. En partant de l'ouest, près de Cavaillon, les amateurs de routes abruptes et vertigineuses se verront comblés par un tracé sinueux de 10 km à sens unique à travers des collines dénudées *(accès difficile; dirigez-vous vers le hameau de Vidauque immédiatement à l'est de la D31, et prenez à droite pour vous engager sur la pente raide de l'étroite D30. Vous dépasserez ainsi deux pics, la Tête des Buisses et le Trou-du-Rat, avant de surplomber la Durance et de redescendre à travers une série de lacets jusqu'à la D973)*.

Pour les amateurs de randonnée pédestre, les **gorges de Régalon** ★ *(indiquées sur la D973 entre Cheval-Blanc et Mérindol; garez votre* *voiture sur la droite et suivez le sentier balisé jusqu'au panneau d'interprétation décrivant l'histoire et l'importance géologique du site)* sont l'occasion d'une fascinante promenade de courte durée, bien que dangereuse par temps pluvieux.

Vous trouverez une plaque commémorant le massacre des vaudois au sommet d'une colline dominant **Mérindol**, un village détruit en même temps que plusieurs autres en 1545 et rebâti au XVIIe siècle.

Au sud de Lourmarin et de Cadenet, de l'autre côté de la Durance, apparaît l'une des trois abbayes cisterciennes de la région. La composition de l'**abbaye de Silvacane** ★ *(27F, gratuit pour les enfants; 9h à midi et 14h à 17h oct à mars, fermé mar; tlj 9h à 19h avr à sept, fermeture occasionnelle à 17h en août lors de la tenue de concerts classiques; pour de plus amples renseignements, ☎42.50.41.69)* rappelle la beauté sobre de l'abbaye de Sénanque, un peu plus ancienne, près de Gordes.

Construite entre 1175 et 1230, elle est toutefois moins bien conservée, et les moines l'ont désertée (elle appartient désormais au Département d'État des monuments historiques); quoi qu'il en soit, une visite s'impose pour admirer le cloître, l'église à voûte en berceaux extrêmement élevée et les quartiers d'habitation des religieux.

Activités de plein air

Les amateurs de plein air devraient s'arrêter au siège du parc naturel régional du Luberon pour obtenir une foule de renseignements utiles auprès de son service d'accueil et de sa boutique, dont des guides sur les sentiers de randonnée et les circuits routiers de la région, des brochures thématiques sur la faune et la flore, et des précisions sur les randonnées guidées. De plus, l'Office de tourisme fournit divers renseignements sur les activités et les services proposés par les associations locales.

Parc naturel régional du Luberon
60 place Jean Jaurès
B.P. 122
84400 Apt
☎04.90.04.42.00
⇄04.90.04.81.15

Randonnée pédestre

Cette région en a pour tous les goûts, des sentiers idylliques aux montagnes appelant au défi. Puisqu'une grande partie en est protégée par des lois visant à contrôler le développement, les amants de la nature peuvent y admirer des spécimens uniques de la faune et de la flore, sans oublier les magnifiques panoramas. L'Office de tourisme de Lourmarin publie une brochure portant sur quatre sentiers balisés du Sud-Luberon, *Les sentiers et promenades du Sud-Luberon*. De même, l'Office de tourisme de Venasque publie une brochure décrivant plusieurs sentiers de sa charmante région *(durée des randonnées variant entre 2 heures 30 min et 7 heures)*. Quant à l'Office de tourisme de Sault, il organise des visites guidées et commentées des gorges de la Nesque en juillet et en août.

Les randonneurs d'expérience apprécieront particulièrement les sentiers suivants *(des Topo-Guides en vente dans les librairies vous fourniront plus de précisions)* :

Le GR4 (du mont Ventoux au plateau du Vaucluse), le GR9 (du mont Ventoux au plateau du Vaucluse et au Grand Luberon), le GR91 (du mont Ventoux à Fontaine-de-Vaucluse), le GR6-97 (du plateau du Vaucluse au Petit Luberon et aux gorges de Régalon), le GR91 (mont Ventoux), le GR92 (Grand Luberon) et le GR97 (Luberon).

Équitation

Apt

L'École du Cheval
Quartier de Roquefure
☎*04.90.74.37.47*
Centre équestre et club de poneys; organise des randonnées à cheval dans la région.

Malaucène

Les Écuries du Ventoux
Quartier des Grottes
☎*04.90.65.29.20*
Ce gîte propose des randonnées à cheval, mais aussi des randonnées pédestres (piscine privée).

Saignon

Centre équestre de Tourville
Quartier des Gondonnets
☎*04.90.74.00.33*
Cours d'équitation et randonnées guidées à cheval.

Vélo de montagne

Mormoiron

G. Aubert
☎*04.90.61.83.90*
M. Aubert organise un circuit enlevant de deux jours en vélo de montagne dans les gorges de la Nesque, de même qu'une «descente du mont Ventoux».

Ski alpin

Mont Ventoux

Mont Serein
versant nord du mont Ventoux, de 1 400 m à 1 900 m
☎*04.90.63.42.02*
École de ski, location d'équipement, sept pistes en hiver, ski de gazon en été, chalet et restaurant pour terminer la journée en beauté.

Chalet Reynard
versant sud du mont Ventoux, de 1 420 m à 1 640 m
☎*04.90.61.84.55*
Version réduite du précédent avec quatre courtes pistes.

Ski de fond

Cette activité ne se pratique que dans les forêts entourant le mont Ventoux (pour de plus amples renseignements, adressez-vous au Comité départemental de ski, ☎04.90.63.16.54)

Golf

Saumane (Fontaine-de-Vaucluse)
International Golf and Country Club
☎*04.90.20.20.65*
Parcours à18 trous, verts d'exercice.

Canoë-kayak

Dans le Vaucluse, la splendide rivière Sorgue est le lieu de prédilection des fervents de ces sports.

Michel Melani, Kayak Vert
84800 Fontaine-de-Vaucluse
☎*04.90.20.35.44*
Excursion passionnante sur la Sorgue avec accompagnateur de Fontaine-de-Vaucluse à L'Isle-sur-la-Sorgue. Commentaire vivant.

Club de Canoë-Kayak Islois
La Cigalette
84000 L'Isle-sur-la-Sorgue
☎*04.90.38.33.22*
☎*04.90.20.64.70*
Cours individuels ou en groupe.

Hébergement

L'Isle-sur-la-Sorgue

La Méridienne
350F- 400F, pdj
bp, ≈
Aux Fontanelles, chemin de la Lône
☎04.90.38.40.26
⇄04.90.38.58.46
Chacune des chambres de cet agréable *bed and breakfast* tenu par Muriel Fox (une photographe d'Avignon) et Jérôme Tarayre (un ancien médecin parisien) dispose d'une petite terrasse donnant sur un joli jardin et une piscine. Endroit tranquille en retrait de la N100 au sud de L'Isle-sur-la-Sorgue.

Le Mas de Cure Bourse
450F-650F, pdj 50F
bp, tv, ☎, ≈, ℜ
route de Caumont-sur-Durance
☎04.90.38.16.58
⇄04.90.38.52.31
Les talents bien connus de la chef cuisinière Françoise Donzé constituent sans doute la première raison d'un séjour dans cet hôtel, déjà une auberge au XVIIIe siècle. La dynamique Donzé a ouvert cet établissement en 1980 avec son époux Jean-François, un banquier, après avoir quitté son emploi de chimiste. Treize agréables chambres de style provençal, dont certaines peuvent accueillir des familles, un patio, un jardin et des installations permettant la tenue de séminaires et de réceptions.

Lagnes

La Pastorale
330F, pdj
bp, garage verrouillé
route de Fontaine-de-Vaucluse, Les Gardioles
☎04.90.20.25.18
⇄04.90.20.21.86
Le gentil couple de propriétaires, Élisabeth et Robert Negrel, a quitté Paris pour convertir cette jolie maison de ferme en pierre en *bed and breakfast*, en bordure des champs et d'une petite route. Les chambres se révèlent spacieuses et confortables, mais meublées en toute simplicité. Le petit déjeuner, servi dans une jolie salle carrelée, comprend des confitures maison et du très bon café. M. Negrel exploite une petite boutique de brocante et d'antiquités à la porte voisine. Bien située à l'intersection de la D24 et de la D99, entre la N100 et le village de Lagnes, pour ceux qui désirent explorer L'Isle-sur-la-Sorgue et Fontaine-de-Vaucluse.

Pernes-les-Fontaines

Le Saint-Barthélemy
280F pdj
dp, bp
☎04.90.66.47.79
Le Saint-Barthélémy est un *bed and breakfast* aménagé dans une maison en pierre restaurée du XVIIIe siècle où a vécu le baron Quiquerant, un royaliste qui s'est enfui vers la Russie pendant la Révolution française. Les cinq chambres, dont quatre avec douche et l'autre avec baignoire, sont plutôt rudimentaires, mais le véritable joyau des lieux est un jardin fermé planté de lauriers. On peut prendre le petit déjeuner sur la terrasse, ombragée par un immense saule pleureur. Une petite cascade flanquée d'une source privée permet de se baigner à proximité. De Pernes, prenez la D1 en direction de Mazan sur 2 km, puis tournez à droite dans le chemin de la Roque.

Le Mas La Bonioty
300F-350F, pdj 50F
bp, ☎, ≈, ℜ
chemin de la Bonioty
☎04.90.61.61.09
⇄04.90.61.35.14
Toute la tranquillité d'une maison de ferme restaurée, reposant dans une basse plaine, un bon restaurant *(menus à 145F et à 195F)* et huit chambres confortables confèrent à cet hôtel une véritable atmosphère d'auberge champêtre. On vous y accueillera comme un membre de la famille. Grande piscine et terrasse. Bon rapport qualité/prix. De Pernes, prenez la D28 jusqu'au village de Saint-Didier, puis tournez à gauche dans le chemin de Barraud, qui conduit au chemin de la Bonioty.

Hôtel Ermitage
410F-430F, pdj 40F
bp, tv, ☎, ≈
route de Carpentras
☎04.90.66.51.41
⇌04.90.61.36.41
Ne vous laissez pas rebuter par la route passante qui passe devant cet établissement, car ses 20 chambres donnent sur un grand parc boisé et en font un véritable havre de paix. La charmante maison, garnie de meubles provençaux, fut autrefois la résidence du capitaine Dreyfus (celui de la célèbre affaire Dreyfus, qui ébranla les institutions politiques françaises de 1894 à 1906 et incita Émile Zola à écrire *J'accuse)*. Les chambres ont été rénovées de façon attrayante. Petit déjeuner et boissons servis sur la terrasse dallée de pierres. Rapport qualité/prix imbattable.

Venasque

La Maison aux Volets Bleus
420F-780F
fermé du 15 nov au 15 mars
bp
☎04.90.66.03.04
⇌04.90.66.16.14
voletbleu@aol.com
Si vous rêvez du *bed and breakfast* parfait, peut-être le trouverez-vous ici. Ses cinq chambres décorées avec goût (dont une suite avec deux chambres à coucher) sont fraîchement agrémentées de gravures provençales, et leur salle de bain s'avère joliment carrelée. On y sert le petit déjeuner sur une longue terrasse étroite offrant une vue imprenable et incomparable sur les sommets du Vaucluse. Une grande salle frontale (jouissant de la même vue) s'enorgueillit d'un âtre en pierre, de divers objets locaux, d'immortelles sauvages séchées pendant du plafond et d'innombrables bouquins sur la Provence qui combleront toutes vos attentes. La propriétaire, Martine Maret, est un ancien chef cuisinier, et elle fait une hôtesse remarquable, chaleureuse et généreuse de sa personne; elle vous indiquera même les meilleurs endroits où acheter du fromage de chèvre, des tissus provençaux et de l'huile d'olive. On peut aussi vous préparer le repas du soir sur demande *(135F sans vin; lapin rôti, melon au Muscat et feuilleté au fromage, à titre d'exemple)*; vous le prendrez sur une deuxième terrasse ornée d'une fontaine et de plantes en fleurs. Des chats circulent un peu partout sur la propriété.

Auberge La Fontaine
800F, pdj 50F
bp, tvc, ☎, ℂ, ℜ
place de la Fontaine
☎04.90.66.02.96
⇌04.90.66.13.14
fontvenasq@aol.com
Un ancien homme d'affaires, Christian Soehlke, est à la fois le patron et le chef cuisinier de cette auberge confortable depuis 20 ans. Chaque appartement tout équipé est aménagé sur deux ou trois niveaux, décoré de façon individuelle (moderne, provençal, campagnard) et doté d'un petit balcon. Les cinq appartements peuvent loger respectivement deux adultes et deux enfants. De bons repas sont servis dans la salle à manger du rez-de-chaussée et révèlent des attentions dignes de mention, comme ce bon gros pain maison et cette délicieuse tapenade qu'on vous laisse déguster pendant que vous étudiez le menu. Des récitals mensuels accompagnent le dîner. Le bistro informel du rez-de-chaussée convient très bien à l'heure du déjeuner. Les deux restaurants sont fermés de la mi-nov à la mi-déc.

Fontaine-de-Vaucluse

Auberge de Jeunesse
45F, pdj 20F, repas 50F
fermé du 15 nov au 15 fév
chemin de la Vignasse
☎04.90.20.31.65
Située immédiatement à l'extérieur de Fontaine-de-Vaucluse en direction de Gordes. Carte de membre de la FUAJ obligatoire.

Gordes

Le Domaine de l'Enclos
550F- 1 900F pdj 70F
60F à la chambre
bp, tv, ☎, ≈, ℜ
route de Sénanque, 84220 Gordes
Une vieille maison de ferme en pierre entourée de quelques bâtiments se cache ici dans un bois dominant la vallée du Luberon. Serge Lafitte y propose plusieurs chambres et appartements au décor personnalisé. Au cours de l'été, les chambres sont réservées pour des périodes d'une semaine. Calme et paisible, mais à condition d'en avoir les moyens. Court de tennis.

La Gacholle
600F- 750F, pdj 65F
fermé du 15 nov au 15 mars
bp, tv, ☎, ≈, ℜ
route de Murs
☎04.90.72.01.36
⇄04.90.72.01.81
Un endroit amical pouvant avantageusement servir de base à l'exploration du Luberon grâce à ses chambres confortables (quoique certaines aient besoin d'être rafraîchies), à la vue sans pareille sur les monts et sur la vallée, à l'excellente cuisine provençale et, par-dessus tout, à l'accueil souriant et attentionné de Gérard Roux et de son équipe, qui se révèlent tout aussi professionnels que chaleureux. Les prix sont tout à fait raisonnables pour cette région où tout est cher. Un court de tennis et une piscine invitante s'ajoutent aux installations. Cartes de crédit acceptées sauf AE et Diners

La Ferme de la Huppe
400F- 750F, pdj 50F
bp, ☎, ≈, ℜ
route D156, Les Pourquiers
☎04.90.72.12.25
⇄04.90.72.01.83
Jolie maison de ferme en pierre de la vallée du Luberon flanquée d'un jardin paysager et d'une terrasse ombragée en bordure d'une piscine, immédiatement au sud de Gordes. Les huit chambres se veulent attrayantes, certaines se trouvant dans le bâtiment d'origine (XVIIIe siècle), alors que d'autres occupent une nouvelle aile. Le restaurant arbore un style rustique. Les propriétaires, la famille Konnings, ont su y créer une atmosphère chaleureuse et détendue.

Mas de la Beaume
600F-700F et suite à 900F pdj
≡
Gordes Village
☎04.90.72.02.96
⇄04.90.72.06.89
la.beaume@wanadoo.fr
Sympathique chambres d'hôtes tenues par le couple Camus, qui l'est tout autant, le Mas de la Beaume propose cinq chambres parfaitement rénovées, dont une suite. La décoration respire le bon goût, les couleurs sont admirablement choisies et les salles de bain impeccables. Les propriétaires, qui ont ouvert leur établissement en mars 2000, ont su judicieusement créer une ambiance à la fois rustique, champêtre, conviviale et confortable. L'établissement, à quelques minutes du centre du village, possède en outre un paisible jardin où règne une fort appréciée piscine d'eau salée. Une adresse à retenir pour la qualité de l'accueil et la grande classe de ses chambres.

Les Bories
960F-2 280F, pdj 110F
bp, tvc, ☎, ≈ *intérieure et extérieure,* ℜ
route de l'Abbaye de Sénanque
☎04.90.72.00.51
⇄04.90.72.01.22
Ceux qui en ont assez des gravures provençales et des meubles campagnards peuvent se tourner vers l'une ou l'autre des 18 chambres luxueuses de cet hôtel à flanc de colline qui fait davantage songer à la Côte d'Azur qu'au Luberon. Un nouveau gérant, d'ailleurs très charmant, fait preuve de grand talent auprès de son jeune personnel (essentiellement composé d'étudiants en hôtellerie) et à l'intérieur de son restaurant, qui est en fait une borie en pierre spécialement réaménagée. Chaque chambre offre une vue renversante sur les collines émaillées de pins en direction de Gordes. Un court de tennis et une incroyable piscine intérieure en marbre s'ajoutent aux installations.

Lacoste

L'Herbier
300F pdj
dp, ≈
La Valmasque
☎04.90.75.88.98
Niché au pied du Petit Luberon en retrait de la D3 entre Bonnieux et Ménerbes, ce *bed and breakfast* rudimentaire ne compte que cinq chambres pauvrement meublées avec douche et lavabo; les toilettes se trouvent dans le couloir. La douce propriétaire, Minouche Cance, arrière-petite-fille du fauviste Henri Manguin, sert le petit déjeuner sur la terrasse en pierre ombragée en bordure de la piscine. Sont également proposés deux appartements confortables avec salle de bain privée, terrasse et cuisinette *(respectivement 2 600F et 3 900F par semaine).*

Le Relais du Procureur
500F-700F; pdj
bp, tv, ☎, ≈
rue Basse
☎04.90.75.82.28
⇄04.90.75.86.94
Bed and breakfast de luxe dans une maison en pierre du XVIIe siècle située en plein cœur de ce charmant village. Chambres bien aménagées et joliment meublées, quoique certaines soient un peu vieillottes. La piscine, étroite et entourée de quatre murs, se trouve à l'un des étages supérieurs.

Bonnieux

Hostellerie du Prieuré
560F-700F, pdj 55F
fermé du 5 nov au 15 fév
bp, ☎, ℜ
rue J.-B. Aurard
☎04.90.75.80.78
⇄04.90.75.96.00
Un hôtel adorable ayant beaucoup de caractère, installé dans une ancienne abbaye du XVIIIe siècle. Dix chambres confortables, une charmante salle à manger aménagée dans l'ancienne cuisine à foyer ouvert et un agréable jardin-terrasse où l'on sert le petit déjeuner. Vous remarquerez, au salon, les splendides maquettes de théâtres parisiens présentées dans une vitrine éclairée sous le bar. Menus à 98F (midi) et à 220F. Dommage que l'accueil soit quelque peu distant.

Lourmarin

Hostellerie du Paradou
350F-390F, pdj 40F
fermé du 15 nov au 15 déc et mi-jan à mi-fév
bp, ℜ
route d'Apt, Trouée de la Combe
☎04.90.68.04.05
⇄04.90.68.33.93
paradou@provence-luberon.net
Huit chambres simples, sans téléphone ni téléviseur, entourées d'un paisible jardin planté d'arbres à proximité de la panoramique D943. Le restaurant sert les repas dans une agréable véranda vitrée, de même que sur une terrasse ombragée *(menus à 100F et à 145F).* Un établissement discret à l'accueil chaleureux. Bon rapport qualité/prix. Cartes de crédit acceptées

Villa Saint-Louis
350F-450F; pdj
bp, tv, ☎
35 rue Henri de Savournin
☎04.90.68.39.18
⇄04.90.68.10.07
Cette coquette maison du XVIIIe siècle, qu'occupèrent jadis successivement une gendarmerie puis un relais de poste, figure parmi les meilleurs *bed and breakfasts* de Provence. L'établissement est tenu par l'exubérante Bernadette Lassallette et aménagé avec un goût hors du commun par son époux Michel (un décorateur de profession). Les chambres regorgent d'antiquités et d'objets recueillis dans les marchés aux puces au fil des années, entourés d'un assortiment plutôt bohème de tissus, de tableaux et de meubles, et chacune d'elles possède son propre foyer et une salle de bain. Une jolie terrasse et un jardin complètent le tout. La salle où sont servis les petits déjeuners renferme en outre une cuisinette à la disposition des clients, et on leur prête des bicyclettes pour leur permettre de mieux explorer la région.

Moulin de Lourmarin
800F-2 800F, pdj 95F
≈, ℜ, bp, ☎, tv
84160 Lourmarin
☎04.90.68.06.69
⇌04.90.68.31.76
moulin@provence-luberon.-net
Ce chic hôtel est installé dans un moulin rénové du XVIIIe siècle. Dans les chambres, de vifs tissus provençaux bleu et jaune se mêlent au fer ornemental, aux meubles peints de blanc et aux sols en pierre toujours frais. Une invitante piscine fait face à de beaux champs verts.

Saignon

Auberge de Presbytère
290F- 570F, pdj 50F
fermé du 15 au 30 nov
bp, ℜ
place de la Fontaine
☎04.90.74.11.50
⇌04.90.04.68.51
Certaines de ses 10 chambres invitantes ont une terrasse offrant une vue sur le Luberon, alors que d'autres donnent sur la fontaine de la place. En lieu et place d'un téléviseur, vous trouverez une pile de livres près de votre lit. Recommandé pour son accueil chaleureux et son atmosphère paisible. Boissons servies au bar ou sur la terrasse jouxtant la fontaine *(11h à 13h et 16h30 à 20h)*. Le restaurant propose un menu à prix fixe de quatre services incluant fromages et dessert.

Restaurants

L'Isle-sur-la-Sorgue

Le Jardin du Quai
$-$$
fermé mar soir et mer
4 av. Julien Guigue
☎04.90.38.56.17
Ce charmant restaurant est très fréquenté par les antiquaires des marchés voisins les fins de semaine, et vous n'aurez aucun mal à comprendre pourquoi. Un joli jardin ombragé et une salle fraîche parsemée d'objets amusants composent le décor de cet établissement, d'ailleurs l'une des meilleures tables de la ville. Parmi les merveilles qu'on y sert, mentionnons le délicieux filet de rouget frit, les côtelettes d'agneau au romarin et les incomparables desserts (gâteau au fromage, tarte à la rhubarbe et aux prunes). Tout est fait maison, et le service se veut à la fois amical et efficace. Voisin de la gare SNCF.

Le Caveau de la Tour de l'Isle
$$
9h à 13h et 15h à 20h
fermé dim après-midi et lun
12 rue de la République
☎04.90.20.70.25
Derrière cet adorable comptoir de vins à l'ancienne (excellent choix de crus locaux, personnel chaleureux et qualifié) se trouve un minuscule bar à vins où vous pourrez déguster un vin de la région tout en mangeant du pain grillé garni de tapenade, de fromage de chèvre ou de caviar d'aubergine.

Pernes-les-Fontaines

Dame L'oie
$-$$
fermé lun et mar midi
56 rue du Troubadour
☎04.90.61.62.43
Très bonnes spécialités provençales authentiques, y compris bouillabaisse et gibier, dans un décor rustique. Choix de trois menus : déjeuner *(70F)*, menu gourmet *(105F)* et menu gourmand *(150F)*. Service professionnel et amical.

Le Beaucet

Auberge du Beaucet
$$$
près de la poste
☎04.90.66.10.82
Si l'Auberge du Beaucet n'a plus besoin de présentation parmi les gourmets de la région, elle demeure un petit trésor comme il en existe bien peu. Sa fine cuisine provençale est servie dans une vieille demeure à flanc de falaise du superbe petit hameau du Beaucet. Une carte riche de savoureuses spécialités méridionales fait le bonheur des fins palais. Tout est excellent et

raffiné, de l'entrée au dessert. Parmi les réussites de la chef et propriétaire, retenons notamment les ravioles des Baumes, la terrine de canard au foie gras, le lapin aux morilles ainsi que le navarin d'agneau. Pour supporter cette divine cuisine, la cave est riche des meilleures sélections de la région : Côtes-du-Rhône, Côtes-du-Ventoux, Côtes-du-Luberon et autres excellents crus. Le menu présente certes l'un des meilleurs rapports qualité/prix de la région. Une adresse incontournable pour les fins palais et les amoureux des plaisirs de la table. Le service est courtois et attentionné.

Fontaine-de-Vaucluse

Pétarque et Laure
$$
près de l'église romane
☎04.90.20.31.98
Aller chez Pétarque et Laure pour profiter de l'extraordinaire terrasse sous les arbres, à l'ombre de l'émouvante église romane de Fontaine-de-Vaucluse, s'avère une excellente idée. En plus de ce jardin verdoyant, jouxté d'un petit ruisseau et d'un moulin à aubes, les convives peuvent apprécier les splendides et majestueuses formations rocheuses environnantes. Et la cuisine? Fort honnête avec notamment d'excellents poissons.

Cavaillon (Cheval-Blanc)

Alain Nicolet
$$-$$$
fermé dim soir et lun en basse saison
route de Pertuis, B.P. 28
☎04.90.78.01.56
⇄04.90.71.91.28
Un bon restaurant gastronomique établi dans une maison de campagne en pierre où l'on met l'accent sur les produits saisonniers frais, qu'on apprête d'ailleurs avec délice. Pendant la saison chaude, vous aurez la possibilité de manger sur une terrasse ombragée offrant une vue splendide sur la campagne environnante. Service professionnel et accueil chaleureux par les soins de Mireille Nicolet.

Cabrières-D'Avignon

Le Bistrot à Michel
$$
fermé lun, sauf en juil et août, mar et en jan
Grand'Rue
☎04.90.76.82.08
Jadis un paisible bistro de village tenu par la sympathique famille Bosc, cet établissement est devenu à la mode auprès des Parisiens et des touristes nord-américains à la suite d'un battage récent par les médias. Fort heureusement, il continue de servir de la très bonne nourriture préparée avec des ingrédients frais, y compris la tomate tiède, le pâté de thon, le filet de morue et les «pieds et paquets». D'amusantes affiches de dessins animés et de vieux films couvrent les murs.

Gordes

Le Mas Tourteron
$$
fermé lun-mar et nov à mars
chemin de Saint-Blaise, Les Imberts
☎04.90.72.00.11
Un élégant refuge où l'on sert de très bons plats provençaux, telles la terrine de lapin et la mousse d'aubergine en entrée, suivies d'un carpaccio de thon et d'espadon ou d'un filet de porc à la moutarde et au miel. La terrasse ombragée, envahie par les plantes et les fleurs, se pare de tables en métal vertes, de nappes bleues et de chaises garnies de coussins blancs. Le chef Élizabeth Bourgeois jouit d'une réputation enviable à travers la France, et son livre de recettes est en vente un peu partout.

Tante Yvonne
$$
fermé mer et dim soir hors saison
place Genty-Pantaly (place du Château)
☎04.90.72.02.54
Petit salon de thé qui fait restaurant en soirée, Tante Yvonne se veut un établissement sans prétention, à l'ambiance décontractée et familière. Ici, tout est simple, autant la nourri-

ture servie, provençale sans fantaisie, que la décoration, dépouillée mais à l'éclairage intense. Le menu à 143F apparaît honnête, sans plus. Une adresse de dépannage au cas où l'on ne veut pas se déplacer dans les environs pour une meilleure table.

Le Clos de Gustave
$$$
fermé mar soir et mer hors saison
route de Murs, à quelques centaines de mètres du rond-point du Château
☎04.90.72.04.25
Le Clos de Gustave représente certes une adresse à retenir parmi les établissements du charmant village. En retrait du centre, cette table gastronomique sert une cuisine régionale raffinée, offerte dans un cadre champêtre des plus enchanteurs, sous la tonnelle. Une belle cave des meilleures sélections régionales complètent admirablement les spécialités telle la Bohémienne au gratin, judicieux gratin d'aubergines, de tomates et d'œufs, ainsi que le *paquetoun de biou*, poétique nom provençale de la paupiette de bœuf.

Le Temps des Saveurs
$$$
route de Murs
☎04.90.72.17.47
Nouvelle table de l'Hôtel La Gacholle, Le Temps des Saveurs mérite que l'on fasse les 3 km depuis le centre de Gordes. De la belle terrasse, les convives ont la chance d'apprécier les fantastiques paysages du Luberon. Typiquement méridionale, la fine cuisine servie met en vedette l'agneau, les poissons et, bien sûr, le foie gras. Un menu déjeuner fort abordable comprend une entrée, un plat et un verre de vin.

Lacoste

Le Café de France
$
fermé de nov à Pâques
☎04.90.75.82.25
Bar-café retenu pour la vue superbe qu'offre sa terrasse sur les collines du Luberon et sur le village de Bonnieux, perché sur la falaise opposée. Son menu tout à fait ordinaire ne propose cependant que des salades, des omelettes et des frites. Quatre chambres rudimentaires sont également proposées en location, soit deux avec belle vue et salle de bain privée *(290F)* et deux sans vue ni salle de bain *(190F)*.

Bonnieux

Le Fournil
$$
fermé lun
5 place Carnot
☎04.90.75.83.62
Dans cet établissement situé en bordure d'une agréable place dotée d'une fontaine en plein centre du village, Guy Malbec et Jean-Christophe Lèche proposent de délicieux classiques de la cuisine provençale apprêtés de façon innovatrice, comme le pistou froid aux moules et aux coques, le flan d'agneau à l'aubergine, le colin braisé aux artichauts violets, le gâteau au chocolat chaud arrosé d'une sauce à la pistache... Choix de menus à 98F, 130F et 190F. Terrasse ouverte en été.

Henri Tomas
$
7 et 9 rue de la République
☎04.90.75.85.52
Le jovial Tomas apprête sa spécialité, la galette provençale, et d'autres douceurs dans sa pâtisserie en devanture, tandis qu'à l'arrière un salon de thé occupe deux salles datant du XIIe siècle où l'on pressait jadis les olives afin d'en recueillir l'huile. Idéal pour un chocolat chaud fumant lorsqu'il fait plus frais. Situé en face du Musée de la Boulangerie.

Lourmarin

L'Oustalet de Georges
$-$$
fermé dim soir et lun
av. Philippe de Girard
☎04.90.68.07.33
Cet établissement occupe une vieille maison en bordure de la route et met clairement l'accent sur les ingrédients frais de Provence (soupe au pistou, filet de morue aux olives...). Bon menu à trois services au déjeuner *(108F, en semaine seulement)* comprenant un choix

de salades arrosées d'huile d'olive locale ou encore une terrine de poisson en entrée et une succulente tarte du jour au dessert.

Michel Ange
$$
fermé mar soir et mer du 15 sept au 15 juin
place de la Fontaine
☎04.90.68.02.03
Un joyeux décor méditerranéen caractérise ce restaurant du centre du village anciennement connu sous le nom de «Maison Ollier». Sols carrelés, couleurs de Toscane et une foule de plats de poisson et de pâtes. Menus à 108F et à 158F, plus un menu dégustation à 280F.

Viens

Le Petit Jardin
$-$$
dîner seulement, fermé mer
au centre du village
☎04.90.75.20.05
Un café de village typique *(ouvert toute la journée)* doublé d'un restaurant intime à l'arrière où l'on sert d'indiscutables classiques (salade de chèvre chaud, confit de canard...). Sur la carte figuraient récemment une terrine de champignons, un rôti d'agneau, du fromage, des desserts et un pichet de Côtes-du-Luberon. On mange au coin du feu en hiver ou dans le magnifique jardin en été. Mérite un détour, ne serait-ce que pour rencontrer Muguette, la flamboyante patronne.

Rognes

Le Braséro
$
fermé lun, mar midi et en oct
9 rue de l'Église
☎04.90.42.50.17.63
Aucun prix pour son décor, mais sa pizza se révèle être la meilleure de toute la région (celle au fromage de chèvre et au basilic mérite très certainement un prix). On y propose aussi des salades, des pâtes et des menus complets. Notez au passage que l'église de L'Assomption (XVIIe siècle) renferme des autels célèbres, bien qu'elle soit souvent fermée. Rognes se trouve à 14 km au sud de Lourmarin (à 10 min de route de l'abbaye de Silvacane) sur la D543.

Sorties

Comme le Haut Comtat Venaissin, le Vaucluse et le Luberon sont des régions rurales offrant de grandes beautés naturelles mais peu de divertissements nocturnes. Les visiteurs cherchent plutôt ici à s'imprégner de la riche histoire de la région, à explorer la campagne émaillée de villages charmants à pied ou en voiture et à jouir de la délicieuse nourriture et des vins locaux. On ne passe pas ses soirées dans les discothèques ou les boîtes de jazz enfumées (il n'y en a pas); on prend plutôt le temps de contempler les couchers de soleil sur les collines ou de s'attarder devant un bon dîner provençal.

Il y a toutefois une exception, et de taille. L'été est la saison des festivals en France, et la Provence tout entière s'anime d'**événements célébrant la culture, l'histoire et les traditions de la région**.

Parmi les principaux festivals du plateau du Vaucluse et du Luberon, retenons le **Festival de Gordes** *(mi-juil à mi-août; jazz, musique classique et théâtre)*, le **Festival de quatuors à cordes**, qui se tient à Fontaine-de-Vaucluse, à Roussillon et à Goult *(juin à sept)*, la **Fête de la lavande de Sault** *(août)*, la **Fête des vendanges d'Entrechaux** *(sept)*, le **Festival du Sud-Luberon de La Tour-d'Aigues** *(juil; danse, théâtre, musique)*, les **Rencontres d'été d'Apt** *(août; manifestations historiques et littéraires)*, le **Festival international de folklore de Cavaillon** *(les ven de juil et août)*, les **Chansons françaises de Cavaillon** *(les sam de juil et août; concerts)*, Les **Kiosques à musique d'été de Cavaillon** *(les dim après-midi de juil et d'août)*, la **musique d'été et les Rencontres méditerranéennes Albert Camus de Lourmarin** *(août; musique et rencontres littéraires)*.

Achats

L'Isle-sur-la-Sorgue

Marché d'antiquités. Le village tout entier se transforme en un marché d'antiquités et de brocante les fins de semaine (en été, arrivez sur les lieux avant 10h si vous voulez trouver un espace de stationnement).

Essayez de marchander en tentant de faire baisser les prix de 15% dans l'espoir d'obtenir une réduction possible de 10%. Il y en a pour tous les goûts, de toutes les qualités et à tous les prix. Voici quelques points de repère utiles pour mieux s'y retrouver.

L'Espace Béchard
1 av. Charmasson, route d'Apt
☎04.90.38.25.40
Onze antiquaires de métier y exposent des meubles et divers objets de qualité.

L'Isle Aux Brocantes
passage du Pont
7 av. des Quatre-Otages
☎04.90.20.69.93
Plus de 35 marchands y font des affaires dans une atmosphère de village couvert où se mêlent toutes sortes d'articles petits et gros, y compris des faïences et des étoffes. Chez Nane, un restaurant affairé doublé d'un salon de thé, se trouve à l'arrière *(fins de semaine seulement, ☎04.90.20.69.93)*.

Xavier Nicod
9 av. des Quatre-Otages
☎04.90.38.07.20
Nicod et son épouse y proposent un choix éclectique d'antiquités et d'objets amusants triés sur le volet avec un certain humour.

Le Quai de la Gare
en face de la gare SNCF
☎04.90.20.73.42
Antiquaires et brocanteurs s'y côtoient dans une agréable galerie proposant meubles, miroirs, objets d'art et autres articles.

Les Délices du Luberon
270 av. Voltaire Garcin
☎04.90.38.45.96
Bon éventail des meilleurs produits alimentaires de Provence : huile d'olive, tapenade, herbes aromatiques, nougat, confiseries...

Venasque

Atelier de faïence
tlj sauf mer 10h à 19h, fermé du 15 oct au 15 mars
place de la Fontaine
☎04.90.66.07.92
Jolies poteries originales aux dessins essentiellement géométriques dans les tons de bleu et de blanc, créées par la charmante et chaleureuse Anne Viard-Oberlin.

Apt

Dumas
8h30 à midi et 14h à 19h fermé dim-lun
16 place Gabriel Péri
☎04.90.74.23.81
⇄04.90.74.63.59
Bien que vous puissiez trouver des kiosques à journaux et à revues dans les plus gros villages, vous aurez du mal à trouver un bon choix de livres, qu'il s'agisse d'œuvres de fiction ou autres, et ce, dans l'ensemble du Luberon. Les bibliophiles ne voudront donc pas manquer cette librairie.

Jean Faucon
lun-ven 8h à midi et 14h à 18h, sam 9h à midi et 15h à 18h, fermé dim
12 av. de la Libération
☎04.90.74.15.31
Six générations de Faucon se sont désormais vouées à la fabrication de faïences d'Apt. Chaque pièce (assiettes, jarres à tabac, vases) de terre locale fait appel à une technique spéciale lui donnant ses fines vagues de jaune, de rouge, de vert, de brun et de blanc. Cette coquette boutique expose en outre tous ses articles raffinés de manière à les mettre en valeur.

Sault

André Boyer
fermé lun, mar-dim midi à 14h et en fév
☎04.90.64.00.23
⇌04.90.64.08.99
La famille Boyer confectionne le meilleur nougat de la région, mais aussi de délicieux macarons aux amandes. Cette confiserie pittoresque occupe le centre du village depuis plus de 100 ans. André, l'arrière-petit-fils du fondateur (Ernest), utilise toujours les méthodes ancestrales de fabrication (son nougat est fait d'amandes locales et de miel de lavande).

Goult

Pitot
tlj 9h à midi et 14h à 18h, fermé dim
suivre les indications en quittant la N100 à Ponty, près de Goult
☎04.90.72.22.79
Antony Pitot s'inspire des faïences d'Apt du XVIIIe siècle pour créer une fine porcelaine blanche typiquement émaillée de jaune moutarde ou d'un vert riche. Il ne s'agit pas là de reproductions telles que vous pouvez en voir dans la région, mais de pièces originales vendues seulement ici et fabriquées dans des moules conçus par Pitot lui-même.

Notre-Dame-des-Lumières

Édith Mézard
toute l'année
tlj 15h à 18h30
château de l'Ange
☎04.90.72.36.41
⇌04.90.72.36.69
Vous découvrirez ici de magnifiques vêtements brodés pour homme et femme, de même qu'un choix extraordinaire d'articles pour la maison (draps, taies d'oreiller, couvre-lits, serviettes de bain et de table, nappes, etc.). Fleurs, poèmes et monogrammes sont cousus à la main sur les cotons et les lins les plus fins : le résultat est tout à fait distingué. Cette boutique contemporaine à la mode fut conçue par Jacqueline Morabito, et elle s'intègre merveilleusement bien au minuscule «château-résidence» de Mézard, situé à proximité de Goult. On prend vos commandes.

Lourmarin

L'Ange Bleu
15h à 19h, fermé lun
25 rue Henri de Savonin
☎04.90.68.01.58
Un charmant gentilhomme flamand, Ignace Morreel, vend ici une belle sélection d'antiquités régionales et autres.

Cote Bastide
3 rue du Grand Pré
☎04.42.97.31.00
Tout pour le bain : des savons délicieusement parfumés, des bougies également parfumées, de somptueuses serviettes... Merveilleuses idées cadeaux et qualité irréprochable, pour vous-même ou vos amis.

Les Alpilles, Arles et la Camargue

Cette étonnante région offre un peu de tout : de célèbres ruines romaines, de magnifiques paysages non touchés par l'homme, de paisibles villages provençaux et des villes élégantes.

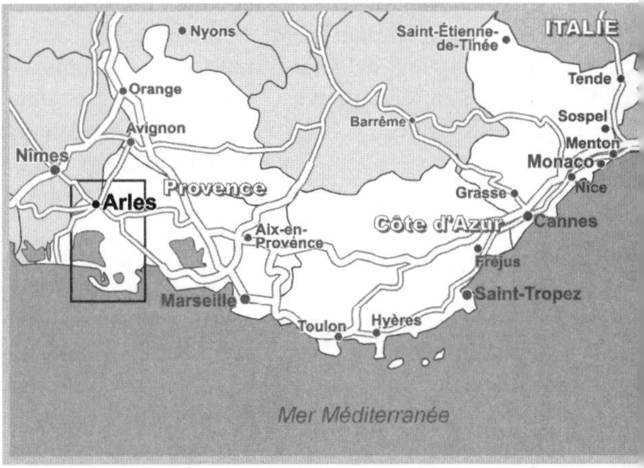

Vous êtes ici invité à découvrir une importante partie du département des Bouches-du-Rhône.

Les Alpilles s'imposent comme une impressionnante chaîne montagneuse de calcaire déchiqueté à 25 km au sud d'Avignon. Trois villes intéressantes les entourent (Saint-Rémy-de-Provence, Tarascon et Arles) de même que plusieurs villages tranquilles. À l'ouest des Alpilles, des champs de blé dorés envahissent les plaines, tandis que des vergers prennent la relève au nord et que la Crau, une plaine rocailleuse et désertique, étend son fief au sud. La Camargue, quant à elle, borde la Crau et se prolonge jusqu'à la Méditerranée; elle forme le delta du Rhône, et une grande partie de ses terres marécageuses constitue le Parc naturel régional de Camargue. La culture du riz, la production du sel et la pêche représentent les principales activités de cette région où évoluent des chevaux sauvages au pelage blanc et où vivent sereinement, ce qui peut surprendre, des colonies de flamants roses.

Avant l'âge de pierre, les eaux du Rhône et de la Durance se déversaient dans un immense golfe s'ouvrant sur la mer. Avec le passage des millénaires, le niveau de la mer s'abaissa et les sédiments charriés par les deux fleuves en vinrent à s'accumuler pour former de petites îles. Peu à peu, un paysage semblable à celui qu'on peut admirer aujourd'hui vit le jour, permettant à la région de se peupler. Les masses terrestres continuèrent ainsi à faire surface jusqu'au IVe siècle; jusque-là, une grande partie de la Camargue n'existait toujours pas, de sorte qu'on peut dire qu'il s'agit d'une région naturelle «nouvellement» formée.

L'homme du paléolithique vivait déjà ici, suivi des tribus celto-ligures, puis des Grecs de Phocée (les musées d'histoire naturelle d'Arles, de Saint-Rémy-de-Provence et des Baux renferment d'intéressants objets de ces époques). Quant à l'ère romaine, époque à laquelle Auguste César stationna une partie de son sixième bataillon en Provence, elle fut marquée par un progrès et une croissance considérables.

Après Marseille, Arles était sans doute la plus importante colonie romaine de toute la région. Il s'agissait d'un grand centre de commerce reliant la côte aux communautés de l'intérieur des terres, à la suite de la construction d'un canal entre la ville et le golfe de Fos, à l'ouest de Marseille. On peut aujourd'hui y admirer les vestiges d'une arène, d'un amphithéâtre, de thermes et de remparts romains surmontés de tours rondes. Et, non loin de là, s'étend la petite communauté de Glanum, dont les ruines voisines de Saint-Rémy (habitations, mausolée et arche commémorative) ont pour nom «Les Antiques».

Arles était en outre une ville de marché et un centre administratif influent. Son prestige lui demeura d'ailleurs acquis pendant plusieurs centaines d'années, alors que nombre d'activités y étaient regroupées. Elle fut la capitale de la Gaule, puis, au IXe siècle, celle du royaume d'Arles (une vaste région englobant l'actuelle Bourgogne et l'ouest de la Provence). La prospérité de la ville même, comme celle de la région, commença seulement à décliner après 1482, date à laquelle la Provence devint officiellement une province de France. Aix-en-Provence devint le siège gouvernemental de la région en 1501 avec son fameux parlement, et le commerce se déplaça vers de nouveaux centres, notamment Marseille et Toulon, sur la côte méditerranéenne.

La région connut un calme relatif à compter du XVe siècle, alors que la vie politique et économique continuait de se concentrer autour d'Aix et de Marseille. Ses habitants poursuivirent les activités qui leur avaient jusque-là le mieux réussi, à savoir la culture des arbres fruitiers, des vignes et des plantations d'oliviers (présentes depuis l'arrivée des Grecs), l'élevage du mouton au nord des Alpilles et celui du bétail et des chevaux en Camargue. Bien qu'Arles ne fût plus au premier plan, elle n'en demeurait pas moins un centre commercial habité par une bourgeoisie de plus en plus nombreuse, de sorte que d'élégants bâtiments et hôtels particuliers y furent construits, tout comme à Saint-Rémy-de-Provence.

Aujourd'hui, les vergers de la région fournissent encore une quantité importante de fruits (surtout des abricots, des pêches et des poires), destinés aussi bien à la consommation intérieure qu'à l'exportation. Au cours du XIXe siècle, les réseaux d'irrigation de la région se sont passablement développés, ce qui a eu pour effet d'augmenter considérablement l'étendue des terres arables de la plaine d'Arles-Tarascon et du nord de la Crau, où l'on cultive du blé de même qu'un peu de maïs et de colza.

En Camargue, la riziculture s'est avérée profitable au cours des 50 dernières années, depuis qu'on a introduit avec succès des méthodes de culture intensive. Les récoltes s'écoulent à Arles, ce qui a aidé la ville à s'imposer comme un centre céréalier d'envergure. Qui plus est, des industries lourdes et légères (produits chimiques, produits pharmaceutiques, firmes d'ingénierie) sont installées dans la région depuis la fin de la Seconde Guerre mondiale, principalement autour d'Arles et de Tarascon.

Parmi les nombreux écrivains et artistes qui ont vécu ici, immortalisant les paysages et les gens de ce coin de pays, on dénombre trois figures de proue. Frédéric Mistral, poète et fondateur du mouvement félibrige destiné à promouvoir la langue provençale, a vu le jour et a vécu à Maillane, au nord de Saint-Rémy. Alphonse Daudet, un autre fils de la région, a écrit, entre autres œuvres, la fameuse satire *Tartarin*, un ouvrage dans lequel il ridiculise les habitants de cette ville, de même que *Les Lettres de mon moulin*. Enfin, le peintre hollandais Vincent Van Gogh passa deux ans de sa vie (1888-1890) à Arles et à l'asile de Saint-Rémy, le monastère de Saint-Paul-de-Mausole, avant de s'enlever la vie à Auvers-sur-Oise, près de Paris, trois mois plus tard.

Lorsque la valeur des propriétés immobilières du Luberon grimpa en flèche après l'invasion des personnalités du show-business au cours des années quatre-vingt, on se tourna davantage vers l'ouest, et plus particulièrement vers les Alpilles, Saint-Rémy-de-Provence et Eygalières. Les paparazzis surveillent d'ailleurs maintenant à la loupe les allées et venues des célébrités qui ont fait l'acquisition de résidences secondaires dans la région, parmi lesquelles le mannequin Inès de la Fressange, devenue boutiquière, le chanteur Charles Aznavour et le designer (aussi restaurateur) Sir Terence Conran. Quant à la résidante occasionnelle la plus célèbre de Saint-Rémy, il s'agit sans nul doute de la princesse Caroline de Monaco, à qui le comte Jacques Sénard a offert, en 1991, un bail de 99 ans sur une maison de ferme en pierre datant du XVIIe siècle.

Pour s'y retrouver sans mal

La région est flanquée du Rhône et de la Durance, directement au sud d'Avignon, et est desservie par un bon réseau routier et ferroviaire (Société nationale des chemins de fer français ou SNCF).

En train

Le service régional (TER) de la SNCF assure les liaisons quotidiennes vers **Arles**, **Saint-Rémy** et **Tarascon** au départ d'Avignon et de Marseille.

En voiture

D'Avignon, prenez la D571 Sud vers **Saint-Rémy** et **Baux** (25 km), la D570 vers **Arles** (34 km) et la D970 vers **Tarascon** (23 km). Saintes-Maries-de-la-Mer repose à l'extrémité sud de la Camargue sur la D570 (72 km).

Les villes principales se trouvent à environ 60 km de l'aéroport Marignane de Marseille. Pour **Saint-Rémy-de-Provence** et **Tarascon** (16 km de plus), empruntez la A7 Nord (autoroute du Soleil) en direction de Cavaillon, puis bifurquez vers l'ouest sur la D99. Pour **Arles**, suivez la A7 Nord jusqu'à Salon-de-Provence, puis prenez vers l'ouest la N113-E80. Pour **Saintes-Maries-de-la-Mer**, suivez les indications vers Arles, puis empruntez la D570 Sud (38 km de plus).

Renseignements pratiques

Offices de tourisme

Saint-Rémy-de-Provence
place Jean Jaurès
13210 Saint-Rémy-de-Provence
☎***04.90.92.05.22***
⇄***04.90.92.38.52***

Fontvieille
5 rue Marcel Honorat
☎***04.90.54.67.49***
⇄***04.90.54.64.87***

Arles
esplanade Charles de Gaulle
13200 Arles
☎***04.90.18.41.20***
⇄***04.90.18.41.29***
ot-arles@visitprovence.com
www.arles.org

Tarascon
59 rue des Halles
13150 Tarascon
☎***04.90.91.03.52***
⇄***04.90.91.22.96***

Baux
Îlot «Post Tenebras Lux»
13520 Les Baux-de-Provence
☎***04.90.54.34.39***
⇄***04.90.54.51.15***

Saintes-Maries-de-la-Mer
5 av. Van Gogh
13732 Les Saintes-Maries-de-la-Mer
☎***04.90.97.82.55***
⇄***04.90.97.71.15***
saintes-maries@enprovence.com
www.saintesmariesdelamer.com

Attraits touristiques

★

Saint-Rémy-de-Provence

On a entrepris d'importantes fouilles archéologiques sur les ruines romaines de **Glanum** *(2 km au sud de Saint-Rémy-de-Provence sur la D5)* après la Première Guerre mondiale, fouilles qui se poursuivent d'ailleurs à ce jour. Les historiens croient que les Phocéens furent les premiers à s'établir sur le site, et ce, dès le VIe siècle av. J.-C. Les visiteurs peuvent désormais y admirer (quoique seulement en partie par périodes) les grands thermes à plusieurs salles, la longue avenue résidentielle, le temple et la source naturelle d'une véritable cité gallo-romaine datant de 30 à 10 av. J.-C. Les Barbares détruisirent la ville au IIIe siècle ap. J.-C., après quoi une nouvelle communauté se développa autour de l'actuel Saint-Rémy *(32F; avr à sept tlj 9h à 19h, oct à mars tlj 9h à midi et 14h à 17h; visite guidée possible avec arrangement préalable; ☎04.90.92.23.79).*

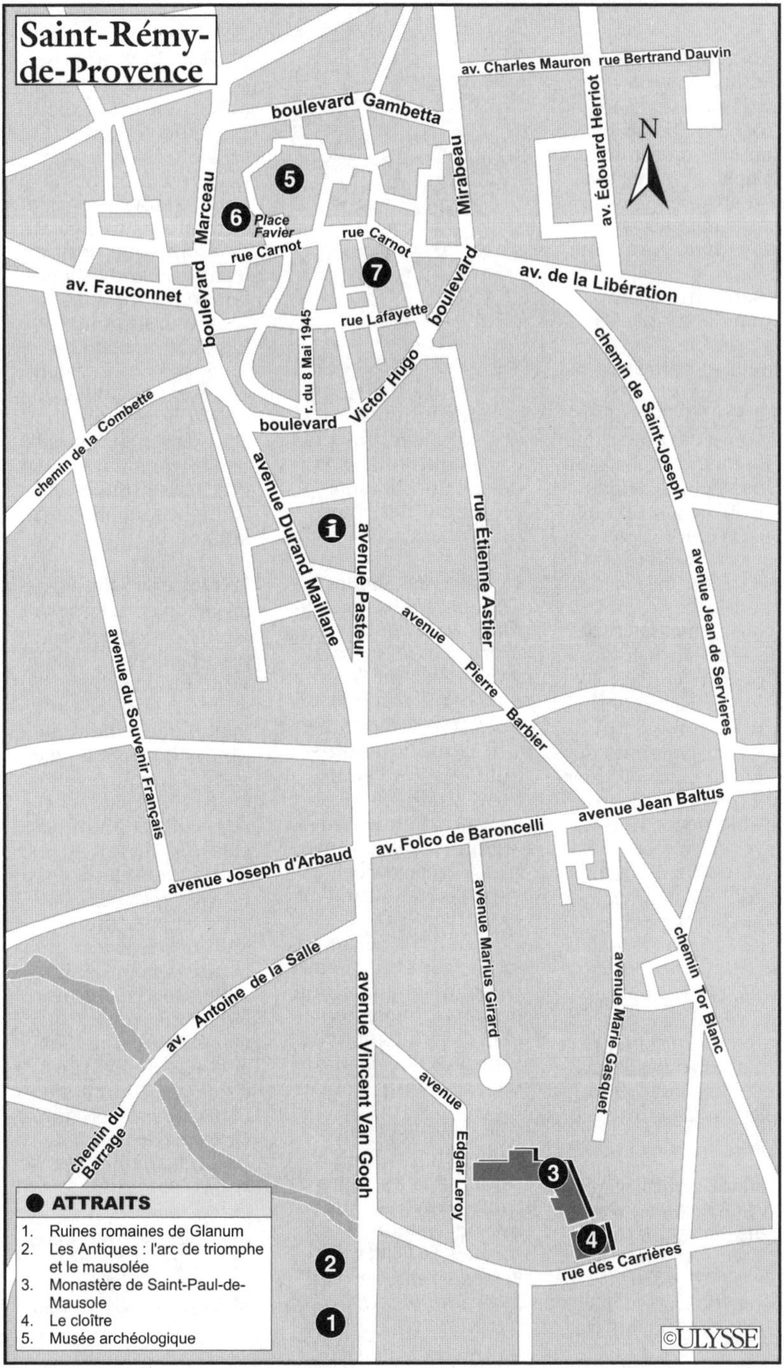
Saint-Rémy-de-Provence
av. Charles Mauron
rue Bertrand Dauvin
boulevard Gambetta
Mirabeau
av. Édouard Herriot
N
Marceau
Place Favier
rue Carnot
rue Carnot
av. Fauconnet
boulevard
av. de la Libération
rue Lafayette
boulevard
r. du 8 Mai 1945
boulevard Victor Hugo
chemin de Saint-Joseph
chemin de la Combette
avenue Durand Maillane
avenue Pasteur
rue Étienne Astier
avenue Jean de Servieres
avenue Pierre Barbier
avenue du Souvenir Français
avenue Jean Baltus
av. Folco de Baroncelli
avenue Joseph d'Arbaud
avenue Marius Girard
avenue Marie Gasquet
chemin Tor Blanc
av. Antoine de la Salle
avenue Vincent Van Gogh
avenue Edgar Leroy
chemin du Barrage
rue des Carrières
ATTRAITS
1. Ruines romaines de Glanum
2. Les Antiques : l'arc de triomphe et le mausolée
3. Monastère de Saint-Paul-de-Mausole
4. Le cloître
5. Musée archéologique
©ULYSSE

Deux monuments importants sont aujourd'hui visibles à proximité du site de Glanum : un **arc de triomphe** et un **mausolée** regroupés sous le nom d'**Antiques ★★** *(entrée libre)*. L'arc date de l'an 6 av. J.-C. et présente des reliefs commémorant la victoire de César en Gaule; sa partie supérieure n'existe plus, mais le travail sculptural se révèle être d'une belle facture. Quant au mausolée, d'une hauteur de 19 m et bien conservé, il fut construit vers 30 av. J.-C.

Non loin des ruines se dresse le **monastère de Saint-Paul-de-Mausole ★**. Le peintre Vincent Van Gogh se fit interner dans la clinique qui l'occupait au cours de la dernière année de sa vie (1890). Dans un paisible décor boisé, vous pourrez en visiter le joli **cloître** à colonnades du XIIe siècle, voisin de la chapelle romane *(15F; 9h à midi et 14h à 18h; av. Edgar Leroy)*. Un buste du peintre, réalisé par le sculpteur Zadkine, reposait autrefois le long du sentier menant au cloître, mais il fut volé en 1990.

Le **Musée archéologique** *(15F; visite guidée d'une heure; avr à juin et sept-oct 10h, 11h, 14h, 15h, 16h et 17h; déc 10h, 11h, 15h et 16h en nov; 10h, 11h, 15h et 16h; juil et août 10h, 11h, 14h30, 15h30, 16h30, 17h30 et 18h30; place Favier,*

☎04.90.92.64.04) occupe le coquet Hôtel de Sade et renferme des colonnes, des pièces architecturales et des objets courants provenant des ruines de Glanum.

Le **Musée des Alpilles** *(15F, gratuit pour les enfants; avr à juin et sept-oct tlj 10h à midi et 14h à 18h, juil et août tlj 10h à midi et 15h à 20h, nov et déc tlj 10h à midi et 14h à 17h, fermé jan et mars)*, qui porte sur l'ethnologie, l'archéologie et la vie quotidienne dans la région (costumes, meubles, objets variés), occupe l'Hôtel Mistral de Montdragon (XVIe siècle), qui a été rénové (remarquez au passage la magnifique cour intérieure). D'intéressantes expositions temporaires sont présentées au rez-de-chaussée.

Une autre résidence attrayante du XVIIIe siècle dans le centre de Saint-Rémy est l'Hôtel Estrine, qui abrite désormais **Le Centre d'Art Présence Van Gogh** *(20F; sept à juin mar-dim 10h à midi et 14h à 18h, juil et août 10h à midi et 15h à 19h, fermé lun; 8 rue Estrine, ☎04.90.92.34.72)*. On y propose des expositions temporaires dans des salles magnifiquement restaurées offrant une perspective tantôt thématique tantôt historique sur Vincent Van Gogh, de même que des projections audiovisuelles continues sur son œuvre. Il importe toutefois de noter qu'il ne s'agit pas d'une galerie exposant les toiles du maître. Une boutique abondamment garnie de souvenirs, de livres, de cartes postales et d'affiches s'ajoute aux lieux.

Le **centre de Saint-Rémy ★**, avec ses rues étroites et sinueuses, peut facilement être visité en une demi-journée, quoiqu'il soit malheureusement rempli de touristes en été, surtout le jour. Outre les belles résidences des XVIIe et XVIIIe siècles déjà mentionnées, il faut s'attarder à l'hôtel de ville *(place Pélissier)*, un ancien couvent du XVIIe siècle, ainsi qu'à la plus récente église collégiale Saint-Martin *(en face de la place de la République)*, dont l'orgue célèbre fit l'objet d'une réfection complète en 1985 *(Festival Oragana avec récitals l'été; s'enquérir auprès de l'Office de tourisme pour plus de détails)*. À l'angle des rues Nostradamus et Carnot, vous noterez également la fontaine Nostradamus, qui date

La Provence de Vincent

Génie de la peinture du XIXe siècle, méprisé de son vivant, Vincent Van Gogh (1853-1890) s'installe à Arles en février 1888, en quête d'une autre lumière. Pendant sa période provençale, le peintre créera à un rythme hallucinant des œuvres aux couleurs vives et aux formes exacerbées qui expriment les passions et les souffrances internes de l'artiste. La lumière et les couleurs provençales le font s'écarter de son style impressionniste.

Ici, tout l'inspire : la nature, les travaux des champs, la ville, les gens. Interné à Arles à la suite de sa dispute avec Gauguin et de son automutilation de l'oreille, puis, à sa demande, à l'asile de Saint-Paul-de-Mausole à Saint-Rémy, où il continue à peindre une toile par jour, Van Gogh quitte la Provence en 1890. Peu de temps après, le malheureux met fin à ses jours à Auvers-sur-Oise, au nord de Paris.

du XIXe siècle et honore la mémoire de l'écrivain Michel de Nostredame, mieux connu sous le nom de «Nostradamus». L'illustre personnage est né tout près de là dans une maison de la rue Hoche en 1503, mais il vécut essentiellement à Salon-de-Provence (voir p 177).

L'**Office de tourisme** organise deux visites à pied d'une durée de 1 heure 30 min, l'une qui permet d'admirer les principaux sites et paysages champêtres peints par Vincent Van Gogh, et l'autre qui jette un regard historique sur l'architecture du centre de la ville *(30F chaque circuit;* **«Promenade sur les lieux peints par Van Gogh et Saint-Rémy»**, *1er avr au 15 oct mar et jeu 10h, sam 10h et 17h;* **«Au temps de Nostradamus»**, *1er avr au 15 oct ven 10h; visites en anglais, en allemand et en provençal disponibles par arrangement préalable).*

Maillane

À quelques kilomètres au nord-est de Saint-Rémy sur la D5 se trouve la ville natale du héros provençal Frédéric Mistral (1830-1914). Cet écrivain est le fondateur du mouvement félibrige, un ardent protecteur de la langue d'oc et le récipiendaire d'un prix Nobel (1904). Il passa son enfance dans une maison de ferme voisine, étudia le droit à Aix-en-Provence et retourna ensuite à Maillane, où il vécut avec ses parents, puis sa propre famille dans le centre de la ville. En 1896, il créa à Arles le Musée Arlatan avec sa collection personnelle d'objets provençaux (voir p 180). On se souvient surtout de Mistral pour ses poèmes *Mireille* et *Le Poème du Rhône*, ainsi que pour ses *Mémoires*. Vous pourrez voir comment vivait l'écrivain car sa maison est maintenant devenue le **Musée Frédéric Mistral** *(droit d'entrée; avr à sept 9h30 à 11h30 et 14h30 à 18h30, oct à mars 10h à 11h30 et 14h à 16h30; rue de Lamartine, ☎04.90.95.74.06)*; en face se trouve la maison du Lézard, où il vécut avec sa mère à une époque antérieure. Le musée a rouvert ses portes en 1995 après avoir fait l'objet de rénovation pendant trois ans. La tombe de Mistral se trouve au cimetière de Maillane.

★★

Baux

Baux bénéficie d'une situation remarquable au sommet d'un plateau déchiqueté révélant des panoramas à couper le souffle. Le village tout entier est classé site historique,

Les Alpilles, Arles et la Camargue

de sorte qu'il a reçu des subventions qui lui ont permis de restaurer ses charmantes constructions en pierre. Il s'agit d'un des lieux touristiques les plus courus de France, ce qui fait qu'il est envahi par des visiteurs de tous âges et de toutes nationalités, sans compter que les innombrables boutiques de souvenirs compromettent sérieusement le plaisir de la visite.

Baux était un important centre militaire au Moyen Âge, et ce jusqu'au XVe siècle, lorsque ses seigneurs dominaient une grande partie de la France méridionale telle que nous la connaissons aujourd'hui. Ils se tenaient même pour des descendants de Balthazar, l'un des Rois mages! Le sort du village déclina peu à peu avec la disparition du lignage caractéristique de Baux, à l'époque où la Provence devint une région de la France. Le village fut ensuite abandonné pendant un certain temps.

En 1822, on découvrit dans les carrières de Baux du minerai d'aluminium, qu'on appella «bauxite» d'après le nom du village. Le site peut être visité exclusivement à pied en entrant par la porte des Mages, à son extrémité nord. L'artère qui se dessine sur la droite (place Louis Jou et rue de la Calade) conduit au-delà des vieux remparts et de la porte d'Eyguières pour aboutir à la place de l'Église (église Saint-Vincent du XIIe siècle et chapelle des Pénitents Blancs). De ce point, on a une vue saisissante sur la campagne en direction d'Arles. Directement en face de la porte des Mages, la Grand'Rue passe par l'Hôtel de Manville (qui abrite aujourd'hui l'hôtel de ville et une galerie d'art contemporain) et l'Office de tourisme, avant que son tracé sinueux n'atteigne la vieille ville.

La cité médiévale désormais connue sous le nom de **Citadelle des Baux** ★ *(39F, gratuit pour les enfants; mars à nov 8h à 19h30, juil et août 8h à 21h, nov à fév 9h à 17h30; ☎04.90.54. 55.56)* se trouve tout en haut de la rue de Trencat. Immédiatement au-delà du guichet d'admission, vous pourrez visiter le musée du village, qui présente avec intérêt des objets mis au jour lors des fouilles archéologiques. La citadelle comme telle occupe les trois quarts du plateau de Baux, et il vous faudra une bonne heure pour explorer tous les attraits identifiés, dont la chapelle restaurée de Saint-Blaise (qui renferme désormais un musée secondaire consacré à l'olivier), les ruines d'un château féodal (détruit par les troupes de Louis XIII en 1631), le donjon du château et le cimetière. Les panoramas y sont superbes, particulièrement du côté du val d'Enfer.

★★

Les Alpilles

Vous pouvez agréablement passer une journée ou deux à découvrir les petits villages qui encerclent la chaîne des Alpilles. Vous êtes ici en terre de contrastes : des vergers de cerisiers et des champs plantés d'oliviers s'étendent en marge de routes flanquées de hauts platanes bien alignés, alors que non loin se dressent d'arides collines de calcaire blanc en dents de scie. La région des Alpilles est surtout réputée pour son huile d'olive. On cultive ici deux variétés d'olives, la picholine et la salonenque, et, à l'époque de la récolte, de septembre à février, tout le travail se fait à la main. Aujourd'hui, trois grandes coopératives se partagent la production du fruit tant convoité, à savoir celles de Fontvieille, de Maussane et de Mouriès. Pour de plus amples renseignements, adressez-vous au Comité de promotion des produits agricoles *(22 av. Henri Pontier, 13001 Aix-en-Provence, ☎04.42.23.06.11)* ou au Comité pour l'expansion de l'huile d'olive *(68 bd Lazer, 13010 Marseille, ☎04.91. 25.40.71)*.

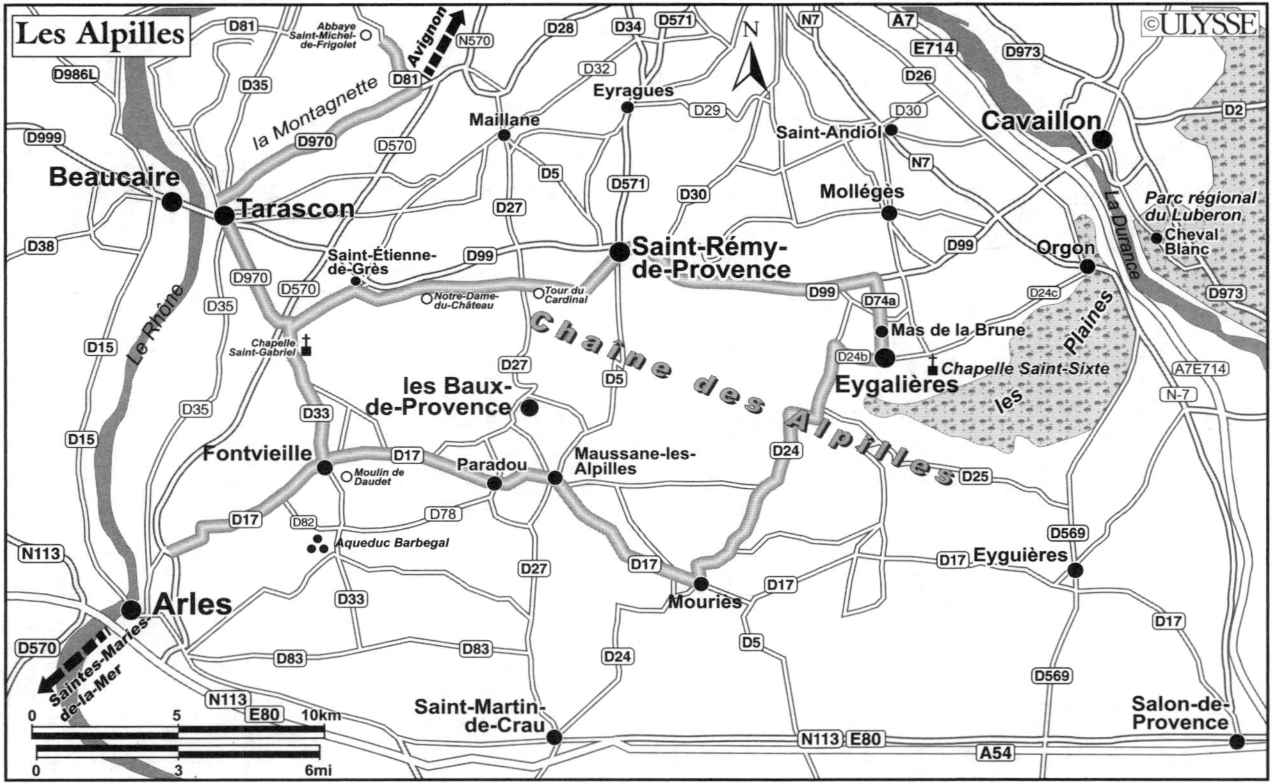
Les Alpilles
©ULYSSE
Avignon
Abbaye Saint-Michel-de-Frigolet
la Montagnette
Beaucaire
Tarascon
Maillane
Eyragues
Saint-Andiol
Cavaillon
Mollégès
Saint-Rémy-de-Provence
Saint-Étienne-de-Grès
Notre-Dame-du-Château
Tour du Cardinal
Chapelle Saint-Gabriel
Le Rhône
Chaîne des Alpilles
les Baux-de-Provence
Fontvieille
Moulin de Daudet
Paradou
Maussane-les-Alpilles
Aqueduc Barbegal
Mas de la Brune
Eygalières
Chapelle Saint-Sixte
les Plaines
Orgon
La Durance
Parc régional du Luberon
Cheval Blanc
Eyguières
Mouriès
Arles
Saintes-Maries-de-la-Mer
Saint-Martin-de-Crau
Salon-de-Provence
0 5 10km
0 3 6mi

Notre circuit décrit une boucle circulaire au départ de Saint-Rémy, mais vous pourrez l'adapter à vos besoins. Suivez la route panoramique D99, que recouvre un dais de platanes, sur 8 km, puis tournez à droite par la D74. Passez le joli mas de la Brune *(XVIe siècle; propriété privée)*, et arrêtez-vous à **Eygalières** ★. La partie la plus intéressante en est le **vieux village** ★, qu'on atteint en quittant la Grand'Rue pour grimper la rue de l'Église, bordée de coquettes maisons en pierre. Tout en haut, près du portail du vieux village, empruntez le sentier qui mène aux ruines du château, à la tour de garde circulaire et à l'église Saint-Laurent. La chapelle seigneuriale des Pénitents (XVIIe siècle) renferme un petit **musée** abritant une collection d'objets archéologiques découverts dans la région d'Eygalières et rappelant que le site a été habité depuis l'ère néolithique *(Musée des Amis du Vieil Eygalières; entrée libre; avr à oct, dim 15h à 18h; ☎04.90.95.91.52)*. La vue y est somptueuse, de même que le long du sentier de La Calade, qui longe ces bâtiments.

À 1 km à l'est d'Eygalières, sur la D24B (direction Orgon), vous apercevrez la **chapelle Saint-Sixte** ★ *(XIIe siècle; souvent fermée)*. Elle repose solennellement sur une petite colline au beau milieu d'une plaine accablée par la chaleur et, quoique simple, constitue un émouvant exemple d'architecture romane.

Retournez à Eygalières, puis prenez vers le sud la D24, que vous suivrez sur 12 km jusqu'à **Mouriès**. Cette localité est la plus grande productrice d'olives de la région, et vous auriez intérêt à visiter l'usine de transformation de sa coopérative *(Moulin à huile coopératif; mer 14h à 18h, sam 8h30 à midi et 14h à 18h, dim 8h30 à midi; route D17 immédiatement en retrait du centre du village en direction d'Eyguières, ☎04.90.47.50.01)*.

Prenez ensuite la D17 vers l'ouest, bordée de jolis champs de tournesols en fleurs en été, jusqu'à **Maussane-les-Alpilles**. L'activité de ce village se concentre autour de la place de l'Église, typiquement provençale et curieusement aussi paisible qu'animée. Vous y trouverez nombre de bons restaurants et antiquaires (voir p 194 et p 200). L'huile d'olive de Maussane s'est taillé une réputation enviable dans toute la France pour sa qualité exceptionnelle, et vous pourrez en acheter directement au moulin, qui date du XVIe siècle *(Coopérative oléicole de la vallée des Baux; tlj sauf dim et jours fériés 8h à midi et 14h à 18h; ☎04.90.54.32.37)*.

Suivez toujours la D17 au-delà de Paradou jusqu'à **Fontvieille**, où l'écrivain provençal Alphonse Daudet a passé une grande partie de son temps. Les inconditionnels de Daudet apprécieront sûrement la visite du superbe **château de Montauban** *(20F, billet combiné donnant accès au moulin de Daudet; avr à sept tlj; rue de Montauban, ☎04.90.54.62.57)*. L'auteur y visitait régulièrement ses amis d'ici, et la construction abrite aujourd'hui un petit musée relatant ses séjours au village. Non loin de là, sur la pittoresque route secondaire qu'est la D33, s'élève le moulin qui a inspiré à Daudet *les Lettres de mon moulin*. Un petit musée y renferme des manuscrits et des objets ayant appartenu à l'auteur *(**moulin de Daudet**; 10F; oct à mai tlj 9h à midi et 14h à 17h, juin à sept tlj 9h à midi et 14h à 19h, fermé jan sauf dim 10h à midi et 14h à 17h; ☎04.90.54.60.78)*. Fontvieille est le troisième membre du triumvirat des grands producteurs d'huile d'olive des Alpilles, et vous pouvez également visiter son moulin, quoique l'endroit soit bondé en période d'affluence *(**moulin de Bédaride**; lun-sam 8h à midi et 14h à 18h, dim 14h à 18h)*.

Plus loin sur la D33, au croisement avec la D82, s'étendent les ruines des deux **aqueducs de Barbegual**, qui datent du Ier au IIIe siècle. Bien qu'en état de décrépitude avancée, ils ont fourni aux historiens de précieuses indications sur l'esprit mécanique des Romains. L'un de ces aqueducs acheminait son eau vers un ingénieux dispositif semblable à un moulin où l'on moulait le blé. On accède aux aqueducs par un court sentier.

De Fontvieille, suivez la D33 vers le nord sur 10 km jusqu'à la **chapelle romane Saint-Gabriel**, construite près d'un site gallo-romain. Retournez ensuite vers Saint-Rémy par la petite route secondaire qui se dessine à l'ouest de **Saint-Étienne-du-Grès**, le village natal du fabricant de tissus provençaux Olivades. Passez la **chapelle Notre-Dame-du-Château** puis la **tour du Cardinal** (une résidence privée du XVIe siècle). La vue est remarquable sur ce tronçon.

Salon-de-Provence

Salon occupe une position centrale à l'est des Alpilles et de la Crau, au nord des terres marécageuses bordant l'étang de Berre et à l'ouest de la chaîne montagneuse de Trévaresse. Les grands axes routiers que sont la A7 (autoroute du Soleil), la N113 et la D578 passent d'ailleurs tous par Salon. Bien qu'elle possède un joli centre-ville avec quelques rues ombragées et des fontaines, le charme et le caractère historique incomparables d'endroits, comme Arles et Aix-en-Provence, font cependant défaut à cette ville commerciale affairée. Sa réputation se fonde surtout sur l'industrie de l'huile d'olive et la fabrication du fameux savon de Marseille (qu'elle partage avec celle-ci). Un tremblement de terre a frappé la région en 1909 et a endommagé certaines parties de Salon. Une académie de l'Armée de l'air française y fut établie en 1936. Dans le centre de la ville, remarquez la **Mairie** du XVIIe siècle *(cours Victor Hugo)* et la **porte de l'Horloge** (transformée en tour de l'horloge) sur les remparts. Devant la place de l'Horloge, sur la place Crousillat, apparaît la **Fontaine Moussue** (XVIIIe siècle), une fontaine recouverte de mousse dont l'eau produit curieusement des bulles.

La vieille ville est dominée par une colline sur laquelle se dresse l'imposant **château de l'Empéri** *(25F, gratuit pour les enfants; avr à sept 10h à midi et 14h30 à 18h30, oct à mars 10h à midi et 14h à 18h, fermé mar; rue du Château, ☎04.90.56.22.36)*, une forteresse surmontée d'une tour de garde crénelée. Cette ancienne résidence des archevêques d'Arles a subi d'importants travaux de réfection (XIIe, XIIIe et XVIe siècles) et abrite désormais un musée d'histoire militaire français. Les connaisseurs apprécieront sa riche et vaste collection de mannequins costumés, d'armes et d'étendards de cavalerie datant de l'époque de Louis XIV. Des concerts de musique de chambre sont en outre présentés dans la cour Renaissance du château au début d'août *(billets à 100F et à 50F; pour plus de détails, adressez-vous au Théâtre municipal Armand, 67 bd Nostradamus, ☎04.90.56.00.82, ⇄04.90.56.69.30)*.

Un petit musée aménagé dans un élégant manoir du XIXe siècle, Le Pavillon, explore l'histoire, l'ethnologie et les traditions populaires de la plaine de Crau et de la région de Salon. Une vitrine du rez-de-chaussée relate l'histoire de l'industrie du fameux savon de Marseille «Extra Pur Huile à 72%», en plein essor à la fin du XIXe siècle, et l'on y présente par ailleurs des meubles, des objets et des tableaux provençaux *(**Musée de Salon et de la Crau**; 15F, gratuit pour les enfants; 10h à midi et 14h à 18h, sam-dim 14h à 18h, fermé mar; av. Roger Donnadieu, ☎04.90.56.28.37)*.

L'auteur du XVIe siècle qu'était Michel de Nostredame, mieux connu sous le nom de «Nostradamus», vivait et travaillait à Salon-de-Provence. Des scènes de

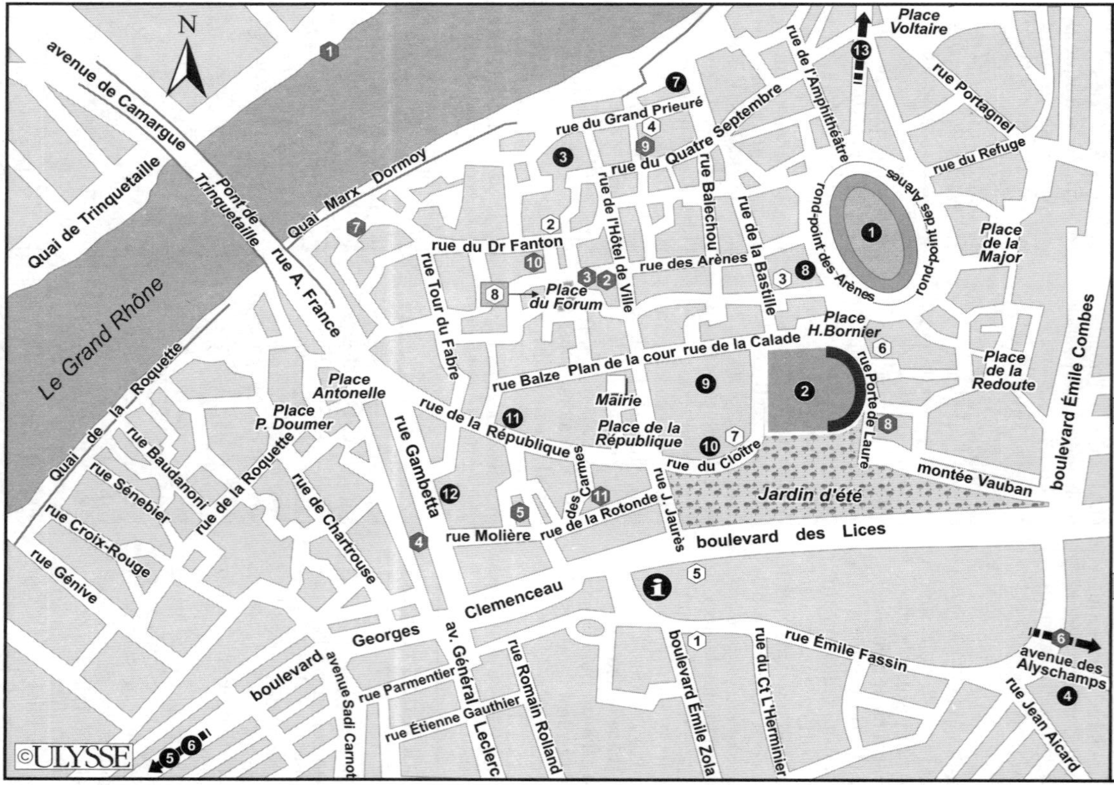

Arles

0 100 200m

0 300 600pi

ATTRAITS

1. L'Arène
2. Théâtre antique
3. Thermes de Constantin
4. Les Alyscamps
5. Cryptoportiques du Forum
6. Musée de l'Arles Antique
7. Musée Réattu
8. Fondation Van Gogh
9. Cathédrale de Saint-Trophime
10. Cloître Saint-Trophime
11. Musée Arlatan
12. Espace Van Gogh
13. Abbaye de Montmajour

HÉBERGEMENT

1. Hôtel Atrium
2. Hôtel d'Arlaten
3. Hôtel de l'Amphithéâtre
4. Hôtel du Musée
5. Hôtel JulesCésar
6. Hôtel le Calendal
7. Hôtel le Cloître
8. Le Grand Hôtel

RESTAURANTS

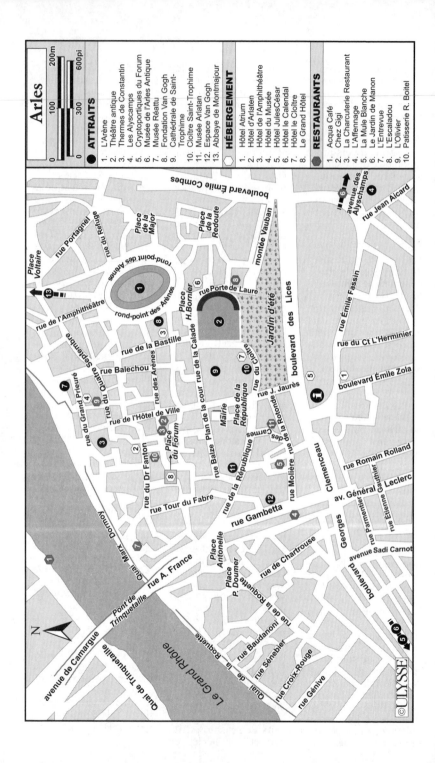

1. Acqua Café
2. Chez Gigi
3. La Charcuterie Restaurant
4. L'Affennage
5. La Mule Blanche
6. Le Jardin de Manon
7. L'Entrevue
8. L'Escaladou
9. L'Olivier
10. Patisserie R. Boitel

sa vie et certaines de ses œuvres sur l'astrologie, la météorologie et la médecine sont présentées dans la maison où il vécut avec sa femme et ses enfants *(**Maison de Nostradamus**; 25F; 15 juin au 14 sept 10h à midi et 15h à 20h, 15 sept au 14 juin 10h à midi et 14h à 18h; 11 rue Nostradamus, ☎04.90.56.64.31).* Nostradamus fut acclamé pour les prédictions qu'il publia dans *Centuries*, dont la mort du roi Henri II sur le champ de bataille. Sa renommée se répandit à travers toute la nation, et Catherine de Médicis, la veuve d'Henri, s'arrêta elle-même à Salon en 1564 pour s'entretenir avec lui. Nostradamus est enterré sous l'**église collégiale Saint-Laurent** *(à l'extérieur de la vieille ville sur la place Jean XXIII)*, un exemple sobre d'architecture gothique provençale datant du XIVe siècle.

★★★

Arles

Arles est souvent appelée la Rome de la Gaule. Elle renferme un bon nombre de monuments célèbres à travers le monde, et ce, à l'intérieur d'une enceinte très compacte délimitée par de vieux remparts. Les traces de présence humaine à Arles remontent à 2 500 av. J.-C. Des négociants grecs s'établirent ici après la fondation de Marseille, et une tribu ligure vécut dans la région à compter du VIe siècle av. J.-C.

Le chef romain Marius relia Arles à la mer en creusant un canal jusqu'à la Méditerranée vers la fin du IIe siècle av. J.-C. Tiberius Claudius Neron, un lieutenant de Jules César, fonda, pour sa part, la colonie romaine d'Arles le 21 septembre de l'année 46 av. J.-C. avec les vétérans de la Sixième Légion, après quoi elle devint rapidement un important centre de commerce. Arles n'était pas seulement reliée à la mer, mais bénéficiait en outre d'une position stratégique à la jonction du Rhône et de la principale route terrestre reliant l'Italie et l'Espagne. Les Romains y développèrent un centre urbain d'un haut niveau de raffinement au cours des 200 ans qui suivirent, avec un réseau quadrillé de routes, une arène, un amphithéâtre, des thermes, des installations sanitaires, des jardins et des promenades.

Après une période d'accalmie, Arles connut une grande prospérité à la fin du IIIe siècle et au début du IVe siècle ap. J.-C., quand Constantin en fit temporairement sa base d'opération. La ville s'imposait alors comme un centre intellectuel, militaire, politique et religieux d'envergure mondiale, soutenu par la construction navale, la fabrication d'armes et la production de la monnaie. Après que le christianisme se fut répandu au IIIe siècle, Arles devint aussi un centre religieux et fut désignée en 417 primauté de la Gaule par le pape.

Les problèmes commencèrent à faire leur apparition au cours du Ve siècle, après la chute de l'Empire romain. Des tribus de maraudeurs déferlèrent sur Arles, qui se rendit finalement à Euric, le roi wisigoth. La population de la ville continua à se disperser avec les invasions subséquentes.

Une prospérité relative revint après la mort de Charlemagne en 843, alors que son empire passa aux mains des dirigeants germaniques. La ville devint la capitale du royaume d'Arles (qui englobait la presque totalité de la Provence actuelle), fondé par Boson. Cent ans plus tard, il devait s'appeler le «royaume de Bourgogne». Arles demeurait passablement indépendante du reste de la région et était administrée par un conseil élu de même que par des chefs religieux. De 1150 à 1250, nombre de chapelles et églises romanes furent construites dans la région. L'empereur Frédéric Barberousse fut couronné dans la somptueuse cathédrale Saint-Trophime (voir p 179) en 1178. Un revirement économique survenu au XIIIe siècle fit en sorte que le cloître à demi achevé de la cathédrale n'a pu être terminé qu'un siècle plus tard.

En 1481, Arles fut intégrée à la Provence, qui, elle-même, était appelée à faire partie de la France (1535). Marseille et Aix-en-Provence devinrent d'importants centres politiques et économiques, et Arles en souffrit grandement. Néanmoins, la ville était suffisamment prospère pour qu'on y assiste à la construction de plusieurs résidences plus charmantes les unes que les autres aux XVIe et XVIIe siècles (le Grand Prieuré de Malte, l'Hôtel de Laval-Castellane, l'hôtel de ville). Arles traversa toutefois une grave crise économique après la Révolution française de 1789; elle ne bénéficiait plus du statut de ville portuaire importante, l'industrie se développait ailleurs et la région devait désormais compter sur son potentiel agricole.

De nos jours, Arles est le centre d'affaires et d'approvisionnement des vastes territoires agricoles de la Crau et de la Camargue. Le riz et le sel figurent au premier plan de la production régionale, suivis des fruits de la vigne, du blé et des fruits provenant des vergers. Les usines d'Arles qui traitent le produit de l'immense industrie rizicole répondent à 75% des besoins du marché français. Le tourisme y devient par ailleurs une importante source d'activité économique. Prenez le temps de découvrir ses vieilles rues étroites et ses ravissants manoirs des XVIIe et XVIIIe siècles.

Un laissez-passer au coût de 55F permet une visite unique de chacun des musées et monuments qui suivent : les Arènes, le Théâtre antique, le cloître Saint-Trophime, les Alyscamps, les thermes de Constantin, les Cryptoportiques du Forum, le Musée Arlatan, le Musée Réattu et le nouveau Musée archéologique. Vous pouvez vous procurer ce laissez-passer à n'importe lequel de ces endroits ou à l'Office de tourisme. Sinon, il vous en coûtera 15F pour visiter chacun des principaux monuments romains, le Musée Arlatan et le Musée Réattu, 12F pour accéder aux Alyscamps, au Théâtre antique, aux thermes de Constantin et aux Cryptoportiques du Forum, et 35F pour entrer au Musée archéologique. La visite des monuments romains se fait de 9h à 11h30 et de 14h à 16h15 de novembre à février, et de 9h à 12h15 et de 14h à 18h de mars à octobre; il vaut cependant mieux vérifier ces horaires à l'avance auprès de chaque site.

★★★ Les monuments romains

La visite de ses monuments romains constitue sans doute la première raison pour laquelle on se rend en Arles. Un billet unique au coût de 70F donne avantageusement accès à tous les sites et musées.

L'**Amphithéâtre** ★★★ *(20F, rond-point des Arènes)* est le mieux conservé de tous. Cet amphithéâtre romain fut construit vers la fin du Ier siècle ap. J.-C. afin d'accueillir des combats de gladiateurs et divers autres spectacles. Il fait 136 m sur 107 m et est haut de 21 m, avec deux niveaux de 60 arcades. Sa large structure ovale compte 1 200 places. Le monument fut sauvé au Moyen Âge, lorsqu'on le transforma en une forteresse abritant 200 maisons, deux chapelles et une église. Quatre tours de garde y furent ajoutées, qu'on peut encore admirer aujourd'hui. L'arène fut restaurée au XIXe siècle par Charles X, et aujourd'hui on y présente des corridas espagnoles et d'inoffensives courses à la cocarde. Le **Théâtre antique** ★ *(20F, place Henri Bornier)* date de la même période, mais il n'en reste que peu de chose, à savoir deux piliers en marbre (il y en avait 100 à l'origine), une partie des gradins et l'orchestre. Des archéologues croient pouvoir dire qu'il offrait 33 rangées de sièges et pouvait accueillir 10 000 spectateurs. Les **thermes de Constantin** *(20F; rue du Grand Prieuré)* datent du IVe siècle ap. J.-C., et, malgré les importants dommages qu'ils ont subis au fil des ans, on peut encore voir une grande partie des bains chauds, des segments du système de chauffage souterrain et certains vestiges des bains tièdes. **Les Alyscamps ★** *(20F; av. des Alyscamps)* se présentent comme une jolie promenade bordée de tombeaux qui servit de cimetière romain au IIIe siècle ap. J.-C. Une allée flanquée d'arbres mène aux ruines de la nécropole, l'église Saint-Honoratus, qui a eu cette vocation jusqu'au XIIe siècle. En novembre 1888, Van Gogh en peignit les plaisantes allées, suivi plus tard de Gauguin. Les sarcophages ornés les plus intéressants sont exposés dans le nouveau Musée archéologique, qui a ouvert ses portes en avril 1995. Quant aux **Cryptoportiques du Forum ★**, on y accède par l'ancien Musée Lapidaire d'art chrétien *(20F; rue Balze)*. Il s'agit de galeries souterraines en forme de *U* qui font 89 m de long sur 59 m de large, et qui, tout en servant de fondations à l'ancienne place du Forum, servaient également d'entrepôts à grains et de magasins.

Le **Musée de l'Arles Antique** *(35F; av. de la Première Division Française Libre, ☎04.90.96.92.00; appelez pour connaître les heures d'ouverture)* est un musée aménagé en 1995 dans un bâtiment conçu par l'architecte péruvien Henri Ciriani sur un terrain jadis occupé par le cirque romain. Il abrite les collections des anciens musées d'art païen et d'art chrétien (mosaïques, statues, sarcophages) et renferme en outre une bibliothèque de référence, une boutique de souvenirs, des salles de séminaire et une cafétéria.

Le **Musée Réattu ★** *(20F; nov à fév 10h à 12h15 et 14h à 17h15, mars 10h à 12h15 et 14h à 17h45, avr à sept 9h à 12h15 et 14h à 18h45, oct 10h à 12h15 et 14h à 18h15; rue du Grand Prieuré, ☎04.90.18.41.20)* présente une petite collection de peintures et de gravures des écoles provençales et européennes des XVIIIe et XIXe siècles, de même que des tapisseries, des œuvres d'art contemporaines et une modeste collection de photographies. Picasso a fait don de 57 esquisses au musée, dont certaines sont exposées. Le magnifique bâtiment du XVIIe siècle qu'il occupe est l'ancien prieuré de Saint-Gilles, autrefois habité par le peintre arlésien Jacques Réattu. Son œuvre y est d'ailleurs mise en valeur.

La **Fondation Van Gogh** *(30F; tlj 10h à 12h30 et 14h à 19h; 26 rond-point des Arènes, ☎04.90.49.94.04)* est un centre d'art où l'on expose des œuvres d'artistes et d'écrivains ayant rendu hommage à Van Gogh, dont celles qu'on retrouve dans une galerie consacrée aux travaux de personnages contemporains bien connus, comme Francis Bacon, César et Jasper Johns. La fondation occupe les locaux du palais de Luppé, en face de l'amphithéâtre romain.

La **cathédrale Saint-Trophime ★★** *(place de la République)* date du XIIe siècle. Après sept ans de restauration, on peut aujourd'hui apprécier pleinement la beauté incomparable de sa porte ouest, qui constitue un précieux point de référence lorsqu'il s'agit de mieux comprendre le style roman provençal. L'ensemble de la structure a d'ailleurs été visiblement inspiré par l'architecture romane traditionnelle, notamment celle des arcs de triomphe : frontons soutenus par des pilastres, colonnes corinthiennes, personnages représentés dans des proportions parfaites et vêtus de façon tout à fait juste... La statuaire présente des scènes du dernier Jugement, de l'adoration des mages, du massacre des Saints Innocents et de la vie de Jésus. L'intérieur constitue également un excellent exemple d'art roman provençal avec sa simplicité de conception, sa nef unique, son vaisseau exceptionnellement élevé et ses étroites fenêtres arrondies.

Le **cloître Saint-Trophime** ★★ *(20F; tlj 9h à 18h30)* peut être rejoint en traversant la cour du palais de l'Archevêché (devenu bibliothèque municipale), qui se trouve juste à côté de la cathédrale. Deux des galeries du cloître sont de facture romane et datent du XIIe siècle. On arrêta toutefois la construction lorsque les moines vinrent à épuiser leurs fonds, alors que la structure n'était qu'à demi terminée. Presque 200 ans plus tard, lorsqu'on parvint à réunir les sommes nécessaires, le style du jour n'était plus le même; le gothique était désormais en vogue, de sorte que les deux autres galeries arborent ce style. Comme par miracle, l'ensemble forme un tout harmonieux, et il n'y a rien d'étonnant à ce que certains tiennent ce cloître pour l'un des plus raffinés d'Occident. Si vous en avez la possibilité, essayez de le revoir à différents moments de la journée, alors que la lumière du soleil baigne différemment les sculptures ornant les colonnes et les arches. La galerie romane relate des scènes de l'*Ancien Testament* et du *Nouveau Testament*, tandis la galerie gothique présente des épisodes de la vie de saint Trophime ainsi que la légende de sainte Marthe de Tarascon et quelques monstres peu rassurants.

Le **Musée Arlatan** ★★ *(20F; nov à mars 9h à midi et 14h à 17h, avr, mai, sept et oct jusqu'à 18h, juin et juil jusqu'à 19h30, fermé lun oct à juin; 29 rue de la République, ☎04.90.96.08.23)*, que certains tiennent pour poussiéreux et démodé, s'impose sans hésitation à tous les visiteurs intéressés par le riche folklore de la région d'Arles. Logé dans une grande demeure du XVIe siècle, soit le palais de Laval-Castellane, et fondé par l'écrivain provençal et Prix Nobel de littérature Frédéric Mistral, le Musée Arlatan est en effet un véritable coffre aux trésors. Il compte parmi les plus importantes sources d'information sur les traditions de la Provence et livre ses secrets à travers des meubles, des costumes, des poteries et des pièces artisanales, dont certains des cartons explicatifs sont écrits de la main même de Mistral. Les pièces recréant des scènes de la vie quotidienne d'autrefois sont bien aménagées, qu'il s'agisse de la grande chambre à coucher, de la salle de couture, de la cuisine avec son âtre ou de la salle à manger avec sa table généreusement garnie de victuailles. Les hôtesses portent les vêtements traditionnels d'Arles, sombres et sobres en hiver, colorés en été.

L'**Espace Van Gogh** *(le droit d'entrée et les heures d'ouverture varient selon les expositions; rue du Président Wilson, ☎04.90.49.39.39)*, un ancien hôpital où fut soigné Van Gogh, sert maintenant de médiathèque, de centre culturel et universitaire, et propose chaque année d'intéressantes expositions temporaires *(adressez-vous directement au centre ou à l'Office de tourisme d'Arles pour de plus amples renseignements sur les expositions à venir)*.

L'**abbaye de Montmajour** ★★ *(35F; oct à mars tlj 9h à midi et 14h à 17h, avr à sept tlj 9h à 19h; à 7 km d'Arles par la N570 Nord, puis la D17 en direction de Fontvieille, ☎04.90.54.64.17)* est une magnifique abbaye bénédictine originellement construite au Xe siècle, quoiqu'elle témoigne essentiellement du style roman propre au XIIe siècle. Elle fut fermée par Louis XVI après la Révolution française. La ville d'Arles et le département des Monuments historiques ont restauré son cloître du XIIe siècle, sa formidable tour, de même que l'église Notre-Dame et la crypte. Si vous avez la force d'escalader plus de 120 marches, le panorama qui vous attend tout en haut de la tour est saisissant. On monte chaque été des expositions à l'intérieur du cloître dans le cadre des Rencontres internationales de la photographie.

Tarascon

Tarascon s'étend sur les rives du Rhône en face de Beaucaire. À l'origine un port de commerce, Tarascon dépend aujourd'hui de l'agriculture et de l'industrie (notamment une usine de plastiques établie en périphérie). Elle regorge en outre de touristes, et une visite de son château, de son église et de sa vieille ville constitue une agréable façon de passer une demi-journée.

La ville a été rendue célèbre par l'histoire de sainte Marthe, sa patronne. Selon la légende, la Tarasque, un diabolique monstre terrestre et marin, vivait dans le Rhône sous le château actuel et engloutissait femmes et enfants, sans parler de ses méfaits auprès des bateaux qui sillonnaient le fleuve. Il avait une tête de lion, un corps de dragon, un dos hérissé de pointes et une longue queue de serpent. Sainte Marthe, pour sa part, vint à Tarascon depuis Saintes-Maries-de-la-Mer en 48 ap. J.-C. afin d'introduire la chrétienté parmi les païens de l'endroit. Elle parvint à les convertir en accomplissant un miracle : elle subjugua en effet l'horrible Tarasque au moyen d'une croix et d'eau bénite, après quoi elle l'entoura de sa ceinture et la livra aux habitants de Tarascon, qui s'empressèrent de la rouer de coups jusqu'à ce qu'elle en meure. Ainsi, depuis l'époque du roi René, au XVe siècle, la victoire sur le monstre est célébrée chaque année en juin *(fête de la Tarasque, dernier dim de juin)*, alors qu'on parade avec une effigie de la bête longue de 6 m à travers les rues de la ville.

Le **château du Roi René** ★★ *(32F; avr à sept 9h à 19h, oct à mars 9h à midi et 14h à 17h; bd Roi René, ☎04.90.91.01.93)* compte parmi les forteresses les mieux conservées de France. Outre une belle collection de tapisseries, le château demeure entièrement vide, toute sa beauté résidant dans l'étude de sa magnifique structure de pierres. Érigé sur la rive du fleuve, il date du XIIIe siècle, mais l'édifice actuel a été construit par Louis II d'Anjou et achevé par son fils, le roi René, comte de Provence, qui y vécut de 1471 jusqu'à sa mort, en 1480. Il servit également de prison de 1700 à 1926, après quoi il fut restauré par le département des Monuments historiques.

Le château est entouré de douves et de hauts murs défensifs surmontés de hautes tours de garde crénelées. Au-delà du portail d'entrée se dresse un bâtiment qui abritait autrefois les cuisines du château, et, passé la boutique de souvenirs, une salle accueillait jadis la pharmacie de l'hôpital Saint-Nicolas de Tarascon. Une remarquable collection de 206 jarres d'apothicaire en terre cuite s'alignent encore sur les étagères de bois, et ce, depuis 1742. En vous engageant dans la cour d'honneur du château, vous découvrirez la Chapelle Basse et la chapelle des Chantres, toutes deux voûtées. Les étages supérieurs présentent de grandes salles de réception pourvues d'immenses foyers en pierre, les

Château du Roi René

appartements de la reine et la chambre du Conseil. Des fusiliers marins britanniques incarcérés dans le château ont gravé leur nom sur les murs de pierres ocre entre 1757 et 1778, et l'on peut encore admirer leurs «graffitis» par les fenêtres de la salle des Fêtes. Des **vues panoramiques ★★** exceptionnelles s'offrent en outre au regard depuis la terrasse ouverte aménagée sur le toit.

La Collégiale Sainte-Marthe ★ *(bd Roi René et place de la Concorde)* fut construite à la suite de la supposée découverte des reliques de sainte Marthe en 1187. En partie romane et en partie gothique, cette église renferme une riche collection de peintures religieuses des XVIIe et XVIIIe siècles, surtout exécutées par des artistes provençaux tels que Mignard et Vien. Remarquez la crypte du IIIe siècle au sous-sol, avec ses deux sarcophages; celui de sainte Marthe date du IVe siècle.

Le **cloître des Cordeliers** *(5F; juin à sept 10h à midi et 15h à 19h, oct à mai 14h à 18h; place Frédéric Mistral, ☎04.90.91.00.07)* est un joli cloître de religieuses franciscaines datant du XIVe siècle et accueillant aujourd'hui d'intéressantes expositions en été.

Le **Théâtre de Tarascon** *(rue Eugène Pelletan, ☎04.90.91.24.30)* retrouva toute sa splendeur baroque en 1987, avec son charmant fronton qui représente deux anges tenant une lyre et, à l'intérieur, 1 000 sièges répartis sur trois niveaux. L'abside d'une ancienne église dominicaine occupant le site depuis 1489 forme le mur de scène. Le théâtre fut détruit en 1884, lorsqu'un comédien en colère y mit le feu après une représentation d'*Œdipe*, mais il fut reconstruit et rouvrit ses portes quatre ans plus tard. On vint toutefois à le négliger de plus en plus après la Seconde Guerre mondiale, et il fut complètement fermé en 1963. Aujourd'hui, des troupes de danse et d'opéra, de même que des formations musicales, s'y produisent de septembre à mai.

L'**hôtel de ville** *(angle rue des Halles et rue du Château)* date de 1648, et sa façade sculptée, avec son balcon en pierre, figure au registre des monuments historiques. Remarquez les vieilles rues étroites qui rayonnent autour de la rue en arcades des Halles, surtout la rue Arc de Boqui, présente depuis le Moyen Âge.

Un autre personnage a contribué à la notoriété de Tarascon dans tout le monde francophone. Il s'agit de *Tartarin*, le sujet d'une série d'histoires satiriques écrites en 1872 par le héros local qu'était Alphonse Daudet (voir p 174). À l'époque, les gens de la région n'étaient guère heureux de voir leur ville et leurs coutumes ainsi ridiculisées sur le papier, mais il en va tout autrement aujourd'hui. Les admirateurs de l'œuvre de Daudet peuvent même visiter **La Maison de Tartarin** *(10F; 15 mars au 14 avr et 15 sept au 14 déc 10h à midi et 14h à 17h, 15 avr au 14 sept 10h à midi et 14h30 à 19h, fermé dim et du 15 déc au 14 mars; 55bis bd Itam, ☎04.90.91.03.52)*, un musée où chaque pièce recrée des scènes de la vie du célèbre personnage de Daudet.

L'**abbaye Saint-Michel-de-Frigolet** *(entrée libre; visites guidées régulières, généralement lun-ven 14h30, sam et fêtes 16h; s'informer à la boutique; les églises sont ouvertes au public durant le jour; sur la D81 par la D970, à 12 km de Tarascon et à 17 km d'Avignon, ☎04.90.95.70.07)* repose sur une jolie chaîne montagneuse connue sous le nom de **Montagnette ★**. Il s'agit d'une abbaye active habitée par des moines de l'ordre de Prémontré, et les visiteurs peuvent y admirer la chapelle Notre-Dame-du-Bon-Remède, construite au XIIe siècle mais modifiée au XVIIe siècle pour recevoir des ornements baroques et des lambris dorés. Boutique, hôtellerie et restaurant.

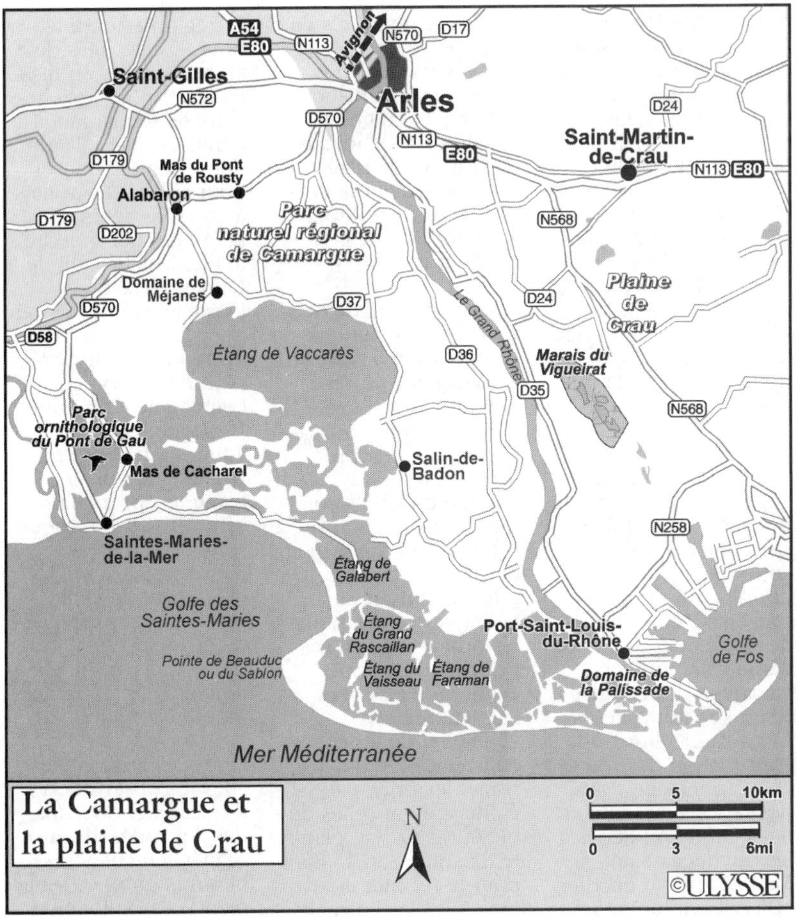

La Camargue et la plaine de Crau

La Crau

Cette vaste plaine de 60 000 ha au sud-est d'Arles constitue la dernière steppe naturelle d'Europe. Sa moitié nord, irriguée, sert à la culture d'une excellente variété de foin connu sous le nom de «foin de Crau». Le sol semi-aride de sa partie sud (11 500 ha) servait autrefois de lit à la Durance, ce qui explique les millions de galets qu'on y trouve; on y élève aujourd'hui surtout des moutons, qui broutent ici pendant les mois les plus frais, généralement du 15 octobre au 15 février.

L'irrigation de la Crau (afin de la rendre plus fertile), la présence à Istres d'une base aérienne et le développement industriel à proximité de Fos-sur-Mer menacent de déstabiliser l'écosystème unique de la plaine, où vivent une flore et une faune inhabituelles. À titre d'exemple, on ne compte en France que 150 couples de tétras pilets multicolores *(Ganga cata)*, qui vivent ici, et leur nombre ne cesse de décroître. Récemment, les agences environnementales françaises et européennes sont toutefois parvenues à sensibiliser le public aux problèmes de la Crau.

Saint-Martin-de-Crau *(prenez la N453 puis la N213 à l'est d'Arles)* est la plus importante localité de la région. Vous y trouverez le modeste **Écomusée de la Crau** *(entrée libre; tlj 9h à midi et 14h à 18h; route N113, ☎04.90.47.02.01)*, qui explique la flore, la faune et l'histoire de la région. À côté du musée se dresse une église du XIVe siècle, construite à la fin de la période romane.

Environ 7 km plus au sud-ouest sur la D24 apparaît le hameau de **Dynamite**, qui formait jadis une communauté autonome avec des dortoirs, un magasin, une église et un bureau de poste, le tout autour d'une usine où l'on fabriquait des explosifs (d'où son nom) destinés à l'agriculture, à la construction des routes et à l'armement. Pour des raisons de santé et de sécurité, on déplaça les ouvriers à Saint-Martin-de-Crau en 1988, et le village fut intentionnellement rasé.

★★

La Camargue

Les terres marécageuses du delta de la Camargue ne manqueront pas de vous surprendre et de vous fasciner si vous en êtes à votre première visite dans le sud de la France. Oubliez les images de carte postale des charmants villages provençaux accrochés à flanc de falaise, entourés de champs de lavande et de vergers, car vous trouverez ici, au sud d'Arles, 72 000 ha de terrain plat, de marais, d'étangs et de plages essentiellement délimités par le Petit Rhône, le Grand Rhône et la Méditerranée.

Une grande partie de la Camargue se compose du **Parc naturel régional de Camargue**, protégé contre le développement excessif. C'est ce qui explique la présence dans cette contrée de larges colonies de flamants roses (uniques en Europe) et de plusieurs oiseaux rares, en faisant un véritable paradis pour les ornithologues. Les principales activités économiques y sont l'agriculture, avec 25 000 ha de terres cultivées, et le tourisme, les principales cultures étant celles du blé et du riz. On plante le riz autour du 15 avril pour le récolter cinq mois plus tard, vers le 15 septembre. Plus de la moitié du sel produit en France provient par ailleurs de Salin-de-Giraud, sur la côte méditerranéenne. D'importantes crues du Rhône survenues en octobre 1993 et en janvier 1994 ont cependant inondé 12 000 ha au nord de la baie connue sous le nom d'«étang de Vaccarès», causant des millions de francs de dommages aux propriétés et aux cultures.

La région est réputée pour ses élevages de taureaux noirs ou manades et pour ses chevaux de Camargue, à demi sauvages. Traditionnellement utilisés pour aider les gardiens à contrôler leurs taureaux et pour moudre le blé, les chevaux de Camargue sont aujourd'hui surtout élevés pour les touristes, qui les montent pour explorer la région en compagnie d'un guide. Bien que les bêtes adultes arborent un pelage gris clair ou blanc, les petits naissent vêtus d'une robe sombre et parfois même noire. Il s'agit d'une race de taille relativement petite avec de grosses pattes et de durs sabots, particulièrement adaptés au sol mou de la Camargue.

Outre les randonnées à cheval, l'observation d'oiseaux et de manades, les rodéos locaux (généralement accessibles aux groupes seulement) et l'exploration de la côte, il n'y a pas grand-chose à faire en Camargue. Certains passent quelques jours ou une semaine à s'imprégner de cet habitat naturel, alors que d'autres y viennent brièvement d'Arles ou d'Avignon pour au moins prendre le pouls de la région et saluer les flamants au passage (n'oubliez pas vos jumelles). Les services sont par ailleurs peu nombreux; à titre d'exemple, il n'y aucune station-service entre Arles et Saintes-Maries-de-la-Mer, de sorte que vous feriez bien de faire le plein avant de prendre la route. N'oubliez pas non plus de faire provision d'eau potable et d'insectifuge, moustiques et marécages allant de pair.

Pour en apprendre davantage sur l'histoire, la faune et la flore uniques de la région, visitez le **Musée Camarguais** *(30F, gratuit pour les enfants; oct à mars 10h15 à 16h45, avr à sept 9h15 à 17h45, juil et août jusqu'à 18h45, fermé mar oct à mars; mas du Pont de Rousty, 12 km au sud-ouest d'Arles sur la D570, ☎04.90.97.10.82)*. Désigné «musée européen de l'année» en 1979, il présente une exposition bien conçue à l'intérieur d'une ancienne bergerie en faisant appel aux techniques modernes de mise en valeur des objets et des vitrines. Un sentier d'exploration balisé de 3,5 km sillonne également la campagne avoisinante.

Les **Marais du Vigueirat** *(55F; réservations des visites au Mas-Thibert, visites avr à juin et sept mar, jeu, sam à dim 16h à 20h, juil et août tlj 16h à 20h, oct à déc et jan à mars sam à dim 10h à 16h; prendre la D35 depuis Arles, ☎04.90.98.70.71, marais-du-vigueirat@wanadoo.fr)* vous proposent de découvrir un espace exceptionnel de 1 000 ha conciliant promenade agréable et découverte de la nature. Sur un circuit, équipé de six observatoires, vous découvrirez à pied de vastes étendues palustres où paissent des chevaux et taureaux de Camargue. En petits groupes, accompagnés par un guide naturaliste, vous partagerez l'intimité de la faune sauvage. Vous découvrirez une flore qui a su développer des merveilles d'adaptation et vous comprendrez les relations fortes qu'entretiennent l'être humain et la nature en Camargue. Depuis l'été 2000, un sentier estival (450 m) est ouvert et permet une découverte ludique et pédagogique de la nature camarguaise.

Ancienne chasse privée, le **Domaine de la Palissade** *(15F; tlj 9h à 17h; route de la Mer, D36d, prendre la D570 depuis Arles puis la D36, ☎04.42.86.81.28)* est aujourd'hui dévolu à la protection de la nature et à l'accueil du public. Cet espace, classé au niveau européen (Natura 2000), est le dernier à être situé hors des digues qui isolent la Camargue du fleuve et de la mer. À travers une exposition et des sentiers, vous pouvez découvrir à pied ou à cheval la flore et la faune de l'embouchure du Grand Rhône.

Flamant rose

Saintes-Maries-de-la-Mer

Saintes-Maries-de-la-Mer, jadis un port de pêche tranquille, accueille aujourd'hui des familles et des adolescents en quête de vacances ensoleillées au bord de la mer. La légende veut qu'en l'an 40 ap. J.-C. Marie Salomé (mère des apôtres Jean et Jacques le Majeur), Marie Jacob (sœur de la Vierge Marie), Marie Madeleine, Marthe, Lazare et Maxime aient été chassés de Jérusalem par les Juifs; ils seraient alors venus par bateau jusqu'ici, accompagnés de leur servante éthiopienne Sara (sainte patronne des tziganes). Marie Salomé et Marie Jacob seraient demeurées en Camargue avec Sara (pour devenir les saintes patronnes du village), tandis que les autres seraient allés prêcher le christianisme en Provence. Des pèlerinages célèbrent chaque année l'arrivée de ces trois femmes : la très colorée fête des Gitans *(24 et 25 mai)* et une autre en octobre. Saintes-Maries-de-la-

Mer est très fréquentée par les touristes en été, et l'on y est sidéré par le nombre incalculable de restaurants de fruits de mer qui se succèdent dans ses rues (menus identiques, certains servant même du poisson congelé!) ainsi que par le nombre impressionnant de comprtoirs de souvenirs proposant glaces et crèmes solaires.

Prenez néanmoins la peine de visiter l'**église Notre-Dame** ★★ *(place de l'Église)*, construite au XIIe siècle, puis fortifiée au XVe siècle afin de repousser les pirates et les envahisseurs. La chapelle supérieure renferme un sanctuaire où sont gardées les reliques des deux saintes Maries, découvertes en 1448, tandis que la **crypte** *(mai au 15 sept 8h à midi et 14h à 19h, 16 sept à fin oct et mars à avr 8h à 19h, nov à fév 8h à 18h)* révèle une mystérieuse statue de Sara, posée à côté de son autel. Près de la distributrice de chocolat, passé l'entrée de l'église, un escalier permet d'atteindre la terrasse aménagée sur le toit *(10F; fermé midi à 14h30)* offrant une **vue panoramique** ★★ saisissante sur la Camargue et la côte méditerranéenne.

Le **Musée Baroncelli** *(11F; tlj 9h30 à midi et 14h à 18h, dim ouverture à 10h, fermé mar en basse saison; rue Victor Hugo, ☎04.90.97.87.60)* présente une exposition sur le folklore local, abrite des spécimens d'oiseaux et d'animaux de la région, et raconte l'histoire des Saintes-Maries-de-la-Mer. Il fut érigé en mémoire du marquis Folco de Baroncelli-Javon, un ami de Mistral et un protecteur de la culture camarguaise.

Le **Parc ornithologique du Pont de Gau** ★ *(35F; tlj 9h au crépuscule; route D570 immédiatement au nord de Saintes-Maries-de-la-Mer, ☎04.90.97.82.62)*. Le printemps et l'automne constituent les meilleures saisons pour admirer la grande variété d'espèces ailées qui vivent en Camargue, y compris les neuf espèces de hérons qu'on trouve en Europe. On y décrit la riche vie des oiseaux de la région, et une réserve de 12 ha ponctuée de panneaux explicatifs vous permettra de l'étudier de plus près.

Activités de plein air

Randonnée pédestre

L'un des plus beaux sentiers est le GR6, qui franchit les Alpilles d'ouest en est en passant par Les Baux-de-Provence. Il longe la crête des collines en dents de scie et offre des points de vue sur la Camargue, le mont Ventoux et le Luberon. Des sentiers plus courts et bien balisés sillonnent en outre la région vallonnée de la Montagnette *(au départ de l'abbaye Saint-Michel-de-Frigolet, au nord de Tarascon)* de même que les Alpilles *(au départ de Saint-Étienne-du-Grès, de Saint-Rémy-de-Provence, des Baux-de-Provence et d'Eyguières)*. L'Office de tourisme de Saint-Rémy publie un dépliant gratuit présentant plusieurs randonnées de difficulté variable dans la région. Notez qu'en raison des risques de feux de forêt les activités de plein air sont interdites dans les secteurs boisés des Alpilles en juillet et en août. Plusieurs beaux sentiers demeurent cependant accessibles toute l'année autour des villages et dans les plaines.

Vélo

Bien que les Alpilles attirent nombre de courageux cyclistes, les jolis villages et les plaines ravissantes de la région conviendront davantage à ceux qui ne tiennent pas à s'éreinter.

La location d'une bicyclette

Saint-Rémy-de-Provence

Ferri
35 av. de la Libération
☎***04.90.92.10.88***

Arles

Peugeot
15 rue du Pont
☎***04.90.96.03.77***

Dall'Oppio
Rue Portagnel
☎***04.90.96.46.83***
(mars à oct)

Tarascon

Cycles Christophe
70 bd Itam
☎***04.90.91.25.85***

MBK
1 rue E. Pelletan
☎***04.90.91.42.32***

Saintes-Maries-de-la-Mer

Camargue Vélos
27 rue Frédéric Mistral
☎***04.90.97.94.55***

Le Vélociste
1 place des Remparts
☎***04.90.97.83.26***

Le Vélo Saintois
8 route de Cacharel
☎***04.90.97.74.56***

Équitation

Les associations, fermes et manades (ranchs) qui suivent proposent des randonnées guidées à cheval dans la région.

Saint-Rémy-de-Provence

Club hippique des Antiques
rue Étienne Astier
☎***04.90.92.30.55***

Tarascon

Ferme équestre de Bernercac
Grand Domaine de Frigolet
☎***04.90.90.53.66***

Centre équestre de Lansac
Mas Lansac
☎***04.90.91.42.87***

Manades

Il existe une pléthore de manades en Camargue, si bien que nous ne pouvons toutes les mentionner ici. Renseignez-vous donc auprès de votre hôtel ou de l'Office de tourisme de l'endroit où vous vous trouvez pour obtenir de plus amples détails. Les trois qui suivent ont une excellente réputation.

Manade Jalabert
La Chassagne en Camargue
☎***04.90.97.00.54***

Domaine de Méjanes
Albaron
☎***04.90.97.10.62***
Vaste complexe avec restaurant à côté de l'étang de Vaccares; rodéos, petit train pour touristes et excursions à cheval.

Manade Jacques Bon
Le Sambuc
☎***04.90.97.20.62***
Ranch professionnel avec rodéos et randonnées à cheval. Tenu par Jacques Bon, le charismatique propriétaire du nouveau *bed and breakfast* de luxe qu'est le Mas de Peint (voir p 192).

Golf

Les Baux

Golf des Baux-de-Provence
Domaine de Manville
13520 Les Baux-de-Provence
☎***04.90.54.40.20***
Parcours à neuf trous, boutique de pro, restaurant, location d'équipement.

Mouriès

Golf Club de Servannes
Château de Servannes
B.P. 6
13890 Mouriès
☎***04.90.47.59.95***
Parcours à 18 trous, boutique de pro, restaurant, location d'équipement.

Baignade

Que ce soit pour vous baigner ou pour vous faire dorer au soleil, vous trouverez en Camargue des plages le long de la côte méditerranéenne. Les plus belles et les plus lon gues plages de sable sont celles des Saintes-Maries-de-la-Mer (à l'est et à l'ouest du village), et elles sont très courues en été.

Les naturistes trouveront leur bonheur sur une plage nudiste située à 1 km à l'est de la route qui permet d'accéder à la plage d'Arles, dans la région camarguaise de Salin-de-Giraud. Une autre plage naturiste, celle-là créée par la municipalité des Saintes-Maries-de-la-Mer, se trouve à environ 6 km à l'est du village, immédiatement avant le phare de la Gacholle; elle n'est accessible qu'à pied de la plage des Saintes-Maries-de-la-Mer.

Hébergement

Saint-Rémy-de-Provence

Mexican Café
240F pdj
Pâques à fin août
dp
4 rue du 8 Mai 1945
☎04.90.92.17.66
Au-dessus de son restaurant mexicain, M. Cecchi loue des chambres rustiques et colorées, parmi les moins chères à Saint-Rémy.

Hôtel du Cheval Blanc
280F-310F, pdj 30F
bp, dp, tv, ☎
6 av. Fauconnet
☎04.90.92.09.28
⇄04.90.92.69.05
Un hôtel confortable, quoique rudimentaire, à prix modérés dans une ville où les prix sont plutôt élevés.

Auberge de la Reine Jeanne
350F, pdj 38F
fermé jan et fév
bp, ☎, *tv,* ℜ
12 bd Mirabeau
☎04.90.92.15.33
⇄04.90.92.49.65
L'Auberge de la Reine Jeanne propose 11 chambres au décor frais dans une atmosphère d'auberge champêtre en retrait de la rue principale. On prend le déjeuner et le dîner dans un jardin ombragé en été et dans un restaurant rustique pourvu d'un grand foyer au cours des mois plus frais.

Le Castellet des Alpilles
520F, pdj 48F
fermé 1er nov à fin mars
bp, ☎, ℜ
6 place Mireille
☎04.90.92.07.21
⇄04.90.92.52.03
Plusieurs de ses chambres au décor simple disposent d'une petite terrasse ou d'une loggia faisant face au sud, et Mme Canac-Roux réserve un accueil chaleureux et amical à tous ses clients. Le mobilier et la décoration sont toutefois démodés. Évitez le restaurant dans la mesure du possible.

Hôtel Ville Verte
200F-280F, pdj 38F
bp, ☎
place de la République
☎04.90.92.06.14
⇄04.90.92.56.54
Un hôtel simple d'allure familiale dont les propriétaires témoignent on ne peut mieux de la verve et de l'esprit locaux. Des studios entièrement équipés avec cuisinette sont proposés pour deux personnes ou quatre personnes.

Le Mas des Carassins
600F, pdj 60F
fermé du 15 nov au 15 mars
bp, ☎
1 chemin Gaulois
☎04.90.92.15.48
⇄04.90.92.63.47
Le Mas des Carassins se trouve immédiatement au sud du centre du village, non loin de l'avenue Victor Van Gogh. Il s'agit d'un petit hôtel tranquille jouxté d'un joli jardin planté d'arbres, d'arbustes et de fleurs. Les chambres rustiques sont quelque peu vieillottes, mais demeurent néanmoins propres et confortables, sans compter que les hôtes manifestent un grand sens de l'hospitalité.

Le Vallon de Valrugues
780F-1 165F, pdj 110F
bp, ≡, *tvc,* ☎, ⛵, ≈, ⌂, ℜ
chemin Canto Cigalo
☎04.90.92.04.40
⇄04.90.92.44.01
vallon.valrugues@wanadoo.fr
Le Vallon de Vallrugues se présente comme un complexe d'hébergement luxueux décoré

avec style, bien que le charme local lui fasse défaut. On y comblera vos moindres besoins. Son assortiment de menus à prix fixe fait bon usage des ingrédients frais de Provence.

Baux

La Burlande
380F pdj
bp, tv, ≈
13520 Le Paradou
☎04.90.54.32.32
La Burlande est un paisible *bed and breakfast* dont les trois chambres et la suite disposent de terrasses. Assiette froide au déjeuner en bordure de la piscine et repas du soir sont disponibles. L'endroit est indiqué depuis la D78, au sud des Baux près du Paradou. Accueil chaleureux et attentionné. Aucune carte de crédit acceptée.

Auberge de la Benvengudo
650F- 980F, pdj 70F
fermé fin oct au 1er mars
bp, ☎, tv, ≈, ℜ
☎04.90.54.32.54
⇄04.90.54.42.58
L'Auberge de la Benvengudo propose des chambres décorées avec goût, un joli jardin et une piscine invitante. On y jouit d'un confort assuré sur un site exceptionnel, quoique la route d'Arles, voisine, rompe légèrement le silence.

Eygalières

Le Mas dou Pastré
380F-690F, pdj 45F
bp, ☎, tv, ≈, ⛛
route d'Orgon
☎04.90.95.92.61
⇄04.90.90.61.75
Le Mas dou Pastré loue 10 chambres spacieuses et décorées dans un charmant style provençal à l'intérieur d'une maison de ferme en pierre. Les salles de bain sont bien équipées, et chaque chambre possède un panier en osier où reposent des serviettes supplémentaires pour la piscine. La gérante est amicale.

Maussane

L'Oustaloun
320F-400F, pdj 40F
fermé du 2 jan au 10 fév
bp, ☎, tv, ℜ
place de l'Église
☎04.90.54.32.19
Un accueil cordial et attentif vous attend dans cet hôtel de neuf chambres au décor attrayant, tout près de la place du village et de son église. Nous vous recommandons son restaurant *(fermé mer)* pour sa cuisine provençale toute simple, servie devant la fontaine municipale par beau temps.

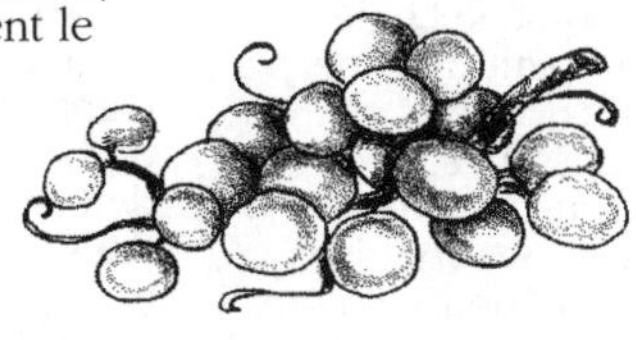

Salon-de-Provence

L'Hôtel Vendôme
250F-270F, pdj 28F
bp
34 rue du Maréchal Joffre
☎04.90.56.01.96
Vous n'avez guère d'autres choix dans cette ville où la majorité des établissements manquent de charme ou donnent sur une rue bruyante. Mais, avec le Vendôme, vous ne vous tromperez pas; il vous propose 23 chambres simples dans un bâtiment vieillot, la plupart d'entre elles faisant face à une cour centrale paisible et agrémentée d'un petit bassin. Très propre et très amical.

Arles

Auberge de Jeunesse
fermé du 16 déc au 5 fév
av. Maréchal Foch
☎04.90.96.18.25
Restaurant, jardin, salle de télévision, 108 lits (en dortoirs et en chambres).

Hôtel du Musée
230F-490F, pdj 38F
fermé 5 jan au 5 fév
dp, bp, ☎, tv
11 rue du Grand Prieuré
☎04.90.93.88.88
⇄04.90.49.98.15
Un hôtel deux étoiles des plus invitants aux chambres éclairées et garnies de meubles provençaux. Par temps chaud, le petit déjeuner est servi dans une cour intérieure ensoleillée.

Hôtel Le Calendal
290F-450F pdj
bp, dp, ☎, tv
22 place Pomme
☎04.90.96.11.89
⇄04.90.96.05.84
contact@lecalendal.com
www.lecalandal.com
Un hôtel éclairé et ensoleillé au décor provençal, situé tout près des arènes. Buffet au petit déjeuner et repas légers sont servis sur une jolie terrasse verdoyante et ombragée. On en a aménagé de nouvelles du côté de la rue Porte de Laure.

Hôtel Le Cloître
250F-410F, pdj 38F
fermé jan et fév
bp, ☎, tv dans 5 chambres
16 rue du Cloître
☎04.90.96.29.50
⇄04.90.96.02.88
hotel_cloitre@hotmail.com
Arles manque de lieux d'hébergement économiques, mais celui-ci comble partiellement cette lacune avec 30 chambres propres et dotées de petites salles de bain. On sert le petit déjeuner dans une grande salle pourvue d'une arche du XIIIe siècle. Les chambres n° 18 et n° 20, bien que minuscules, offrent une vue glorieuse sur le cloître et l'église Saint-Trophime.

Hôtel de l'Amphithéâtre
310F-360F pdj 36F
bp, dp, ☎, tv
5 rue Diderot
☎04.90.96.10.30
⇄04.90.93.98.69
www.hotelamphitheatre.fr
En activité depuis 1997, ce charmant établissement occupe un hôtel particulier entièrement rénové et décoré avec simplicité, quoique avec style (sols de salle de bain carrelés de terre cuite, murs jaunes chaleureux et mobilier attrayant). Il fait face à la jolie place Henri Lartigue, à quelques pas seulement de l'amphithéâtre romain.

Hôtel Saint Trophime
290F-345F, pdj 38F
fermé fin nov à mars
dp, bp, ☎, tv
16 rue de la Calade
☎04.90.96.88.38
⇄04.90.96.92.19
Un hôtel à proximité de tout installé dans un bâtiment du XVIIe siècle. Chambres simples et quelque peu défraîchies.

Hôtel d'Arlatan
350F-500F-950F pdj 62F
bp, ≡
☎, tv, ⩓, bar
près de la place du Forum
26 rue Sauvage
☎04.90.93.56.66
⇄04.90.49.68.45
www.hotel-arlatan.fr
L'Hôtel d'Arlatan est un établissement parfaitement charmant aménagé dans l'ancienne résidence de luxe de l'intendant du roi René, le comte Jean d'Arlatan de Beaumont. On y propose 30 chambres au décor individuel, de même que 11 appartements *(1 055F-1 550F)*, garnis de magnifiques meubles provençaux et d'antiquités. Le délicieux petit déjeuner, avec croissants chauds et pâtisseries, des confitures et un café sans pareil, est servi dans la cour intérieure en été, tout près de la fontaine. Le service se veut courtois, et la famille Desjardins ne ménage pas ses sourires.

Hôtel Atrium
540F-630F, pdj 55F
bp, ≡, ☎, tvc, ⩓, ≈, ℜ
1 rue Émile Fassin
☎04.90.49.92.92
⇄04.90.93.38.59
atrium.arles@wanadoo.fr
www.hotelatrium.com
L'Hôtel Atrium propose un hébergement confortable en plein centre de la ville. Le décor se compare à celui de plusieurs établissements affiliés aux grandes chaînes internationales, et il y a une piscine sur le toit. Surtout populaire auprès des groupes organisés et des gens d'affaires.

Le Grand Hôtel Nord-Pinus
840F-990F, pdj 75F
fermé fév
bp, ≡, ⩓, ☎, tv, ℜ, bar
place du Forum
☎04.90.93.44.44
⇄04.90.93.34.00
www.nord-pinus.com
Le Grand Hôtel Nord-Pinus occupe un emplacement idéal sur la place du Forum, et il a par le passé accueilli de nombreux toréadors et célébrités. Anne Igou a rouvert l'hôtel en 1989 en lui conservant tout son charme, alliant bon goût et un soupçon de kitsch. On trouve dans chaque chambre des lits en fer forgé et un savoureux mélange d'antiquités et d'objets de brocante; les salles de bain sont bien équipées. D'anciennes photographies et des sou-

venirs de corridas emplissent le salon et le bar, fréquenté, entre autres clients, par le designer Christian Lacroix, natif d'Arles.

Hôtel Jules-César
680F-1 250F, pdj 80F
bp, ≡, ☎, ⛾, *tvc,* ℜ
bd des Lices
☎04.90.93.43.20
⇄04.90.93.33.47
www.hotel-julescesar.fr
L'Hôtel Jules-César, à proximité de tout, est un établissement de luxe (membre de l'Association des Relais et Châteaux) qui occupe un ancien couvent du XVIe siècle. Les chambres sont bien équipées et présentent un décor récemment refait dans un style provençal sans surprise. L'excellente salle à manger propose une bonne carte des vins, et le somptueux petit déjeuner, de même que le déjeuner *(menu à 105F)*, sont servis dans le joli cloître paysager. Accueil professionnel.

Tarascon

Auberge de Jeunesse
48F, pdj 19F, repas 45F
fermé 15 déc au 1er mars
31 bd Gambetta
☎04.90.91.04.08
⇄04.90.91.54.17
tarascom@fuaj.org
Salle de réception, six dortoirs de 8 ou 12 lits chacun pour un total de 65 places. Membre de la FUAJ.

Le Mas de Gratte Semelle
500F
bp, ☎, *tv,* ℂ, ≈
route d'Avignon
☎04.90.95.72.48
⇄04.90.90.54.87
À même sa vieille maison de ferme provençale en pierre, Thécla Fargepallet propose, à proximité de tous les attraits des Alpilles, un appartement à deux niveaux avec un petit salon, deux chambres, une cuisine complètement équipée (y compris un lave-vaisselle et une machine à laver) et une grande terrasse donnant sur les collines ondulantes de la Montagnette. Une autre chambre, plus petite, est aussi disponible. On peut y prendre le repas du soir, et ce, même si l'on ne loge pas au Mas. Location disponible pour une fin de semaine ou une semaine. Aucune carte de crédit acceptée.

La Crau

Le Château de Vergières
850F pdj
bp
☎04.90.47.17.16
⇄04.90.47.38.30
www.ila.chateau.com/manade
Un *bed and breakfast* dans un château du XVIIIe siècle? Pourquoi pas! Jean et Marie-Andrée Pincedé vous accueillent chaleureusement mais sans exubérance dans leur demeure aménagée avec goût et entourée de verdure, fait pour le moins inusité sur la plaine rocailleuse de la Crau. Six chambres spacieuses sont offertes en location.

La Camargue

Le Mas de Pioch
265F-285F-295F-305F, pdj 28F
dp, bp, tv, ≈
sur la D570, immédiatement au sud de la D38; route d'Arles
13460 Saintes-Maries-de-la-Mer
☎04.90.97.50.06
⇄04.90.97.55.51
La Camargue regorge de motels coûteux et souvent médiocres, mais cet hôtel aux allures de villa fait exception à la règle en vous proposant 12 chambres sommaires mais propres, entourées d'un parc ombragé et surtout économiques. Seule ombre au tableau : la proximité d'une route passante.

Lou Mas Dou Juge
1 300F
bp, tv
par la D85, qui longe le Petit Rhône sous la D58 en direction de Saintes-Maries-de-la-Mer, quartier Pin Fourcat, route du Bac du Sauvage
13460 Saintes-Maries-de-la-Mer
☎66.73.51.45,04
⇄66.73.51.42.04
Lou Mas Dou Juge est une auberge aménagée dans une maison de ferme rénovée, réputée pour ses bons dîners joviaux concoctés par Renée Granier (généralement du poisson frais grillé) et animés par son époux Roger, qui amuse ses hôtes par des récits grivois, de la musique et de la danse, le tout abondamment arrosé, ce qui ne nuit

certes pas à l'atmosphère, de ses eaux-de-vie à la pêche et à la poire. Bien que surtout populaire auprès des groupes d'affaires, les clients seuls et les couples sont invités à se joindre à la fête; il faut cependant noter que ce genre de divertissement ne convient guère aux introvertis! Les chambres sont simples, et leur mobilier se révèle plutôt usé. Possibilité de randonnées à cheval pour mieux explorer la Camargue. Aucune carte de crédit acceptée.

Le Mas de Peint
1 195F-2 180F, pdj 80F
bp, ≡, ☎, ⊿, *tvc*, ≈, ℜ
sur la D36 entre Arles et Salin-de-Giraud, Le Sambuc
13200 Arles
☎04.90.97.20.62
⇄04.90.97.22.20
peint@avignon.pacwan.net
Le Mas de Peint s'impose comme un établissement de luxe au cœur de la Camargue. Ses 11 chambres avec salle de bain en mezzanine arborent un décor somptueux, rehaussé de beaux meubles et de tissus raffinés. Le savoureux petit déjeuner, qui ne comporte pas seulement des croissants mais aussi des fruits frais, des céréales et du yogourt, est servi sur une grande table en bois à l'intérieur même de l'adorable cuisine; déjeuner et dîner sont aussi disponibles, préparés par le cuisinier à demeure. Le charismatique M. Bon, heureux propriétaire d'une manade et riziculteur prospère, et son épouse Lucille, une architecte, ont réussi à créer ici une ambiance chaleureuse et détendue, raffinée mais sans prétention aucune. On peut visiter la ferme des Bon.

Saintes-Maries-de-la-Mer

Auberge de Jeunesse
Piocht-Badet, route de Cacharel
☎04.90.97.51.72
⇄04.90.97.54.88
Membre de la FUAJ; 76 lits. À 10 km des Saintes-Maries-de-la-Mer.

L'Hôtel Méditerranée
280F, pdj 30F
bp/bc
4 bd Frédéric Mistral
☎04.90.97.82.09
⇄04.90.97.76.31
L'Hôtel Méditerranée propose 14 chambres au décor simple à proximité de la plage et du port. Agréable jardin. Hôtes joviaux.

Hôtel Mas des Rièges
300F-500F, pdj 40F
fermé oct à mars
bp, *tv*, ☎, ≈, *bar*
route de Cacharel
☎04.90.97.85.07
⇄04.90.97.72.26
L'Hôtel Mas des Rièges se présente comme un ranch paisible et sans prétention. Chambres petites mais joliment décorées, et piscine invitante. Possibilité de repas légers le midi.

Hôtel Le Boumian
440F-490F pdj 40F
bp, ☎, *tv*, ≈, ℜ
sur la D570, immédiatement au nord des Saintes-Maries-de-la-Mer
Le Pont des Bannes
☎04.90.97.81.15
⇄04.90.97.89.94
L'Hôtel Le Boumian compte 28 chambres confortables, dont plusieurs en bordure de la piscine. Accueil amical. Possibilité de randonnées à cheval.

Restaurants

Saint-Rémy-de-Provence

Lou Planet
$
7 place Favier
☎04.90.92.19.81
Lou Planet est une crêperie simple quoique attrayante, située sur un joli square tranquille en face du Musée des Alpilles, dont la façade a été restaurée. Les salades, les crêpes et les galettes y sont savoureuses et peu coûteuses pour cette ville aux prix gonflés. Ouvert le midi et le soir, mais aussi tout l'après-midi, alors qu'on y sert boissons fraîches, glaces et café.

La Gousse d'Ail
$$
fermé jeudi midi
25 rue Carnot
☎04.90.92.16.87
Un chaleureux bistro rehaussé de poutres en

Saint-Tropez, symbole des stations balnéaires de la Côte d'Azur, se découpe derrière un magnifique voilier se dirigeant vers sa rade. - *M. Raget*

Nichée en bordure d'un champ de lavande, l'abbaye de Sénanque s'impose comme l'un des plus remarquables monuments de Provence. - *Mauritus-Vidler*

bois, de bric-à-brac, de vieilles gravures et de nappes blanches. La nourriture se veut d'ailleurs tout aussi réconfortante : pâtes fraîches au pistou, salade de roquefort, potage de poisson... Soirée de jazz le jeudi et menu à prix fixe.

Olivade
$$
fermé fin oct à mi-mars
fermé le midi mar
12 rue du Château
☎04.90.92.52.74
Surtout apprécié au cours des mois les plus chauds, alors que dîner sur sa terrasse en pierre est des plus agréables. Plats de Provence à base de viande, de poisson et de salade.

Le Bistro Découverte
$$
fermé lun
19 bd Victor Hugo
☎04.90.92.34.49
Un petit restaurant simple et branché proposant un excellent choix de vins au verre. Son menu à 115F peut aussi bien comporter des crevettes géantes que du canard ou du filet mignon.

La Maison Jaune
$$
fermé lun et mar
15 rue Carnot
☎04.90.92.56.14
Un agréable restaurant où l'on sert des spécialités provençales (filet d'agneau accompagné de tapenade, poisson frais...) et dont la terrasse donnant sur le vieux Saint-Rémy regroupe plusieurs tables et chaises en teck.

Le Monocle
$$
fermé dim et du 20 déc au 10 fév
48 rue Carnot
Le Monocle, tenu par de bien sympathiques jeunes dames, dégage une originalité certaine. Le petit établissement d'une dizaine de tables, aux murs couverts de fresques fantastiques, respire la simplicité et la convivialité. Autour de tables thématiques (des disques vinyles servent de napperons, les menus sont présentés sur de vieilles pochettes de disques, la carte des desserts est inscrite sur un boîtier de CD), les convives dégustent des plats méridionaux copieux et à petits prix. Le midi, on propose un menu à 48F (trois services) et le soir, de 68F à 88F. Pas de réservations et pas de téléphone. Aucune carte de crédit acceptée.

L'Orangerie Chabert
$$
fermé lun
16 bd Victor Hugo
☎04.90.92.05.95
Charmant établissement en retrait de la rue, au fond d'une cour qui jouxte une maison consacrée à la dégustation d'huile d'olive, L'Orangerie Chabert possède une superbe terrasse sous les arbres et garnie de tables surmontées de larges parasols. Sa cuisine raffinée élabore, entre autres plats, une originale et distinguée gougonette de merlu au jus de pomme verte, un tendre filet de porc à la cardamome et un gâteau moelleux de foie de volaille.

L'Assiette de Marie
$$
tlj
dîner seulement
1 rue Jaume-Roux
☎04.90.92.32.14
La jeune chef Marie fait preuve d'une main sûre et propose un menu de trois services pouvant comprendre des poivrons rouges grillés, du fromage de chèvre et des cannellonis aux épinards, de l'osso buco et une délicieuse crème brûlée. Les repas sont servis dans une salle chaleureuse, aux murs de pierres ocre, garnie de fleurs fraîchement coupées et de tables et chaises en bois. Quant à la vaisselle, il est intéressant de noter que toutes les assiettes sont différentes. Service amical.

Bistrot des Alpilles
$$
fermé dim et du 15 nov au 15 déc
15 bd Mirabeau
☎04.90.92.09.17
Le Bistrot des Alpilles est une grande et joyeuse «brasserie-restaurant» décorée dans les tons de vert sombre et de rouge, et rehaussée de touches provençales. On y sert des repas coûteux au jet-set de Saint-Rémy.

XA
$$
fermé mer et déc à mars
24 bd Mirabeau
☎04.90.92.41.23
XA se veut un restaurant confortable où l'on met l'accent sur la fraîcheur des ingrédients entrant dans la préparation des plats.

Vallon de Vallrugues
$$
chemin Canto Cigalo
☎04.90.92.04.40
⇄04.90.92.44.01
Le restaurant gastronomique, entièrement rénové, du Vallon de Vallrugues s'avère excellent. Ses menus à 195F (déjeuner seulement), 290F, 390F et 480F (menu dégustation) font ample usage d'ingrédients provençaux frais. Service professionnel et courtois sur toute la ligne.

Eygalières

Sous Les Micocouliers
$$
fermé mar et mer
traverse Monfort
☎04.90.95.94.53
Sous Les Micocouliers est un établissement décontracté et à la mode situé légèrement en retrait du centre du village. Il possède une magnifique terrasse ombragée par de nombreux micocouliers (variété d'ormes), et l'on y sent toute l'atmosphère de la Méditerranée. Lorsqu'il fait plus frais, on se déplace volontiers à l'intérieur, chauffé par un large foyer où rôtit parfois un gigot d'agneau au-dessus d'un feu de bois. Le menu varie de jour en jour (terrine de poisson, médaillon de lotte, filet de boeuf sauce aux cèpes, etc.).

Maussane

Ou Ravi Provençau
$$$
fermé mar, du 20 nov au 20 déc et du 20 au 30 juin
34 av. de la Vallée des Baux
☎04.90.54.31.11
Ou Ravi Provençau est un restaurant chaleureux, très populaire auprès des gens de la région, où l'on sert des spécialités provençales (bœuf en daube, pieds et paquets, morue fraîche arrosée d'un coulis de tomates). Le décor se veut gai et rustique, les abat-jour étant recouverts de tissus provençaux, et les murs, ornés de casseroles en cuivre et d'objets divers.

Salon-de-Provence

La Salle À Manger
$$
fermé dim après-midi et lun
6 rue du Maréchal Joffre
☎04.90.56.28.01
La famille Miège a déménagé ses pénates dans le Sud en 1993 pour ouvrir ce bijou après avoir tenu un autre restaurant en Normandie. La Salle À Manger, qui occupe un hôtel particulier du XVIIIe siècle entièrement rénové par le designer Gilles Dez, propose un menu provençal raffiné constituant un remarquable rapport qualité/prix (délicieux rouget grillé, rôti d'agneau appétissant garni de tapenade). Le menu comprend deux services et un dessert parmi les nombreux choix figurant sur la carte de «grand-mère». En été, on peut dîner dans un joli patio.

Arles

Pâtisserie P. Boitel
$
7h30 à 20h, salon de thé jusqu'à 19h, fermé fév
4 rue de la Liberté
☎04.90.96.03.72
La Pâtisserie du Forum est une pâtisserie traditionnelle doublée d'un petit salon de thé, où l'on peut savourer des croissants et du café le matin, des repas légers (quiches, salades) le midi et de savoureux gâteaux le reste de la journée.

Vitamine
$
fermé dim
16 rue du Docteur Danton
☎04.90.93.77.36
Vitamine, un petit café éclairé et accueillant de huit tables de la vieille ville, propose plus de 30 salades différentes ainsi que des plats de pâtes fraîches tout à fait délicieux.

La Charcuterie Restaurant
$-$$
mar-sam, midi à 15h et 19h à 1h
51 rue des Arènes
☎04.90.96.56.96
Un bistro rustique avec un vieux sol carrelé, de longues tables en bois et même une baignoire suspendue au plafond. La cuisine est en partie provençale (saucisson d'Arles, agneau au thym), en partie lyonnaise (tripes, charcuterie). Ouvert tard dans une ville où l'on a du mal à dénicher un repas après 22h.

Acqua Café
$$
fermé dim
Halte fluviale
☎06.08.45.91.66
Acqua Café est plus qu'un banal restaurant, c'est le moins qu'on puisse dire! Depuis 1996, les sympathiques propriétaires ont eu la brillante idée d'aménager leur établissement dans une péniche mouillant dans les eaux du Rhône. En admirant le vieux Arles balayé par les rayons de soleil rasants de fin de journée, vous dégusterez d'excellents plats provençaux, légers, raffinés et parfumés. Entre autres délices, mentionnons les papetons d'aubergines au coulis de tomates, le lapin sauce tapenade et le filet de taureau sauce anchoïade. Les desserts, frais et savoureux, méritent également qu'on s'y attarde. Une superbe expérience gastronomique à prix raisonnable dans un cadre magnifique. Aucune carte de crédit acceptée.

Chez Gigi
$$
fermé lun
49 rue des Arènes
☎04.90.96.68.59
Michel, chef des cuisines originaire d'Arles, et Gigi, énergique Québécoise, vous invitent à faire un tour du monde culinaire dans leur très sympathique restaurant. Citoyens du monde et baroudeurs, ils ont ramené dans leurs bagages mille et un objets et, surtout, mille et une recettes, des *gnocchis* à la corse au *guacamole*, en passant par les calmars frits à la New Orleans et les acras de morue et autres viandes fumées *(smoked meat)* bien québécoises. L'ambiance est on ne peut plus conviviale, décontractée et chaleureuse, et les patrons respirent l'optimisme et la joie de vivre. La carte de Michel et Gigi change fréquemment, et réserve toujours quelques surprises à ses convives.

Le Jardin de Manon
$$-$$$
fermé mer
14 av. Alyscamps
☎04.90.93.38.68
Voici un petit trésor à quelques minutes du centre-ville. Décoré avec soin et avec un goût judicieux, Le Jardin de Manon propose une carte saisonnière où se côtoient des plats raffinés, subtils et savoureux. Quelques exemples? Le sublime fondant d'oignons doux au coulis de tomates au basilic, le gigotin de volaille à la tapenade fourré aux légumes du moment et l'excellent lapin désossé farci au fromage de chèvre et à la sariette, jus aux olives. Réaménagée, la terrasse, avec ses larges parasols jaunes et son mobilier en fer, se veut on ne peut plus invitante et paisible.

L'Entrevue
$$
fermé dim
place Nina Berbevova
☎04.90.93.37.28
Sur une petite place jouxtant les quais du Rhône se dresse un établissement qui vous fera voyager au Maroc l'espace d'un moment. Délicieux couscous, *tajines* et *pastillas* sont préparés avec grand art et servis, en été, sur une fort agréable terrasse qui vous permettra d'admirer les couchers de soleil sur le Rhône. Outre ces délicieux plats, le chef prépare quelques classiques de la cuisine française, viandes grillées et poissons. Si la terrasse est invitante, la salle à manger intérieure l'est tout autant avec son décor maghrébin chaleureux et ses murs couverts de vieilles affiches.

L'Escaladou
$$
midi à 14h30 et 18h30 à 23h30
15 rue Porte de Laure
☎04.90.96.70.43
Cuisine de Provence – poisson frais, rôti de bœuf sur riz de Ca-

margue, potage de poisson – servie dans une salle au décor gai rehaussé de nappes jaunes et d'un carrelage blanc. Menus à 85F, 105F et 140F.

L'Olivier
$$
fermé dim-lun
1bis rue Réattu
☎04.90.49.64.88
L'Olivier s'impose comme l'une des meilleures tables d'Arles. L'imagination du chef Jean-Louis Vidal y transforme de frais ingrédients provençaux en des créations inspirées telles que champignons grillés sauce crème à l'ail et au persil, bouchées d'aiglefin poché agrémentées de fromage de chèvre en purée, rôti d'agneau au romarin et pot au feu de fruits de mer. Menus à 168F, 288F et 348F (six services, accompagnés chacun d'un vin différent). Service professionnel.

L'Affenage
$$
fermé mar, mer soir et dim hors saison
fermé dim en haute saison
4 rue Molière
☎04.90.96.07.67
L'Affenage est un bon restaurant proposant des plats traditionnels dans la charmante étable aux poutres apparentes d'une ancienne auberge du XVIIIe siècle. Menu raisonnable comprenant un buffet «aux saveurs de Provence» avec un bon choix de saucissons d'Arles, de salades fraîches et de terrines, suivi d'un gigot d'agneau au thym ou d'un canard laqué, le tout couronné de desserts maison (excellentes tartes au citron meringue et aux noisettes). Service efficace, quoique les résidants semblent bénéficier d'un traitement préférentiel.

Tart'in
$
7 rue des Carmes
☎04.90.93.36.77
Un nombre ahurissant de tartes, au poireau et au gruyère aussi bien qu'à l'oignon et au jambon, aux fruits rouges ou aux pommes, à la cannelle et aux raisins secs, sans oublier un vaste choix de salades mélangées, le tout à des prix raisonnables. Hôtes on ne peut plus amicaux.

La Mule Blanche
$-$$
tlj sauf dim
9 rue du Président Wilson
☎04.90.93.98.54
La Mule Blanche est un restaurant amical et sans façon fort apprécié des résidants. Menu «Formule du Bistro» à prix raisonnable ou choix de salades copieuses, de pâtes et de plats de viande.

Tarascon

Bistrot des Anges
$$
fermé dim
place du Marché
☎04.90.91.05.11
Au Bistrot des Anges, un accueil et un service conviviaux, une terrasse fort agréable à deux pas de la mairie et une bonne nourriture de bistro vous attendent. La salle intérieure, vaste, aux murs presque nus, se veut dépouillée et sobre, dans les tons de jaune. Les sympathiques patrons vous proposent une formule déjeuner à 85F (un plat, entrée ou dessert), des plats du jour à 65F et un menu complet à 100F.

Saint-Martin-de-Crau

DeMoro Pâtissier
$
6h à 13h et 14h30 à 19h30
fermé lun
av. de la République
☎04.90.47.11.02
DeMoro Pâtissier est tout indiqué pour des pâtisseries, des gâteaux et des croissants à vous mettre l'eau à la bouche. Un confortable salon de thé vous permettra de déguster ces douceurs sur place.

L'Oustau de Mamette
$$
fermé dim soir et du 15 au 30 août
13 av. de la République
☎04.90.47.04.03
L'Oustau de Mamette, un restaurant charmant, occupe le rez-de-chaussée d'une vieille demeure de la rue principale de cette paisible localité. On y apprête, comme il se doit, des ingrédients provençaux tout frais, c'est-à-dire sans artifice,

de manière à laisser les saveurs naturelles s'exprimer pleinement. On y trouve des aubergines en pâte filo arrosées d'un coulis de tomates, une légère salade de foie de poulet vinaigrette aux framboises, des cuisses de grenouille à l'ail et au basilic, et de la sole grillée, sans oublier les délicieuses tartes maison aux fruits frais. Service courtois. Terrasse ombragée.

La Camargue

Marc et Mireille
$
plage de Beauduc
☎04.42.48.80.08
Il n'y a rien de tel, pour les aventuriers dont la voiture possède de bons amortisseurs, que de se rendre sur la plage isolée de Beauduc pour déguster du bon poisson grillé, frais du jour, au restaurant rustique de Marc et Mireille. Vous y trouverez d'incomparables tinades (minuscules mollusques) à l'ail, des poissons à chair blanche et savoureuse hors du commun, tel le corb ou le marbré, ainsi que de la poutargue (pâte à tartiner aux œufs et au poisson en purée). Bien que guère plus grand qu'une cantine, ce restaurant est fort populaire en été, et nous vous recommandons de réserver. D'Arles, suivez la D36 sur 5 km, puis tournez à droite par la D36B Sud, où vous passerez l'étang de Vaccarès et pourrez admirer de beaux flamants roses. Cette route devient ensuite la D36C après les hameaux de Salin-de-Badon et de Paradis, mais gardez-vous de prendre le virage serré à gauche en direction de Salin-de-Girard; continuez plutôt vers le sud avant de tourner brusquement à droite, là où pointe un petit panneau peint à la main portant l'inscription «Marc et Mireille - Beauduc». Assurez-vous également de faire le plein avant de prendre le départ car il n'y a aucune station-service dans les parages.

Saintes-Maries-de-la-Mer

Les Vagues
$-$$
12 av. Théodore Aubanel
☎04.90.97.84.40
Les Vagues se présente comme un café de plage idéal pour un casse-croûte ou un simple rafraîchissement, quoiqu'on y propose également un menu varié de plats de poisson tout à fait respectables.

Lou Cardelino
$$
fermé mer, en fév et fin nov à fin déc
25 rue Frédéric Mistral
☎04.90.97.96.23
Lou Cardelino est un joli restaurant de fruits de mer au décor d'un bleu apaisant et au service courtois. Poisson frais grillé tel que sole ou poisson-chat, à 40F/100 g. Menus de 75F à 120F.

Hôtel Le Boumian
sur la D570
immédiatement au nord des Saintes-Maries-de-la-Mer
Le Pont des Bannes
13460 Saintes-Maries-de-la-Mer
☎04.90.97.81.15
⇌04.90.97.89.94
Le restaurant de l'Hôtel Le Boumian propose un dîner qui constitue, somme toute, une bonne affaire et qui est servi dans une attrayante salle à manger *(180F avec fromage, dessert et vin).*

Sorties

Saint-Rémy-de-Provence

La Forge
av. de la Libération
☎04.90.92.31.52
Discothèque.

La Haute Galine
Quartier de la Galine
☎04.90.92.00.03
Discothèque.

Café Latin
rue Roger Salengro
Café; musiciens certains soirs.

Le Festival Organa
Association Organa
☎04.90.92.08.10
Le Festival Organa présente des concerts d'orgue sur l'instrument restauré (l'un des plus importants de France) de l'église collégiale Saint-Martin *(bd Mar-*

ceau, en face de la place de la République), ainsi que des concerts classiques de juillet à septembre *(téléphonez pour connaître le programme)*. Des répétitions ont lieu tous les samedis à 17h30, de juillet à septembre, dans l'église Saint-Martin.

Concerts de jazz
Adressez-vous à l'Office de la culture de Saint-Rémy *(☎04.90.92.08.10, poste 394)* ou à l'Office de tourisme pour obtenir de plus amples renseignements sur les soirées de jazz organisées en divers lieux au cours de l'été.

Fêtes traditionnelles

L'une des fêtes les plus inusitées de la région est sans doute la **Fête de la Transhumance** ★, une célébration qui se tient chaque année le lundi de la Pentecôte (fin mai). Des bergers en costume traditionnel font défiler leurs 3 000 moutons à travers les rues de la ville, au moment où ils doivent normalement les déplacer de la torride plaine de la Crau vers les hautes terres plus fraîches pour l'été. L'événement s'accompagne d'un étalage de fromages de chèvre et de brebis produits dans les environs (avec remise de prix), d'une foire de la brocante d'une journée et de différentes expositions.

Arles

Le Tropicana
7 rue Molière
☎04.90.93.34.70
Piano-bar, crêperie.

Cargo de Nuit
jeu-sam 20h à 4h
7 av. Sadi Carnot
☎04.90.49.55.99
Populaire boîte de nuit où l'on peut entendre de très bonnes formations de musique africaine, de salsa et de jazz. Salle de spectacle de 300 places, bar et restaurant (cuisine ouverte jusqu'à 2h).

Le Grenier à Sel
49 quai de la Roquette
☎/⇌04.90.93.05.23
Salle de spectacle où l'on présente des numéros de cabaret, des pièces de théâtre et des concerts de jazz. Prenez la peine de vous renseigner sur sa programmation, aussi audacieuse que divertissante.

Café La Nuit
11 place du Forum
☎04.90.96.44.56
Le Café La Nuit, aussi connu sous le nom de «Café Van Gogh» (l'endroit a fait l'objet d'un célèbre tableau de l'artiste en 1890), est tout indiqué pour prendre un verre entre amis dans une atmosphère animée en plein cœur d'Arles. Un lieu de rencontre populaire.

Cinéma Le Mejean
quai Marc Dormoy
☎04.90.93.33.56
Le Cinéma Le Mejean présente dans ses trois salles un bon choix de récentes productions indépendantes du monde entier, mais aussi des succès commerciaux, des rétrospectives et des rencontres avec des réalisateurs. On y trouve par ailleurs un restaurant servant des salades et des repas légers, de même qu'une très bonne librairie : Actes Sud.

Les **manades**. Arles et la Camargue sont riches de traditions, dont plusieurs se rapportant aux taureaux et aux corridas. Nombre de manades (fermes d'élevage de taureaux noirs) émaillent la région, et plusieurs d'entre elles possèdent de petites arènes où l'on présente des rodéos une fois la semaine durant l'été. Les jours, les heures, les prix et la qualité des spectacles varient, de sorte qu'il vaut mieux s'informer auprès de l'Office de tourisme local pour obtenir plus de détails. Les corridas de la région d'Arles se présentent aussi bien sous la forme espagnole que sous une forme locale d'où toute violence est absente. Dans ce dernier cas, l'objet du combat consiste en effet à retirer prestement un cordon attaché entre les cornes du taureau, si bien que l'animal n'est blessé d'aucune façon.

Fêtes traditionnelles

La plus colorée et la plus intéressante des fêtes d'Arles est la **Fête des Gardians ★**, célébrée le 1er mai. Des cavaliers costumés et de jolies Arlésiennes (habitantes de la ville vêtues de longues jupes traditionnelles, de blouses blanches et de châles soigneusement drapés) défilent dans les rues, et l'on assiste à des manifestations tauromachiques et équestres.

Parmi les autres événements présentés à Arles, retenons **La Feria Pascale** (longue fin de semaine de Pâques; toréadors et gardiens de troupeaux conduisent leurs taureaux jusqu'aux arènes romaines), **La Pégoulado** (première semaine de juillet; procession au flambeau, chants et danses folkloriques dans les rues de la ville), **Les Rencontres Internationales de la Photographie** (pendant une semaine en juillet; festival de photographie du plus haut niveau réunissant des photographes professionnels et amateurs du monde entier) et **Les Prémices du Riz** (mi-septembre; fête de la moisson du riz, défilé de chars allégoriques et divertissements).

Tarascon

Théâtre de Tarascon
rue Eugénie Pelletan
renseignements
☎04.90.91.51.45
réservations
☎04.90.91.24.30
Le Théâtre de Tarascon produit un éventail de drames, d'opéras et de divertissements musicaux de septembre à mai, réalisés par des troupes en tournée venues jouer dans cet adorable théâtre baroque entièrement restauré. Téléphonez à l'avance pour connaître le programme.

Fêtes traditionnelles

Huit jeunes hommes costumés paradent dans les rues de la ville avec une immense représentation du monstre fabuleux qu'était la Tarasque au cours de la **Fête de la Tarasque** (dernier dimanche de juin). Fidèle à sa sinistre réputation, la Tarasque menace tout spectateur qui tente de lui barrer la route.

Saintes-Maries-de-la-Mer

Flamenco - Bar Le Commerce
13 rue Victor Hugo
☎04.90.97.84.11
Café; spectacles, entre autres de flamenco.

Vers la fin des années quatre-vingt, les Gypsy Kings, originaires de la Camargue, ont rendu populaires les mélodies latines chantées à la guitare et caractéristiques de cette région, dont certaines ont atteint le sommet du palmarès un peu partout à travers le monde. Bien que le groupe soit aujourd'hui dissous, l'un de ses membres, Chico, se produit parfois dans la région. Par ailleurs, certains restaurants présentent des musiciens gitans au cours de l'été, comme, par exemple, La Manade des Saintes-Maries-de-la-Mer.

Fêtes traditionnelles

Au cours de la populaire **Fête des Gitans** (24 et 25 mai), les gitans promènent une statue de Sara couverte de bijoux à travers les rues de la petite ville. Suit un défilé d'Arlésiennes et de gardiens de chevaux et de taureaux. Diverses manifestations ont lieu au bord de la mer et dans les rues, y compris des jeux où les taureaux camarguais sont à l'honneur. Un événement de nature similaire a également lieu un dimanche autour du 22 octobre.

Mouriès

Fêtes traditionnelles

La fête des olives vertes se déroule en septembre (généralement l'avant-dernier dimanche du mois) dans les rues de ce village, immédiatement après la récolte du précieux fruit.

Achats

Saint-Rémy-de-Provence

Forum Santé Pharmacie
fermé dim
4 bd Mirabeau
☎*04.90.92.08.05*
Pharmacie commodément située avec heures d'ouverture prolongées.

Saint-Rémy Presse
12 bd Mirabeau
☎*04.90.92.05.36*
Marchand de journaux proposant un grand choix de périodiques et magazines internationaux.

Atelier de photographie
fermé dim-lun en hiver
9 rue Carnot
☎*04.90.92.36.76*
Développement de photos en une heure.

La Maison d'Araxie
1 place Joseph Hilaire
☎*04.90.92.58.87*
Une épicerie fine tout à fait enchanteresse avec un excellent choix de produits locaux, notamment du nougat, des tisanes, des friandises au miel et des confitures de fruits.

Poivre d'Ane
fermé dim en hiver
25 bd Victor Hugo
☎*04.90.92.17.08*
Souvenirs et objets de Provence pour la maison, de qualité supérieure à ce qu'on trouve ailleurs.

La Confiserie des Alpilles
tlj sauf sam 8h à midi et 14h à 18h
5 av. Albert Schweitzer
☎*04.90.92.11.08*
Depuis trois générations, la famille Lilamand élabore ses fameux fruits confitsavec les meilleurs ingrédients locaux (abricots, melons, mirabelles, etc.).

Galerie Noir et Blanc
30 rue Carnot
☎*04.90.92.55.21*
La Galerie Noir et Blanc est une petite galerie de photos tenue par un jeune homme talentueux du nom d'Éric Pexxali, qui vend des gravures encadrées et des cartes postales (images en couleurs et en noir et blanc de la région photographiées par lui). Également, service d'imprimerie professionnel. À côté de la fontaine Nostradamus.

Maussane

Bastide Saint-Bastien
mar-dim 10h à 12h30 et 15h à 19h
99 av. de la Vallée des Baux
☎*04.90.54.37.64*
La Bastide Saint-Bastien, une superbe boutique d'antiquités, occupe une résidence du XIXe siècle, devant laquelle s'étend un joli jardin. Vaste choix de meubles et objets provençaux sélectionnés par François Calvia (attaché de presse du ministre de l'Intérieur français jusqu'en 1981) et Daniel Pourchez (descendant d'une famille de joailliers réputés).

Arles

Pierre Milhau
6h30 à 13h et 15h à 19h30
fermé dim après-midi et lun
11 rue Réattu
☎*04.90.96.16.05*
Ce traiteur est reconnu pour ses délicieux saucissons d'Arles, faits de porc, de bœuf et d'épices douces.

L'Arlésienne
lun-sam 10h à midi et 14h à 19h
12 rue du Président Wilson
☎*04.90.93.28.05*
L'Arlésienne vend des vêtements traditionnels provençaux et camarguais, y compris les

robes et les larges rubans à cheveux que portent les femmes à l'occasion des fêtes locales.

Antiquités Frédéric Dervieux
lun-sam 10h à midi et 15h à 19h
5 rue Vernon
☎04.90.96.02.39
Antiquités Frédéric Dervieux propose des antiquités de qualité exposées dans quatre salles d'un élégant hôtel particulier datant du XVIIIe siècle. On y met surtout l'accent sur les meubles et objets provençaux.

Marché provençal d'Arles
sam matin
le long du boulevard des Lices
Le Marché provençal d'Arles se révèle particulièrement animé et varié. Outre les habituels comptoirs de produits régionaux (fruits, légumes, épices, fines herbes, fleurs, savon et tissus), vous y trouverez des brocanteurs et des selliers fabriquant selles, brides et attelages pour les cavaliers de Camargue. Vous aurez aussi l'occasion d'y voir des Arlésiennes en costume traditionnel.

Antiquités Maurin
tlj sauf dim et sam matin 9h à midi et 14h à 19h
4 rue de Grille
☎04.90.96.51.57
Antiquités Maurin présente un amusant mélange d'antiquités et d'objets divers, parmi lesquels se trouvent de la verrerie, des porcelaines et des meubles.

La Librairie Actes Sud
lun 14h à 21h, mar-mer 10h à 21h, jeu 10h à 20h
passage du Méjan
47 rue du Docteur Fanton
☎04.90.49.56.77
L'éditeur belge Hubert Nyssen créa la maison d'édition Actes Sud en 1978. Un an plus tard, sa fille Françoise prit les rênes de la firme au siège arlésien et publie aujourd'hui une dizaine d'ouvrages par mois rédigés par une impressionnante brochette d'auteurs français et étrangers (l'Américain Paul Auster, la Russe Nina Berberova, ainsi que des écrivains asiatiques, arabes et scandinaves). Les jaquettes des livres d'Actes Sud ont valu à la maison d'édition plusieurs prix pour leur conception originale, et l'on retrouve la collection tout entière dans cette librairie, mais aussi un bon choix d'œuvres émanant d'autres éditeurs.

InterSport
fermé lun matin et dim
20 place de la République
☎04.90.96.17.70
L'endroit tout indiqué pour des vêtements et articles de sport.

Labo Photo Valtier
58 rue du 4 Septembre
☎04.90.96.43.61
Photographies développées en une heure et approvisionnement en pellicule.

Pharmacie Poix-Wattrelos
fermé dim
1 rue de la Place
☎04.90.96.13.69
Cette pharmacie offre un service amical et professionnel, sans compter ses heures d'ouverture prolongées.

De Moro Pâtissier
dim-lun fermé entre 13h et 14h30
rue Wilson
☎04.90.93.14.43
L'une des pâtisseries les plus fines de la région. Elle propose un choix hallucinant, dont une spécialité qui lui est propre : l'Alexandrian (légère mousse au chocolat sur biscuit aux noisettes).

Forum
fermé dim
rue Wilson
☎04.90.93.65.39
Cette chic librairie dispose d'un bon choix de guides de voyage, de cartes routières, d'œuvres littéraires et d'ouvrages culturels.

Saint-Martin-de-Crau

Chèvre Fermier Malbosc-Espigue
indiqué par un panneau
à 400 m à l'est de la D27 entre Maussane et Saint-Martin-de-Crau
☎04.90.47.08.95
Chèvre Fermier Malbosc-Espigue met en vente une étonnante variété de fromages de chèvre fermiers provenant directement du manufacturier. Les chèvres de Malbosc produisent un lait d'une grande richesse, du fait de croisements étudiés et d'un régime de fourrages choisis de la Crau.

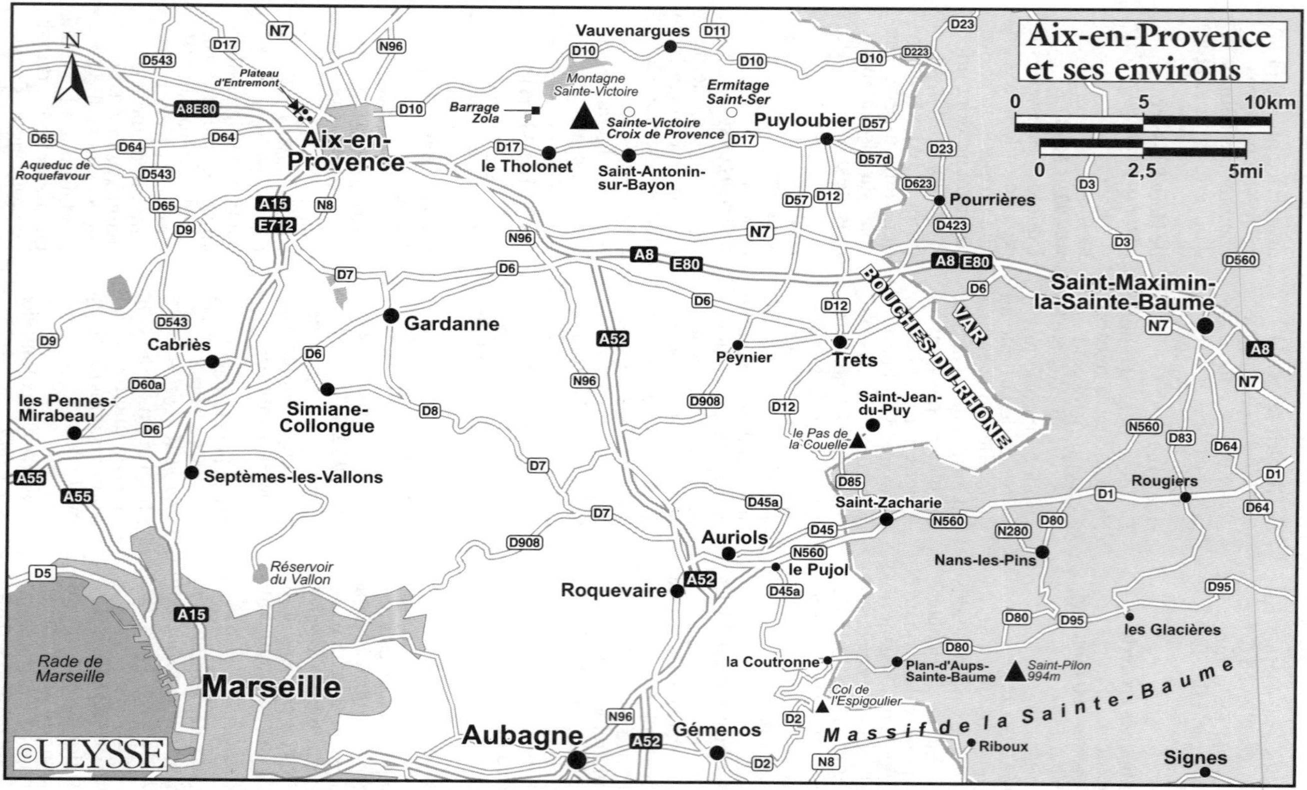
Aix-en-Provence et ses environs
0 5 10km
0 2,5 5mi
N
Aix-en-Provence
Plateau d'Entremont
Aqueduc de Roquefavour
Barrage Zola
Montagne Sainte-Victoire
Sainte-Victoire Croix de Provence
Ermitage Saint-Ser
Vauvenargues
Puyloubier
le Tholonet
Saint-Antonin-sur-Bayon
Pourrières
Saint-Maximin-la-Sainte-Baume
BOUCHES-DU-RHÔNE
VAR
Gardanne
Cabriès
les Pennes-Mirabeau
Simiane-Collongue
Septèmes-les-Vallons
Peynier
Trets
Saint-Jean-du-Puy
le Pas de la Couelle
Saint-Zacharie
Rougiers
Nans-les-Pins
Auriols
le Pujol
Roquevaire
Réservoir du Vallon
Rade de Marseille
Marseille
Aubagne
Gémenos
la Coutronne
Col de l'Espigoulier
Plan-d'Aups-Sainte-Baume
Saint-Pilon 994m
les Glacières
Massif de la Sainte-Baume
Riboux
Signes
©ULYSSE

Aix-en-Provence

Ce chapitre sur Aix-en-Provence englobe aussi les régions de la montagne Sainte-Victoire et du massif de la Sainte-Baume.

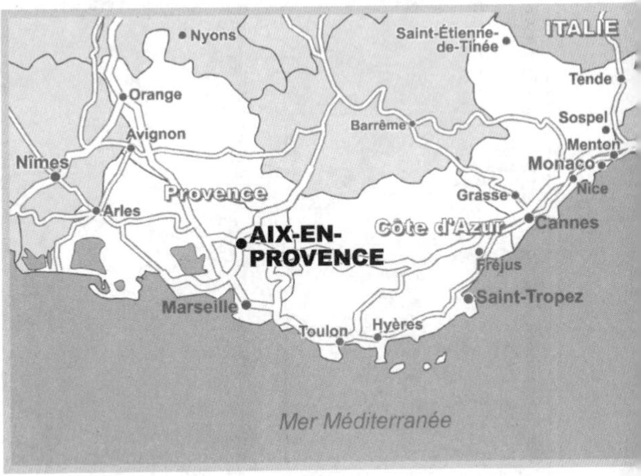

Aix-en-Provence est une magnifique ville provençale aux rues bordées d'arbres, aux élégantes résidences historiques et aux nombreux squares, dans lesquels on trouve près de 100 fontaines. Les multiples bâtiments et monuments d'intérêt parsemés le long des rues piétonnes du centre-ville peuvent être visités naturellement à pied, et, somme toute, il vaut la peine de passer quelques jours dans la région. La chaîne de montagnes de la Sainte-Victoire (maintes fois peinte par Cézanne) et le massif boisé de la Sainte-Baume présentent des panoramas saisissants et se voient sillonnés par de merveilleux sentiers baignés d'effluves enivrants. De plus, ce qui constitue un atout majeur, cette région est moins fréquentée et pratiquement aussi belle que les collines du Luberon plus au nord.

Le plus ancien site de peuplement d'Aix connu à ce jour se trouve à 3 km au nord de la ville actuelle sur les hauteurs d'Entremont. Il était habité par les Salyens (aussi appelés Salluvii ou Salluviens), une tribu celto-ligure qui contrôlait toute la plaine entre la Durance et le Rhône. Les ruines de cette colonie, découvertes au cours de XXe siècle, sont visibles au Musée Granet. Ce peuple fut toutefois vaincu par les Romains en 122 av. J.-C.; ces derniers avaient à leur tête le consul Sextius Calvinus, et ils s'établirent dans la région dès l'année suivante.

Ce site stratégique se trouvait par ailleurs à proximité d'une source thermale naturelle tantôt chaude, tantôt froide. La communauté naissante prit le nom d'Aquae Sextiae, ou «les eaux de Sextius».

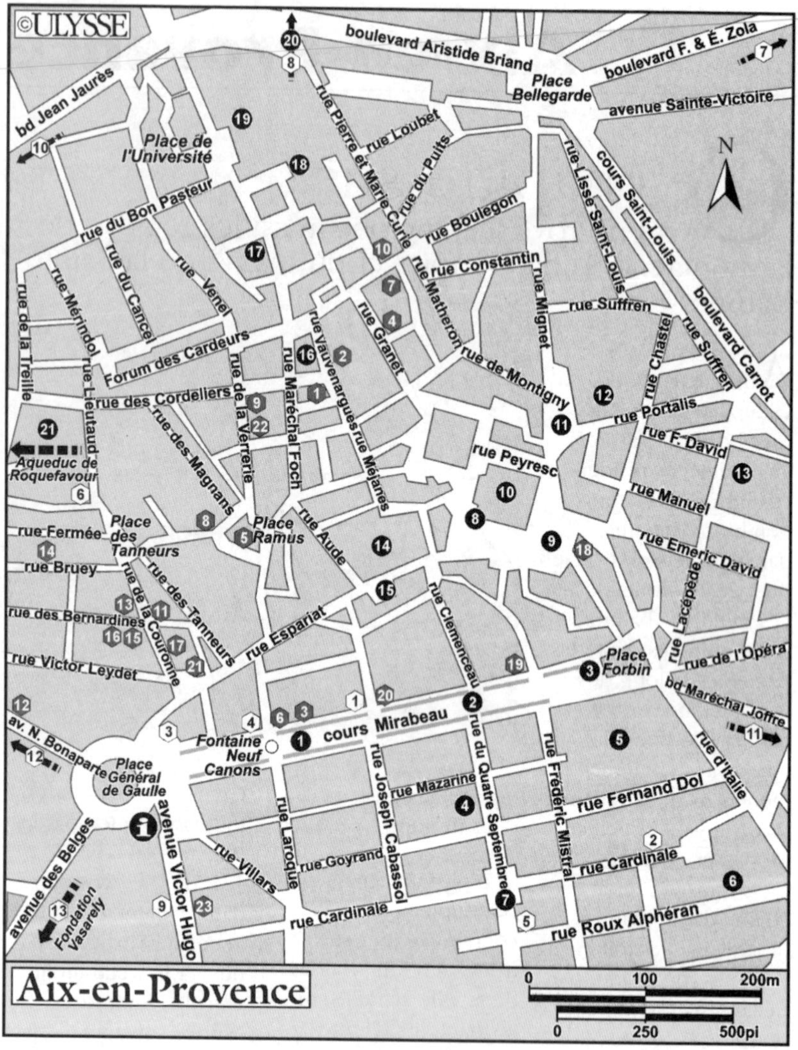
©ULYSSE
Aix-en-Provence
boulevard Aristide Briand
boulevard F. & É. Zola
Place Bellegarde
avenue Sainte-Victoire
bd Jean Jaurès
Place de l'Université
rue Pierre et Marie Curie
rue Loubet
rue du Puits
rue du Bon Pasteur
rue Boulegon
rue Constantin
rue Lisse Saint-Louis
cours Saint-Louis
rue Suffren
boulevard Carnot
rue Venel
rue du Cancel
rue Mérindol
rue de la Treille
rue Matheron
rue Mignet
rue Granet
rue Chastel
rue de Montigny
Forum des Cardeurs
rue Vauvenargues
rue Méjanes
rue des Cordeliers
rue Lieutaud
rue de la Verrerie
rue Maréchal Foch
rue Portalis
rue F. David
rue Peyresc
rue des Magnans
Aqueduc de Roquefavour
rue Manuel
Place Ramus
rue Aude
rue Fermée
Place des Tanneurs
rue Bruey
rue Emeric David
rue des Tanneurs
rue des Bernardines
rue de la Couronne
rue Clemenceau
rue Lacépède
rue Espariat
rue Victor Leydet
Place Forbin
rue de l'Opéra
bd Maréchal Joffre
av. N. Bonaparte
cours Mirabeau
Fontaine Neuf Canons
Place Général de Gaulle
rue d'Italie
rue Laroque
rue Joseph Cabassol
rue Mazarine
rue du Quatre Septembre
rue Frédéric Mistral
rue Fernand Dol
avenue Victor Hugo
rue Villars
rue Goyrand
rue Cardinale
avenue des Belges
Fondation Vasarely
rue Roux Alphéran
N
0 100 200m
0 250 500pi

ATTRAITS

1. Cours Mirabeau
2. Fontaine Moussue
3. Fontaine du Roi René
4. Musée Arbaud
5. Quartier Mazarin
6. Musée Granet
7. Fontaine des Quatre Dauphins
8. Quartier des Prêcheurs
9. Place de Verdun
10. Palais de justice
11. Place des Prêcheurs
12. Église de la Madeleine
13. Collège des Jésuites
14. Musée d'Histoire naturelle/Hôtel Boyer d'Eguilles
15. Place d'Albertas
16. Hôtel de ville
17. Musée du Vieil Aix
18. Musée des Tapisseries
19. Cathédrale Saint-Sauveur
20. Atelier Cézanne
21. Pavillon de Vendôme

HÉBERGEMENT

1. Grand Hôtel Nègre-Coste
2. Hôtel Cardinal
3. Hôtel de France
4. Hôtel des Augustins
5. Hôtel des Quatre Dauphins
6. Hôtel Le Manoir
7. Hôtel Le Prieuré
8. Hôtel Paul
9. Hôtel Saint-Christophe
10. La Villa Gallici
11. Les Infirmeries du Roy René
12. Les Résidences Pierre et Vacances
13. Résidence Les Floridianes

RESTAURANTS

1. À la Cour de Rohan
2. Café de l'Horloge
3. Chez Antoine Côté
4. Chez Feraud
5. Chez Maxime
6. Haagen-Dazs
7. Hub Lot Cybercafé
8. Jacquou le Croquant
9. La Maison des Fondues
10. Le Basilic Gourmand
11. Le Bistro Latin
12. Le Cintra
13. Le Comté d'Aix
14. Le Petit Verdot
15. Le Poivre d'Ane
16. Les Agapes

La domination des Romains sur la région se confirma en 102 av. J.-C., lorsque les troupes de Marius massacrèrent des milliers de Teutons au cours de la bataille d'Aix, qui se déroula à Pourrières (à 30 km à l'est d'Aix). L'origine du nom de la montagne Sainte-Victoire remonte d'ailleurs à cette date historique.

Aix devint une colonie romaine sous César et Auguste, et des fouilles archéologiques laissent croire qu'il y avait un amphithéâtre, des temples et des remparts dans la région. Mais, de même que l'ancienne colonie d'Entremont fut détruite par les Romains, des raids répétés de maraudeurs au fil des siècles ont fini par raser complètement ces structures. Deux invasions méritent plus particulièrement d'être retenues à ce chapitre : celle des Wisigoths en 477 et celle des Sarrasins en 731.

La communauté devint un centre religieux au VIe siècle après avoir accédé au rang d'archevêché. Au Moyen Âge, l'activité se concentrait surtout autour du quartier Saint-Sauveur, près de la cathédrale et du baptistère (qui datent tous deux de la fin du IVe siècle), ainsi que de la résidence de l'archevêque.

Aix devint la capitale du comté de Provence au cours du XIIe siècle. Une expansion rapide s'ensuivit au XIIIe siècle, lorsque les comtes de Provence y établirent leur résidence permanente. Ceux-ci s'entourèrent de personnalités culturelles, de poètes, de musiciens et, surtout, des fameux troubadours. Les projets de construction, surtout à caractère religieux, se multipliaient, et un immense palais vit le jour. Louis II fit même construire une université en 1409. Entre-temps, en 1348, Aix fut cependant frappée par la peste noire, qui dévasta considérablement la région.

La splendeur d'Aix culmina sous le règne du roi René, comte de Provence (1471-1480). Grand promoteur des arts, il faisait preuve d'intelligence, d'enthousiasme et d'un remarquable sens commun en dépit de sa stature aristocratique. Des projets de construction à caractère civique furent entrepris, des tableaux de maîtres italiens et flamands furent commandés, et les événements culturels se multiplièrent. On attribue même au bon roi René, ainsi que le surnommait son peuple adoré, l'introduction en France du raisin de muscat. En contrepartie, la légende populaire indique toutefois que le roi ne parlait pas la langue provençale et ne buvait que du vin d'Anjou en provenance du territoire de ses ancêtres, délaissant par le fait même les crus de la région.

Aix fut annexée à la France en même temps que le reste de la Provence, soit en 1486. Après l'établissement du Parlement de Provence en 1501, la ville connut un second âge d'or. Les membres du

La gourmandise d'Aix

Il doit peser entre 10 g et 14 g et contenir exclusivement des amandes de Méditerranée. Il est constitué d'un tiers d'amandes, un tiers de sucre et un tiers de fruits confits dont 99% de melon. Qu'est-il? Les connaisseurs et becs sucrés vous diront le «calisson», assurément. Pourtant, les origines de la douceur aixoise demeurent un mystère. Pour certains, elle aurait été fabriquée dès l'Antiquité; pour d'autres, dont l'auteur du XIXe siècle Alphonse Karr, elle aurait été créée pour le mariage de René d'Anjou avec Jeanne de Laval en 1474.

L'histoire, voire la légende, veut que la future reine ne souriait jamais. Triste de voir sa souveraine aussi peu épanouie en ce beau jour de réjouissances, le cuisinier royal confectionna pour elle une petite friandise à base de sucre, d'amandes et de fruits confits. Dès la première bouchée, sa douceur dessina un rayonnant sourire sur le visage de Jeanne. Stupéfaits, les courtisans se demandèrent ce qui se produisait devant eux et l'un d'eux aurait répondu : «Ce sont des câlins», *di calin soun* en provençal.

Si l'on hésite sur les origines de cette friandise aixoise, dont la dernière hypothèse est certes la plus poétique, il en va de même quant à l'explication de sa forme. Pourquoi un losange? Seul son créateur le sait.

Parlement firent en effet naître une nouvelle prospérité et ne manquèrent pas de soutenir la communauté culturelle. Mais il n'en reste pas moins que la classe ouvrière les accusait de s'attribuer davantage de privilèges et d'alourdir le fardeau fiscal des pauvres.

Aix atteignit de nouveaux sommets aux XVIIe et XVIIIe siècles. Louis XIV visita la ville et encouragea la reconstruction urbaine. L'aristocratie érigea de fabuleuses résidences privées connues sous le nom d'«hôtels particuliers» (surtout sur le cours Mirabeau et dans les rues avoisinantes), faisant appel au calcaire ocre et arborant d'étroites terrasses entourées de jolis ouvrages en fer forgé aux étages supérieurs. Selon toute vraisemblance, on dénombre plus de 160 de ces hôtels particuliers à Aix. L'un des projets de construction les plus ambitieux fut entrepris en 1646 par Michel Mazarin (archevêque d'Aix et frère du cardinal Mazarin). Un quartier complet au sud du cours Mirabeau vit ainsi le jour, ponctué d'élégantes demeures, de squares et de fontaines, et il porte encore à ce jour le nom de «quartier Mazarin».

La puissance politique de la ville déclina à la suite de la décision, prise à Paris, d'amoindrir considérablement le rôle du Parlement de Provence. Richelieu démembra le conseil dirigeant des états de Provence en 1639 et le remplaça par des intendants locaux relevant directement de la Couronne française. Les frictions se poursuivirent entre royalistes loyaux envers la monarchie française et défenseurs de l'indépendance de la Provence. La peste de 1720 frappa la région d'Aix, et les états de Provence furent rétablis en 1770, mais ceux-ci refusèrent de souscrire à un mouvement visant à faire naître un système fiscal plus équitable. Comme on peut s'en douter, la classe ouvrière d'Aix se rebella contre les privilèges évidents que s'arrogeaient ainsi les aristocrates. Le Parlement d'Aix fut brièvement suspendu en 1771, puis rétabli de nouveau, mais cette fois avec peu de pouvoir tangible.

Au cours des années 1780, Aix envoya l'éminent antimonarchiste Mirabeau pour la représenter à titre de membre élu au sein du tiers état nouvellement formé à Paris en remplacement de la monarchie absolue. Sa mémoire demeure encore vivante aujourd'hui sous la forme de la principale artère d'Aix, le cours Mirabeau, avec ses quatre jolies rangées de hauts platanes.

Après la Révolution, Aix perdit une grande partie de son prestige et de son pouvoir. Détrônée en tant que capitale de la Provence, elle devint une sous-préfecture du nouveau département français des Bouches-du-Rhône. Le développement économique de la région se déplaça vers Marseille, où la majorité des sociétés et des industries se regroupaient.

Aujourd'hui, Aix possède une population de cadres et d'ouvriers employés par les industries des environs, de magistrats attachés à l'importante cour d'appel, de nombreux étudiants et de touristes. Les mois d'été y sont animés, en grande partie grâce au réputé festival de musique qui s'y tient en août chaque année (malheureusement, des difficultés budgétaires ont entraîné la présentation de saisons réduites depuis le début des années quatre-vingt-dix).

Pour s'y retrouver sans mal

En avion

Aix-en-Provence est avantageusement située à 25 km de l'**aéroport de Marseille-Marignane** *(☎04.42.89.09.74)*, auquel elle est reliée par la route D9. L'aéroport d'Avignon s'en trouve, quant à lui, à 85 km; de là, empruntez la N7 ou la A7 (autoroute du Soleil), puis prenez à gauche la A8 (La Provençale) après Salon de Provence et 17 km avant Aix.

En train

Gare SNCF d'Aix-en-Provence
rue G. Desplaces (au début de l'avenue Victor Hugo)
renseignements :
☎04.91.08.50.50
réservations :
☎04.91.08.84.12

Aix est desservie par les transports ferroviaires régionaux (TER) de la Société nationale des chemins de fer français. Les visiteurs d'outre-mer arrivant à Paris peuvent prendre le TGV (train à grande vitesse) à l'aéroport Charles-de-Gaulle ou à la gare de Lyon, puis descendre en Avignon ou à Marseille avant de monter à bord d'un des nombreux trains régionaux qui se rendent à Aix plusieurs fois par jour. Les visiteurs d'outre-mer qui arrivent à l'aéroport Satolas de Lyon peuvent, pour leur part, prendre le TGV pour Avignon ou Marseille à la gare ferroviaire reliée à l'aérogare.

Les comptoirs d'information de la SNCF, présents dans toutes les gares françaises, vous indiqueront l'itinéraire le plus rapide et le plus pratique selon vos besoins particuliers. Vous pouvez acheter en même temps votre billet de TGV et votre titre de transport pour un des trains régionaux qui se rendent à Aix à tout moment et dans n'importe quelle gare. Des tarifs spéciaux, dits «Joker», vous permettent de réaliser d'importantes économies (50% et plus) sur de nombreux trajets, pourvu que vous achetiez vos billets deux semaines ou un mois à l'avance.

En autocar

Gare routière
av. Camille Pelletan
☎04.42.27.17.91

Vous pouvez atteindre Aix en autocar à partir de nombreuses localités de Provence, dont Marseille *(sa gare routière jouxte la gare centrale Saint-Charles de la SNCF, ☎04.91.08.16.40)* et Avignon *(sa gare routière se trouve à côté de la gare centrale de la SNCF, ☎04.90.82.07.35)*.

En voiture

La location d'une voiture

ADA Discount
114 cours Sextius
☎04.42.96.20.14

Avis
11 bd Gambetta
☎04.42.21.64.16

Budget
16 av. des Belges
☎04.42.38.37.36

Europcar
55 bd de la République
☎04.42.27.83.00

Hertz
43 av. Victor Hugo
☎04.42.27.91.32

Lubrano Location
37 bd de la République
☎*04.42.26.72.70*
☎*04.42.21.44.85*
(autos, scooters et motos)

Renseignements pratiques

Offices de tourisme

Aix-en-Provence
place du Général de Gaulle
13100 Aix-en-Provence
☎*04.42.16.11.61*
⇄*04.42.16.11.62*

Le grand Office de tourisme d'Aix offre ses services de manière professionnelle et efficace. On y trouve une foule de brochures utiles sur la ville et les événements qui s'y tiennent, de même que des renseignements détaillés sur les activités possibles dans la campagne environnante. Le dépliant, à la fois concis et riche en information, intitulé *Circuit Cézanne/Sur les traces de Cézanne* (en français, en anglais et en italien), propose une promenade autoguidée à travers les rues d'Aix, qui vous permettra de voir les bâtiments et les sites qui ont marqué la vie du peintre, ainsi qu'une boucle de 40 km dans la région de la montagne Sainte-Victoire. L'Office de tourisme organise également des visites à pied de la ville *(mi-juin à mi-sept tlj 10h et 15h, mi-sept à mi-juin mer et sam 15h)* et diverses excursions dans la région. Une petite boutique y vend livres, t-shirts, souvenirs et vin local des coteaux d'Aix.

Saint-Maximin-la-Sainte-Baume
place de l'Hôtel de Ville
83470 Saint-Maximin-la-Sainte-Baume
☎*04.94.59.84.59*

Stationnement

De nombreuses rues du centre d'Aix sont étroites ou exclusivement piétonnes, ce qui rend la visite plus agréable mais cause par ailleurs des problèmes de circulation. Évitez donc le centre-ville si vous êtes en voiture. Plusieurs stationnements souterrains bien éclairés et sous surveillance vidéo sont disponibles dans les environs (tarif à l'heure), à quelques minutes de marche du centre. Ils sont indiqués par des panneaux dès l'entrée de la ville, et l'office de tourisme de la place du Général de Gaulle publie un plan sur lequel ils sont également visibles.

La location d'une bicyclette

Troc-Vélo
62 rue Boulegon
☎*04.42.21.37.40*

Cycles Naddeo
Av de Lattre de Tassigny
☎*04.42.21.06.93*

Marchés publics

Marché aux puces
mar, jeu, sam matin
place du Palais de Justice

Marché de fruits et légumes
mar, jeu, sam matin
place de la Madeleine

Marché de fruits et légumes
tous les matins
place Richelme

Marché aux fleurs
mar, jeu, sam matin
place de la Mairie

Marché aux fleurs
dim matin
place de la Madeleine

Festivals

Le **Festival international d'art lyrique et de musique d'Aix-en-Provence**, communément appelé le Festival d'Aix, se tient chaque année depuis 1948. Musiciens et chanteurs de réputation internationale y présentent des récitals, des concerts et d'excellents opéras *(au Théâtre de l'Archevêché)*, sans compter une kyrielle d'événements impromptus qui se déroulent un peu partout à travers la ville.

Le festival a généralement lieu du 10 au 30 juillet. Pour obtenir un programme et un guide complet, adressez-vous au bureau du Festival d'Aix *(palais de l'Ancien Archevêché, 13100 Aix-en-Provence, ☎04.42.17.*

34.20, ☎04.42.96.12.61) ou à l'Office de tourisme.

Attraits touristiques

★★★

Aix-en-Provence

La rue principale d'Aix-en-Provence, l'élégant **cours Mirabeau** ★★, divise la ville en deux parties. Elle a été aménagée au milieu du XVIIe siècle, époque à laquelle elle était flanquée de rangées de hauts platanes et de nombreux hôtels particuliers (pour la plupart construits entre 1650 et 1760, et aujourd'hui remplacés par des banques et des commerces). Le père de Cézanne fonda une chapellerie féminine en 1825 au n° 55.

Trois fontaines jalonnent cette artère, la plus curieuse étant la **Fontaine Moussue**, alimentée par une source chaude et ressemblant à un immense champignon vert. Plus à l'est, la **fontaine du Roi René** représente le monarque tenant une grappe de raisins de muscat, qu'il aurait introduit en France. Des cafés, des restaurants et des boutiques bordent le côté droit du cours Mirabeau et, le soir venu, des musiciens et des artistes de rue se produisent sur cette grande avenue.

Le **Musée Arbaud** *(15F, gratuit pour les enfants; tlj sauf dim et fêtes 14h à 17h; 2A rue du 4 Septembre, ☎04.42.38.38.95)* occupe une résidence sans éclat du XVIIIe siècle et renferme une bibliothèque, des tableaux et, pour le plus grand intérêt des visiteurs, une merveilleuse collection de faïences de Moustiers et de Marseille, le tout généreusement légué par le collectionneur Paul Arbaud.

Paul Cézanne

Sûrement le peintre provençal le plus connu, du moins après sa mort, Paul Cézanne (1839-1906) a admirablement dépeint Aix-en-Provence, et ses environs, la ville qui l'a vu naître et s'éteindre. Ami d'enfance d'Émile Zola alors que l'écrivain habite Aix, Cézanne va par la suite s'installer à Paris en 1863, où il côtoie les impressionnistes, sans toutefois y trouver le succès. De retour dans le Midi, il cherche, à l'instar des impressionnistes, à traduire la vibration de la lumière et la variation des teintes, le frémissement des reflets et des nuances. Pourtant, il s'affranchit assez vite de la technique mise au point par ses amis, pour travailler sur les couleurs et les volumes. Après un séjour à l'Estaque à partir de 1870, qui sera pour lui une révélation, il connaîtra finalement la consécration parisienne en 1904, deux ans avant sa mort. Fasciné par les lumières, les couleurs et les paysages de son pays aixois, Cézanne a produit de pures merveilles picturales, notamment la soixantaine de tableaux qu'il a consacrés à son sujet préféré, la montagne Sainte-Victoire. Il a peint le paysage provençal au point d'être considéré comme le grand maître en la matière. Initiateur d'un nouvel art de peindre, annonciateur du cubisme, il a créé une nouvelle conception de l'espace pictural qui a marqué ses successeurs.

Partant de la fontaine de La Rotonde *(place du Général de Gaulle)* en direction de la place Forbin, le paisible **quartier Mazarin ★★** s'étend du côté gauche du cours Mirabeau. Ses rues, dessinées en 1646 par l'archevêque Michel Mazarin, forment un quadrillage et révèlent de nombreux hôtels particuliers d'époque, des magasins d'antiquités et des musées.

Le **Musée Granet ★★** *(15F, gratuit pour les enfants; sept à mai tlj sauf mar et fêtes 10h à midi et 14h à 18h, juin à oct tlj mêmes heures, fermé de Noël à fin jan; place Saint-Jean-de-Malte, ☎04.42.38.14.70)*, le musée des beaux-arts de la ville, possède une très belle collection de tableaux du XVIe au XIXe siècle (écoles hollandaise, flamande et italienne), de même qu'il compte plusieurs salles consacrées aux maîtres français que vous ne devriez surtout pas manquer, avec des œuvres, entre autres, de Quentin de Latour, de Nicolas de Largillière et d'Ingres. L'élégant bâtiment qui l'abrite (un ancien prieuré du XIXe siècle) renferme en outre des œuvres importantes de peintres et de sculpteurs provençaux (Mignard, Puget, les frères Le Nain), une section d'art contemporain, des toiles impressionnistes et une petite galerie vouée au célèbre peintre originaire de la ville qu'était **Paul Cézanne ★★**. Le sous-sol et le rez-de-chaussée du Musée Granet regorgent enfin de trésors archéologiques, parmi lesquels des vestiges du site d'Entremont, cette colonie celto-ligure qui se trouve tout juste au nord d'Aix et qui date du IIIe siècle av. J.-C.

À l'intersection de la rue du 4 Septembre et de la rue Cardinale apparaît la coquette **fontaine des Quatre Dauphins**, au centre du square du même nom.

Les secteurs les plus animés d'Aix se trouvent à gauche du cours Mirabeau, constellés de boutiques de vêtements, de cafés et de restaurants (voir p 221 et p 227). Le **quartier des Prêcheurs** comprend la **place de Verdun**, le **palais de justice** et la **place des Prêcheurs**, l'**église de la Madeleine** (Cézanne y fut baptisé le 22 février 1839) et la **chapelle du collège des Jésuites**. Le **quartier Saint-Sauveur** est, quant à lui, le plus vieux d'Aix-en-Provence et renferme la cathédrale ainsi que la résidence de l'archevêque.

Le **Musée d'Histoire naturelle/Hôtel Boyer d'Eguilles ★** *(15F, gratuit pour les enfants; tlj sauf dim matin 10h à midi et 13h à 17h; 6 rue Espariat, ☎04.42.26.23.67)*. Un étonnant hôtel particulier du XVIIe siècle abrite le musée de paléontologie, de minéralogie, de botanique et de préhistoire d'Aix. À voir, ne serait-ce que pour l'élégant bâtiment en *U* et son intérieur, caractérisé par un escalier en fer forgé et des lambris peints.

De toutes les places et fontaines que compte Aix, la **place d'Albertas ★★** (XVIIIe siècle) est sans doute à la fois la plus simple et la plus élégante. Des façades symétriques sur trois niveaux ceinturées de balcons en fer forgé aux étages supérieurs y font face à une fontaine centrale qui porte le même nom. À l'occasion, des concerts de musique classique y sont présentés au cours de la saison estivale.

Au nord du quartier Saint-Sauveur s'étend la **place de l'Hôtel de Ville**, passablement animée, avec sa **tour de l'Horloge ★** du XVe siècle, au campanile en fer forgé. Elle est bordée par le chic **hôtel de ville ★**, avec sa façade baroque, et par le **bureau de poste ★**, qui abritait la halle aux grains au XVIIe siècle.

Le **Musée du Vieil Aix ★** *(15F, gratuit pour les enfants; nov à mar tlj sauf lun 10h à midi et 14h à 17h, avr à sept 10h à midi et 14h30 à 18h30, fermé en oct; 17 rue Gaston de Saporta, ☎04.42.21.43.55)* occupe un magnifique hôtel particulier de style baroque du XVIIe siècle et renferme une merveilleuse collection d'objets décoratifs (miroirs, céramiques, poupées) et de meubles. Qui plus est, certaines salles sont tout spécialement consacrées aux santons (figurines servant à illustrer des scènes de la Nativité) et aux marionnettes du XIXe siècle.

Le **Musée des Tapisseries** *(13F, gratuit pour les enfants; tlj sauf mar 10h à midi et 14h à 17h45; place de l'Ancien Archevêché/place des Martyrs de la Résistance, ☎04.42.23. 09.91)* présente une collection célèbre de très jolies tapisseries de Beauvais, qui saura aussi bien intéresser les connaisseurs que les simples amateurs de belles choses. Il se trouve au rez-de-chaussée de l'**Archevêché**. Des expositions temporaires s'y tiennent également, tout comme le fameux Festival de musique d'été.

La **cathédrale Saint-Sauveur** *(8h à midi et 14h à 18h; rue Gaston de Saporta)* arbore un mélange de styles, ainsi qu'en témoignent l'austère partie romaine (XIIe siècle), le baptistère octogonal (Ve siècle), la nef gothique provençale (XVIe siècle) et la nef baroque (XVIIe siècle). L'agréable **cloître à arcades** ★★ date du XIIe siècle et fut rénové au XVIIe siècle. Saint-Sauveur abrite un magnifique triptyque, le ***Buisson Ardent*** ★★, peint pour le roi René par Nicolas Froment vers la fin du XIVe siècle. Son panneau central évoque la virginité de Marie, placée aux côtés de Moïse et d'un buisson vert en flammes; parmi les personnages religieux de l'œuvre, le roi René apparaît soudain sur un panneau latéral, et son épouse Jeanne, sur l'autre. (Le triptyque est souvent fermé; si tel est le cas, demandez au préposé d'en ouvrir les panneaux.)

L'**Atelier Cézanne** ★ *(14F, gratuit pour les enfants; tlj sauf mar et fêtes, oct à mai 10h à midi et 14h à 17h, juin à sept 10h à midi et 14h30 à 18h; 9 av. Paul Cézanne, ☎04.42.21.06.53)*. Paul Cézanne (1839-1906) est né à Aix et y a étudié le droit puis les arts. Il a passé la plus grande partie de sa vie à peindre cette région, surtout les silhouettes de calcaire déchiqueté de la chaîne montagneuse de la Sainte-Victoire, à la lumière et aux couleurs sans cesse changeantes. Il a vécu à cette adresse au cours des sept dernières années de sa vie. Le studio et le jardin où il travaillait sont aujourd'hui transformés en musée. Quant à ses meubles et ses effets personnels, ils n'ont pas été déplacés depuis sa mort, ce qui fait de la visite une expérience solennelle et émouvante pour les inconditionnels de l'artiste.

Le **Pavillon de Vendôme** ★ *(13F; tlj sauf mar, oct à mai 10h à midi et 14h à 17h, juin à sept 10h à midi et 14h à 18h; 32 rue Célony, ☎04.42. 21.05.78)* est un très bel hôtel particulier serti dans un parc paysager et entouré d'un jardin à la française; il date de 1665. Un étage complet lui fut ajouté au XVIIIe siècle, et l'intérieur en a été soigneusement rénové en 1992. On y trouve un certain nombre de tableaux et de meubles d'époque. La façade présente un ensemble de colonnes doriques, ioniques et corinthiennes, et deux sculptures héroïques d'atlantes soutiennent un élégant balcon.

Autour d'Aix

L'**Oppidum d'Entremont** *(entrée libre; tlj sauf mar 9h à midi et 14h à 18h; plateau d'Entremont, 3 km au nord du centre d'Aix sur la route de Puyricard, pas de téléphone)* montre les vestiges de la première colonie d'Aix, qui date de la fin du IIIe siècle av. J.-C., alors que la tribu celto-ligure des Salyens occupait jadis ce plateau. Il n'y a plus grand-chose à voir aujourd'hui, bien que les archéologues aient identifié les restes d'un mur de rempart et établi le plan du village, qui possédait des habitations, des routes et un système d'irrigation. Les fruits des fouilles archéologiques d'Entremont peuvent être admirés au Musée Granet.

L'**aqueduc de Roquefavour** ★ *(17 km à l'ouest d'Aix sur la D64)*, un impressionnant ouvrage à arches qui faisait partie du canal de Marseille, a été érigé entre 1842 et 1847 pour acheminer l'eau de la Durance vers le sud en passant au-dessus de la rivière Arc.

La **Fondation Vasarely** *(35F, gratuit pour les enfants; oct à mai tlj sauf mar 9h30 à 12h30 et 14h à 17h30, juin à sept tlj mêmes heures; av. Marcel Pagnol - Jus de Bouffan, 4 km à l'ouest du centre d'Aix par l'avenue de l'Europe, ☎04.42.20. 01.09)*. L'artiste Victor Vasarely, qui a vu le jour en Hongrie et s'est par la suite établi à Paris, était reconnu comme le maître incontesté de l'op art – ses peintures et ses tapisseries graphiques et géométriques sont d'ailleurs présentes dans de grandes galeries d'art et collections privées du monde entier. Pendant des années, la Fondation Vasarely, près d'Aix, a exposé un large éventail de ses œuvres dans un édifice de style contemporain. Une mauvaise gestion de ses fonds l'a toutefois acculée à la faillite au début de 1997, et elle a été dissoute en mars de la même année. Dans la foulée, Vasarely a succombé à un cancer de la prostate avant que le mois fatidique ne s'achève. Adressez-vous néanmoins au bureau de tourisme d'Aix pour savoir si cette extraordinaire exposition peut de nouveau être visitée, la réouverture des lieux ayant été ardemment souhaitée par de nombreux admirateurs de l'artiste.

★

La montagne Sainte-Victoire

La chaîne de montagnes de la Sainte-Victoire s'étend sur 20 km à l'ouest d'Aix-en-Provence. On y trouve plusieurs villages paisibles, d'excellents sentiers de randonnée et, cachées parmi des bosquets de pins aromatiques, des résidences secondaires appartenant à de riches Aixois. Le versant nord est généralement verdoyant et présente des courbes harmonieuses, tandis que le versant sud se veut dramatique et beaucoup plus accidenté.

Des feux de forêt ont dévasté certaines portions de la Sainte-Victoire en 1989. Depuis, un certain nombre de mesures préventives ont vu le jour, notamment la mise en place de machines «anti-feu», à même de produire une brume humide, et la création d'une équipe de surveillance composée de 22 hommes et femmes à cheval, dont l'uniforme s'inspire de celui de la célèbre Gendarmerie royale du Canada. Ces gardiens supervisent un territoire de plus de 700 ha, assistent les randonneurs et les amateurs de vélo de montagne, et évaluent le rythme de croissance de la végétation dans les zones détruites par le feu.

La montagne Sainte-Victoire est aussi connue comme étant le sujet favori de l'artiste Paul Cézanne. On estime qu'il l'a peinte plus de 60 fois, capturant ses diverses formes géométriques et ses teintes changeantes au fil des heures et des saisons. Dans une lettre à son fils datée de 1906, Cézanne écrit : *«Je passe toutes mes journées dans ce paysage aux formes somptueuses. À vrai dire, je ne saurais imaginer une façon ou un endroit plus merveilleux pour passer le temps.»*

Il faut compter une journée entière pour explorer cette région si vous comptez y faire une randonnée ou un pique-nique. Une boucle facile est suggérée au départ d'Aix-en-Provence : suivez la D17 vers l'est jusqu'à Pourrières, passé Le Tholonet et Puyloubier, puis prenez vers le nord la D23, et enfin vers l'ouest (à gauche) la D223, qui devient bientôt la D10 et vous ramène à Aix en passant par Vauvenargues. Nous décrivons ici certains des sites que vous croiserez en route.

Le Tholonet se présente comme un joli village entouré d'un parc et de forêts, un endroit rêvé pour explorer la campagne avoisinante sans trop s'éloigner d'Aix. Par contre, la proximité d'Aix fait qu'il est envahi les fins de semaine et tout au long de l'été. Un sentier balisé mène à un barrage en arches, le barrage Zola, construit par François Zola, le père de l'écrivain natif d'Aix qu'était Émile Zola. À la sortie du Tholonet, devant un moulin, se dresse une effigie de Cézanne. Après avoir dépassé la D46 (qui mène au paisible hameau de Beaurecueil) apparaît le parc de Roque-Hautes, de même qu'un sentier conduisant au Refuge Cézanne. De là, vers l'est en direction de Saint-Antonin-sur-Bayon, la route devient passablement sinueuse et offre des vues spectaculaires et rapprochées sur la chaîne montagneuse dénudée.

L'**ermitage de Saint-Ser** peut être rejoint à pied par un sentier *(1 heure de marche)* partant de la D17 avant d'atteindre Puyloubier. Nichée dans la campagne, une charmante petite chapelle du XIe siècle (souvent fermée) s'offre au regard.

De Puyloubier, empruntez la D57D (qui devient la D623 passé la frontière du département français du Var) jusqu'à Pourrières en passant par des vignobles vallonnés. Traversez la ville, puis piquez vers le nord à travers le bois de Pourrières en grimpant la D223 sur 7 km. Faites un virage serré vers l'ouest (à gauche) sur la D223 immédiatement avant le hameau de Puits-de-Rians. La D223 change de nom pour devenir la D10 en rentrant dans les Bouches-du-Rhône et traverse des étendues boisées parsemées de fleurs sauvages en saison. Le Conseil régional a disposé des panneaux d'information décrivant les différents sentiers accessibles à travers cette région connue sous le nom de «Puits-d'Auzon». Des tables de pique-nique couvertes ont également été placées en bordure de la route.

Vauvenargues est un charmant petit village situé au pied du versant nord de la montagne Sainte-Victoire. Le château de Vauvenargues *(fermé au public)*, une construction du XVIIe siècle à tours rondes et basses et au toit de tuiles, domine la vue splendide qu'on a sur le village. En 1958, il a été acheté par l'artiste espagnol Pablo Picasso (1881-1973), qui a peint la région dans les années qui ont suivi.

Immédiatement à l'ouest de Vauvenargues, un sentier clairement identifié mène au **prieuré de Sainte-Victoire** et à la **croix de Provence** ★★★ *(comptez une bonne heure de marche avec des chaussures appropriées)*. Du sommet, au pied de la croix de 28 m, vous aurez une vue panoramique sur la région jusqu'aux collines du Luberon, le massif de la Sainte-Baume et les Alpilles. Aix-en-Provence se trouve 13 km à l'ouest de la route D10.

Saint-Maximin-la-Sainte-Baume

Saint-Maximin-la-Sainte-Baume *(42 km à l'est d'Aix-en-Provence par la N7)* est réputée dans toute la France pour sa splendide **basilique** ★★, que les spécialistes tiennent pour le plus important édifice gothique de Provence. Sa construction a débuté en 1295 sur l'ordre de Charles II (qui allait plus tard devenir comte de Provence) sur le site d'une église mérovingienne du VIe siècle, mais elle fut interrompue en 1316, alors qu'elle n'était que partiellement achevée. Compte tenu d'un manque de fonds, sa construction ne reprit qu'au XVe siècle, puis à nouveau au XVIe siècle. Pourtant, ces intervalles n'ont aucunement nui à l'harmonie et la beauté de l'ensemble.

À l'intérieur, l'espace lumineux aux lignes pures se voit rehaussé d'une magnifique chaire en bois exécutée par Louis Gudet et de nombreux tableaux (dont plusieurs ont malheureusement besoin d'être restaurés), y compris un retable de Françoise Ronzen représentant la Crucifixion. L'orgue date de 1773 et est l'œuvre de Jean-Esprit Isnard; il s'agit d'un des plus vieux encore en usage au pays.

Le dimanche après-midi, on y présente d'ailleurs des récitals et une série de concerts d'orgue (en été) qui méritent d'être entendus (pour la programmation et les heures de représentation, adressez-vous à l'Office de tourisme ou consultez le babillard de la basilique).

La légende veut qu'après avoir accosté aux Saintes-Maries-de-la-Mer, chassée de Jérusalem, Marie Madeleine se soit rendue dans la région de Saint-Maximin pour y faire pénitence, ce qui explique que la crypte de la basilique renferme, entre autres cercueils, le sarcophage de Marie Madeleine et celui de saint Maximin. Quant au crâne de Marie Madeleine, il repose dans un reliquaire doré.

Le **Couvent Royal** ★ et son cloître verdoyant *(15F, gratuit pour les enfants; avr à oct lun-ven 10h à 11h45 et 14h à 17h45, sam-dim et fêtes 14h à 18h45; nov à mars lun-ven 10h à 11h45 et 14h à 16h45, fermé sam-dim; place de l'Hôtel de Ville, ☎04.94.78.01.93).* Cet ancien couvent dominicain du XVIIe siècle est administré par le Collège d'échanges contemporains, qui monte des expositions temporaires et organise des concerts de musique classique de haut niveau. L'**hôtel de ville** ★ *(place de l'Hôtel de Ville)* loge, quant à lui, à l'enseigne de l'ancienne hôtellerie du couvent.

★★

Massif de la Sainte-Baume

Cette région montagneuse couverte de forêts offre des points de vue somptueux et présente d'excellentes occasions de randonnée. La beauté virginale et l'étonnante variété des conifères et des essences à feuilles caduques rendent le massif de la Sainte-Baume comparable aux montagnes des Vosges, dans le nord-est de la France. Une boucle facile, ponctuée d'arrêts pour admirer les paysages accessibles aux seuls marcheurs, demande au moins une demi-journée.

De Saint-Maximin-la-Sainte-Baume, suivez la N560 jusqu'à Saint-Zacharie *(16 km)*, puis tournez à droite par la D85, une route très sinueuse qui expose des panoramas remarquables en direction du sud-ouest en passant par la montagne de Régagnas. Poursuivez votre route au-delà du pas de la Couelle, jusqu'à ce que vous atteigniez **Saint-Jean-du-Puy**. En marchant au-delà de la chapelle privée, vous découvrirez de belles vues sur la région tout entière.

Retournez à Saint-Zacharie pour emprunter la D45 sur 5 km avant de prendre vers le sud par la D45A au hameau du Pujol. À La Coutronne, tournez à nouveau vers le sud par la D2, une autre route en lacets, et dirigez-vous vers Gémenos.

Ce tronçon panoramique passe par le **col de l'Espigoulier**, le pic de Bertagne et le mont Roque-Forcade se dressant à l'est. Après une succession de virages en épingle à cheveux, la vallée arborée de Saint-Pons apparaîtra alors que vous entamerez votre descente. Environ 3 km avant Gémenos s'étend le **parc de Saint-Pons**, où vous pourrez admirer les ruines de l'**abbaye de Saint-Pons** en suivant un sentier sur une courte distance. Cette abbaye était autrefois un couvent cistercien pour femmes, et les visiteurs peuvent identifier le cloître des religieuses, leur chapelle et les appartements.

Gémenos ★ est un joli village dont l'hôtel de ville domine le square central. La construction de l'ancien château du bourg avait débuté au Moyen Âge, mais ses principales caractéristiques datent essentiellement des XVIIe et XVIIIe siècles. Tout à côté se dressent les énormes granges du marquis d'Albertas, des bâtiments agricoles datant des environs de 1750.

Retournez à La Coutronne par la même route (D2), puis tournez à droite par la D80 en direction de Saint-Maximin-la-Sainte-Baume. Passé le hameau de Plan-d'Aups, vous trouverez l'Hôtellerie de la Sainte-Baume, un ancien couvent dominicain aujourd'hui transformé en un lieu de retraite pour religieux.

Arrêtez-vous à la jonction de la D80 et de la D95, désignée sous le nom des «Trois Chênes». Selon la légende, Marie Madeleine aurait fait pénitence pendant 30 ans dans une grotte des environs, la **grotte de la Baume** *(tlj 8h à 18h; 30 min à pied en suivant le sentier et l'escalier signalisés qui y conduisent; portez de bonnes chaussures)*. Il y a deux pèlerinages annuels à la grotte *(le 22 juillet et le 24 décembre)*, où l'on peut voir une source naturelle et une statue en marbre de la Vierge Marie.

Vous aurez des vues spectaculaires à partir du sommet du **Saint Pilon** ★★ (994 m), sur la Méditerranée au sud, sur Marseille à l'ouest et sur la montagne Sainte-Victoire au nord. Le sentier abrupt est balisé depuis la grotte, et il faut compter une autre demi-heure de marche pour le parcourir. Ce circuit prend fin à Saint-Maximin-la-Sainte-Baume, après avoir traversé le village de Nans-les-Pins sur la D80 et avoir emprunté la N560 en direction du nord-est.

Activités de plein air

Randonnée pédestre

La région d'Aix se prête merveilleusement bien à la randonnée pédestre, avec une variété de sentiers tantôt faciles, tantôt exigeants, dont plusieurs offrent des vues spectaculaires. L'un des plus panoramiques est le GR9, qui part de la route D10 immédiatement à l'ouest de Vauvenargues, passe part la croix de Provence, longe la montagne Sainte-Victoire jusqu'au pic des Mouches (1 011 m), puis descend vers Puyloubier. Un tracé plus court se dessine vers le nord au départ de Vauvenargues (également indiqué sous le nom de GR9) et parcourt des paysages boisés légèrement vallonnés jusqu'au hameau de Lambruise.

Un troisième tronçon du GR9 part de Sainte-Victoire vers le sud en direction du massif de la Sainte-Baume. Entre Puyloubier et Trets (un village situé en bordure de la route D6), ce ruban traverse des vignobles et s'avère relativement aisé. Le GR9 se poursuit au sud de Trets, où il devient plus accidenté, mais l'effort en vaut le coup puisqu'il donne accès à des paysages renversants. Passé le sublime point d'observation de Saint-Jean-du-Puy, il continue jusqu'à Saint-Zacharie, longe la rivière Huveaune et grimpe jusqu'au pic de Saint-Pilon après avoir croisé la jonction des routes D80 et D95, aussi connue sous le nom des «Trois Chênes».

Le massif de la Sainte-Baume peut se franchir par le sentier GR98, plutôt escarpé. Ce long parcours pique vers le sud-ouest en direction de Gémenos, au-delà du parc de Saint-Pons, et permet d'admirer des paysages du haut de falaises élevées. Plu

Mésange à tête noire

sieurs kilomètres plus loin, il aboutit au mont de la Saoupe, le panoramique port de pêche de Cassis. Cette dernière section du GR98 offre d'excellentes vues sur la côte méditerranéenne.

Les offices de tourisme locaux vous mettront sur la bonne voie, mais vous pouvez en outre vous procurer l'un des nombreux guides de randonnée ou l'une des excellentes cartes qu'on trouve dans les librairies de la région.

Veuillez noter que les principaux sentiers, soit ceux de la montagne Sainte-Victoire et du massif de la Sainte-Baume, sont fermés durant l'été *(généralement du 1er juil au 15 sept)* afin de prévenir les feux de forêt, une grande partie de ces zones boisées ayant récemment été détruites par des incendies.

Pêche

On trouve dans les rivières de cette région de la truite, du saumon et des anguilles. Pour plus de détails sur les meilleurs sites de pêche et sur les règlements locaux qui régissent la pêche, adressez-vous à l'Office de tourisme ou, mieux encore, à la Fédération de pêche *(chemin Beauville, 13100 Aix-en-Provence, ☎04.42.26. 59.15)*.

Golf

Les terrains de golf à 18 trous qui suivent louent de l'équipement et bénéficient des services permanents d'un pro. Les droits de jeu *(entre 200F et 300F par jour)* et les conditions d'admission peuvent varier d'un endroit à l'autre, de sorte qu'il vaut mieux téléphoner au préalable.

Golf Club Aix-Marseille
Domaine de Riquetti
13290 Les Milles
☎04.42.24.20.41

Golf international Pont Royal Country Club
route N7, 13370 Mallemort
☎04.90.57.40.79

Équitation

Club hippique Aix-Marseille
av. du Club Hippique
chemin des Cavaliers
13100 Aix-en-Provence
☎04.42.20.18.26

La Provence à Cheval
quartier Saint-Joseph
13950 Cadolive
☎04.42.04.66.76

La Galinière Provence Équitation
route N7
Châteauneuf-le-Rouge,
13790 Rousset
☎04.42.53.32.55

Tennis

Tennis Club de l'Arbois
route de Calas, 13480 Cabries
☎04.42.22.20.84

Tennis Part
chemin d'Eguilles
13090 Aix-en-Provence
☎04.42.92.34.19

Tennis de l'Oliveraie
126 cours Gambetta
13100 Aix-en-Provence
☎***04.42.27.87.87***

Vélo

Les entreprises suivantes louent des bicyclettes pour vous permettre d'explorer la ville, mais aussi de robustes vélos de montagne pour partir à la découverte de la campagne avoisinante.

Troc-Vélo
62 rue Boulegon
☎***04.42.21.37.40***

Lubrano Location *(37 bd de la République, ☎04.42.21.44.85)* loue également des mobylettes et des motocyclettes.

Les centres omnisports

Le centre omnisports de la municipalité d'Aix-en-Provence offre une multitude d'installations, y compris une piscine extérieure *(mai à sept seulement)*, des courts de tennis et même un mur d'entraînement pour les grimpeurs en herbe. Il n'est donc pas étonnant qu'il soit toujours pris d'assaut lors des chaudes journées d'été.

Complexe sportif du Val de l'Arc
chemin des Infirmeries
13100 Aix-en-Provence
☎***04.42.16.02.50***

Sinon, tentez votre chance au **Country Club Aixois** *(Bastide des Solliers, chemin de Cruyès, 13090 Aix-en-Provence, ☎04.42.92.10.41)*, qui possède une piscine, des courts de tennis et des terrains de squash, sans compter son personnel chaleureux et serviable.

Hébergement

Aix-en-Provence

Auberge de Jeunesse
82F la première nuitée
69F chacune des nuitées subséquentes
3 av. Marcel Pagnol, quartier Jas de Bouffan
☎***04.42.20.15.99***
Bonnes installations : terrains de tennis et de volley-ball, bar, bibliothèque, laverie automatique, restaurant, salle de télévision; 100 places dans des dortoirs, à 10 min du centre-ville. Repas à 50F.

Hôtel Paul
193F-235F, pdj 28F
dp, bp, ☎
10 av. Pasteur
☎***04.42.23.23.89***
Un hôtel petit budget fort sympathique. Choisissez l'une des chambres au-dessus du jardin car celles qui donnent sur la route tendent à être bruyantes. Salle de télévision. Extrêmement propre. Jolie salle de petit déjeuner garnie de meubles de rotin et adjacente au jardin.

Hôtel Le Manoir
325F, 400F et 490F, pdj 35F
dp, bp, tv, ☎
8 rue d'Entrecasteaux
☎***04.42.26.27.20***
⇄***04.42.27.17.97***
L'Hôtel Le Manoir occupe, agréable surprise, un ancien monastère à arcades du XIVe siècle en plein centre-ville. Certaines des 42 chambres possèdent des caractéristiques intéressantes, comme des plafonds aux poutres apparentes ou des antiquités, mais les accessoires et le papier peint datent et auraient intérêt à être rafraîchis.

Hôtel Cardinal
260F, 350F et 400F, pdj 36F
bp, ☎*, tv*
24 rue Cardinale
☎***04.42.38.32.30***
⇄***04.42.26.39.05***
Un bon hôtel installé dans un bâtiment restauré du XVIIIe siècle, en face du Musée Granet et de l'église Saint-Jean-de-Malte, dans le paisible quartier Mazarin. Ses chambres sont bien éclairées et décorées avec goût, la plupart d'entre elles étant garnies de meubles provençaux en bois.

Hôtel de France
300F-370F, pdj 35F
dp, bp, ☎, tv
63 rue Espariat
☎04.42.27.90.15
⇄04.42.26.11.47
Tout juste en retrait de la place de la Rotonde et du cours Mirabeau, cet hôtel deux étoiles sans prétention aucune représente une bonne valeur dans une ville où l'on se loge difficilement à bon prix. Ses chambres sont sans doute surannées, mais qui s'en plaindrait à de tels prix?

Résidences Les Floridianes
390F, pdj 42F
≡, tv, ℜ, ℂ, ≈
24 bd Charrier
☎04.42.37.23.23
⇄04.42.64.00.18
Les Résidences Les Floridianes s'avèrent une bonne option économique et centrale pour les séjours courts ou prolongés. Les petits studios de 20 m² avec terrasse, tout équipés, permettent aux hôtes de préparer leurs repas. Affichant un cadre banal, au charme inexistant, les studios demeurent néanmoins un choix à considérer compte tenu de la localisation des Résidences. Il est à noter que l'on dort sur un canapé-lit, confortable, mais tout de même moins ferme qu'un matelas-sommier.

Hôtel le Prieuré
330F-400F, pdj 40F
bp, ☎
route de Sisteron
☎04.42.21.05.23
L'Hôtel le Prieuré est un hôtel paisible et confortable à 5 min à peine du centre-ville. La majorité des chambres dominent le charmant parc du Pavillon de l'Enfant, qui date du XVIIe siècle mais n'est pas ouvert au public. Décor romantique dans les tons de rouge flamboyant, de bleu royal et de rose. Service amical. Stationnement en retrait de la rue.

Hôtel des Quatre Dauphins
380F-400F, pdj 42F
dp, bp, tv, ☎,
54 rue Roux Alphéran
☎04.42.38.16.39
⇄04.42.38.60.19
L'Hôtel des Quatre Dauphins se trouve dans le tranquille quartier Mazarin, à quelques pas de la fontaine des Quatre Dauphins et du cours Mirabeau. Cet hôtel charmant propose des chambres joliment décorées, rehaussées de tissus provençaux et de sols en carreaux de terre cuite. Les salles de bain, quoique modernes, s'avèrent petites, mais, avec un tel emplacement, un tel niveau de confort et de tels prix, qui s'en plaindrait?

Les Infirmeries du Roy René
350F-550F
1 900F-3 300F par semaine
pdj 40F
bp, tvc, ☎, ℂ, ≈
chemin des Infirmeries
☎04.42.37.83.00
⇄04.42.27.54.40
Les Infirmeries du Roy René se trouve sur le site d'un ancien hôpital du XVIe siècle, à 10 min du centre d'Aix. Il s'agit d'une résidence hôtelière moderne dont les 66 appartements complètement équipés conviendront parfaitement aux couples ou aux familles désireux de s'établir plusieurs jours dans cette ville. Chacun d'eux, quoique simple, présente un décor harmonieux et possède un coin salle à manger (l'hôtel ne sert pas de petits déjeuners). Une laverie automatique, un stationnement extérieur fermé et l'accès à la piscine municipale voisine en été s'ajoutent aux services offerts.

Grand Hôtel Nègre-Coste
420F, 600F et 750F, pdj 50F
dp, bp, ☎, tv
33 cours Mirabeau
☎04.42.27.74.22
⇄04.42.26.80.93
Hôtel plutôt majestueux, agrémenté de meubles du XIXe siècle et empreint d'une atmosphère surannée. Son personnel est serviable, et il bénéficie d'un emplacement inégalé sur le cours Mirabeau – fort heureusement, ses chambres sont insonorisées.

Hôtel Saint Christophe
420F-460F, pdj 47F
dp, bp, ☎, tv, ℜ
2 av. Victor Hugo
☎04.42.26.01.24
⇄04.42.38.53.17
L'Hôtel Saint Christophe, rénové en 1994, est un établissement invitant rehaussé de nombreux accents Art déco, et le service y est aussi professionnel qu'amical. Son restaurant, la Brasserie Léo-

pold, sert des plats parisiens, entre autres des fruits de mer frais, du bifteck tartare et de la choucroute, et il est aussi bien apprécié des clients de l'hôtel que des dîneurs d'occasion.

Les Résidences Pierre et Vacances
470F, pdj 45F ou gratuit la fin de semaine
bp, ☎, *tv*
3-5 rue des Chartreux
☎04.42.37.98.98
⇄04.42.37.98.99
Cette chaîne hôtelière nationale ne propose pas que des chambres pour deux personnes à la nuitée, mais aussi des appartements entièrement équipés avec cuisinette et loués à la semaine (il y a même des studios et des unités de trois pièces pouvant accueillir jusqu'à huit personnes, le prix étant de 3 290F). Le décor se veut joyeux quoique banal.

Hôtel des Augustins
700F-1 500F, pdj 65F
≡, *bp*, ☎, *tv*
3 rue de la Masse
☎04.42.27.28.59
⇄04.42.26.74.87
L'Hôtel des Augustins, qui occupe un ancien couvent du XVe siècle, se révèle chic quoique sombre. On l'a entièrement rénové en 1984, et ses chambres de bonnes dimensions offrent tout le nécessaire.

Villa Gallici
1 350F-3 050F, pdj 130F
bp, ☎, ⊿, ≈, ℜ
angle av. de la Violette et impasse des Grands Pins
☎04.42.23.29.23
⇄04.42.96.30.45
La Villa Gallici est une villa somptueuse et exquise nichée parmi les pins odorants. Il s'agit de l'établissement le plus chic et le plus charmant d'Aix. Les salons, la salle à manger et les 17 chambres ont bénéficié des talents du décorateur Gilles Dez, qui maîtrise parfaitement l'art d'harmoniser tissus, textures et couleurs. La jolie piscine est entourée de hauts cyprès. Un véritable havre de paix à quelques minutes au nord du centre-ville.

Beaurecueil

Relais Sainte-Victoire
400F-800F, pdj 75F
bp, *tv*, ☎, ≈, ℜ
route D58
☎04.42.66.94.98
Le Relais Sainte-Victoire, une auberge campée dans un décor sauvage dans le voisinage de la montagne Sainte-Victoire, est tout indiqué pour un moment de répit. Neuf chambres spacieuses avec terrasse donnant sur les forêts et redécorées dans un style quelque peu dépassé vous y attendent. L'endroit est tenu avec beaucoup de soin et d'égard par Gabrielle Jugy et René Bergès. Son excellent restaurant ne se trouve qu'à quelques pas et ne manquera pas de vous attirer (voir p 225). Délicieux petits déjeuners avec croissants maison, fruits frais et très bon café.

Pourrières

Le Mas des Graviers
500F pdj
bp, ≈
route de Rians
☎04.94.78.40.38
⇄04.94.78.44.88
Le Mas des Graviers est un petit vignoble dont les propriétaires, le peintre norvégien Ian Olaf et Andrea McGarvie-Munn, montent des expositions d'art en été. Entourée de fleurs et d'arbres caractéristiques de la côte méditerranéenne, cette maison de ferme a été rénovée et transformée en un *bed and breakfast* comptant sept chambres décorées avec goût. Une piscine somptueuse surplombe le vignoble et les champs de lavande voisins. Fermé au public en hiver et au printemps, alors que le mas se transforme en lieu de retraite pour artistes. Aucune carte de crédit acceptée.

Gémenos

Le Provence
180F, 2200F et 250F, pdj 30F
☎
route d'Aix
☎04.42.32.20.55
Une simple et rustique auberge champêtre aux prix raisonnables. Bien que les commodités de

luxe des plus grands établissements lui fassent défaut, le Provence n'en possède pas moins une charmante terrasse, d'agréables jardins et un restaurant servant des repas maison. Populaire auprès des randonneurs du massif de Sainte-Baume.

Relais de la Magdeleine
630F, 750F et 890F, pdj 75F
bp, tv, ☎
☎04.42.32.20.16
⇄04.42.32.02.26
Le Relais de la Magdeleine se présente comme une magnifique auberge champêtre entourée d'un charmant parc originellement conçu par l'architecte paysagiste royal Le Nôtre. Au total, 23 chambres décorées avec goût sont proposées, sans oublier la salle à manger servant d'excellents classiques provençaux et la paisible piscine bordée d'arbres. Accueil chaleureux et amical de la famille Marignane. Une bonne base d'où explorer Aix et le massif de la Sainte-Baume, ou Marseille, Cassis et la côte méditerranéenne.

Restaurants

Aix-en-Provence

Pizza Capri
$
1 rue Fabrot
☎04.42.38.55.43
Pizza Capri apaise l'appétit des Aixois avant une sortie au cinéma ou une rencontre entre amis. À seulement 13F ou 17F la pointe, ou de 42F à 50F la pizza tout entière, qui pourrait les blâmer de fréquenter ce comptoir convivial? Plats à emporter seulement.

La Pizzeria La Grange
$
2bis rue Nazareth
☎04.42.26.19.85
La Pizzeria La Grange s'avère fiable et populaire. Nappes à carreaux rouges et blancs typiques de ce genre d'établissement. On y mange en plein air dans une rue piétonne à proximité du cours Mirabeau. Menus à 99F.

Café de l'Horloge
$
6h à 2h
38 rue Vauvenargues
☎04.42.23.35.10
Que ce soit pour un café et un croissant le matin, un croque-monsieur ou une salade le midi, ou encore un repas chaud à une heure plus tardive, ce pittoresque café saura vous satisfaire. Sandwichs sur pain baguette et petits pichets de vin à 20F. Détendez-vous un moment sur la terrasse, sous les deux rangées de très hauts platanes qui encadrent la place Richelme.

Hub Lot Cybercafé
$
17 rue Paul Bert
☎04.42.21.96.96
LE cybercafé d'Aix, décoré de drapeaux du monde et de fanions de football, est davantage fréquenté pour un café ou quelque autre boisson que pour un repas à proprement parler. Matchs de foot retransmis sur écran géant, billard et spécial apéro *(19h à 21h; bière pression 10F)*. Petit déjeuner; navigation sur Internet à 30F la demi-heure ou à 50F l'heure; service de courrier électronique à 15F.

Haagen-Dazs
$
tlj 12h30 à 22h30
15 cours Mirabeau
☎04.42.27.63.30
Cette succursale du roi américain des glaces vous propose l'antidote le plus décadent qui soit à la saine cuisine provençale. Café-comptoir de commandes à emporter pourvu d'une petite terrasse sur le cours Mirabeau.

Le Cintra
$-$$
24 heures par jour
14 place Jeanne d'Arc
☎04.42.27.57.01
Un café-resto à même de combler vos désirs les plus pressants, qu'il

s'agisse d'un potage de poisson, d'une salade de poulet, d'un bifteck tartare ou d'une choucroute. Un mélange hétéroclite de touristes et de gens du coin se côtoie allègrement sur ses banquettes rouges.

Tapas Café
$-$$
fermé dim
6 place des Augustins
☎04.42.26.77.72
L'un des lieux de prédilection de la jeunesse aixoise, attirée par sa musique pop, son intérieur d'un jaune criard et son choix de 30 tapas (croquettes de maquereau, brochette de poulet ou d'agneau, filet d'anchois mariné). Margarita et sangria au verre et au pichet de 800 ml. Terrasse.

Le Petit Verdot
$-$$
fermé dim et lun midi
7 rue d'Entrecasteaux
☎04.42.27.30.12
Le Petit Verdot est un charmant bar à vin où l'on sert des terrines et des plats de viande pour accompagner un bon choix de bouteilles. Une institution aixoise qui mérite d'être découverte, ne serait-ce que pour goûter un ou deux crus.

À La Cour de Rohan
$-$$
tlj 11h à 19h, ven-sam jusqu'à 23h30, mai à sept tlj jusqu'à 23h30
10 rue Vauvenargues/place de l'Hôtel de Ville
☎04.42.96.18.15
À La Cour de Rohan est un grand café où l'on sert des déjeuners légers (purée d'aubergines sur pain grillé; œuf poché sur un lit d'épinards), de nombreux gâteaux et une variété de thés. Sa situation avantageuse et sa terrasse ensoleillée donnant sur l'hôtel de ville en font un endroit populaire l'après-midi, quoique tout le monde n'ait pas envie de payer 25F pour une tasse de thé!

Le Basilic Gourmand
$$
fermé dim, lun et mer
6 rue du Griffon
☎04.42.96.08.58
Le Basilic Gourmand compte parmi les favoris d'Aix. Il s'agit d'un endroit fort agréable au déjeuner comme au dîner (surtout sur la terrasse aménagée à l'avant), où l'on propose des repas sans prétention mais délicieux, avec une touche provençale. Excellent menu de deux ou trois services. Situé en retrait de la rue Paul Bert, loin des foules.

Le Verdun
$$
tlj sauf dim 6h à 2h
place de Verdun
☎04.42.27.03.24
Le Verdun est un café local confortable et chaleureux proposant petits déjeuners, déjeuners et dîners. On trouve par exemple au menu du rôti de porc garni de légumes du jardin, une salade au saint-marcellin et aux noix et un riche gâteau au chocolat. Ceux qui surveillent leur ligne succomberont sans hésiter aux plats diététiques, qui peuvent être à base de poisson, de poulet ou de légumes. Bien situé en face du palais de justice et du marché aux puces (trois fois par semaine).

Jacquou le Croquant
$$
fermé dim midi et lun et mi-août à mi-sept
2 rue de l'Aumône Vieille
☎04.42.27.37.19
Jacquou le Croquant propose une variété de savoureux tourtons (crêpes de blé entier assorties de différentes garnitures) et des salades servis par un personnel féminin avenant et d'une vitalité pétillante. Tout est frais et présenté de façon attrayante. Nous avons particulièrement apprécié la salade Mistral (fromage de brebis, tapenade, fines herbes et huile d'olive). Le menu du midi comprend soit une salade ou un tourton et un dessert maison (tarte aux pommes caramélisées, flan à la poire).

Le Bistro Latin
$$
18 rue de la Couronne
☎04.42.38.22.88
Le chef Bruno Ungaro concocte une somptueuse cuisine provençale contemporaine à base d'ingrédients frais de la région, comme ces profiteroles aux escargots sautés et à la crème parfumée à l'olive ou cette tartelette au fromage de chèvre suivie d'agneau braisé au pistou ou de rouget frit aux épices. Service

professionnel et excellente carte des vins. Décor à la fois raffiné et décontracté dans les tons de gris et de rose. Un bon endroit pour un dîner de qualité.

Chez Féraud
$$
fermé dim
8 rue du Puits Juif
☎***04.42.63.07.27***
Chez Féraud est un charmant restaurant, bien en retrait des rues animées du quartier, où l'on sert une cuisine provençale apprêtée avec grand soin. Au chapitre des entrées, retenons les aubergines gratinées et le potage au pistou; quant aux plats principaux, ils pourraient comprendre un médaillon de poulet à l'estragon et des cannellonis au thym. Les tissus bleus et jaunes qui agrémentent le décor se joignent aux chaises en osier pour créer une atmosphère détendue.

Tây-Lai
$$
fermé dim
16bis rue des Marseillais
☎***04.42.23.53.79***
Ce restaurant pittoresque se spécialise dans les cuisines chinoise et vietnamienne, et propose une variété de plats à base de poisson, de poulet, de porc, de canard, de bœuf et de nouilles chinoises. En vedette, les brochettes asiatiques : de délicieux morceaux de bœuf, de poulet et de crevettes roses ou tigrées, grillés à votre table.

Les Agapes
$$
11 rue des Bernardines
☎***04.42.38.47.66***
Le resto Les Agapes dégage une belle ambiance provençale avec sa salle à manger aux poutres apparentes et aux couleurs jaunes et chaudes, le tout agrémenté de petits cadres et de fleurs séchées. Au menu de cette cuisine honnête et généreuse, vous retrouverez les poivrons grillés à la brousse, les sardines à l'escabèche, la brandade de morue, les caillettes, la daube et les coquelets. Ce restaurant présente certainement un bon rapport qualité/prix compte tenu de la générosité des plats et de leur bon goût indiscutable. Populaire parmi les Aixois, Les Agapes bénéficie d'un cadre agréable qui met en valeur les qualités architecturales du vieux bâtiment, au cœur du vieil Aix.

Yoji
$$-$$$
fermé lun
7 av. Victor Hugo
☎***04.42.38.48.76***
Ce vivifiant restaurant japonais et coréen sert un savoureux *bento* en boîte (salade, *yakitori*, riz, légumes et café) le midi, sans oublier un vaste choix de plats à la carte tels que *sushi*, *sashimi*, *bulgoki* (grillade coréenne) et *sukiyaki* (fondue japonaise), au déjeuner comme au dîner. Cet endroit reposant, qui bénéficie d'une terrasse ombragée, se pare de chaises en teck et de nappes d'un blanc éclatant.

Chez Maxime
$$$
fermé dim et lun midi
12 place Ramus
☎ ***04.42.26.28.51***
Sûrement l'une des tables les plus connues d'Aix-en-Provence, Chez Maxime s'ouvre sur une jolie petite place, sous le regard bienveillant d'un platane tricentenaire. Installé dans l'ancienne chapelle Saint-Antoine, l'établissement, qui a pignon sur rue à Aix depuis 15 ans, se spécialise dans une cuisine provençale savoureuse, authentique et simple, et est renommé pour la qualité de ses viandes. Celles-ci sont choisies par le patron Maxime, qui les découpe d'ailleurs devant vous, sur sa vieille table de boucher.

Il faut dire qu'avant de se lancer dans la restauration Maxime a exercé le métier de boucher et de traiteur pendant près d'une trentaine d'années, alors les viandes de première qualité n'ont plus de secrets pour lui. Sur la terrasse ou en salle, les convives retrouvent une ambiance décontractée et chaleureuse, à l'image du sympathique patron, qui prend le temps d'accueillir ses fidèles clients personnellement avec une solide poignée de main. On ne peut que vous recommander de savourer l'un des nombreux plats de bœuf ou d'agneau. Comme entrée, le croustillant de rouget se veut simple et savoureux, alors que le foie gras aux figues est béni des dieux! Si commander à la carte peut faire mal au porte-monnaie, Maxime propose des menus abordables, ou encore un véritable festin gastronomique à 270F. L'établissement possède en outre une cave exceptionnelle riche d'environ 500 crus soigneusement et amoureusement choisis et élevés par le patron.

Les Bacchanales
$$$
10 rue de la Couronne
☎04.42.27.21.06
Réputée pour être une des meilleures tables d'Aix, Les Bacchanales propose une merveilleuse cuisine du terroir provençal, généreuse et authentique. L'étendue de sa gamme de prix et la carte exhaustive permettent à tout un chacun de trouver son bonheur. Les convives profitent d'un cadre apaisant et classique, ainsi que d'un service de classe. Demandez à un Aixois où se trouve les meilleures tables de la ville et il vous dirigera certainement vers Les Bacchanales.

La Maison des Fondues
$$
13 rue de la Verrerie
☎04.42.63.07.78
Plus de 60 variétés de fondues sont proposées ici – au poulet, au bœuf et à l'agneau, mais aussi, ce qui est plus rare, au canard, au poisson et à l'autruche. Dans la majorité des cas, les prix gravitent autour de 100F (menu pour enfants à 55F). Décor d'auberge champêtre rehaussé de nappes en tissu et de chaises en bois.

Chez Antoine Côté Cour
$$
fermé dim et lun déjeuner
19 cours Mirabeau
☎04.42.93.12.51
Restaurant frais et lumineux situé dans la verdoyante cour intérieure d'un élégant hôtel particulier du cours Mirabeau. Ses nouveaux propriétaires, Monique et Roger, vous proposent des plats à tendance italienne tels que polenta au lapin, poisson frais et ris de veau aux câpres.

Le Comté d'Aix
$$
fermé sam midi et dim
17 rue de la Couronne
☎04.42.26.79.26
Spécialités provençales, mollusques et crustacés font la force de cet établissement. Sa salle à manger rustique est drapée de nappes à motifs provençaux et tapissée d'affiches. Choix de six menus, de 95F à 200F.

Le Poivre d'Ane
$$
fermé dim
7 rue de la Couronne
☎04.42.93.45.56
Un restaurant chaleureux, long et étroit, garni de chaises bleues en bois et de nappes provençales surmontées de lampes tamisées. Menus de un, deux ou trois services. Parmi les plats, mentionnons le potage au pistou, débordant de basilic, le tournedos et le filet de morue. Et, pour terminer, laissez-vous tenter par la poire au four arrosée de miel de lavande.

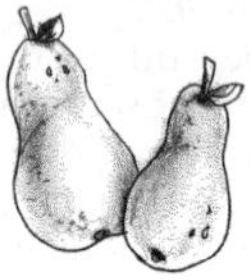

Beaurecueil

Le Relais Sainte-Victoire
$$-$$$
fermé dim soir et lun, la 1re sem de jan, en fév et pendant le congé pascal
route D58
☎04.42.66.94.98
René Bergès s'est taillé une réputation qui s'étend bien au-delà de ce minuscule hameau des environs d'Aix avec sa cuisine provençale recherchée. Ses fournisseurs locaux lui procurent les meilleurs ingrédients disponibles, des légumes à l'huile d'olive en passant par le poisson, l'agneau, le lapin et le pigeon. Comme entrées des fleurs de courgettes farcies de champignons ou de la terrine de homard au pistou arrosée d'une vinaigrette aux haricots blancs, suivies de rouget frais au beurre de lavande ou d'un confit d'agneau accompagné de ratatouille. Le guéridon à fromages présente un choix

particulièrement riche de chèvres, et les desserts sont tout simplement sublimes. On dîne dans l'agréable salle à manger lambrissée de chêne ou dans la verrière. Service professionnel. Mérite le détour, à tel point qu'il vaut mieux réserver à l'avance, car les dignitaires locaux et les Aixois bien nantis s'y pointent régulièrement.

Vauvenargues

Le Couscoussier
$
tlj sauf lun 9h à minuit
☎04.42.66.00.57
Bien que nous ne vous recommandions pas spécialement d'y manger, ce café routier convient parfaitement pour une halte. Vous pourrez y siroter une boisson fraîche sur une terrasse tranquille offrant une excellente vue sur le château de Vauvenargues, où Picasso a vécu, et sur les collines ondulantes qui lui servent de toile de fond. Aucune carte de crédit acceptée.

Le Garde
$-$$
lun-mer le soir seulement, jeu-sam le midi et le soir, dim le midi et le soir en été seulement
route D10, à 2 km à l'ouest de Vauvenargues
☎04.42.24.97.99
À distance d'observation de la croix du prieuré de Sainte-Victoire, ce cordial restaurant routier sert de bons poissons et viandes grillés, des salades et des desserts maison. Un terrain de pétanque avoisine même le «bar-terrasse» carrelé aux couleurs vives. Aucune carte de crédit acceptée.

Au Moulin de Provence
$-$$
mi-mars au 31 oct
av. des Maquisards
☎04.42.66.02.22
⇄04.42.66.01.21
Au Moulin de Provence ne vous éblouira pas par son décor, mais vous ne tarirez pas d'éloges sur sa cuisine, composée de somptueux plats provençaux apprêtés avec soin par M. et Mme Yemenidjian, qui s'efforcent de mettre en valeur la saveur naturelle des ingrédients qu'ils utilisent (terrine d'aubergines arrosé d'un coulis de tomates au basilic, daube à la provençale, nougat glacé).

Sorties

Aix-en-Provence

Les Thermes Sextius
traitements d'une journée 380F à 440F
traitements de six jours 1 980F à 2 370F
55 cours Sextius
☎0.800.639.699
⇄04.42.95.11.33
thermes.sextius@wanadoo.fr
Les eaux chaudes animent la ville d'Aix-en-Provence depuis plus de 2 000 ans. Sur le site d'anciens bains thermaux abandonnés depuis quelques années, Les Thermes Sextius redonnent une nouvelle vie à ce lieu chargé d'histoire. Soucieux de faire cohabiter ces richesses historiques avec les infrastructures modernes, les concepteurs du nouvel établissement ont laissé apparents certains des merveilleux vestiges romains, habilement mêlés aux structures de verre et de métal ultramodernes. Outre une gamme impressionnante de soins, Les Thermes Sextius marquent les esprits par une architecture hors norme, alliant les lignes et voûtes du XVIIIe siècle à une infrastructure ultramoderne. Même si l'on recommande une série de soins en cure d'hydrothérapie sur une période de six jours avec quatre soins quotidiens, les heureux clients peuvent choisir à la carte le traitement à leur convenance, à l'acte ou à la journée. Un personnel accueillant, souriant et affable vous guidera lors de votre séjour. On ne peut que vous recommander de vous payer un petit plaisir corporel dans ce lieu exceptionnel au cœur d'Aix.

Les 2 Garçons
53 cours Mirabeau
☎04.42.26.00.51
Les 2 Garçons est un élégant café doté d'une large terrasse en bordure du trottoir, un endroit rêvé pour ob-

server les passants du cours Mirabeau tout en sirotant un café ou un alcool, le jour comme le soir. Connu sous le nom des «2 G», il a été fondé en 1792 et compte parmi les institutions d'Aix-en-Provence. Le service peut toutefois se révéler un peu trop rapide et froid; mangez plutôt ailleurs.

Le Bar Brigand
17 place Richelme, angle rue Fauchier
☎***04.42.26.11.57***
Le Bar Brigand se veut au-dessus de la moyenne. On y sert 40 types de bières de Belgique et d'ailleurs.

La Chimère
mer-dim dès 23h
route d'Avignon
☎***04.42.23.36.28***
Discothèque gay. Entrée chère le samedi.

Le Hot Brass
route d'Eguilles, Célony
☎***04.42.21.05.57***
Le Hot Brass est une boîte de jazz décontractée et volontiers fréquentée par les musiciens. Mérite le déplacement *(du centre-ville, prenez la N7 en direction d'Eguilles/Avignon)*. Lorsqu'il y a un concert d'envergure, on demande un droit d'entrée de 100F par personne *(70F pour les étudiants)*, une boisson incluse.

Le Scat
mar-sam dès 23h
11 rue de la Verrerie
☎***04.42.23.00.23***
Un boîte branchée installée dans une cave voûtée où l'on peut entendre des formations de soul, de blues et de funk. Les boissons sont toutefois assez chères (bière 40F, spiritueux 60F).

Le Cézanne
21 rue Goyrand Prolongée
☎***04.42.26.04.06***
Le Cézanne est un cinéma où l'on présente un mélange de films populaires et de réalisations artistiques fraîchement produites.

Le **Théâtre de l'Archevêché** *(palais de l'Ancien Archevêché, ☎04.42.17.34.00)* et le **Théâtre municipal** *(rue de l'Opéra, ☎04.42.38. 07.39)*, les deux principaux établissements du genre à Aix, présentent toute une gamme de pièces de théâtre, d'opéras et de récitals au fil des mois. Informez-vous au guichet de leur billetterie ou à l'Office de tourisme pour connaître leur programmation. Aix possède en outre plusieurs autres théâtres de moindre envergure, des «dîners-théâtres» et des salles de concerts, et la presse locale vous renseignera sur les spectacles qu'on y présente.

Café le Verdun
tlj 6h à 2h
20 place Verdun
☎***04.42.27.03.24***
Ce café accueillant reste ouvert tard et dispose d'un grand choix de bières et de vins au verre. Ses heures d'ouverture et ses tables étalées sur la place Verdun en font un endroit on ne peut mieux choisi pour profiter d'une chaude soirée tout en observant les passants.

Keaton Club
mar-sam dès 20h30
musiciens sur scène dès 22h
9 rue des Bretons
☎***04.42.26.86.11***
Petite boîte accueillant d'excellentes formations de jazz *(droit d'entrée de 30F à 50F)*.

Dixie Clipper
22h à 2h, fermé dim
34 rue de la Verrerie
pas de téléphone
Une petite boîte envahie par de jeunes adultes s'ébattant au son de la musique techno ponctuée d'airs hiphop.

Pub Honky Tonk
22h à 2h, fermé dim
38 rue de la Verrerie
☎***04.42.27.21.82***
Un décor industriel axé sur la moto et des murs tapissés de disques campent l'atmosphère de cette boîte dont le disque-jockey passe allègrement du rock au disco et du techno au funk.

Ciné Mazarin
6 rue Laroque
☎***04.42.26.99.85***
Les plus récents films d'art primés internationaux entier sont ici projetés dans trois salles. Prix réduits le lundi et le mercredi.

Achats

Aix-en-Provence

Léonard Parli
8h à midi et 14h à 19h, fermé dim et lun
33 av. Victor Hugo
☎04.91.26.05.71
Léonard Parli fabrique les fameux calissons d'Aix depuis 1874. Ces merveilleuses friandises de forme oblongue faites de pâte d'amandes, de sirop et de melon en conserve, auraient été servies pour la première fois à l'occasion du mariage du bon roi René et de sa seconde épouse, la reine Jeanne.

Confiserie d'Entrecasteaux
tlj 8h à midi et 14h à 19h fermé dim
2 rue d'Entrecasteaux
☎04.42.27.15.02
La Confiserie d'Entrecasteaux prépare des chocolats et d'excellents calissons d'Aix.

Kennedy's General Store
tlj
2 Boueno Carriero
angle rue Monclar
pas de téléphone
Le Kennedy's General Store fait le bonheur des touristes américains et britanniques souffrant du mal du pays, qui peuvent s'y procurer, entre autres choses, des Pop Tarts, des bières anglaises, des boissons gazeuses à saveur de cerise et des chips de maïs de type *tortillas* au fromage *nacho*!

Sienne
tlj 9h à 13h et 15h à 19h fermé dim et lun
9 rue Rifle Rafle
☎04.42.21.42.20
Sienne propose une belle sélection de cadeaux recherchés (objets décoratifs, linge de maison, meubles), sans le moindre tissu provençal à l'horizon!

Librairie de Provence
9h15 à 19h15, fermé dim
31 cours Mirabeau
☎04.42.26.07.23
La grande Librairie de Provence dispose d'un vaste choix d'ouvrages régionaux consacrés, entre autres thèmes, à la littérature, à la cuisine et au voyage, sans oublier les guides Ulysse!

Makaire
9h à midi et 14h à 19h, fermé dim
rue Thiers/place du Palais
☎04.42.38.19.63
Makaire s'impose comme une librairie de qualité où l'on peut trouver les plus récents romans et ouvrages non romanesques (emphase sur les titres provençaux), des livres rares et une grande section consacrée au matériel d'écriture. Service professionnel.

Riederer
lun-sam 7h45 à 19h30, dim 13h à 15h
6 rue Thiers
Riederer est une pâtisserie établie de longue date (cinq générations) qui vend des croissants et un vaste choix de gâteaux, y compris la spécialité de la maison : la tarte aux pommes. On peut prendre le petit déjeuner, un déjeuner léger ou un gâteau en après-midi dans son agréable salon de thé.

Richart
10h à 13h et 14h15 à 19h, fermé dim et lun matin
8 rue Thiers
☎04.42.38.16.19
Richart, une confiserie tout à fait contemporaine, concocte des chocolats sublimes et de délicieux cornets au chocolat garnis d'une variété de sorbets rafraîchissants à saveur de fruits. La spécialité de Richart est le chocolat noir.

La **rue d'Italie**. Nous vous suggérons de visiter les commerces qui bordent cette rue, au sud de la place Forbin et à l'extrémité est du cours Mirabeau, afin de vous préparer un bon pique-nique avant de partir en excursion vers la montagne Sainte-Victoire ou le massif de la Sainte-Baume. On y trouve un ou deux marchands de légumes, une fromagerie *(**La Baratte**, 21 rue d'Italie)*, un négociant en vins *(**Bacchus**, 25 rue d'Italie)* et deux bonnes boulangeries *(**La Paneria**, 45 rue d'Italie, propose un choix sidérant de pains de blé entier)*. Ces établissements sont généralement ouverts de 8h à 12h30 et de 16h à 19h30.

Photo Clic Clac
2bis av. des Belges
☎*04.42.26.80.00*
⇄*04.42.38.17.95*
L'endroit tout indiqué pour acheter de la pellicule et faire développer vos photos en une heure.

Photo Service
1 rue des Cordeliers
☎*04.42.96.50.01*
Développement en une heure (exemplaires multiples à temps égal) et photos de passeport. En prime, une fontaine réfrigérée et une télé diffusant des bulletins météorologiques.

Pharmacie Landi
fermé dim
15 av. du Maréchal Foch
☎*04.42.26.13.78*
Une pharmacie bien située avec heures d'ouverture prolongées.

Pharmacie des Prêcheurs
fermé dim
2 rue Peyresc
☎*04.42.23.54.32*
Une pharmacie bien située avec heures d'ouverture prolongées.

Micro Informatique Conseil
fermé dim
8 av. Paul Cézanne
☎*04.42.96.46.00*
⇄*04.42.96.14.65*
Vente et réparation de matériel informatique et multimédia.

IC Aix-en-Provence
fermé dim
33 bd de la République
☎*04.42.38.28.08*
Vaste choix de matériel informatique. Service professionnel.

Decathalon
fermé dim
13 rue Chabrier
☎*04.42.21.62.93*
Pour tous vos besoins en vêtements et articles de sport, des maillots de bain aux accessoires de randonnée, en passant par les lunettes de soleil, les chaussures de sport et les chapeaux de soleil.

Gérard Paul
fermé dim
45 bd Georges Clemenceau
☎*04.42.23.16.84*
Vaste choix de fromages signés par nul autre que Monsieur Paul, de la Guilde des fromagers.

Vents du Sud
fermé dim
7 av. du Maréchal Foch
☎*04.42.23.03.38*
Une librairie bien garnie d'ouvrages en tout genre, des best-sellers aux guides de voyage. Service de qualité supérieure. En face de la place Richelme.

Paradox Librairie Internationale
fermé dim
15 rue du 4 Septembre
☎*04.42.26.47.99*
Une grande librairie fréquentée par l'importante population estudiantine d'Aix. Titres en espagnol, en allemand, en italien et en anglais.

Marseille et la côte méditerranéenne

Marseille souffre d'un problème d'image. Du fait d'une presse fréquemment négative et de conceptions erronées de la part d'un public étendu, la plus vieille ville de France est en effet souvent mal perçue. Essayons donc d'y voir plus clair.

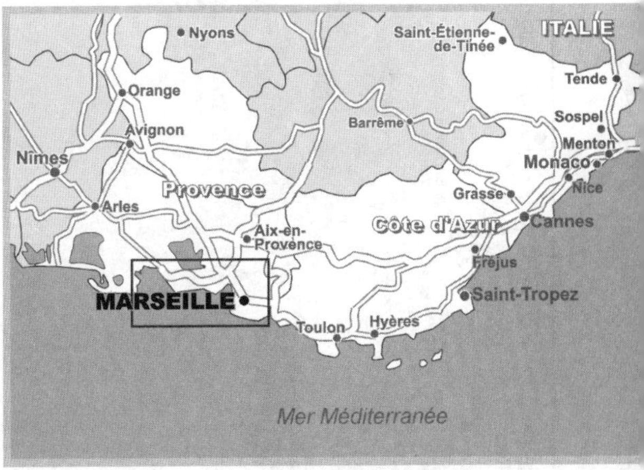

D'entrée, Marseille s'impose comme un endroit extraordinaire à visiter. Les spectaculaires falaises blanches qui se dressent ici au-dessus de la mer turquoise sont uniques dans le sud de l'Europe.

Le petit port de pêche du vallon des Auffes, qui fait pourtant partie du centre-ville, demeure à l'abri des promoteurs modernistes. Des quartiers sans âge dont les échoppes et les étals de marché rappellent les rues d'un village grec ou d'un souk arabe attirent les passants, et, non loin, des boutiques proposent des vêtements et des objets de luxe de la meilleure qualité. Des cathédrales chargées d'histoire, des collections d'art inestimables et une variété enivrante de musées répondent aux besoins des amateurs de culture les plus insatiables.

D'innombrables comptoirs de restauration comblent les attentes des affamés, des mille et une pizzerias aux restaurants préparant la meilleure bouillabaisse et les meilleurs fruits de mer que la France a à offrir. Marseille recèle donc une myriade de possibilités et d'attraits, peu importe que vous soyez à la recherche de grands espaces, de culture, de découvertes culinaires ou de transactions purement mercantiles. En quoi se montre-t-elle défaillante?

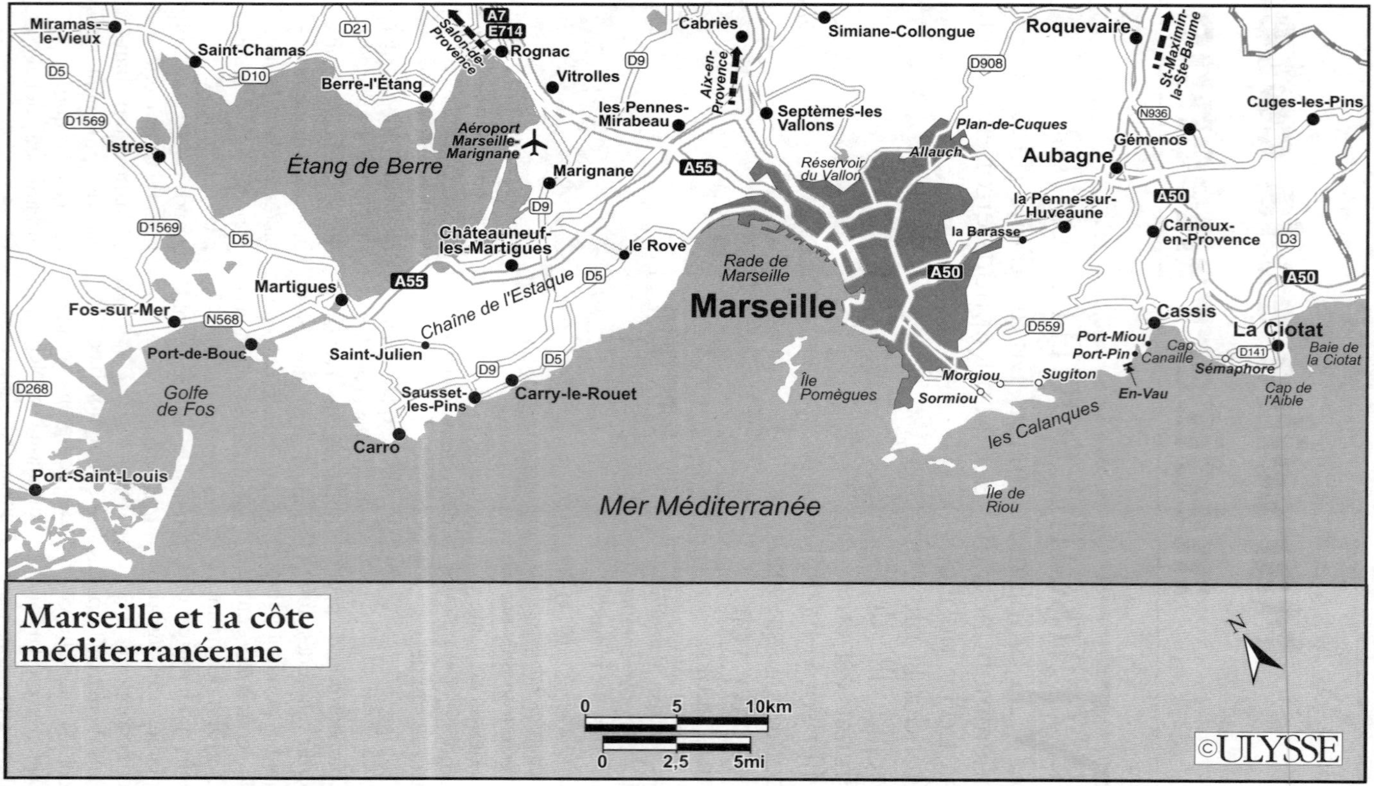
Marseille et la côte méditerranéenne
Miramas-le-Vieux
Saint-Chamas
Salon-de-Provence
A7
E714
Rognac
Vitrolles
Berre-l'Étang
Istres
Étang de Berre
Aéroport Marseille-Marignane
Marignane
les Pennes-Mirabeau
Cabriès
Aix-en-Provence
Simiane-Collongue
Septèmes-les Vallons
Roquevaire
St-Maximin-la-Ste-Baume
Cuges-les-Pins
Gémenos
Plan-de-Cuques
Allauch
Réservoir du Vallon
Aubagne
la Penne-sur-Huveaune
la Barasse
Carnoux-en-Provence
Châteauneuf-les-Martigues
le Rove
Martigues
Chaîne de l'Estaque
Fos-sur-Mer
Port-de-Bouc
Saint-Julien
Sausset-les-Pins
Carry-le-Rouet
Carro
Golfe de Fos
Port-Saint-Louis
Rade de Marseille
Marseille
Île Pomègues
Morgiou
Sormiou
Sugiton
Port-Miou
Port-Pin
En-Vau
Cap Canaille
Cassis
La Ciotat
Sémaphore
Baie de la Ciotat
Cap de l'Aigle
les Calanques
Île de Riou
Mer Méditerranée
D5
D10
D21
D1569
D268
D9
N568
D908
N936
D559
D141
D3
A55
A50
0
5
10km
0
2,5
5mi
N
©ULYSSE

Disons simplement qu'elle ne s'adresse pas à ceux qui chérissent les pittoresques coins de Provence qu'on dirait sortis tout droit d'un vieux film français. Vous trouverez plutôt de tels endroits dans le Vaucluse et dans les Bouches-du-Rhône.

Il ne s'agit pas non plus d'une forteresse bourgeoise au centre riche d'une architecture harmonieuse et envoûtante comme Bordeaux ou Paris. Des années de négligence et l'absence d'un plan d'urbanisme cohérent (jusqu'à tout récemment du moins) y ont veillé. Marseille s'est développée par à-coups, les projets de construction s'y sont multipliés dans un désordre frappant et des événements comme la Seconde Guerre mondiale (au cours de laquelle les Allemands ont détruit une bonne partie du Vieux Port) y ont laissé leur marque.

L'intérêt architectural de la ville réside dans certaines constructions individuelles et dans des lieux isolés, souvent perdus au beau milieu de nulle part. L'hôtel de ville du XIXe siècle, sur le quai du Port, se retrouve ainsi coincé entre des immeubles d'habitation peu élevés conçus par l'architecte Pouillon, l'élégant opéra occupe un quartier fréquenté par les femmes de charme et les musées de la Vieille Charité, brillamment restaurés, se trouvent au cœur du quartier ouvrier pour le moins bigarré du Panier.

De fait, on qualifie plus volontiers Marseille de pittoresque que de belle. Outre les extraordinaires Calanques, qui s'étendent vers l'est entre Marseille et le port de Cassis, la ville révèle quelques points de vue d'où l'on peut admirer de splendides panoramas. De la cathédrale Notre-Dame-de-la-Garde, par exemple, le visiteur jouit d'une vue circulaire de Marseille, surtout appréciée au coucher du soleil, alors que le ciel aux reflets multicolores miroite sur la mer et sur le château d'If (la forteresse insulaire immortalisée par Alexandre Dumas dans *Le Comte de Monte-Cristo*). Sinon, les agréables vues sur le Vieux Port qu'offrent les jardins du palais du Pharo de Napoléon III se révèlent également dignes des meilleures cartes postales.

La ville a été un centre de commerce depuis le jour même de sa fondation, qui remonte aux environs de 600 av. J.-C., époque à laquelle des négociants grecs de Phénicie débarquèrent sur ses côtes. Protis, à la tête du contingent grec, fut choisi pour époux par Gyptis, la fille du chef celto-ligure local, et c'est ainsi que débuta la tradition des mariages mixtes dans cette ville. Depuis lors, Marseille a toujours fait valoir avec fierté son statut de ville multiculturelle.

Les Grecs baptisèrent l'endroit «Massalia», et ils livrèrent une compétition farouche aux Étrusques et aux Carthaginois pour l'établissement de routes commerciales à travers toute la région méditerranéenne. Les Marseillais se déployèrent même au nord par la mer, en direction des îles Britanniques et de la Scandinavie, et au sud vers le Sénégal, à la recherche de nouveaux marchés.

Des postes avancés en bordure de la côte virent également le jour, notamment là où se trouvent aujourd'hui Antibes, Nice et Hyères. La communauté connut malgré tout des hauts et des bas en tant que centre de commerce; aussi les années 4 et 6 av. J.-C. furent-elles prospères, alors que l'an 5 av. J.-C. fut particulièrement difficile.

De fréquents affrontements opposèrent les colonisateurs grecs aux tribus celto-ligures. Les Marseillais firent même appel aux Romains à deux reprises, en 181 et en 154 av. J.-C., pour qu'ils les aident à défendre leur colonie. C'est ainsi que la présence romaine commença à se manifester dans la région, et elle ne cessa de s'amplifier après 125 av. J.-C. Le consul romain Sextius Calvinus s'empara de la communauté celto-ligure d'Entremont en 124 av. J.-C. et créa une base non loin de là, qu'il nomma «Aquae Sextiae» (aujourd'hui devenue Aix-en-Provence). Environ 6 000 personnes habitaient la région de Marseille à cette époque.

Entre 118 av. J.-C. et 472 ap. J.-C., une colonie romaine permanente connue sous le nom de «Provincia Romana» domina la région qu'on nomme aujourd'hui la Provence (anciennement la Narbonnaise). D'un point de vue stratégique, la Provence céda aux Romains le contrôle de la très importante route terrestre entre l'Italie et l'Espagne, et Arles devint sa capitale, aussi bien sur la terre que sur la mer (un canal fut creusé pour la relier à la Méditerranée). Compte tenu de l'importance d'Arles, les destinées de Marseille furent quelque peu mises à mal sous l'occupation romaine, ce qui ne l'empêcha toutefois pas de continuer à se développer sur le plan commercial. La chrétienté élargit en outre son emprise, surtout après la nomination d'un évêque dans la ville, au début du Ve siècle ap. J.-C., et la création à la même époque du monastère Saint-Victor.

Marseille profita de la chute d'Arles au Ve siècle, bien qu'à l'instar de plusieurs communautés de la région elle fût encore trop sujette aux invasions des tribus de maraudeurs (les Wisigoths en 476, les Ostrogoths en 507 et les Francs en 536). Marseille fut par ailleurs mise à sac par Charles Martel en 736, et, 100 ans plus tard (en 838), elle fut assaillie par les Sarrasins, qui ne furent chassés de la région qu'en 972.

La région connut une stabilité relative aux Xe et XIe siècles à la suite de l'établissement de frontières politiques et géographiques sous la tutelle des comtes de Provence. Marseille tira alors profit du volume accru de marchandises transitant par son port, avec des arrivages d'épices, de soie, de bois précieux et d'aliments en provenance des nouveaux comptoirs commerciaux d'Afrique du Nord et d'Orient.

Bien que gouvernée par les comtes de Provence, Marseille demeurait une puissance indépendante, dotée de son propre conseil municipal composé de grands négociants et d'artisans.

Une succession de crises politiques survenues hors ses murs, la peste de 1348 et la compétition que lui livraient certains ports italiens occasionnèrent des difficultés économiques à Marseille au XIVe siècle, des difficultés dont elle mit plus d'un siècle à se remettre. Après l'accession au trône du roi René en 1470, puis son annexion à la France en 1481, Marseille continua à développer ses routes commerciales pendant un siècle et demi, ajoutant à la liste de ses importations du coton, des tapis, du cuir, du blé, du poisson et du corail, biens qu'elle échangea, entre autres choses, contre des tissus, du sucre raffiné et du savon, trois industries locales en pleine croissance.

La ville géra ses propres affaires au cours de la plus grande partie des XVIe et XVIIe siècles, mais on ne peut dire pour autant que la situation était au beau fixe, loin de là. Un consulat établi au Parlement d'Aix et formé d'aristocrates fut maintes fois critiqué pour ses partis pris, et donna lieu à des soulèvements populaires à Marseille. Puis la peste frappa de nouveau en 1649. Enfin, en 1669, Louis XIV remplaça tous les consulats de France par des conseils municipaux, dirigés respectivement par un viguier, soit un représentant royal trié sur le volet.

La plus importante période au chapitre de l'économie fut sans doute celle que connurent les XVIIe et XVIIIe siècles. Soutenues par le commerce extérieur, les industries locales florissaient. Les matériaux bruts étaient transformés en biens manufacturés puis exportés, et de nouveaux contrats signés avec l'État français assuraient la stabilité de l'emploi. Supervisée par une Chambre de commerce récemment créée, Marseille contrôlait le commerce avec l'Orient, où elle exportait étoffes, sucre et savon. La peste de 1721 frappa toutefois durement la ville, faisant périr la moitié de ses 80 000 habitants.

Ouvertement antimonarchiste, Marseille appuya le mouvement révolutionnaire avec vigueur après la prise de la Bastille en 1789. L'Assemblée constituante, alors connue sous le nom de «Convention», fit de la France une république dirigée par le parti girondiste. En 1793, on guillotina Louis XVI, mais la France était encore bien loin de l'idéal démocratique visé par les enfants de la Révolution, victime d'un manque d'ordre et de consolidation. Le pays déclara la guerre à l'Autriche et à la Prusse, et fut envahi par une coalition de puissances européennes incluant l'Angleterre, la Hollande et l'Espagne. Au sein même du pouvoir parisien, les jacobins luttaient pour la suprématie politique contre les girondins. Des députés girondistes furent accusés de trahison et envoyés à l'échafaud dans les années 1790; à la suite de cet événement, à Marseille et dans d'autres communautés méridionales, les girondins se rebellèrent et emprisonnèrent des partisans des jacobins au cours de la période connue sous le nom de

Ça mousse!

Produit traditionnel aux vertus multiples, le savon de Marseille a marqué l'économie et l'image de la ville. À la veille de la Seconde Guerre mondiale, Marseille produisait 120 000 tonnes de savon par an, soit la moitié de la production française. On suivait des recettes élaborées depuis le XVIe siècle, à base de soude et d'huiles végétales importées d'Orient. Mais attention aux copies! Pour revendiquer l'appellation «Savon de Marseille», le savon doit contenir 72% d'huile d'olive. Il ne reste plus aujourd'hui à Marseille qu'une seule savonnerie artisanale, Le Sérail.

«Terreur blanche». À un certain moment, plus précisément en juin 1795, des prisonniers jacobins du fort Saint-Jean de Marseille furent même massacrés.

L'arrivée du brillant général corse Bonaparte dans les années 1790 (il devait par la suite être couronné chef d'État et prendre le titre d'empereur Napoléon) résolut plusieurs problèmes domestiques et extérieurs de la France. L'Angleterre se servit de son imposante force navale pour résister à Napoléon, qui, en guise de représailles, interdit tout commerce avec les îles Britanniques. Ces sanctions économiques à saveur politique entraînèrent de graves conséquences pour les négociants marseillais, et ce n'est qu'après la chute de Napoléon en 1815 et le retour de la monarchie à l'époque de la Restauration que Marseille put récupérer ses pertes financières.

De fait, la ville reprit sa place sur les marchés mondiaux avec une vigueur renouvelée. On revitalisa les anciens marchés, et l'on exploita de nouveaux territoires. Aussi Marseille fut-elle au sommet de sa grandeur économique durant tout le XIXe siècle. Elle comptait parmi les plus importants centres de commerce du monde sous le Second Empire (sous Napoléon III), dans les années 1850, puis sous la IIIe République. Son activité gravitait alors autour des docks de Joliette, directement au nord du Vieux Port; l'agglomération comprenait une série de docks aménagés perpendiculairement aux quais, d'énormes entrepôts et une gare ferroviaire maritime reliée au nouveau réseau côtier. La colonisation de l'Orient et de l'Afrique ouvrit, quant à elle, de nouvelles routes commerciales. La population atteignit le chiffre de 300 000 âmes en 1869, après avoir presque doublé en 30 ans.

L'économie locale a par contre grandement souffert depuis le début du XXe siècle, et ce, malgré le répit occasionné par une industrialisation rapide. Marseille essuya un important revers à la suite de la dépression mondiale, survenue après l'effondrement de la Bourse de Wall Street en 1929. La ville fut en outre coupée de Paris et du nord de la France pendant la Seconde Guerre mondiale, et elle fut elle-même occupée par les troupes allemandes entre le

11 novembre 1942 et le 29 août 1944. Les occupants détruisirent différents secteurs de la ville et la plus grande partie du Vieux Port. Enfin, des événements politiques d'après-guerre, dont la guerre d'Indochine dans les années cinquante et la décolonisation de l'Afrique (notamment la perte de l'Algérie en 1962), ont grandement contribué à réduire les marchés.

La zone industrielle de Berre-l'Étang se développa rapidement après la Seconde Guerre mondiale, suivie de celle du golfe de Fos. Parmi les industries présentes, il faut retenir les usines de traitement de produits chimiques, les cimenteries, les chantiers de construction navale, les aciéries, les usines alimentaires (raffineries de sucre, usines de pâtes alimentaires et d'huile) et les raffineries pétrolières. L'activité industrielle entraîna l'érection d'immeubles à loyers modiques et de centres commerciaux, surtout dans les secteurs de Fos-sur-Mer, de Martigues, de Miramas, de Berre-l'Étang et d'Istres. La crise pétrolière de l'OPEC en 1973, la réduction des marchés étrangers et la crise financière mondiale de la fin des années quatre-vingt, toutes ont contribué à plonger Marseille dans l'un de ses pires cauchemars économiques, de sorte qu'au milieu des années quatre-vingt-dix le chômage y était plus élevé que la moyenne française (14% contre 11%).

Marseille a aussi été une terre d'accueil invitante pour nombre d'émigrants cherchant à fuir divers troubles politiques. Ce furent d'abord les Grecs dans les années 1820, suivis des Italiens dans les années 1870 et 1880. Puis, au cours du XXe siècle, leur ont emboîté le pas des Arméniens (1915), d'autres Grecs et des Arméniens de Turquie (années vingt), des Italiens antifascistes (années trente) et des Arabes nord-africains du Maroc, de l'Algérie et de la Tunisie (depuis la fin de la Seconde Guerre mondiale, y compris un afflux d'Algériens à la suite de l'indépendance de leur pays en 1962). Ils s'établirent pour la plupart dans deux quartiers du centre-ville, Belsunce (à l'est du Vieux Port) et Le Panier (au nord du Vieux Port), qui méritent aujourd'hui une visite.

On adopta au cours des années quatre-vingt une politique de revitalisation urbaine, qui se poursuit à ce jour et vise à mettre un peu d'ordre dans le chaotique centre-ville. On attribue une bonne part des progrès réalisés au maire éloquent de Marseille, Robert Vigoureaux. Parmi les premiers projets qui se sont concrétisés, mentionnons la construction d'un tunnel sous le Vieux Port reliant la route de la Corniche (au sud) au quai Nord et celle d'un réseau de transports en commun souterrain efficace, le métro. Ces deux réalisations allègent le fardeau de la circulation dans le centre de la ville, quoiqu'il faille poursuivre dans cette voie pour améliorer davantage la situation.

Jusqu'à tout récemment, les anciens docks du chantier naval des Arsenaux (immédiatement au sud du Vieux Port, un peu plus bas que le quai de Rive

Neuve) accueillaient un monstrueux stationnement hors terre datant des années soixante. Celui-ci fut rasé et remplacé par un site en bordure du port, sur lequel on a érigé des boutiques et des restaurants. Gravitant autour de la place Thiers et du cours d'Estienne d'Orves, il devient particulièrement animé à la tombée du jour.

Un des projets les plus ambitieux consiste à épurer le grand boulevard La Canebière, qui mène directement au quai des Belges et au Vieux Port. Construit par Haussman sur l'ordre de Napoléon III dans les années 1850, ce boulevard était jadis bordé d'élégantes résidences et de boutiques chics, mais, au fil des ans, il s'est encombré de bureaux, de comptoirs de restauration rapide et de commerces bas de gamme. La ville s'affaire donc présentement à redonner vie à La Canebière. Aussi a-t-elle déjà restauré la Bourse, créé un musée de la mode dans un beau bâtiment, rénové la place Général de Gaulle et fermé à la circulation automobile certaines rues voisines (rue Saint-Ferréol).

Ce cocktail enivrant de commerces, d'industries, de politiques et d'ethnies multiples n'a rien de nouveau pour Marseille. Il s'agit en effet d'un mélange explosif qui refait périodiquement surface, donnant lieu à des accès de violence, à des tensions raciales, au trafic de la drogue, à une partisanerie démesurée à l'égard du football et à la corruption politique. Marseille est la deuxième ville de France en termes de population (derrière Paris) et la troisième en étendue (derrière Paris et Lyon). Elle voit toutefois sa population décroître peu à peu (807 726 habitants en 1997 contre 878 689 en 1982).

Les visiteurs sont pourtant davantage en sécurité dans cette ville que dans la majorité des capitales internationales; il suffit d'y prendre les précautions habituelles (toujours garder un œil sur son portefeuille, s'en tenir aux quartiers bien éclairés le soir, ne laisser aucun objet de valeur dans son véhicule...). Les Marseillais sont amicaux et serviables auprès des touristes. Enfin, tous les visiteurs qui prennent le temps de découvrir cette ville s'accordent pour dire que Marseille diffère des autres en tout, à tel point que vous pourriez très bien vous y sentir comme si vous n'étiez plus en France.

Pour s'y retrouver sans mal

En avion

Le Vieux Port ne se trouve qu'à 25 km de l'**aéroport de Marseille-Marignane** *(renseignements ☎04.42.14.14.14, réservations ☎04.91.91.90.90)*, auquel il est relié par l'autoroute A55. Il y a de nombreux vols quotidiens entre Paris-Orly et Marseille-Marignane, la principale ligne aérienne intérieure étant Air Inter *(14 La Canebière, ☎04.91.39.36.36)*.

Elles quittent l'aéroport aux 20 min, de 6h30 à 20h50, puis à 21h15, 21h40, 22h, 22h30, 22h50 et 23h15, et la gare ferroviaire aux mêmes intervalles de 6h10 à 21h50, ainsi qu'à 5h30 et 5h55. Pour information : ☎04.42.14.31.27 ou 04.91.50.59.34.

En train

Gare Saint-Charles
(SNCF)
Avenue Pierre Semard (place des Marseillais)
Renseignements et réservation :
☎08.36.35.35.35
Message enregistré donnant les heures de départs et d'arrivées :
☎04.91.50.00.00

Les visiteurs d'outre-mer arrivant à Paris peuvent prendre le TGV (train à grande vitesse) à l'aéroport Charles-de-Gaulle ou à la gare d'Austerlitz pour se rendre à la gare Saint-Charles de Marseille. Onze TGV effectuent quotidiennement le trajet Paris-Marseille, bien que tous ne soient pas directs; comptez 4 heures 15 min pour franchir les 813 km qui séparent ces deux points. Les visiteurs d'outre-mer arrivant à Lyon peuvent prendre le TGV pour Marseille à la gare ferroviaire de la SNCF reliée à l'aéroport Satolas. Une fois à Marseille, prenez un taxi ou le métro, très efficace, entre la gare et votre hôtel ou le centre-ville. Vous trouverez un office du tourisme à la gare même (pour les heures d'ouverture, voir p 239).

Marseille se trouve à proximité de plusieurs destinations importantes de Provence. Les Trains Express Régionaux (TER) relient, entre autres trajets, Marseille aux ports côtiers de Cassis et de La Ciotat, aux centres importants comme Cannes et Nice, et aux villes intérieures, telle Aubagne ou Aix-en-Provence. À titre d'exemple, 19 TER se rendent chaque jour à Aix, la durée du voyage étant de 30 min. Le bureau d'information, qui se trouve au rez-de-chaussée de la gare Saint-Charles, vous fournira les horaires des trains locaux et répondra aux questions que vous pourriez avoir quant à vos déplacements. Des prix spéciaux, dits «Joker», vous permettent de bénéficier de rabais importants (50% et plus) sur les trajets en train vers plusieurs destinations (y compris sur le trajet Paris-Marseille), à condition que vous achetiez votre billet deux semaines ou un mois à l'avance.

En autocar

Gare routière
place Victor Hugo
☎04.91.08.16.40
La gare routière se trouve à côté de la gare Saint-Charles, la gare ferroviaire centrale de Marseille, ce qui facilite les correspondances entre le TGV Paris-Marseille et le service local d'autocars. Des autocars régionaux desservent régulièrement divers points de la Provence et de la Côte d'Azur. Les visiteurs qui se rendent en excursion d'une journée en Aubagne, à Cassis ou en d'autres endroits rapprochés de Marseille préféreront sans doute le réseau d'autocars au service ferroviaire (à titre d'exemple, la gare routière de Cassis se trouve dans le centre de la ville, alors que la gare SNCF est à 3 km du port).

Les transports locaux

Le métro

Le métro est un moyen efficace, économique, sûr et rapide pour se déplacer à Marseille. Un billet unique vous donnant accès aux deux lignes existantes coûte 8F. Toutes les stations de métro et l'Office de tourisme sont à même de vous fournir un plan du réseau; sinon adressez-vous à Infor RTM *(6 rue des Fabres, 13001 Marseille, ☎04.91.91.92.10).* Le métro circule de 5h à 21h, mais les billetteries ne sont ouvertes que de 6h30 à 19h30.

L'autobus

Un bon service d'autobus dessert la ville et sa périphérie. Le prix des billets est le même que pour le métro. Si vous utilisez le bus et le métro au cours d'un même déplacement, un seul billet suffit pour l'ensemble du trajet. Le service d'autobus régulier cesse autour de 21h, après quoi des autobus spéciaux de nuit (fluobus) prennent la relève. Un service moins fréquent, mais tout de même régulier, est proposé jusqu'à 1h (un bus toutes les 15 à 30 min) sur un nombre limité de lignes.

La voiture

Location de voitures

Astuce
219 av. Roger Salengro
☎***04.91.08.02.08***
Une des agences de location les plus économiques de Marseille (environ 240F/jour pour une compacte, assurance et 100 km inclus).

Ada
24 av. de Toulon
☎***04.91.79.37.17***
39 rue d'Alger
☎***04.91.48.20.56***
23 rue de la Ioge
☎***04.91.90.24.66***
19 rue du Marché
☎***04.91.84.72.00***
Location à prix économique. Les meilleurs prix disponibles pour les locations de fin de semaine.

Avis
Gare SNCF, Saint-Charles
☎***04.91.08.41.80***
267 bd National
☎***04.91.50.70.11***
92 bd Rabatau
☎***04.91.80.12.00***

Hertz
27 bd Rabatau
☎***04.91.79.22.06***
16 bd Nédelec
☎***04.91.14.04.22***

Stations-service

Shell
44 bd des Dames

Total
35 bd Rabatau

SOS Voyageurs
☎***04.91.62.12.80***

Toutes sont ouvertes tard le soir.

Stationnement

Le centre-ville est congestionné surtout le matin et l'après-midi aux heures de pointe. Évitez donc de vous déplacer en voiture à ces heures; vous épargnerez beaucoup de temps. Étant donné que la plupart des sites se trouvent dans le centre-ville même, ils demeurent accessibles à pied pour la plupart des visiteurs, et le métro couvre efficacement les autres secteurs. Alors pourquoi prendre une voiture? Mais si vous disposez d'un véhicule, sachez qu'il faut parfois s'armer de patience pour trouver où se garer dans les rues de Marseille (faites le tour du pâté de maisons à quelques reprises, et vous finirez par dénicher une place).

Il existe un certain nombre de stationnements municipaux à travers la ville, mais ils peuvent s'avérer coûteux si vous devez y laisser votre voiture de façon prolongée. Ils sont bien indiqués, mais nous énumérons tout de même ici certains de ceux qui sont les mieux situés : cours d'Estienne d'Orves, cours Julien, allées Léon Gambetta, centre Bourse (tous dans le 1er arrondissement); rue des Phocéens, place du Mazeau, place Villeneuve-Bargemont, place Victor Gélu (2e arrondissement); gare Saint-Charles (3e arrondissement); cours Pierre Puget, place Monthyon/Palais de justice (6e arrondissement). Comme dans toute autre grande ville, ne laissez aucun objet de valeur dans votre voiture.

Le taxi

Certains chauffeurs de taxi marseillais ont mauvaise réputation. Par exemple, plusieurs d'entre eux n'aiment pas faire le trajet entre la gare Saint-Charles et le centre-ville (sans doute en raison de la faible distance à parcourir et de la densité de la circulation). Prenez note de la valeur du billet de banque que vous remettez au chauffeur pour vous assurer qu'il vous rend bien la monnaie exacte.

Compagnies de taxis locales

Marseille Taxi
☎***04.91.02.20.20***

Taxis France
☎***04.91.34.51.06***

Taxis Tupp
☎***04.91.85.80.00***

Taxis Plus
☎***04.91.09.28.79***

Eurotaxi
☎***04.91.05.31.98***
(chauffeurs multilingues)

Renseignements pratiques

Offices de tourisme

Marseille
juil à sept lun-sam 9h à 20h, dim et fêtes 10h à 18h; oct à juin lun-sam 9h à 19h, dim et fêtes 10h à 17h
4 La Canebière
☎***04.91.13.89.00***
⇄***04.91.13.89.20***
www.destination-marseille.com

SNCF
lun-ven 10h à 18h
gare Saint-Charles
☎***04.91.50.59.18***

L'Office de tourisme de Marseille bat tous les autres par le nombre de projets innovateurs qu'il a mis sur pied pour informer et amuser les visiteurs.

Assurez-vous de vous procurer les brochures gratuites et multilingues que sont *Marseille Sur Mer* (activités nautiques), de même que des brochures distinctes (en différentes langues) sur l'histoire de chaque point d'intérêt majeur (de Notre-Dame-de-la-Garde au château d'If).

Ville d'Art et d'Histoire, un programme créé par l'Office de tourisme, propose un éventail de 36 visites guidées à pied *(40F, 50F, 90F ou 130F selon les circuits; réservations nécessaires pour certains circuits; départs à 14h)*. Dirigées par des guides professionnels dans un choix de sept langues, plusieurs de ces visites explorent des coins de Marseille inconnus de la majorité des touristes, sans compter les circuits plus classiques, comme celui des hôtels particuliers des notables du XVIIIe siècle, l'excursion jusqu'aux collines de l'Estaque, si chères à Braque, à Cézanne et à Dufy, là où est né le cubisme, et la visite des anciens docks et entrepôts du secteur de Joliette.

Les touristes plus indépendants de nature peuvent simplement suivre la ligne rouge peinte sur les trottoirs qui mène aux principaux sites, et ainsi faire une visite autoguidée de la ville *(point de départ à l'Office de tourisme, où vous pourrez vous procurer un plan gratuit du circuit)*.

Taxi Tourisme Marseille est une nouvelle trouvaille de l'Office de tourisme permettant aux visiteurs d'effectuer un tour guidé de la ville à bord d'un taxi spécialement désigné, muni d'un dispositif par lequel on peut entendre un commentaire enregistré sur chaque site (les chauffeurs sont rigoureusement sélectionnés). On vous propose quatre circuits en français, en anglais ou en allemand *(140F-500F; durée : 1 heure 30 min à 4 heures)*; les billets sont vendus à l'Office de tourisme et peuvent être achetés 5 min à l'avance.

Bon Week-End est le nom d'un programme intéressant implanté à l'échelle du pays, auquel adhère fortement Marseille. Plus de 40 hôtels dans toutes les catégories de prix proposent deux nuitées pour le prix d'une seule, à condition que vous arriviez le vendredi ou le samedi. Adressez-vous à l'avance à l'Office de tourisme pour obtenir sa brochure *Bon Week-End à Marseille*, qui renferme également des coupons-rabais utilisables dans les musées de la ville et dans les agences de location de voitures.

Cassis
place Baragnon
☎***04.42.01.71.17***
⇄***04.42.01.28.31***
www.cassis.enprovence.com

Aubagne
esplanade Charles de Gaulle
☎***04.42.03.49.98***

La Ciotat
boulevard Anatole France
☎***04.42.08.61.32***
⇄***04.42.08.17.88***

La Poste

Hôtel des Postes
lun-ven 8h à 19h
sam 8h à midi
place de l'Hôtel des Postes
☎**04.91.15.47.00**

Le change

Vous trouverez un peu partout à Marseille des succursales des grandes banques françaises disposant d'un comptoir de change. Fermeture à 16h.

Bureaux de change

Comptoir de Change Méditerranéen
tlj 8h à 18h
Gare Saint-Charles
☎**04.91.84.68.88**

Change de la Bourse
lun-sam 8h30 à 18h30
3 place Général de Gaulle
☎**04.91.13.09.11**

KM Change
lun-sam 8h30 à 18h
8-10 La Canebière
☎**04.91.54.29.23**

Police

Commissariat central de police
jour et nuit
2 rue Antoine Becker
13102 Marseille
☎**04.91.39.80.00**

Attraits touristiques

★★

Marseille

Tous les musées de Marseille, sauf le Musée de l'Histoire, le Musée de la Mode et la Galerie des Transports, sont ouverts du mardi au dimanche de 10h à 17h d'octobre à mai et du mardi au dimanche de 11h à 18h entre juin et septembre. L'entrée y est libre pour tous le dimanche matin et en tout temps pour les enfants de moins de 10 ans, pour les 65 ans et plus, pour les handicapés et pour les sans-emploi. Demi-tarif pour les étudiants, les enfants de 10 à 16 ans et les enseignants.

Le **Centre de la Vieille Charité** ★★★ *(2 rue de la Charité, métro Joliette, ☎04.91.14.58.80, ⇌04.91.90.63.07)* est un ancien hospice du XVIIe siècle dont les ravissantes arcades roses font face à une **chapelle centrale** ★★★ construite par Pierre Puget. Il abrite aujourd'hui un complexe artistique particulièrement fascinant, et s'y trouve le **Musée d'Archéologie méditerranéenne** ★ *(12F)*, qui renferme une excellente collection égyptologique et des objets provenant des civilisations méditerranéennes, révélateurs de leurs us et coutumes, de même que le **Musée des Arts africains, océaniens et amérindiens** *(12F)*, ouvert depuis 1992, qui jette un regard rafraîchissant sur l'art et la culture de différents groupes ethniques (surtout ouest-africains); il loge une très bonne librairie et un petit café, et l'on y présente de bonnes expositions temporaires *(10F, enfant gratuit)*.

Le **Musée des Docks Romains** *(12F; place de Vivaux, métro Vieux Port, ☎04.91.91.24.62)* est un musée unique en ce qu'il repose sur le site même du sujet à l'étude, soit la vie commerciale du port de Marseille au temps des Romains. À l'intérieur de l'ancien entrepôt romain qui se dresse sur le quai Sud, des ruines et des objets variés révèlent un important volet de l'histoire de Marseille à l'époque où elle contrôlait les routes commerciales de la Méditerranée.

Le **Musée du Vieux Marseille** ★★ *(12F; Maison Diamantée, rue de la Prison, métro Vieux Port, ☎04.91.55.10.19)*, qui occupe une résidence du XVIe siècle dont la façade est de pierres taillées en diamant,

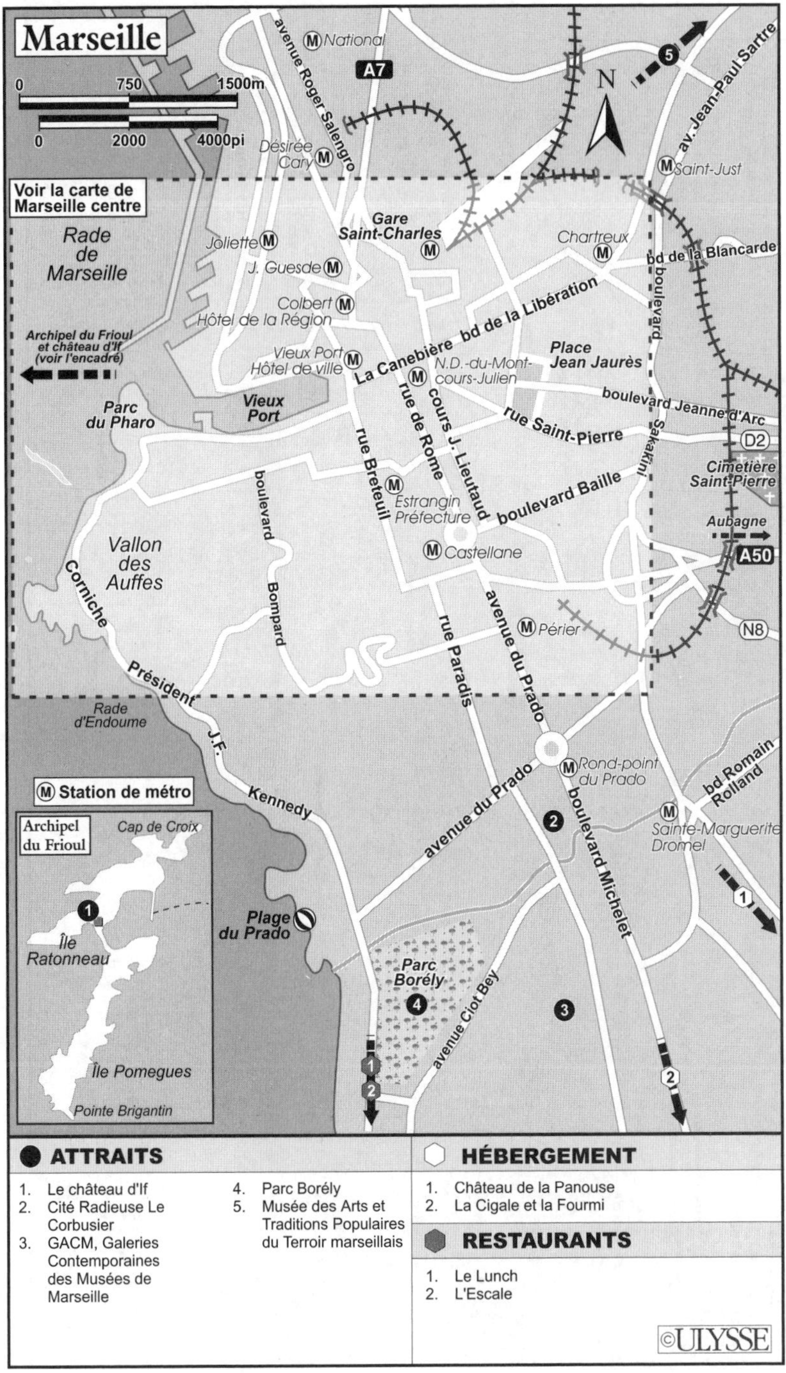

ATTRAITS

1. Le château d'If
2. Cité Radieuse Le Corbusier
3. GACM, Galeries Contemporaines des Musées de Marseille
4. Parc Borély
5. Musée des Arts et Traditions Populaires du Terroir marseillais

HÉBERGEMENT

1. Château de la Panouse
2. La Cigale et la Fourmi

RESTAURANTS

1. Le Lunch
2. L'Escale

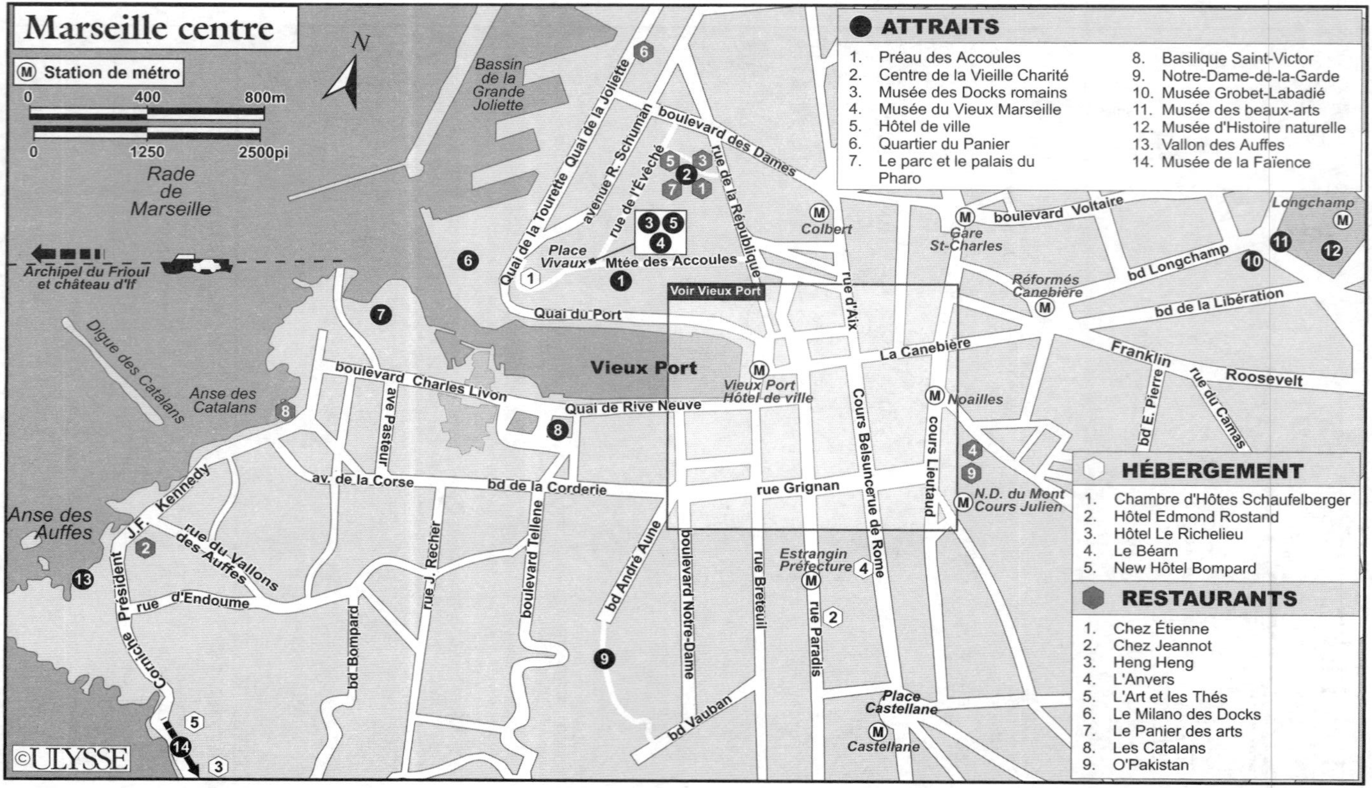

Marseille centre
Station de métro
0 400 800m
0 1250 2500pi
N
ATTRAITS
1. Préau des Accoules
2. Centre de la Vieille Charité
3. Musée des Docks romains
4. Musée du Vieux Marseille
5. Hôtel de ville
6. Quartier du Panier
7. Le parc et le palais du Pharo
8. Basilique Saint-Victor
9. Notre-Dame-de-la-Garde
10. Musée Grobet-Labadié
11. Musée des beaux-arts
12. Musée d'Histoire naturelle
13. Vallon des Auffes
14. Musée de la Faïence
HÉBERGEMENT
1. Chambre d'Hôtes Schaufelberger
2. Hôtel Edmond Rostand
3. Hôtel Le Richelieu
4. Le Béarn
5. New Hôtel Bompard
RESTAURANTS
1. Chez Étienne
2. Chez Jeannot
3. Heng Heng
4. L'Anvers
5. L'Art et les Thés
6. Le Milano des Docks
7. Le Panier des arts
8. Les Catalans
9. O'Pakistan
Rade de Marseille
Bassin de la Grande Joliette
Archipel du Frioul et château d'If
Digue des Catalans
Anse des Catalans
Anse des Auffes
Vieux Port
Voir Vieux Port
Quai de la Tourette
Quai de la Joliette
avenue R. Schuman
boulevard des Dames
rue de l'Évêché
rue de la République
Place Vivaux
Mtée des Accoules
Quai du Port
boulevard Charles Livon
Quai de Rive Neuve
ave Pasteur
av. de la Corse
bd de la Corderie
rue Grignan
J.F. Kennedy
Président
Corniche
rue du Vallons des Auffes
rue d'Endoume
bd Bompard
rue J. Recher
boulevard Tellene
bd André Aune
boulevard Notre-Dame
bd Vauban
rue Breteuil
rue Paradis
Cours Belsunce
rue de Rome
cours Lieutaud
rue d'Aix
La Canebière
Colbert
Vieux Port Hôtel de ville
Noailles
Estrangin Préfecture
Place Castellane
Castellane
N.D. du Mont Cours Julien
Gare St-Charles
boulevard Voltaire
Réformés Canebière
bd Longchamp
bd de la Libération
Franklin Roosevelt
rue du Camas
bd E. Pierre
Longchamp
©ULYSSE

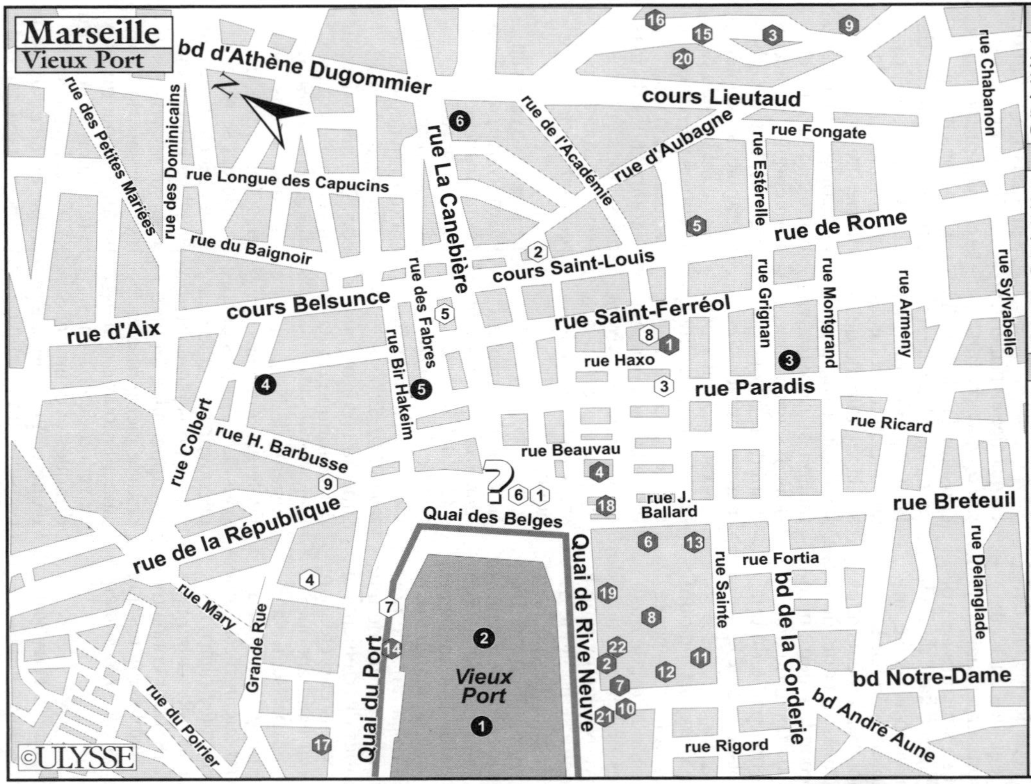

ATTRAITS

1. Vieux Port
2. Ferry Boat
3. Musée Cantini
4. Musée d'Histoire de Marseille
5. Musée de la Mode de Marseille
6. Galerie des Transports

HÉBERGEMENT

1. Hôtel Climat
2. Hôtel de Rome et Saint-Pierre
3. Hôtel Estérel
4. Hôtel Hermès
5. Hôtel Mascotte
6. Hôtel Mercure Marseille Beauvau Vieux-Port
7. Hôtel Résidence du Vieux-Port
8. Hôtel Saint-Ferréol
9. New Hôtel Vieux-Port

RESTAURANTS

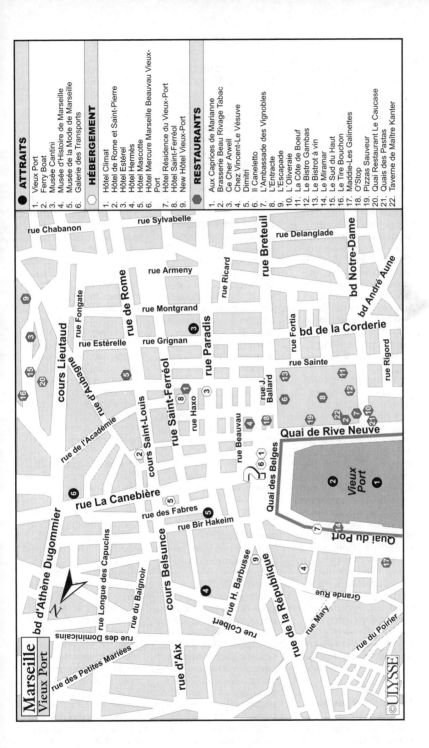

1. Aux Caprices de Marianne
2. Brasserie Beau Rivage Tabac
3. Ce Cher Arwell
4. Chez Vincent-Le Vésuve
5. Dimitri
6. Il Caneletto
7. L'Ambassade des Vignobles
8. L'Entracte
9. L'Escapade
10. L`Oliveraie
11. La Côte de Boeuf
12. Le Bistro Gambas
13. Le Bistrot à vin
14. Le Miramar
15. Le Sud du Haut
16. Le Tire Bouchon
17. Maddie-Les Galinettes
18. O'Stop
19. Pizzas Sauveur
20. Quai Restaurant Le Caucase
21. Quais des Pastas
22. Taverne de Maître Kanter

présente désormais une charmante exposition de meubles et de costumes provençaux reliés au folklore local, à l'époque où Marseille était au sommet de sa puissance et de son influence, c'est-à-dire aux XVIIIe et XIXe siècles.

L'**hôtel de ville** fait fièrement face au Vieux Port sur le quai du Port, et sa structure de trois étages datant du XVIIe siècle n'a pas été endommagée par les bombardements allemands au cours de la Seconde Guerre mondiale (bien qu'une bonne partie du quai voisin l'ait été).

Le **Vieux Port**, entouré sur trois faces par le quai du Port, le quai des Belges et le quai de Rive Neuve, marque le centre symbolique de Marseille. Les pêcheurs présentent encore leurs prises chaque matin sur le quai des Belges (au pied de La Canebière). Évitez de manger dans les restaurants de poisson et de fruits de mer établis directement sur les quais et prétendant servir l'authentique bouillabaisse; il s'agit de pièges à touristes dont aucun n'est fiable (consultez plutôt la section «Restaurants», p 218, pour connaître les établissements que nous vous recommandons).

Prendre le **Ferry Boat** *(5F)*, une sorte d'autobus marin, représente un moyen rapide de passer d'un côté à l'autre du Vieux Port (entre l'hôtel de ville, sur le quai du Port, et la place aux Huiles, sur le quai de Rive Neuve). Les Marseillais qui le prennent eux-mêmes volontiers l'appellent le «Ferry Bo-At». Ce service est en place depuis 1880.

Le **quartier du Panier** *(au sud du quai du Port)* constitue la plus vieille partie de Marseille, et il fait l'objet de nombreuses anecdotes colorées sur la vie difficile qu'on y menait et sur la prostitution qu'on y trouvait jadis. Il s'agit aujourd'hui d'un pittoresque quartier ouvrier dont on restaure peu à peu les édifices et les rues étroites. Des pêcheurs, de petits commerçants et des artisans y vivent encore, et il a conservé son caractère authentique.

Le **Préau des Accoules** *(entrée libre; mer et sam 13h30 à 17h30; 29 montée des Accoules, métro Joliette/Vieux Port, ☎04.91.91.52.06)* se situe au cœur du quartier historique du Panier. Derrière les murs austères de l'actuelle École des Accoules, vous serez surpris de découvrir une salle aux proportions harmonieuses appareillée en une chaude pierre rose et jaune. Entourée d'une élévation de colonnes doriques et couronnée d'une voûte plate, elle constitue un exemple original d'architecture néoclassique. Chargé d'histoire, ce bâtiment érigé au début du XVIIIe siècle a connu plusieurs fonctions : observatoire scientifique, siège de l'Académie de Marseille, école d'hydrographie puis finalement espace muséal pour les jeunes depuis 1991. Espace des enfants au sein de la Direction des Musées, le Préau des Accoules propose des expositions ludiques pour une approche de l'œuvre d'art. Sa programmation aborde des thèmes très variés : archéologie, beaux-arts, cultures d'Afrique et d'Amérique, patrimoine régional, histoire, photographie, art contemporain... Le Préau des Accoules présente trois expositions par an, accompagnées de manifestations diverses, concerts, spectacles, rencontres, etc.

Le **parc** et le **palais du Pharo** *(entrée par le boulevard Charles Livon, au bout du quai de Rive-Neuve)* constituent un endroit privilégié juste à l'entrée du Vieux Port. Le palais, devenu un centre de congrès, abrite entre autres une salle de concerts classiques. Les jardins qui l'entourent se révèlent agréables et offrent un excellent **point de vue** ★★ sur les voiliers et les bâtiments du Vieux Port, de même que sur le fort Saint-Nicholas du XVIIe siècle, qui se dresse en face. On peut y déjeuner avec grand plaisir sous les arbres tout en admirant ce

Les petits saints

Figurines typiquement marseillaises et provençales, les santons sont bien enracinés dans les traditions populaires du pays. Le mot «santon» vient du terme provençal *santoun*, qui signifie «petit saint».

L'origine des santons demeure floue, mais la plupart des historiens s'accordent pour affirmer qu'ils seraient nés quelque part en Italie. Pourtant, les petits saints se veulent on ne peut plus marseillais. Ils sont nés de la réaction des Marseillais face aux interdictions de la France républicaine apparues à la fin du XVIIIe siècle : suppression de la messe de minuit en 1789, suspension du culte et fermeture des églises en 1794. Pour ne pas déroger à la célébration de Noël, les Marseillais dressent chez eux des crèches improvisées qui marquent la naissance des premiers santons.

Le moule le plus ancien, daté de 1797, est attribué à Jean-Louis Lagnel, considéré comme le père et le créateur du santon marseillais. Lagnel est en effet le premier figuriste à réaliser ces petits personnages d'argile crue, grise ou rouge, qui donnent à la crèche une nouvelle dimension. La crèche devient ainsi une description minutieuse de la société marseillaise et, plus largement, provençale. On y retrouve généralement le berger, le pêcheur, la poissonnière, le tambourinaire (le joueur de tambourin), le «ravi» (l'étonné), l'*amouaire* (le rémouleur), l'ange *boufareou* (l'ange à la trompette) et bien d'autres personnages. Chaque famille possède bientôt sa crèche, dont les préparatifs commencent le dimanche précédant Noël.

Tout au long du siècle suivant, ce type d'artisanat connaît un développement impressionnant et, encore aujourd'hui, nombre de familles de santonniers perpétuent ce riche héritage à la fois religieux et profane mais, surtout, tout à fait marseillais et provençal.

panorama exceptionnel.

La **basilique Saint-Victor** ★★ *(tlj 8h à 18h; place Saint-Victor, ☎04.91.54.23.37)*, fondée au Ve siècle par le moine saint Jean Cassian, compte parmi les plus anciennes de France. Une grande partie en fut détruite au cours des raids sarrasins du VIIIe siècle, si bien qu'on l'a reconstruite au XIe siècle. Assurez-vous de descendre l'escalier de pierres qui conduit aux cryptes *(10F)*, dont une fait partie de la structure originelle du Ve siècle.

La nouvelle **cathédrale de la Major**, sur la place du même nom, date en fait de la seconde moitié du XIXe siècle. On l'appelle «nouvelle» par opposition à l'ancienne cathédrale, dont les restes trônent sur la même place. La nouvelle, qui en impose par sa masse, arbore une série impressionnante de dômes élevés dans un style romano-byzantin.

Notre-Dame-de-la-Garde *(basilique et crypte ouvertes oct à mai 7h à 19h, juin à sept 7h à 20h; accessible par un escalier abrupt ou par l'autobus 30, qui part du Vieux Port)*, de style romano-byzantin, domine Marseille et en est devenue le symbole, un peu comme la tour Eiffel à Paris ou la statue de la Liberté à New York. Comme à ces endroits, on jouit d'ailleurs de panoramas spectaculaires des terrasses qui entourent la basilique (rendez-vous-y de préférence au coucher du soleil pour mieux profiter de la vue sur le Vieux Port et la Méditerranée). Bien qu'envahi par les touristes, ce temple du XIXe siècle demeure un lieu de culte. Sa sainte patronne est Marie Madeleine, et les rangées de modèles réduits de bateaux de pêche suspendus à des chaînes au-dessus de la nef (ex-voto) servent à rappeler qu'il s'agit d'abord et avant tout de la basilique des pêcheurs.

Le **Musée Cantini ★** *(12F; 19 rue Grignan, métro Estrangin Préfecture, ☎04.91.54.77.75, ⇌04.91.55.03.61)*, qu'abrite l'impressionnant Hôtel de Mongrand, un hôtel particulier du XVIIIe siècle, se spécialise désormais dans la période moderne, entre les années 1900 et 1960, les tableaux plus contemporains ayant été transférés à la nouvelle galerie MAC. Ce musée intimiste mérite une visite, ne serait-ce que pour sa belle collection de fauvistes et de cubistes. On peut également y voir d'excellentes expositions temporaires (pour plus de détails, consultez la presse locale ou adressez-vous à l'Office de tourisme).

Le **Musée d'Histoire de Marseille ★★** *(12F; mêmes heures d'ouverture que les autres musées, mais fermé dim et lun; centre Bourse-Square Belsunce, métro Vieux Port, ☎04.91.90.42.22)* expose plusieurs trésors archéologiques de la ville remontant jusqu'à l'occupation phocéenne, y compris des objets extraits de la grotte sous-marine de Cosquer et un bateau commerçant romain du IIIe siècle (découvert sur le site même, alors qu'on construisait autour du nouvel édifice de la Bourse en 1974). Des vestiges grecs et romains datant du Ier au IVe siècle peuvent également être admirés dans le **Jardin des Vestiges**.

Le **Musée de la Mode de Marseille** *(12F; tlj sauf lun midi à 19h; Espace Mode Méditerranée, 11 La Canebière, métro Vieux Port, ☎04.91.56.59.57)* a été, inauguré en 1993. La collection permanente s'avère toutefois sommaire et ne révèle que peu de chose sur cette industrie hautement créatrice. Mieux vaut s'y rendre lorsqu'on y présente une exposition temporaire. On y trouve une bonne boutique proposant un choix original de livres et d'articles de mode *(☎04.91.14.92.13)*, de même qu'un petit restaurant servant des repas légers *(Café de la Mode, ☎04.91.14.92.12)*.

La **Galerie des Transports** *(entrée libre; mêmes heures d'ouverture que les autres musées, mais fermé dim et lun; place du Marché des Capucins, métro Noailles, ☎04.91.54.15.15)* se penche sur l'histoire des transports publics à Marseille et occupe l'ancienne gare de l'Est.

Le **Musée Grobet-Labadié ★★** *(12F; 140 bd Longchamp, métro Longchamp Cinq-Avenues, ☎04.91.62.21.82)*, logé dans l'élégant hôtel particulier construit en 1873 pour l'industriel et collectionneur d'art qu'était Alexandre Labadié, renferme une merveilleuse collection de meubles, de tableaux (peintres français du XVIe au XVIIIe siècle), de sculptures du Moyen Âge et de la Renaissance, des céramiques de Moustiers et des tapisseries flamandes. Un endroit à ne pas manquer pour les amateurs de peinture et d'arts décoratifs.

Le **Musée des Beaux-Arts ★** *(12F; palais Longchamp, métro Longchamp Cinq-Avenues, ☎04.91.62.21.17, ⇌04.91.84.73.72)* occupe les salles grandioses de l'aile gauche du somptueux palais de Longchamp. On trouve au rez-de-chaussée des toiles des grands maîtres des XVIe et XVIIe siècles, de même que des sculptures, dont une à l'effigie du héros local Pierre Puget; à l'étage, vous découvrirez des œuvres d'artistes français des

XVIIIe et XIXe siècles ainsi que des tableaux de peintres provençaux. Derrière le musée, un très joli jardin sillonné d'allées bordées d'arbres et agrémenté d'une cascade a une grande popularité auprès des habitants de la ville, mais demeure peu connu des touristes.

Le **Musée d'Histoire naturelle** *(12F; palais Longchamp, métro Longchamp Cinq-Avenues, ☎04.91.14. 59.50)* occupe, quant à lui, l'aile droite du palais de Longchamp et se consacre à l'histoire naturelle de la région Provence-Côte d'Azur. Les vitrines à l'ancienne arborent fièrement leur poussière, et la salle de Provence présente la flore et la faune de la région.

Le **Vallon des Auffes** ★★ *(corniche Président John F. Kennedy, immédiatement au sud du Monument aux morts d'Orient, sous le pont)* se veut un authentique port de pêche, non touché par la modernité et imperceptible de la corniche et de la falaise qui le surplombent. Vous y trouverez des bateaux de pêche riches en couleurs, des rangées de cabanons (huttes de pêcheurs) et trois restaurants populaires.

Le **château d'If** ★★ *(25F; tlj sauf lun au cours de l'année scolaire 9h à 17h; ☎04.91.59.02.30)*, immortalisé par l'écrivain Alexandre Dumas dans *Le Comte de Monte-Cristo*, se trouve sur une petite île, qu'une courte balade en bateau permet d'atteindre, et peut être visité. L'île de pierre blanche, d'une superficie de 3 ha, n'a pas été touchée par l'homme avant le XVIe siècle. Au cours d'une visite à Marseille en 1516, François Ier prit conscience de la position stratégique de cette terre entourée d'eau et donna l'ordre d'y construire une forteresse. La lourde construction à triple tour devait être achevée en 1531. Elle ne tarda pas cependant à devenir une prison et acquit une triste réputation à partir de 1689, lorsque de nombreux protestants y périrent dans des conditions abominables. L'endroit est accessible au public depuis 1890, et l'on peut en admirer les fameux donjons de même que le tunnel creusé par le célèbre comte de Dumas, Edmond Dantès, pour s'en échapper, sans oublier les cours et les cellules des prisonniers. Le panorama y est spectaculaire. *(Des bateaux partent régulièrement du quai des Belges en direction de l'île; ☎04.91.55.50.09).*

La **Cité Radieuse Le Corbusier** *(280 bd Michelet, au sud du rond-point du Prado)* se présente comme un complexe autonome tout en hauteur qui a suscité de vives controverses en son temps. Il a été créé par l'architecte avant-gardiste Le Corbusier en 1954 et renferme des appartements, des magasins, une école, des installations sportives et un hôtel.

GACM, Galeries Contemporaines des Musées de Marseille ★ *(15F; 69 av. d'Haïfa, autobus n°s 23 et 45, ☎04.91.55.50.09, ⇄04.91.72.17.27)*, qui a ouvert ses portes en 1994, abrite une collection particulièrement riche en œuvres d'art réalisées après 1960 (l'une des meilleures de France en dehors de Paris). Il y a aussi un cinéma, une librairie d'art contemporain et un restaurant (Au Macaroni).

Le **parc Borély** ★★ *(entrée libre; av. du Parc Borély, au sud de l'avenue du Prado, ☎04.91. 73.21.60)* est un magnifique jardin botanique où l'on peut contempler des roseraies et parcourir de jolis sentiers en bordure d'un étang. L'élégant château Borély date du XVIIIe siècle, mais est actuellement fermé pour cause de rénovation.

Musée de la Faïence ★★ *(12F; fermé lun; 157 av. de Montredon, bus 19, ☎04.91.72.43.47)*. Les amateurs de céramiques ne voudront sous aucun prétexte manquer ce nouveau musée aménagé dans un manoir du XIXe siècle admirablement restauré, le château Pastré, par ailleurs niché entre les collines intérieures et la mer dans le paisible parc Montredon. Environ 1 500 pièces en faïence couvrant une période de 7 000 ans y sont exposées, et les créations provençales d'Apt, de Marseille et de Moustiers sont bien représentées. Les œuvres des artisans contemporains peuvent être admirées à l'étage supérieur.

Fondé en 1928 à Château-Gombert par le félibre (poète de langue d'oc) Jean-Baptiste Julien Pignol, le **Musée des Arts et Traditions Populaires du Terroir Marseillais** *(20F; mer-lun 14h30 à 18h30; 5 place des Héros, métro Malpassé puis autobus n°5, ☎04.91.68.14.38)* retrace la vie sur le terroir marseillais du XVIIe au XIXe siècle par une présentation vivante et chaleureuse. Mobilier, costumes et objets restituent le cadre de vie traditionnel en Provence, alors que les collections d'art religieux, de crèches et de santons évoquent le temps des fêtes. En particulier, le musée présente une reconstitution de la table des 13 desserts, merveilleuse évocation du temps de Noël et de ses rites toujours vivants aujourd'hui.

★★★

Les Calanques

Les Calanques sont une série d'anses le long de la côte séparant Marseille de Cassis. Les fervents d'escalade adorent les magnifiques falaises blanches qui les ceinturent, tandis que les baigneurs et les plaisanciers recherchent leurs eaux turquoise et limpides qui ondulent à leur pied. **Sorgiou** ★, **Morgiou** ★ et **Sugiton** ★ sont les plus rapprochées de Marseille et peuvent être visitées en voiture *(oct à mai seulement)* ou en bateau *(départs au quai des Belges; prix et horaires disponibles auprès de l'Office de tourisme).*

Les plus belles calanques se trouvent immédiatement à l'ouest de Cassis; ce sont **Port-Miou** ★, **Port-Pin** ★★ et, la plus glorieuse, **En-Vau** ★★. Vous trouverez de petites plages sablonneuses cachées tout au bout de Port-Pin et d'En-Vau. Des bateaux permettent de les visiter toutes trois au départ de Cassis *(45F; nombreux départs entre 9h et 18h; durée du voyage : environ 1 heure).* Malheureusement, leur beauté naturelle fait que les Calanques sont envahies par les visiteurs les fins de semaine d'été, et l'on en vient à se demander si les émissions de pétrole des bateaux de plaisance ne nuisent pas à la côte méditerranéenne, déjà polluée. Port-Pin et En-Vau ne sont pas accessibles par la route, quoique des sentiers bien balisés y conduisent. Une randonnée pédestre jusqu'en En-Vau prend toute la journée; portez de bonnes chaussures de marche et munissez-vous des provisions nécessaires (d'eau potable, entre autres). Des incendies ont dévasté la végétation de cette région au début des années quatre-vingt-dix, de sorte que, comme dans la chaîne montagneuse de Sainte-Victoire, près d'Aix-en-Provence, certains sentiers demeurent interdits aux randonneurs pendant la saison estivale. Informez-vous avant de partir à l'aventure.

Aubagne

Cette ville mérite une visite de quelques heures. Elle est aménagée sur deux niveaux, respectivement désignés du nom de «ville haute», datant de la période médiévale, et de «ville basse», datant du XVIIe siècle. Portez une attention toute particulière à la **porte Gachiou**, érigée au XIVe siècle, et à la **tour de l'Horloge**, construite en 1900.

Le plus célèbre natif d'Aubagne est sans contredit Marcel Pagnol, qui a vu le jour ici le 28 février 1895 et dont les nombreux livres et films ont fortement été inspirés par la région; la maison où il a grandi se trouve au n° 16 du cours Barthélemy. Les visiteurs peuvent en outre admirer, en miniature, une reconstruction passable

Le fils d'Aubagne

Natif d'Aubagne, Marcel Pagnol (1895-1974) a plus que tout autre artiste de son époque dépeint la Provence et ses gens. Élevé dans le quartier de «La Pleine» à Marseille, cet écrivain, homme de théâtre et réalisateur talentueux, nommé à l'Académie française en 1946, fut un observateur attentif de la société de Marseille et du terroir provençal. Son amour pour la Provence, sa nature sauvage et les gens qui l'habitent, a donné naissance à un style unique, à la fois profondément méridional et formidablement humaniste. Naïf, touchant, savoureux, excessif, drôle et profond, le discours des personnages de sa petite comédie humaine joue sur tous les plans. Avec une plume intarissable et un sens de la repartie colorée, Pagnol a su amener ses lecteurs et ses spectateurs à la fois sur les chemins de la comédie de mœurs (*Topaza*, 1928), du mélodrame au ton débonnaire et folklorique (*Marius*, 1929; *Fanny*, 1931; *César*, 1946) et de la tendresse teintée de nostalgie (*La Gloire de mon père*, 1957; *Le Château de ma mère*, 1958; *Le Temps des secrets*, 1960).

Pagnol a également donné ses lettres de noblesse au cinéma méridional. Symbole de tout un art de vivre, le cinéma de Pagnol naît en 1931 avec l'adaptation à l'écran de son succès théâtral *Marius*. L'année suivante, le cinéaste crée sa maison de production qu'il installe en plein Marseille, près du Prado. Le succès de l'adaptation cinématographique de sa première trilogie l'encourage à réaliser d'autres films, entre autres *Angèle* (1934), *Regain* (1937), *Le Schpountz* (1938), *La Fille du puisatier* (1940) et, bien sûr, *La Femme du boulanger* (1939), d'après une œuvre de Jean Giono, autre écrivain provençal de grand talent, natif de Manosque. Par son cinéma bien provençal, Marcel Pagnol a, entre autres choses, offert à son Midi un acteur d'exception, Jules Muraire, dit Raimu. D'innombrables cinéastes et comédiens ont marché, et marchent toujours, sur les traces de Pagnol.

ment charmante (réunissant plus de 200 santons, ou figurines d'argile) des lieux et personnages décrits dans les œuvres de Pagnol au **Musée du Petit Monde de Marcel Pagnol** *(entrée libre; mar-dim 9h à midi et 14h à 18h; esplanade Charles de Gaulle, ☎04.42.84.10.22).* Vous découvrirez enfin une rétrospective sur les célèbres santons d'Aubagne et aurez un aperçu de la tradition locale, fort louée en ce qui a trait à la poterie et à la céramique, aux **Ateliers Thérèse Neveu**, une salle d'exposition ouverte depuis 1995 *(entrée libre; mar-dim 9h à midi et 14h à 18h; cour de Clastre, ☎04.42.03.43.10).*

Les favoris de Pagnol

Amoureux de la Provence et de ses gens, Marcel Pagnol a su trouver deux porte-parole exceptionnels qui ont rendu sur l'écran toute la couleur, la chaleur, l'humour et l'émotion de sa formidable plume. À eux deux, les personnalités plus grandes que nature et le jeu, théâtral certes, mais combien touchant, de Fernandel et Raimu résument on ne peut mieux le monde de Pagnol. Né à Carry-le-Rouet près de Marseille, Fernand Contandin, dit Fernandel (1903-1971), débuta sa carrière au café-concert dans l'emploi des comiques troupiers et interpréta l'opérette ainsi que la comédie sur scène. Cet acteur, au faciès chevalin, qui lui valut quelques sobriquets, a apporté son humour, sa naïveté, son émotion et sa pudeur aux personnages de Pagnol, qui le lui a bien rendu en lui offrant ses plus beaux rôles au cinéma (*Angèle*, 1934; *Regain*, 1937; *Le Schpountz*, 1938; *La Fille du puisatier*, 1940).

Autre produit du café-concert, le Toulonnais Jules Muraire, connu sous le nom de Raimu (1883-1946), a acquis une notoriété plutôt tardive, à l'âge de 42 ans, grâce à son légendaire personnage de César dans le *Marius* de Pagnol (1929). Son instinct naturel d'acteur, qui savait le faire passer admirablement du comique au tragique, a fait de ce monstre de la scène et du grand écran l'une des premières stars du cinéma français. Son physique rondelet et sa bouille de râleur invétérée apparaîtront dans les meilleurs films de Pagnol, notamment la trilogie *Marius*, *Fanny* et *César*, *La Femme du boulanger* et *La Fille du puisatier*.

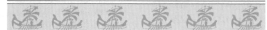

★

Cassis

Blotti au pied du cap Canaille, le plus haut d'Europe (416 m), Cassis revêt l'aspect d'un charmant port de pêche chéri par des artistes tels Matisse et Dufy au début du XXe siècle. Il est aussi célèbre pour les Calanques, qui se trouvent tout près *(45F; visites commentées d'une heure en bateau; départs au port de Cassis de 9h à 18h avec plusieurs bateaux différents)*, pour le vin frais et fruité qu'on produit dans ses environs, pour ses quelques plages et, par-dessus tout, pour sa communauté de pêcheurs. Le corail et l'oursin sont ses spécialités. Cassis devient bondée en été; si vous en avez la possibilité, essayez donc de visiter le port en matinée ou, encore mieux, hors saison. Mais d'une façon ou d'une autre, assurez-vous de voir ce **port ★★** avec ses maisons et ses cafés hauts et étroits, ainsi que l'hôtel de ville du XVIIe siècle, tout près de la jolie place de l'Église. Le **Musée des Arts et Traditions populaires** *(entrée libre; mer-sam 16h à 19h; rue Xavier d'Authier/place Baragnon, ☎04.42.01.88.66)* est situé au-dessus de l'Office de tourisme et consacré aux découvertes archéologiques faites dans la baie voisine de l'Arène, à l'histoire locale et à un petit nombre de tableaux provençaux.

La Ciotat

La spectaculaire **route côtière reliant Cassis et La Ciotat ★★★**, connue sous le nom de **route des Crêtes** (D141), longe les falaises abruptes du **cap Canaille** et de **Sémaphore**. La ville en soi n'a pas le charme des plus petits ports de la Méditerranée, ce qui s'explique peut-être par ses chantiers de construction navale et l'urbanisation dont elle a fait l'objet après la Seconde Guerre mondiale. Quoi qu'il en soit, on y trouve la **chapelle des Pénitents**, une jolie construction datant de 1626, et un musée voué à l'histoire locale et au folklore, à l'intérieur des murs du vieil hôtel de ville, le **Musée Ciotaden** *(entrée libre; lun, mer, ven-sam 16h à 19h; dim 10h à midi; fermé mar et jeu)*. La Ciotat a vu naître la première salle de cinéma au monde *(Cinéma Éden, toujours ouvert)* sous l'inspiration des frères Lumière.

Activités de plein air

La situation de Marseille sur la côte déchiquetée de la Méditerranée en fait un endroit rêvé pour les sports nautiques et la randonnée pédestre, aussi bien pour les résidants que pour les visiteurs. L'Office de tourisme publie un guide complet, et gratuit, intitulé *Marseille Sur Mer* (en français, en anglais et en allemand), dans lequel vous trouverez une foule de détails sur les activités de plein air de la région.

Baignade

La **plage du Prophète** *(corniche John F. Kennedy; autobus n° 83 du Vieux Port)* se présente comme une large bande de sable où l'on peut se livrer à diverses activités, dont la voile, la planche à voile, le canot et le volley-ball. Toilettes, douches, poste de premiers soins et comptoir de rafraîchissements.

Le **parc balnéaire du Prado** *(corniche John F. Kennedy; autobus 83 du Vieux Port ou autobus 19 des stations de métro Castellane et Rond-Point du Prado)*. Plus de 40 ha de terres ont été repris à la mer et transformés en parcs et plages. Vous verrez ici nombre d'amateurs de cerf-volant, de bains de soleil, de planche à roulette et de planche à voile. Toilettes, douches, poste de premiers soins et comptoirs de rafraîchissements.

Parfois désignées sous le nom de **plages Gaston Deferre**, les plages du Prado, situées au sud du centre-ville, regroupent la **plage du Roucas Blanc** *(sable et galets; terrain de volley-ball, terrain de jeu, radeau et tremplins)*, la **plage du David** *(galets)*, la **plage Borély** *(galets; bon endroit pour la planche à voile)*, la **plage Bonneveine** *(galets; restaurants, piscine, location de scooters et de skis nautiques)*, la **plage de la Vieille Chapelle** *(galets; jeux pour les enfants, piste pour planche à roulette)* et la **plage de la Pointe Rouge** *(sable; restaurant, bon endroit pour la planche à voile)*, qui n'est pas accessible par l'autobus n° 83.

Les **îles de Frioul** *(50F service de bateau-navette aux 20 min toute la journée, depuis le quai des Belges dans le Vieux Port; adressez-vous au Groupement des armateurs côtiers de Marseille, ☎04.91.55.50.09)* sont une succession d'îles rocheuses à proximité du château d'If. On y trouve plusieurs plages *(toutes de galets, sauf la plage de sable de la Maison des Pilotes)* ainsi que quelques restaurants dans le village même de Port-Frioul. Un endroit idyllique où s'offrir un moment de détente.

Plongée sous-marine

La côte méditerranéenne présente des occasions sans pareilles aux plongeurs désireux de découvrir la faune et la flore marines de la région, sans oublier les épaves de bateaux. Un plongeur professionnel du nom d'Henri Cosquer a fait, dans la calanque Morgiou, une importante découverte archéologique en juillet 1991, soit une grotte préhistorique sous-marine aux parois rocheuses garnies de peintures.

Nombre de clubs de plongée proposent des cours d'initiation à ce sport *(sous supervision; durée : une demi-journée)*, des forfaits de fin de semaine et des excursions de plus longue durée. On y loue également l'équipement nécessaire. Parmi les nombreuses possibilités intéressantes qui s'offrent à vous, retenons :

ASPTT *(port de la Pointe Rouge, ☎04.91.16.35.90)*. Séances de formation spéciales du vendredi après-midi au dimanche et cours de cinq jours.

Label Bleu Vidéo *(19 rue Michel Gachet, ☎04.91.33.27.28)*. De sa base d'opération dans le vieux port de Frioul, ce groupe propose des cours pour débutants les fins de semaine, incluant un enregistrement vidéo de votre première plongée pour que vous en gardiez le souvenir.

Club du Vieux Plongeur *(116 cours Lieutaud, ☎04.91.48.79.48)*. Également établi sur l'île de Frioul, cet autre club propose des cours de courte et de longue durée, mais aussi des excursions vers les épaves et les sites de découvertes archéologiques, et des expéditions conçues pour les amateurs de photographie sous-marine. Forfaits «tout compris» avec hébergement *(bateau, hôtel ou appartement)*.

D'autres agences proposent également toutes les gammes de services et d'activités. Mentionnons **Abyss Adventures** *(26 rue de la République, Claude Wagner, ☎04.91.91.98.07)*, le **Centre de loisirs des Goudes Plongée** *(2 bd Alexandre Delarbre, Les Goudes, Marie-Carmen et Bertrand Ricard, ☎04.91.25.13.16)*, **Océan 4** *(83 av. Pointe Rouge, Patrick Bogaerts, ☎04.91.73.89.00)* et **Palm Beach Plongée** *(2 promenade de la Plage, Patrick Brissac, ☎04.91.22.10.38)*.

Navigation de plaisance

Une alternative aux vacances limitées à la terre ferme consiste à louer un yacht pour explorer la région sur l'eau. Location à la journée, à la semaine ou au mois disponible, avec ou sans équipage. Adressez-vous à **Midi Nautisme** *(13 place aux Huiles, ☎04.91.54.86.09)*, à **Soleil Rouge** *(74 quai du Port, ☎04.91.90.60.67)*, à **Boramar** *(77 rue Peyssonal, ☎04.91.64.75.23)* ou à la **Compagnie méditerranéenne des armateurs gérants** *(1 square Protis, ☎04.91.56.15.59)*. On peut également louer une embarcation à moteur pour une journée ou plus auprès du **Groupement des armateurs côtiers marseillais** *(quai des Belges, ☎04.91.55.50.09)*, de Soleil Rouge, de Boramar et de la Compagnie méditerranéenne des armateurs gérants.

L'agence **Natrium** *(22 place aux Huiles, ☎04.91.33.95.33)* propose également la location de bateaux, ainsi que la société **Don du Vent** *(☎04.91.90.85.67)*.

Planche à voile

Les plages du Prado offrent d'excellentes conditions aux amateurs de ce sport. Équipement proposé en location par **Sideral's Time Club** *(☎04.91.25. 00.90)* sur la plage du port de la Pointe Rouge.

Ski nautique

Au port de la Pointe Rouge, le **Roquette Club Marseille** *(139 rue François Mauriac, ☎04.91.75. 19.33)* organise des sorties en mer et loue l'équipement nécessaire. Le **Jet Sea Club Marseillais** *(61 bd des Neiges, ☎04.91.72.62.23)* se voue, quant à lui, aussi bien au ski nautique qu'à la motomarine.

Voile

Deux établissements de la plage du port de la Pointe Rouge louent de petits voiliers et catamarans : **Pacific Palissades** *(à l'heure; ☎04.91.73. 54.37)* et **Sideral's Time Club** *(à la journée; ☎04.91.25.00.90)*.

Les Calanques par la mer et en randonnée pédestre

Vous n'avez pas vraiment visité Marseille si vous n'avez pas vu les spectaculaires falaises de calcaire blanc qui s'élèvent au-dessus des eaux turquoise de la Méditerranée. La succession d'anses qu'on désigne sous le nom de Calanques s'étend sur 20 km entre Marseille et Cassis. Bien qu'on puisse en atteindre quelques-unes par la route entre octobre et mai, les Calanques sont d'abord et avant tout accessibles par la mer ou à pied.

Les Calanques sont surtout appréciées des plongeurs *(excursions organisées par les groupes mentionnés précédemment)* et des amateurs d'escalade. Mais, si vous en avez le temps et que votre condition physique vous le permet, vous éprouverez également le plus grand plaisir à parcourir les sentiers de randonnée des environs. Un des principaux sentiers, le GR98, est ouvert en été (en raison des risques de feux de forêt, les autres sentiers ferment entre le 15 juin et le 15 septembre). L'Office de tourisme de Marseille publie une brochure gratuite sur les Calanques avec carte détaillée des sentiers.

Les clubs de randonnée suivants organisent des excursions avec guides d'expérience dans les sentiers des Calanques : **Le Club Alpin Français** *(12 rue du Fort Notre-Dame, ☎04.91.54.36.94)*, **La Société des Excursions Marseillaises** *(16 rue de la Rotonde, ☎04.91.84. 75.52)*, **Touring Provence Méditerranée** *(11 place Général de Gaulle, ☎04.91.33.40.99)*.

Avec à sa direction Christian Tamisier, **SERAC** organise également des randonnées dans les Calanques *(25 rue Kruger, ☎04.91.08. 96.08)*.

Les falaises escarpées des Calanques sont aussi tout indiquées pour les grimpeurs chevronnés (les autres ne devraient pas s'y attaquer). Les professionnels peuvent s'adresser à la section locale de la **Fédération française de la montagne et de l'escalade** *(Comité départemental 13 de la FME, Daniel Gorgeon, 5 impasse du Figuier, 13114 Puylobier, ☎04.42. 66.35.05)* pour obtenir des guides sur la région de même que les noms des regroupements locaux.

Il n'y a pas que de Cassis qu'il soit possible de partir à la découverte des Calanques en bateau. À raison de 120F par personne, des excursions de quatre heures sont organisées jusqu'à Cassis avec comme point de départ le quai des Belges, dans le Vieux Port. En juillet et en août, les excursions ont lieu tous les jours à 14h et 18h, alors que le reste de l'année, et selon les aléas du temps, elles ne sont possibles que les mercredis, samedis et dimanches à 14h.

Kayak

Découvrez autrement la côte marseillaise, ses calanques et ses îles grâce à **Raskas Kayak Rando** *(mar-sam 9h à midi; ☎04.91.73.18.33)*, agence reconnue par un Brevet d'État de canöe-kayak, spécialisé en kayak de mer. Une sortie accompagnée d'une demi-journée coûte 150F, alors que la journée complète en coûte 250F.

Randonnée pédestre

Outre les sentiers des Calanques, un magnifique sentier intérieur se dessine au nord de Cassis. Le GR98 part au sud de Cassis, pénètre dans les terres au-delà du mont de la Saoupe, puis grimpe abruptement en direction du massif de la Sainte-Baume. Derrière vous s'offrent des vues splendides sur la côte provençale.

Aubagne

Sur les traces de Pagnol regroupe une série de sentiers balisés sur le massif de Garlaban (710 m), particuliers en ce qu'ils relient les nombreux sites popularisés par les œuvres de Marcel Pagnol *(La gloire de mon père, Le château de ma mère, Manon des sources)*. Le balisage fait état du niveau de difficulté des sentiers (rouge, vert ou bleu), et il convient de noter que les sites sont fermés au public en juillet et en août. Pour information, adressez-vous aux **Amis du Garlaban** *(en hiver dim 9h à 17h, en été 9h à 20h; chemin du Ruissatel, ☎04.42.03. 23.59)*.

Vélo de montagne

Location et forfaits excursions proposés par **SERAC** *(25 rue Kruger, ☎04.91.08.96.08)*.

Patin à roues alignées

Découvrir Marseille en patins? C'est possible tous les soirs dès 21h30. Plusieurs centaines d'amateurs de *rollers* se donnent rendez-vous au stade Vélodrome et empruntent ensuite les grands axes de la ville : avenue du Prado, La Canebière, Les Corniches, les Quais, le quai de Joliette et les Docks, etc., sous une surveillance de plus en plus vigilante des forces policières qui assurent de mieux en mieux la sécurité de l'événement par la fermeture temporaire des voies de circulation.

Pour ceux qui voudraient participer à ce rassemblement d'une durée de trois à quatre heures mais qui n'auraient pas le matériel requis, il est possible de louer de l'équipement à l'Escale Borély.

Hébergement

Marseille

Auberge de Jeunesse Bonneveine
66F-130F, repas 46F
fermé du 18 déc au 15 jan
47 av. Joseph Vidal
☎04.91.73.21.81
Située à proximité des plages du Prado. Terrasse ombragée, cafétéria, 150 places dans des dortoirs et des chambres individuelles. Les handicapés sont bienvenus.

Auberge de Jeunesse Bois Luzy
74F, pdj 17F
toute l'année
allée des Primevères
☎/⇄04.91.49.06.18
Située dans la partie est de Marseille, dans un quartier paisible entou-

ré de verdure et offrant une belle vue sur le port. Chambres à quatre ou six lits et chambres individuelles, pour un total de 90 places.

La Cigale et la Fourmi
à compter de 100F, pdj 20F
début juin à fin sept
19 rue Théophile Boudier
☎/⇄04.91.40.05.12
Une extraordinaire pension tendue de bleu et de jaune vifs, et tenue par Jean Chesnaud, un Marseillais plus grand que nature. Populaire auprès d'une clientèle jeune (son escalier étroit et abrupt exige une certaine agilité), attirée par ses confortables chambres de type dortoir, dont chacune renferme une salle de bain (douche seulement) et une cuisinette. Une buanderie équipée d'une laveuse et d'un fer à repasser est également mise à la disposition des hôtes. À 15 min du centre de Marseille (service d'autobus local) dans le quartier Mazargues, non loin des Calanques.

Le Béarn
180F-200F, pdj 25F
bp, dp, tv, ☎
63 rue Sylvabelle
☎04.91.37.75.83
⇄04.91.81.54.98
Un hôtel une étoile unique en son genre. Gestion familiale, atmosphère chaleureuse et valeur appréciable, quoique, à ce prix, il va sans dire qu'il ne s'agit nullement d'un établissement luxueux. Situé en retrait de la populaire rue de Rome, près de la préfecture locale.

Hôtel Le Richelieu
190F-370F, pdj 33F
bp, tv, ☎
52 corniche Kennedy
☎/⇄04.91.59.38.09
Ne vaut le séjour que dans la mesure où vous pourrez obtenir une chambre donnant sur la Méditerranée et le château d'If, car la vue est sans conteste le plus grand atout de cet établissement. Ses 21 chambres n'ont rien de particulier, et les hôtes passent le plus souvent leur temps sur la terrasse ensoleillée (on projette la construction d'une salle de petit déjeuner face à la mer).

Hôtel Estérel
200F-350F pdj
bp, tv, ☎
124-125 rue Paradis
☎04.91.37.13.90
⇄04.91.81.47.01
Un autre choix tout à fait raisonnable car beaucoup tiennent l'Estérel pour le meilleur hôtel deux étoiles de Marseille. Les chambres sont plutôt exiguës, bien que récemment rénovées, et l'établissement bénéficie d'un emplacement central derrière le Vieux Port. Vos aimables hôtes vous serviront un petit déjeuner copieux.

Hôtel Edmond Rostand
250F-295F, pdj 30F
bp, tv, ☎
31 rue Dragon
☎04.91.37.74.95
⇄04.91.57.19.04
Pour les voyageurs au budget restreint, il s'agit là d'une option intéressante puisqu'on y loue des chambres simples et modernes à un prix qui ne les laissera pas démunis.

Chambre d'Hôtes Schaufelberger
280F-300F pdj
bp, tv, ☎
2 rue Saint-Laurent
☎04.91.90.29.02
Chambre d'Hôtes Schaufelberger, l'invitant *bed and breakfast* de M. et Mme Schaufelberger, se trouve au 14e étage d'un immeuble d'appartements à proximité du Vieux Port, et l'on y jouit de superbes vues sur le va-et-vient des voiliers, sur les quais, sur Notre-Dame-de-la-Garde et sur la Méditerranée. Le petit déjeuner est servi sur le balcon. On y loue une chambre sans éclat, quoique confortable, avec salle de bain privée; une seconde chambre est disponible, mais seulement si vous êtes trop nombreux pour loger dans la première. Les hôtes accèdent à leur chambre par une entrée privée.

Hôtel Climat
280F-355F, pdj 38F
bp, tv, ☎
6 rue Beauvau
☎04.91.33.02.33
⇄04.91.33.21.34
L'Hôtel Climat constitue un autre choix valable dans la catégorie «petit budget». Il dispose de 45 chambres modernes mais rudimentaires. Situé en retrait de La Canebière, près de l'Office de tourisme et du quai des Belges.

Château de la Panouse
300F-350F, suite à 450F, pdj
198 av. de la Panouse
☎/⇄*04.91.41.01.74*

Jean-Yves et Martine Dussart, heureux propriétaires du Château de la Panouse, possèdent un lieu unique et féerique qu'ils ont admirablement aménagé et mis en valeur. Entre mer et montagne, dans un environnement de quiétude, l'établissement de deux chambres domine la ville de Marseille. En 1881, un armateur marseillais fit du Château sa demeure d'été dans le style architectural de l'époque, agrémenté de quelques réminiscences coloniales. Aujourd'hui, après de nombreux travaux de rénovation, une partie du bâtiment a été convertie en maison d'hôtes au cachet exceptionnel. Une piscine de 100 m^2 entourée de collines est ouverte aux visiteurs. La propriété de 14 000 m^2, un site protégé, apparaît riche d'une flore et d'une faune méditerranéennes variées et peut être le point de départ de superbes randonnées dans le massif sauvage des monts Saint-Cyr.

L'Hôtel Saint-Férréol
300F-500F, pdj 45F
bp, tvc, ☎
19 rue Pisançon
☎*04.91.33.12.21*
⇄*04.91.54.29.97*

L'Hôtel Saint-Férréol s'impose comme le meilleur établissement de Marseille par son niveau de confort, son rapport qualité/prix et son emplacement. Les chambres portent le nom de peintres célèbres, et chacune d'elles est décorée de gravures et d'accessoires appropriés. Les salles de bain, plutôt exiguës, sont de marbre. Le petit déjeuner comprend du café et des croissants meilleurs que la moyenne, de même qu'un jus d'orange frais pressé. Les propriétaires, Bernard Brulas et son épouse, se révèlent charmants et serviables. L'hôtel se trouve à l'angle de la rue Saint-Ferréol, une artère commerciale et piétonnière animée le jour.

Hôtel de Rome et Saint-Pierre
330F-420F, pdj 45F
bp, tv, ☎
7 cours Saint-Louis
☎*04.91.54.19.52*
⇄*04.91.54.34.56*

L'emplacement central de cet hôtel, près du quartier des affaires, constitue son plus grand atout. Les salles publiques s'imprègnent d'une atmosphère de famille, et les chambres à coucher spacieuses et bien aménagées. Bien que les propriétaires aient procédé à d'importants travaux de rénovation, le décor se révèle passablement horrible (papier peint floqué, matériaux démodés...).

Hôtel Mascotte
350F-420F, pdj 45F
bp, tv, ☎
5 La Canebière
☎*04.91.90.61.61*
⇄*04.91.90.95.61*

Un hôtel bien situé sur la principale artère de la ville. Par bonheur, les chambres sont non seulement attrayantes mais aussi insonorisées; certaines sont même non-fumeurs. Quant à celle qui se trouve à l'étage supérieur, sa salle de bain occupe la petite tour dominant la rue!

Hôtel Hermès
350F-470F, pdj 39F
≡, ≈
2 rue de la Bonnetterie
☎*04.96.11.63.63*
⇄*04.96.11.63.64*

Situé dans une petite rue perpendiculaire au quai du Port, l'Hôtel Hermès propose 28 chambres climatisées, parfaitement insonorisées et récemment rénovées. Les quatre chambres du niveau supérieur possèdent une agréable terrasse d'où les hôtes ont la chance d'avoir de superbes vues latérales sur le Vieux Port et Notre-Dame-de-la-Garde. Bien que petites, les chambres s'avèrent très bien tenues et confortables. De plus, avouons-le, la situation privilégiée de l'Hôtel Hermès et les tarifs raisonnables qui y sont demandés en font un excellent choix au cœur de Marseille. Un personnel chaleureux et hautement professionnel vous réserve le meilleur accueil.

Villefranche-sur-Mer possède, comme plusieurs villes de la côte, une agréable promenade en bord de mer qui longe une rangée de jolies maisons colorées.
- Tibor Bognár

Accroché à la montagne, Moustiers-Sainte-Marie jouit d'un paysage d'une sereine et npressionnante grandeur.
- Mehlig

À Aix-en-Provence, la place de l'Hôtel de Ville est flanquée d'une magnifique tour de l'horloge du XVe siècle ornée d'un campanile en fer forgé. - *Tibor Bognár*

New Hôtel Vieux-Port
395F-440F, pdj 50F
≡, *bp, tvc,* ☎
3bis rue Reine Élisabeth
☎04.91.90.51.42
⇄04.91.90.76.24
Hôtel établi dans un bâtiment du XIXe siècle rénové d'une façon plutôt sympathique à deux pas du Vieux Port. Les chambres sont décorées avec goût dans des tons de bleu et de crème, et le personnel amical s'avère serviable. Une salle de petit déjeuner bien éclairée et quatre salles de réunion s'ajoutent aux installations.

Nouvel Hôtel Bompard
420F-460F, pdj 55F
bp, tvc, ☎, ≈
2 rue des Flots Bleus
☎04.91.52.10.93
⇄04.91.31.02.14
info@new-hotel.com
www.new-hotel.com
Situé dans l'un des quartiers résidentiels paisibles de Marseille, le Nouvel Hôtel Bompard se dresse dans un très joli parc perché audessus de la corniche Kennedy. Le grand atout de cet établissement tient non seulement à ses chambres propres et coquettes, ou à ses airs de villa raffinée, mais surtout à sa piscine, irrésistible par temps chaud.

Hôtel Résidence du Vieux Port
490F-765F, pdj 59F
≡, *bp, tv,* ☎
18 quai du Port
☎04.91.91.91.22
⇄04.91.56.60.88
Cet établissement se trouve à côté du Vieux Port, et chacune de ses chambres a un balcon dominant la glorieuse baie de Marseille, audelà de la basilique Notre-Dame-de-la-Garde. Les 40 chambres climatisées, rénovées en 1997, sont bien décorées, baignées de teintes douces et pourvues d'armoires en bois et de secrétaires. Le gérant est serviable et visiblement heureux de faire bon accueil à ses hôtes.

Hôtel Mercure Marseille Beauveau Vieux-Port
550F-1 575F, pdj 65F
bp, tv, ☎
4 rue Beauveau
☎04.91.54.91.00
⇄04.91.54.15.76
H1293@accor-hotels.com
Hôtel de style européen en activité depuis 1816 (récemment rénové) qui fait face au vieux port sur le quai des Belges et dont les 72 chambres révèlent un décor provençal sobre de même qu'un certain nombre d'antiquités du XIXe siècle. Plusieurs chambres donnent sur le Vieux Port et sont fort heureusement insonorisées contre les bruits de la circulation. Le petit déjeuner copieux de type buffet comprend du pain entier, du yaourt et des fruits frais à l'intention des gens soucieux de leur santé. D'aucuns voudront sans doute loger dans la suite «Chopin», où le compositeur a séjourné en compagnie de l'auteure George Sand en 1839.

Cassis

Hôtel Cassitel
290F-390F, pdj 35F
tv
place Clemenceau
☎04.42.01.83.44
⇄04.42.01.96.31
cassitel@hotel-cassis.com
www.hotel-cassis.com
Les clients de l'Hôtel Cassitel choisissent cet établissement hôtelier davantage pour sa localisation centrale, à deux pas de la plage et du port, que pour le charme et le confort des chambres. Bien qu'impeccablement tenu, le Cassitel présente peu d'attrait si ce n'est que quelques-unes de ses 32 chambres ont vue sur la marina et le port.

Le Jardin d'Émile
350F-650F, pdj 55F
fermé deux semaines en nov et jan
bp, tv, ☎
plage du Bestouan
☎04.42.01.80.55
⇄04.42.01.80.70
Un charmant hôtel entouré de pins face à la mer et empreint de bon goût, manifeste dans l'apaisante harmonie des tons ocre et des sols carrelés d'argile qui caractérise les lieux. Les six chambres à coucher sont simplement quoique élégamment aménagées – louez-en une avec vue sur la mer. Le charmant restaurant en terrasses évite par ailleurs aux hôtes de se déplacer trop loin à l'heure des repas. Stationnement privé.

Le Clos des Arômes
390F-550F, pdj 50F
bp, ☎, ℜ
10 rue Paul Mouton
☎04.42.01.71.84
⇌04.42.01.31.76
Le Clos des Arômes se trouve au centre de Cassis, non loin du port. Cette charmante auberge compte huit chambres joliment décorées, les plus agréables donnant sur le jardin, où l'on sert d'ailleurs le petit déjeuner sur la terrasse par beau temps. Le très bon menu du dîner présente des classiques fraîchement préparés de la cuisine provençale.

Hôtel de la Plage du Bestouan
430F-650F pdj
bp, tv, ☎, ≈, ℜ, *tennis*
av. Amiral Ganteaume
☎04.42.01.05.70
⇌04.42.01.34.82
L'Hôtel de la Plage du Bestouan se veut moderne et propre, mais sans grand caractère. Son emplacement est toutefois idéal, puisqu'il surplombe directement la plage du Bestouan. Il possède par ailleurs une longue terrasse où sont servis repas et cocktails.

Les Roches Blanches
950F-1 300F, pdj 80F
fermé nov à fin jan
bp, tvc, ☎, ≈, ℜ
route des Calanques
☎04.42.01.09.30
⇌04.42.01.94.23
Les Roches Blanches, une résidence rénovée du XIXe siècle, conviendra parfaitement à ceux qui désirent se faire dorloter au bord de la mer. L'hôtel niche dans un massif de pins odorants et dispose d'une petite plage privée, de même que d'une piscine avec vue sur la mer. Bien que certaines chambres se révèlent plutôt compactes, toutes s'avèrent confortables et décorées avec goût. Compte tenu de son emplacement, il n'y a rien d'étonnant à ce que le restaurant de cet hôtel se spécialise dans les fruits de mer.

Restaurants

Marseille

Marseille compte des centaines de restaurants convenant au goût et au portefeuille de chacun. Par souci de commodité, notre sélection est subdivisée par quartiers.

Vieux Port/ Le Panier/Les Docks

L'Art et Les Thés
$
10h à 18h
Centre de la Vieille Charité, rue de la Charité
☎04.91.14.58.71
L'Art et Les Thés est un petit café situé à l'intérieur du complexe de musées de la Vieille Charité. On y sert des repas légers le midi, des gâteaux et des boissons le reste de la journée. Parmi ses trouvailles, mentionnons le gratin aux épinards et aux moules, la tourte au poulet et au cari et les tagliatelles au saumon. Les gâteaux sont faits maison.

Chez Étienne
$-$$
fermé dim
43 rue de Lorette
Chez Étienne, le restaurant d'Étienne Cassaro, situé dans le pittoresque quartier du Panier au nord du Vieux Port, est connu dans toute la ville pour ses pizzas et ses plats de pâtes maison. Dans ce lieu animé s'il en est, la nourriture se révèle excellente, et vous risquez fort d'engager la conversation avec votre voisin tandis que vous attendez qu'une table se libère (n'essayez pas de réserver, il n'y a pas de téléphone!).

Le Milano des Docks
$-$$
lun-ven pour les déjeuners
10 place de la Joliette, Atrium 10.4
☎04.91.91.27.10
Sans aucun doute, la restauration des anciens docks du XIXe siècle dans les années quatre-vingt constitue une réussite saisissante sur le plan urbanistique et architectural. D'entrepôts obsolètes et négligés qu'ils étaient, les bâtiments sont devenus d'incroyables merveilles architecturales qui mettent en valeur le riche passé portuaire de Marseille. Chaque jour, des milliers de gens travaillent dans les nombreux bureaux et ateliers qui

y sont aménagés. Magnifique café, populaire parmi les travailleurs des nouveaux docks, Le Milano des Docks représente certes un endroit unique où prendre un déjeuner composé d'une bonne nourriture de type bistro. De quoi faire rêver de posséder des bureaux là-bas!

Dimitri
$$
fermé dim et lun
6 rue Méolan
☎04.91.54.09.68
Dimitri, un restaurant établi de longue date, propose de nourrissantes spécialités russes et hongroises. Essayez les blinis, le poisson fumé et mariné, le bœuf Strogonoff et l'épais gâteau au fromage.

Le Panier des Arts
$$
fermé dim
3 rue du Petit Puits
☎04.91.56.02.32
Un nouveau bistro situé près de la Vieille Charité et tenu par un adorable couple originaire de la Sierra Leone. Ils ont rénové une vieille maison du pittoresque quartier du Panier et ont créé une salle à manger peinte de jaunes chaleureux dans laquelle ils servent des repas simples et savoureux. Menu déjeuner d'excellente valeur à trois services.

Le Miramar
$$-$$$
fermé dim et lun ainsi que les trois premières semaines d'août
12 quai du Port
☎04.91.91.10.40
Les Marseillais adorent débattre pour déterminer quel restaurant de fruits de mer sert la meilleure bouillabaisse, et Le Miramar ne cesse de revenir dans la conversation. Le décor kitsch des années soixante n'enlève rien à la fraîcheur absolue du poisson qu'on livre ici chaque jour, et les clients ne repartent jamais déçus. Il va sans dire qu'une telle qualité a un prix : comptez 500F pour deux personnes, vin inclus (il n'y a pas de menu à prix fixe).

Vieux Port/ Quai de Rive Neuve/Les Arsenaux

Aux Caprices de Marianne
$
25 rue Francis Davso
☎04.91.55.67.71
À l'étage du Chocolatier Puyricard, le salon de thé Aux Caprices de Marianne ravira les amoureux de la pâtisserie et du thé. Dans un cadre classique sans attrait particulier, on y sert de caloriques douceurs faites maison et l'on y propose une vingtaine de sortes de thé. Une formule buffet, qui comprend les crudités, la charcuterie et un plat chaud, est également disponible. Une adresse recommandée par les amateurs du genre.

Brasserie Beau Rivage Tabac
$
13 quai de Rive Neuve
☎04.91.33.32.37
Les touristes ont tendance à négliger cette brasserie qui n'a pourtant rien à envier aux autres établissements lorsqu'il s'agit de prendre un déjeuner chaud à bon prix en hiver, ou des boissons fraîches et des glaces en été.

O'Stop
$
24 heures sur 24
16 rue Saint-Saens
☎04.91.33.85.34
Cet établissement amical, qualifié de «casse-croûte-cafétéria», sert des repas à toute heure du jour et de la nuit, sept jours sur sept.

Chez Vincent-Le Vésuve
$-$$
fermé lun
25 rue Glandevès
☎04.91.33.96.78
Sans prétention et d'une simplicité conviviale, Chez Vincent-Le Vésuve voit se regrouper de vieux habitués de l'établissement depuis des années. L'accueil et le service affables du petit restaurant-pizzeria, au décor figé dans le temps, créent une belle ambiance qui plaira aux convives appréciant les endroits modestes et sans prétention. Du menu, les pizzas cuites au four à bois côtoient les pâtes, brochettes, poissons et plats du jour.

Le Bistrot à Vin
$-$$
fermé dim et sam midi
17 rue Sainte
☎***04.91.52.02.00***
Le Bistrot à Vin, un petit bar animé, attire une clientèle plutôt jeune et présente une vaste sélection de vins au verre *(18F-39F)* de même que des plats de bistro savoureux, tels l'assiette de charcuterie et les fameux «pieds et paquets» marseillais *(70F)*, des salades, des plats de viande et des fromages.

Pizzas Sauveur
$-$$
4-5 quai de Rive Neuve
☎***04.91.33.33.32***
Une pizzeria très courue avec nappes blanches, poutres apparentes et murs de stuc blanc. Même si elle manque de charme, elle n'en demeure pas moins commodément située, et son menu propose un vaste choix de pizzas, de pâtes et de viandes grillées.

Quai des Pastas
$-$$
15 quai de Rive Neuve
☎***04.91.33.46.39***
Beaucoup de plaisir en perspective! Ce restaurant faisant face au Vieux Port se spécialise dans les pâtes sous toutes leurs formes, du risotto à l'aubergine ou aux olives et au basilic aux délicieuses tagliatelles à l'écrevisse. Murs turquoise, tables et chaises en bois nu, et luminaires plutôt farfelus (passoires en métal en guise d'appliques murales, et râpes à fromage transformées en lampes suspendues) créent une atmosphère détendue. Les rouleaux à pâtisserie fixés au mur servent quant à eux de portemanteaux.

Il Caneletto
$$
fermé dim
8 cours Jean Ballard
☎***04.91.33.90.12***
Il Caneletto, une charmante trattoria située à proximité du complexe des Arsenaux et du Vieux Port, sert, au dire de nombreux résidants, les meilleurs mets italiens de Marseille. Les pâtes fraîches maison et le carpaccio de thon se révèlent excellents, et gardez-vous un peu de place pour le divin tiramisu. Pas de menu à prix fixe.

L'Ambassade des Vignobles
$$
fermé dim
42 place aux Huiles
☎***04.91.33.00.25***
L'Ambassade des Vignobles, qui appartient au même propriétaire que La Côte de Bœuf (voir ci-dessous), son voisin, est un endroit populaire proposant quatre menus, où chaque plat s'accompagne d'un verre de vin différent.

La Côte de Bœuf
$$
fermé dim
35 cours d'Estienne d'Orves
☎***04.91.54.89.08***
La Côte de Bœuf, qui a depuis longtemps pignon sur rue, sert de succulentes viandes rôties dans un décor à la fois rustique et raffinée, rehaussé de poutres de bois sombre et d'un âtre au fond de la salle. L'endroit est réputé pour la qualité de ses viandes de même que pour son impressionnante (et lourde!) carte des vins.

Le Bistro Gambas
$$
fermé sam midi et dim
29 place aux Huiles
☎***04.91.33.26.44***
Le Bistro Gambas, un restaurant à la fois simple et raffiné, sert des gambas (crustacés) à toutes les sauces : grillées, en salade, parfumées à la mode asiatique... Un certain nombre de vins blancs locaux à prix abordables complètent la carte.

Les Menus Plaisirs
$$
fermé sam-dim et le soir
1 rue Haxo
☎***04.91.54.94.38***
Les Menus Plaisirs se présente comme un minuscule café où l'on sert des déjeuners simples mais délicieux (rôti de porc au romarin, agneau braisé) à une clientèle locale emballée. Son riche gâteau au chocolat est une pure merveille. Il est recommandé de réserver. Aucune carte de crédit acceptée.

Maddie-Les Galinettes
$$
138 quai du Port
☎***04.91.90.40.87***
Il y a de tout sur le quai du Port, quelques tables acceptables mais surtout des établisse-

ments moyens offrant une cuisine plutôt banale.

Maddie-Les Galinettes n'appartient sûrement pas à cette dernière catégorie et se distingue par sa cuisine de qualité et par une décoration soignée et artistique. Si les poissons y sont excellents, c'est la qualité des viandes servies qui fait la marque de l'établissement. Les pieds et paquets, la daube, l'agneau et autre foie de veau sont apprêtés divinement. En été, vous profiterez évidemment de la terrasse sur le port, mais, où que vous mangiez, portez une attention toute particulière à la salle à manger intérieure, formidablement décorée de peintures d'artistes marseillais contemporains. Excellent rapport qualité/prix.

Taverne de Maître Kanter
$$
9 quai de Rive Neuve
☎04.91.33.84.85
Lorsque vous en aurez assez de la bouillabaisse et de la ratatouille, tout en ayant envie d'un repas nourrissant et satisfaisant, c'est ici que vous trouverez ce que vous cherchez. Maître Kanter se spécialise dans les mets alsaciens, de sorte que vous pouvez vous attendre à retrouver de la choucroute et des saucisses fumantes dans votre assiette, quoique le menu propose également des huîtres et des fruits de mer frais. Banquettes en pin dans un riche décor où prédominent le rouge et le vert.

L'Oliveraie
$$$
fermé sam midi et dim
10 place aux Huiles
☎04.91.33.34.41
Sympathique petit restaurant qui se démarque parmi les nombreux établissements de la place aux Huiles, L'Oliveraie dégage une ambiance typiquement provençale. Chaleureuse, aux couleurs du soleil, sa belle salle à manger intérieure voûtée complète admirablement sa terrasse fort populaire en été. La cuisine servie est honnête, généreuse et authentique, et laisse les convives ravis. Le chef prépare avec dextérité des entrées à base de courgettes, d'aubergines et de fromage de chèvres, alors que les plats principaux mettent à l'honneur le lapin, le cabillaud et autre mignon de porc. Les desserts maison terminent avec brio un repas servi par un personnel discret, attentionné et aimable.

Direction Escale Borely/Calanques

Le Jardin
$
déjeuner 59F, menu dîner 80F
66 rue Marcaggi
☎04.91.40.67.28
Au déjeuner ou au dîner, songez au restaurant remarquablement abordable Le Jardin, situé dans la rue transversale de la pension La Cigale et la Fourmi.

Les Catalans
$
mai à sept déjeuner et dîner
oct à avr déjeuner seulement
fermé du 22 déc au 31 jan
Bains de Mer, 3 rue des Catalans
☎04.91.52.37.82
Les Catalans est une pizzeria idéalement située sur la plage entre le palais du Pharo et la plage des Catalans. Patrick Martin et son équipe amicale y servent de délicieuses pizzas à croûte mince cuites au four à bois (environ 45F pour une petite, jusqu'à 75F pour une grande). Pâtes, poissons et grillades figurent également au menu, et les crus provençaux sont à l'honneur sur la carte des vins. Le décor est plutôt simple (sol en béton et chaises en plastique blanc sur la terrasse couverte), mais on se plaît surtout ici à manger au bord de la mer glorieuse, loin du brouhaha de la ville.

Chez Jeannot
$-$$
fermé lun, oct à mai fermé dim après-midi
fermé début déc à mi-jan
129 Vallon des Auffes
☎04.91.52.11.28
Chez Jeannot est une véritable institution marseillaise, un endroit où l'on mange de bonnes pizzas et salades devant le minuscule port de pêche du Vallon des Auffes, dans le

7e arrondissement. Surtout populaire par temps chaud, lorsque sa grande terrasse est ouverte.

L'Escale
$$
2 bd Alexandre Delabre, Les Goudes
☎*04.91.73.16.78*
Un nouveau propriétaire a pris les commandes de ce restaurant merveilleusement bien situé au bord de la route au-dessus du spectaculaire port des Goudes. L'intérieur, sans attrait particulier, ne semble déranger personne, puisqu'on vient de partout admirer la superbe vue sur la mer et savourer les succulents plats de fruits de mer de la maison. Il faut une voiture pour se rendre ici car cet établissement se trouve au sud de Marseille, près des Calanques.

Le Lunch
$$
avr à mi-oct
pas de déjeuner lun-ven en juil et en août du fait que la calanque est fermée aux voitures jusqu'à 19h
calanque de Sormiou
☎*04.91.25.05.37*
Cet établissement est difficile à trouver (tout au bout de la calanque de Sormiou, à droite du stationnement), mais vaut largement l'effort puisqu'on s'y retrouve perché sur une terrasse entre les eaux turquoise et l'impressionnante falaise. La spécialité de la maison est le poisson frais, dont les arrivages sont quotidiens – bar, dorade, rouget... Terminez votre repas par un délicieux clafoutis aux framboises. Il est essentiel de réserver pour le déjeuner les samedis et dimanches de juillet et d'août afin d'obtenir un laissez-passer permettant d'emprunter la route de Sormiou.

Cours Julien/ La Plaine

Restaurant Le Caucase
$
fermé dim
62 cours Julien
☎*04.91.48.36.30*
Qualifié d'«auberge arménienne», cet établissement réussit sans mal à transporter ses clients au Caucase. La nourriture est simple et proposée à des prix raisonnables : viandes grillées à 55F, brochettes mixtes à 75F et, pour les plus aventureux, l'assiette Grand Mezze, qui permet à deux personnes de savourer 15 entrées différentes *(250F)*. L'intérieur fait très années cinquante, très beige et très formica.

Heng Heng
$-$$
fermé mar
65 rue de la République
☎*04.91.91.29.94*
Le Heng Heng est un minuscule restaurant qui sert à une clientèle locale fidèle les meilleurs mets chinois qui soient à Marseille. Ses potages vietnamiens constituent des repas en soi, et le canard laqué est tout simplement divin. Mais, pardessus tout, l'accueil de la famille Chaung est d'un charme irrésistible, si bien qu'on se sent ici comme chez soi.

L'Anvers
$-$$
fermé dim
2 rue des Trois Rois
☎*04.91.42.05.46*
Comme son nom le suggère, ce restaurant sert de la cuisine belge à une clientèle qui semble fort l'apprécier. Il va sans dire qu'on y trouve des moules arrosées d'un choix étonnant de sauces (safran, pistou, basilic, ail), et accompagnées de frites, mais aussi un *waterzooi* (ragoût) de saumon et une bonne sélection de bières.

O'Pakistan
$-$$
fermé sam midi
11 rue des Trois Rois
☎*04.91.48.87.10*
Essayez le «Plateau des Rois» pour un survol de la cuisine pakistanaise : neuf plats différents dans une même assiette (comprenant un curry de poulet, un *samosa*, du poisson grillé et du riz au safran). Décor kitsch rose et blanc avec revêtements muraux à la mode des années soixante. Administration on ne peut plus sympathique.

Le Sud du Haut
$$
fermé dim au mer midi
80 cours Julien
☎*04.91.92.66.64*
Ouvert depuis quatre ans sur le cours Julien et maintenant localisé

en haut des escaliers, d'où sa nouvelle appellation, Le Sud du Haut s'avère un petit restaurant sympathique, frais, jeune et convivial. Autant la cuisine servie que le service sont impeccables. Cet endroit plutôt branché propose d'excellents plats mariant les produits locaux aux épices exotiques. Le résultat est divin comme en témoignent le savoureux fondant de foie de volaille à la confiture d'oignons aux épices, l'excellente papillotte d'agneau aux épices et la tendrissime fricassée de bœuf au cari. Si le cœur vous en dit, vous pourrez inscrire quelques graffitis dans les toilettes avec les stylos gracieusement offerts par la maison!

Le Tire-Bouchon
$$
mar-sam pour les dîners
11 cours Julien
☎04.91.42.49.03
Dans la plus pure tradition des bistros français, Le Tire-Bouchon dégage une ambiance chaleureusement rétro où dominent les boiseries massives et le vieux mobilier. Établi depuis plusieurs années, l'établissement sert une cuisine classique de ce type d'endroit, à savoir viandes grillées en sauce et autres plats de l'Hexagone.

Ce Cher Arwell
$$$
96 cours Julien
☎04.91.48.30.41
Ce Cher Arwell vous traitera aux petits oignons lors de votre visite chez lui. Ce tout petit restaurant au cadre intime et chaleureux, avec son plafond bas et ses poutres apparentes, propose une cuisine méridionale, savoureuse et délicate. Ce Cher Arwell n'offre pas de menu à prix fixe. Une adresse incontournable du cours Julien. Aucune carte de crédit acceptée.

Cassis

La Marine
$
fermé du 15 nov au 2 jan
5 quai des Baux
☎04.42.01.76.09
La Marine est un «bar-café» typique qui possède beaucoup de caractère. Situé en face du port de Cassis, il a ouvert ses portes dans les années trente et a toujours servi de lieu de rencontre aux habitants de la ville depuis lors. Marcel Pagnol y a tourné plusieurs scènes de ses films.

Bonaparte
$-$$
fermé dim et lun ainsi qu'oct à mars
14 rue du Général Bonaparte
☎04.42.01.80.84
Au Bonaparte, vous vous sentirez comme chez vous, tellement l'ambiance y est décontractée et conviviale. Le patron accueille et sert sa clientèle fidèle avec une énergie incroyable et un humour incontestable, ce qui crée une atmosphère amicale on ne peut plus chaleureuse. Les habitués se retrouvent au Bonaparte afin de profiter d'une cuisine provençale simple qui laisse une large part aux poissons : loup, saumon, rascasse et dorade, le tout servi dans un cadre dépouillé. Le midi, autant la terrasse, aménagée dans la rue piétonne, que sa petite salle intérieure ouverte débordent de convives, et le service rapide, efficace mais également attentionné, s'avère sans reproche. Menus pour toutes les bourses.

Le Grand Large
$-$$
plage de la Grande Mer
☎04.42.01.81.00
Quoi de plus agréable que de faire face à la Méditerranée tout en mangeant du poisson frais et des fruits de mer, confortablement attablé sur une terrasse en bordure de la plage! Les clients de ce restaurant affairé malgré sa simplicité peuvent aussi bien siroter un pastis ou savourer une glace entre les repas que se gaver d'huîtres, de palourdes, de potages de poisson ou d'une savoureuse salade de rouget tiède et de pétoncles à l'heure du déjeuner ou du dîner.

Le Dauphin
$$
fermé mer et jeudi midi
3 rue du Docteur Séverin Icard
☎04.42.01.10.00
Le Dauphin plaira aux amateurs de cuisine provençale traditionnelle avec un penchant certain pour les produits de la mer. Outre les menus, on propose de savoureuses marmites aux poissons et fruits de mer, devenues les spécialités de la maison. Petit établissement sans prétention aux couleurs chaudes dans les tons d'orangé et de jaune, Le Dauphin dégage une ambiance conviviale à l'image de son service amical. Les convives peuvent choisir entre la salle à manger intérieure et la petite terrasse de quelques tables aménagée dans la petite rue piétonne.

Restaurant Romano
$$
fermé dim soir
15 quai Barthélémy
☎04.42.01.08.16
Très agréablement situé sur le port, le Restaurant Romano se spécialise dans la cuisine de la mer aux accents provençaux. Comme entrées, la mousse de tomates au basilic côtoie les moules farcies à l'ail et au persil ainsi que la classique soupe de poisson avec sa rouille. Les plats principaux mettent à l'honneur la dorade, les sardines à l'escabèche, la traditionnelle bouillabaisse, sans oublier les alouettes provençales et les pieds et paquets. Établissement aménagé sur deux étages, avec terrasse au niveau du port et salle à manger avec larges baies vitrées à l'étage, le Restaurant Romano fait un service attentionné et soigné.

La Fleur de Thym
$$-$$$
pour les dîners seulement
18 rue M. Arnaud
☎04.42.01.23.03
Dans une petite rue en retrait du port, La Fleur de Thym se veut une belle adresse à Cassis pour qui cherche une fine cuisine gastronomique aux accents méditerranéens, servie dans un cadre charmant, à la fois classique et gai. L'imposante cheminée qui trône au milieu de la salle à manger ne fait rien pour enlever du caractère à cet endroit propice à la dégustation des parfums de la Provence. Outre cette agréable salle intérieure, on a aménagé une petite terrasse de quelques tables dans la petite rue piétonne du centre du village. Ici, les viandes, agneau, canard et bœuf notamment, sont à l'honneur, mais avec quelques poissons et fruits de mer évidemment.

Aubagne

Le Florentin
$
cours Foch
☎04.42.03.00.86
Un café relax du centre-ville proposant un bon choix de classiques français tels que crêpes, omelettes et grandes salades. En été, on place des tables sur le cours Foch devant un monument de la Seconde Guerre mondiale.

La Ferme
$$
mar-ven midi, ven-sam soir et dim midi
quartier Font de Mai, chemin du Ruissatel
☎04.42.03.29.67
Un endroit on ne peut plus merveilleux où les clients qui en ont les moyens se régalent d'une cuisine à base de produits frais de la région, notamment la daube provençale et les fameux «pieds et paquets». L'intérieur lumineux s'ouvre sur une série de terrasses extérieures, et l'ensemble repose en bordure des contreforts arborés du Garlaban.

Le Parc
$$
fermé dim après-midi
av. du 21 Août 1944, parc Jean Moulin
☎04.42.84.15.14
Un bon restaurant proposant des menus à prix raisonnables. L'emplacement fort joli dont il bénéficie dans le parc Jean Moulin le rend particulièrement populaire les fins de semaine.

Sorties

Procurez-vous l'hebdomadaire gratuit *TakTik* (disponible à l'Office de tourisme, dans les librairies, les cafés et les bars) et la brochure *Insitu* (agenda culturel de Marseille) pour savoir tout ce qui se passe à Marseille et dans les environs.

La ville possède nombre de petites compagnies théâtrales, de troupes de danse et de salles de concerts présentant des œuvres aussi bien commerciales et traditionnelles que modernes ou expérimentales. La liste qui suit, bien que tout à fait incomplète, vous donnera déjà une bonne idée de ce que vous trouverez à Marseille.

Marseille

Bars et discothèques

Le secteur de La Plaine *(entre la place Jean Jaurès et le cours Julien voisin)* et le secteur des Arsenaux *(cours d'Estienne d'Orves, place aux Huiles)* deviennent tous deux animés le soir venu. On y trouve une pléthore de restaurants, de bars et de boîtes de nuit. À vous de choisir en fonction de vos goûts.

Bar de l'Avenir
55 place Jean Jaurès
☎***04.91.78.11.22***
Ce bar bohémien ne semble guère avoir changé depuis les années cinquante, avec son fatras de bric-à-brac et sa collection de vieux billets de banque exposée derrière le comptoir. Prisé d'une foule locale artistique.

Chocolat-Théâtre
fermé dim
59 cours Julien
☎***04.91.42.19.29***
Le jour, il s'impose comme un rendez-vous d'artistes bohèmes heureux d'y déjeuner ou d'y prendre un café. Le soir venu, toutefois, il se transforme en un lieu de spectacle exceptionnel : improvisations humoristiques le lundi *(40F)*, pièces de théâtre et comédies musicales interprétées par des étoiles montantes le reste de la semaine *(70F à 110F)*. Prix spéciaux «dîner-théâtre» à compter de 178F.

Cyber Café Hors Limites
35 rue de la Paix
☎***04.91.55.06.34***
Le Cyber Café Hors Limites prétend avoir été le premier du genre en France. Créé par l'historienne d'art Sophiane Vautier-le-Bourhis, qui a décoré et meublé avec beaucoup de soin la grande salle de son établissement.

Espace Julien
39 cours Julien
☎***04.91.24.34.14***
Dans cet établissement très animé, des formations musicales se produisent sur scène dès 21h (entrée parfois libre, mais il faut le plus souvent se procurer des billets au coût de 40F à 50F, à la porte même ou, à l'avance, chez Virgin ou à la FNAC). Groupes variés, du pop au rock en passant par les rythmes du monde.

L'Espace Snooker
fermé lun de nov à mars
148 av. Pierre Mendés France
☎***04.91.71.24.12***
Plus de 700 m^2 consacrés au billard et au snooker, mais aussi à une brasserie, à une crêperie, à un bar et à un restaurant à la mode des années cinquante baptisé «Les 3 Coups». Terrasse donnant sur la mer pendant l'été.

L'Intermédiaire
63 place Jean Jaurès
☎***04.91.47.01.25***
Un endroit génial dont la scène accueille des formations variées, du blues au reggae, du mercredi au samedi. Pour plus de détails sur la programmation, consultez la presse locale.

La Maronnaise
en hiver ven-sam
en été jeu-sam
Anse Croisette, Les Goudes
☎***04.91.73.98.58***
Établie dans le secteur des Goudes au bord de la mer, cette discothèque est une véritable institution marseillaise. Beaucoup de bruit et beaucoup de plaisir en compagnie d'une foule de tout âge.

Degust Rock
12 place Jean Jaurès
pas de téléphone
Le Degust Rock est un petit bar qui organise des concerts tout au long de l'année (surtout du rock, du reggae et du blues). Bon choix de bières.

Pelle-Mêle
17h à 2h
45 place aux Huiles
☎04.91.54.85.26
Le Pelle-Mêle est un piano-bar où l'on peut entendre des formations de jazz reconnues.

Méditerranée Café
51 quai des Belges
☎04.91.55.58.32
Un café-bar décontracté où l'on s'attable sur à une terrasse faisant face au Vieux Port tout en s'attardant devant un café ou une bière bien froide. Tout indiqué pour observer les passants.

O'Brady's Irish Pub
378 av. de Mazargues
☎04.91.71.53.71
Les pubs d'inspiration irlandaise ont énormément gagné en popularité en France. O'Brady's se trouve dans le 8e arrondissement et figure parmi les premiers de Marseille, ce qui ne l'empêche pas de demeurer le plus affairé de tous. Attendez-vous à y retrouver une atmosphère jeune et joviale.

Le Quai 9
fermé dim et lun
9 quai de Rive Neuve
☎04.91.33.34.20
Le Quai 9, à la fois une discothèque et une boîte de nuit desservant une clientèle de jeunes Marseillais (surtout des étudiants), fait entendre les derniers succès (palmarès et house).

Transbordeur
tlj 21h à l'aube
12 quai de Rive Neuve
☎04.91.54.29.43
Bar populaire pour ses écrans vidéo, ses tables de billard et son atmosphère de pub. Musique sur scène interprétée par des groupes locaux de musiques rock et pop.

Trolleybus
24 quai de Rive Neuve
☎04.91.54.30.45
Une jeune clientèle branchée se presse dans cette discothèque tous les samedis soirs pour entendre les plus récents tubes et danser jusqu'aux petites heures.

Les établissements gays

Le milieu gay de la Provence semble extrêmement restreint aux yeux des voyageurs familiers avec la variété de cafés, de bars et de services offerts par les grandes métropoles telles Paris, New York et Londres. La communauté homosexuelle locale n'est par ailleurs pas aussi ouverte que dans les villes plus cosmopolites. Cela dit, Marseille se compare avantageusement à Aix, à Arles et à Avignon, la Côte d'Azur offrant plus de choix et d'animation à cet égard. Pour de plus amples renseignements sur les activités et événements courants, adressez-vous au **Collectif Gai et Lesbienne Marseille Provence** *(93 La Canebière, 13001 Marseille, ☎04.91.55.39.50)*. Il y a également une section locale du groupe d'action **ACT UP** *(40 rue Senac, 13001 Marseille, ☎04.91.94.08.43)*. Quant au groupe **AGIS-Ibiza** (Association gaie d'infos sur le sida) *(22 rue L. Bourgeois, 13001 Marseille, ☎04.91.50.50.12, ⇄04.91.84.64.93)*, il publie une revue gratuite intitulée *Nouvelles d'Ibiza*, dans laquelle vous trouverez une foule de détails sur la vie homosexuelle locale.

Énigme Bar
tlj 17h à 2h
22 rue Beauvau
☎04.91.33.79.20
L'Énigme Bar est un bar gay pour hommes situé près de tout, non loin de la station de métro du Vieux Port.

Le MP
tlj dès 17h
10 rue Beauvau
☎04.91.33.64.79
Le MP est un autre bar gay pour hommes situé près de l'Énigme (station de métro du Vieux Port).

The New Cancan
sam après-midi
3-5 rue Sénac
☎04.91.48.59.76
The New Cancan, qui se trouve près de la statioin de métro Noailles, se veut la plus grande discothèque gay de la région (pour hommes seulement). Spectacles sur scène le jeudi et le dimanche.

Théâtre et salles de spectacle

L'Opéra Municipal
1 place Reyer
☎*04.91.55.00.70*
Appelez au préalable ou procurez-vous un programme sur place pour connaître les opéras présentés par les artistes locaux, les opéras en tournée qui s'y produisent ou les spectacles de danse qu'on y monte. La salle grandiose est un véritable chef-d'œuvre d'Art déco.

Le Cinéma César
4 place Castellane
☎*04.91.53.27.82*
Le Cinéma César est le meilleur cinéma de répertoire de Marseille. On y présente les toutes dernières nouveautés, des films de Jean-Luc Godard à Atom Egoyan, en passant par diverses rétrospectives. Quant aux plus récents films commerciaux, on les projette dans plusieurs autres salles de la ville; consultez les journaux locaux pour plus de détails.

Les Variétés
138 La Canebière
près de la rue et du métro Noailles
Le cinéma Les Variétés représente une autre bonne salle du centre-ville de Marseille. On y présente des films en version originale.

La Cité de la Musique
4 rue Bernard du Bois
☎*04.91.39.28.28*
On peut régulièrement entendre des concerts de musique classique ou contemporaine dans l'**Auditorium** de ce complexe voué aux arts. Sa **Cave à Jazz** présente en outre d'excellents maîtres du genre, aussi bien dans le style conventionnel que dans le contemporain.

La Criée/Théâtre National de Marseille *(30 quai de Rive Neuve,* *☎04.91.54.70.54)* produit d'excellentes pièces montées sur place ainsi que des œuvres venues d'ailleurs (il s'agit souvent de pièces majeures créées à Paris). D'autres théâtres à surveiller : le **Théâtre du Gymnase** *(4 rue du Théâtre Français, ☎04.91.24.35.24)* et le **Théâtre Gyptis** *(136 rue Loubon, ☎04.91.11.00.91)*, sans compter d'innombrables salles de moindre importance, parmi lesquelles des cabarets et des cafés-théâtres.

L'Espace Odéon
162 La Canebière
☎*04.91.92.79.44*
L'Espace Odéon est un centre culturel où l'on présente des rétrospectives cinématographiques et des œuvres théâtrales avant-gardistes (dans le Théâtre de l'Odéon).

Zénith Le Dôme
☎*04.91.12.21.21*
Le Zénith Le Dôme accueille tous les grands spectacles de passage à Marseille, avec des vedettes internationales aussi diverses que Roch Voisine, Charles Aznavour et Janet Jackson.

La Maison de l'Étranger
12 rue Antoine Zattara
☎*04.91.28.24.01*
La Maison de l'Étranger propose des pièces de théâtre et des concerts enlevants présentés par des artistes invités, dont plusieurs viennent des pays méditerranéens ainsi que du nord et de l'ouest de l'Afrique.

La Passerelle
midi à minuit
26 rue des Trois Mages
☎*04.91.48.46.40*
La Passerelle est un centre d'art dynamique qui attire une foule de jeunes gens des environs. Il regroupe **La Planète Livres** *(pour les amateurs de B.D. de tous âges)*, **Gégé le Chinois** *(livres usagés; 15h à 20h)*, **Marseille Café** *(menu déjeuner à 45F, menu dîner à 60F)* et un petit cinéma où l'on projette des films expérimentaux.

Fêtes et festivals

La Chandeleur
2 fév
Procession de la Vierge noire à la basilique Saint-Victor.

Festival de musique
oct à avr
Récitals dans la basilique Saint-Victor.

Festival de création de musique du XXe siècle
début mai
Festival de musique contemporaine.

Festival de Marseille
juil
Danse, théâtre et musique.

La Fiesta des Suds
oct
Musique, danse, concerts, fête gourmande.

Pastorales
jan
Reconstitution de la Nativité avec des personnages vivants, des textes récités et parfois des chansons provençales dans les endroits suivants :

Théâtre du Lacydon
1 montée du Saint-Esprit
☎04.91.90.96.70

Théâtre Mazenod
88 rue d'Aubagne
☎04.91.54.04.69

Espace Odéon
162 La Canebière
☎04.91.92.79.44

Théâtre Nau
9 rue Nau
☎04.91.92.36.97

Crèches
déc et jan
Scènes de la Nativité chrétienne avec des figurines provençales en terre cuite (santons), dont certaines occupent jusqu'à 60 m^2 dans les églises locales. On vend des santons à travers la région dans les foires aux santons. Consultez les journaux ou adressez-vous aux offices de tourisme pour plus de détails.

Foire aux Santons
fin nov au 31déc
Expositions mettant en vedette les meilleurs santonniers de la région depuis 1803. Dans les allées de Meilhan (en haut de La Canebière).

Aubagne

Fêtes et festivals

Festival international de l'humour et des rires
juin et juil

Crèches
déc
Scènes de la Nativité avec santons présentées au Syndicat d'initiative (Office de tourisme). À la même époque, on vend des figurines en terre cuite à la **Foire aux santons**, qui se tient sur le cours du Maréchal Foch.

Biennale de l'Art Santonnier
mi-juil à fin août, déc
cours du Maréchal Foch
Aubagne est au centre de la fabrication des santons; il est donc tout à fait naturel que ses artisans exposent leurs œuvres.

Pastorale
déc
☎04.42.71.19.88
Reconstitution de la Nativité, Théâtre la Comoédia.

Cassis

Fêtes et festivals

Fête des pêcheurs
dernier dim de juin

Fête des vins
début sept
Dégustation de vins provenant des vignobles réputés de Cassis et danses provençales.

Pastorale
jan
Reconstitution de la Nativité avec des personnages vivants. Centre culturel *(☎04.42.01.77.73).*

La Ciotat

Fêtes et festivals

Lumières du Jazz
dernière quinzaine de juil
Festival de jazz.

Achats

Marseille

Si vous êtes en quête de boutiques chics ou branchées, rendez-vous dans la rue Grignan entre les rues Paradis et Saint-Ferréol (Louis Vuitton, Alain Figaret, Façonable), ou dans la rue Paradis elle-même (Max Mara, John Lobb, Ikks Compagnie, Marine).

Né à Marseille à la fin du XVIIIe siècle, le santon fait l'objet d'une industrie toujours florissante. Du nombre se démarque certes la boutique et atelier **Arterra** *(1a rue du Petit-Puits, ☎04.91.91.03.31)*, qui possède une magnifique collection de figurines en terre cuite et de santons.

Faïencerie Figuères
10-12 av. Lauzier, quartier Pointe Rouge, près du Musée de la Faïence
☎*04.91.73.06.79*
Dernière du genre en activité à Marseille, la Faïencerie Figuères se spécialise dans la confection de surprenants fruits, légumes, viandes et poissons en trompe-l'œil. Saisissants de véracité, ces petits bijoux, qui donnent presque envie de les croquer, côtoient de belles reproductions de faïences traditionnelles provençales du XVIIIe siècle.

La Chocolatière du Panier
4 place des Treize Cantons
☎*04.91.91.67.66*
Michèle Le Ray a revitalisé avec grand succès la fabrique artisanale de chocolat de son père. Parmi ses spécialités, il faut mentionner ses barres aux noix et ses barres parfumées à l'orange ou au fruit de la passion. La tablette de chocolat blanc, parfumée à la lavande véritable, est tout simplement sublime. Le Ray n'ouvre pas à heure fixe; frappez donc simplement à sa porte s'il ne semble y avoir personne autour.

Compagnie de Marseille
1 rue Caisserie, quartier du Panier
☎*04.91.56.20.97*
Le savon de Marseille a certes marqué l'économie et l'image de la ville. Si vous voulez rapporter ou offrir un joli cadeau, la Compagnie de Marseille constitue un bel endroit où s'arrêter. Ici, vous trouverez d'authentiques pièces fabriquées à Marseille, ce qui est rare, et l'on vous emballera le tout avec grand art.

Dromel Ainé
lun 14h30 à 19h, mar-sam 9h à 19h, fermé dim
6 rue de Rome
☎*04.91.54.01.91*
Dromel Ainé se spécialise dans la confiserie depuis 1760, et l'on y trouve d'excellents marrons glacés ainsi que des thés et des cafés. Dromel Ainé vend par ailleurs trois variétés de navettes plus savoureuses et plus tendres que celles du Four des Navettes (voir plus loin).

Eupalinos
lun-sam 9h30 à 12h30 et 14h à 17h
72 cours Julien
☎*04.91.48.74.44*
Eupalinos propose une sélection complète d'ouvrages traitant d'architecture, de photographie, de musique, de cinéma et d'art en général.

La **FNAC** *(centre commercial Bourse, ☎04.91.39.94.00)* et le **Virgin Megastore** *(75 rue Saint-Ferréol, ☎04.91.55.55.00)* comblent tous deux les besoins des amoureux de la musique et de la lecture – qu'il s'agisse de guides de voyage, de livres d'affaires, de manuels d'ordinateur ou d'illustrés sportifs. Chacun d'eux exploite en outre une billetterie pour ceux qui désirent s'assurer à l'avance des places de concert ou de spectacle dans les établissements locaux.

Le Four des Navettes
tlj 7h à 19h30
136 rue Sainte
☎*04.91.33.32.12*
Le Four des Navettes, la plus vieille boulangerie de la ville (fondée en 1782), est réputé pour ses navettes, de petites galettes sucrées en forme de bateau censées symboliser l'arrivée des Saintes-Maries en Provence par la mer. Leur recette demeure un secret. Le 2 février de chaque année, à l'occasion de la Chandeleur, la statue de bois à l'effigie de la Vierge noire est menée en procession depuis la crypte de l'abbaye voisine de Saint-Victor. Selon la tradition, le Four des Navettes et sa production sont alors bénis, et, à la suite de cette cérémonie, les participants achètent tous une bougie verte et une galette fraîchement bénie. Ces deux articles serviront à protéger, pour le reste de l'année, le foyer des gens qui se les procurent.

Le Fournil des Rois
mar-dim 6h30 à 20h
8 rue Breteuil
☎*04.91.33.26.40*
Le Fournil des Rois est une boulangerie-pâtisserie reconnue pour son traditionnel «gâteau des rois provençal», préparé tout au long du mois de janvier.

Galeries Lafayette
40 rue Saint-Ferréol
☎***04.91.54.92.20***
Grand magasin où l'on vend de tout, des vêtements aux bagages en passant par les articles ménagers. Un incontournable lorsque vous êtes victime d'une averse subite et qu'il vous faut un parapluie, ou lorsque vous avez oublié votre serviette de plage et votre maillot de bain à la maison.

George Bataille
lun-sam 8h à 12h30 et 15h30 à 20h
16-18 rue Fontange
☎***04.91.47.06.23***
George Bataille s'impose comme une merveilleuse épicerie fine vendant du pain, plusieurs variétés de fromages (y compris un délicieux camembert maison), du vin, de la charcuterie, des viandes fraîches, des mets préparés, des oreillettes (beignets frits et enrobés de sucre en forme d'oreille), du saumon fumé et du pâté de foie maison. Un véritable festin pour les yeux et pour l'estomac.

Invitation au Voyage
132 rue Paradis
☎***04.91.81.60.33***
Librairie proposant des ouvrages de littérature générale, des titres en langues étrangères ainsi que des livres sur le voyage et le cinéma.

Librairie de la Bourse Frezet
8 rue Paradis
☎***04.91.33.63.06***
Librairie spécialisée où l'on vend des cartes, des guides et bien d'autres choses encore.

Les Arsenaux
10h à minuit, fermé dim
25 cours d'Estienne d'Orves
☎***04.91.59.80.37***
Dans un complexe culturel unique qui transpire une richesse historique incroyable, la librairie Les Arcenaulx complète à merveille la boutique de livres anciens, celle des Arts de la table et le restaurant. Des libraires chevronnés vous guideront parmi les rayons où l'on trouve notamment une section sur la Provence. Un lieu à visiter absolument, ne serait-ce que pour apprécier la richesse du bâtiment historique rénové ces dernières années.

La Librairie Regards
tlj 10h à 18h30
Centre de la Vieille Charité, 2 rue de la Charité
☎***04.91.90.55.34***
La Librairie Regards est une magnifique librairie d'art où l'on trouve également des cartes postales à saveur artistique.

Pharmacie du Vieux Port
4 quai du Port
☎***04.91.90.00.57***
Pharmacie aux heures d'ouverture prolongées dont le personnel parle anglais, italien et espagnol.

Photo Station
126 rue de Rome
☎***04.91.81.61.97***
3 rue Paradis
☎***04.91.33.35.63***
Pour tous vos besoins en pellicule et en développement.

Torréfaction Noailles
56 La Canebière
☎***04.91.55.60.68***
Maison du café dans la plus pure tradition italienne, rénovée en 1996, Torréfaction Noailles propose une quarantaine de sortes de thé et une douzaine de types de café, torréfiés sur place.

Le Père Blaize
4 rue Méolan
☎***04.91.54.04.01***
Guérisseur venu des Alpes, le père Blaize a ouvert une échoppe d'herbes et de produits médicinaux en 1815. Dans un cadre d'époque, on retrouve aujourd'hui les mêmes odeurs enivrantes qu'il y a deux siècles. Les plantes venues du monde entier, les huiles essentielles et les tisanes préparées sur place sont proposées aux clients qui désirent augmenter leur longévité par des moyens naturels.

Les marchés

Marché mensuel du livre usagé et du livre rare
cours Julien
2e sam du mois, toute l'année

Marché aux poissons
quai des Belges (Vieux Port)
tous les matins

Marché aux puces
cours Julien
ven-dim

Marché de la brocante
cours Julien
2e dim du mois

Marché aux fruits et légumes
lun-sam
cours Pierre Puget, cours Julien et boulevard Michelet
tlj
place des Capucins

Marché aux fleurs
lun matin
place Félix Baret et cours Pierre Puget
mar et sam
allées de Meilhan
jeu matin
boulevard Michelet
ven matin
av. du Prado

Marché paysan
mar, sam et dim
Adressez-vous à l'Office de tourisme pour plus de détails.

Marché de la poterie
en été
Événement rassemblant artisans et santonniers de la région. L'Espace Thérèse Neveu y présente en outre une belle collection de pièces de poterie. Adressez-vous à l'Office de tourisme pour plus de détails.

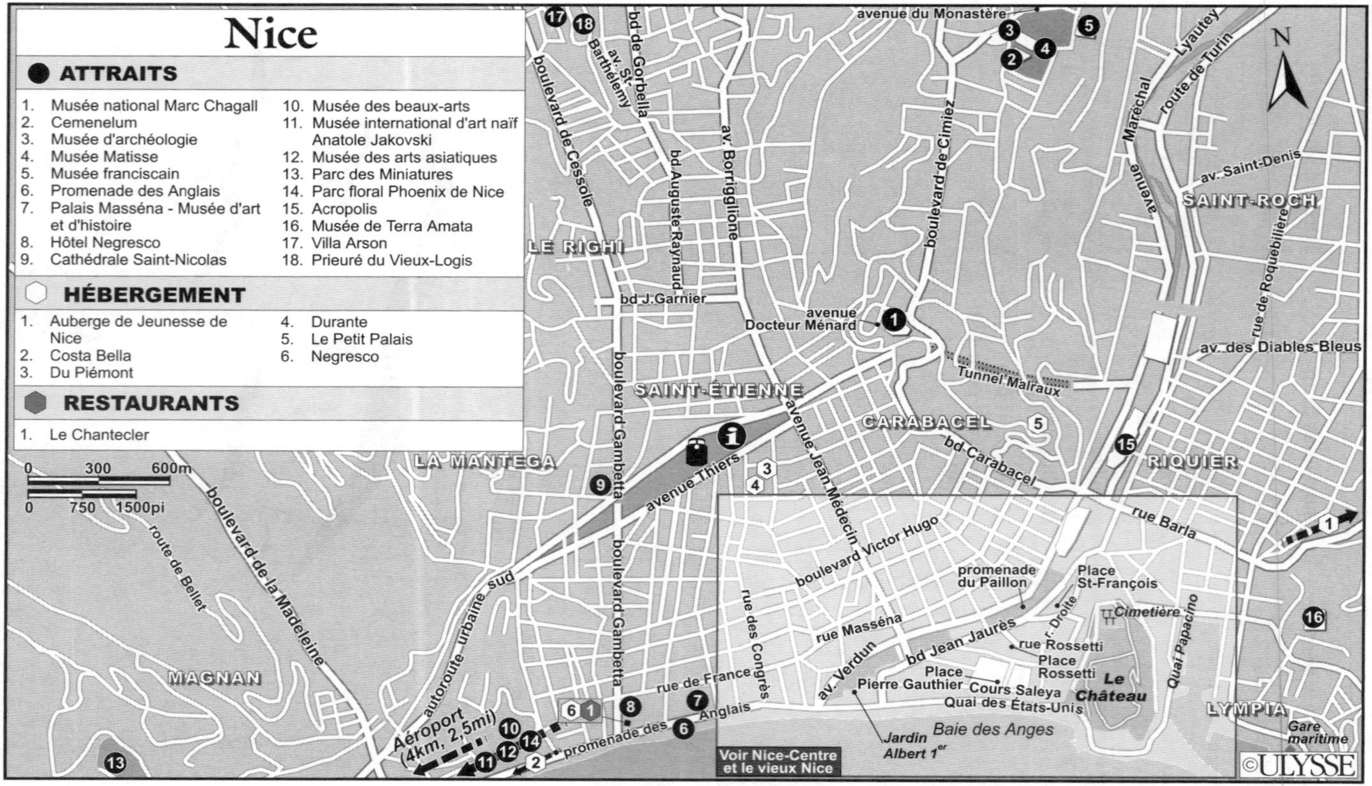
Nice
ATTRAITS
1. Musée national Marc Chagall
2. Cemenelum
3. Musée d'archéologie
4. Musée Matisse
5. Musée franciscain
6. Promenade des Anglais
7. Palais Masséna - Musée d'art et d'histoire
8. Hôtel Negresco
9. Cathédrale Saint-Nicolas
10. Musée des beaux-arts
11. Musée international d'art naïf Anatole Jakovski
12. Musée des arts asiatiques
13. Parc des Miniatures
14. Parc floral Phoenix de Nice
15. Acropolis
16. Musée de Terra Amata
17. Villa Arson
18. Prieuré du Vieux-Logis
HÉBERGEMENT
1. Auberge de Jeunesse de Nice
2. Costa Bella
3. Du Piémont
4. Durante
5. Le Petit Palais
6. Negresco
RESTAURANTS
1. Le Chantecler
0 300 600m
0 750 1500pi
N
avenue du Monastère
boulevard de Cessole
av. St-Barthélemy
bd de Gorbella
av. Borrigglione
bd Auguste Raynaud
boulevard de Cimiez
avenue Maréchal Lyautey
route de Turin
av. Saint-Denis
SAINT-ROCH
rue de Roquebilière
av. des Diables Bleus
LE RIGHI
bd J.Garnier
avenue Docteur Ménard
Tunnel Malraux
SAINT-ÉTIENNE
avenue Jean Médecin
CARABACEL
bd Carabacel
RIQUIER
LA MANTEGA
avenue Thiers
boulevard Gambetta
rue Barla
boulevard Victor Hugo
promenade du Paillon
Place St-François
Cimetière
Quai Papacino
rue des Congrès
rue Masséna
bd Jean Jaurès
r. Droite
rue Rossetti
Place Rossetti
Le Château
av. Verdun
Place Pierre Gauthier
Cours Saleya
Quai des États-Unis
LYMPIA
Gare maritime
route de Bellet
boulevard de la Madeleine
autoroute urbaine sud
MAGNAN
rue de France
promenade des Anglais
Baie des Anges
Aéroport (4km, 2,5mi)
Jardin Albert 1er
Voir Nice-Centre et le vieux Nice
©ULYSSE

Nice

Capitale de la Côte d'Azur, Nice ★★★ jouit d'un climat à faire rêver les frileux et les amateurs de soleil.

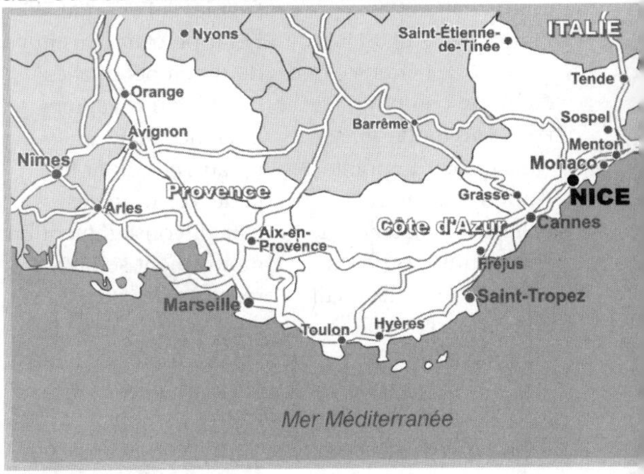

De plus, elle profite du site exceptionnel d'une des plus belles baies d'Europe. Cette baie est entourée de collines qui lui procurent un genre de protection naturelle, ce qui explique sûrement pourquoi les hommes de la préhistoire, déjà, l'avaient choisie. Le campement de Terra Amata et la grotte du Lazaret, qui datent d'environ 400 000 ans, en sont un témoignage vivant.

Nice profite d'un microclimat très favorable : températures agréables en hiver (autour de 11°C), chaleur tempérée de mi-juin à septembre (autour de 24°C). Le mois de septembre est particulièrement plaisant. Déjà en 1850, les bourgeois anglais et russes venaient y séjourner pour échapper aux hivers plus rigoureux. Depuis, grâce au développement de infrastructures touristiques importantes, Nice est devenue un pôle d'attraction international de premier plan et accueille des touristes l'année durant.

Aujourd'hui, malgré son importance, Nice demeure quand même une ville sympathique où il fait bon se promener. Elle offre tous les avantages des très grandes villes dans un environnement urbain qui a su conserver une dimension humaine. Bien sûr, en été, Nice devient touristique à l'excès. Comme toute la Côte d'ailleurs! Il n'en demeure pas moins que la ville regorge de quartiers charmants qui ont bénéficié du soin particulier porté à l'urbanisation de la ville.

Les habitants sont chaleureux, fidèles à l'image qu'on se fait des «gens du Sud» dans n'importe quel pays de l'hémisphère Nord. De plus, ce sont des méridionaux qui ont subi toutes les influences des pays qui bordent cette fameuse mer Méditerranée.

Nice a connu une histoire très mouvementée, surtout à cause de sa situation géographique qui en faisait un passage incontournable entre l'Italie et la France. Vers 600 av. J.-C., les Grecs y ont établi un comptoir. Nikaïa, cité modeste, servait surtout de point d'appui militaire. La colline du château – le château fut rasé sous Louis XIV – constituait une acropole facile à défendre.

Au Ier siècle avant notre ère, les Romains ont construit une route sur les hauteurs, la Via Julia, qui longeait la côte. Cemenelum, sur la colline de Cimiez, est devenue la capitale administrative de la province romaine des Alpes-Maritimes. Le règne de Cemenelum s'est terminé avec la chute de l'Empire romain au Ve siècle. La cité romaine est alors disparue, saccagée par les Barbares. Heureusement, aujourd'hui la colline de Cimiez a retrouvé son éclat d'antan, grâce à ses musées et à ses parcs agréables. Cimiez est aussi un site résidentiel agréable, privilégié par les Niçois.

Le comté de Nice a été rattaché à la Provence jusqu'en 1388, moment où il a été annexé à la maison de Savoie. À l'époque, l'Europe était constituée de différents duchés, comtés ou royaumes – la France était un royaume –, dont les limites territoriales étaient constamment en mouvement selon les résultats des incessantes guerres que se livraient toutes ces entités entre elles.

Ce n'est qu'en 1860 que la France a récupéré de façon définitive le comté de Nice, en vertu du traité du 24 mars 1860 survenu entre Napoléon III et le roi de Piémont-Sardaigne. À la suite de ce traité, on tint un plébiscite en avril de la même année, à l'issue duquel il fut déterminé que 84% des Niçois étaient en faveur du rattachement du comté de Nice à la France. Bien sûr, entre 1388 et 1860, il y eut quelques moments où Nice a appartenu à la France, par exemple sous Louis XIV ou pendant les années qui ont suivi la Révolution.

Avec une population de 50 000 habitants en 1860, Nice est devenue, en un siècle, la cinquième ville de France (derrière Paris, Marseille, Lyon et Lille) avec près de 400 000 habitants (475 000 pour l'agglomération). Les Niçois et les habitants des environs cultivent un orgueil un peu particulier. Les gens sont fiers de leur région et se considèrent comme Niçois d'abord, Français ensuite.

Nice est devenue ce qu'elle est aujourd'hui grâce surtout à l'apport d'une famille locale, les Médecin, qui lui ont donné deux maires au cours du XXe siècle. Le premier, Jean Médecin, dont une avenue commerciale importante porte le nom, a contribué à moderniser la ville et fut très respecté de la population. Le deuxième, son fils Jacques, a contribué à la gloire de Nice en utilisant des méthodes qui n'étaient pas toujours très respectables (pots-de-vin, népotisme). Il était aussi assez lié à l'extrême droite (très conservatrice et plutôt raciste envers les immigrés de l'Afrique du Nord, en particulier), qui bénéficiait d'une forte allégeance dans la région. Il s'est enfui en Amérique du Sud en 1990 après avoir été condamné par les tribunaux français à cause de ses magouilles. Expulsé par les autorités en 1994, il fut incarcéré en France, pour mourir peu après.

Aujourd'hui, Nice bénéficie d'un statut mondial enviable. En effet, Nice est l'hôte de multiples congrès nationaux et internationaux. À la fin de l'an 2000, Nice aura été pour quelques jours le centre de l'Europe lors du sommet spécial des chefs d'État de l'Union européenne, réunis afin de discuter de l'élargissement de la Communauté vers l'est, du processus des décisions et de l'avenir de leurs institutions.

Nice bénéficie également de l'implantation de nombreuses industries importantes dans la région. De plus, la ville offre une vie culturelle importante. On y trouve plusieurs salles de spectacle (opéras, concerts, ballets, théâtres, variétés) et une multitude de musées dont l'entrée, pour la plupart, est libre.

L'école de Nice et le réalisme

À la fin de la Seconde Guerre mondiale, un courant artistique important a vu le jour à Nice grâce à l'artiste international Yves Klein. Cet artiste a connu la célébrité mondiale en créant une couleur : un bleu profond qu'il a utilisé dans sa peinture et ses sculptures, et qu'il a souvent juxtaposé au doré. C'est lui aussi qui a organisé des *art-happenings* dans les années cinquante, mettant en vedette de jolies jeunes filles nues qui dansaient et glissaient sur des toiles enduites de peinture fraîche. Enfin, Klein s'est associé avec Arman et Raysse, deux artistes très connus aujourd'hui, pour créer le nouveau réalisme.

L'école de Nice a ensuite connu une nouvelle génération d'artistes avec Chubac, Mallaval et Dolla, qui ont bénéficié d'une certaine célébrité.

De nos jours, deux artistes font figure de proue dans le style français du nouveau réalisme : Ben et César. Amateur lui aussi des *art-happenings*, Ben est surtout devenu célèbre pour l'exploitation qu'il a fait de «l'art graffiti». De son côté, César s'était illustré grâce à ses sculptures de bronze et grâce aux sculptures qu'il a conçues avec des objets compressés.

L'école de Nice est fortement représentée au Musée d'Art moderne et d'Art contemporain de Nice, ainsi qu'au château Notre-Dame-des-Fleurs (voir «Les environs de Vence», p 310). Cela est assez exceptionnel en soi, car il semble que l'art contemporain connaisse plutôt en France une sous-représentation dans les musées, en comparaison surtout des autres pays

École de Nice (Arman)

tels que les États-Unis, l'Allemagne ou l'Italie.

Pour s'y retrouver sans mal

Pour éclairer votre découverte de Nice, nous vous proposons cinq circuits pédestres : **le vieux Nice ★★★** (voir p 279), **Nice-Cimiez ★★★** (voir p 282), **La promenade des Anglais ★★** (voir p 283), **Le quartier du Paillon ★★** (voir p 286) et **Le quartier du port ★** (voir p 286).

On peut rejoindre à Nice par l'autoroute A 8, qui suit un axe est-ouest. Cette autoroute permet de traverser le territoire et relie Aix-en-Provence, à l'ouest, et Menton, qui se trouve à la frontière italienne, à l'est. C'est le moyen le plus rapide de se rendre à Nice. Moins de 200 km séparent Nice d'Aix-en-Provence, et Menton est à 40 km. Les autoroutes sont payantes et plutôt chères, comme l'essence d'ailleurs.

Cependant, il existe aussi les routes nationales 7, 98, 202 (en provenance du nord) et la route Napoléon (en provenance de Grasse, au nord-ouest). Les routes 7 et 98 sont très achalandées en juillet et en août; la circulation n'avance pas; il faut souvent des heures pour parcourir quelques kilomètres.

En voiture

Agences de location de voitures

Vous pouvez louer une voiture auprès des différentes agences de location qui se trouvent à l'aéroport ou à la gare SNCF. Notez que les prix de location à la gare sont normalement plus avantageux grâce aux formules qu'on y propose. Cela également pour les agences indépendantes dans les villes et villages.

En avion

Aéroport international Nice-Côte d'Azur
☎04.93.21.30.30

Air France
☎08.02.80.28.02
information sur les vols

Air Littoral
☎08.03.83.48.34

Hélicoptères
Héli Air Monaco
☎04.93.21.34.95
☎04.93.21.34.62

En bateau

SNCM - Ferryterranée
dessertes régulières de/vers la Corse
Gare maritime, quai du Commerce
☎04.93.13.66.66
⇄04.93.13.66.81

En train

Le TGV relie Paris à Nice en sept heures avec deux liaisons quotidiennes (trois, de juin à septembre). Nombreuses liaisons quotidiennes à partir des plus grandes villes françaises et liaisons régulières en provenance de l'étranger.

Gare SNCF
av. Thiers
☎08.36.35.35.35
information et vente
☎08.36.67.68.69
horaires (ligne vocale)

Circuit Digne-Nice
Chemins de fer de Provence
4bis rue Alfred Binet
☎04.97.03.80.80

En autocar

Liaisons nationales et internationales :
Gare routière de Nice
5 bd Jean Jaurès
☎04.93.85.61.81

Transports publics

L'Office de tourisme met à votre disposition un plan du réseau d'autobus ainsi que les horaires. Vous pouvez vous procurer une carte touristique à la station de bus, place Masséna, qui permet l'usage illimité des autobus pour une période déterminée (un, cinq ou sept jours).

Bus Masséna
Parc autos, place Masséna
lun-ven 7h15 à 19h
sam 7h15 à 18h
☎04.93.16.52.10

Les taxis

Principales stations :

- **Central Taxi Riviera**
- **Esplanade Masséna**
- **Promenade des Anglais**
- **Place Garibaldi**
- **Gare SNCF**
- **Acropolis**
- **Aéroport**

☎04.93.13.78.78

Taxis niçois indépendants :

Av. Thiers
☎04.93.88.25.82

Transports spécialisés pour personnes à mobilité réduite
2bis av. du Petit Fabron
lun-jeu 8h30 à 17h
ven 8h30 à 15h45
☎04.93.86.39.87

En auto-stop

Auto-stop organisé
au départ de Paris :
☎01.42.46.00.66
Autres lieux de départ :
☎01.47.70.02.01

?

Renseignements pratiques

Bureaux de renseignements touristiques

Pour obtenir de l'information touristique avant votre départ, vous pouvez écrire à l'**Office de tourisme et des congrès de Nice** *(Service du courrier, B.P. 79, 06302 Nice Cedex 4; ⇄04.93.92.82.98, www.nice-coteazur.org)* en y joignant l'affranchissement nécessaire pour l'envoi de retour (timbres ou coupons-réponses internationaux).

Sur place

Gare SNCF
av. Thiers
mi-juin à mi-sept tlj 7h30 à 20h, oct à juin tlj 7h30 à 20h
☎04.93.87.07.07

5 promenade des Anglais
mi-juin à mi-sept, tlj 8h à 20h; hors saison lun-sam 9h à 18h
☎04.92.14.48.00

Nice Ferber (près de l'aéroport)
promenade des Anglais
lun-sam 8h à 20h,
hors saison 9h à 18h
☎04.93.83.32.64

Comité régional du Tourisme
55 promenade des Anglais
☎04.93.37.78.78
Cet organisme peut vous fournir une multitude de brochures utiles pour voyager dans la région, par exemple sur les campings-villages vacances, l'hébergement pour les jeunes, le golf destination, le nautisme, la nature active, l'art et la découverte, etc.

Centre régional d'Information Jeunesse de la Côte d'Azur
19 rue Gioffredo
lun-ven 10h à 19h
☎04.93.80.93.93
⇄04.93.80.30.33

Informatique et Multi-Services
11 av. Malaussean
☎04.93.16.12.36

Urgences

Police secours
☎17

Commissariat central de police
Ville de Nice
1 av. Maréchal Foch
☎04.92.17.22.22
Service d'accueil des touristes étrangers
☎04.92.17.20.31

Hôpital Saint-Roch
24 heures par jour
5 rue Pierre Devoluy (entrée piétons)
☎04.92.03.33.75

S.O.S Médecins
24 heures par jour
☎04.93.85.01.01

Nice Médecins
24 heures par jour
☎ ***04.93.52.42.42***

S.O.S Dentaire
☎ ***04.93.76.53.53***

SAMU - Centre 15
☎ ***15***

Urgence
Centre 15
SAMU Saint-Roch
☎ ***15***

Urgence enfants
Hôpital Lenval
57 av. de la Californie
☎ ***04.92.03.03.03***

Pharmacie 24/24
7 rue Masséna
24h sur 24
☎ ***04.93.87.78.94***

Objets trouvés
Police municipale, cours Saleya
☎ ***04.93.80.65.50***

Dépannage de voitures Côte d'Azur
370 route de Grenoble
24 heures sur 24
☎ ***04.93.29.87.87***

Banques

Les banques sont généralement ouvertes de 8h30 à 11h45 et de 13h30 à 16h30 du lundi au vendredi. La plupart ont des guichets automatiques.

En cas de perte ou de vol de cartes de crédit :

American Express
☎ ***01.47.77.72.00***

Carte Bleue Visa
☎ ***01.42.77.11.90***

EuroCard/MasterCard
☎ ***01.45.67.84.84***

American Express
11 promenade des Anglais
9h à midi et 14h à 18h
☎ ***04.93.16.53.53***

Change

BPCA Aéroport de Nice-Côte d'Azur
8h à 22h
☎ ***04.93.21.39.50***

Change Sans Frontières
36 rue de France
tlj 8h à 20h, 24 heures sur 24 en été
☎ ***04.93.88.56.07***

Thomas Cook
13 av. Thiers
tlj 7h15 à 22h (hiver 8h à 20h)
☎ ***04.93.88.59.99***

Postes

Le code postal de la ville de Nice est le **06000**.

P.T.T.
Lun-ven 8h à 19h, sam 8h à midi
Bureau principal (renseignements) 23 av. Thiers
☎ ***04.93.88.55.41***

Presse Internationale

Maison de la Presse
1 place Masséna
lun-sam 8h45 à 19h30; dim 8h45 à 12h30
☎ ***04.93.87.79.42***

Télécommunications

Le téléphone portable est un outil indispensable lorsque l'on désire communiquer avec des Français. D'abord parce qu'ils en ont tous – dans les familles souvent chacun a son portable –, puis parce qu'il en coûte horriblement cher pour les communications vers un portable, sauf si vous les effectuez de portable à portable. Sinon votre carte de téléphone sera bouffée en un rien de temps.

Alors, si vous prévoyez faire beaucoup d'appels, mieux vaut en louer un, car même les cabines téléphoniques semblent se raréfier. Si vous arrivez dans la région par l'aéroport de Nice, vous pouvez en louer un auprès d'**Ellinas Communications** (*☎ 04.93.18.88.18, ⇌ 04.93.18.96.18, www.ellinas.com*). Si cette compagnie n'a pas de comptoir fixe à l'aéroport, en revanche elle dispose de jeunes gens mobiles qui vous y rencontreront dans les plus brefs délais, dans le cas où vous n'auriez pris aucun arrangement préalable.

Administrations

Préfecture des Alpes-Maritimes
147 route de Grenoble
06286 Nice Cedex 3
☎ ***04.93.72.20.00***

Mairie de Nice
5 rue de l'Hôtel de Ville
☎*04.97.13.20.00*

Chambre de commerce et d'industrie des Alpes-Maritimes
20 bd Carabacel
☎*04.93.13.73.00*

Fourrière automobile
31 rue Fontaine de la Ville
☎*04.93.89.18.08*

Attraits touristiques

Il faut compter de deux à trois jours pour bien visiter Nice. On y trouve de nombreux musées et plusieurs quartiers intéressants.

★★★

Le vieux Nice

Le vieux Nice se découvre à pied! Si vous avez une voiture, laissez-la dans un des quatre stationnements de ce secteur où l'on paie un montant global en fin de journée. Il est très difficile de trouver du stationnement dans les rues de Nice, et, de toute façon, c'est payant (il y a des horodateurs partout, et vous devez y retourner régulièrement pour renouveler le permis de stationnement).

La visite commence à l'extrémité ouest du cours Saleya, qui se trouve près du bord de mer.

Le **cours Saleya ★★** est une longue place où, chaque matin, se trouvent nombre de marchands de fleurs et de légumes. De plus, tous les lundis, cette place se transforme en une énorme foire aux brocanteurs. En soirée, les mercredis et samedis, la place est envahie par des artistes et des artisans qui vous proposent leurs œuvres. Vous pouvez aussi vous arrêter à l'un des nombreux bars et restaurants qu'on y trouve. Vous serez alors plongé au cœur même de l'animation. Vous verrez : c'est très animé!

Bien sûr, les prix sont plutôt élevés, et la qualité n'est pas nécessairement au rendez-vous, à part peut-être dans les restaurants, La Criée et La Safari (voir section «Restaurants») qui proposent un menu avantageux.

Le **palais de la Préfecture**, demeure des souverains de la dynastie de Savoie et des rois de Sardaigne au XVIIe siècle, se trouve sur la place (cours Saleya). L'état actuel de ce palais remonte à 1907, période où la façade principale a été refaite. La décoration intérieure est un éloge à La Belle Époque. Le bâtiment a été entièrement restauré et sert aujourd'hui de résidence au président du Conseil Général et au préfet des Alpes-Maritimes. En plus, au 18 de la rue de la Préfecture, on remarque une très belle maison du XVIe siècle.

À l'angle de la place Pierre Gautier, vous voyez la **chapelle de la Miséricorde ★**, œuvre d'un architecte piémontais du XVIIIe siècle. L'intérieur richement décoré est assez sensationnel à cause des jeux de courbes et de volumes.

Toujours dans le cours Saleya, mais dans sa partie extrême-est, vous découvrez l'**église de l'Annonciation**, ou Sainte-Rita, l'une des plus anciennes de Nice. À l'origine, vers l'an 900, elle abritait un prieuré bénédictin; elle est devenue une église de style baroque au XVIIe siècle, sous l'autorité de l'ordre des carmes.

Quittez le cours Saleya.

Vous pénétrez maintenant dans les ruelles pittoresques du vieux Nice, qui regorgent d'une multitude d'échoppes d'artisans, d'étals odorants, de petits restaurants, de confiseries, d'églises, de galeries d'art, etc.

D'une façon ou d'une autre, vous aboutirez à la **place Rossetti**, où se trouve la **cathédrale Sainte-Réparate**, à l'architecture baroque, dont la construction originale remonte à 1650. Son aspect actuel est le résultat de plusieurs siècles de construction (le clocher n'a

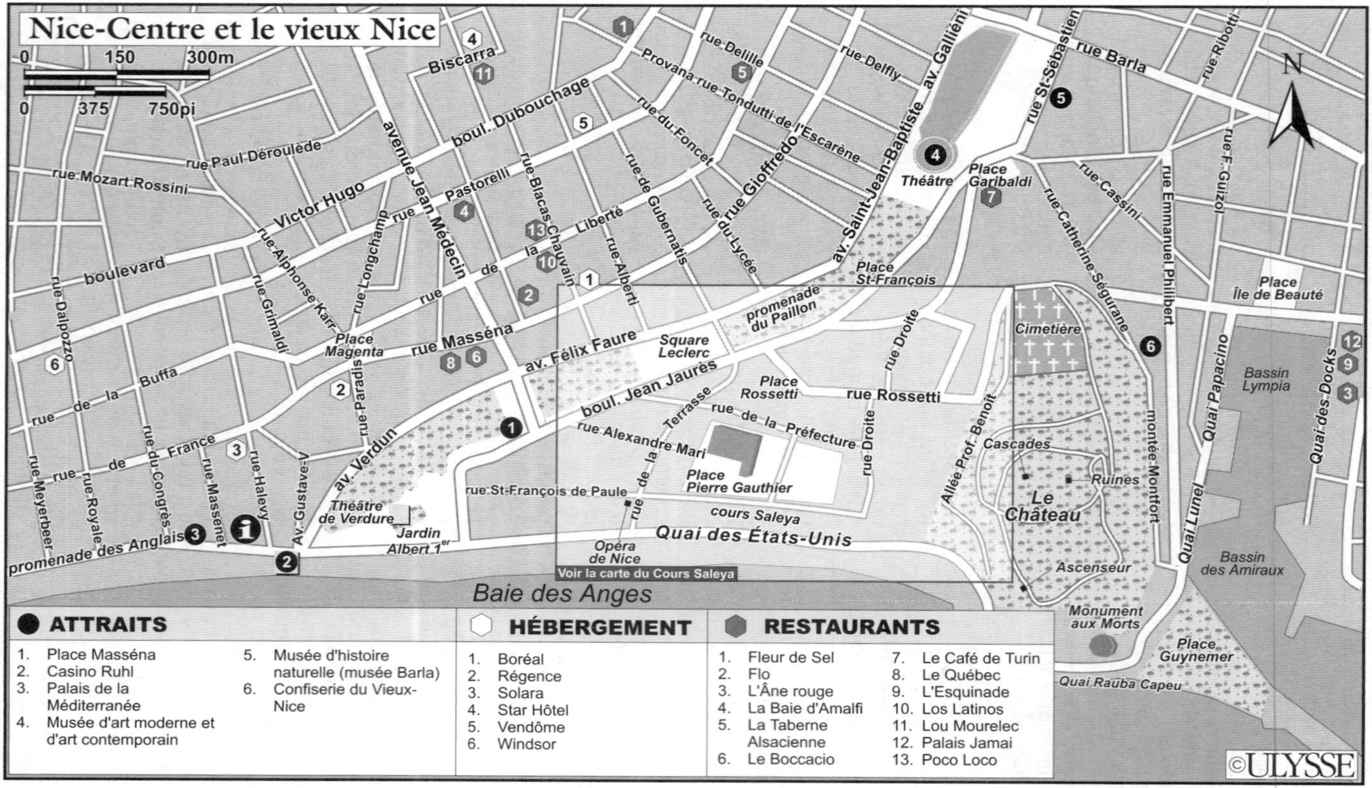
Nice-Centre et le vieux Nice
0 150 300m
0 375 750pi
N
ATTRAITS
1. Place Masséna
2. Casino Ruhl
3. Palais de la Méditerranée
4. Musée d'art moderne et d'art contemporain
5. Musée d'histoire naturelle (musée Barla)
6. Confiserie du Vieux-Nice
HÉBERGEMENT
1. Boréal
2. Régence
3. Solara
4. Star Hôtel
5. Vendôme
6. Windsor
RESTAURANTS
1. Fleur de Sel
2. Flo
3. L'Âne rouge
4. La Baie d'Amalfi
5. La Taberne Alsacienne
6. Le Boccacio
7. Le Café de Turin
8. Le Québec
9. L'Esquinade
10. Los Latinos
11. Lou Mourelec
12. Palais Jamai
13. Poco Loco
Biscarra
boul. Dubouchage
rue Paul Déroulède
rue Mozart Rossini
Victor Hugo
boulevard
avenue Jean Médecin
rue Pastorelli
rue Blacas Chauvain
rue de la Liberté
rue de Gubernatis
rue Alberti
rue du Lycée
rue Gioffredo
rue du Foncet
Provana rue Tondutti de l'Escarène
rue Delille
rue Delfly
av. Galliéni
av. Saint-Jean-Baptiste
rue St-Sébastien
rue Barla
rue Ribotti
rue F. Guizol
rue Emmanuel Philibert
rue Cassini
rue Catherine Ségurane
Théâtre
Place Garibaldi
Place St-François
promenade du Paillon
Place Île de Beauté
rue Longchamp
rue Alphonse Karr
rue Grimaldi
rue Dalpozzo
Place Magenta
rue Paradis
rue Masséna
av. Félix Faure
Square Leclerc
boul. Jean Jaurès
rue Droite
Place Rossetti
rue Rossetti
rue de la Terrasse
rue de la Préfecture
rue Alexandre Mari
Place Pierre Gauthier
rue St-François de Paule
cours Saleya
Quai des États-Unis
Opéra de Nice
Voir la carte du Cours Saleya
rue de la Buffa
rue de France
rue Meyerbeer
rue Royale
rue du Congrès
rue Massenet
rue Halevy
Av. Gustave-V
av. Verdun
Théâtre de Verdure
Jardin Albert 1er
promenade des Anglais
Baie des Anges
Allée Prof. Benoît
Cimetière
Cascades
Ruines
Le Château
Ascenseur
montée Montfort
Monument aux Morts
Place Guynemer
Quai Rauba Capeu
Quai Lunel
Quai Papacino
Quai des Docks
Bassin Lympia
Bassin des Amiraux
©ULYSSE

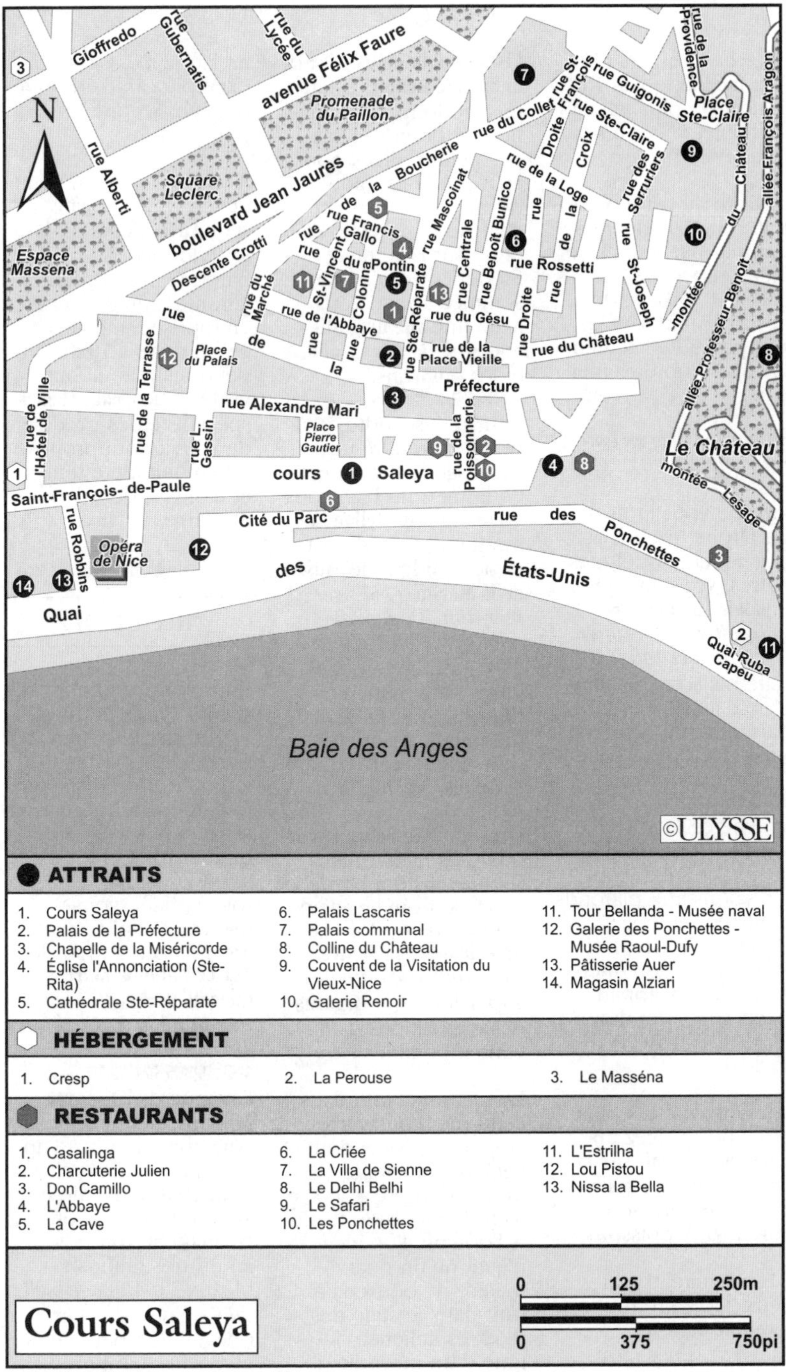

ATTRAITS

1. Cours Saleya
2. Palais de la Préfecture
3. Chapelle de la Miséricorde
4. Église l'Annonciation (Ste-Rita)
5. Cathédrale Ste-Réparate
6. Palais Lascaris
7. Palais communal
8. Colline du Château
9. Couvent de la Visitation du Vieux-Nice
10. Galerie Renoir
11. Tour Bellanda - Musée naval
12. Galerie des Ponchettes - Musée Raoul-Dufy
13. Pâtisserie Auer
14. Magasin Alziari

HÉBERGEMENT

1. Cresp
2. La Perouse
3. Le Masséna

RESTAURANTS

1. Casalinga
2. Charcuterie Julien
3. Don Camillo
4. L'Abbaye
5. La Cave
6. La Criée
7. La Villa de Sienne
8. Le Delhi Belhi
9. Le Safari
10. Les Ponchettes
11. L'Estrilha
12. Lou Pistou
13. Nissa la Bella

0 125 250m

0 375 750pi

Cours Saleya

été achevé qu'en 1757 et la façade, qu'au XIXe siècle). De plus, elle a fait l'objet d'une restauration en 1980.

La visite de cette place doit obligatoirement se terminer par une glace chez Fenocchio! Ses glaces et sorbets, de fabrication artisanale, sont parmi les meilleurs de Nice, sinon les meilleurs.

Quittez la place en empruntant la rue Rossetti.

Lorsque vous croisez la rue Droite, prenez la gauche, et, à quelques mètres, vous atteignez le **palais Lascaris** ★ *(entrée libre; mar-dim 10h à midi et 14h à 18h).* Cette maison aristocratique date de 1648, mais a été transformée plusieurs fois au cours de son existence. En 1942, la Ville de Nice l'a achetée et y a reconstitué une résidence de notables exhibant des salons aux plafonds peints et une pharmacie du XVIIIe siècle. Un escalier monumental mène aux appartements (décor et mobilier des XVIIe et XVIIIe siècles).

Quelques mètres plus loin, vous arrivez au **Palais communal**, sur la place Saint-François, reconnue pour son marché aux poissons.

À l'extrémité est du vieux Nice, on trouve la **colline du Château** ★★. En y montant, vous passerez devant le **couvent de la Visitation du Vieux-Nice** et la **galerie Renoir**. Il faut ensuite longer le cimetière et prendre l'une des petites allées pour arriver à la cascade d'eau, aux ruines du château (XIe siècle) et enfin sur la terrasse Frédéric-Nietzche, au sommet. De là, vous avez une **vue magnifique** ★★★ sur la ville et les environs.

Pour redescendre, vous pouvez prendre un ascenseur situé du côté de la mer. En bas, vous voyez la **tour Bellanda**, monument classé historique, qui loge le **Musée de la Marine** *(15F; été mer-dim 10h à midi et 14h à 19h, hiver jusqu'à 17h; ☎04.93.80.47.61).* On y trouve une collection d'armes, tableaux maritimes, maquettes de voiliers et de bateaux de pêche.

Un peu plus loin, sur le quai des États-Unis (boulevard qui borde la mer), se trouvent deux galeries d'art, dont la **Galerie des Ponchettes** *(mar-dim 10h à midi et 14h à 18h)*, qui organise des expositions d'art contemporain.

Un peu plus loin dans cette rue, vous verrez l'Opéra de Nice, dont l'entrée principale se trouve derrière, rue Saint-François-de-Paule. À l'origine, l'opéra n'était qu'un petit théâtre de bois construit dans le style des théâtres italiens. Victime d'un incendie, il fut reconstruit en 1885 et entièrement rénové en l'an 2000. C'est un exemple caractéristique du style Second Empire.

À côté de l'opéra, vous devez visiter la **pâtisserie Auer**, décorée dans le style rococo (style baroque avec ornementation extrême). Cette entreprise familiale existe depuis 1820. Un peu plus loin, il faut visiter le **magasin Alziari**, spécialiste des produits de l'olivier qui propose une multitude d'huiles et d'olives, dont la petite olive de Nice.

★★★

Nice-Cimiez

Pour vous rendre à Cimiez, vous pouvez emprunter le boulevard Carabacel, qui devient le boulevard de Cimiez plus loin. De toute façon, vous avez à monter car Cimiez est sur une colline. Une fois en haut, vous trouverez rapidement les indications pour le **Musée National Marc Chagall** ★★ *(30F; été mer-lun 10h à 18h, hiver 10h à 17h; ☎04.93.53.87.20)*, sur l'avenue du Docteur Ménard. Ce musée est construit au cœur d'un petit parc fleuri – site d'un charmant café en saison. La collection permanente propose les 17 très grands tableaux du *Message biblique*, peints par Marc Chagall. On peut aussi y voir les nombreuses esquisses, gouaches, gravures et lithographies qui ont été données au musée après la mort de l'artiste en 1985.

En continuant toujours plus loin sur le boulevard de Cimiez, vous arrivez à l'endroit où se trouvait **Cemenelum**, site romain dont il reste des ruines (thermes et arènes). Il y a des autobus (15-17-20-22) qui se rendent jusqu'à ce site (arrêt Arènes). À côté des Arènes, sur l'avenue Monte Croce, se trouve le **Musée d'archéologie** *(25F; été mar-dim 10h à midi et 14h à 18h, hors saison jusqu'à 17h; ☎04.93.81.59.57)*. Ce musée, inauguré en 1989, évoque la vie et l'histoire des habitants de Cemenelum et de la province romaine des Alpes-Maritimes. On y expose une collection d'objets de toutes sortes (céramiques, verres, monnaies, etc.), restitués dans l'ambiance dans laquelle ils étaient utilisés, soit d'aussi loin qu'à 1100 av. J.-C.

À quelques pas du site romain se dresse le **Musée Matisse** ★ *(25F; avr à sept mer-lun 10h à 18h; ☎04.93.81.08.08)*. Lors d'une rénovation en 1992, on a ajouté une nouvelle aile moderne en béton au bâtiment original, une villa génoise rose du XVIIe siècle, maintenant une œuvre architecturale très disputée. On y présente la collection personnelle du peintre, qui a vécu à Nice de 1917 jusqu'à sa mort, en 1954. On peut y voir des œuvres de toutes les époques de la vie du peintre, qui vont des premiers tableaux réalisés dans les années 1890 jusqu'aux derniers, peints dans les années cinquante. Enfin, on y trouve plusieurs dessins et gravures, ainsi que la série complète des livres illustrés par l'artiste.

Cathédrale Saint-Nicholas

Vous pouvez ensuite faire une promenade dans le jardin public, bordé par l'avenue du Monastère, et vous diriger vers le **Musée franciscain** *(entrée libre; lun-sam 10h à midi et 15h à 18h; ☎04.93.81.00.04)*, logé dans les bâtiments conventuels du monastère de Cimiez, qui datent du XVIIe siècle. On y évoque la vie des franciscains à Nice du XIIIe au XVIIIe siècle. L'église gothique possède, entre autres choses, trois retables Renaissance de Bréa.

★★

La promenade des Anglais

La promenade des Anglais est le site par excellence où effectuer de longues promenades et admirer cette mer magnifique traversée de couleurs différentes allant du bleu profond au vert émeraude! C'est là d'ailleurs que se trouvent les plages de Nice : les plages publiques (gratuites et couvertes de petites pierres plates appelées «galets» – pas de sable!) ou celles sous-concédées (appartenant souvent à des hôtels et qui offrent chaises longues et matelas pour environ 50F par jour). En tout, il y a 6 km de plages, dont quatre sont publics. L'eau y est étonnamment propre malgré le grand achalandage.

Le quartier qui borde la promenade des Anglais abrite une grande quantité de magasins et de restaurants. Plusieurs rues de ce quartier sont d'ailleurs piétonnes.

Le circuit débute sur la place Masséna et se dirige vers l'ouest.

La **place Masséna** est un le vrai cœur de Nice. Sa fontaine, dont les bronzes représentent les planètes du système solaire, attire de nombreux touristes qui viennent s'y rafraîchir. Elle est bordée au nord par de beaux édifices aux couleurs niçoises chaudes qui abritent, entre autres commerces, les **Galeries Lafayette**, un grand magasin.

Quittez la place et emprunter la rue Masséna.

La rue Masséna est la rue piétonne la plus importante de Nice et loge nombre de restaurants et boutiques. Ces restaurants ont de grandes terrasses et proposent de petits repas sympathiques à prix raisonnables, mais pas toujours d'une qualité exceptionnelle! Lorsqu'on arrive autour de la place Magenta, on trouve toutefois plusieurs commerces proposant de bonnes glaces.

Quittez la place Magenta et rejoignez l'avenue de Verdun en direction du bord de mer.

Vous atteindrez les jardins Albert Ier et le théâtre de verdure. De là, vous êtes à quelques pas de la promenade des Anglais et du point de départ d'un petit train touristique. Si vous continuez par la promenade en direction ouest, vous passerez devant le **casino Ruhl**. Il occupé un immeuble à l'architecture moderne très quelconque qui vieillit mal. C'est d'autant plus désolant quand on aperçoit le **Palais de la Méditerranée**, un peu plus loin sur la promenade, à l'intersection avec la rue des Congrès. Il ne reste que les murs extérieurs de cet immeuble au style Art déco construit en 1929 qui logeait un somptueux casino avec escalier monumental. Fermé depuis 1977 mais classé monument historique, il pourrait être transformé en centre de congrès. Et pourtant rien ne bouge.

Ce secteur de la ville compte aussi quelques musées. Un peu plus loin sur la promenade, au 35, se trouve le **palais Masséna**, une magnifique villa construite vers 1900 sur le modèle italien du Ier Empire, qui logera, après sa réouverture en 2001, une exposition permanente sur l'armée napoléonienne *(été mar-dim 10h à midi et 14h à 18h; ☎04.93.88.11.34)*. Ce musée consacré à l'histoire régionale abrite au rez-de-chaussée une bibliothèque de 10 000 volumes et manuscrits rares.

Juste à côté, vous voyez l'**Hôtel Negresco ★**, immeuble célèbre construit en 1913 et classé monument historique en 1974. Il faut voir les salons décorés majestueusement et les boutiques haut de gamme de ce palace. Le salon royal a la forme d'une ellipse avec une grande coupole et renferme un lustre en cristal de Baccarat. Le Negresco est une propriété privée et l'hôtel le plus huppé de Nice. Il accueille les gens célèbres du monde entier, particulièrement ceux du monde du spectacle. Y ont séjourné Anthony Quinn, Les Beatles, Alain Delon et Romy Schneider, Liz Taylor et Richard Burton, Michael Jackson, Phil Collins et plusieurs autres...

Continuez vers l'ouest jusqu'au boulevard Gambetta et dirigez-vous vers le nord.

La **cathédrale Saint-Nicholas**. La vue sur les tours de cet édifice orthodoxe russe est un peu étonnante, compte tenu de son environnement. Mais son érection, au début du XXe siècle, s'est imposée d'elle-même à cause de l'importante colonie russe qui s'était établie à Nice. La cathédrale Saint-Nicholas se trouve un peu à l'écart du noyau touristique, mais elle mérite un détour. Dotée d'une belle architecture typiquement russe, elle est une attraction indéniable et offre un dépaysement assuré.

Revenez vers la promenade des Anglais et prenez la direction ouest.

Dans une rue juste un peu au nord du Centre universitaire méditerranéen, au numéro 33 de l'avenue des Baumettes, vous verrez le **Musée des beaux-arts** *(35F; mar-dim 10h à midi et 14h à 18h; ☎04.92.15.28.28)*. Ce musée, appelé aussi «Musée Chéret», loge dans une demeure particulière qui date de 1876. Sa vaste collection européenne s'étend du XVIIe au XXe siècle. On y retrouve notamment un important panorama de l'école française du XIXe siècle, qui va du néoclassicisme à l'impressionnisme en passant par tous les autres styles, en particulier, l'académisme, qui jouit d'une fort riche représentation. À noter Van Loo Fragonasd, Boudin, Monet et Sysley. De plus, vous pourrez y voir des sculptures de Rodin et de Carpeaux.

Toujours plus à l'ouest se trouve le **Musée international d'art naïf Anatole Jakovski** *(25F; mer-lun 10h à midi et 14h à 18h; ☎04.93.71.78.33)*. Le musée est installé dans le château Sainte-Hélène, avenue Val-Marie. C'est une villa de la fin du XIXe siècle. Pour s'y rendre, on peut prendre la voiture ou l'autobus (9, 10 ou 12) et descendre à l'arrêt Fabron. On y retrouve pas moins de 600 œuvres qui représentent la peinture naïve à travers le monde.

Si vous continuez vers l'est par la rue Fabron et prenez à gauche le chemin de l'Élysée des Grottes, vous arrivez sur une petite colline, site du **parc des Miniatures** ★ *(47F, 30F enfant)*. Ce parc d'attractions comporte des centaines de miniatures construites à l'échelle de 1/25, et retrace l'histoire de la Côte d'Azur, de la préhistoire à nos jours. Il est situé sur un terrain boisé qui offre un panorama sur Nice et la baie des Anges.

Enfin, si l'on se dirige vers l'aéroport de Nice, à l'entrée ouest de la ville de Nice, on rejoint le **parc floral Phoenix de Nice** *(40F; printemps et été 9hà 19h, hors saison 9h à 17h)*. Dans cette serre, la plus grande du monde, se trouvent des poissons, des oiseaux, des papillons exotiques, et bien sûr, des fleurs par milliers. Site d'expositions et d'animations diverses.

À l'entrée du parc floral, il faut s'arrêter pour contempler l'architecture superbe et sobre de l'édifice abritant le **Musée des Arts asiatiques** ★ *(35F; mai à mi-oct mer-lun 10h à 18h, hors saison jusqu'à 17h; 405 promenade des Anglais-Arénas, ☎ 04.92.29.37.00)*, que l'on doit au Japonais Kenzo Tange. Le bâtiment, composé de cercles et de cubes ainsi que d'une pyramide, symbolise la cosmogonie extrême-orientale et semble flotter sur le petit lac artificiel du parc Phoenix. À l'intérieur, au rez-de-chaussée, on découvre de magnifiques œuvres d'art (pour la plupart des sculptures) d'Asie provenant surtout de l'Inde, du Cambodge, de la Chine et du Japon. Les œuvres sont empruntées à des collections publiques et privées, et mettent en valeur, au-delà de leur esthétique superbe, leurs différents matériaux, essentiellement de la céramique et du bois sculpté et peint.

La visite peut et devrait s'effectuer à l'aide de l'audioguide qui vous conduit jusqu'à l'étage supérieur, où vous êtes invité à entreprendre un petit parcours du sentier bouddhiste. Au sous-sol, vous allez découvrir une Asie plus contemporaine, mais aussi artistique qu'esthétique dans sa présentation des objets quotidiens. Un coin multimédia rend le musée dynamique et réjouissant. Une passerelle mène à la section de la cérémonie du thé,

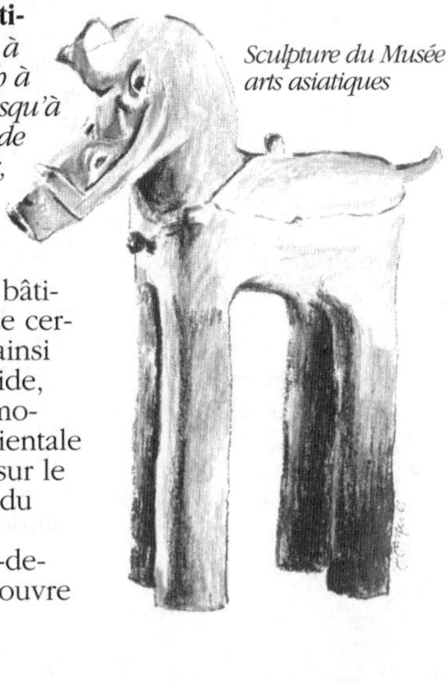

Sculpture du Musée des arts asiatiques

où sont présentées une multitude de sortes de thé qui vous seront aussi proposées à la boutique. N'oubliez pas de monter sur le toit pour contempler l'architecture extérieure, le ciel et le parc avoisinant.

★★

Le quartier du Paillon

Autrefois, la rivière Paillon se déversait dans la mer à l'endroit où se trouve aujourd'hui le jardin Albert Ier. La rivière, au niveau d'eau peu élevé à son embouchure, a été couverte et urbanisée. La partie près de la mer a été aménagée en espaces de verdure propices aux promenades. Du jardin Albert-Ier, on traverse la place Masséna pour gagner l'espace Masséna, où se trouvent des jets d'eau très populaires en été auprès des gens qui cherchent à se rafraîchir.

On atteint ensuite la promenade du Paillon, au bout de laquelle commence une série de complexes culturels. Le premier, en marbre gris de Carrare, loge le nouveau théâtre et le **Musée d'Art moderne et d'Art contemporain ★** *(25F; mer-lun 10h à 18h, ven jusqu'à 22h; ☎04.93.62. 61.62)*. La collection de ce musée est surtout forte au niveau des mouvements qui ont marqué les années soixante et soixante-dix : le nouveau réalisme, le pop art, l'abstraction américaine, le minimalisme et, bien sûr, l'école de Nice, avec une salle – très belle! – entièrement dédiée à Yves Klein.

Avant de quitter le musée, rendez-vous sur les terrasses, tout en haut, qui offrent une vue exceptionnelle sur Nice. Quant à lui, le théâtre compte 1 100 places, et sa décoration intérieure – très rouge! – est une œuvre de la styliste Jacqueline Morabito. Enfin, entre le théâtre et le musée, vous trouverez un bar qui peut être agréable pour prendre l'apéro.

En face de ce complexe, du côté du boulevard Jean Jaurès, on rejoint la place Garibaldi.

En poursuivant votre promenade sur le Paillon, vous passerez devant le 60bis du boulevard Risso, où loge le **Musée d'histoire naturelle**, appelé aussi **Musée Barla** *(réouverture en 2001 avec une exposition sur les pieuvres, calmars, etc.; ☎04.93.55. 15.24)*. Ce musée comprend quatre salles qui portent surtout sur la minéralogie. On y trouve aussi une importante bibliothèque d'ouvrages de sciences naturelles qui peuvent être consultés sur demande.

Un peu plus loin sur le boulevard Risso se dresse l'**Acropolis**, mastodonte construit en 1983, qui renferme un bowling, des boutiques, une cinémathèque, une grande salle d'exposition et un auditorium de 2 500 places avec une scène de 1 200 m^2.

Enfin, le Palais des congrès et des expositions, qui peut accueillir 20 000 personnes, est construit sur le Paillon. Derrière coule la rivière.

Si vous désirez prolonger votre promenade, retournez vers le Musée Barla et traversez de l'autre côté du Paillon pour rejoindre le boulevard Carabacel, qui aligne les riches immeubles de la bourgeoisie niçoise du XIXe siècle. À l'angle du boulevard Dubouchage, prenez à gauche jusqu'à l'avenue Jean Médecin, très commerçante avec ses cinémas et son centre commercial Nice-Étoile. Si l'on monte cette avenue, on arrive à la gare SNCF et au bureau de l'Office de tourisme. La gare a été construite en 1863 dans le style Louis XIII.

★

Le quartier du port

Il y a deux façons de rejoindre le port : par la route longeant la mer et contournant la colline du Château, où se trouve le **Monument aux morts** (à la mémoire des

4 000 Niçois morts pendant la guerre 1914-1918), ou par la place Garibaldi, qui se trouve au nord, de l'autre côté de la colline. Le port n'offre guère d'attractions touristiques, à part peut-être le marché aux puces sur la place Guynemer, qui se présente mieux depuis la restauration du palais.

En quittant la place Guynemer, si l'on se dirige vers la partie centrale du port, on passe devant la **Confiserie du Vieux-Nice**, au 14 du quai Papacino. Cette confiserie vous propose des bonbons aux arômes de fruits, de plantes ou de fleurs de la région (violette, mimosa, verveine), du chocolat et des confitures, tous préparés de façon artisanale et vendus à prix d'usine. Plus loin, dans la partie centrale du port, on découvre la place Île-de-Beauté, entourée de quelques beaux bâtiments et d'une église.

En général, vous devez vous méfier des restaurants qui donnent sur le port. La qualité laisse plus qu'à désirer. Mais il y a de belles exceptions! (Voir section «Restaurants».

À l'extrémité est du port s'avance une pointe dans la mer, au bout de laquelle accostent les bateaux qui font la traversée jusqu'à la Corse, île française de la Méditerranée.

Ce quartier abrite aussi un musée qui intéressera les amateurs de préhistoire : le **Musée de Terra Amata** *(25F; mar-dim 10h à midi et 14h à 18h; ☎04.93.55.59.93)*, localisé au 25 du boulevard Carnot, à environ 500 m du port. Vous pouvez y voir, entre autres choses, une reconstitution d'un campement de chasseurs d'éléphants, comme il en existait à Nice il y a 400 000 ans.

Autres points d'intérêt

Les amateurs d'art contemporain conceptuel ne voudront pas rater la visite de la **villa Arson** *(droit d'entrée; été mer-dim 13h à 19h, oct à mai 13h à 18h; ☎04.92.07. 73.73)* et de son École nationale d'arts décoratifs. Située sur une colline du nord de la ville, la villa est difficile d'accès. La villa Arson est une magnifique demeure du XVIIIe siècle intégrée dans une étonnante construction moderne au milieu de grands espaces verts. Son emplacement procure une vue qui s'étend jusqu'à la mer. C'est un lieu privilégié de création, de recherche et de formation dans le domaine de l'art contemporain.

Non loin, en redescendant la colline vers l'est, vous arriverez au **prieuré du Vieux-Logis** *(mer, jeu, sam et 1er dim de chaque mois, 15h à 17h; ☎04.93.84.44.74)*. Cette demeure du XVIe siècle reconstitue un intérieur de la fin du Moyen Âge.

Activités de plein air

Nice est un endroit privilégié pour la pratique des sports nautiques, quoique peut-être un peu trop achalandé. Le long de la promenade des Anglais, les plages gérées par les concessionnaires proposent des services de restauration et louent l'équipement nécessaire à la pratique des sports nautiques tels que le catamaran, le pédalo, la planche à voile, le ski nautique et le «parachute ascensionnel».

La promenade des Anglais est aussi un site privilégié pour les promenades et un endroit où l'on retrouve plusieurs amateurs de course à pied. Cependant, le parc public, sur la colline du Château, demeure probablement l'endroit le plus agréable pour se promener. La vue y est magnifique, et c'est ombragé, ce qui n'est pas à dédaigner par les chaudes journées. Enfin, les amateurs de minigolf pourront s'exercer près du Musée d'art naïf, dans le quartier Sainte-Hélène, à l'ouest de la ville.

Hébergement

Ville touristique très importante, Nice compte une multitude d'hôtels de toutes catégories. Malheureusement, la forte circulation et le nombre très limité de rues piétonnes font qu'il est très difficile de trouver des hôtels vraiment calmes.

Bien sûr, ce n'est pas un problème dans les hôtels haut de gamme, car ils sont équipés de doubles ou triples vitrages en plus d'avoir des systèmes de climatisation. Nous avons quand même déniché quelques hôtels à l'abri du bruit de la circulation.

Conseil : nous vous recommandons fortement de réserver longtemps à l'avance, et ce, spécialement pendant la haute saison, car Nice est l'hôte de plusieurs congrès internationaux ainsi que de nombreux touristes qui voyagent en groupe. Réserver, c'est partir gagnant!

Relais International de la Jeunesse Clairvallon
75F/pers. pdj, 145F ½p
26 av. Scudéri
☎04.93.81.27.63
Ici aussi, les prix sont avantageux. Situé à Cimiez, dans un parc avec piscine. Pour vous y rendre, prenez le bus n° 15 à la gare ou sur la place Masséna, et descendez à l'arrêt «Scuderi».

Auberge de Jeunesse de Nice
85F/pers. pdj inclus
route forestière du mont Alban
☎04.93.89.23.64
⇄04.92.04.03.10
Il vaut mieux s'y présenter tôt le matin en raison du prix très intéressant et du site magnifique sur une colline de Nice. Pour vous y rendre, prenez le bus n° 175 à la gare, puis changez pour le n° 14 à la station «Sun Bus». **Attention** : les réservations ne sont pas possibles.

Le vieux Nice

Hôtel Cresp
280F
bp, ≡ dans quelques chambres, ℂ, tv
8 rue Saint-François-de-Paule
☎04.93.85.91.76
À côté du vieil opéra et à quelques pas de la mer. Cet hôtel est notre préféré dans la catégorie «une étoile». Ambiance de pension familiale, et «Reine» comme patronne, avec un grand couloir qui débouche sur une terrasse avec vue sur la mer. Très bon rapport qualité/prix. Attention : la maison n'accepte pas les cartes de crédit.

Hôtel la Pérouse
750F-2 000F
3 500F pour une suite, pdj 90F
bp, ≡, ℝ, tvc, ≈, ℜ, ⌂, ⊙
11 quai Rauba-Capeu
☎04.93.62.34.63
⇄04.93.62.59.41
ep@broy.com
Si vous désirez le grand luxe, l'Hôtel la Pérouse est tout désigné. À deux pas du vieux Nice, l'hôtel passe presque inaperçu. En effet, il ne présente qu'une très petite façade donnent sur la rue. Par contre, il s'étend derrière jusqu'au rocher de la colline qui domine la baie des Anges. On découvre alors un site sublime. L'hôtel a tout du «lieu de séjour» moderne, mais il garde néanmoins plein de charme grâce à sa décoration rustique. Sur le toit, à flanc de la colline, il y a une grande terrasse d'où le panorama est exceptionnel. S'y trouve aussi une petite salle de réunion qui peut accueillir environ 20 personnes.

Nice-Cimiez

Le Petit Palais
480F-800F, pdj buffet 55F
bp, dp, tv, ≡
10 av. Bieckert
☎04.93.62.19.11
⇄04.93.62.53.60
petitpalais@provence-riviera.com
Ancienne demeure de Sacha Guitry, Le Petit Palais bénéficie d'un site privilégié. On y jouit d'une vue magnifique sur la mer et d'un jardin. Le grand calme est à l'honneur puisque cet hôtel fait partie de l'association des Relais du Silence. Vous n'aurez pas du tout l'impression d'être dans une grande ville. De plus, l'accueil est sympathique. L'hôtel est très confortable et offre un stationnement, ce qui est plutôt rare à Nice!

La promenade des Anglais

Hôtel Solara
280F-500F
dp, ≡, tv, asc
7 rue de France
☎04.93.88.09.96
⇄04.93.88.36.86
Toujours en zone piétonne, l'Hôtel Solara est une entreprise familiale qui existe depuis plusieurs année. Cela, a priori, est l'assurance d'un accueil chaleureux et personnalisé. Ses 14 chambres offrent un confort indéniable et sont bien insonorisées. Par ailleurs, celles du cinquième étage sont dotées d'une très jolie terrasse donnant sur les toits de Nice. Bon rapport qualité/prix!

Régence
350F-390F, pdj 35F
bp, dp, ≡, tv, asc
21 rue Masséna
☎04.93.87.75.08
⇄04.93.82.41.31
regence@aol.com
En plein cœur de la zone piétonne, à l'écart de la circulation, se trouve une oasis de charme : l'hôtel Régence. Et cela tout en étant qu'à 200 m de la mer. D'ailleurs, l'hôtel a trouvé un arrangement avec la plage du Galion, qui vous offrira une réduction sur les tarifs réguliers. Les Leão, mari et femme, vous y accueilleront avec le sourire et une grande gentillesse. Depuis leur arrivée à la barre, les 40 chambres sont en constant processus de rajeunissement. Décoré avec goût et sobriété, cet hôtel constitue une halte paisible en plein cœur de l'activité niçoise. Enfin, si le calme vous préoccupe particulièrement, louez une chambre au troisième ou côté cour.

Hôtel Costa Bella
485F-550F, pdj 50F
bp, ≡, tv, ℜ, ≈, S
50 Av. de la Lanterne
06200 Nice
☎04.93.18.29.00
⇄04.93.83.31.16
www.costa-bella.com
Situé dans un quartier résidentiel à l'abri du bruit tout en étant à quelques minutes de la mer et de l'aéroport, cet hôtel de type villa privée, caché dans la verdure, vous assure d'un séjour agréable. Les chambres sont confortables et l'on peut vraiment y reprendre son souffle. Dès qu'on franchit sa grille, le temps semble se ralentir. Nul besoin d'en ressortir, car on peut se prélasser au bord de la piscine et dîner sur place dans son restaurant italien, le **Nisa Bella** *(**$$**; fermé lun)*. Enfin, l'hôtel propose deux séjours thématiques de cinq jours qui vous permettront de mieux découvrir la région : le premier, culturel, *Sur les pas des peintres de la lumière*, et l'autre, énergisant, *La Côte d'Azur au fil des sentiers.*

Windsor
550F-750F, pdj 50F
bp, ≡, ℝ, ≈, ℜ, tv
11 rue Dalpozzo
☎04.93.88.59.35
⇄04.93.88.94.57
windsor@webstore.fr
Pour un style ancien, nous vous recommandons vivement le Windsor. L'hôtel est situé à moins de 10 min de la mer et près des rues piétonnes où se trouvent de nombreux antiquaires et galeries d'art. Il y a beaucoup d'ambiance, de très beaux meubles chinois et plusieurs objets d'art. Certaines chambres ont d'ailleurs été décorées par des artistes locaux, et l'effet peut être spectaculaire. Mais c'est le petit jardin paradisiaque, avec piscine, terrasse et chants d'oiseaux compris, qui fait surtout le charme de cet hôtel. Le rapport qualité/prix est très bon. Choisissez, de préférence, une chambre côté jardin. Un stationnement payant se trouve à proximité.

Negresco
1 750F-2 350F
3 500F-8 600F suite
bp, ≡, ℝ, tvc, ℜ
37 promenade des Anglais, B.P. 379
☎04.93.88.39.51
⇄04.93.88.35.68
L'illustre Negresco est le lieu de prédilection des célébrités internationales. On peut parfois voir des gens faire la queue à l'entrée de l'hôtel, avec sa tourette et sa toiture roses, ses petites lumières jaunes tout autour de la fa-

çade, situé au plus bel endroit de la promenade des Anglais, dans l'espoir d'obtenir un autographe de leur star préférée. Même si vous n'y logez pas, il faut au moins visiter l'intérieur de cet établissement particulier (voir aussi p 284).

Centre/gare SNCF

Hôtel du Piémont
140F-270F, pdj 17F
d/dp, ℂ
19 rue Alsace- Lorraine
☎04.93.88.25.15
⇄04.93.16.15.18
Dans une petite rue à deux minutes de la gare SNCF se cache l'Hôtel du Piémont. Très simple, cet hôtel de 30 chambres est néanmoins doté d'un certain charme grâce à de menus détails comme la petite fenêtre dans une des chambres qui donne sur une cour pittoresque exiguë. De plus, le voyageur modeste y sera bien accueilli par la propriétaire et pourra même y préparer ses repas en louant l'une des quelques chambres équipées d'une cuisinette.

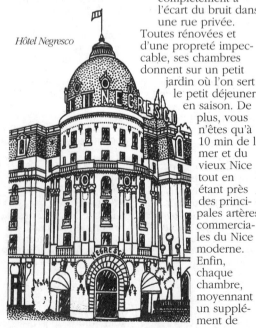

Hôtel Negresco

Hôtel Durante
430F-550F, pdj 40F
bp, ℂ, *tv*
16 rue Durante
☎04.93.88.84.40
⇄04.93.87.77.76
durante.3soleils@ informa.fr
Il y a beaucoup d'hôtels autour de la gare, mais ils sont souvent bruyants. Nous en avons pourtant trouvé un, très agréable, l'Hôtel Durante, qui est complètement à l'écart du bruit dans une rue privée. Toutes rénovées et d'une propreté impeccable, ses chambres donnent sur un petit jardin où l'on sert le petit déjeuner en saison. De plus, vous n'êtes qu'à 10 min de la mer et du vieux Nice tout en étant près des principales artères commerciales du Nice moderne. Enfin, chaque chambre, moyennant un supplément de 50F/ jour, donne droit à l'usage d'une cuisinette. La nouvelle propriétaire garantit un accueil chaleureux.

Centre-ville

Star Hôtel
320F-350F, pdj 30F
bp, dp, ≡, *tv, asc*
14 rue Biscarra
☎04.93.85.19.03
⇄04.93.13.04.23
Dans un bel immeuble du XIXe siècle entièrement restauré, nous avons apprécié le simple, très propre et sympathique Star Hôtel. Les chambres sont belles, souvent dans des coloris roses et bruns, et, grâce au doubles vitrages, elles sont aussi calmes. Ainsi, vous profitez de sa situation au cœur de la ville du quartier commercial, à 400 m des plages de la baie des Anges, avec plusieurs salles de cinéma à proximité et de petits restos sympathiques aux alentours (voir surtout le restaurant Lou Mourelec, p 295).

Hôtel Boréal
570F, pdj buffet 45F
bp, tv, ≡, ℜ
9 rue Paul Déroulède
☎04.93.82.36.36
⇄04.93.82.34.94
À côté du centre commercial Nice-Étoile se dresse l'Hôtel Boréal, un complexe de 46 chambres entièrement rénovées et de très grand confort. Les magasins des rues piétonnes du «quartier des musiciens» sont aux portes de l'hôtel, et la

mer se trouve à environ 10 m de marche. Les clients de l'hôtel peuvent d'ailleurs bénéficier de l'accès à la plage privée Lido moyennant 55F par jour, ce qui inclut parasol et transat. Enfin, l'hôtel possède également un restaurant avec terrasse donnent sur la rue.

Hôtel Vendôme
590F
770F studio avec mezzanine
bp, ≡, ℝ, tv
26 rue Pastorelli
☎04.93.62.00.77
⇄04.93.13.40.78
Contact@vendome-hotel-nice.com
Dans un tout autre style architectural, on trouve le très soigné Hôtel Vendôme. À 5 min du centre moderne de Nice et à 15 min de la mer, cet hôtel, une ancienne villa particulière de la fin du XXe siècle, a été entièrement restauré. On y trouve un bel escalier central et un salon avec meubles d'époque. L'endroit est très chaleureux, grâce surtout à l'accueil de la patronne et aux tons pastel qui prédominent dans la décoration. Cet hôtel de style propose des chambres avec grande terrasse au cinquième étage et offre un petit stationnement privé. Enfin, la patronne pourra également vous indiquer plusieurs bons petits restos à proximité. Voilà pour le service!

Hôtel Masséna
790F-990F, pdj buffet 80F
bp, tv, ≡, asc
58 rue Gioffredo
☎04.93.85.49.25
⇄04.93.62.43.27
info@hotel-massena-nice.com
Un nouvel hôtel de charme a pignon sur rue au cœur de Nice à côté de la place Masséna : l'Hôtel Masséna. Derrière une superbe façade Belle Époque, on trouve, à l'intérieur, une ambiance feutrée; l'harmonie des fresques colorées du hall laisse présager les tonalités provençales de la décoration des 105 chambres. Grand avantage pour une ville de forte circulation comme Nice : l'hôtel dispose d'un stationnement privé. Réservez tôt et louez une chambre sur le toit avec un grand balcon. Les chambres sont plutôt de taille modeste pour le prix, mais elles sont très belles et agrémentées d'un décor très soigné.

Restaurants

Le vieux Nice

L'Abbaye
$
place Rossetti
L'Abbaye est une petite crêperie située sur la place Rossetti. On y propose, outre les crêpes, des pâtes et des spécialités niçoises. Mais ce qui le rend particulièrement intéressant, c'est qu'on peut y manger à très bon compte : 59F pour une salade, un plat du jour et un dessert. Difficile à battre!

Lou Pistou
$
lun-ven
4 rue de la Terrasse
☎04.93.62.21.82
Le Lou Pistou sert des spécialités niçoises : beignets de fleurs de courgettes (peu gras), pâtes au pistou, petits farcis, tripes et daube. Ce petit restaurant familial ne compte que 24 places, et les tables sont presque entassées les unes sur les autres. Cela crée donc une atmosphère des plus conviviales. Le service est attentif et assuré par Isabelle, alors que son mari Michel est aux fourneaux. Nous y avons découvert une délicieuse entrée du pays, la *troucha*, une omelette à base d'ail, de blette (sorte d'épinard régional) et de parmesan. Enfin, si vous êtes amateur de profiteroles, c'est l'endroit! En effet, elles viennent en deux versions toutes deux remarquables : les traditionnelles au chocolat, mais également à la fraise, coulis de fruits rouges. Leur particularité : les choux ne sont pas mous mais légèrement croquants.

La villa de Sienne
$-$$
fermé dim midi
10 rue Saint-Vincent
☎**04.93.80.12.45**
La villa de Sienne propose l'une des meilleures cuisines italiennes à Nice. L'endroit se trouve dans une ruelle, derrière le cours Saleya et tout près du Palais de justice. Vous pouvez vous attabler à l'extérieur sur une petite terrasse ou à l'intérieur dans un cadre rustique et simple. Les plats sont très copieux. Essayez l'excellente soupe au pistou, la ratatouille, les raviolis à la niçoise, l'osso bucco, le lapin cuit au feu de bois ou l'un des nombreux plats de pâtes. Enfin, le service est des plus gentils et très efficace, sous la baguette du propriétaire.

Nissa La Bella
$-$$
6 rue Ste-Réparate
Au cœur du vieux Nice, dans une petite rue menant vers la place Rossetti, vous pouvez goûter une bonne cuisine niçoise à la Nissa La Bella. Dans des salles climatisées, vous devriez essayer les plats de beignets, de farcis (légumes remplis de viande hachée) ou la pissaladière. Le restaurant est tenu par une jeune famille sympathique. Quelle que soit la saison, vous vous sentirez à l'abri, comme dans un petit enclos.

Le Casalinga
$$
fermé dim
4 rue de l'Abbaye
☎/⇄**04.93.80.12.40**
Endroit fort sympathique que ce petit restaurant niché au cœur du vieux Nice. D'abord grâce à l'accueil enthousiaste de Marie-Luce, qui veillera à vos moindres désirs avec une bonhomie énergique et un sourire sans pareil, mais aussi grâce à Gérard, qui, aux fourneaux, saura faire vibrer vos papilles gustatives au diapason de la bonne cuisine niçoise et piémontaise. Ici, on ne croit pas aux falbalas : les plats proposés sont simples mais savoureux. Les pâtes au pistou sont un régal. Tout est frais et fait maison, qu'on pense aux beignets de fleurs de courgettes, aux raviolis, aux farcis niçois ou aux gnocchis. Bref, une cuisine familiale dans une ambiance comparable à celle que l'on retrouve chez nos parents lorsqu'ils veulent nous gâter!

«Cuisine Nissarde, le respect de la tradition»

Pour Nice et ses alentours, l'Union départementale des offices de tourisme et syndicats d'initiative des Alpes-Maritimes-Riviera-Côte d'Azur a établi une liste de 24 restaurants qui respectent la cuisine authentique «à la nissarde» selon des recettes anciennes de très bonne qualité. Le guide Ulysse a retenu, dans la section «Restaurants», les six suivants :

Casalinga
4 rue de l'Abbaye, vieux Nice
☎04.93.80.12.40

Don Camillo
5 rue des Ponchettes, vieux Nice
☎04.93.85.67.95

L'Âne Rouge
7 quai des Deux Emmanuel
☎04.93.89.49.63

Le Petit provençal
25 bd de la Madeleine
☎04.92.15.07.92

Le Safari
1 cours Saleya, vieux Nice
☎04.93.80.18.44

Lou Mourelec
15 rue Biscarra
☎04.93.80.80.11

Le Delhi Belhi
$$
fermé les trois dernières semaines de juil et dim
22 rue de la Barillerie
☎04.93.92.51.87
Toujours dans le vieux Nice, ce restaurant propose de la cuisine indienne dans l'atmosphère feutrée d'une vieille écurie avec poutres de bois apparentes. Éclairé à la chandelle et meublé de chaises disparates, l'endroit recèle beaucoup de charme. Tout comme sa propriétaire, le charme s'entend! Alors, si l'envie de changer de décor ou de saveurs vous prend…

La Cave
$$-$$$
fermé lun
rue Francis Gallo
☎04.93.62.48.46
Toujours dans le vieux Nice, La Cave se distingue par une cuisine plus raffinée (scampis à la provençale, fois gras maison, magrets de canard). Le restaurant fait l'angle de deux rues étroites très pittoresques et y aligne ses tables. Cela lui confère une atmosphère des plus agréables. Mais l'intérieur est tout aussi charmant avec ses couleurs chaudes et vives. Malheureusement, l'accueil est devenu inégal. À expérimenter selon les menus affichés.

L'Estrilha
$$-$$$
6 rue St-Vincent
Si jamais la terrasse du resto précédent est pleine et que vous tenez à manger dehors dans cette petite ruelle, essayez, juste en face, L'Estrilha. Cet établissement est tenu et géré par des anciens élèves de l'École Hôtelière. On y sert des spécialités niçoises, ainsi que «L'amphore de la mer», un plat particulier à base de lottes et de rougets.

Cours Saleya

Pendant des années, la plupart des très nombreux restaurants qui entourent le cours Saleya ont souffert d'une mauvaise réputation. Aujourd'hui la situation s'est améliorée et la compétition accrue des restaurateurs joue en faveur des consommateurs! Néanmoins, on peut toujours mal tomber et ne pas très bien manger tout en payant cher afin de profiter du bon emplacement de ces restos. Dans cette rubrique, nous vous proposons quelques bonnes ou très bonnes adresses.

Charcuterie Julien
$
8 place de la Poissonnerie
Si vous voulez simplement acheter un excellent sandwich et le dévorer sur la place ou dans les ruelles de la vieille ville avoisinante, laissez-vous tenter par la Charcuterie Julien, à l'extrémité nord-est du cours Saleya. Un pâté de maisons plus loin, vous trouverez un dépositaire du glacier Fenocchio. Volà pour la formule midi bon et pas cher.

Les Ponchettes
$-$$
3 place Charles Félix
Si vous voulez vous asseoir, à l'heure du lunch, choisissez Les Ponchettes pour l'immense terrasse au soleil qui occupe une placette à l'extrême est du cours Saleya. Pour le prix d'un apéro ou d'une bière, vous profiterez du spectacle qui se déroule en ces lieux. Les plats sont très copieux et l'on vous recommande surtout les assiettes de salade dans leurs compositions diverses, ainsi que les frites. Bon rapport qualité/prix.

La Criée
$$-$$$
22 cours Saleya
☎04.93.85.49.99
La Criée constitue un bon choix pour un restaurant sur le cours Saleya. Il s'impose surtout grâce à son rapport qualité/prix. Pour 125F, vous avez droit au «menu navigateur» complet avec l'entrée, le plat et le dessert. Sinon il y a toujours les plateaux de fruits de mer, d'huîtres et de coquillages pour vous tenter. Enfin, le service se joue sous la baguette du gérant, gentil et efficace.

Le Safari
$$-$$$
1 cours Saleya
Enfin, Le Safari s'impose par sa belle terrasse toute bleue et blanche, par son cadre

très cosy à l'intérieur, par son service cool et par ses plats. Ces derniers sont plutôt chers, mais le rapport qualité/prix est justifié. La plupart des repas sont préparés sur feu de bois (à l'intérieur). Le restaurant compte parmi les «institutions» de la vieille ville. On y mange des spécialités de la mer, mais également des pâtes, des pizzas et une excellente *porchetta* de porc.

Si vous quittez le cours Saleya dans la direction du Rocher (est), vous déboucherez sur la rue des Ponchettes.

Don Camillo
$$$
fermé dim et lun midi
5 rue des Ponchettes
☎04.93.85.67.95
Au Don Camillo, vous accédez à une catégorie supérieure dans tous les aspects, incluant les prix! Les excellents plats sont servis dans un cadre «bourgeois éclairé». Parmi les spécialités de la maison figurent la *porchetta* de lapin, les phitiviers de pigeon et les raviolis farcis niçois. En général, tout y est spécial. Beaucoup de Niçois ne jurent que par cet endroit situé dans la partie extrême est du vieux Nice. Son nouveau chef propriétaire, Stéphane Viano, fait une cuisine solide et raffinée offrant un bon rapport qualité/prix.

La promenade des Anglais

I gelati di Pinocchio
30 rue Masséna
Si l'envie d'un petit goûter se fait sentir, il peut devenir difficile de résister à l'étalage des glaces italiennes artisanales que propose I gelati di Pinocchio. Ou encore si l'on a soif et envie d'une *granita*, sorte de sorbet à l'italienne à base de jus de fruits.

Le Québec
$
43 rue Masséna
☎04.93.87.84.21
⇌04.93.87.30.48
Situé dans une rue piétonne, Le Québec est une pizzeria qui fait partie d'une chaîne comptant deux autres établissements dans la même rue. Ces restaurants proposent un menu simple composé principalement de pizzas, de pâtes et de salades. Avec ses nombreuses tables directement disposées dans la rue piétonne, l'endroit devient très fréquenté et animé lorsque le baromètre est au beau.

Le Chantecler
$$-$$$
37 promenade des Anglais
☎04.93.88.39.51
Si vous ne pouvez vous permettre de loger au «modeste» Negresco, allez y manger. Eh oui! Le Chantecler prépare une bonne cuisine au rapport qualité/prix intéressant, et ce, dans un cadre tout de même particulier! Dans son «menu plaisir», le chef Alain Llorca compose, avec les couleurs et les produits frais du marché provençal, l'œuf mollet à la mie de pain et truffes, des gambas croustillantes au basilic, pistou et sauce tartare, des viandes et des poissons servis comme des bouquets de saveurs exquis. De plus, les desserts sont un pur délice. Ça change des menus touristiques habituels!

Le Boccacio
$$-$$$
7 rue Masséna
☎04.93.87.71.76
⇌04.93.82.09.06
Rue Masséna, Le Boccacio est un restaurant haut de gamme de style Belle Époque superbe. Spécialiste des poissons, des fruits de mer et des coquillages, il propose en outre quatre sortes de paellas différentes. Bien entendu, on y mange également sur la terrasse donnant sur la rue.

Le quartier du Paillon

Deux restaurants dignes de mention sur la place Garibaldi (où d'ailleurs on trouve un genre de cinéma de répertoire) :

Fleur de Sel
$-$$
fermé dim soir et lun
10 bd Dubouchage
☎04.93.13.45.45
Situé non loin du Nice-Étoile, Fleur de Sel est un restaurant récent qui

offre une terrasse ombragée vraiment jolie, et ce, en plein cœur de Nice. L'atmosphère est particulièrement «lumineuse» en soirée. Inventive et légère, sa cuisine régionale est un métissage raffiné de couleurs, de senteurs et de saveurs qui ne dédaignent pas une touche d'exotisme. À essayer!

Le Café de Turin
$$
☎04.93.62.29.52
Si vous êtes plutôt amateur de fruits de mer et de coquillages, Le Café de Turin s'impose. Le restaurant, depuis peu agrandi, occupe un emplacement de choix à l'angle de la place. Ce restaurant est très apprécié des Niçois et ne désemplit presque jamais. Notez que vous pouvez également ne vous y arrêter que le temps d'un verre sur la terrasse. Pour surveiller l'animation incessante!

Centre

Le Latinos
$
fermé mar
6 rue Chauvin
Pour manger un petit plat le midi, Le Latinos s'impose pour le cadre, les plats et le service. On vous sert des petites spécialités qui font honneur au nom de ce restaurant. Il faut y goûter, surtout aux tapas (cuisine espagnole).

Poco Loco
$-$$
fermé dim midi
10 rue Chauvin
Si vous voulez rester dans l'esprit de l'Amérique latine, laissez-vous tenter par le Poco Loco, un restaurant mexicain. Vous y mangerez des *fajitas*, *burritos*, *tacos*, *nachos*, et un *chili con carne*, le tout à prix raisonnables.

Lou Mourelec
$$-$$$
15 rue Biscarra
☎04.93.80.80.11
Pour découvrir la cuisine nissarde, on vous conseille vivement le Lou Mourelec, situé en plein centre de la ville. Avec les parents au service et le fils dans la cuisine, vous profiterez de l'ambiance familiale avec tous ses bons côtés : accueil chaleureux, excellents plats et un bon rapport qualité/prix. Ici, on vous sert le midi (plats du jour et carte) et le soir (menu gastronomique et carte) des raviolis et gnocchis maison, des tripes et du poulpe à la niçoise, des farcis à la brousse de brebis, de la poche de veau farcie, du véritable *stockfish*, etc.

La Taberne Alsacienne
$$-$$$
49 rue de l'Hôtel-des-Postes
☎04.93.62.24.04
Si vous aimez la choucroute, faites un petit voyage alsacien à La Taberne Alsacienne. Mais cet établissement au décor très alsacien vous sert aussi la cuisine niçoise dans une ambiance chaleureuse et *heimelig*.

La Baie d'Amalfi
$S-$$$
mar-dim
9 rue Gustave Deloye
☎04.93.80.01.21
La Baie d'Amalfi est un grand resto italien de type familial au cadre méridional. Il se trouve près du centre commercial L'Étoile de Nice (avenue Jean Médecin). La nourriture et le service se révèlent bons. Endroit très fréquenté par les Niçois : c'est bon signe!

Flo
$$
4 rue Sacha Guitry
☎04.93.13.38.38
Flo se trouve derrière les Galeries Lafayette. Ce restaurant fait partie de la chaîne des brasseries parisiennes Flo. On y trouve un très beau décor et un bon rapport qualité/prix. Outre les viandes et les grillades, les plateaux de fruits de mer constituent une spécialité du restaurant, ce qui peut engendrer une addition importante. Toutefois, après 22h, la cuisine propose un menu «faim de nuit» plus abordable à 119F.

Le quartier du port

Ne perdez pas trop de temps à vouloir découvrir trop de bons restaurants dans le quartier du port. La qualité laisse à désirer. On en a quand même trouvé quatre hors du commun!

La Zucca Magica
$-$$
4bis quai Papacino
☎04.93.56.25.27
Vous préférez la cuisine végétarienne? En ce cas, allez au port (côté ouest) et mangez à La Zucca Magica. Ce restaurant est fortement conseillé par les Niçois amateurs de plats végétariens.

L'Esquinade
$$-$$$
fermé sam midi et dim
5 quai des Deux Emmanuels
☎04.93.89.59.36
Dans un cadre ancien de pierre et de bois, vous pourrez déguster une bouillabaisse, des poissons sur le gril et des viandes cuites à la broche. Marcel et Liliane Béraud, les patrons, vous réservent un chaleureux accueil et garantissent une cuisine savoureuse au bon rapport qualité/prix depuis plus de 40 ans. À signaler : les raviolis de homard, la salade de fruits de mer, le loup rôti à la peau sur un lit de fenouil (un vrai délice!) et, au dessert, la soupe de fruits rouges.

Palais Jamai
$$-$$$
3 quai des Deux Emmanuels
☎04.93.89.53.92
Si vous aimez la cuisine marocaine, laissez-vous gâter au Palais Jamai. Sous la direction de Mme Ben Moulay Ali Alaoui Lalla Chama, vous allez pénétrer dans une caverne d'Alibaba au décor raffiné où vous découvrirez avec délice les mille et une subtilités de la cuisine marocaine traditionnelle (tajines, poulet au citron, couscous, méchouis, etc.). On vous propose également le couscous Prince Albert de Monaco...

Âne rouge
$$$-$$$$
fermé mer
7 quai des Deux Emmanuels
☎ 04.93.89.49.63
Avec l'Âne rouge, vous entrez dans un autre registre de cuisine et de prix. Dans un décor bourgeois tout en blanc, vous vous régalerez de saveurs du terroir avec des menus gastronomiques et des plats à la carte.

Sorties

Pour vous renseigner sur les activités culturelles et sportives, sur les bars et les discothèques, achetez *L'Officiel des Loisirs* ou *La Semaine des Spectacles*, disponibles chez tous les marchands de journaux.

Bars et discothèques

La Civette du Cours
7h30 à 2h
1 cours Saleya
Bar sympathique à la clientèle jeune et hétéroclite. C'est surtout à la terrasse, généralement ensoleillée, qu'il faut s'arrêter pour boire un verre.

L'ambassade
mer-sam 23h à 5h
18 rue du Congrès
L'ambassade est une boîte branchée très sélective (côté look et âge). Les soirées spéciales y sont très bien rodées.

Le Forum
ven-sam
45-47 promenade des Anglais
☎04.93.96.68.00
Le Forum est une des boîtes les plus spacieuses et les plus appréciées des Niçois. Ambiance survoltée.

Le Ghost
21h30 à 2h30
☎04.93.92.93.37
Le Ghost s'est fait une nouvelle jeunesse sans perdre son ambiance feutrée. Le DJ promet une bonne musique tous les soirs. Vous y trouverez également un ordinateur pour accéder à Internet.

L'Escalier
21h à 4h
10 rue de la Terrasse, à côté de l'Opéra
☎04.93.92.64.39
Dans la première salle de l'Escalier se produisent des DJ ou des groupes de rock et de jazz dans une ambiance conviviale. Dans la deuxième salle, au-dessous, vous trouverez des tables de billard et un écran géant. Sympathique : le demi (de bière) peut se consommer à compter de 18F.

Au Pizzaïolo
4bis rue du Pont-Vieux
☎04.93.62.34.70
Restaurant «dîner-spectacle», cuisine proven-

çale. Ambiance, spectacle, danse. Menu à 170F.

Le Trap's
dès 14h, fermé dim
26 bd Risso
☎**04.93.56.88.77**
Brasserie branchée à l'ambiance très détendue.

Bars gays

Le Blue Boy
23h à 5h
fermé lun-mar d'oct à mai
9 rue Spinetta
☎**04.93.44.68.24**
Deux bars sur deux étages. Clientèle gay et ambiance très sympathique.

L'Ascenseur
18h à 3h
18bis rue Emmanuel Philibert
☎**04.93.26.35.30**
Bar de nuit gay avec espace pour jouer au billard. Accueil chaleureux.

Casino

Casino Ruhl
1 promenade des Anglais
☎**04.93.87.95.87**
Salle des jeu : black jack, *punto banco*, roulette française et anglaise *(20h à 4h, ven-sam 17h à 5h, dim 17h à 4h)*. Salle des machines à sous *(10h à l'aube)*.

Les fleurs et les parfums

Les habitants de la Provence et de la Côte d'Azur ont le goût de la fête. Ainsi, des fleurs, des fruits ou des odeurs ont donné naissance à des célébrations annuelles. Voici les plus illustres.

Menton :
Fête du citron *(février)*

Mandelieu :
Fête du mimosa *(février)*

Tourrettes-sur-Loup :
Fête des violettes *(mars)*

Villefranche-sur-Mer:
Salon international floral *(avril)*

Cagnes-sur-Mer:
Exposition internationale de la fleur *(avril)*

Grasse :
Expo-rose *(mai)*

Mougins :
Mougins Flora *(mai)*

Monaco :
Concours international de bouquets *(mai)*

Grasse :
Fête du jasmin *(août)*

Coursegoules :
Fête de la lavande *(août)*

Saint-Paul :
Saint-Paul Floral *(novembre)*

Antibes :
Salon de la fleur et de l'oiseau *(novembre)*

Festivals

Festival de l'École au théâtre
première moitié du mois d'avril
Théâtre Lino Ventura
renseignements :
☎04.93.27.37.37

Festival de musique sacrée
juin
cathédrale Sainte-Réparate et dans d'autres lieux
renseignements :
☎04.93.13.20.52

Carnaval de Nice

Chaque année, dans la seconde moitié du mois de février, Nice se transforme. Sur la place Masséna et le long de la mer, des gradins sont installés pour permettre au public d'assister aux défilés de chars allégoriques, joyeusement accompagnés de mascarades et cavalcades. De tous les carnavals en France, celui de Nice se démarque par la folie de ses défilés et de ses déguisements.

La tradition remonte au XIIIe siècle. Bien sûr, l'église a maintes fois déployé des efforts, le plus souvent vains, pour canaliser les débordements d'excitation. À partir de 1539, en pleine Renaissance, ce sont les «abbés des fous», nommés par les syndics de la ville, qui ont été chargés d'organiser et de régir l'événement. Au XVIIIe siècle, le Carnaval a été célébré selon des règles bien précises; quatre endroits différents pour fêter selon le rang social : les nobles (y participaient parfois les ducs de Savoie), les marchands, les artisans ouvriers et les pêcheurs. Ensuite, à partir de 1873, un Comité des fêtes s'est chargé de réorienter le déroulement de cette fête traditionnelle. Il y a eu une interruption entre les deux guerres mondiales, mais, depuis 1946, c'est repris de plus belle.

Achats

Caves Cambillau
277 chemin de Saquier, St-Roman de Bellet
☎04.93.29.85.87
Situées dans les collines derrière Nice, les Caves Cambillau permettent la dégustation des vins du Bellet, ces vins niçois qui comptent parmi les meilleurs de Provence. À noter particulièrement la cuvée du *Clot dou Baile*, appellation provençale qui signifie «Clos du maître-berger».

Aux Parfums de Grasse
10 rue Saint-Gaëtan
☎04.93.85.60.77
Une boutique de rêve au royaume des senteurs : Aux Parfums de Grasse. Un magasin minuscule d'où se dégagent les effluves de 84 essences de parfums. Les mini-flacons, idéals à offrir, se vendent 14F. Pour un franc de plus, vous achetez de gros savons, et, en ce qui concerne la lavande, eh bien vous pouvez l'acquérir au litre!

Bijoux et sculptures Rémy
32 rue Droite
☎04.93.80.62.60
Si vous aimez les bijoux de bronze vieilli, faites un tour chez Bijoux et sculptures Rémy. Les pièces sont fabriquées à l'ancienne et tirées à quelques exemplaires seulement. Il faut compter environ 280F pour un bracelet et 380F pour un collier.

Antiquités et brocante
lun
8h à 17h, sauf la veille des jours fériés
Vous serez émerveillé de la variété d'objets des kiosques du cours Saleya, dans le vieux Nice. Vous y trouverez de tout à prix variés. Malheureusement, la bonne qualité devient de plus en plus rare et chère. Il faut donc marchander.

La promenade des Antiquaires
7 promenade des Anglais
La promenade des Antiquaires abrite au moins 22 boutiques. Vous pouvez y passer des heures à fouiner parmi les nombreux objets de style qu'on y propose.

Le village Ségurane
rue Antoine Gauthier
Le village Ségurane, au port, est un autre quartier de brocanteurs. Vous y trouverez pas moins de 80 boutiques de tailles et de qualités différentes.

Hôtel des Ventes
50 rue Gioffrédo
☎***04.93.85.85.50***
Si vous voulez assister à une vente aux enchères, informez-vous à l'Hôtel des Ventes. Pour faire de «bonnes affaires» dans les ventes publiques en France, il faut un peu connaître les prix, sinon vous risquez de perdre gros...

Loft Galerie
2 rue Saint-Suaire, au bout du cours Saleya
☎***04.93.85.51.20***
Pour trouver à peu près n'importe quoi, visitez la Loft Galerie. Cet endroit intègre tout d'une manière insolite, et ça va de la brocante classique à l'art contemporain.

Alziari
14 rue
Saint-François-de-Paul
☎***04.93.85.76.92***
Vous ne devriez pas quitter Nice sans acheter un bidon d'huile d'olive extra-vierge chez Alziari. Ce magasin, où l'accueil chaleureux est à l'ordre du jour, propose aussi toute une variété des meilleures olives du monde ainsi que du miel. De plus, on a ouvert récemment un petit coin resto, **La Table Alziari** *(4 rue François Zanin, ☎04.93.80.34.03).*

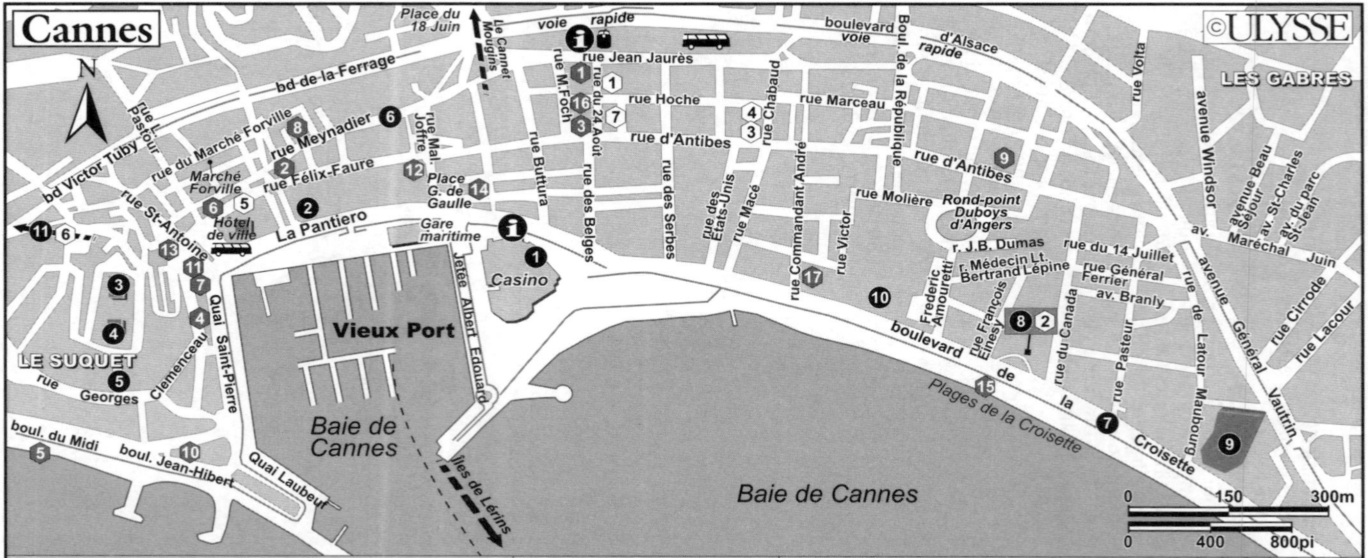

ATTRAITS

1. Palais des Festivals
2. Allées de la Liberté
3. Église Notre-Dame-d'Espérance
4. Musée de la Castre
5. Tour du Suquet
6. Rue Meynadier
7. Le boulevard de la Croisette
8. Le Carlton
9. Le Martinez
10. La Malmaison
11. La croix des Gardes

HÉBERGEMENT

1. Beverley Hôtel
2. Carlton Inter-Continental
3. Hôtel de France
4. Hôtel Riviera
5. Hôtel Splendid
6. Super +
7. Touring Hôtel

RESTAURANTS

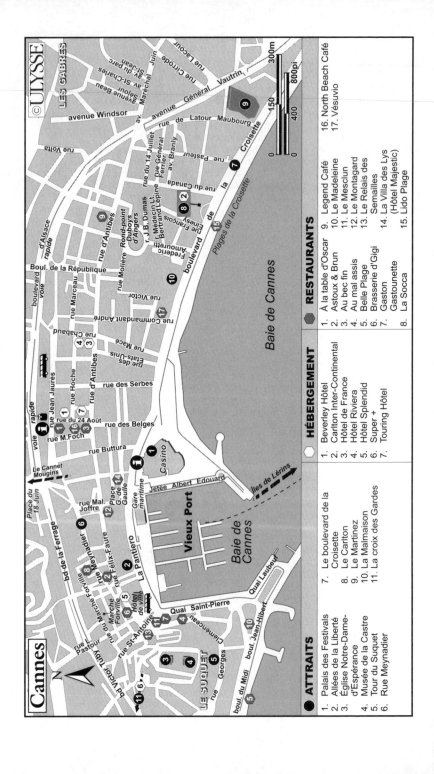

1. À la table d'Oscar
2. Astoux & Brun
3. Au bec fin
4. Au mal assis
5. Belle Plage
6. Brasserie d'Gigi
7. Gaston Gastounette
8. La Socca
9. Legend Café
10. Le Madeleine
11. Le Mesclun
12. Le Montagard
13. Le Relais des Semailles
14. La Villa des Lys (Hôtel Majestic)
15. Lido Plage
16. North Beach Café
17. Vésuvio

De Nice à Cannes

Cette partie de la Côte d'Azur, entre Nice et Cannes, est évocatrice non seulement du faste et de l'opulence, mais aussi de paysages d'une beauté naturelle où baigne une grande spiritualité dès qu'on s'éloigne le moindrement de la côte.

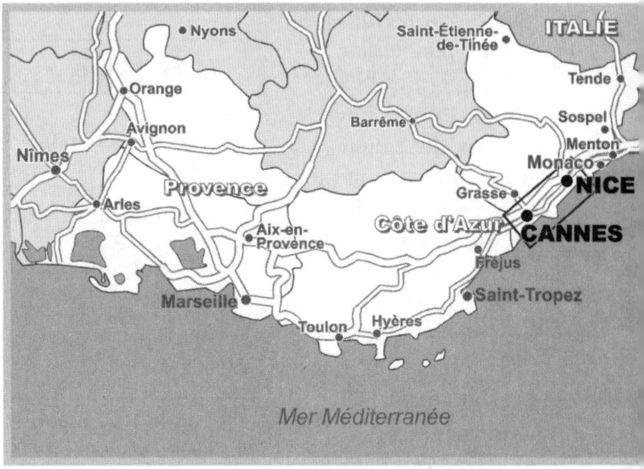

Mais cette région se distingue surtout par sa grande force artistique et culturelle. Au-delà du mythe mondain, nourri par les grands événements – on pense tout de suite au festival de Cannes! –, ce lieu demeure un endroit exceptionnel où l'âme peut flotter librement entre vagues nostalgiques et nuages paradisiaques. C'est pourquoi nombre d'artistes illustres s'y sont établis et ont laissé derrière eux un héritage artistique et culturel d'une énorme richesse.

Mais, si le meilleur existe, le pire n'est pas loin! Cette région, encore peu développée au début du XXe siècle, a connu une urbanisation et une poussée immobilière exagérées qui ont produit une infrastructure routière difficile à gérer. Pour répondre aux besoins d'un plus grand nombre de routes, la région, le département et les communes se sont vu obliger de sacrifier plusieurs paysages sauvages.

Malgré la création de nouvelles routes, certaines de celles-ci, comme la N98, route principale qui relie Nice et Cannes par le bord de mer, demeurent impraticables pendant certaines heures en juillet et en août. La circulation y est tellement dense qu'on y avance à peine. D'énormes bouchons de circulation se créent, et il fait alors extrêmement chaud.

Alors, ne commettez pas de bêtises regrettables : évitez les heures d'affluence routière – normalement entre 10h et 13h et entre 17h et 20h – sur les routes principales qui mènent à la mer.

Mais ne dramatisons pas : cette région est magnifique et regorge de beautés naturelles et culturelles. De plus, on y mange bien! Il existe encore une Côte d'Azur pleine de charme, pleine de grâce, qui offre beaucoup d'endroits intéressants à visiter. Bien qu'a priori elle soit plus accessible, la «vraie» Côte ne se révèle qu'à certains – ceux pour qui le plaisir est une perpétuelle recherche..., tel que l'affirme le **Comité régional du tourisme de Nice** *(55 promenade des Anglais, ☎04.93.37.78.78, ⇄04.93.86.01.06)*.

Il faut bien sûr avoir l'envie de s'émouvoir à la vue des bijoux architecturaux, prendre le temps d'examiner les vieilles pierres, parcourir les musées pour y découvrir des artistes, sur lesquels le pays a souvent laissé son empreinte indélébile. Mais ça peut rester à un niveau beaucoup plus simple, comme s'arrêter dans un petit village de l'arrière-pays, où les contacts avec les gens sont plus faciles et vrais, et où la nature occupe une place de premier choix.

☛

Pour s'y retrouver sans mal

En avion

Se référer au chapitre «De Nice à Menton», p 355. Vous y trouverez tous les renseignements nécessaires. À l'aéroport, il existe un réseau important de transport qui vous mènera dans la ville ou le village de votre choix.

En voiture

L'autoroute A8 relie Nice et Cannes, et constitue le chemin le plus rapide. On peut rejoindre l'autoroute près de l'aéroport de Nice. Si vous n'êtes pas pressé, la N98 suit le bord de mer. Sinon la N7, en partie élargie à quatre voies, se veut plus rapide. Ces deux routes vous conduiront de Nice à Cannes en passant par Cagnes-sur-Mer, Antibes et Juan-les-Pins. On trouvera aussi des indications pour se rendre dans l'arrière-pays proche (Cagnes-sur-Mer, Vence, Mougins, Grasse, etc.) sur ces trois routes.

Pour aller dans l'arrière-pays profond (Digne, les stations de ski, le Mercantour occidental, etc.), suivez la route nationale N202 en direction de Digne et de Grenoble. Cette route est accessible près de l'aéroport de Nice.

Location de voitures

Cannes

Avis (gare SNCF)
☎04.93.39.26.38
⇄04.93.21.44.53

Europcar
en ville et au Palais de Festivals
☎04.93.06.26.30
Aéroport Mandelieu
☎04.93.90.40.60

Location de motos et bicyclettes

Cagnes-sur-Mer
3 rue du Logis
☎04.93.22.55.85

Cannes
5 rue Allieis (près de la gare SNCF)
☎04.93.39.46.15

En train

De nombreuses liaisons quotidiennes desservent le bord de mer entre Nice et Cannes via Saint-Laurent-du-Var, Cagnes-sur-Mer et Antibes. Pendant l'été, un train dont la fréquence tient plus du métro assure la liaison entre les multiples stations balnéaires. De plus, à partir de ces gares, on a accès à un réseau de bus qui mènent dans l'arrière-pays. Pour connaître les horaires des trains et des bus qui desservent les gares, téléphonez au service de renseignements des **gares SNCF**, dont vous trouverez les numéros de téléphone dans la section «Renseignements pratiques» des villes et villages concernés.

Pour aller à **Digne-Les-Bains** (à 150 km de Nice), il existe quelques liaisons quotidiennes en partance de Nice. Le train dessert aussi Colomars-La Manda, Castagniers, Saint-Martin-du-Var, Villars-sur-Var, Touët-sur-Var, Puget-Théniers, **Entrevaux** (village très attrayant), Annot, Saint-André-les-Alpes et Barrème. Trois liaisons quotidiennes garantissent également votre retour *(renseignements : ☎04.93.82.10.17).*

Nostalgique des trains anciens? Alors, contactez le Groupe d'études pour les chemins de fer de la Provence (GECP) au ☎04.93.05.04.82. Cette association met en service un train à vapeur entre mai et septembre la fin de semaine.

Gares SNCF

Cagnes-sur-Mer
☎08.36.35.35.35
information et vente

Antibes
av. Robert-Soleau
(sortie Antibes, direction Nice, derrière le port Vauban)
☎08.36.35.35.35
information : trains et hôtels

Cannes
Information et vente (ligne directe)
☎08.36.35.35.35
Horaires (ligne vocale)
☎08.36.67.68.69
État du trafic
☎04.93.87.30.00

En bus

Il s'y trouve un réseau important de bus et de cars qui assurent de nombreuses liaisons. Informez-vous dans les gares routières et les offices de tourisme des villes et villages. Leurs numéros de téléphone figurent dans la section suivante.

Gares routières

Antibes
rue de la République, près de la place du Général-de-Gaulle
Notez que les bus pour Nice (avec arrêt à l'aéroport, Cannes, Juan-les-Pins et Cagnes-sur-Mer) partent de la place du Général-de-Gaulle.

Cannes
à côté de la gare SNCF
☎04.93.39.31.37
Pour les bus qui partent vers Grasse, Mougins, Golfe-Juan et Vallauris.
place de l'Hôtel de Ville
☎04.93.39.11.39
Pour se rendre à Juan-les-Pins, Antibes, Nice, Saint-Raphaël et Vallauris.

Société des transports urbains
place de l'Hôtel de Ville
☎04.93.39.11.39
Il y a 11 lignes de bus urbains.

Navettes maritimes

Cannes
Esterel Chanteclair
au port, à côté du Palais des Festivals
☎04.93.39.11.82
Navettes pour les îles de Lérins.

?

Renseignements pratiques

Offices de tourisme

Cagnes-sur-Mer
6 bd du Maréchal-Juin
☎04.93.20.61.64

20 av. des Oliviers, Cros-de-Cagnes
☎04.93.07.67.08

Vence
8 place du Grand-Jardin
☎04.93.58.06.38

Saint-Jeannet
centre du village
☎04.93.24.73.83
été jeu-lun 9h30 à 12h30 et 15h à 19h

Saint-Paul-de-Vence
2 rue Grande
☎04.93.32.86.95
jeu-mar 10h à midi et 14h à 18h

Villeneuve-Loubet
rue de l'Hôtel de Ville
☎04.93.20.20.09

Biot
6 place de la Chapelle
☎04.93.65.05.85

Antibes
11 place du Général-de-Gaulle
☎04.92.90.53.00
⇄04.92.90.53.01
lun-ven 9h à midi et 14h à 18h et sam matin; été tlj 9h à 20h sauf sam matin

Juan-les-Pins
av. Amiral Courbet
☎04.92.90.53.05

Vallauris
av. Georges Clémenceau
☎04.93.63.82.58

Cannes
bureau de la place de la Gare
☎04.93.99.19.77

Palais des Festivals
bd de la Croisette
☎04.93.39.24.53
www.cannes-on-line.com

Mougins
à l'entrée du village
15 av. Jean-charles-Mallet
☎04.93.75.87.67

Grasse
Palais des congrès
☎04.93.36.66,66
été lun-sam 9h à 19h, dim 9h à 12h30 et 13h30 à 18h

Cabris
☎04.93.60.55.63

Entrevaux
à l'entrée de la vieille ville, par le pont-levis
☎04.93.05.46.73

Valberg
☎04.93.23.24.25

Isola 2000
☎04.93.23.15.15

Auron
immeuble La Ruade
☎04.93.23.02.66

Digne-les-Bains
Le Rond-Point, place Tampinet,
☎04.92.36.62.62

Postes et télécommunications

Poste

Cannes
22 rue du Bivouac-Napoléon
☎04.93.39.13.16

Téléphone

Le téléphone portable est un outil indispensable lorsque l'on désire communiquer avec des Français. D'abord, parce qu'ils en ont tous – dans les familles souvent chacun a son portable –, puis parce qu'il en coûte horriblement cher pour les communications vers un portable, sauf si vous les effectuez de portable à portable. Sinon, votre carte de téléphone sera bouffée en un rien de temps. Alors, si vous prévoyez faire beaucoup d'appels, mieux vaut en louer un, car même les cabines téléphoniques semblent se raréfier. Si vous arrivez dans la région par l'aéroport de Nice, vous pouvez en louer un auprès d'**Ellinas Communications** *(☎04.93.18.88.18, ⇄04.93.18.96.18, www.ellinas.com)*. Si cette compagnie n'a pas de comptoir fixe à l'aéroport, en revanche elle dispose de jeunes gens mobiles qui vous y rencontreront dans les plus brefs délais, dans le cas où vous n'auriez pris aucun arrangement préalable.

Commissariats

Cannes
15 av. de Grasse
☎04.93.39.10.78

École du ski français

Auron
☎04.93.23.02.53

Attraits touristiques

Pour bien explorer les beautés naturelles de cette région, également riche culturellement, il faut compter une bonne semaine, surtout si vous désirez jouir des possibilités de randonnées magnifiques que

Itinéraires suggérés

Itinéraire I : pour l'amateur de beautés et paysages naturels

Au départ de Nice : une journée, environ 130 km

Saint-Jeannet *(prendre la N98, sortie Saint-Laurent-du-Var, puis la D118)*, Vence *(D2210)*, Coursegoules *(D2)*, Gréolières *(D2)*, Gourdon *(D3)*, Bar-sur-Loup *(D2210)*, Tourrettes-sur-Loup, Vence, Saint-Paul-de-Vence *(D2)*, La Colle-sur-Loup, Cagnes-sur-Mer, Nice.

Au départ de Cannes : une journée, environ 130 km

Mougins *(par la N285)*, Grasse *(N85)*, Châteauneuf-de-Grasse *(D2085)*, Gourdon *(D3)*, Coursegoules *(D2)*, Vence *(D2)*, Saint-Paul-de-Vence *(D2)*, La Colle-sur-Loup, Haut-de-Cagnes, puis l'autoroute A8 jusqu'à Cannes.

Itinéraire II : pour l'amateur d'art et d'histoire

Au départ de Nice : une journée, environ 60 km

Haut-de-Cagnes *(prendre la N98, puis l'autoroute A8, sortie Vence, faire environ 7 km en direction de Vence pour ensuite prendre la D36)*, Vence *(D36)*, Saint-Paul-de-Vence *(D2)*, La Colle-sur-Loup *(D2)*, Biot *(par l'autoroute A8)*, Antibes *(N98)*, Vallauris *(N7)* et retour à Nice par l'autoroute A8.

Au départ de Cannes : une journée, environ 100 km

Grasse *(N285)*, Gourdon *(via Châteauneuf-de-Grasse D2085 et D3)*, Bar-sur-Loup, Tourrettes-sur-Loup *(D6)*, Vence, Saint-Paul-de-Vence *(D2)*, La Colle-sur-Loup *(D2)*, ajouter éventuellement Haut-de-Cagnes avant de reprendre l'autoroute A8 vers Cannes.

Itinéraire III : pour l'amateur d'art contemporain

Au départ de Nice : une journée, environ 120 km

Haut-de-Cagnes *(voir itinéraire II)*, Vence *(ensuite la D2210, direction château Notre-Dame-des-Fleurs)*, Saint-Paul-de-Vence *(retourner à Vence et prendre la D2)*, La Colle-sur-Loup *(D2)*, Biot *(par l'autoroute A8)*, Antibes *(N98)*, Cannes *(N7)*, Mougins *(N285)*, Mouans-Sartoux, puis retour vers Nice par la D32 et la A8.

Au départ de Cannes : une journée, environ 100 km

Mougins *(N285)*, Mouans-Sartoux, Antibes *(D35)*, Biot *(N98 vers Cagnes-sur-Mer puis D4)*, La Colle-sur-Loup *(A8 puis D6 direction Saint-Paul)*, Saint-Paul-de-Vence, Vence *(D2 et D2210 direction château Notre-Dame-des-Fleurs)*, Haut-de-Cagnes *(revenir à Vence et prendre la D36 jusqu'au panneau)*, retour à Cannes par la A8.

Itinéraire IV : pour les familles

Au départ de Nice : une journée, environ 50 km

Haut-de-Cagnes *(voir itinéraire II)*, Marineland-La Brague *(N98 direction Antibes, près de Biot)*, Biot *(D4)*, Antibes *(N98)*, baignade à Antibes ou Juan-les-Pins, retour sur Nice *(A8)*.

Au départ de Cannes : une journée, environ 40 km

Vallauris *(D803)*, Golfe-Juan, Juan-les-Pins, Antibes *(arrêt à la plage)*, Marineland-La Brague *(environ 5 km d'Antibes en direction de Cagnes-sur-Mer sur la N98)*, retour par l'autoroute A8.

Itinéraire V : circuit dans l'arrière-pays profond

Les **gorges de la Vésubie**, Utelle, Madone d'Utelle, Lantosque, Saint-Martin-Vésubie, Saint-Dalmas, Saint-Sauveur-de-Tinée, Beuil, puis descendre par les **gorges du Cians** ★★ ou par Valberg et les **gorges de Daluis** ★, terminer par **Entrevaux**.

propose l'arrière-pays en été. En hiver et au début du printemps, on peut y faire du ski à Isola 2000, Valberg ou Auron. Et pourtant tout cela n'est qu'à une heure et demie de Nice. Inoubliables sont les jours de mars et d'avril quand, après avoir fait du ski toute la journée dans les Préalpes, on revient sur la Côte pour plonger dans le printemps fleuri.

Vu le nombre important de villages et de sites magnifiques qui méritent une visite à cause de leur richesse historique et culturelle, il n'est pas facile de composer un itinéraire fixe. Tout dépend des choix qu'on fait en matière d'hébergement, puisqu'on peut à la limite n'opter que pour un seul endroit, en raison des courtes distances entre les sites à visiter. L'hébergement sur la Côte est très différent (et plus cher) de celui qui existe dans l'arrière-pays. Cela dépend de vos goûts et intérêts personnels.

Pour mieux organiser votre séjour dans cette région, nous vous proposons donc quelques itinéraires qui pourraient répondre plus adéquatement à vos préférences. Ces circuits, au départ de Nice ou de Cannes, se concentrent essentiellement sur les endroits qui comportent un intérêt particulier et sont, bien sûr, plus faciles à effectuer lorsqu'on dispose d'une voiture.

Cagnes-sur-Mer

L'agglomération de Cagnes-sur-Mer se partage en trois parties : **Le Cros-de-Cagnes** (l'ancien village de pêcheurs devenu une station touristique et balnéaire avec un centre nautique et un hippodrome de renommée internationale), **Cagnes-centre** (ville nouvelle inintéressante pour les touristes) et **Haut-de-Cagnes ★★** (l'ancien village sur la colline dominée par son château). À l'époque romane, Cagnes-sur-Mer était fort habitée. Au

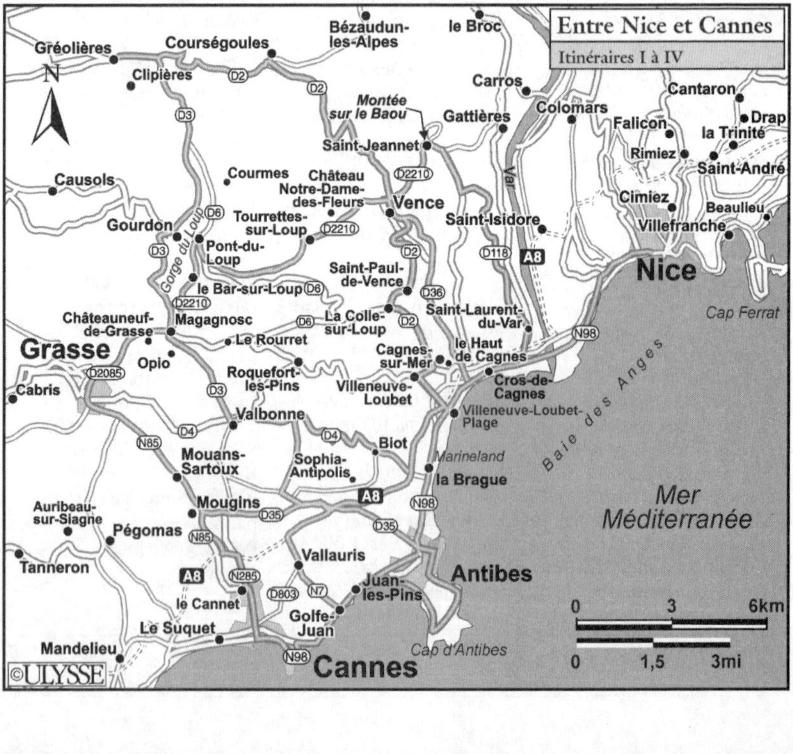

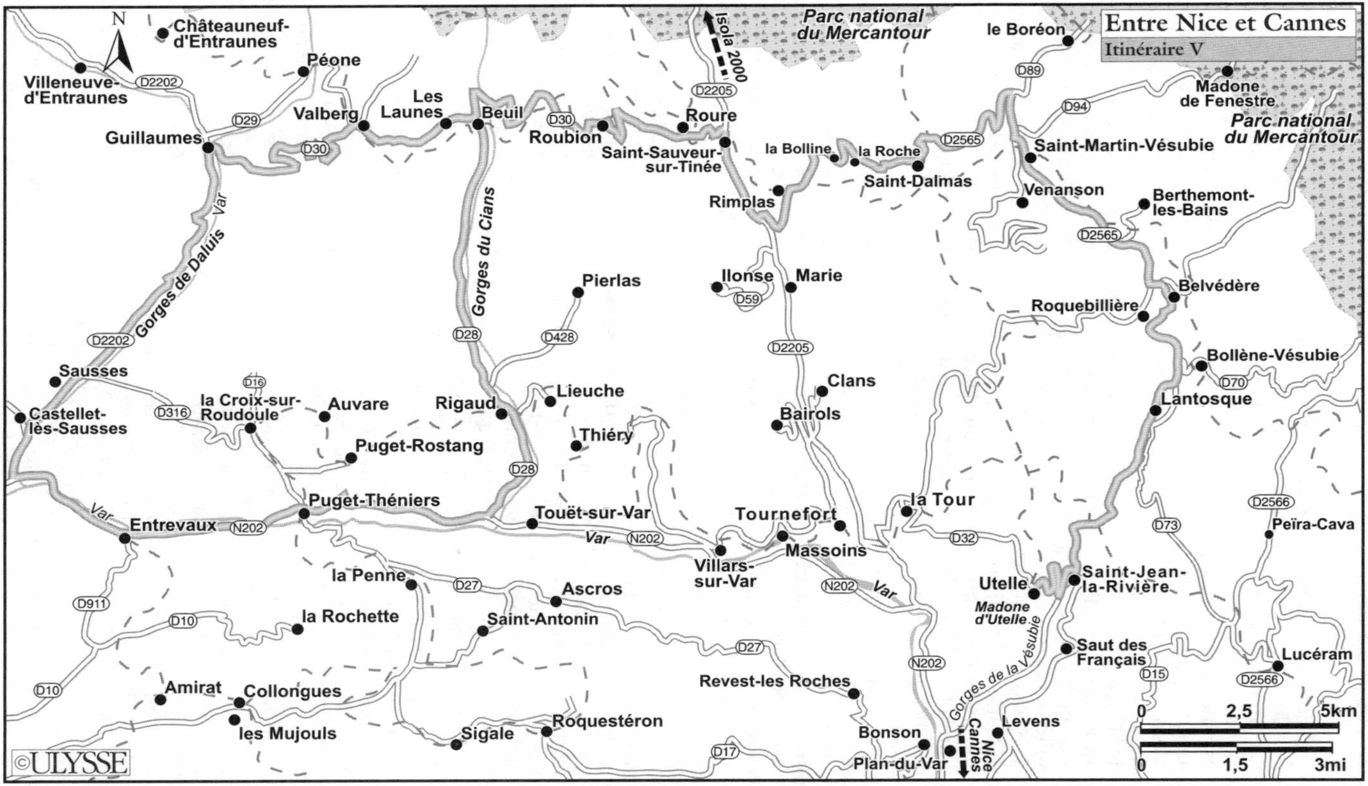
Entre Nice et Cannes
Itinéraire V
N
Parc national du Mercantour
Isola 2000
Châteauneuf-d'Entraunes
Villeneuve-d'Entraunes
Péone
Guillaumes
Valberg
Les Launes
Beuil
Roubion
Roure
Saint-Sauveur-sur-Tinée
la Bolline
la Roche
Saint-Dalmas
Rimplas
le Boréon
Madone de Fenestre
Saint-Martin-Vésubie
Venanson
Berthemont-les-Bains
Belvédère
Roquebillière
Bollène-Vésubie
Lantosque
Gorges de Daluis
Gorges du Cians
Var
Pierlas
Ilonse
Marie
Clans
Bairols
Sausses
Castellet-lès-Sausses
la Croix-sur-Roudoule
Auvare
Rigaud
Lieuche
Thiéry
Puget-Rostang
Puget-Théniers
Entrevaux
Touët-sur-Var
Tournefort
Massoins
Villars-sur-Var
la Tour
Utelle
Madone d'Utelle
Saint-Jean-la-Rivière
Peïra-Cava
la Penne
la Rochette
Ascros
Saint-Antonin
Revest-les Roches
Saut des Français
Lucéram
Gorges de la Vésubie
Amirat
Collongues
les Mujouls
Sigale
Roquestéron
Bonson
Plan-du-Var
Levens
Nice
Cannes
D2202
D29
D30
D28
D2205
D2565
D89
D94
D428
D59
D16
D316
N202
D27
D911
D10
D32
D73
D70
D2566
D15
D17
0
2,5
5km
1,5
3mi
©ULYSSE

VIe siècle, des moines venus de Lérins y ont fondé un monastère. Haut-de-Cagnes fut construite pour se protéger des attaques des Sarrasins et devint par la suite un château fort sous l'égide d'un membre de la famille des Grimaldi. Il fut ensuite dévasté sous Charles Quint. En 1625, Jean-Henri Grimaldi en fit une belle demeure qui mêlait les styles de la Renaissance et du baroque.

Aujourd'hui, le château abrite le **Musée de l'Olivier** et le **Musée d'Art moderne méditerranéen ★★** *(droit d'entrée; été mer-lun 10h à midi et 14h30 à 18h, hiver 10h à midi et 14h à 17h; ☎04.93.20.87.29)*. À l'intérieur, la partie la plus spectaculaire est certes la cour intérieure ouverte sur trois étages, reliés par un escalier monumental. On peut aussi admirer dans la salle des audiences un beau plafond à fresques peint dans le style postraphaélique du XVIe siècle. L'ancien boudoir est consacré aux portraits de la célèbre chanteuse Suzy Solidor. On peut y voir des toiles peintes entre les années trente et soixante par plusieurs de ses amis peintres, parmi lesquels figurent Dufy, Cocteau, Kisling et Picabia. L'ensemble est assez étonnant, car il montre plusieurs styles de peinture différents. De plus, chaque année, pendant l'hiver, s'y tient le Festival international de la peinture d'expression contemporaine, qui décerne des prix sous l'égide de l'Unesco.

Le Musée de l'Olivier occupe le rez-de-chaussée et les sous-sols. On y expose des outils anciens qui servaient à la production de l'huile d'olive.

La **place du Château** est un endroit agréable qui invite à prendre un apéro ou un petit repas dans l'un de ses restaurants. On peut aussi y visiter la **Maison des Artistes**, où l'on présente des expositions de peintures de style et de goût différents.

Sur une placette, en contrebas de la forteresse Grimaldi, la **chapelle Notre-Dame-de-Protection ★** *(mer-lun 14h30 à 17h, été jusqu'à 18h; fermé ven après-midi)* renferme des fresques aux couleurs chatoyantes qui datent de 1530. Elles ont été découvertes, un peu par hasard en 1936, par le curé qui remarqua un éclat de chaux sur la voûte de l'abside.

La placette offre aussi une vue splendide sur le **Domaine Renoir (Maison de Renoir) ★★** *(mer-lun 10h à midi et 14h à 17h, été jusqu'à 18h; fermé mi-oct à mi-nov; ☎04.93.20.61.07)*, acheté en 1907 par le célèbre peintre impressionniste. L'accès se fait plus facilement à partir de Cagnes-sur-Mer (suivre les indications) C'est là que Renoir a terminé sa vie, après avoir bourlingué à Magagnosc, Le Cannet, Villefranche, Cap-d'Ail, Vence, La Turbie, Biot, Antibes et Nice... L'esprit de l'artiste continue d'habiter ce jardin enchanté où règnent les oliviers millénaires et les orangers. À l'intérieur, on peut admirer une dizaine de ses toiles, et l'on peut visiter son atelier qui est resté tel quel (l'artiste l'avait surtout utilisé avec sa chaise roulante). C'est là que Renoir a peint *Les Grandes Baigneuses*, œuvre que le maître considérait comme l'aboutissement de son art.

D'autres peintres ont aussi laissé leurs empreintes à Haut-de-Cagnes : Ziem, Foujita, Soutine et Valta. Sans oublier les écrivains et les vedettes qui ont été attirés par ce très beau site : Simenon, Mouloudji, Bardot, etc.

Enfin, autour de Cagnes-sur-Mer, vous pouvez effectuer de jolies balades à pied, comme celle qui mène aux Hautes Collettes.

★★

Vence

Vence, cité médiévale, cité d'art et de tradition, rime avec Provence... Ses origines remontent à l'Empire romain; «Vintium» occupait alors le cœur d'une région où les cultures pastorales étaient prospères. Au Moyen Âge, cependant, Vence dut s'incliner devant Grasse à cause de la meilleure situation de celle-ci. Elle est toutefois restée un évêché jusqu'à la Révolution. Alexandre Farnèse, le futur pape Paul III, y a siégé comme évêque pendant plusieurs années.

Cette ville a gardé un charme particulier. Sur un plateau à 325 m d'altitude, les petites rues de la vieille ville avec ses innombrables marchands et bistros, les portes de son enceinte médiévale et ses fontaines lui confèrent une ambiance séduisante. Gide, Valéry, Soutine, Dufy, Céline, Cocteau, Matisse, Chagall, Carzou, Dubuffet et bien d'autres y ont séjourné. De nos jours, la ville connaît une vie artistique intense grâce à ses galeries d'art, expositions et concerts.

À vol d'oiseau, la vieille ville prend une forme ovale à l'intérieur de son enceinte médiévale. Ses toitures ravissantes contribuent à lui garder un caractère particulier.

Si vous disposez d'une voiture, il peut être difficile de trouver un endroit où la garer, surtout pendant la haute saison. On entre dans la vieille ville par une des trois portes qui se trouvent à l'est, au sud et à l'ouest. En suivant l'une des petites rues, on tombe forcément sur la place Clemenceau, où se trouvent la mairie et la **cathédrale ★**. Cet édifice, dont les origines romanes se perçoivent à travers la nef et les bas-côtés, remonte au XIe siècle. La façade date de la fin du XIXe siècle. L'intérieur abrite des retables en bois doré à colonnes torses, de nombreux trésors liturgiques (notamment une châsse du XVIe siècle offerte par le pape Paul III) et une superbe mosaïque de Chagall : *Moïse sauvé des eaux*. Si vous en avez la chance, allez voir les tribunes. On peut les visiter uniquement avec un guide *(mar et jeu 10h à 11h30 et 15h à 16h30)*. Les stalles, de style gothique, sont en chêne et en poirier, et datent du XVe siècle. Elles ont été restaurées au XIXe siècle.

À l'entrée ouest de la vieille ville, sur la place du Frêne, vous pouvez visiter le **Château de Villeneuve/Centre d'Art moderne et contemporain★** *(droit d'entrée; mar-dim été 10h à midi et 15h à 19h, hiver 10h à midi et 14h à 18h; ☎04.93.58.15.78)*. Ce musée entièrement rénové était, à l'époque, la demeure des seigneurs de Villeneuve. Il offre des espaces lumineux utilisés pour des expositions temporaires. Une partie du musée est consacrée aux œuvres produites, lors de séjours à Vence, par des artistes comme Matisse, Dufy, Chagall, Dubuffet, etc.

Les environs de Vence

Sur la route de Saint-Jeannet, la **Chapelle du Rosaire, dite Matisse ★** *(droit d'entrée; mar et jeu 10h30 à 11h30 et 14h30 à 17h30, fermé début nov à mi-déc, ☎04.93.58.03.26)* englobe un ensemble artistique que Matisse a considéré comme *«son chef-d'œuvre malgré toutes ses imperfections»*. Terminée en 1951, cette chapelle est un cadeau de Matisse aux sœurs dominicaines qui l'avaient si bien soigné alors qu'il souffrait de fatigue. La chapelle est d'une grande simplicité : *«Des couleurs simples peuvent agir sur le sentiment intime avec d'autant plus de force qu'elles sont simples»* (Matisse). On y est surtout fasciné par le jeu des lumières. Les vitraux reprennent symboliquement le cactus à palettes garnies représentant «l'arbre de vie». Les décors en céramique sont faits de briques peintes à l'encre et au pinceau qui ont été ensuite émaillées. Sur les murs de céramique blanche, on peut enfin admirer le conventionnel chemin de croix, dont le peintre a su exprimer tout le drame et la tourmente.

Sur la route de Grasse, vous trouverez des indications qui vous conduiront au **Château**

Notre-Dame-des-Fleurs ★★ *(droit d'entrée; lun-sam 11h à 19h, fermé nov; ☎04.93. 24.52.00)*. Ce site magnifique est récemment devenu une fondation sous l'égide des propriétaires de la **Galerie Beaubourg** *(avr à sept 11h à 19h, oct à mars 11h à 17h30)* de Paris. Avant d'atteindre le château, on doit d'abord traverser un jardin de sculptures réalisées, pour la plupart, par des artistes de l'école de Nice (Klein, Arman, César, Ben, etc.), mais aussi par d'autres plasticiens illustres, comme Niki de Saint-Phalle, Stellas, Spoerri et bien d'autres. L'intérieur abrite d'immenses espaces où sont exposées une multitude d'œuvres d'artistes que les propriétaires ont côtoyés et lancés au cours des 25 dernières années.

En plus des artistes dont on retrouve les œuvres dans le jardin, on peut y voir des Vols, des Boisrond, des Combas, des Villeglé, des Dado, etc. L'ancienne chapelle romane abrite des sculptures mécaniques de Jean Tinguely, décédé en 1992. Les vitraux ont été réalisés par Jean-Pierre Raynaud. L'ensemble rend un superbe hommage aux artistes du néoréalisme français et international. Il est d'ailleurs possible d'y acheter des œuvres d'art ou bien un simple souvenir dans la boutique.

Saint-Jeannet

Voulez-vous vous dépayser sans faire trop de route, flâner dans un ancien village superbement accroché au pied de son célèbre rocher : le Baou de Saint-Jeannet? Alors ne ratez pas cette petite excursion à 7 km de Vence (ou à 20 km de Nice). Lorsqu'on arrive au vieux village, on doit laisser sa voiture dans le stationnement (surveillé dès la tombée du jour) et continuer à pied car la circulation y est difficile. En vous promenant à travers les ruelles étroites du village, vous devriez facilement trouver le magnifique lavoir, situé en contrebas d'une placette qu'on rejoint par un très bel escalier. Il y a un endroit, cependant, qu'il est recommandé de voir : la **place sur le Four**. On y accède par un petit passage très étroit situé derrière l'église. Cette place est vraiment charmante et s'ouvre sur un panorama magnifique qui embrasse Nice et la mer. Cette partie du village, tout en descendant, est aussi la plus ancienne et est composée d'escaliers et de ruelles tortueuses très pittoresques.

Mais avant de quitter le village, il faut obligatoirement s'arrêter chez le boulanger-pâtissier Roatta, sûrement l'un des meilleurs de la région. Vous pourrez même y acheter de quoi faire un petit pique-nique en haut du Baou. La boulangerie a également une filiale au Rond-Point (avant de monter au village).

La **montée sur le Baou** ★★ *(dénivellation de 400 m; environ trois heures aller-retour)* s'effectue par un petit sentier qui part du village. Le mot provençal «Baou», souvent utilisé pour désigner des rochers dans la région, vient du mot «précipice». Le sommet, endroit aux allures un peu désertiques, se trouve à 800 m d'altitude. C'est un endroit qui aurait été digne du *Zarathoustra* de Nietsche.

On y jouit d'une vue magnifique sur le village, sur le Baou de la Gaude et sur la mer. Il est un peu dommage que les collines environnantes aient connu un développement croissant ces dernières années. La vue reste tout de même spectaculaire, englobant les collines qui s'étalent derrière Nice, et permet de percevoir le cap d'Antibes.

Il existe un deuxième chemin pour monter jusqu'au sommet. Ce parcours intéressera les plus sportifs. Il gravit directement la face abrupte du Baou et est donc plus à pic. Il reste quand même assez accessible, car il ne nécessite aucun équipement spécialisé.

Il n'est guère étonnant que Saint-Jeannet et son Baou aient été une source d'inspiration pour des peintres comme Poussin, Carzou et Chagall, ni qu'il ait attiré des esprits distingués comme Ribemont-Desaignes (l'un des fondateurs du mouvement dada et du surréalisme), le grand collectionneur d'art Tzara et le musicien Kosma, qui nous a laissé l'inoubliable *Les Feuilles mortes*, chanté par les plus grands de la chanson.

Aujourd'hui, Saint-Jeannet est redevenu un village vivant grâce à ses multiples événements culturels et populaires.

★★★

Saint-Paul-de-Vence

Il est difficile de croire aujourd'hui qu'un village comme Saint-Paul ait pu connaître autrefois toute l'intimité et la vie populaire quotidienne «normale» d'un village comme Saint-Jeannet. C'est pourtant bien vrai! Mais sa beauté remarquable en a fait un arrêt obligatoire pour tous les touristes qui visitent la région. Et, bien sûr, la renommée a un prix! Alors pour en apprécier encore plus le charme naturel de son site, venez tôt le matin, avant l'arrivée des cars touristiques, ou vers la fin de la journée pour admirer le coucher de soleil.

Malgré son côté «trop touristique», ce village mérite bien sa renommée. Situé sur un plateau légèrement rocheux, il nous conquiert par sa beauté harmonieuse, surtout à partir de la route qui vient de La Colle-sur-Loup. Un des plus beaux villages du monde? C'est sûrement vrai!

La plus ancienne mention du nom de ce village date de 1016, alors que la «communauté» était franche de servage et d'impôts féodaux. En 1536, François Ier a ordonné la construction des remparts qui entourent la ville, dans le but d'en faire une place forte importante pouvant s'opposer à Nice, de plus en plus puissante. Plus tard, lorsque la ville perdit tout rôle stratégique, Saint-Paul vécut pendant de longs siècles au rythme d'une existence pastorale, selon le modèle de la vie qui existait à l'intérieur d'une cité médiévale. Il y régnait un art de vivre où les coutumes locales, les fêtes et le provençal, langue pratiquée, étaient aussi soigneusement préservés que l'or.

À partir de 1925, des peintres, des poètes et des écrivains parmi les plus illustres y séjournèrent ou s'y installèrent, sûrement séduits par la beauté intacte du site! Après la guerre, ce fut au tour des acteurs de cinéma, qui descendaient à la Colombe d'Or, à l'entrée du village : Simone Signoret et Yves Montand, lui, jouant à la pétanque sur la grande place à l'entrée, Marcel Carné et Prévert, pour n'en nommer que quelques-uns. Enfin, les peintres Tobiasse et Blais y peignaient.

Tout de même, la vie sociale n'a pas complètement basculé vers une monoculture qui ne soit qu'artistique et touristique. Encore aujourd'hui, les agriculteurs constituent presque un tiers de la population active. Cela aide sûrement Saint-Paul à conserver une partie de son charme.

La visite commence sur la grande place.

La **Rue Grande** traverse la ville d'un bout à l'autre. Elle est exclusivement piétonnière et exhibe des immeubles aux façades de pierre qui datent des XVIe et XVIIe siècles, dont la beauté nous rappelle la prospérité dont cette ville profitait jadis. Les rez-de-chaussée logent des magasins de souvenirs, des ateliers d'artisans et des galeries d'art.

Vous traverserez plusieurs placettes, dont celle qui expose sa magnifique **Grande Fontaine ★★**, objet de milliers de photos. Vous y verrez la noble

collégiale ★ (description ci-dessous), le **Campanile** et l'ancien **Donjon seigneurial**, qui abrite aujourd'hui la mairie, la **chapelle des Pénitents** et la **tour des Remparts**. À l'autre bout du village se trouve le cimetière où repose le peintre Chagall. On voudra terminer sa visite en se promenant le long des remparts. On y profite de magnifiques points de vue sur les collines et la mer.

La **collégiale de la Conversion-de-Saint-Paul** ★ a été construite au XIIIe siècle, mais a subi plusieurs remaniements par la suite. Le chœur de style roman en représente la partie la plus ancienne. Le clocher date de 1740. Il faut voir la chapelle Saint-Clément, à la riche décoration en bleu et blanc. Enfin, le tableau *Sainte Catherine d'Alexandrie*, à gauche en entrant, est attribué à Tintoret.

Le **trésor de l'Église** ★, parmi les plus riches et les plus beaux des Alpes-Maritimes, contient un *ciborium* remarquable.

De l'entrée du village, on peut effectuer de petites promenades sympathiques sur les collines qui se trouvent au nord de la Poste. Un de ces chemins, qui se dirige vers l'ouest, vous mènera au domaine forestier de la Fondation Maeght.

La **Fondation Maeght** ★★★ *(40F; été 10h à 19h, hiver 10h à 12h30 et 14h30 à 18h; ☎04.93.32.81.63)* est un lieu magnifique grâce à l'osmose parfaite qui existe entre l'environnement, l'architecture et l'art. Elle a été créée en 1964 sur l'initiative du couple Marguerite et Aimé Maeght, marchands d'art. Elle a été inaugurée par André Malraux, illustre ministre des Affaires culturelles sous le président De Gaulle. Les Maeght ont travaillé de près avec Josep Lluis Sert, architecte catalan, et leurs amis artistes, parmi lesquels on retrouve Miró, Braque, Calder et Chagall.

On accède au musée en traversant d'abord un petit parc où se mêlent pins et sculptures. Grâce à leurs grandes vitrines, les salles d'exposition forment un ensemble qui s'intègre harmonieusement avec les jardins et les terrasses. De plus, un peu partout à l'intérieur, des dômes vitrés assurent une profusion de lumière naturelle.

Les jardins recèlent un ensemble de statues de Giacometti (pas toujours exposées), un labyrinthe de sculptures et céramiques conçu par Miró, des sculptures «mobiles» de Calder, une mosaïque de Chagall et des vitraux de Braque – qui a fait l'objet d'une grande rétrospective en 1994. Enfin, une petite chapelle très sobre et plusieurs bassins d'eau apportent une dimension spirituelle et un peu de fraîcheur à cet endroit de rêve.

Chaque année, cet endroit est le site d'importantes expositions. Les catalogues, affiches et gravures, en vente dans la belle petite librairie, nous remémorent les hommages qui ont été rendus au cours des dernières années à des artistes tels que Dubuffet, Max Ernst, Fernand Léger, Nicolas de Staël, etc. La collection permanente comporte des œuvres de Bonnard, Kandinsky, Matisse, Hartung, Klee, etc. Parmi les œuvres plus récentes, on compte celles de l'artiste québécois Jean-Paul Riopelle, Tapiès, Paul Bury et Tal-Coat.

L'endroit est aussi l'hôte de diverses manifestations artistiques et musicales. Les amateurs et les professionnels du domaine de l'art contemporain peuvent également consulter le centre de documentation, qui met à leur disposition films, livres, revues, catalogues, etc. Enfin, un petit bar-restaurant offre le service de restauration pendant l'été.

La Colle-sur-Loup

À 3 km seulement de Vence, sur la route de Villeneuve-Loubet, vous pouvez faire un bref arrêt dans ce village pour visiter les quelques beaux magasins d'antiquités. Les amateurs d'art contemporain voudront aussi s'arrêter à la galerie d'art Evelyne Canus. La propriétaire, très dynamique et joviale, est au courant de tout ce qui se déroule dans la région en matière d'art contemporain. Elle dispose elle-même d'une belle petite collection particulière de tableaux, sculptures et vidéos d'artistes résolument contemporains.

Autrefois, l'agriculture a connu une grande importance à La Colle : l'oranger, l'olivier et la rose à parfum, dont la production considérable lui a déjà mérité le titre de «Capitale de la rose à parfum».

Villeneuve-Loubet

De même qu'à Cagnes-sur-Mer, on trouve à Villeneuve-Loubet un superbe ancien village dominé par son château médiéval, que Dante a évoqué dans *La Divine Comédie*. Les venelles et les escaliers grimpent avec «nonchalance» au milieu des balcons fleuris et des jolis porches.

Malheureusement, le paysage du bord de mer est gâché par le défilé de campings, motels, hôtels et restaurants de toutes sortes. Par contre, les amateurs de thalassothérapie peuvent profiter de deux centres qui les accueillent à la Marina Baie des Anges.

L'art culinaire vous intéresse? Vous aimez manger ou faire la cuisine? Alors, visitez le **Musée de l'art culinaire** ★ *(10F; mar-dim 14h à 18h, été jusqu'à 19h, fermé nov; Fondation Auguste Escoffier, ☎04.93.20.80.51)*. Il attire les gastronomes de tous les coins du monde, mais en particulier ceux du Japon. Après cette visite, dans un tout autre ordre d'idées, vous pouvez vous arrêter, à deux pas de là, au **Musée militaire** *(mar-dim 10h à midi et 14h à 17h, fermé les jours fériés; place de Verdun, ☎04.92.02.60.39)*.

Enfin, si vous aimez les espaces boisés, le **parc de Vaugrenier** étend ses 100 ha jusqu'à la mer. Très apprécié des pique-niqueurs.

★★

Biot

Biot est réputée depuis toujours pour ses poteries. Déjà à l'époque romaine, la poterie y revêtait une importance particulière. L'ancienne «Bizoto», nom attribué à partir du XIe siècle, a connu de nombreuses périodes noires où se sont succédé dominations et guerres, mais surtout une peste ravageuse au XIVe siècle. À la fin du XVe siècle, alors que le site était presque abandonné, le roi René a favorisé son repeuplement en accueillant des familles italiennes venues d'Impéria, en Italie. À nouveau, l'agriculture et l'art de la poterie ont refait surface. Mais les épreuves ont continué, et Biot fut à nouveau ravagé par deux guerres au XVIIIe siècle. Heureusement, depuis, elle semble connaître un épanouissement, et la population ne cesse de s'accroître.

L'**église** ★★, reconstruite vers la fin du XVe siècle, a été plus ou moins épargnée par les deux guerres qui ont ravagé Biot au XVIIIe siècle. La patronne de l'église trône sur le portail, qui date de 1638. Les grosses colonnes de la nef centrale sont encore celles de l'ancienne église, qui avait été bâtie par les Templiers en 1367. On y trouve deux beaux retables qui datent du XVe siècle, dont un, attribué à l'atelier de Ludovic Bréa, représente la «chrétienté agenouillée». La décoration baroque intérieure est du XVIIe siècle.

La **poterie** est une tradition séculaire qui s'est perpétuée à Biot grâce à son territoire, qui recèle à la fois de l'argile, du sable et de la pierre à four. Jusqu'au début du XXe siècle, l'exportation des belles jarres a porté au loin la renommée de Biot. On reconnaît la vaisselle de Biot à son émail jaune paille marbré de vert et de brun.

Mais il semble que les plus belles pièces jamais produites à Biot demeurent les fontaines d'appartement. Elles témoignent de l'habileté et d'une tradition, pas complètement disparue aujourd'hui, des artisans des XVIIIe et XIXe siècles, à l'époque où la poterie y connaissait son apogée.

De grands artistes verriers, peintres, potiers, vanniers, céramistes et orfèvres se sont installés dans ce village. Leurs œuvres peuvent être admirées au **Musée d'Histoire de Biot ★★** *(10 F; jeu, sam et dim 14h30 à 18h30; 9 rue Saint-Sébastien, entrée par l'Office de tourisme, ☎04.93.65.54.54).*

Si le verre vous intéresse, vous pouvez visiter l'**Économusée du verre★** *(8h à 19h; chemin des Combes, ☎04.93.65.03.00)*, qui se trouve au pied du village. Cette entreprise fait travailler environ 80 personnes.

Bien indiqué avant d'arriver au village, et à 3 km du bord de la mer, le **Musée Fernand-Léger ★★★** *(30F, étudiant 20F; mer-lun 10h à 12h30 et 14h à 17h30, été jusqu'à 18h; ☎04.92.91.50.30)* fait partie des endroits qui doivent être visités à tout prix. Ce ravissant musée, consacré au grand peintre français (1881-1955), a été construit sur l'initiative de sa veuve dans un beau parc et fut agrandi à la fin de 1989. L'ensemble architectural a été conçu en fonction de la céramique polychrome monumentale qui domine la façade : 500 m^{2} pour les 50 000 émaux scellés sous des angles différents pour mieux refléter la lumière du soleil.

Deux étages de la galerie abritent l'œuvre du peintre, dont on peut suivre l'évolution, depuis le *Portrait de l'Oncle*, purement impressionniste, jusqu'à la toile qu'il peignait au moment de sa mort, passant par le développement du cubisme dans le style puissant qui lui est personnel. On peut ainsi y admirer le tableau intitulé *Les Constructeurs*, qu'il a peint en 1950 et qu'on considère comme son œuvre maîtresse. Ce tableau est un bon exemple du style «réalisme socialiste» dont on a caractérisé sa peinture. Frappé par le drame des deux guerres mondiales, Léger a voulu exprimer les causes du peuple, duquel il se sentait l'égal, dans un univers de progrès technologiques.

★★★

Antibes

La véritable histoire d'Antibes commence avec les Grecs, même si elle avait connu des traces de civilisation il y a 3 000 ans. C'est vers le IVe siècle av. J.-C. que les Grecs y fondèrent, sous le nom d'Antipolis – nom signifiant «ville d'en face» – un port d'arrêt entre la Corse et Massalia (Marseille). Par la suite, devenue romaine en 43 av. J.-C, elle fut choisie comme emplacement de grandes constructions romaines : arc de triomphe, théâtre, amphithéâtre, forum, aqueducs et thermes. Plus tard, avec l'arrivée du christianisme, le premier évêque vint s'y installer en 442. Suivirent huit siècles d'administration religieuse, et Antiboul – son nouveau nom – devint cité épiscopale. Mais les invasions répétées des peuples barbares et les pillages meurtriers des Sarrasins qui ont sévi pendant cette période ont forcé la population à déserter la ville au IXe siècle et à s'enfuir dans l'arrière-pays, pour n'y revenir qu'un siècle plus tard.

Avec le départ de l'évêque à Grasse en 1236, Antibes perdit de son importance et connut une nouvelle administration plus démocratique. Ce n'est que vers la fin du XVIe siècle, sous le règne d'Henri III, qu'Antibes reprit de l'importance grâce à la construction du superbe **Fort Carré ★★** – restauré en 1967, qu'on aperçoit en venant de Nice – et d'une grande enceinte avec bastions. Par la suite, Henri IV acheta la cité aux Grimaldi en 1608 et en fit une cité royale et une puissante place forte grâce à sa position stratégique avantageuse. Malheureusement, les fortifications furent détruites en 1894.

À partir de 1920, la ville commença à se développer, et beaucoup d'artistes, écrivains et acteurs, ont séjourné dans ce superbe coin de la Côte : Guy de Maupassant, Georges Sand, Mistinguett, Rudolf Valentino, Max Ernst, Picasso, Prévert, Sidney Bechet, Nicolas de Staël, Hans Hartung, Scott Fitzgerald, Julien Greene, etc.

Aujourd'hui, Antibes et Juan-les-Pins ont été regroupées, en englobant Golfe-Juan, pour ne former qu'une commune unique, qui porte le nom de **Antibes-les-Pins** et qui compte plus de 80 000 habitants. Tandis qu'Antibes «vit» également en hiver, Juan-Les-Pins est plutôt désertique durant cette saison.

Plusieurs manifestations culturelles s'y tiennent. Au printemps, Antibes accueille un important salon d'antiquités. Pendant la première quinzaine de juillet, le **Chantier naval Opéra ★★** accueille les amateurs d'opéra dans le cadre du festival Musique au cœur, et l'on peut normalement y entendre, entre autres artistes, la belle Wilhelmina Fernández. Sans oublier le Festival international de jazz, qui a lieu la mi-juillet.

On commence normalement la visite d'Antibes par une promenade dans le vieux port de plaisance, où les riches propriétaires exposent leurs bateaux de luxe. En longeant les remparts (quai Rambaud), on accède à une petite baie où se trouve une petite plage sablonneuse très sympathique. À côté, la porte Marine permet l'accès à l'ancienne ville, divisée en deux : la partie haute – emplacement des anciennes cités ligures, grecques et romaines – et la ville basse, où l'on trouve le marché. Lorsqu'on monte les rues en se dirigeant vers la mer, on gagne rapidement les remparts. On y jouit d'une vue magnifique sur le cap d'Antibes et sur le littoral qui s'étend vers Nice, derrière lequel le Mercantour pointe à l'horizon. Le «château Grimaldi», ancienne demeure épiscopale aujourd'hui devenue le **Musée Picasso ★★★** *(20F; mar-dim 10h à 18h, hiver 10h à midi et 14h à 18h; ☎04.92.90.54.20)*, n'est qu'à quelques pas de là. Ce musée doit son existence à un heureux hasard qui fit que le célèbre peintre rencontra le conservateur du château en 1946. On proposa alors au peintre d'en faire son atelier. Ainsi, pendant plusieurs mois, le célèbre peintre y créa une multitude d'œuvres. Ces œuvres, ainsi que d'autres de l'artiste qui ont été achetées ou acquises par donation, y sont exposées. Les œuvres peuvent être groupées autour de trois thèmes dominants : les sujets mythologiques, les sujets inspirés de la vie quotidienne qui tournent autour des pêcheurs et des poissons, et, enfin, les nus, de style cubique.

Le musée abrite aussi d'autres salles où l'on peut découvrir des œuvres de Fernand Léger, Modigliani, Picabia, Magnelli, Ernst et Hartung. Mais la salle la plus spectaculaire demeure celle consacrée à Nicolas de Staël, qui expose, entre autres œuvres, l'immense tableau intitulé *Le Grand Concert*, son œuvre ultime avant qu'il ne se donne la mort à Antibes au milieu des années cinquante.

La terrasse qui fait face à la mer présente des sculptures de Calder, Miró, Arman et, enfin, Patrick et Anne Poirier, qui ont créé une sculpture qui incorpore des tonnes de marbre blanc avec des vestiges romains!

Pour terminer, ceux qui s'intéressent à la céramique peuvent y voir 150 céramiques réalisées par des potiers de Vallauris entre 1947 et 1949.

À coté du musée, vous pouvez visiter la **cathédrale ★**, qui réunit un ensemble d'époques et de styles très différents.

Le chœur et le transept datent de 1125, mais la façade, récemment restaurée, date de 1751. Enfin, dans une des chapelles de droite, on peut découvrir un des derniers tableaux du grand peintre Ludovic Bréa, qu'il a peint en 1515.

Non loin sur le cours Masséna, se tient, tous les matins, un marché où les légumes, les fruits et les poissons rivalisent en saveur et en fraîcheur. Les rues avoisinantes constituent la ville basse.

Si vous empruntez la rue du Bas ou du Haut-Castelet, toutes deux très pittoresques, vous atteindrez la placette du Safranier. Vous devez savoir que cet endroit est assez particulier. En effet, cette placette constitue le cœur d'une toute petite commune quasi autonome dont la mairie est installée... dans le petit restaurant qui se trouve sur cette place.

Près du square Albert Ier, le bastion Saint-André abrite le **Musée d'histoire et d'archéologie ★** *(6F; mar-dim 10h à midi et 14h à 18h, fermé nov; ☎04.92.90.54.35)*. On y présente des vestiges de l'histoire passée d'Antipolis, découverte à la suite des recherches sous-marines et des fouilles terrestres. De là, vous pouvez ensuite longer les plages qui mènent vers l'entrée du cap.

À proximité d'Antibes

À environ 4 km d'Antibes, direction Cagnes-sur-Mer (sur la N7 et à proximité de Biot), **Marineland** *(150F, 120F enfant; été 10h à minuit, hiver jusqu'à 20h, deux ou trois spectacles à partir de 14h30, juil et août spectacle nocturne à 21h30; ☎04.93.33.49.49)* amusera petits et grands avec ses spectacles qui mettent en vedette dauphins, otaries et phoques. De plus, les petits seront ravis de visiter l'aquarium.

Le site où se trouve Marineland est comme un immense parc d'attractions, car on y trouve, tout à côté, plusieurs activités pour divertir les enfants : **Adventure Golf** *(45F; été mer, sam et dim 14h à minuit)*, un endroit enchanteur pour les amateurs de minigolf grâce à son cadre exotique; **Aquasplash** *(85F, 72F enfant; mi-juin à mi-sept 10h à 19h; ☎04.93. 33.49.49)*, un endroit rafraîchissant mais cher s'il en est, avec ses glissoires et sa piscine à vagues; **La Jungle des papillons** *(45F, 30F enfant; 10h à la tombée du jour; ☎04.93.33. 43.49)*, un endroit unique où des centaines de papillons volent en toute liberté; enfin, **La Petite ferme** *(10h à 18h)*, un endroit qui, avec ses animaux domestiques, ravit toujours les enfants.

★★★

Le cap d'Antibes

Quoique le cap soit, par définition, la pointe sud de la presqu'île, on y réfère en englobant la totalité de ce territoire attrayant, dont le point le plus haut n'est qu'à 73 m d'altitude. On peut en faire le tour en longeant la mer ou se rendre à son extrémité en empruntant des petites rues. Reconnu pour ses somptueuses propriétés, il abrite aussi l'hôtel du Cap Eden Roc, considéré comme l'un des plus luxueux établissements du monde.

Tout au long du cap sont disséminées de nombreuses criques qui abritent petits ports et plages de sable fin. Les plages de la Garoupe sont très courues. Cependant, dès qu'on dépasse ces plages, la nature devient plus sauvage, et les rochers sont un refuge idéal pour les amateurs de plongée sous-marine et de pêche. Un très beau sentier, le **sentier Tire-poil ★★**, permet d'apprécier cette beauté sauvage.

Du haut du **phare de la Garoupe** *(été tours guidés d'une demi-heure 14h30 à 18h, hiver 15h à 17h; ☎04.93.61.57.63)*, on profite d'une vue magnifique sur le littoral, qui s'étend de l'Estérel jusqu'aux Alpes italiennes. Quand le temps est très clair, on peut même apercevoir la Corse au loin. À côté du phare se trouve une petite chapelle d'où Notre-Dame de Bon-Port veille sur les marins.

Les personnes qui s'intéressent à Napoléon visiteront le **Musée naval et napoléonien** *(20F, gratuit enfant; lun-sam 9h30 à midi et 14h15 à 18h, fermé sam après-midi et oct; av. J.F. Kennedy, ☎04.93.61. 45.32)*. On y rappelle, entre autres événements, l'épopée de l'Empereur après son évasion de l'île d'Elbe.

Le cap doit surtout sa renommée aux nombreuses personnalités de toutes les sphères qui y ont habité ou séjourné : riches armateurs, membres de la royauté, hommes politiques, écrivains, etc. Sans oublier celles qui ont séjourné à l'hôtel du Cap Eden Roc, très apprécié de certaines vedettes du cinéma lors du festival de Cannes.

Le cap abrite aussi un jardin botanique : **le jardin Thuret** *(entrée libre; lun-ven 8h à 18h; 1 bd du Cap, ☎04.93. 67.88.66)*, dont les 7 ha regroupent un très grand nombre d'espèces botaniques, dont une dizaine très rares.

Enfin, si vous êtes curieux de savoir ce que cachent les somptueuses propriétés du cap, arrêtez-vous à la **villa Eilen-Roc** *(mer 13h30 à 17h30; bd du Cap, ☎04.92.90.50.00)*. Cette villa, à la façade palladienne, a été construite par Charles Garnier, architecte de l'Opéra de Paris. On peut y admirer, entre autres pièces, une salle de bain dont le clou est une baignoire de marbre vert.

Juan-les-Pins

Essayez de vous imaginer un territoire recouvert d'une immense forêt de pins. Voilà ce qu'était Juan-Les-Pins jusqu'en 1880!

Malheureusement, ce n'est pas resté comme ça! L'histoire de Juan-les-Pins se résume surtout à une série de spéculations immobilières qui ont mal tourné... À vous d'en juger! Le fils de la reine Victoria, duc d'Albany, fut l'un des premiers à s'intéresser à cet endroit jadis paradisiaque.

Ce n'est cependant qu'à partir de 1927 que Juan devint un véritable succès grâce à la construction d'un immense hôtel de luxe, le Provençal. Juan devint alors une station balnéaire d'été, et non seulement une station d'hiver. Tout le gratin de célébrités internationales, la royauté – enfin «l'argent» – s'y retrouvaient!

Et le jazz fit son apparition, attirant les Armstrong, Count Basie, etc. Après la guerre, Edith Piaf et Juliette Gréco ont fréquenté l'endroit. C'était la fête perpétuelle!

De nos jours, le **Festival international de jazz d'Antibes – Juan-les-Pins** *(Pinède Gould, ☎04.92. 90.53.00)* demeure encore l'intérêt principal de Juan. Chaque année depuis 1960, les célébrités du jazz y défilent pendant la seconde moitié du mois de juillet. Depuis plusieurs années maintenant, son invité le plus célèbre est Keith Jarrett.

Malheureusement, outre ce festival, Juan n'offre, à notre avis, que peu d'intérêt. À moins que la vie nocturne ne soit au centre de vos préoccupations, car celle-ci est très animée en été. Par contre, en hiver, c'est d'une tristesse...

★

Vallauris

Située entre mer et montagne, la commune de Vallauris-Golfe-Juan est constituée de deux agglomérations regroupant 25 000 habitants environ. On ne parle pas de Vallauris sans évoquer la poterie et de Golfe-Juan sans parler de sa station balnéaire.

L'histoire de Vallauris est semblable à celle de Biot : décimé par la peste et les guerres successives, le village a été repeuplé par des familles italiennes venues de Gênes, qui ont apporté avec elles un savoir-faire artisanal consacré à la poterie. Encore aujourd'hui, la poterie est la première activité artisanale et commerciale de Vallauris, et ses rues alignent les magasins de poteries, qui, malheureusement, ne sont pas toujours du meilleur goût...

Entre 1946 et 1955, Picasso élut domicile à Vallauris. En 1952, il réalisa, à la demande de la commune, une fresque énorme intitulée *Guerre et Paix*, qu'on peut admirer au **Musée national Picasso** ★★ *(17F; mer-lun 10h à 18h30, hors saison 10h à midi et 14h à 17h; place de la Libération, ☎04.93.64. 16.05).* Ce musée est installé dans un château de style Renaissance. C'est la chapelle Sainte-Anne, datant du XIIe siècle, qui abrite l'œuvre de Picasso citée plus haut. Sinon, le musée se consacre surtout à la poterie, dont celle produite par le grand maître. Tous les deux ans, on y organise la Biennale internationale de céramique d'art.

Au même endroit, vous pourrez visiter le **Musée de la Céramique** *(25F; mer-lun 10h à 18h30, hors saison 10h à midi et 14h à 17h; place de la Libération, ☎04.93.64. 16.05).* Il rassemble, au rez-de-chaussée, des créations contemporaines en céramique qui ont été primées lors des biennales internationales et, au premier étage, des toiles d'Alberto Magnelli, grand artiste d'art abstrait. On y trouve également une collection d'Art nouveau et des céramiques Art déco.

Un autre petit **musée** est réservé à la **poterie** ★ *(15F; lun-sam 9h à 18h, dim 14h à 18h, été jusqu'à 19h; rue Sicard, ☎04.93.64.66.51).* On y découvre les techniques de fabrication de la poterie dans le cadre de la reconstitution d'un atelier de potier.

★★

Cannes

Cannes, mondialement connue pour son célèbre Festival international du film, multiplie tous les efforts pour se hisser au second rang des villes françaises de tourisme, d'affaires, de congrès et de salons, avec plus de 400 manifestations annuelles. Aujourd'hui, de tous les continents, les professionnels de la télévision, du cinéma, du disque, de l'immobilier, et les groupes informatiques mondiaux, s'y donnent rendez-vous chaque année.

Sa véritable histoire commence en 154, alors que les Romains y établirent une colonie surnommée «Canoïs». Suivirent une succession d'invasions et de guerres qui témoignent du grand intérêt que ce site splendide a toujours suscité au cours des siècles. Le territoire fut convoité tour à tour par les Sarrasins, par l'Empire germanique sous Charles Quint, par les Espagnols, par le duc de Savoie Victor-Amédée II et, de nouveau, par les troupes impériales germaniques au XVIIIe siècle.

Tout change en 1834 avec le passage à Cannes d'un aristocrate anglais, Lord Brougham. Décidant de s'y installer pour passer les hivers, il se fait construire une somptueuse résidence, mouvement par la suite imité par l'aristocratie internationale. Cannes vit alors surgir une prolifération de résidences et de villas luxueuses. Mais ce n'est qu'à partir de 1853 que Cannes connut son véritable coup d'envoi grâce à l'arrivée du chemin de fer, qui fut suivie de l'aménagement d'un port de plaisance, de la construction d'hôtels et de la création de l'illustre «Croisette». Cannes s'établissait d'ores et déjà comme la «station d'hiver» à fréquenter. Ainsi, chaque hiver, les riches Européens du Nord – Anglais, Français et Russes surtout – venaient profiter de son climat sain et doux.

À partir de 1930, l'économie repose beaucoup plus sur le tourisme lorque la ville devient aussi station d'été. Depuis la fin de la Deuxième Guerre mondiale, Cannes s'est transformée sous le joug de promoteurs immobiliers qui ont construit des milliers d'appartements pour les offrir aux gens désireux de prendre une retraite douce et plaisante. Heureusement, de nombreuses demeures luxueuses aux styles souvent rocambolesques ont résisté à l'assaut du temps, pour ainsi garder vivante une certaine nostalgie dans ce coin de la Côte. Nostalgie qui est sans cesse perpétuée, chaque année depuis 1939, par le festival de Cannes, alors que stars et starlettes créent un certain émoi en défilant – ou en ne défilant pas – sur la fameuse Croisette...

À cause de la difficulté de trouver un endroit où garer sa voiture dans les rues, il vaut mieux la laisser dans le stationnement souterrain du **Palais des Festivals**, qui se trouve à l'une des extrémités de la Croisette. Cet immeuble, dont l'architecture ne rappelle en rien les palaces d'antan, en a fait parler plus d'un – le plus souvent en mal – depuis son inauguration en 1982. Il est néanmoins très utilitaire et bien équipé pour accueillir les congressistes et les nombreuses activités qui s'y déroulent.

Monastère-forteresse de Saint-Honorat

À l'ouest du Palais se trouve le vieux port, avec ses nombreux voiliers de plaisance. C'est de là que partent les bateaux qui assurent la liaison avec les îles de Lérins. De l'autre côté de la rue, les **allées de la Liberté** s'étalent aux milieu des vieux platanes et abritent l'hôtel de ville. De cet endroit, on accède à la vieille ville en montant par la rue de Montchevalier.

Connue également sous le nom du **Suquet**, la vieille ville, dont l'ensemble médiéval domine le vieux port, constitue le berceau de Cannes. En haut de la colline, on se retrouve sur une place qui est entourée des vestiges de l'ancien château du XIVe siècle et de ses remparts. L'**église Notre-Dame-d'Espérance**, construite en 1627, arbore un style gothique provençal tardif. Cette place s'ouvre sur un panorama saisissant de la ville, du port, de l'Estérel et des îles de Lérins. C'est là d'ailleurs que, chaque année en juillet, se tiennent les **Nuits musicales du Suquet** *(programme et réservation : ☎04.92.98.62.77)*, qui présentent de nombreux concerts et récitals de musique classique.

Dans ce qui reste de l'ancien château du XIVe siècle se trouve le **Musée de la Castre** *(10F; mer-lun 10h à midi et 14h à 17h, été 15h à 19h, fermé jan; ☎04.93.38.55.26)*, qui présente des collections ethnologiques et archéologiques qui proviennent des cinq continents. La peinture cannoise et provençale y est aussi représentée à travers des œuvres du XIXe siècle. Dans la cour, la **tour du Suquet**, commencée en 1070 et terminée en 1385, domine les environs du haut de ses 22 m. Cette tour permet l'accès à une terrasse de laquelle on peut consulter une table d'orientation qui situe certains points d'intérêt de la région.

Pour redescendre vers le centre-ville, empruntez plutôt la rue Saint-Antoine, pittoresque avec ses anciennes maisons fleuries où se côtoient une multitude de petits restaurants. Les ruelles de la vieille ville portent souvent des noms évocateurs qui rappellent le souvenir des familles qui ont habité l'endroit ou qui soulignent des activités qu'on y pratiquait à l'époque.

Au pied du Suquet, derrière le vieux port, on trouve le marché Forville. On peut y acheter des légumes, des fruits et du poisson frais. Un peu plus loin commencent les rues commerçantes qui alignent leur multitude de commerces en tout genre. Certaines rues, comme la **rue Meynadier ★★**, sont réservées uniquement aux piétons. Cette rue étroite offre une ambiance particulière, très intime malgré son grand achalandage. On y découvre de nombreuses ruelles et des passages voûtés. Enfin, ce qui n'est pas à dédaigner, on peut y acheter de nombreuses douceurs en vente dans des établissements où la renommée n'est plus à faire. De quoi faire un bon pique-nique! Pour des achats de toutes sortes, la rue d'Antibes s'impose car elle présente la plus grande densité de commerces.

Le **boulevard de la Croisette ★** se veut la quintessence de ce qui est luxueux, avec sa succession d'hôtels et de boutiques aux prix exorbitants, et sa promenade qui longe le bord de mer où les gens défilent souvent pour y afficher leur prestige. Son nom provient d'un petit monument surmonté d'une croix et érigé à l'endroit même où se trouve depuis 1929 le Casino Palm Beach, soit à l'extrémité de la baie. En construisant le boulevard dans la deuxième partie du XIXe siècle, Cannes entrait officiellement dans une compétition avec Nice, qui exhibait déjà sa belle promenade des Anglais...

La Croisette abrite plusieurs palaces qui datent de la fin du XIXe siècle ou du début du XXe, dont le **Carlton**, à l'architecture Belle Époque, et le **Martinez**, avec sa décoration intérieure Art déco. Sans oublier, au numéro 47, **La Malmaison**, ancien pavillon du Grand Hôtel, colosse construit en 1864. Rachetée par la ville, elle accueille, chaque année, de grandes expositions consacrées à des peintres ou sculpteurs modernes et contemporains.

Vous pouvez terminer votre visite de la ville par une promenade sur la colline de la **Croix-des-Gardes**, le plus ancien quartier résidentiel, localisé dans la partie nord-ouest de Cannes. C'est là, en effet, qu'en 1835 Lord Brougham, un Anglais, décida de s'installer en faisant construire une villa somptueuse, ce qui, imité par beaucoup de ses compatriotes, mena à la naissance de ce quartier qu'on surnomma «quartier des Anglais». La vue qu'on y a sur la baie de Cannes et sur l'Estérel est superbe.

Dans la même veine, le quartier de la Californie, situé à l'est de la ville, abrite de nombreuses villas luxueuses. C'est ce quartier qu'au XIXe siècle la colonie russe choisit pour s'établir.

La Camargue est réputée pour ses chevaux. Traditionnellement utilisés par les gardians pour surveiller les taureaux, ils sont de taille relativement petite avec de grosses pattes et de durs sabots particulièrement adaptés au sol mou de la région.
- Hinous

ans le Luberon, le Colorado provençal est parcouru par de nombreux sentiers qui conduisent à une incroyable succession de rochers de couleur rouille aux configurations pour le moins étranges, de même qu'à des carrières d'ocre.
- E. Luider

Au cœur d'une ruelle étroite, ce marché aux fruits et légumes de Nice exprime bien le plaisir de déambuler tranquillement à travers les étals colorés. - *Tibor Bognár*

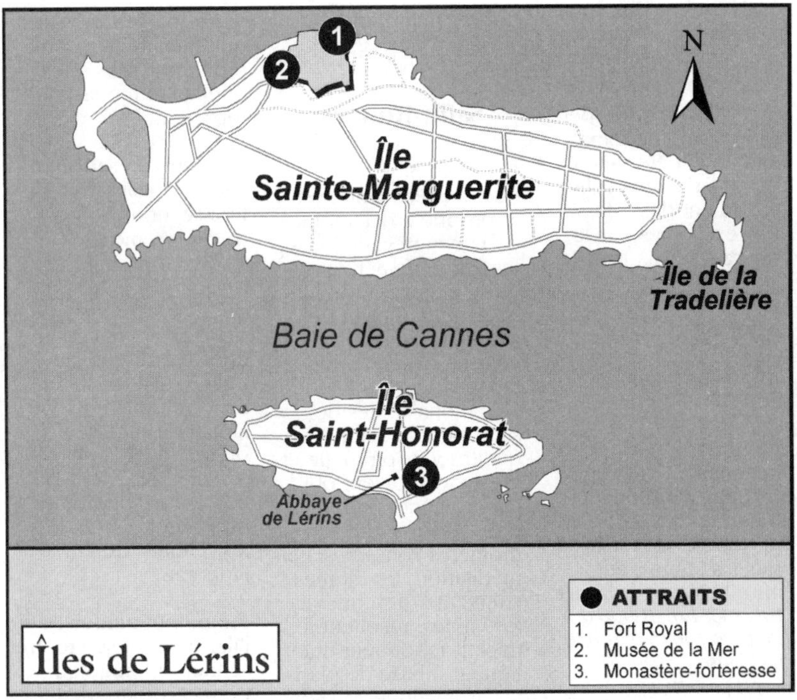

★★★

Les îles de Lérins

Vous devez sans faute acheter un billet à la gare maritime (du côté ouest du Palais des Festivals) pour vous rendre sur les deux magnifiques îles qui surgissent sous vos yeux lorsque vous vous promenez le long de la baie de Cannes. Les départs, en été, se font presque toutes les heures et, selon les afflux touristiques, peuvent se faire plus fréquemment *(aller-retour : 40F pour Sainte-Marguerite ou Saint-Honorat et 60F pour le circuit des deux îles, gardez vos billets! ☎04.93.39.11.82, ⇄04.92.98.80.32; pour la visite des fonds marins, ☎04.93.38.66.33)*. Les îles s'imposent aux touristes pour une visite des lieux historiques, pour les belles promenades à travers les forêts de pins d'Alep et d'eucalyptus, et enfin pour la baignade, surtout si vous aimez plonger du haut des rochers.

Les îles de Lérins étaient déjà bien connues des navigateurs pendant l'Antiquité. Des fouilles archéologiques l'ont confirmé. De nos jours, les bateaux de plaisance apprécient toujours ces îles, et nombre d'entre eux y jettent l'ancre.

Sainte-Marguerite

À son origine, l'île s'appelait «Lero». Les Ligures, les Grecs et les Romains l'ont successivement habitée, tel qu'en témoignent les vestiges archéologiques exposés dans le **Fort Royal** *(10F; mer-lun 10h30 à 12h15 et 14h15 à 17h30, en hiver jusqu'à 16h30; ☎04.93.38.55.26)*. Ce fort a été bâti sous Richelieu et a été utilisé comme prison de 1685 jusqu'au début du XXe siècle. Son plus illustre occupant fut certes «le Masque de Fer», qui y débarqua en 1687. La recherche de son identité a suscité toutes sortes d'hypothèses, dont celle qu'il aurait été le frère aîné de Louis XIV. Le mystère plane toujours. On peut visiter la cellule dans laquelle il a été détenu. De plus, d'autres cellules abritent des fresques exécutées par le peintre français Jean Le Gac au début des années quatre-vingt-dix. Le peintre a conçu l'ensemble en se laissant inspirer par les lieux.

Aujourd'hui, restauré et réaménagé, le fort loge un centre de plongée, un centre d'expression artistique et de danse pour les jeunes, et, enfin, le **Musée de la mer** *(10F; mer-lun 10h30 à 12h15 et 14h15 à 16h30, en été jusqu'à 18h30; ☎04.93.43.18.17)*, qui occupe la partie la plus ancienne. Le musée regroupe des collections archéologiques qui proviennent de fouilles effectuées sur l'île et des objets récupérés dans des épaves retrouvées au large des îles. Fait particulier : une partie de ces collections est présentée dans les anciennes citernes romaines qui contenaient l'eau potable de l'île. On y présente également des expositions temporaires consacrées à la photographie.

La visite de l'île ne pourrait être complète sans une longue promenade à travers les sentiers qui la sillonnent. Le site a été préservé, et l'on y découvre une grande variété d'espèces végétales.

Saint-Honorat

Cette île, plus petite que la précédente, est la propriété des moines de la congrégation cistercienne de Sénaque, qui y maintient, depuis 1869, une abbaye très active. Les moines vivent en observant de façon stricte les 72 règles monastiques de saint Benoît, selon lesquelles vie spirituelle et vie active doivent obligatoirement s'équilibrer. Ainsi, à part les moments consacrés à la méditation, les moines cultivent la lavande et les vignes, récoltent le miel et fabriquent une liqueur à base de plantes aromatiques provençales, la «Lérina», de l'ancien nom de l'île pendant l'Antiquité.

Jalon important de la chrétienté, l'histoire du monastère de Saint-Honorat nous ramène loin en arrière. Déjà au VIe siècle, ce monastère jouissait d'une réputation incomparable. De nombreux théologiens, des évêques et même plusieurs saints y ont été formés.

Malgré toute la piété qui habitait les lieux, le monastère n'a pas été épargné par les pillages des Sarrasins et par les guerres qui ont sévi au Moyen Âge. Un peu après la Révolution, la vie monastique prend définitivement fin avec la laïcisation des lieux par le pape. Ce n'est que dans la deuxième moitié du XIXe siècle que la vie monastique reprendra.

On peut, en saison, visiter le **monastère-forteresse**, dont la construction remonte à 1073. Au premier étage, le cloître s'ouvre sur deux niveaux de galeries aux voûtes gothiques. La citerne, au milieu, date de l'époque romaine. De la galerie supérieure, on accède à la chapelle Sainte-Croix, dont la voûte est d'origine et où étaient conservées les reliques de saint Honorat.

Enfin, tout autour de l'île, on peut suivre un sentier ombragé qui permet, de un, de faire une belle promenade et, de deux, de découvrir les sept chapelles disséminées un peu partout. La plus intéressante est la chapelle de la Trinité, dont les trois voûtes forment un trêfle, rappel de l'art byzantin.

Le Cannet

Vous pouvez effectuer une promenade sympathique dans les vieilles rues de ce village, qui n'est qu'à 3 km du centre de Cannes et qui est accessible par bus à partir de l'hôtel de ville. Ce village, dont les débuts remontent à la fin du XIIIe siècle, a été beaucoup marqué par l'immigration de familles italiennes au XVe siècle. Enfin, c'est à cet endroit que le peintre Pierre Bonnard a terminé sa vie.

Il faut surtout visiter la **chapelle Saint-Sauveur/ Musée Tobiasse** *(tlj 14h à 18h; ☎04.93.46.74.00)*, décorée par le peintre contemporain Tobiasse. Utilisant une forme d'expression dont la poésie est émouvante, le peintre a choisi de traiter de sujets à la fois religieux et profanes dans le contexte d'un thème central : «La vie est une fête.»

Mandelieu-la-Napoule

Aux amateurs d'anciens châteaux reconstitués, nous recommandons de faire un saut au **Château-musée** *(25F; mer-lun, visite guidée à 15h et 16h, en été aussi à 17h, fermé nov à fév; ☎04.93.49.95.05)* de Mandelieu-la-Napoule, pourvu de magnifiques jardins. De l'ancien château, ne restent que deux tours (XIVe siècle). Il a été reconstruit par la femme (architecte) du sculpteur américain Henry Clews (1876-1937), dont on peut voir une partie de l'œuvre. Le tout donne un mélange étonnant de styles (roman, gothique et une touche d'orientalisme).

★★

Mougins

À 7 km de Cannes, ce ravissant village, à 260 m d'altitude, invite à la promenade. Et, comme les promenades ouvrent l'appétit, vous êtes au bon endroit car Mougins rime avec gastronomie! On y trouve une multitude de restaurants dont la renommée est acquise depuis longtemps. On ne peut pas passer par Mougins sans s'arrêter pour y manger! Votre seul problème sera de choisir un restaurant (voir p 347).

Ce village presque millénaire (à ne pas confondre avec Haut-de-Mougins) s'enroule sur une colline autour de son ancienne église, selon le plan typique des villages provençaux du Moyen Âge. L'église est de style roman et date du XIe siècle. Elle a depuis subi plusieurs remaniements. Prenez le temps de flâner dans les ruelles du vieux village. Vous serez sûrement séduit par la douce lumière et l'ambiance chaleureuse de la place de la Mairie pendant les soirs d'été.

Si la photographie vous intéresse, arrêtez-vous au **Musée de la photographie** *(5F; juil et août 14h à 23h, sept et oct mer-dim 14h à 18h; porte Sarrazine, ☎04.93.75.85.67)*, sur la place de l'Église. Le premier étage propose des expositions temporaires. Le deuxième présente en permanence des photographies de Doisneau, Lartigue, Clergue, Colomb, Quinn, Duncan et autres, qui ont appartenu à Picasso. On peut également y admirer une collection d'anciens appareils photo.

Dans un registre différent, le **Musée de l'automobiliste** *(40F; oct à mars 10h à 18h, avr à sept jusqu'à 19h; aire des Bréguières, sur l'autoroute Nice-Cannes, ☎04.93.69.27.80)* présente environ 200 voitures anciennes et modernes.

Enfin, c'est à Notre-Dame-de-Vie, un peu à l'est de Mougins, que Picasso a passé les 12 dernières années de sa vie, soit jusqu'en 1973.

Mouans-Sartoux

Cette commune est née de la fusion, au XIXe siècle, de deux villages : Mouans, dans la plaine, et Sartoux, sur la colline. On y trouve un ravissant château qui abrite aujourd'hui **l'Espace de l'Art Concret** *(15F; mer-lun, hiver 11h à 18h, en été jusqu'à 19h; ☎04.93.75.71.50)*. On y organise trois expositions chaque année, en plus d'un grand colloque, début septembre, où sont explorés des thèmes reliés à la recherche artistique et scientifique.

Valbonne

Ce village diffère des autres à cause de son plan en damier, caractéristique des villes de l'Amérique du Nord. L'ancienne abbaye a été fondée au XIIe siècle par des moines chalaisiens, ordre montagnard qui suivait les règles strictes de saint Benoît. La belle et sobre église en croix latine de l'abbaye dispose de deux chapelles latérales.

Enfin, il ne faut pas rater la place des Arcades, qui présente un bel ensemble avec ses maisons à arcades.

Sophia-Antipolis

Cette technopole, ou parc scientifique, regroupe environ 1 000 entreprises qui proviennent de 50 pays différents et qui procurent plus de 20 000 emplois. Le début de son histoire rappelle l'Amérique. Après que IBM eut implanté son siège social en Europe, dans le village de La Gaude (à 15 km de l'aéroport de Nice), le sénateur Pierre Laffitte a eu l'idée de créer une sorte de «Silicon Valley californienne» sur la Côte, qui regrouperait les industries de pointe.

Aujourd'hui, Sophia-Antipolis couvre une zone de 2 300 ha. Le parc s'étend actuellement sur un territoire qui touche aux communes d'Antibes, Biot, Mougins, Valbonne, Vallauris, Villeneuve-Loubet, Roquefort-les-Pins, La Colle-sur-Loup et Opio.

Le site a été aménagé en respectant la qualité des lieux : 650 ha ont été réservés aux activités économiques, 150 ha à l'habitat, et 1 500 ha sont demeurés ou devenus des espaces naturels où l'on peut faire de jolies promenades et même cueillir des champignons. En été, des milliers de personnes y viennent pour les promenades et pique-niques.

Véritable laboratoire du futur, cette technopole englobe, entre autres entreprises, un centre d'expertise européen en télécommunications et des laboratoires de recherche dans les domaines des sciences de la santé et de la biotechnologie. L'apport économique de Sophia-Antipolis dépasse les 12 milliards de francs par an. Pour stimuler encore plus les activités du parc, les responsables font actuellement de grands efforts par le biais de la publicité.

Enfin, de multiples activités sportives et culturelles sont organisées pour faire de cet endroit un lieu attrayant où vivre. Ainsi, chaque année en juillet, des *Master classes* accueillent de jeunes musiciens provenant du monde entier.

★

Grasse

Située à 16 km de Cannes et à 35 km de Nice, Grasse s'est acquis une réputation mondiale à cause de ses parfums. En bordure des routes qui nous y mènent, des panneaux nous rappellent le lien étroit qui existe entre son histoire et l'industrie de la parfumerie.

La ville bénéficie d'un climat très tempéré. L'écart entre la moyenne du mois le plus froid et celle du mois le plus chaud est de 17°C.

Puisqu'il est difficile de trouver un endroit où garer, nous vous suggérons de laisser votre voiture dans un stationnement public.

La promenade à travers la ville débute sur la place aux Aires.

Cette place accueille chaque matin un marché aux fleurs. De là, des ruelles sinueuses pénètrent dans l'ancienne ville médiévale qui s'étendait autour du sommet du Puy, rocher qui offrait une protection contre les attaques. Ces rues cachent de nombreuses maisons bourgeoises. La ville moyenâgeuse est dominée par trois grandes constructions du XIIIe siècle : la **cathédrale ★**, au style sobre et construite de calcaire blanc, qui abrite des tableaux de Rubens et de Fragonard ainsi qu'un retable de Ludovic Bréa; le **palais de l'Evêque ★**, devenu l'hôtel de ville; et le **donjon ★**.

Juste derrière la cathédrale, sur la place du 24 Août, se dresse la **tour de l'Horloge**. Cette tour rappelle la perte du statut de République libre que Grasse avait acquis pendant quelques années au début du XIIe siècle, car elle dut être concédée au comte de Provence lorsqu'il reprit ses pouvoirs sur la ville.

Cette ville marchande foisonne de riches demeures, symboles de sa réussite commerciale : l'hôtel Pontévès, qui loge le **Musée de la marine** *(lun-sam 10h à midi et 14h à 18h, fermé nov; 2 bd du Jeu-de-Ballon, ☎04.93.40.11.11)*, l'hôtel Court de Fontmichel et l'hôtel de Clapier-Cabris, entre autres.

La basse ville abrite trois musées. Le **Musée international de la Parfumerie ★** *(été 10h à 19h; place du Cours, ☎04.93.36.80.20)* est le plus intéressant. Il est consacré à l'histoire et à l'évolution des techniques de la production des parfums. De la composition parfumée avec l'utilisation de matières premières végétales, animales ou synthétiques à la fabrication (enfleurage, distillation, extraction...), le musée vous dévoile toutes les étapes de la création d'un parfum. Votre voyage dans le monde des odeurs se poursuivra dans la salle des vitrines qui recèle une remarquable collection de flacons qui datent d'aussi loin que de l'Antiquité. Il se terminera dans la serre qui abrite des plantes à parfum telles que jasmin, vétiver, rose de mai ou vanille, cultivées sur le toit du musée.

Le **Musée d'art et d'histoire de la Provence** *(été 10h à 13h et 14h à 19h, hors saison 10h à midi et 14h à 17h; rue Mirabeau, ☎04.93.36.01.61)*, situé dans la plus élégante demeure de Grasse, évoque les scènes de la vie quotidienne, avec mobiliers, tableaux et accessoires illustrant un véritable art de vivre provençal.

À l'entrée de la ville, si vous venez de Cannes, de nombreux panneaux indiquent la direction de la **Villa-musée Fragonard** *(été 10h à 13h et 14h à 19h, hors saison 10h à midi et 14h à 18h; 23 bd Fragonard, ☎04.93.36.01.61)*. Jean-Honoré Fragonard, célèbre peintre du XVIIIe siècle né à Grasse, proposa à la comtesse du Barry, favorite du roi Louis XV, quatre tableaux mettant en scène les étapes de la conquête amoureuse : *Le Rendez-Vous, La Poursuite, Les Lettres, L'Amant Couronné*, dont de magnifiques répliques ornent les salons de la Villa.

★★★

Les gorges du Loup

Dans l'arrière-pays de Vence, vous pouvez effectuer un **superbe circuit** en voiture (ou en bicyclette si vous êtes sportif) qui vous conduira dans Les gorges du Loup. Cet itinéraire de 70 km, au départ et au retour de Vence, emprunte d'abord la route D2210 vers Tourrettes-sur-Loup, Bar-sur-Loup, jusqu'à Châteauneuf-de-Grasse, et ensuite la D3 vers Gourdon, Gréolières et Coursegoules. L'excursion se termine par la traversée du col de Vence (à 970 m d'altitude) à travers de magnifiques collines dénudées.

★★

Tourrettes-sur-Loup

Après avoir vécu la tourmente des invasions par les Francs, les Huns, les Wisigoths et les Lombards, cet ancien village fut finalement entouré de remparts au Moyen Âge. Il n'en reste que deux portes, qui s'ouvrent sur la place de l'église, ainsi que le donjon du XIIIe siècle, qui loge aujourd'hui la mairie.

On dit que, depuis un siècle, l'ombre des oliviers de Tourettes a permis aux violettes de trouver un climat propice pour pousser. Grâce à l'importante culture de cette fleur – qu'on utilise pour la décoration, pour la distillation dans les parfumeries grassoises, et dans la fabrication de confiseries, en la cristallisant – Tourrettes se targue d'être «la cité des violettes».

Il fait bon flâner dans ce village ravissant. On y entre par une des deux portes qui s'ouvrent sur la place, pour en ressortir par l'autre – la Grand'Rue fait une boucle entre les deux portes. On y découvre de belles maisons romantiques, de nombreux magasins d'artisanat – qui appartiennent souvent aux artistes mêmes – et de nombreux restaurants sympathiques.

L'**église** ★ du début XVe siècle, construite à l'extérieur des remparts, présente, entre autres œuvres, des tableaux de l'école de Bréa. Enfin, si vous aimez les fresques naïves, arrêtez-vous un instant à la **chapelle Saint-Jean**, qui se trouve un peu à l'extérieur du village.

À Pont-du-Loup, situé entre Tourettes et Bar, vous pouvez visiter une confiserie artisanale (voir p 353).

★

Bar-sur-Loup

Pendant l'Antiquité, les Ligures, les Celtes, les Gaulois et les Romains sont tous passés par là. Ces derniers érigèrent deux tombeaux à l'emplacement actuel du **château**. Une pierre gravée, provenant d'un de ces monuments, est scellée dans la base du clocher.

Le château a connu plusieurs destructions successives entre les IXe et XVe siècles : d'abord par les Sarrasins, puis par les Maures. Les deux tours qui flanquent le château datent des XIIIe et XVe siècles.

C'est dans ce village qu'en 1722 naquit l'amiral de Grasse, dont l'une des victoires navales a contribué à l'indépendance des États-Unis d'Amérique.

Le Bar offre une vue panoramique sur Gourdon, sur les gorges et la vallée du Loup. Ce village mérite une visite à cause du caractère d'authenticité qu'il a su garder. Les maisons, très anciennes et accolées les unes aux autres, forment un rempart toujours visible. Il faut surtout visiter l'**église paroissiale Saint-Jacques le Majeur** ★, un monument de style gothique dont la construction se situe entre les XIIIe et XVe siècles. La porte principale de cette construction asymétrique – elle comporte deux nefs au lieu de trois – est surmontée d'une ogive et est flanquée de colonnes. Les panneaux sculptés de style gothique flamboyant sont l'œuvre de Jacotin Bellot, auteur des stalles de la cathédrale de Vence. À l'intérieur, derrière le maître-autel, se trouve un retable de l'école de Bréa. Au fond de l'église, sous la tribune, on peut admirer un tableau curieux : *La danse macabre*, peint au XVe siècle.

★★

Gourdon

Gourdon et son hameau Pont-du-Loup forment un village pittoresque qui ne compte que 240 habitants. Votre attention sera, à coup sûr, captée par l'imposant **château** ★ *(droit d'entrée; visite guidée, mer-lun)* du XIIIe siècle, remanié au XVIIe siècle. De pur style provençal, il a été construit autour d'une cour carrée flanquée de deux tours et d'un donjon dont la hauteur fut réduite pendant la Révolution. On y trouve une collection d'armes anciennes, une table de torture et une cellule d'isolement dans l'ancienne prison, d'anciennes peintures (françaises, flamandes, hollandaises et rhénanes) et, enfin, dans la chapelle, une statue de saint Sébastien, attribuée au peintre El Greco. Au premier étage, on a aménagé un musée de peinture naïve. Au XXe siècle, ce château a connu une succession de propriétaires. Sa dernière restauration remonte à 1972-1973.

De la **place Victoria ★★★**, on embrasse du regard un panorama grandiose sur toute la Côte, qui est d'une ampleur et d'une profondeur admirables et dont les couleurs changent selon l'heure du jour et la saison. De gauche à droite, on peut distinguer le cap Ferrat, Nice, l'embouchure du Var, Cagnes-sur-Mer, Antibes et son cap, Juan-les-Pins, les îles de Lérins, Cannes et le mont Chevalier, la Napoule, l'Estérel et les Maures. Plus près, on aperçoit l'immense vallée verdoyante traversée par le Loup : prairies, oliviers, orangers, cyprès. Un peu plus loin, on peut distinguer Mougins.

Les fervents du magasinage seront comblés. On trouve à Gourdon plusieurs établissements qui vendent des produits régionaux tels que pâtés, herbes de Provence, tapenade, fromage de chèvre, confitures, miels, etc.

★

Gréolières

Gréolières est plantée à 820 m d'altitude sur un contrefort du Cheiron. L'**église**, qui date du XIIe siècle, mais qui a été agrandie au XVIe siècle, abrite un retable peint par un artiste de l'école de Bréa à la fin du XVe siècle.

À 18 km, en suivant la route D2 puis la D802, on atteint Gréolières-les-Neiges, station de ski située à 1 450 m d'altitude (voir p 329). En été, on peut monter au sommet du Cheiron en télésiège.

★

Coursegoules

Ancienne ville royale au XVIIe siècle, le village a perdu de son importance depuis, en partie à cause son inaccessibilité. Paradoxalement, aujourd'hui le vieux village présente un intérêt renouvelé à cause de sa situation. En effet, complètement perdu dans l'arrière-pays, ce village offre une oasis de calme à l'écart de la vie trépidante de la Côte. Plusieurs maisons ont ainsi été rénovées pour en faire des résidences secondaires.

Le village présente une belle unité architecturale de type défensif provençal et a su garder le charme et le caractère distinctifs des villages anciens. Profitez-en pour explorer ses ruelles et ses escaliers, et arrêtez-vous pour examiner les linteaux des portes, tous sobres mais différents.

L'**église Sainte-Marie-Madeleine**, de style roman du XIIe siècle, fut restaurée en 1658 et renferme un retable attribué à Bréa. La **chapelle Saint-Michel**, située sur le sentier qui contourne le vallon de la Cagne, est même plus vieille. Elle date du XIe siècle.

Enfin, les environs peuvent faire l'objet de jolies balades, et l'on peut y découvrir une flore magnifique au printemps et en été.

Activités de plein air

Cette région invite à la pratique de tous les sports, y compris les sports d'hiver auxquels on peut généralement s'adonner entre décembre et avril. Les amateurs de tennis peuvent jouer dans une multitude d'endroits; les syndicats d'initiative sauront vous guider vers le court le plus près.

Plages et sports nautiques

Des plages, il y en a de toutes les sortes : plages de sable, plages rocheuses ou plages de galets – celles qu'on retrouve à Nice. Vers Cannes, les plages deviennent de plus en plus sablonneuses. Au cap d'Antibes, on trouve quelques petites plages très sympathiques qui sont parfois payantes, mais qui offrent certains services. Aux abords du cap, les plages sont plutôt

rocheuses, mais redeviennent sablonneuses du côté de Juan-les-Pins. À Cannes, les plages sont superbement aménagées et, pour la plupart, payantes, car elles appartiennent aux hôtels de la Croisette. On peut y louer des chaises longues et des parasols à la demi-journée ou à la journée. Les prix varient entre 30F et 60F. Ces plages proposent normalement la location d'équipement nautique à des prix raisonnables.

Il vaut mieux aller à Antibes (à l'entrée du cap) ou à Cannes (près du Palm Beach Hôtel, à l'extrémité de la Croisette) pour faire de la **planche à voile**. Il faut compter environ 60F l'heure pour la location.

Vous pouvez aussi louer des bateaux et des voiliers. Informez-vous aux des syndicats d'initiative des stations balnéaires pour en savoir plus.

Golf

Dans cette région, on compte environ 20 terrains de golf. Le plus grand et plus beau terrain se trouve entre **Opio** et **Valbonne**, à 16 km de Cannes et à 35 km de Nice *(château de la Bégude; route de Roquefort-les-Pins, ☎04.93.12.00.08, ⇄04.93.12.26.00)*. Il a été aménagé dans un très beau parc naturel par le Club Méditerranée, dont le «village» se trouve à Opio.

Le **golf de la Grande Bastide** *(chemin des Picholines, ☎04.93.77.70.08, ⇄04.93.77.72.36)*, un 18 trous avec un par de 72, est installé près de **Châteauneuf-de-Grasse**, à 6 km à l'est de Grasse par la route D2085.

Pour d'autres destinations golf sur la Côte d'Azur :
☎04.93.63.73.43
⇄04.93.63.74.36
02C.omega@wanadoo.fr

Descente de canyons

Les Alpes niçoises sont un paradis pour les amateurs de canyons. Une descente de paroi rocheuse vous tente? Renseignez-vous alors à **Séquence Action** *(parc Montmeuille, La Colle-sur-Loup, ☎04.93.32.06.93)*. Une équipe de professionnels diplômés vous fera connaître une expérience inoubliable. Tout le matériel est fourni, mais il faut être âgé de plus de 10 ans.

Comité régional de Canoë-Kayak
☎04.92.00.44.50
⇄04.93.89.05.33

Randonnée pédestre

Au départ d'Antibes

Le **cours de la Brague** *(altitude variant de 100 m à 120 m; durée du circuit : 3 heures 30 min)*. Rendez-vous à Biot (par la N98 et la D4) et stationnez dans le village. Prenez le chemin de l'Ibac. Un panneau de l'Office national des forêts vous indique le chemin vers la rivière. Rendez-vous jusqu'au panneau qui indique le pont des Tamarins, et continuez jusqu'au point de la Verrière. Faites ensuite demi-tour par le même chemin.

Les **gorges de la Cagne** *(altitude au départ : 425 m, point le plus haut : 730 m; durée du circuit : 6 heures)*. Rendez-vous à **Vence**. Prenez la D2 en direction de Coursegoules, mais, 1 km plus loin, prenez le chemin du Riou à droite, puis faites 3 km sur ce petit chemin. Petit stationnement. Traversez la passerelle et suivez les balises rouges. Le sentier monte le long de la rivière la Cagne. Des petits bassins invitent à prendre un bain. Une fois rendu à la mine abandonnée – où se trouve un pont détruit –, retournez par le même chemin ou continuez par l'un des sentiers indiqués sur le panneau : le GR 51 ou le Cap S.S.E., sentier fléché qui relie le Baou des Blancs, à l'ouest, au Baou des Noirs, à l'est. Revenez au panneau. Descente. Dirigez-vous vers le chemin du Riou et faites 2 km à pied pour rejoindre le stationnement.

Le **Baou de Saint-Jeannet ou de la Gaude** *(altitude de départ : 400 m, point le plus haut : 800 m et 750 m, respectivement; durée du circuit : 3 ou 4 heures pour l'aller-retour).* Il faut se rendre à Saint-Jeannet (voir p 310). Laissez la voiture dans le stationnement. Montez au village. Tournez à droite après l'auberge de Saint-Jeannet. Montez et suivez les panneaux. Le Baou de Saint-Jeannet est l'immense rocher à gauche; le Baou de La Gaude est le rocher moins sévère à droite. Au sommet de ce dernier, on trouve une adorable petite forêt de chênes. Le sommet du Baou de Saint-Jeannet offre un panorama admirable sur Saint-Jeannet, les collines avoisinantes et la Côte.

Équitation

Nice

Tango
tout pour le cheval et le cavalier
☎***04.93.80.01.09***

Cagnes-sur-Mer

Les écuries d'Azur
☎***04.93.73.19.49***

Cannes

Centre équestre Poney Club de Tanneron
☎***04.93.60.66.16***

Vence

Ranch el Branco
promenade, pension de chevaux
☎***04.93.58.09.83***

Ski alpin et ski de fond

Les conditions climatiques pour le ski dans les Alpes-Maritimes varient considérablement chaque année. Informez-vous avant de partir (en consultant la section «Renseignements pratiques», pour les numéros de téléphone pertinents). Les mois de janvier, février et mars sont les plus propices au ski. Les pistes devraient normalement être couvertes d'une neige suffisante et même abondante. Enfin, on peut louer l'équipement nécessaire sur place à des prix raisonnables.

Gréolières-les-Neiges

À une petite heure de la Côte, cette station de sport d'hiver est aussi très agréable en été.

L'endroit est surtout recommandé pour le ski de fond. Le ski alpin est plus difficile à cause d'un manque de neige. En été, d'agréables sous-bois invitent à la promenade à pied, à cheval ou à vélo. On peut aussi prendre le télésiège pour grimper jusqu'au sommet du Cheiron.

Valberg

Belle station d'hiver dont le village présente une multitude de chalets de montagne. Pour réserver un hôtel ou louer un appartement, voir p 303.

On peut s'y rendre par autobus au départ de Nice :

Gare routière
promenade du Paillon
☎***04.93.85.61.81***

On peut aussi s'y rendre à partir de l'aéroport.

Renseignements :

Office de tourisme
☎04.93.23.24.25
ot@valberg.com

Attention : réservation obligatoire!

En voiture : prenez la N202 à partir de l'aéroport de Nice en direction de Digne-Les-Bains; environ 50 km plus loin, prenez la D28 en direction de Beuil. La route traverse alors les gorges du Cians. Une fois rendu à Beuil, faites 6 km jusqu'à Valberg.

★ Isola 2000

C'est une station moderne qui a été créée dans les années soixante-dix sur un site complètement sauvage. Le béton est à l'honneur dans une succession de télésièges, restaurants, hôtels, magasins, salles de cinéma, etc. C'est très fonctionnel, mais n'y cherchez pas d'ambiance romantique!

En voiture au départ de Nice : prenez la N202 direction Digne; environ 30 km plus loin, prenez la D2205 en direction de Saint-Sauveur-de Tinée. La D97 monte sur 17 km jusqu'à Isola.

Auron

C'est la troisième grande station de ski des Alpes-Maritimes. Située sur un beau plateau à 2 000 m d'altitude, Auron offre toutes les installations pour les sports d'hiver.

On la rejoint en voiture en suivant les indications vers Isola 2000, mais il faut faire 15 km de plus sur la D2205 jusqu'à la bifurcation vers Auron.

Hébergement

Cagnes-sur-Mer

Val Duchesse
250F-360F, app. 340F-490F
dp, bp
11 rue de Paris
☎04.92.13.40.00
≠04.92.13.40.29
Bien que nous ne recommandions pas vraiment à nos lecteurs de séjourner à Cagnes-sur-Mer, nous avons trouvé une bonne adresse au Val Duchesse. Parmi les avantages de cet endroit sympathique, figure son site paisible, à quelques pas de la mer, son stationnement privé et son jardin de palmiers avec piscine et installations pour divers jeux.

Vence

Hôtel Le Provence
200F-380F
fermé mi-jan à mi-fév
dp, bp
9 av. Marcellin Maurel
☎04.93.58.04.21
≠04.93.58.35.62
L'Hôtel Le Provence est un petit établissement sympathique et complètement restauré qui se trouve dans une petite cour très calme située tout près de la porte sud de l'entrée de la vieille ville. Louez la chambre n° 6 *(360F)*, qui possède une grande terrasse sur le toit, ou les chambres n°s 1 ou 2 *(380F)*, elles aussi avec terrasses, mais plus petites.

La Roseraie
395F-750F, pdj 70F
dp, bp, tv, ℝ, ≈
av. Henri Giraud
☎04.93.58.02.20
≠04.93.58.99.31
À la sortie de Vence, au début de la route du col de Vence, l'hôtel La Roseraie offre un bon rapport qualité/prix. Vous logez au milieu d'un très beau jardin avec piscine, et vous profitez d'une belle vue sur la vieille ville médiévale. C'est un endroit sans prétention mais qui compte quelques beaux lits à baldaquin. On s'y sent comme à la maison! Enfin, l'accueil est très sympathique. Et, à ne pas dédaigner, le petit déjeuner copieux.

Auberge des Seigneurs
400F
dp, ℜ
fermé en hiver
place du Frêne
☎04.93.58.04.24
℻04.93.24.08.01
Faites-vous un cadeau de seigneur et descendez à l'Auberge des Seigneurs. Sous la baguette de Mme Rodi, de sa petite équipe et de son chien accueillant, vous allez plonger dans un univers médiéval de grande classe. Cet établissement se trouve juste à côté du Château-musée de Villeneuve, sur le rempart (ouest) de Vence. Ne vous attendez pas au luxe, mais le confort est garanti dans les six chambres qui portent toutes les noms des peintres desquels la décoration intérieure est inspirée. Autour des grands lits s'accumule du beau mobilier ancien. Des fleurs et un petit plateau de fruits attendent le client qui a la nostalgie des temps passés. Choisissez en priorité la chambre Bonnard. Le rapport qualité/prix y est excellent!

Saint-Jeannet

Hôtel l'Indicible
300F-330F, pdj 30F
dp, bp, tv, ℜ
rue du Saumalier
☎04.92.11.01.08
℻04.92.11.02.06
Découvrez la vraie vie des villageois de l'arrière-pays (et proche de la mer) en logeant confortablement à l'Hôtel l'Indicible. Un jeune couple belge, Peter et Els, a transformé un hôtel viellot en un coup de baguette en un établissement moderne, propre et sympathique. Les chambres sont plutôt petites, mais très claires et agréables. Bref un excellent rapport qualité/prix! Pour vous y rendre, montez jusqu'au kiosque à l'entrée de l'ancien village. Déposez vos bagages à l'hôtel et redescendez la voiture jusqu'au parc de stationnement un peu plus bas.

Haut-de-Cagnes

Le Cagnard
950F-1 500F
app. 1 700F- 2 600F
bp, ≡, ℝ, ℜ
rue Pontis-Long
☎04.93.20.73.21
℻04.93.22.06.39
L'hôtel Le Cagnard se trouve au cœur de l'ancien village et fait partie de l'association des Relais et Châteaux. Toutes les chambres sont équipées de salles de bain modernes. La plupart des appartements disposent de grandes terrasses avec vue panoramique sur la mer et les collines. Ce lieu respire et inspire le romantisme. Malheureusement, les prix ont fortement augmenté ces dernières années, mais le site demeure vraiment remarquable. L'accès est un peu compliqué, mais un voiturier s'occupe de votre voiture. Cet établissement se trouve à 8 km de l'aéroport de Nice. Équitation, tennis, golf et piscine à proximité.

Saint-Paul-de-Vence

Hostellerie Les Remparts
300F-520F, pdj 45F
dp, bp, ℜ
72 Rue Grande
☎04.93.32.09.88
℻04.93.32.06.91
HR@saintpaulweb.com
Tout n'est pas cher à Saint-Paul. Ainsi, vous pouvez loger agréablement à l'Hostellerie Les Remparts. L'accès est un peu difficile, mais, une fois installé, vous profiterez d'une vue panoramique (pour les chambres les plus chères). La décoration, avec son ameublement ancien, s'avère sublime. L'accueil est sympathique.

Hostellerie de la Fontaine
360F
dp, ℜ
au centre du village
☎04.93.32.80.29
☎04.93.32.74.12
À l'Hostellerie de la Fontaine, vous trouverez le charme d'antan. Si vous aimez le style ancien simple, vous serez séduit par les chambres rustiques au sol garni de tomettes, ces carreaux de céramique provençale. Il y règne une grande ambiance familiale. L'hostellerie forme un îlot romantique que seule une porte sépare du cœur du village (voir p 342).

Le Hameau
580F-790F
fermé mi-nov à mi-fév sauf Noël et Nouvel An
bp, dp, ≡, tv, ℝ, ≈
route de La Colle
☎04.93.32.80.24
⇄04.93.32.55.75
www.le-hameau.com

Le Hameau est une des meilleures adresses en ce qui a trait au rapport qualité/prix. À 1 km du village, tout près de la Fondation Maeght, vous y jouirez d'un grand jardin qui s'ouvre sur une vue splendide sur Saint-Paul. L'hôtel est de style provençal moderne avec un souci particulier du détail. Le jardin est un peu sauvage, tout juste assez pour lui donner le cadre charmant et romantique de la nature. Vous vous sentirez au cœur d'un petit paradis rempli de verdure et de belles fleurs. Les familles ou les couples d'amis peuvent choisir une formule qui s'avère très intéressante : deux chambres (soit pour 4 personnes) qui partagent un petit salon, lequel s'ouvre directement sur le jardin et la piscine. Le tout pour 900F.

Le Mas d'Artigny
1 000F-2 300F
app. 3 400F
bp, ≡, ℝ, ≈
route de La Colle
☎04.93.32.84.54
⇄04.93.32.95.36

Dans un immense parc de 9 ha qui s'étend sur les hauteurs de l'arrière-pays niçois, cet endroit offre une vue splendide sur les collines environnantes et sur la mer. En plus de bénéficier d'une grande piscine de 25 m sur 11 m, bien en vue dans le parc, les clients des appartements jouissent de l'usage exclusif de leur propre petite piscine dans la plus grande intimité. L'hôtel possède une grande boutique et organise des expositions de peinture toute l'année. Enfin, l'établissement est très bien tenu : l'accueil est affable et le personnel, efficace et toujours prêt à vous rendre service. Vous serez assuré d'y faire un séjour agréable. Cet endroit serait également idéal pour organiser un séminaire ou une grande fête.

Hôtel Saint-Paul
1 300F -1 700F, suite 1 900F-2 800F
fermé nov au 22 déc
bp, dp, tv, ≡, ℝ, ℜ, asc
86 Rue Grande
☎04.93.32.65.25
⇄04.93.32.52.94
stpaul@relaischateaux.fr

Si vous préférez le luxe, une autre adresse s'impose : l'Hôtel Saint-Paul. Situé au cœur de cet illustre village, il profite d'un panorama spectaculaire (pour les chambres et suites les plus chères). L'accueil est professionnel et sympathique, et un employé s'occupera de vos valises (puisqu'il n'y a pas d'accès direct à l'hôtel). Les propriétaires ont créé un endroit de grand style à la décoration de bon goût. Vous plongerez dans le Moyen Âge tout en profitant des installations du troisième millénaire.

La Colombe d'Or
1 500F-1 750F
½p 1 980F-1 980F
bp, ℝ, ≈
☎04.93.32.80.02
⇄04.93.32.77.78
www.la-colombe-dor.com

La Colombe d'Or compte parmi les endroits les plus prestigieux de la région. Ancien relais de poste, puis auberge modeste portant le nom de Robinson, cet hôtel a été transformé en «hôtel-restaurant» par le fils de l'aubergiste. Au cours des années, il a logé nombre d'artistes connus ou devenus célèbres. Amateur d'art, le propriétaire en a fait un petit musée vivant : vous logez dans un décor somptueux parmi les tableaux de grands maîtres tels que Picasso, Matisse, Léger et bien d'autres. Les chambres sont aussi rustiques qu'élégantes. Ici, tout respire l'art et l'espace. La piscine, qui se trouve dans la cour intérieure, est mise en valeur par une grande sculpture mobile de Calder. Vous devez également savoir que Yves Montand et Simone Signoret affectionnaient tellement ce lieu qu'ils en sont devenus copropriétaires à une certaine époque. Aujourd'hui, il y a des célébrités qui y louent des chambres à longueur d'année.

La Colle-sur-Loup

La Vallon Rouge
location de bungalows et de roulottes
commerces, d, ℝ, ≈
route de Gréolières
☎04.93.32.86.12
Pour s'y rendre : à partir de La Colle, prendre la D6 en direction de Gréolières. En bordure d'une rivière, sur un terrain plat et ombragé, vous jouirez du cadre charmant de l'arrière- pays niçois tout en n'étant qu'à 10 min de la mer. Jeux de boules, animation, sports, vidéos, soirées organisées.

Le Castellas
location de roulottes et bungalows
d, ℝ
route de Roquefort
☎04.93.32.97.05
Pour s'y rendre : au départ de La Colle, suivre la D7 en direction de Roquefort sur 5 km. À 6 km de la mer, ce camping ombragé est situé en bordure d'une rivière. Les sanitaires y sont bien entretenus. Animation, jeux, pêche, baignade.

Hôtel Marc Hély
390F-520F, app. 530F-770F
bp, dp, tv, ≡, ≈
sur la route de Cagnes vers La Colle
☎04.93.22.64.10
⇄04.93.22.93.84
À La Colle, sur la route de Cagnes, vous verrez une pancarte indiquant l'Hôtel Marc Hély. Cet établissement fait partie des Relais du Silence et offre une vue merveilleuse sur Saint-Paul-de-Vence. Il possède un stationnement ainsi qu'un jardin très soigné. Les chambres les moins chères peuvent sans risque être choisies pour profiter d'un très bon rapport qualité/prix.

L'Abbaye
450F-1 300F, pdj 60F
bp, dp, tv, ≡, ℜ, ≈
541 bd Honoré Teisseire
☎04.93.32.68.34
⇄04.93.32.85.06
l-abbaye@wanadoo.fr
Si vous avez envie de passer une journée de flânerie dans un endroit magnifique, L'Abbaye est l'endroit tout indiqué. Cet «hôtel-restaurant» est situé sur un site classé datant du XIIe siècle. La propriétaire, Sylviane Hugues, a entrepris de grands travaux de rénovation pour offrir à sa clientèle tout le confort moderne sans pour autant enlever aux lieux la grâce et l'âme qui les habitent. Ce qui frappe dès l'arrivée, c'est la générosité des espaces où l'on peut errer en tout agrément.

Que ce soit la chapelle, le salon avec sa cheminée, les jardins ou tout simplement la piscine, chacun y trouve sa niche. En plus, il n'est pas absolument nécessaire de débourser une somme faramineuse pour se prévaloir de cet établissement. Les chambres les plus chères sont superbes! Enfin, si vous le désirez, vous n'aurez nul besoin de sortir car vous pourrez y prendre vos repas dans la magnifique «cour-jardin».

Villeneuve-Loubet

Le Sourire
location de roulottes et de maisons mobiles
commerces, d, ℝ, ≈
route de Grasse, D2085
☎04.93.20.96.11
Ce camping est situé au cœur d'un écrin de verdure à proximité du village. En plus d'être doté d'une grande piscine, il organise des activités sportives et des loisirs.

La Vieille Ferme
location de chalets
tv, commerces, d, ℝ, ≈
bd des Groules
☎04.93.33.41.44
Près de la plage, au départ de Nice par la RN7 en tournant à droite, peu avant le parc d'attractions Marineland. C'est bien indiqué. Ce camping et sa piscine sont ouverts toute l'année. La piscine est couverte en dehors de la saison estivale.

Biot

Hôtel des Arcades
300F-500F
bp, dp, tv, ℜ
16 place des Arcades
☎04.93.65.01.04
⇄04.93.65.01.05
Tout en haut de ce charmant vieux village se cache un trésor : l'Hôtel des Arcades. Cet hôtel de 12 chambres est incroyable! Les chambres les plus chères sont immenses

et meublées d'antiquités. Le bâtiment date du XVe siècle et a un charme fou, que ce soit le dédale des couloirs garnis de tableaux contemporains, les cheminées anciennes ou les mosaïques qui ornent certaines salles de bain. De plus, quelques chambres s'ouvrent sur une terrasse privée. Enfin, cet établissement vaut également le détour pour son restaurant (voir p 344), mais il faut tout payer en espèces. Cet endroit doit obligatoirement constituer une étape pendant votre séjour dans la région!

Antibes

Il y a une multitude d'hôtels dans cette très belle ville côtière. Nous avons toutefois choisi de ne vous présenter que quelques adresses réputées pour leur charme et pour le calme qu'elles offrent à leurs invités.

Le Rossignol
location de tentes et de roulottes
commerces, d, ℝ, ≈
2074 av. Jean Michard Pellisier
☎04.93.33.56.98

De Nice, suivez la N7 en direction d'Antibes. À environ 2 km avant le Fort Carré, prenez le chemin des 4 Chemins, à droite, et ensuite la quatrième rue à droite. Le cadre est verdoyant et invite au repos. Les plages se trouvent à 1 km. Réservation par courrier.

La Jabotte
270F-370F, pdj 35F
½p 540F-670F
fermé nov
dc, dp
13 av. Max Maurey, cap d'Antibes
☎04.93.61.45.89
⇄04.93.61.07.04

Voici un endroit pour ceux qui disposent d'un budget modeste, mais qui désirent bénéficier d'un bon rapport qualité/prix dans une ville où les hôtels sont plutôt dispendieux : La Jabotte. Pour trouver ce petit endroit sympathique, dirigez-vous vers le cap en prenant le boulevard Maréchal Leclerc et ensuite le boulevard James Wyllie. Arrivé à la plage de La Salis, montez à droite dans la très petite rue Max Maurey. Vous n'êtes qu'à 50 m de la mer, et pourtant tout est calme. Ce petit hôtel est tenu par un jeune couple très sympathique et procure un confort qui se situe au-dessus de sa catégorie. La propriétaire propose une cuisine typiquement française et peut également vous indiquer les bonnes adresses pour la «cuisine antiboise». Le jardin est paisible et ensoleillé. C'est l'endroit idéal pour ceux qui ont le cœur jeune!

Petit Castel
540F, pdj 48F
fermé mi-fév à début mars
dp, bp, ≡, tv
22 av. des Sables
☎04.93.61.59.37
⇄04.93.67.51.28

Si vous cherchez plus de confort, on vous propose le Petit Castel. Cette charmante villa au style des années trente, mais dont toutes les chambres ont été rénovées, est située à l'orée du cap d'Antibes, dans un quartier résidentiel, à proximité de la plage du Casino et du Palais des congrès. L'hôtel dispose d'un solarium sur le toit qui offre une vue sur la mer et les montagnes. Cet hôtel au confort très moderne n'a pas de restaurant, mais on sert les petits déjeuners dans une très belle véranda fleurie.

Le Ponteil
½p 600F-800F
½p obligatoire pendant la haute saison
fermé fin nov à fin déc
dp, ℜ
11 impasse Jean Mensier
☎04.93.34.67.92
⇄04.93.34.49.47

Le Ponteil est situé aux portes du cap d'Antibes (à l'intersection avec l'avenue Général Maizière) et fait partie des Logis de France. Voilà un endroit qui nous a plu! L'hôtel se trouve au cœur d'une oasis fleurie et verdoyante, à l'abri des bruits désagréables, tout en étant tout près de la mer. De plus, vous y trouverez un accueil chaleureux et une ambiance familiale. Toutes les chambres ont été refaites récemment pour améliorer le confort. Côté cuisine, ce sont les patrons qui sont aux fourneaux. En saison, on s'attable sur une terrasse ombragée par le feuillage des arbres.

Bref, le style «petite auberge champêtre et soignée», mais en plein cœur de la ville.

Opio

Caravan'Inn
location de studios, de duplex et de chambres
ℝ, ≈, *tennis*
18 rte de Cannes
☎***04.93.77.32.00***
Ce très beau camping est situé dans l'arrière-pays de Cannes, pas loin de la mer (15km).

Saint-Martin-Vésubie

La Mério
location de roulottes et studios
mi-juin à mi-sept
ℝ
route de la Colmiane
☎***04.93.03.30.38***
Vous serez aux portes du parc du Mercantour et à une heure de la mer. Pour s'y rendre au départ de Nice : prendre la route du Bord-de-Mer, ensuite la N202, direction Digne, puis la D2565 10 km plus loin. Il faut dépasser Saint-Martin-Vésubie sur la route de la Colmiane (à 1,5 km). Le camping se trouve dans un parc boisé au bord d'une rivière à truite.

Collonges

FonFrède
chambres d'hôte
☎***04.93.05.80.76***
Élevage de moutons, maraîchage de montagne, chasse, pêche en étang.

Guillaumes

La Ferme du Troc
trois gîtes logeant de 2 à 6 pers.
☎***04.93.05.54.64***
À 13 km de Guillaumes. Élevage bovin, agro-bio, maraîchage de montagne, table d'hôte, menus végétariens ou non.

Juan-les-Pins

Juan Beach
250F-400F
fermé nov à avr
dp, bp
5 rue de l'Oratoire
☎***04.93.61.02.89***
⇄***04.93.61.16.63***
juan.beach@atsat.com
L'«hôtel-pension» Juan Beach est situé près de la pinède Gould, à 100 m des plages et à proximité du Palais des congrès et du Casino. Les propriétaires vous assurent des vacances agréables et reposantes. Les chambres sont plutôt petites, mais très propres et soignées. Quelques-unes ont une terrasse. Les repas sont servis sous la tonnelle et les petits déjeuners, dans le jardin ombragé par les tilleuls et les orangers.

Le Pré Catelan
550F-950F, pdj 42F
dp, bp, ℜ, ≈
22 av. des Lauriers
☎***04.93.61.05.11***
⇄***04.93.67.83.11***
trevaux@club-internet.fr
À l'écart des grands boulevards, tout près d'Antibes, nous vous recommandons fortement l'hôtel Le Pré Catelan. Cet établissement de style années trente est entouré d'arbres et a été entièrement rénové. On n'y entend que le chant des oiseaux. Et vous n'êtes qu'à 200 m de la plage et du Casino! L'ambiance est très chaleureuse, style «auberge de campagne». L'intérieur est décoré de belles antiquités sobres. Les salles de bain sont d'époque, mais très bien entretenues. Un pavillon indépendant, donnant sur le grand jardin, peut loger de quatre à six personnes.

Hôtel Sainte-Valérie
670F-930F, pdj 60F
fermé oct à mi-avr
bp, tv, ≡, ℜ, ≈
rue de l'Oratoire
☎***04.93.61.07.15***
⇄***04.93.61.47.52***
saintevalerie@juanlespins.net
À côté de l'établissement précédent, l'Hôtel Sainte-Valérie compte deux hôtels en un. Les chambres les moins chères font partie de la Villa Christie, dont vous pourrez profiter notamment de la très jolie piscine et du jardin fleuri. La différence se situe au niveau du confort : elles ne sont

pas climatisées et n'ont pas de terrasses individuelles. Vous avez donc le choix de votre bien-être. Toutefois, ce qui compte, c'est la proximité de la mer.

Vallauris/ Golfe-Juan

Beverley Hôtel
300F-400F, pdj 38F
dp, asc, tv
14 rue Hoche
☎04.93.39.10.66
⇄04.92.98.65.63
beverly-hotel_cannes@csi.com
Situé le long d'une rue piétonne, le Beverley Hôtel, de style moderne, est tenu par une famille. Vous serez ainsi assuré d'y retrouver un bon accueil. Les chambres, au style un peu vieillot, sont toutefois très propres et confortables. L'entrée est très sobre et fait un peu «américaine».

Touring Hôtel
350F-450F
asc, dp, tv
11 rue Hoche
☎04.93.38.34.40
⇄04.93.38.73.34
infos@cannes.hotels.com
Au centre de la ville, dans une rue semi-piétonne, le Touring Hôtel nous a plu à cause de son ancienne façade de la fin du XIXe siècle. Les grandes portes-fenêtres donnent sur des balcons, ce qui rend les chambres très lumineuses. Le style à l'intérieur est ancien (pour le mobilier), moderne (pour le confort).

Beau Soleil
400F-600F, pdj 50F
bp, ≡, tv, ℂ, ≈
impasse Beau Soleil
☎04.93.63.63.63
⇄04.93.63.02.89
hotel-beau-soleil.com
Le Beau Soleil fait partie de l'association des Relais du Silence. Il est situé entre Cannes et Nice, à 500 m des plages de sable fin. Cet hôtel offre tout le confort moderne et dispose d'une belle piscine.

Cannes

Hôtel Riviera
350F-470F
studios 440F-490F
fermé nov et déc
dp, ≡, tv, ℂ dans les studios
35 rue Hoche
☎04.93.38.33.67
⇄04.93.38.65.22
Situé au centre-ville, à 200 m de la gare et à 300 m des plages. Vous y profitez du calme de la rue piétonne, et les chambres sont dotées de triples fenêtres. Le décor est moderne, et les studios sont équipés de cuisinettes bien aménagées. Cet hôtel fera l'affaire aussi bien des familles que des personnes voyageant seules. Les patrons sont très sympathiques et s'investissent entièrement pour vous offrir le meilleur rapport qualité/prix.

Hôtel Splendid
580F- 960F, pdj 75F
bp, ≡, ℂ, tvc
4 rue Félix-Faure
☎04.93.99.53.11
⇄04.97.06.22.22
infos@cannes.hotels.com
On recommande vivement l'Hôtel Splendid. Ce grand hôtel *(deux suites mansardées et 62 chambres, dont 42 avec ℂ)* est merveilleusement situé au cœur d'un grand jardin public aménagé. Au centre de Cannes, en face de la mer et du Vieux-Port, près du Casino et du Palais des Festivals, et à quelques pas des plages de sable fin. Cet hôtel de style fin XIXe vous séduira par son confort et l'excellence de l'accueil. Dans les salons communs ainsi que dans les chambres, vous serez entouré d'un bel ameublement antique. La plupart des chambres possèdent un balcon ou une terrasse donnant sur la mer. Le confort s'avère impeccable, et les salles de bain se révèlent très modernes. On fournit des peignoirs. Cet hôtel offre un très bon rapport qualité/prix.

Hôtel de France
650F-690F, pdj 50F
fermé déc
bp, ≡, tv
85 rue d'Antibes
06400 Cannes
☎04.93.06.54.54.
⇄04.93.68.53.43.
www.h-de-france.com
Rénové en 1997, ce petit hôtel donnant sur l'artère commerciale de Cannes offre étonnamment tout le calme né-

cessaire qui permet de bien se reposer. La proximité des plages et de l'animation et son grand confort vous garantiront un séjour des plus agréables. Toutefois, c'est sa terrasse localisée sur le toit qui le distingue des autres hôtels. On peut donc s'y reposer tout en admirant le panorama cannois. Enfin, l'hôtel a négocié un tarif privilégié avec les propriétaires de la plage Le Goéland.

Carlton Inter-Continental
2 995F-4 090F
suite 7 950F-17 950F
dp, bp, ≡, ℝ, tv, ℜ
58 La Croisette, B.P. 155
☎04.93.06.40.06
⇄04.93.06.40.25
Le Carlton Inter-Continental vous reçoit dans le très grand luxe. Son allure de très grand palais du tournant du XXe siècle et sa magnifique façade blanche en font le bâtiment le plus spectaculaire de Cannes. Son immense terrasse et son entrée superbe se trouvent en plein cœur de la Croisette et à 5 min du Palais des Festivals. Ce grand palace dispose, bien sûr, d'une plage privée et sablonneuse où l'on assure un service de restauration. De nombreuses activités sportives sont proposées, notamment la planche à voile. Au dernier étage, vous pouvez dîner dans un cadre splendide avec une vue magnifique sur la mer. Cet étage, sous la toiture impressionnante, est également équipé d'un casino, de salles de conférences, d'un solarium et d'un sauna. Si vous voulez faire une folie, offrez-vous une nuitée ou deux dans l'un des appartements de luxe au dernier étage. Leurs salles de bain spectaculaires sont nichées dans les tourelles qui ornent les côtés de ce grand palais. Notez enfin que, de novembre à mars (hors saison des congrès), il est possible de séjourner à très bon compte (bien sûr c'est relatif!) dans les magnifiques palaces de la Croisette *(☎08.10.06.12.12 ou 04.97.06.53.07, ⇄04.93.99.06.60)* tels **Le Carlton**, **Le Majestic** ou encore **Le Martinez**. En effet, pendant ce moment de l'année, divers forfaits (2 ou 5 nuitées) avantageux sont disponibles, car, en plus d'inclure l'hébergement, ils comptent une multitude de gratuités, notamment une excursion aux îles de Lérins ainsi que l'accès à leur plage privée avec matelas et parasol.

Cannes - La Bocca

Hôtel Super +
249F
bp, tv
242 av. F. Tonner
06150 Cannes - La Bocca
☎04.92.19.64.64
⇄04.92.19.64.65
www.super-plus.claranet.fr
Excentré, cet hôtel sans caractère a l'avantage d'offrir des chambres correctes à un prix assez imbattable pour Cannes.

Mougins (ancien village)

Les Muscadins
950F-1 400F, pdj 100F (buffet)
suite 1 800F
½p + 200F/pers.
fermé fév et les deux semaines avant Noël
bp, ≡, tv, ℝ, ℜ
18 bd Courteline
☎04.92.28.28.28
⇄04.92.92.88.23
Vous cherchez un hôtel de grand style et au charme inouï? Alors, Les Muscadins répondra à toutes vos attentes. Les 11 chambres – dont les plus chères offrent une vue sur la mer – sont toutes différentes, mais garantissent un grand confort. Elles sont personnalisées grâce à des objets d'art, des tableaux anciens et des meubles choisis spécialement. Les salles de bain sont spacieuses et très modernes. Le rez-de-chaussée abrite un bar – à l'allure très *British* – et le restaurant, qui s'ouvre sur une grande terrasse. Cette maison, blottie au pied du vieux village, étale une beauté qui exhale la sobriété. Le rapport qualité/prix devient intéressant quand vous choisissez la demi-pension car la cuisine qu'on y propose est sublime (voir p 348).

Mougins

Moulin de Mougins
chemin du Moulin
☎04.93.75.78.24
⇌04.93.90.18.55
Le Moulin de Mougins n'est pas seulement un restaurant très coté (voir p 348); il met également trois chambres *(850F-950F; bp, ≡, tv)* et quatre appartements *(1 800F; bp, ≡, tv)* à votre disposition, dont deux dans un bâtiment indépendant. Vous jouirez d'un endroit magnifique, envahi par les arbres et les fleurs, et digne des contes de fées.

Cabris

Ce petit village aimé de Gide, de Saint-Exupéry et de bien d'autres est situé à 5 km de Grasse dans les hauteurs. Il vaut vraiment le détour, ne serait-ce que pour y séjourner lorsqu'on se trouve dans les environs. On y trouve plusieurs adresses intéressantes.

Chambres d'hôte Mme Faraut
260F-320F
dp
fermé nov à mars
14 rue de l'Agachon
☎04.93.60.53.36
Comme endroit simple, mais sympathique et propre, on vous recommande les Chambres d'hôte Mme Faraut. Les quatre chambres, dont deux offrent une vue panoramique, sont aménagées dans une ancienne maison à façade jaune située dans le vieux village.

Hôtel Horizon
340F-640F, pdj 50F
bp, dp, asc, tv, ≈
☎04.93.60.51.69
⇌04.93.60.56.29
Membre de l'association des Relais du Silence, l'Hôtel Horizon vous procurera le calme dans une ambiance chaleureuse. De plus, la plupart des chambres offrent un panorama splendide des environs. Enfin, les chambres sont confortables, et la grande piscine longuement ensoleillée est on ne peut plus invitante. À noter également que c'est à cet endroit que Saint-Exupéry a corrigé les épreuves de son livre *Terre des hommes*.

Le vieux château
400F-600F
dp, tv, ℜ
place Mirabeau
☎/⇌04.93.60.50.12
L'«auberge-restaurant» Le vieux château est tout en haut du village, près des ruines (vous l'aurez deviné!) du vieux château. L'établissement ne compte que quatre chambres car il fait surtout restaurant (voir p 343).

Enfin, si vous disposez d'un budget plus modeste, rendez-vous à l'Office de tourisme, qui vous dirigera vers les chambres d'hôte se trouvant au village. Faites vite car elles sont presque toujours louées.

Grasse

Hôtel des Parfums
675F -780F, app. pour 4 pers. 915F -1 020F, formule semaine, pdj 60F
bp, dp, tv, ≡, ℝ, ℜ, asc
bd Eugène Charabot
☎/⇌04.92.42.35.35
www.hoteldesparfums.com
Aujourd'hui Grasse vaut une nuit! Descendez à l'Hôtel des parfums, si l'allégeance à la chaîne Best Western vous plaît. Ce grand hôtel (71 chambres) est situé en hauteur, à proximité du cœur de la ville, et offre un beau panorama. Le restaurant s'ouvre sur une grande terrasse et une belle piscine. Le stationnement privé, à quelques minutes du centre-ville, constitue un autre avantage. Seul bémol : une grande affiche commerciale sur la façade de l'hôtel indiquant un prix trompeur.

Grasse Country Club
800F-1 000F, pdj 50F
chambre avec mezzanine 1 050F- 1 300F
bp, ≡, asc, ≈, ⌂, ℜ
route des 3 Ponts, D11
☎04.93.60.55.44
⇌04.93.60.55.19
Si vous aimez le golf, vous pouvez séjourner au Grasse Country Club. L'endroit est de type *resort* avec tout ce que cela comporte. Il y a un sauna et même une table de billard à votre disposition. Les chambres sont bien sûr spacieuses et sans faille, et possèdent de grandes terrasses privées. L'établissement

propose également des forfaits golf avec demi-pension. Plutôt cher, mais quand on veut assouvir une passion...

Tourrettes-sur-Loup

La Camassade
location de roulottes et de studios
commerces, d, ℝ, ≈
523 route de Pie Lombard
☎04.93.59.31.54
Pour vous y rendre, suivez les indications dans les environs de Tourrettes. À 400 m d'altitude, entre mer et montagne, vous jouirez du calme et de l'ombre des chênes et des oliviers centenaires.

Auberge Belles Terrasses
250F-290F pdj
½p 400F
dp, bp, tv, ℜ
☎04.93.59.30.03
L'Auberge Belles Terrasses nous a fait une très bonne impression. Cet établissement de caractère provençal est situé dans la nature verdoyante à 1 km de Tourrettes-sur-Loup sur la route de Vence. De plus, on n'est qu'à 20 min de la mer. Les chambres ont une terrasse avec vue sur la Côte ou le jardin. Cet hôtel est tenu par une famille préoccupée par la qualité et le bien-être du client. La simplicité et la bonne humeur y règnent. Le rapport qualité/prix est très bon (voir p 350), mais des travaux de rénovation s'imposent.

Le Mas des Cigales
450F, pdj inclus
bp,dp, tv, ≡
1673 route des Quenières
☎04.93.59.25.73
⇌04.93.59.25.78
Si vous cherchez un *bed and breakfast* haut de gamme avec un excellent rapport qualité/prix, réservez au Mas des Cigales. Cette villa entourée d'un magnifique jardin est munie d'un stationnement privé et d'un court de tennis qui se trouve à 5 km de Tourrettes en direction de Grasse (CD 2210). Les chambres (Capucine, Pivoine, Papillon, Violette et Olive) sont charmantes, soignées et confortables avec leurs meubles peints et décorés à la main.

Résidence des Chevaliers
580F-850F, pdj 70F
fermé oct à mars
bp, tv, ≈
route du Caire
☎04.93.59.31.97
⇌04.93.59.27.97
Si vous cherchez un endroit plus confortable, plus sélect et très calme, logez à la Résidence des Chevaliers. Ce bastide de style provençal ressemble à une très grande villa. Sur le flanc d'une colline surplombant le village, on y profite d'une vue panoramique sur la mer. L'établissement est tenu par un couple très discret. Les chambres disposent d'une terrasse et de très belles salles de bain. Les deux chambres des coins sud-est et sud-ouest ont un charme particulier. Le rapport qualité/prix est correct, surtout grâce au beau jardin et à la belle piscine.

Bar-sur-Loup

Gorges du Loup
location de tentes
commerces, d, ℝ, ≈
965 chemin des Vergers
☎04.93.42.45.06
Pour s'y rendre au départ de Vence : suivre la D2210, dépasser la D6, traverser le petit pont et tourner à gauche peu après dans le chemin des Vergers. Ce camping, sous les oliviers au pied du village, se situe dans le triangle d'or Cannes-Nice- Grasse. En plus de bénéficier d'un environnement paisible, vous profiterez d'une vue superbe sur la vallée du Loup.

La Thébaïde
145F-275F
bp, dp
54 chemin de la Santoline
☎04.93.42.41.19
Si vous désirez le calme dans un endroit simple, complètement retranché, mais rempli de charme, alors optez pour La Thébaïde. Ce vieux mas provençal à l'ambiance familiale se trouve en pleine campagne au cœur d'une oliveraie. Il compte huit chambres qui vont de celle qui n'offre que le lit à celle tout équipée. Par contre, plusieurs pièces sont à votre disposition : le salon, la bibliothèque avec sa cheminée ainsi qu'une salle de télévision. Dehors, vous pourrez marcher ou tout sim-

plement flâner dans l'immense jardin. Enfin, vous êtes assuré d'y retrouver un accueil très gentil, mais surtout un rapport qualité/prix imbattable qui mérite le détour, même si l'endroit est bien caché.

Restaurants

Vence

Le Pêcheur de Soleil
$-$$
tlj en été, mar-sam en hiver
place Godeau
☎***04.93.58.32.56***
Si vous êtes amateur de pizza, vous pouvez vous arrêter au Pêcheur de Soleil, où l'on en confectionne, selon votre goût et sur commande, 500 sortes différentes. Dans ce petit endroit au décor *tcharafi* (bazar) où des douzaines d'ustensiles de cuisine anciens sont accrochées au plafond, Christian et Marie-Françoise garantissent un petit repas à un bon rapport qualité/prix. En été, vous pouvez manger dehors sur une petite placette calme et agréable.

Le Pigeonnier
$-$$
fermé ven et sam midi
place du Peyra
☎***04.93.58.03.00***
Au Pigeonnier, vous trouverez un endroit sympathique (à l'intérieur et sur la terrasse) pour manger des plats provençaux (raviolis et pâtes fraîches maison, tagliatelles au saumon, feuilleté de 12 escargots, etc.) et la spécialité, un tiramisu maison. De plus, l'établissement se trouve à l'abri de la circulation, mais en plein circuit touristique, entouré de belles boutiques provençales.

P'tit Provençal
$-$$$
fermé dim soir et lun
4 place Clemenceau
☎***04.93.58.50.64***
Pour un niveau supérieur, mais à des prix comparables, vous devriez manger au P'tit Provençal. Le midi, on vous propose un menu à seulement 69F, mais les assiettes sont très tentantes en termes de qualité de nourriture et de présentation. Ce sympathique resto (avec une petite terrasse dans la rue) propose une «cuisine du terroir» (viande et poisson).

La Cassolette
$-$$$
10bis place Clemenceau
☎***04.93.58.84.15***
La Cassolette propose une cuisine traditionnelle du sud-ouest de la France comprenant le cassoulet et le magret de canard. Claudie Berlin vous garantit un bon accueil et de bons plats à des prix intéressants.

La Farigoule
$$-$$$
fermé mar et mer midi
15 av. Henri Isnard
☎***04.93.58.01.27***
La Farigoule vous offre un cadre très particulier à l'ouest du centre-ville historique. Vous pouvez y déguster de bons plats aux saveurs de Provence (pâtes, viandes et poissons) dans un décor rustique à l'intérieur ou bien dans un grand patio ravissant.

Auberge des Seigneurs
$$$
fermé lun-mer midi
place du Frêne
☎***04.93.58.04.24***
⇄***04.93.24.08.01***
Le summum pour une soirée de classe à l'ambiance médiévale, vous le vivrez à l'Auberge des Seigneurs. Situé à côté du Château-musée de Villeneuve, ce restaurant propose une cuisine régionale raffinée dans un décor à la fois soigné et particulier. Au menu, on vous proposera peut-être le tian vençois ou le tourton des pâtres suivi d'un carré d'agneau ou d'un demi-poulet, tous deux cuits à la broche sur feu de bois. Enfin, l'accueil et la gentillesse de Madame Rodi et de son personnel ajoutent au ravissement. Il y a fort à parier qu'un quelconque fantôme vous chipera votre serviette de table ou votre addition, ce qui ajoutera à l'atmosphère familiale et amusante des lieux.

Saint-Jeannet

Au Vieux Four
$
fermé midi et mar soir (sauf juil-août)
23 rue du Château
☎04.93.24.97.41
Au Vieux Four vous propose de bonnes pizzas cuites sur feu de bois. Mais ce n'est pas tout ce qu'on peut y manger car Martin, le jeune chef, prépare également des plats de poisson et de viande d'une qualité respectable. De plus, l'endroit est chaleureux et convivial.

Chante Grill
$-$$
42 rue Nationale
☎04.93.24.97.41
Pour le déjeuner (mais pas exclusivement), nous vous recommandons le Chante Grill. Maguy et Philippe vous proposent une cuisine préparée dans la tradition familiale avec une spécialité : la bouillabaisse de lapin. Une petite terrasse donne sur la ruelle qui mène directement au lavoir.

L'Indicible
$$
fermé jeu
à l'entrée de l'ancien village
☎04.92.11.01.08
L'Hôtel L'Indicible vous garantit également une bonne cuisine. Les propriétaires, un jeune couple belge, s'y connaissent autant dans les épices provençales que dans les anciennes recettes belges, une cuisine à base de bière. L'ambiance est sympathique; l'accueil et le service sont excellents.

Haut-de-Cagnes

Le Vertigo
$-$$
fermé jan
place du Château
☎04.92.02.00
Sur la place du Château, on vous conseille Le Vertigo surtout pour son emplacement privilégié sous les acacias, ses belles combinaisons de salades et ses excellents desserts (à base de glaces artisanales). Le patron n'est pas chiche avec la vodka qu'il verse généreusement sur la glace au citron pour rendre honneur à la coupe Colonel.

Entre cour et jardin
$-$$
soirs seulement sauf dim, fermé mar
102 montée de la Bourgade
☎04.93.20.72.27
Entre cour et jardin est un petit restaurant au cadre détendu et sympathique qui se trouve dans l'une des ruelles qui mènent au château. On y propose une cuisine régionale sans fausse prétention qui se révèle tout à fait correcte. Et, ce qui ne gâche rien, le service est des plus cordiaux. Enfin, l'apéro inclus avec les menus et les amuse-gueule constituent une belle façon de vouloir poursuivre la dégustation.

Les Peintres
$$-$$$
fermé mer et lun midi
71 montée de la Bourgade
☎04.93.20.83.08
Un peu plus haut de gamme, Les Peintres saura vous ravir. D'abord par son décor qui met en valeur les peintres locaux, ensuite par la cuisine que son chef, Frank Ria, vous concoctera. Venu de Toulouse, il sait mêler les spécialités du Sud-Ouest aux saveurs de Provence à un excellent rapport qualité/prix.. Particularité intéressante et appréciable : ici, pas de plateau de fromages, mais une aumônière de reblochon. Délicieux!

Le Cagnard
$$-$$$
rue Pontis-Long
☎04.93.20.73.21
Le restaurant de l'hôtel Le Cagnard confirme la bonne réputation de l'association des Relais et Châteaux. La salle à manger est assez spectaculaire avec la vue qui s'ouvre sur le paysage environnant, dont on peut tout aussi bien apprécier l'horizon que le ciel grâce au toit ouvrant. La cuisine y est délicieuse, mais souffre peut-être un peu de la rigidité du service, qui, semble-t-il, est l'apanage de ces établissements. Mais ceux qui désirent une certaine exclusivité y trouveront tout à fait leur compte (voir p 331).

De Nice à Cannes

La table d'Yves
$$-$$$$
fermé mar et jeu midi et mer
85 montée de la Bourgade
☎04.93.20.33.33
Plusieurs guides gastronomiques proposent, avec raison, La table d'Yves. Selon votre goût, votre faim et votre budget, vous pouvez choisir entre les menus saveur, gourmand ou plaisir, ou bien à la carte. Comme spécialités, vous trouverez le filet de pagre, le velouté de petits pois à l'huile de truffe blanche et lardons de canard, ainsi que les fraises marinées au vin doux et à la menthe au dessert. Tentant!

Saint-Paul-de-Vence

Hostellerie de la Fontaine
$
au centre du village
☎04.93.32.80.29
☎04.93.32.74.12
Au restaurant de l'Hostellerie de la Fontaine, vous trouverez le charme d'antan. L'Hostellerie forme un îlot romantique que seule une porte sépare du cœur du village. Sa cuisine, simple et familiale, est bonne et riche. Profitez de la terrasse qui surplombe la belle fontaine du village pour goûter surtout les pâtes et les tartes maison.

Le Café de la Place
$
☎04.93.32.80.03
Le Café de la Place est situé à l'endroit le plus stratégique de Saint-Paul : on doit obligatoirement y passer pour se rendre à l'entrée du village. Des plus invitants avec sa grande terrasse qui occupe les premières loges des parties de pétanque qui y sont disputées, il sert une cuisine simple, idéale pour le repas de midi. Enfin, la location s'impose d'emblée pour l'apéro. Ne vous laissez pas trop irriter par le stress des serveurs à l'heure du déjeuner...

La Voûte
$-$$
☎04.93.32.09.47
En vous promenant le long des remparts, à l'ouest du village, vous trouverez plusieurs petits restaurants sympathiques. On vous recommande La Voûte en particulier. Vous pourrez y savourer des plats provençaux et italiens. Pour vous assurer d'avoir une table sur la petite terrasse offrant une vue magnifique, vous devriez faire une réservation ou arriver tôt.

La Colombe d'Or
$$$
☎04.93.32.80.02
≠04.93.32.77.78
La Colombe d'Or compte parmi les endroits les plus prestigieux de la région. Ancien relais de poste, puis auberge modeste portant le nom de Robinson, cet hôtel a été transformé en «hôtel-restaurant» par le fils de l'aubergiste. Amateur d'art, le propriétaire en a fait un petit musée vivant : vous dînez dans un décor somptueux parmi les tableaux de grands maîtres tels que Picasso, Matisse, Léger et bien d'autres. La salle à manger est aussi rustique qu'élégante. Ici, tout respire l'art et l'espace. En été, vous déjeunez et dînez dans un très beau jardin ombragé. Mais vous payez assez cher ce petit coin très recherché. Il n'y a pas de menus à prix fixe, et il faut compter environ 300F par personne pour un repas simple mais fin. Vous devez également savoir que Yves Montand et Simone Signoret affectionnaient tellement ce lieu qu'ils en sont devenus copropriétaires à une certaine époque.

Le Saint-Paul
$$$-$$$$
fermé fin nov à fin jan, sauf Noël, Nouvel An et mar midi
86 Rue Grande
☎04.93.32.65.25
L'hôtel-restaurant Le Saint-Paul vaut un détour gastronomique et gourmand. Le midi, vous choisirez entre trois excellents plats ou bien la carte. Le tout est à déguster sur une petite terrasse calme et ombragée. Le soir, le beau décor intérieur vous invite à goûter les spécialités, comme le loup de Méditerranée au citron en croûte d'argile. Au dessert, une dégustation de crèmes brûlées aux saveurs de Provence, où basilic, thym et romarin s'imposent...

Ceux qui préfèrent le fromage vont se régaler avec le reblochon fermier aux truffes.

La Colle-sur-Loup

L'Abbaye
$$$
541 bd Honoré Teisseire
☎04.93.32.68.34
Site classé du Xe siècle, le restaurant de L'Abbaye bénéficie d'un cadre vraiment enchanteur. Pendant la saison, vous pourrez déjeuner ou dîner dans un jardin à l'éclairage judicieusement tamisé; sinon, la propriétaire, Madame Hugues, ou un membre de son personnel vous dirigera vers la salle à manger chaleureuse et accueillante. C'est dans ce décor au mobilier ancien et distingué que vous pourrez déguster l'apéritif maison avant de savourer la cuisine du chef, Hervé Rozec, qui, de toute évidence, s'ingénie à marier des saveurs qui viendront successivement flatter votre palais. La salade d'asperges et de crevettes ainsi que le coquelet rôti à la citronnelle sont d'une grande finesse. Manger à l'Abbaye est une expérience qui ne risque pas de vous décevoir. Après le repas, ne manquez pas de visiter la chapelle où se célèbrent encore des cérémonies à caractère religieux.

Villeneuve-Loubet

Le Festival de la Moule
$-$$
route du Bord-de-Mer, à proximité de Géant Casino
☎04.92.02.73.25
Vous aimez les moules-frites? Alors arrêtez-vous au restaurant Le Festival de la Moule. Que ce soit à l'intérieur ou sur une immense terrasse (ouverte ou couverte selon le temps), vous choisirez parmi plusieurs recettes de moules, servies à volonté. Les frites sont bonnes; quant aux pizzas et aux pâtes (toujours à volonté), elles sont également recommandées. L'ambiance est jeune et joyeuse; le service, efficace.

La Vieille Auberge
$-$$
fermé mer
11 rue des Mesures
☎04.93.73.90.92
En plein cœur du vieux village, La Vieille Auberge vous accueille tout aussi bien sur sa charmante petite terrasse ou dans sa salle à manger au décor provençal. Le chef, Fabienne Pradier, est disciple d'Escoffier (le Musée de l'art culinaire est tout près) et propose une cuisine régionale à base des produits du pays qu'on peut arroser d'un bon vin de pays.

Cabris

Auberge Le vieux Château
$-$$
fermé mar soir et mer hors-saison
place Mirabeau
☎/≠04.93.60.50.12
On peut vous recommander l'Auberge Le vieux Château près des ruines du château, en haut du village. On y sert des spécialités du terroir, par exemple le pigeon farci aux noisettes et au chou.

La Chèvre-d'or
$$-$$$
à l'entrée du village
☎04.93.60.54.22
Dans un autre registre, celui d'une cuisine plus chère, plus fine, vous pouvez essayer la cuisine proposée à La Chèvre-d'or. Son chef prépare, entre autres plats, des ris de veau, un tournedos Rossini, un filet de bœuf aux morilles, mais aussi des poissons, des coquilles Saint-Jacques et des langoustines à la provençale.

Biot

Boulangerie H.Dessoit
15 rue Saint-Sébastien
Si vous arrivez vers midi ou au cours de l'après-midi dans l'ancien village avec l'envie de satisfaire une petite faim, arrêtez-vous à la Boulangerie H. Dessoit. L'accueil est

charmant, et vous y trouverez un petit coin pour manger les sandwichs, quiches et autres petits délices concoctés à la boulangerie.

Hôtel des Arcades
$$
16 place des Arcades
☎04.93.65.01.4
≠04.93.65.01.05
Tout en haut de ce charmant vieux village se cache un trésor : l'Hôtel des Arcades. Le bâtiment date du XVe siècle, a un charme fou et vaut le détour pour son restaurant, sa première vocation. On peut y déguster non seulement des spécialités provençales comme le lapin sauté aux herbes, mais aussi de l'osso bucco, les propriétaires étant d'origine italienne et normande. Goûtez également les raviolis maison. Cet établissement, qui sustente les célébrités, doit obligatoirement constituer une étape pendant votre séjour dans la région!

Valbonne

Moulin des Moines
$-$$
fermé sam midi et dim soir
place de l'Église
☎04.93.12.03.41
Le Moulin des Moines vous charmera avec son intérieur qui date du XIIe siècle. À l'extérieur, une belle terrasse ombragée vous invite à passer un bon moment. Comme spécialités, la maison propose le foie gras maison au torchon et plusieurs plats de poisson, mais également l'assiette gourmande, composée de six petits desserts alléchants. L'établissement se targue d'avoir une grande cave avec de bons millésimes. Puisque les prix des menus incluent le vin et le café, le rapport qualité/prix est bon.

Antibes

Restaurant de la Gravette
$
fermé mar
48 bd d'Aguillon
☎04.93.34.18.60
Au Restaurant de la Gravette, il faut surtout goûter les spécialités de la mer : la bouillabaisse, les poissons grillés, les scampis et les fritures. Le midi, cet établissement, doté d'une grande terrasse donnant sur une rue piétonne (juste derrière le grand mur, à droite après la porte d'entrée du vieil Antibes), propose un menu avec entrée, plat et dessert pour 58F.

La Toscana
$
20 av. du 24 Août
☎04.93.64.18.02
Pour un petit repas rapide, la pizzeria La Toscana se trouve près de la gare routière. Pâtes, pizza, fondue bourguignonne et viandes grillées vous y seront servies.

La Taverne du Safranier
$
fermé lun et mar midi
place du Safranier
☎04.93.34.80.50
La Taverne du Safranier donne sur une placette sympathique et calme qui se trouve à l'aboutissement de petites ruelles qui sillonnent le cœur du vieil Antibes. Vous y êtes à l'abri de la foule, car c'est un peu à l'écart des sites les plus populaires d'Antibes. Cette place a beaucoup de charme : en été, on y respire toute la Provence. On s'assoit à l'extérieur sous un toit de toile ou sous une voûte d'étoiles... Vous y savourerez des spécialités provençales et des moules. Au dessert, on vous recommande les excellentes tartes maison.

Le Pistou
$
soir seulement, fermé dim
18 rue James Close
☎04.93.34.73.51
Situé dans l'une des plus jolies ruelles commerçantes d'Antibes, Le Pistou est une aubaine. Le chef cuisinier proprio est avant tout un artiste dans l'âme, mais également de fait, puisqu'il est sculpteur. L'endroit, décoré de tableaux de son père, est convivial, et ce, dans le meilleur sens du terme. On y retrouve une telle ambiance! Nous défions quiconque, même les loups, d'en ressortir affamés. Le menu à 110F commence avec la soupe au pistou, vraie,

savoureuse et consistante. Il est impossible de ne pas s'en resservir même si l'on sait qu'il y a une suite, tellement elle est excellente. C'est un endroit vraiment sympathique, et le rapport qualité/prix est imbattable.

Le Brûlot
$-$$
fermé dim et, lun-mer, à midi
3 rue Frédéric Isnard
☎04.93.34.17.76
Dans une ruelle entre la place du Marché et la Place nationale, on vous recommande vivement Le Brûlot. Vous y mangerez de la socca, des couscous, des pizzas et des grillades dans une salle à l'ambiance agréable ou dans la grande salle voûtée au sous-sol. Ce restaurant est très visité par les Antibois et Antiboises.

Le Caméo
$$
fermé nov et déc
Place nationale
☎04.93.34.24.17
L'«hôtel-pension-brasserie» Le Caméo a la paella et la marmite des pêcheurs comme spécialités. Sinon, on y prépare une cuisine plutôt bourgeoise, par exemple la fondue bourguignonne (à volonté). Le rapport qualité/prix est très bon, et vous pouvez manger dehors sous les platanes qui ornent la Place nationale, au cœur du vieil Antibes.

Jardin de Justine
$$
5 rue Sade
☎04.93.34.64.74
N'hésitez pas à goûter la cuisine du Jardin de Justine. Dans un beau jardin intérieur, vous dégusterez des spécialités provençales. Le cadre est très accueillant.

Le Sucrier
$$
fermé mar, jan et fév
6 rue des Bains
☎04.93.34.85.40
Le Sucrier propose une cuisine régionale originale grâce à l'ajout de petites touches exotiques. Cela crée des combinaisons alléchantes qui font envie. Et, ce qui est non moins appréciable, on peut s'attabler dans un petit jardin. Parfois cet établissement présente des dîners-spectacles.

La table ronde
$$-$$$
5 rue Frédéric Isnard
☎04.93.34.31.61
Le cadre de La table ronde crée une atmosphère bretonne. Comme spécialités, la maison vous propose la bouillabaisse, les jambettes d'agneau et les cuisses de grenouille. À cette liste s'ajoutent des spécialités exotiques comme l'autruche, le kangourou, l'espadon et le requin...

Auberge provençale
$$-$$$
fermé le midi
Place nationale
☎04.93.34.13.24
L'Auberge provençale se trouve sur la Place national, au cœur de la vieille ville. À l'intérieur, il y a un jardin d'été très attrayant. Le cadre est rustique et généreux en espace. Les spécialités sont les poissons, les fruits de mer et les coquillages, en particulier en bouillabaisse.

Juan-les-Pins

L'Oasis
$-$$
fermé soir en hiver
bd du Littoral
☎04.93.61.45.15
Pour faire un repas plutôt copieux de spécialités de la mer, il faut se rendre à L'Oasis. Ce restaurant populaire donne directement sur la mer. Un grand parc de stationnement est à la disposition des clients de l'autre côté du boulevard, tout de suite derrière le chemin de fer.

En saison, on mange dehors, directement sur la plage. Sinon, seulement quelques larges baies vitrées nous séparent de la mer. La vue s'étend entre le cap d'Antibes et les îles de Lérins. Il s'agit d'un restaurant bien tenu, dirigé par Bruno Charles, un monsieur très accueillant et aimable. Il faut essayer la marmite du pêcheur, une soupe de poisson qui regorge de filets de poisson. Au dessert, la mousse au chocolat s'impose, car elle est remarquable d'onctuosité et de saveur. Comme digestif, pourquoi pas une promenade sur la plage? Le rapport qualité/prix et le service se révèlent tous deux excellents. Enfin, le restaurant offre des services de plage avec des forfaits imbattables pouvant inclure un repas le midi.

Cannes

Brasserie d'Gigi
$
5 rue Meynadier
☎04.92.98.81.88
Vous êtes un peu fatigué et désirez vous arrêter le temps d'un «café-dessert», alors rendez-vous à la Brasserie d'Gigi, située dans la rue Meynadier, piétonne et joyeusement animée. Si vous aimez la tarte Tatin, n'hésitez pas! Le midi, on vous sert un plat du jour, vin et dessert inclus, pour 70F.

North Beach Café
$
fermé dim
8 rue du 24 Août
☎04.93.38.40.51
Situé dans une rue piétonne entre la mer et la gare, le North Beach Café présente un menu à 67F. Les spécialités sont les pâtes, les crêpes et les salades. Endroit branché : très clair et tout blanc. Très recommandé.

Legend Café
$
9 rue d'Oran, place Commissaire Lamy
☎04.93.38.26.51
Le Legend Café est une brasserie qui sert de la bière et des petits plats. Cet endroit nous plaît pour son cadre.

Au bec fin
$
fermé dim et lun
12 rue du 24 Août
☎04.93.38.35.86
Ce petit resto, fondé par la famille Hugues en 1955, sert une cuisine traditionnelle simple et bon marché. Les prix varient entre 65F et 124F. Le très bon rapport qualité/prix est assuré par les frères Philippe et Antoine. Vous y serez très bien servi!

La Socca
$-$$
62 rue Meynadier
☎04.93.39.91.39
La Socca loge au centre-ville dans une ruelle animée. La famille Boughambouz, d'origine algérienne, s'investit entièrement pour vous offrir un bon accueil, de bons plats et un bon rapport qualité/prix. Au menu figurent de succulentes pâtes au pistou, de la bourride de lotte, de la paella, des poissons grillés, etc. Le pain est fait maison par le propriétaire pâtissier. Goûtez à son excellente tarte au citron.

Vesuvio
$-$$
68 La Croisette
☎04.93.94.08.28
Si vous préférez la cuisine italienne, allez au Vesuvio. Vous y mangerez d'excellentes pizzas et des pâtes fraîches, assis au bar ou attablé sur la terrasse. On aime bien son cachet et sa décoration.

Au mal assis
$$
fermé mi-nov à Noël
15 quai Saint-Pierre
☎04.93.99.19.09
Vous n'êtes pas forcément mal assis Au mal assis. Cet endroit sympathique se trouve au Vieux-Port et propose un menu à 120F. Sur la terrasse, vous pouvez déguster les spécialités de la maison : les poissons du pays, la bouillabaisse, la bourride maison et la lotte poivrée dans la soupe.

Le Madeleine
$$-$$$
fermé nov et mar
13 boul. Jean Hibert
☎04.93.39.72.22.
Cette brasserie est un peu à l'écart de toute l'animation du port puisqu'elle se trouve sur le front de mer qui mène vers Mandelieu. Ne croyez toutefois pas qu'il y manque d'atmosphère, car la place est souvent bondée et sa terrasse, en hauteur par rapport à la rue, ne manque pas d'animation. Comme dans tous les restaurants qui se trouvent à proximité du port, on y sert des poissons et des fruits de mer.

Le Montagnard
$$-$$$
fermé dim et lun
6 rue Maréchal Joffre
☎04 93 39 98 38
Voilà l'endroit où il faut aller si l'on veut s'offrir un bon poisson ou de la cuisine végétarienne à base de produits biologiques frais. C'est plutôt rare à Cannes et c'est central.

Astoux & Brun
$$-$$$
27 rue Félix Faure
☎04.93.39.21.87
pas de réservation téléphonique
Les connaisseurs se rendent chez Astoux & Brun. Ce restaurant a une très bonne réputation, mais les prix pratiqués vont de pair. On y mange des spécialités de poissons et de coquillages sur la terrasse climatisée. À ne pas confondre avec le restaurant Chez Astoux!

Le Mesclun
$$$
fermé déc et mer
16 rue St-Antoine, Le Suquet
☎04.93.99.45.19.
Ce restaurant est niché dans une jolie ruelle qui monte vers Le Suquet, soit la partie la plus ancienne, la plus pittoresque et la plus sympathique de Cannes. On peut dîner au cœur de l'animation en choisissant la terrasse, légèrement surélevée, ou encore, pour un peu plus de calme, la salle à manger. Les spécialités sont régionales et l'ambiance se révèle vraiment agréable. Chaudement recommandé!

La Palme d'Or
$$$
fermé lun-mar et 15 nov au 15 jan
Hôtel Martinez, 73 La Croisette
☎04.92.98.77.14
À La Palme d'Or, on sert de la haute gastronomie avec un menu à 340F (275F le midi). On dîne sur la terrasse climatisée agrémentée de musique. Ce restaurant jouit actuellement d'une bonne réputation. Partout les gens y font référence quand on parle de grande restauration.

Le Relais des Semailles
$$$
fermé dim de nov à mars
9 rue Saint-Antoine
Le Suquet
☎04.93.39.22.32
Dans la vieille ville, nous vous recommandons Le Relais des Semailles. Une cuisine du marché vous est proposée sur la terrasse climatisée. Menu à 190F, donc assez cher, mais de bonne qualité.

Gaston Gastounette
$$$-$$$$
fermé deux ou trois semaines en jan
7 quai Saint-Pierre
☎04.93.39.47.92
Au Vieux-Port se trouve le Gaston Gastounette. Les spécialités, poissons, bouillabaisse, langoustes et homard, sont servies sur la terrasse climatisée.

La Villa des Lys
$$$$
fermé déc
Hôtel Majestic
14 La Croisette
☎04.92.98.77.41.
C'esst une cuisine gastronomique que vous promet ce restaurant salué de tous. Bien sûr, le décor est soigné, le service attentif et la cuisine savoureuse, mais le prix est en conséquence. Sans doute un endroit où aller si l'envie d'une découverte vous tenaille…

À la plage

Parmi les nombreux restaurants de la plage (fermés en hiver évidemment), en voici deux intéressants.

Lido Plage
$-$$$
sur la Croisette, face à l'Hôtel Carleton
☎04.93.38.25.44
Le Lido Plage offre des plats bien garnis à des prix raisonnables. Au bord de la mer et à l'abri du soleil, vous mangerez des spécialités italiennes et provençales. Fred garantit un accueil gentil et un service efficace. Le plat du jour (le midi) vous est recommandé. Les desserts, entre autres les tartes aux fruits, se révèlent très bons.

Belle Plage
$-$$$
sur la plage du bd de Midi
La Belle Plage se trouve à l'ouest du port, en quittant Cannes par la route du Bord-de-Mer. Cet établissement, recommandé par les Cannois et Cannoises, profite d'une bonne cuisine à un rapport qualité/prix très correct.

Mougins (ancien village)

Mougins n'est pas seulement un village ravissant; il mérite une ou plusieurs petites excursions gourmandes. Les restaurants qui suivent sont tous proches les uns des autres.

Resto des Arts
$-$$
14 rue du Maréchal Foch
☎04.93.75.60.03
Au Resto des Arts, Denise et Gregory vous proposent des petits farcis (légumes remplis de viande hachée), de la daube provençale, du lapin aux deux moutardes et beaucoup de plats plus simples et légers. Tout ça dans une ambiance sympathique et un décor artistique.

La Villa Romaine
$-$$
12 rue du Maréchal Foch
☎04.93.75.54.25
Vous pouvez également grignoter de bons plats à La Villa Romaine. Ici le décor théâtral se prête à merveille pour goûter les pâtes, pizzas et salades.

À la table d'Edmond
$-$$
fermé mer et jeu midi
7 av. de l'Église
☎04.92.92.15.31
Une très bonne adresse a pignon sur rue juste en face des deux restos précédents : À la table d'Edmond. Edmond et Rosa-Marie vous accueillent sur une terrasse ombragée ou dans un intérieur très original à découvrir! Cuisine de qualité.

Feu Follet
$$-$$$
fermé lun-mar midi et du 15 déc au 15 fév
place de la Mairie
☎04.92.92.15.31
Le Feu Follet est une adresse bien connue qui garantit depuis des années de bons menus classiques ou originaux. On aime surtout son emplacement pour ses terrasses et, à l'étage, ses ouvertures sympathiques sur la place.

Brasserie de la Méditerranée
$$-$$$
fermé jan
place de la Mairie
☎04.93.90.03.47
Vu son décor superbe à l'intérieur et ses grandes terrasses au soleil ou à l'ombre, on vous recommande la Brasserie de la Méditerranée. Le «trio» des propriétaires – chacun ayant ses qualités spécifiques – essaie de donner le meilleur aux clients. Malgré quelques ratés, tel le service pas très efficace, ce qu'on a dans notre assiette est très bon et bien présenté. Essayez la dorée de moutarde et safran, mais évitez le sorbet, trop ordinaire.

Muscadins
$$$
18 bd Courteline
☎04.92.28.28.28
Il faut aller goûter la cuisine des Muscadins. Noël Mantel, jeune cuisinier amoureux des bons produits et des saveurs provença-lo-italiennes, nous a convaincu de son talent. Laissez-vous gâter les papilles avec les grosses ravioles de homard pochées dans un bouillon de crustacés. À moins que vous ne préfériez le risotto cuisiné à l'italienne avec fleurs de courgettes ou les rougets poêlés à l'huile d'olive avec artichauts violets et herbes fraîches. Mais ce serait oublier le magret de canard sur la peau, au jus poivré au parfum de miel... Bref, on y mange très bien. Que ce soit en hiver, dans la belle salle à manger ou en été, sur la jolie terrasse récemment agrandie et décorée de bleu et de blanc, où les fleurs et l'argenterie rivalisent.

Mougins

Le Moulin de Mougins
***$$* à midi**
***$$$-$$$$* le soir**
fermé lun et fév-mars
chemin du Moulin
☎04.93.75.78.24
mougins@relaischateaux.fr
Un autre grand maître de la cuisine française, Roger Vergé, et sa femme Denise veillent sur Le Moulin de Mougins. Ce restaurant bénéficie du site merveilleux d'un ancien moulin du XVIe siècle, localisé dans le quartier Notre-Dame-de-Vie, sur l'ancienne route qui menait vers le vieux village. Tout autour, un riche jardin s'étale. Tout ce qu'on prépare dans la cuisine relève du chef-d'œuvre culinaire. Les plats, présentés de façon admirable, sont souvent composés d'ingrédients sophistiqués. Le service, quoique invisible, est impecca-

ble et toujours attentif, voire drôle, si vous cherchez les plaisanteries. La décoration des salles à manger est merveilleusement soignée : meubles d'époque dans un cadre plutôt sobre et agrémenté d'œuvres d'artistes de l'école de Nice. Vous pouvez dîner dans les salons du moulin ou dans la belle pièce vitrée qui donne sur le jardin. Les deux menus, à 550F et 740F, sont chers, certes, mais valent bien une petite folie. Cependant, le midi, on propose un déjeuner d'affaires à 280F. Voilà une belle occasion de découvrir ce lieu prestigieux de la région de Mougins, et d'y rencontrer un grand chef cuisinier.

De plus, si vous désirez vous initier aux méthodes de Vergé, un petit stage dans son école de cuisine *(Moulin de Mougins, ☎04.93.75.35.70)* saura sûrement vous éclairer et vous amuser. On trouve aussi sur place une petite boutique qui vend des produits de la maison, entre autres. Enfin, vous pourrez vous procurer un petit fascicule, *La lettre de mon Moulin*, publié de façon irrégulière, qui donne toutes sortes de renseignements sur l'organisation de M. Vergé.

La Ferme de Mougins
$$-$$$$
fermé dim soir et lun
10 av. Saint-Basile
☎04.93.90.03.74
La Ferme de Mougins est une autre bonne adresse qui fait foi du statut gourmand de Mougins. La ferme se trouve près du vieux village, au cœur d'un domaine fleuri très soigné. Le cadre est rustique et aéré. En été, l'endroit est magnifique, champêtre à souhait. On mange, soit à l'intérieur, dans la grande salle vitrée, ou à l'extérieur, sur la magnifique terrasse qui donne sur le jardin. On vous propose une cuisine française traditionnelle, riche en saveurs. Le service est attentionné. Le rapport qualité/prix est bon, mais il faut payer plutôt cher pour un bon vin. Optez pour le midi en semaine, car vous pourrez alors y manger pour 250F.

Mouans-Sartoux

Manger sur la place peut être tentant, mais nous préférons deux endroits qui sont également fréquentés par les gens du village et qui proposent des plats originaux.

La Fiancée du Désert
$-$$
21 rue Durand de Sartoux
☎04.92.28.19.14
Si vous aimez la cuisine orientale, faites connaissance, au cœur du village, avec La Fiancée du Désert. Dans un décor original et dépaysant, vous goûterez une cuisine libanaise (hommos, mottabal, taboulé, couscous) dans la salle ou sur la terrasse. En face, vous trouverez une boutique d'artisanat marocain intéressante.

La Gabbia
$-$$
fermé lun
angle rue du Docteur Geoffroy et rue Durand de Sartou
☎04.93.75.69.68
Pour apprécier la cuisine régionale, il faut vous arrêter à La Gabbia. Au menu, une cuisine du soleil : pintade au miel, gigot à la romaine, ainsi que des petits plats comme la tarte épinarde chèvre ou des courgettes tomates.

Grasse

Gazan
$-$$
3 rue Gazan,
☎04.93.36.22.88
Chez Gazan, vous trouverez un cadre sympathique à l'intérieur ainsi qu'une belle terrasse pour déguster des plats simples mais originaux, comme une galette Gazan, un rôti de petits gigots à la farigoulette et d'autres spécialités maison.

Grasse Country Club
$$
route des 3 Ponts, D11
☎04.93.60.55.44
⇌04.93.60.55.19
Mis à part ses musées du parfum, Grasse n'est pas un arrêt touristique obligatoire. Par contre,

si vous aimez le golf, vous pouvez passer un bon moment au restaurant du Grasse Country Club, qui propose une cuisine traditionnelle dans un cadre aéré, et ce, aussi bien à l'intérieur qu'à l'extérieur. Plutôt cher, mais quand on veut assouvir une passion...

Hôtel des Parfums
$$-$$$
bd Eugène Charabot
☎04.92.42.35.35
⇄04.93.36.35.48
On peut également se sustenter à l'Hôtel des Parfums (voir p 338). À l'intérieur, une grande salle offre une vue panoramique et, à l'extérieur, une vaste terrasse ombragée longe la piscine. On vous proposera une cuisine du terroir aux multiples plats de viande ou de poisson, le tout à un bon rapport qualité/prix.

Tourrettes-sur-Loup

La Barbacane
$
place de la Libération
☎04.93.59.34.81
Sur la grande place, vous pouvez vous rafraîchir et vous offrir un déjeuner à La Barbacane. Les jeunes propriétaires vous garantissent un bon accueil ainsi que des salades et paninis à un prix sympathiques.

Le Médiéval
$
fermé jeu
6 Grand'Rue
☎04.93.59.31.63
Dans la petite rue qui fait le tour du vieux village et près de la grande place, Le Médiéval vous accueille dans un cadre «médiéval provençal». De plus, à l'étage, se niche une petite terrasse qui s'ouvre sur les environs. Les repas et le service sont effectués par les propriétaires mêmes, deux frères. Vous y goûterez une cuisine provençale à très bon rapport qualité/prix.

Auberge Belles Terrasses
$-$$
☎04.93.59.30.03
Le restaurant de l'Auberge Belles Terrasses propose en permanence deux menus dont les spécialités sont les cuisses de grenouille à la provençale, le civet de porcelet et le lapin à la moutarde. À l'automne, on sert aussi du gibier (voir p 339).

La Treille
$-$$
fermé lun-mar
770 route de Grasse
☎04.93.59.29.39
Véritable coup de cœur, La Treille est un petit restaurant situé un peu à l'extérieur du village et tenu par mari (à l'accueil) et femme (aux fourneaux). On y mange sur une jolie terrasse ombragée qui en donne plein la vue sur le très bel ensemble qu'offre Tourrettes. Mais plus que la vue, ce sont les excellents plats régionaux préparés avec des produits frais du terroir qui comptent. Les farcis niçois sont délicieux et surtout très peu gras, contrairement à ce qu'on peut trouver ailleurs. Mais le délice des délices reste tout de même les gnocchis : pas collants et d'une légèreté sans pareille. C'est rare que les gnocchis ne nous tombent pas comme des pierres au fond de l'estomac. Pour les gens qui donnent plutôt dans le traditionnel, la carte propose également du veau ou du bœuf accompagné d'une sauce roquefort à la crème ou forestière.

Chez Grand-Mère
$$
fermé mer et sam midi
place Maximin Escalier
☎04.93.59.33.34
Si vous vous rendez dans la plus vieille partie du village, en passant par le porche du côté est, vous trouverez, non loin de la mairie, le sympathique restaurant Chez Grand-Mère. Les propriétaires (trois générations) se sont concentrés sur la cuisine marocaine (couscous, poulet au citron et grillades) et ils la maîtrisent bien. La mère prend les commandes, le père garantit un service efficace, le fils a la charge de la cuisine et la grand-mère se repose... Le cadre est très agréable et l'ambiance très sympathique, ce qui explique facilement pour-

quoi ce restaurant est souvent complet.

Le Bar-sur-Loup

L'École des filles
$$
☎04.93.09.40.20
Nouvellement installé dans une ancienne école de filles comme son nom l'indique, ce restaurant propose une cuisine régionale familiale dans un cadre amical. La propriétaire vient d'une famille locale de souche. Sa mère est Simone Gauthier, cette savoureuse Provençale qui tient la Galerie de Provence à Gourdon (voir p 353).

Sorties

Pour connaître toutes les activités qui se déroulent dans la région, consultez ***L'Officiel des Loisirs*** ou ***La Semaine des Spectacles***, en vente dans tous les kiosques à journaux. Pendant les mois de juillet et d'août, il y a des petits festivals de musique ou de théâtre dans presque tous les villages de la Côte. Informez-vous aux syndicats d'initiative des différents villages pour connaître les dates et la programmation.

Cagnes-sur-Mer

Discothèque-Club privé

Le Diamant
1 chemin du Lautin
RN7, pont de la Cagne
☎04.93.73.48.22

Biot

Heures musicales de Biot (récitals)
fin mai à fin juin
église de Biot
☎04.93.65.05.85

Antibes

Casino

Bar de la Porte du Port
tlj 7h à 2h30 en été
tlj 7h à minuit et demi en hiver
32 rue Aubernon
Vieil Antibes
☎04.93.34.68.94
Un bistro à connaître. L'ambiance et la convivialité sont toujours assurées.

Casino La Siesta
mai à oct
route du Bord-de-Mer
☎04.93.33.31.31
Machines à sous, roulettes française et anglaise, black jack.

Festival

Musiques au cœur d'Antibes
(festival de musique)
début juil
Chantier naval Opéra
Port Vauban
☎04.92.90.54.60

Juan-les-Pins

Casino

EDEN Casino
20h à 5h
bd Baudoin, en face de la pinède
☎04.92.93.71.71
Roulette, black jack et machines à sous.

Festival

Festival international de jazz d'Antibes - Juan-les-Pins
fin juil
pinède Gould
☎04.92.90.53.00

Cannes

Dîners-spectacles

Le Palais Oriental
10 bd Jean Hibert
☎04.93.39.00.16
Grand restaurant de cuisine marocaine traditionnelle qui présente un spectacle de danse orientale tous les soirs.

Restaurant de nuit

Le Sérérin
3 rue Félix Faure
place de l'Hôtel-de-Ville
☎04.93.39.74.00
Service «non stop» 24 heures par jour dans un décor raffiné.

Piano-bar

Lobby Bar
Royal Hôtel Casino
605 av. du Général-de-Gaulle
☎04.92.07.70.00
Détente, confort convivialité. Piste de danse.

Bars gays

Le Zanzibar
pour hommes seulement
85 rue F. Faure
☎04.93.39.30.75.
Certes le bar gay le plus connu de Cannes et le plus facile à trouver, car il se situe en plein cœur de l'action, à quelques pas du Palais des Festivals, du Suquet et du port. Il dispose d'une terrasse agréable qui vous permettra de vous faire voir ou encore de zieuter le gratin cannois…

Vogue
16 et 20 rue Suquet
Musique techno et house.

Casinos

Carlton Casino Club
70F
19h30 à 4h
58 La Croisette
☎04.93.68.00.33
Roulettes anglaise et française, black jack, *punto banco.*

Enfin, du jeudi au samedi, vous pouvez danser au Jimmy'Z de Régine qui dispose d'une terasse offrant un panorama exceptionnel du vieux port et du Suquet. Clientèle de 40 ans et plus.

Casino Croisette
11h à 3h
jusqu'à 4h fin de semaine
jusqu'à 5h juil et août
Palais des Festivals
☎04.93.38.12.11
Deux salles de 290 machines à sous; roulettes française et anglaise, black jack, «chemin de fer», *punto banco.*

Festivals

Cannes Musique Passion
fin avril
Palais des Festivals
☎04.92.99.31.08

Festival international du film
mi-mai
Palais des Festivals
☎04.93.39.01.01

Nuits musicales du Suquet (festival de musique)
fin juil
parvis de l'église Notre-Dame-d'Espérance
☎04.92.98.62.77

Festival international de danse
dernière semaine de novembre
Palais des Festivals
renseignements
☎04.92.99.31.08
⇄04.92.98.98.76

Mougins

Dîners-spectacles Le Saint-Petersbourg
45 av. Saint-Basile
☎04.92.92.98.43
Cadre romantique et typiquement russe.

Grasse

Festival international des maîtrises
juil
cathédrale
☎04.93.36.70.18

Achats

Saint-Paul-de-Vence

Faune et Flore
67 Rue Grande
☎04.93.32.56.32
atelier
☎04.93.08.37.54
Faune et Flore est une entreprise familiale tenue par de vrais artistes, fort sympathiques au demeurant. On y trouve non seulement de jolies sculptures animalières (canards, chats), mais également de chouettes plateaux de service décorés avec des éléments naturels tels que la lavande ou des végétaux séchés. De plus, le propriétaire, Robert Jean, est peintre et fasciné par l'Afrique, ses toiles et sculptures se révélant singulières et reprenant les thèmes africains. Plus près de la figuration, les compositions de ses tableaux lorgnent également du côté de l'abstraction, leur conférant ainsi une originalité toute particulière. Cette boutique se démarque des autres en proposant des objets de qualité et ne tombe pas dans le kitsch du piège à touristes.

Galerie Jean Carré
1 La Placette
☎04.93.32.56.32
À la Galerie Jean Carré, vous trouverez des tableaux et des objets

artisanaux d'une beauté particulière.

Pont-du-Loup

La Confiserie des Gorges du Loup
9h à midi et 14h à 18h
à 12 km de Grasse
sur la route de Vence
☎***04.93.59.38.32***
Fabrication traditionnelle de fruits confits et de confitures. L'endroit est entièrement décoré de meubles provençaux des XVIIIe et XIXe siècles. Il y a une admirable collection d'armoires, de buffets, de panetières, de tables et de banquettes. Par ailleurs, une visite guidée gratuite vous permettra de connaître tous les secrets de fabrication de la maison. À la fin, on peut acheter bien sûr ce qu'on aura goûté ou vu. Cela peut sembler un piège à touristes, mais, au contraire, ce n'est qu'une promotion honnête d'une maison qui ne doute en rien de la qualité de ses produits. On trouve une autre succursale à Nice dans le secteur du port.

Gourdon

La Galerie de Provence
☎***04.93.09.68.64.***
La Galerie de Provence se trouve à la sortie du château, à l'étage. Si le village regorge de boutiques, il n'y en a qu'une qui recèle Simone Gauthier, une Provençale authentique débordante d'énergie et de gaieté. Elle n'arrête pas cette Simone! C'est une grande amoureuse du terroir et elle insistera sur la qualité sans pareille des calissons et du nougat qu'on y vend. Aromatisés à la fleur d'oranger ou de citronnier, *«qui proviennent de mon jardin»* vous dira-t-elle, ses produits se distinguent certes du commun.

Antibes

Crème d'olive
29 rue James Close
☎***04.93.34.08.55***
Vous recherchez des spécialités d'olives? Arrêtez-vous à Crème d'olive, face au restaurant Le Pistou. Vous y trouverez de l'huile, des épices, des condiments, des produits méditerranéens et, bien sûr, plusieurs variétés d'olives. Le gentil propriétaire se fera un plaisir de vous faire découvrir les spécialités de «son pays».

Mougins (vieux village)

Moulin et la cave du Moulin
à l'entrée du village
en montant vers la place principale
☎***04.93.90.19.18***
☎***04.92.92.06.88***
La boutique du Moulin et la cave du Moulin font partie des à-côtés créés par Roger Vergé, chef-cuisinier du Moulin de Mougins. On y vend la gamme des «Produits du Soleil» : des condiments parfumés, des confitures et gelées, des flacons d'épices mélangées, une sélection de thés et des livres de Roger Vergé. De plus, on peut acheter des vins de qualité dont quelques-uns ont été sélectionnés par Vergé. Enfin, ceux qui désirent faire des cadeaux de première classe peuvent même expédier à l'étranger des bouteilles de cognac, d'eau-de-vie ou de champagne dans un emballage superbe.

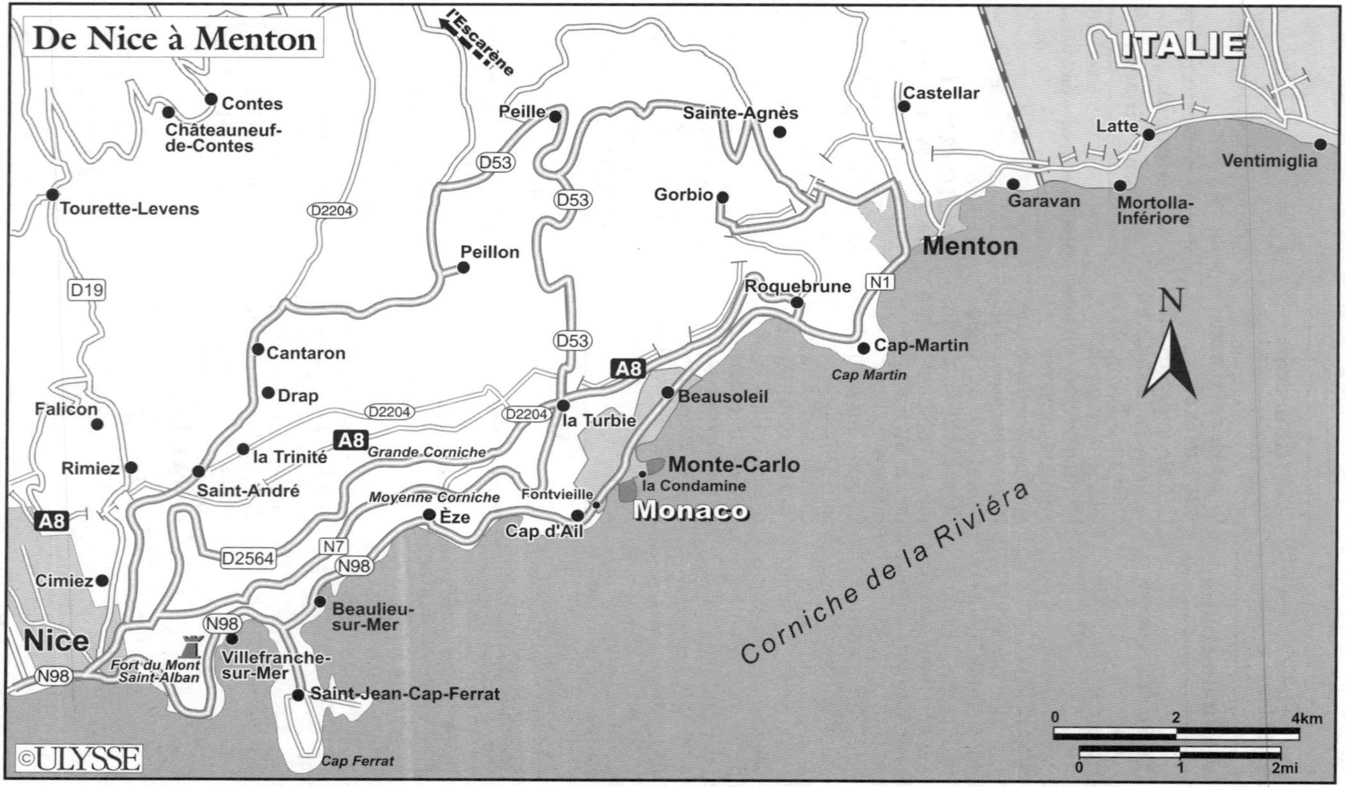
De Nice à Menton
ITALIE
Contes
Châteauneuf-de-Contes
Tourette-Levens
l'Escarène
Peille
Sainte-Agnès
Castellar
Latte
Ventimiglia
Gorbio
Garavan
Mortolla-Infériore
Menton
Peillon
Roquebrune
N1
D19
D53
D2204
Cantaron
Drap
Cap-Martin
Cap Martin
A8
Beausoleil
Falicon
la Turbie
Rimiez
la Trinité
Grande Corniche
Saint-André
Monte-Carlo
la Condamine
Monaco
Moyenne Corniche
Fontvieille
Èze
Cap d'Ail
N7
D2564
N98
Cimiez
Beaulieu-sur-Mer
Corniche de la Riviéra
Nice
Fort du Mont Saint-Alban
Villefranche-sur-Mer
Saint-Jean-Cap-Ferrat
Cap Ferrat
0
2
4km
1
2mi
©ULYSSE

De Nice à Menton

La splendide région de Nice à Menton couvre la partie orientale de la Côte d'Azur et se termine à la frontière de l'Italie.

On y voit clairement les influences italiennes. Que ce soit dans les noms d'origine italienne que portent ses habitants, dans leur physionomie ou dans la nourriture qu'on y mange. Phénomène normal, compte tenu que cette région a été plus souvent rattachée à l'Italie qu'à la France au cours de son histoire.

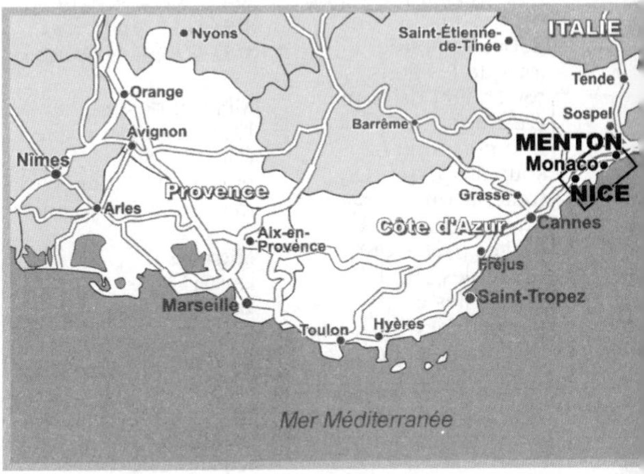

Cette partie de la Côte d'Azur doit être visitée surtout pour le paysage qu'elle offre. Elle est traversée par trois corniches : la petite, la moyenne et la grande Corniche, qui suivent le littoral à différentes hauteurs comme l'indique leur nom.

Pour s'y retrouver sans mal

Puisque les panoramas sont différents selon qu'on emprunte l'une ou l'autre des routes qui sillonnent ces corniches, il faut presque avoir une voiture à sa disposition pour couvrir et capturer toute la beauté des divers paysages. Tous les autres moyens de transport ne permettent pas la flexibilité de passer d'une route à l'autre.

Tous les villages en bordure de mer sont desservis par le train et les autocars. Cependant, les villages de l'arrière-pays ne sont accessibles que par autocar, ce qui limite considérablement leur accès. On peut, par exemple, se rendre à Sainte-Agnès, Gorbio ou Castellar, villages de l'arrière-pays mentonnais, grâce à quelques liaisons quotidiennes avec Menton.

Nous vous suggérons donc fortement de louer une voiture dans l'un des points de location à Nice pour effectuer cette partie du voyage.

On accède aux trois corniches à la sortie de Nice, dans la partie qui se situe à l'est, près du port.

Il faut absolument éviter la Petite Corniche en juillet et en août. La route suit le bord de mer et est très congestionnée, surtout en fin d'après-midi et en début de soirée, lorsque les gens reviennent de la plage. C'est une expérience que personne ne souhaite vivre! De toute façon, il existe une multitude de petites routes qui relient les corniches entre elles et qui permettent de passer de l'une à l'autre.

En avion

Menton et tous les villages qui se trouvent à l'est de Nice sont situés à moins de 30 km de l'aéroport de Nice.

Aéroport de Nice
☎04.93.21.30.30
☎04.93.21.30.12
☎08.36.39.55.55 :
information sur les vols

Air France
☎08.02.80.28.02

En train

Le train de Nice vers l'Italie dessert presque tous les villages de la Côte. Se renseigner aux gares SNCF :

Menton
☎08.36.35.35.35

Beaulieu
☎04.93.01.15.31

Nice
☎08.36.35.35.35

En bus

Menton-Nice
toutes les demi-heures par Rapides Côte-d'Azur
☎04.93.55.24.00 (Nice)
☎04.93.85.64.44 (Menton)

Menton dessert l'arrière-pays proche (Gorbio, Sainte-Agnès et Castellar) d'une manière assez régulière.

Microbus
Menton
☎04.93.28.19.94

Gare routière (Menton)
Av. de Sospel
(près de la gare SNCF)
☎04.93.28.43.27
Rapides Côte-d'Azur/ Autocars Breuleux :
☎04.93.35.73.51.

En voiture

Nice est reliée à Menton par trois corniches :

- la Grande Corniche ou la D2565;

- la Moyenne Corniche ou la N7;

- la Petite Corniche ou N559, qui est la route maritime. Vous traversez toutes les stations balnéaires qui se trouvent entre Nice et Menton.

Pour rejoindre Menton le plus rapidement possible au départ de Nice, prenez l'autoroute A8.

Location de voitures

Avis
9 rue Victor Hugo
☎04.93.35.50.98

Europcar
9 av. Thiers
☎04.93.28.21.80

Renseignements pratiques

Offices de tourisme

Villefranche-sur-Mer
Jardin François Binon
☎04.93.01.73.68
⇄04.93.76.63.65

Saint-Jean-Cap-Ferrat
57 av. D. Séméria
☎04.93.76.08.90
⇄04.93.76.16.67

Beaulieu-sur-Mer
☎04.93.01.02.21
⇄04.93.01.44.04

Èze-Bord-de-Mer
en été seulement
☎04.93.01.52.00

Èze-Village
place du Général de Gaulle
☎04.93.41.26.00
⇄04.93.41.04.80

Cap-d'Ail
Centre Guillaume-Apollinaire
104 av. du 3 Septembre
☎04.93.78.02.33
⇄04.92.10.74.36

La Turbie
☎*04.93.41.10.10* *(lun-ven)*

Peille
Syndicat d'initiative à la Mairie
☎*04.93.91.71.71* *(lun-ven)*

Peillon
Information touristique à la Mairie
☎*04.93.79.91.04* *(lun-ven)*
⇄*04.93.79.87.65*

Roquebrune Cap-Martin
☎*04.93.35.62.87* *(lun-ven)*
⇄*04.93.28.57.00*

Menton
Palais de l'Europe
8 av. Boyer, BP 239
☎*04.92.41.76.50*
☎*04.92.41.76.76*
Maison du patrimoine
lun-sam 8h30 à 12h30 et 13h30 à 18h (hiver), 8h30 à 18h30 (été)
dim 10h à midi
5 rue Ciapetta
☎*04.92.10.33.66*

Urgences

Menton

Hôpital La Palmosa
rue A. Péglion
☎*04.93.28.77.77* : *urgences*
☎*04.93.28.72.41*

SOS-médecins
☎*04.93.41.41.41*

Banques et bureaux de change

Menton

Change automatique
43 quai Bonaparte
☎*04.93.35.79.86*

Crédit Lyonnais
av. Boyer
☎*04.93.28.60.60*

Banque Nationale de Paris
14 av. Félix Faure
☎*04.93.35.80.87*

Office de change Saint-Michel
5 rue St-Michel
☎*04.93.57.18.31*

Attraits touristiques

À la sortie de Nice, empruntez la Moyenne Corniche.

La route passe tout près du **fort du Mont Alban**, l'un des plus beaux exemples d'architecture militaire de la Renaissance. Transformé en bastille au XVIIIe siècle, ce fort a joué un rôle militaire jusqu'à la Seconde Guerre mondiale. On y jouit d'une vue magnifique sur la Côte. Non loin, vous pouvez rejoindre le mont Boron, plus près de la mer, où vous pouvez faire d'agréables promenades.

Peu importe la route que vous choisirez, vous devez vous arrêter à Villefranche-sur-Mer.

★★

Villefranche-sur-Mer

Villefranche-sur-Mer est le premier village qu'on rencontre à l'est de Nice. Situé au bord de la mer, ce village a été fondé au XIIIe siècle sur le site du port romain d'Olivula, qui bénéficiait de franchises commerciales. Le village possède un tissu de ruelles charmantes, entièrement piétonnières. L'une de ces ruelles, la **Rue Obscure** ★, n'a pas du tout changé depuis le XIIIe siècle, alors qu'elle servait d'abri pendant les périodes d'insécurité. Il y fait très sombre, car elle est complètement fermée, un peu comme un tunnel.

On trouve dans le village de nombreux petits restaurants ou bars agréablement situés sur le bord de mer ou sur des petites places. La qualité de la nourriture y est cependant quelconque, et il vaut peut-être mieux ne s'y arrêter que pour prendre un verre, sauf au restaurant La Grignotière, voir p 374.

Dans le village se dresse la **citadelle Saint-Elme**, fortification du XVIe siècle qui a été bien rénovée. La citadelle a été édifiée par le duc de Savoie, Emmanuel Philibert, en réaction au siège de Nice par François Ier en 1543. Plus tard, la citadelle est devenue un complexe de défense important, à la suite de l'occupation du port par une flotte musulmane. De nos jours, c'est encore un lieu d'escale pour certaines unités militaires de l'OTAN ou de bateaux de croisière. La citadelle est aussi l'hôte de la **Fondation Musée Volti** *(entrée libre; été 10h à midi et 15h à 18h, oct à mai 10h à midi et 14h à 17h; ☎04.93.76.33.27)*. On peut y voir de grandes sculptures de femmes qui s'inscrivent dans la lignée de Rodin.

Sur le port, vous devez absolument visiter la petite **chapelle Saint-Pierre ★★** *(12F; fermé mi-nov à mi-déc; mar-dim; ☎04.93.76.90.70)*, construite au XIVe siècle, mais décorée par Jean Cocteau en 1964 en hommage aux pêcheurs. Au premier étage de la chapelle se trouve la **galerie Jean Cocteau** *(10h à 19h, juil et août 10h à 23h; ☎04.93. 01.73.92)*.

En face de la chapelle, vous trouverez d'agréables terrasses où prendre un verre. Villefranche n'est pas un lieu où l'on doit nécessairement passer la nuit. En outre, elle ne dispose que d'une plage minuscule, et il n'y a que très peu d'hôtels.

Continuez sur la route du Bord-de-Mer.

★★★

Saint-Jean-Cap-Ferrat

Ce cap qui s'avance dans la mer est reconnu pour la grande richesse de ses habitants. Avant le début du XXe siècle, ce n'était pourtant qu'un hameau de pêcheurs, un site encore sauvage et sans constructions. Tout a changé lorsque Béatrice de Rothschild y a fait construire la **villa Ephrussi-Rothschild ★** *(droit d'entrée; avr à oct 10h à 18h, juil et août jusqu'à 19h; nov au 15 mars sam-dim; ☎04.93.01.45.90)* au début du XXe siècle. Si vous aimez le faste, vous serez séduit! Cette demeure, témoin de la richesse des familles fortunées pendant La Belle Époque, rassemble une collection de tableaux, mobiliers, objets rares, porcelaines, tapisseries, sculptures, etc. Cette villa vaut aussi une visite pour le site, car elle est entourée de sept jardins thématique (espagnol, florentin, japonais, provençal, oriental, exotique et, bien sûr, à la française!). On y trouve des bassins, des cascades, des bancs pour s'y reposer et même un temple de l'Amour!

Villa Ephrussi-Rothschild

Enfin, on peut s'arrêter au salon de thé, situé dans une agréable rotonde toute vitrée donnant sur le jardin.

On peut faire le tour du cap de plusieurs façons : à pied, à vélo, en voiture. Les amateurs de la marche voudront faire le circuit de 11 km qui suit le littoral et fait le tour du cap. Le long du sentier, on aperçoit de temps à autre un bout de propriété qui appartient à l'une des magnifiques villas qui se cachent derrière les pins.

Cette promenade commence près de la plage de Passable, non loin de la villa Ephrussi-Rothschild et du **Zoo** *(58F, 42F enfant; 9h30 à 17h30, été jusqu'à 19h; ☎04.93.76.07.60)*, qui réunit de nombreux animaux dans le cadre unique d'une végétation tropicale et méditerranéenne. Au bout du cap, on atteint le phare et, ensuite, on arrive à l'hôtel Bel-Air, palace très luxueux du début du XXe siècle et membre des Relais et Châteaux qui dispose d'une plage privée.

On peut se faire bronzer un peu partout sur les rochers qui entourent le cap et plonger dans la mer. En certains endroits, on découvre même des petites criques sympathiques. Le nudisme est très pratiqué sur les rochers et presque exclusivement par des hommes.

De l'autre côté du cap, le sentier continue vers la presqu'île, qui garde un air un peu plus sauvage. Près de la pointe est, vous pourrez monter vers la jolie petite chapelle Sainte-Hospice. On y jouit d'une très belle vue sur les environs. Un peu plus loin, du côté nord, se trouve une charmante petite plage : Paloma Beach. On y propose des services de restauration et de location d'équipement balnéaire. Encore plus loin, on atteint le port, qui abrite une multitude de commerces et de restaurants divers.

Sortez du cap et rejoignez la route du Bord-de-Mer.

★

Beaulieu-sur-Mer

On peut aussi se rendre à Beaulieu-sur-Mer à pied en empruntant la promenade Maurice-Rouvier au départ du cap. C'est une promenade des plus agréables. Le sentier suit le littoral et offre de nombreux bancs, à l'ombre des pins, à la disposition des promeneurs qui veulent s'arrêter un peu pour admirer le magnifique panorama.

Bénéficiant d'un climat très doux, Beaulieu a été recherchée dès l'Antiquité et, plus tard, a attiré de nombreuses familles royales et nombre de riches industriels. Malheureusement, aujourd'hui, le site semble avoir perdu de son charme malgré ses hôtels de luxe. Néanmoins, ça reste un endroit de villégiature calme, dominé par un important port de plaisance et qui est très prisé des gens plus âgés.

Il faut surtout y visiter la **villa Kerylos** ★★ *(45F; lun-dim, été 10h30 à 19h; hiver, 14h à 18h; mi-fév à mi-nov, 10h30 à 18h, fermé mi-nov à mi-déc; ☎04.93.01.01.44).* Lors de sa construction au début du XXe siècle, le propriétaire a voulu en faire un témoin de la vie dans la Grèce antique, mais en y ajoutant tout le confort moderne de l'époque. Classée monument historique en 1967, cette demeure donnant sur la mer présente une richesse exceptionnelle de matériaux et une décoration d'un grand luxe : sols, murs et plafonds en marbres italiens blanc, jaune ou mauve, verre opaliné, albâtre, ivoire, et bronze.

Sortez de Beaulieu, toujours par la route du Bord-de-Mer.

★★★

Èze

Cet endroit est en fait une triple commune : **Èze-Bord-de-Mer**, sur la Petite Corniche; **Èze-Village** ★★★, plus haut sur la Moyenne Corniche; enfin, le **Col d'Èze** ★★, encore plus haut sur la Grande Corniche.

À Èze-Bord-de-Mer, on trouve deux plages publiques restées un peu sauvages qui entourent une plage privée et un club de voile situé près de la gare. Il faut aussi jeter un coup d'œil sur la chapelle Saint-Laurent, bâtie au XVIIe siècle.

De là, on peut rejoindre Èze-Village en voiture. Les sportifs voudront monter à pied par le chemin Nietzche. Ce sentier procure des points de vue magnifiques sur la mer et prend environ une heure à parcourir. Il est cependant fort raide!

Vous devriez vous arrêter à l'**Office de tourisme** *(place Général de Gaulle, ☎04.93.41.26.00)* dès votre arrivée à Èze-Village. Vous y trouverez une excellente brochure : *Èze guide pratique.* De plus, les randonneurs y obtiendront un petit dépliant sur les diverses randonnées à faire dans la région.

Èze-Village est situé sur un piton rocheux de 429 m de hauteur. Déjà les Liguriens s'y étaient installés pour des raisons de sécurité. De nos jours, c'est un lieu idéal pour flâner, à l'exception peut-être de juillet et d'août. On pénètre dans le village par la Paterne, construite au XIVe siècle, qui contrôlait l'unique accès au village. Les deux tours de garde sont classées monuments historiques. On arrive ensuite à l'église, érigée vers 1772. Sa façade très sobre, percée d'un œil-de-bœuf, contraste avec la décoration intérieure au style baroque très riche.

Ensuite, on peut commencer l'ascension à travers de charmantes ruelles étroites. Près du sommet se trouvent deux hôtels très luxueux qui offrent d'excellents services et dont la situation est presque paradisiaque. Le sommet du village est occupé par un **Jardin exotique** *(12F; été 9h à 20h, hors saison 9h à 18h; ☎04.93.41.10.30).* Ce jardin abrite de nombreux spécimens de cactus, originaires pour la plupart de l'Amérique du Sud. Le jardin est étagé et se termine en haut par une grande terrasse qui livre un panorama fantastique s'étendant du cap Ferrat jusqu'à l'Estérel. On peut même y voir la Corse en hiver lorsque le temps est clair.

D'Èze-Village, vous pouvez monter vers la **grande Corniche ★★★**, route qui a été construite sur ordre de Napoléon Ier. Vous y découvrirez des panoramas encore plus spectaculaires qui permettent de voir jusqu'aux îles d'Hyères, à l'ouest, et l'Italie, à l'est. En haut se trouve un parc forestier de 60 ha qui s'étale du mont Vinaigre au promontoire du mont Bataille. Vous pouvez découvrir ce parc en vous rendant à la Maison de la Nature, qui dispose aussi d'un stationnement. Sur la Révère, un vieux bâtiment militaire, vous trouverez une table d'orientation qui situe bien les différents caps, baies, villes côtières et sommets alpins des environs.

À côté de l'hôtel Hermitage, un sentier pédestre invite les randonneurs de tous âges à effectuer une petite randonnée de 1,4 km. On y trouve aussi un petit parc pour amuser les enfants ainsi que des tables de pique-nique ombragées par des chênes.

Dans les environs, on peut aussi visiter l'**Astrorama** *(40F, 60F avec spectacle; mar, ven et sam seulement; mai à sept 18h30 à 23h, oct à avr 17h30 à 22h; ☎04.93.85.85.58).* Voilà de quoi ravir les enfants car ils peuvent y faire des observations astronomiques!

Quittez Èze vers l'est, peu importe si vous empruntez la moyenne ou la grande Corniche.

★★

La Turbie

Dans le cas où vous auriez décidé d'un itinéraire différent de celui que nous vous proposons, vous pouvez aussi vous rendre à La Turbie en prenant l'autoroute A8. C'est d'ailleurs la façon la plus rapide pour y arriver, car il existe une sortie spécifique pour cet endroit.

Déjà peuplée pendant la préhistoire, La Turbie a surtout connu ses heures de gloire à l'époque gallo-romaine. Elle était située sur la Via Julia Augusta, voie stratégique à l'époque. Au temps de l'empereur Auguste, le Sénat romain a décidé d'ériger un monument, ***Le Trophée*** *(25F; fermé lun, 9h30 à 19h en été, 17h en hiver; 18 av. Albert 1er, ☎04.93.41.20.84)* pour commémorer les victoires d'Auguste sur les peuples rebelles qu'il avait conquis.

Au début des années trente, ce monument a

été partiellement restitué à son architecture originale grâce au financement d'un riche mécène américain. On y a d'ailleurs installé un musée qui retrace l'évolution du monument au cours de son existence.

La Turbie a toujours été très disputée par les souverains de Gênes, de Savoie et de la France à cause de la position frontalière de ces royaumes. En 1713, Monaco a définitivement rendu le village à la France.

L'emplacement du village, lui-même magnifique, se révèle spectaculaire. Il ne faut pas manquer l'**église Saint-Michel**, construite en 1777. Cette très belle église d'inspiration Renaissance en marbres rose et gris renferme deux superbes peintures : un primitif de Bréa et une œuvre attribuée à Véronèse, qui se trouve dans la chapelle de la Pietà. L'autel est sculpté à la masse avec incrustations de 17 marbres roses!

Conseil : à cet endroit de la corniche, vous profitez d'une très belle vue sur Monaco, en plus d'être à l'écart de la grande masse touristique en été. Aussi, il y fait moins chaud qu'au bord de la mer, et les prix pratiqués par les restaurateurs et les hôteliers y sont beaucoup plus intéressants.

La Turbie

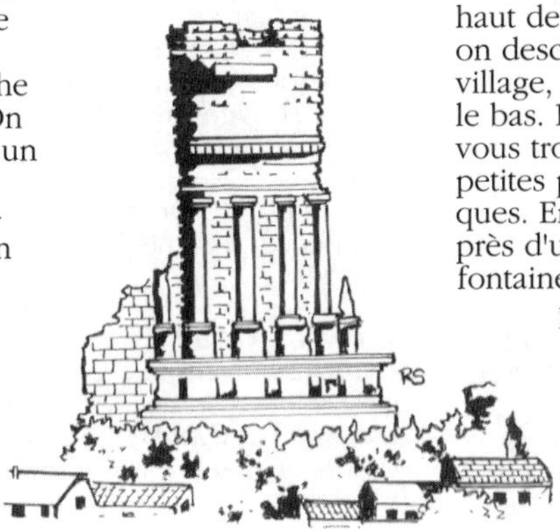

Quittez La Turbie par la D53 pour faire une petite excursion dans l'arrière-pays.

Voici un petit circuit qui vous fera découvrir l'arrière-pays monégasque en passant par Peille et Peillon. Cette boucle peut s'effectuer en voiture ou même en vélo si vous le désirez. Cette route vous fera découvrir de splendides paysages. Cependant, il est préférable d'envisager un tel projet en dehors de la période des vacances d'été, car la circulation automobile est plus dense et la route plutôt étroite.

★★

Peille

Peille était une cité consulaire au Moyen Âge. Le village vaut une visite surtout pour son site, car il est presque caché sous la route. En effet, on stationne la voiture en haut de la route, puis on descend vers le village, qui s'étale vers le bas. Dans le village, vous trouverez des petites places sympathiques. En particulier, près d'une ravissante fontaine gothique, vous pourrez jeter un coup d'œil sur la collection du petit musée des Arts et Traditions populaires. Le village abrite aussi la chapelle Saint-Martin de Peille, construite dans les années cinquante dans un style très particulier.

Au beau petit **Musée du Terroir** *(entrée libre; en été mer, sam et dim 14h à 18h)*, vous découvrez de l'artisanat et des objets de la vie quotidienne du XIXe siècle.

Autour de Peille, il est possible de faire de nombreuses excursions et promenades à travers les forêts proches. On peut partir pour 20 min ou pour trois heures, selon le temps qu'on a. Il existe même des sentiers pédestres qui se rendent jusqu'à Monaco.

En quittant Peille, toujours par la D53, très sinueuse à cet endroit, on arrive près des Ciments Vicat, une énorme carrière qui gâche un peu le paysage. C'est de cette carrière que provient la pierre blanche de

Turbie qui a servi à la construction de la cathédrale et du musée océanographique qui se trouvent à Monaco.

Si vous êtes un amateur du style baroque, vous devez vous rendre à l'**Escarène**, qui se trouve environ 7,5 km plus au nord. Vous emprunterez alors la Route du sel *(pour une description plus détaillée du site, se référer au chapitre «De Nice à Tende», p 395).*

Si vous descendez plutôt vers le sud, vous atteindrez rapidement Peillon.

★★★

Peillon

Quel beau village perché que Peillon! Probablement l'un des plus beaux de la Côte, sinon le plus beau! La vue sur le village a d'ailleurs été souvent immortalisée par des artistes. Il faut s'y arrêter pour deux raisons : d'abord pour y faire une jolie promenade à travers ses ruelles étroites, escaliers, passages voûtés qui montent vers l'église, tout en haut; ensuite, pour y manger, et même y dormir, à l'Auberge de la Madone (voir p 371).

Il y a peu de choses à voir dans ce village, à part peut-être la **chapelle des Pénitents Blancs**, décorée de fresques superbes. Cependant, on y trouve le calme et une petite évasion à l'écart du trop grand tourisme, car heureusement il n'a pas été envahi par les commerces qui ont souvent miné le charme de certains autres très beaux villages de la Côte. On n'a qu'à penser à Saint-Paul-de-Vence.

Continuez par la D53 pour rejoindre la D2204, qui vous mènera vers l'autoroute qu'il faut prendre jusqu'à Roquebrune.

★★

Roquebrune-Cap-Martin

Admirablement située entre Menton et Monaco, cette commune offre une grande diversité. Son climat, dont la moyenne annuelle est de 17°C, est réputé pour être le meilleur d'Europe et se caractérise par la luminosité du ciel et l'absence de brouillard. Il ne faut donc pas s'étonner d'y trouver une flore riche et exubérante.

Le passé de **Roquebrune** ★★★ est marqué par l'histoire de son château, qui domine le pittoresque village médiéval. Il fut construit vers 970 et constitue l'un des seuls spécimens en France des châteaux dits «carolingiens», embryon de ceux élevés deux siècles plus tard qui marquèrent l'apogée de la féodalité. Au cours des siècles, il a appartenu aux comtes de Vintimille puis de Provence et ensuite aux Grimaldi. Le château-donjon est un monument historique depuis 1927.

On entre dans le **Château** ★ *(20F; 10h à 12h30 et 15h à 19h30 en été, 10h à 12h30 et 14h à 17h en hiver; ☎04.93.35.07.22)* par un pont en pierre qui a remplacé l'antique pont-levis au XVIe siècle. Le rez-de-chaussée, creusé en grande partie dans le rocher, comprend la salle des Gardes – qui a aussi servi de prison – et la citerne d'eau, alimentée par les eaux de pluie. Le premier étage était autrefois constitué par la Grande Salle, qui n'est dorénavant qu'une cour ouverte. Elle servait aux réceptions et aux cérémonies. Le deuxième étage logeait les hommes chargés de la défense intérieure. Le troisième étage abritait les appartements seigneuriaux : deux salles voûtées et une cuisine. Au Xe siècle, une des deux salles servait à la fois de salle à manger et de chambre à coucher. Sur cet étage se trouvait aussi le chemin de ronde, qui permettait de guetter les environs. On y jouit d'une belle vue sur les environs. Enfin, le dernier étage servait de logement aux guetteurs.

À la sortie du château, remarquez la porte des Grimaldi, dont les armoiries sont encore visibles à l'extérieur. Accordez-vous du temps pour flâner au gré des montées en escalier, des passages voûtés – la rue Pié présente un grand nombre d'arcs de soutien très rapprochés – et des charmantes placettes. N'oubliez pas d'aller voir l'olivier millénaire près de la porte de Menton. Enfin, les passionnés de magasinage pourront s'adonner à leur passe-temps favori.

Le **cap Martin** ★ est une magnifique avancée rocheuse parsemée de villas et de jardins cachés au milieu des pins et des oliviers séculaires. Il ravira les amateurs de la nature grâce à son sentier pédestre, la **promenade Le Corbusier** ★★, longeant les contours sauvages et escarpés de son bord de mer.

Le cap abrite les ruines d'un mausolée, vestige de la station de Lumone, établie par les Romains au 1er siècle av. J.-C. Mais ce sont les vastes résidences de style Belle Époque qui ont fait sa renommée. De nombreuses personnalités y ont séjourné : royauté, écrivains, peintres et vedettes du monde artistique, parmi lesquelles on peut citer l'impératrice Sissi d'Autriche, le grand architecte Le Corbusier et Coco Chanel.

On peut découvrir ces villas luxueuses entourées de jardins magnifiques en se promenant à pied – les voitures sont interdites – le long des larges avenues qui composent le parc résidentiel occupant la majeure partie de l'île.

Enfin, vous pouvez pratiquer de nombreux sports nautiques ou simplement vous prélasser sur l'une des plages qui se trouvent sur le territoire de la commune.

★★★

Menton

À cause de la proximité de la frontière, Menton connaît depuis toujours de fortes influences italiennes. Ce n'est pas étonnant non plus qu'elle ait appartenu à des seigneurs génois avant que les Grimaldi ne l'acquièrent au XIVe siècle. Menton n'est vraiment devenue française qu'au XIXe siècle sous Napoléon III.

La ville bénéficie d'un climat exceptionnel à cause de sa situation privilégiée entre mer et montagne. Cela se traduit par une température moyenne de 17°C en janvier. De plus, grâce à son microclimat, Menton a pu développer la culture des agrumes et des plantes tropicales. On la surnomme d'ailleurs, à juste titre, la «capitale du citron». Enfin, son climat a attiré de nombreux visiteurs vers la fin du XIXe siècle, lorsque de riches Européens du Nord y sont venus dans l'espoir de se guérir de leur tuberculose.

Les couleurs des maisons nous rappellent tout de suite l'Italie. Les habitants aussi, d'ailleurs. Ils sont vraiment accueillants, charmants et sympathiques. Alors, prenez le temps d'y séjourner assez longtemps pour profiter de cette ville à l'échelle humaine. Enfin, il y a beaucoup de végétation à Menton. C'est pourquoi la ville affiche le slogan *«Ma ville est un jardin»*.

Le centre de la ville

Le meilleur endroit où commencer la visite du centre est sûrement le parvis de l'église Saint-Michel, au cœur de la vieille ville. C'est d'ailleurs de là que partent les visites guidées organisées par le Service du patrimoine *(30F; pour les horaires, s'informer à l'Office de tourisme)*.

Église Saint-Michel

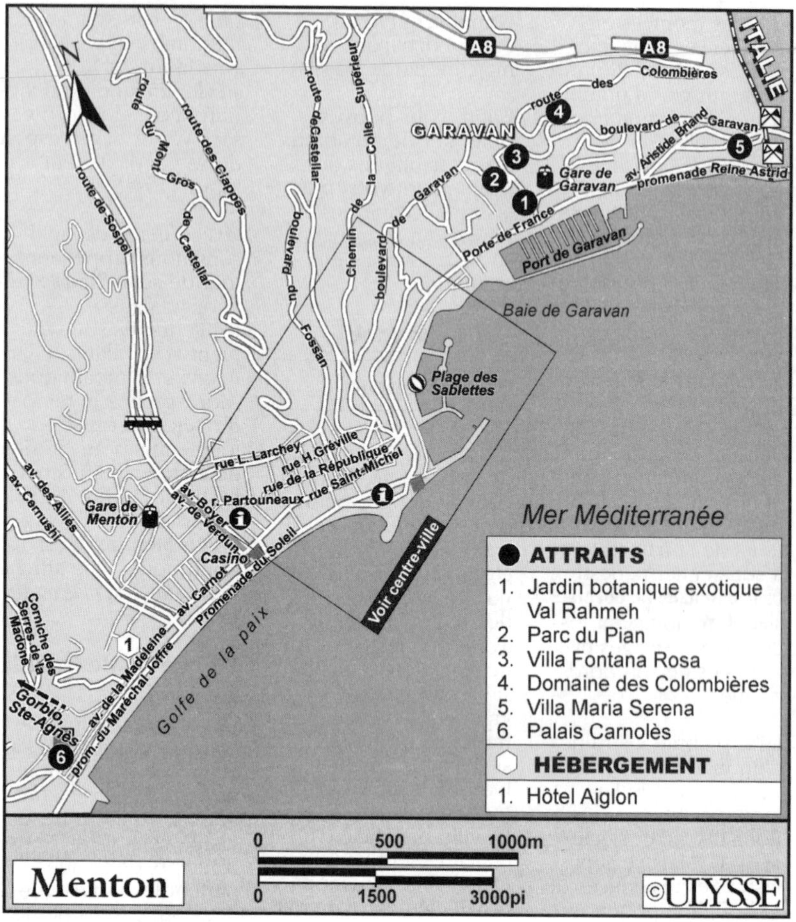

Le **parvis Saint-Michel**, mosaïque de galets blancs et noirs, est un endroit important de Menton. Site depuis 1949 d'un festival de musique de chambre, il est flanqué de deux belles églises Renaissance *(la chapelle de l'Immaculée Conception ou des Pénitents Blancs)* et baroque *(la basilique Saint-Michel-Archange; dim-ven 10h à midi et 15h à 17h, fermé sam matin)* qui laissent quand même voir la mer. Si vous montez la rue du Vieux-Château, vous apercevrez de jolies maisons aux chaudes teintes agrémentées de végétation ici et là. En haut, on arrive au cimetière, construit sur l'emplacement de l'ancien château.

Redescendez par l'une des ruelles tortueuses pour revenir au parvis. Dirigez-vous vers la rue Saint-Michel, rue piétonne et commerçante.

La rue Saint-Michel abrite de nombreux magasins et restaurants. C'est l'endroit idéal pour s'arrêter le temps de prendre un café ou un repas léger le midi.

Gagnez le bord de mer en direction du port et du bastion.

Le bastion, bâti au XVIIe siècle pour défendre la ville, abrite aujourd'hui le **Musée Jean Cocteau** *(entrée libre;*

mer-lun 10h à midi et 14h à 18h; ☎04.93.57.72.30). Seul musée au monde dédié à l'artiste, il présente une collection permanente de ses œuvres : dessins, tapisseries, aquarelles, pastels, céramiques et écrits.

Dirigez-vous vers l'ouest jusqu'à l'Office de tourisme.

En face de l'Office de tourisme se trouve le marché. On peut y découvrir les spécialités régionales : la pichade, la socca et la fougasse, pour n'en nommer que quelques-unes. Il faut voir. Si l'on continue vers l'ouest, on atteint la promenade du Soleil, qui accueille le Casino et de nombreux retraités.

Derrière le Casino s'étalent les **jardins Biovès**, où se déroule la **fête du Citron**, 10 jours de festivités importantes chaque année en février. Sur l'avenue les bordant à l'est se dresse le **Palais de l'Europe**, site de l'ancien casino qui accueille dorénavant l'Office de tourisme et la Bibliothèque municipale. On y présente également des expositions et diverses manifestations culturelles.

Revenez vers l'est en empruntant la rue Partouneaux.

Vous atteindrez assez rapidement la rue de la

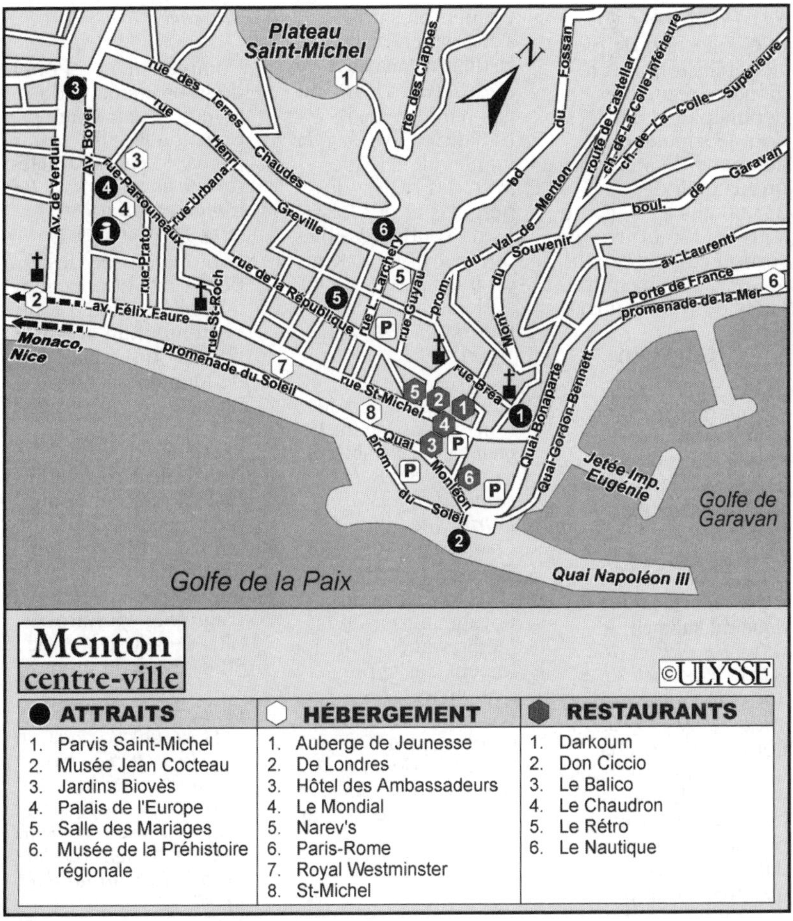

Menton centre-ville

©ULYSSE

● ATTRAITS	⬡ HÉBERGEMENT	⬢ RESTAURANTS
1. Parvis Saint-Michel	1. Auberge de Jeunesse	1. Darkoum
2. Musée Jean Cocteau	2. De Londres	2. Don Ciccio
3. Jardins Biovès	3. Hôtel des Ambassadeurs	3. Le Balico
4. Palais de l'Europe	4. Le Mondial	4. Le Chaudron
5. Salle des Mariages	5. Narev's	5. Le Rétro
6. Musée de la Préhistoire régionale	6. Paris-Rome	6. Le Nautique
	7. Royal Westminster	
	8. St-Michel	

République, qui abrite au 17 la **Salle des Mariages de Jean Cocteau** *(5F; lun-ven 8h30 à 12h30 et 13h30 à 17h; ☎04.93.57.87.87)*, décorée de fresques réalisées par cet artiste français célèbre en 1957-1958.

Continuez jusqu'à la rue Loredan Larchey.

Au bout d'une grande esplanade, on découvre le **Musée de la Préhistoire régionale** *(entrée libre; mer-lun 10h à midi et 14h à 18h; ☎04.93.35.84.64)*. On peut y voir une collection de pièces préhistoriques régionales recueillies depuis plus d'un siècle, dont le squelette de «l'homme de Menton», qui daterait de 25 000 ans av. J.-C. Au sous-sol, on trouve une section consacrée aux arts et traditions populaires des Mentonnais.

Garavan

Ce quartier borde la frontière italienne à l'extrémité orientale de la ville. C'est le paradis des amateurs de jardins. Garavan a son plein de parcs et jardins, à commencer par le **Jardin botanique exotique Val Rahmeh ★** *(20F, 10F enfant; 10h à 12h30 et 14h à 17h, été 15h à 18h; av. Saint-Jacques, ☎04.93.35.86.72)*. Cet endroit est charmant, tout comme les responsables de l'accueil. On peut se promener allègrement dans de petits sentiers qui présentent plus de 650 espèces et variétés de plantes originaires des cinq continents. Cette grande diversité est permise grâce au climat favorable de grande insolation (216 jours en moyenne chaque année) dont bénéficie le site, classé monument historique.

Juste à côté, vous pouvez visiter le **parc du Pian**, une oliveraie millénaire de 3 ha disposée en terrasses avec vue sur la mer.

Un peu plus à l'est s'étalent les jardins de la **villa Fontana Rosa** *(av. Blasco Ibanez)*, aménagés par le scénariste et romancier Ibanez à la mode valencienne, avec des bancs, des pergolas et des bassins. Ils ne sont accessibles que le troisième samedi du mois à 10h. Il faut s'adresser au Service du patrimoine *(☎04.92.10.33.66)*.

Un peu plus vers le nord, on arrive au **Domaine des Colombières** *(50F; visites possible sur demande à la Maison du Patrimoine; route des Colombières, ☎04.93.35.71.90)*. Le jardin est conçu comme un voyage autour de la Méditerranée. Principalement des cyprès et des oliviers, les essences sont plus latines qu'exotiques. On y bénéficie de vues superbes sur la vieille ville et la baie de Garavan.

Enfin, tout à côté de la frontière, vous trouvez la **villa Maria Serena** *(30F; promenade Reine Astrid)*, construite en 1880 par Charles Garnier (Opéra de Paris). Les jardins renferment une importante collection de plantes subtropicales et exotiques. On peut visiter les jardins le mardi à 10h. Informez-vous au Service du patrimoine *(☎04.92.10.33.66)*.

Regagnez le centre pour rejoindre la promenade du Soleil.

Complètement au bout de la promenade du Soleil, à l'extrémité ouest de la ville, se trouve le **palais Carnolès** *(entrée libre; mer-lun 10h à midi et 14h à 18h; ☎04.93.35.49.71)*. Il abrite le Musée des beaux-arts et présente les collections du fonds contemporain acquis à l'occasion des biennales de Menton. Cet ancien palais a été construit en 1717 pour servir de résidence d'été au prince de Monaco. Il est entouré d'un parc qui constitue le plus ancien jardin de Menton. Il abrite la plus importante collection d'agrumes en Europe : plus de 400 arbres de 50 espèces différentes.

Quittez Menton par la D23 en direction de Gorbio, dans l'arrière-pays mentonnais. Si vous ne disposez que de peu de temps, dirigez-vous plutôt vers Sainte-Agnès en prenant la D22 au nord de la ville.

Gorbio

La route qui mène à Gorbio est très tortueuse. La distance est courte, mais cela prend quand même un certain temps pour y arriver. De toute façon, le paysage est splendide, surtout vers la tombée du jour.

Petit village au caractère médiéval, il peut être intéressant de s'arrêter à Gorbio pour reprendre son souffle loin du tumulte de la Côte. D'un autre côté, vous pouvez effectuer de très jolies promenades, à partir de là, qui vous conduiront jusqu'à Sainte-Agnès ou Roquebrune.

★★

Sainte-Agnès

Vieux village sarrasin perché sur son rocher, Sainte-Agnès serait le plus haut du littoral en Europe. Vous y découvrirez un paysage tourmenté dont l'altière beauté embrasse la Côte. Le village est charmant et peut constituer une étape agréable pour les randonneurs. En effet, on peut effectuer de multiples randonnées tout autour qui sont plus ou moins longues ou difficiles.

Depuis 1999, quelques amateurs du site médiéval ont entrepris des travaux exceptionnels pour pouvoir accéder aux ruines du château qui surplombe le village. Vous pouvez traverser la crête, monter à travers les restants des murs et découvrir un jardin médiéval. Le drôle de surveillant à l'entrée du site nous a confié que l'endroit était comparable à une cerise au milieu d'un gros gâteau qui représenterait la Côte...

Activités de plein air

Entre Nice et Menton, les plages sont plutôt petites et souvent privées (appartenant à un hôtel ou à un réseau vacancier). Les plus grandes plages (publiques et privées) se trouvent à Menton et à Èze.

De plus, la région invite à plusieurs belles promenades le long de la mer ou dans l'arrière-pays proche.

Randonnée pédestre

Saint-Jean-Cap-Ferrat

Une magnifique promenade – pour les jeunes et moins jeunes – peut être effectuée autour du cap. Rendez-vous à la pointe de Passable (au nord-ouest de la presqu'île, près du zoo), qui abrite une petite plage publique de sable et un restaurant (plage privée). Vous pourrez longer la mer jusqu'au phare (pointe sud) et ensuite continuer par le chemin de la Carrière. Vous atteindrez ainsi le nouveau port. Durée du circuit : 1 heure 30 min. Pour de plus amples détails, procurez-vous le plan à l'Office de tourisme.

Èze

De nombreuses randonnées sympathiques et peu difficiles – même quand ça monte! – peuvent être effectuées autour d'Èze. Vous pourrez ainsi vous rendre de Èze-Bord-de-Mer à Èze-Village (moyenne Corniche), à Saint-Laurent d'Èze et au col d'Èze (grande Corniche). Procurez-vous la carte *Les chemins d'Èze* à l'Office de tourisme.

Roquebrune-Cap-Martin

Il existe un très beau sentier pédestre qui fait le tour du cap. De plus, les avenues du domaine privé, à l'intérieur de la presqu'île, sont larges, tranquilles et bordées de magnifiques villas.

Menton

Menton est un endroit de rêve pour les flâneurs grâce à ses multiples jardins botaniques et exotiques. Renseignez-vous au Service du patrimoine.

Golf

La Turbie

Dans un environnement mer et montagne, le **Monte-Carlo Golf Club** *(18 trous; route du Mont-Agel, La Turbie, ☎04.93.41.09.11)* est l'un des plus beaux de la Côte d'Azur, situé à 900 m d'altitude. L'originalité du parcours réside dans l'étroitesse de son tracé.

Hébergement

Deux choix s'offrent à vous : être près de la mer et jouir de la vie (nocturne y comprise) plus animée, ou vous retirer dans le calme de l'arrière-pays pour vous éloigner de tout le brouhaha. Bien sûr, le prix des hôtels est plus élevé dans les villages côtiers. Enfin, si vous vous retirez un peu plus vers les hauteurs, vous profiterez tout autant de la mer grâce au panorama.

Villefranche-sur-Mer

Hôtel Patricia
240F-300F, pdj 25F
½p 260F-340F
fermé nov et déc
dp, ℜ
av. de l'Ange Gardien
Pont Saint-Jean
☎04.93.01.06.70

Très bien situé, l'Hôtel Patricia est une pension familiale qui fait également restaurant. Les chambres sont très simples, mais l'essentiel c'est la proximité des plages, à 300 m. Et des plages, il y en a plusieurs : on peut tout autant se diriger vers celles de Villefranche que celles du cap Ferrat puisque l'hôtel se situe au carrefour des deux endroits. Seule la chambre numéro trois possède un balcon. Avis aux intéressés!

Hôtel Provençal
380F-590 F, pdj 48F
dp, ℜ, asc, tv
au centre du village
☎04.93.76.53.53
⇄04.93.76.96.00
provencal@riviera.fr

En juillet et août, vous devez loger en demi-pension *(330F-435F)*. L'hôtel, qui date des années trente, a été restauré et offre une belle vue sur la mer et le jardin public derrière. Les chambres sont belles, claires et modernes, et certaines d'entre elles ont une terrasse.

Hôtel Welcome
690F-950F, pdj 40F
fermé mi-nov à mi-déc
bp, dp, tv, asc, ℜ, ≡
Bord-de-Mer
☎04.93.76.27.62
⇄04.93.76.27.66
welcome@riviera.fr

L'Hôtel Welcome s'impose presque à Villefranche. D'abord, son architecture est très belle, mais surtout il est en plein cœur de l'action, tout à côté de la chapelle décorée par Cocteau et du port. Que ce soit du patio, où l'on prend le petit déjeuner, ou de la terrasse privée attenante à plusieurs des chambres, la vue sur le port et sur la mer est superbe. Les quelques chambres qui font l'angle sont assez spectaculaires. De plus, puisque Cocteau y fait figure importante, deux chambres sont décorées à sa manière.

Résidence Pierre & Vacances
3 360F-6 650F studio-cabine
3 600F-7 200F/sem. app. deux pièces
bp, ℂ, ℝ
☎04.93.76.40.00

Pour les **séjours d'une semaine ou plus,** on vous recommande la Résidence Pierre & Vacances. Construite sur des terrasses tournées vers la mer qui dominent la baie, la Résidence s'ouvre sur un beau parc, une belle piscine et des courts. La plage n'est qu'à 300 m. Attention : séjour obligatoire d'au moins une semaine débutant le samedi.

Saint-Jean-Cap-Ferrat

Voilà un endroit que nous vous recommandons fortement pour passer quelques jours agréables sur la Côte. Le cap regorge de magnifiques villas et bénéficie d'une abondante végétation.

Résidence Bagatelle
360-500F, pdj 60F
dp, tv
11 av. Honoré Sauvan
☎04.93.01.32.86
⇄04.93.01.41.00
hotelbagatelle@libertysurf.fr
Cachée au milieu d'un jardin luxuriant, la Résidence Bagatelle constitue un arrêt obligatoire. L'accueil est des plus invitants; la patronne a une joie de vivre ravageuse! L'hôtel se trouve tout près de la villa Ephrussi-Rothschild (voir p 358). Le jardin de la résidence est merveilleusement fleuri et l'on y retrouve des oliviers bi-millénaires.

Hôtel Brise Marine
730F-790F, pdj 59F
bp, dp, ≡
58 av. Jean Mermoz
☎04.93.76.04.36
⇄04.93.76.11.49
Cet hôtel a beaucoup de charme : tranquillité, site plaisant, vues magnifiques. Près de la Paloma Beach, qui offre tous les services de plage. Néanmoins, l'hôtel est peut-être un peu cher. Enfin, tout dépend de votre budget!

Beaulieu-sur-Mer

Beaulieu est un port de plaisance. On y trouve donc plusieurs hôtels.

Le Select
320F
dp, bp, tv
place Général de Gaulle
☎04.93.01.05.42
⇄04.93.01.34.30
Si vous disposez d'un petit budget, descendez au Select. En plein cœur du village, cet hôtel simple mais entièrement restauré est installé dans un assez bel ancien immeuble restauré (au rez-de-chaussée, il y a une filiale du Crédit Lyonnais). Il donne sur une place sympathique mais peut être un peu bruyant car la route passe à côté. Il faut donc négocier avec le bruit de la circulation, surtout en été. Si cet hôtel est complet, vous pouvez essayer l'**Hôtel Riviera** *(rue Paul Doumer)*, qui est plus près de la mer.

Réserve de Beaulieu
3 400F-4 900F
7 975F- 9 450F suite
asc, ℜ, ≡
☎04.93.01.00.01
⇄04.93.01.28.99
reservebeaulieu@relaischateaux.fr
Passionné de grand luxe? Alors, choisissez la Réserve de Beaulieu. Cet hôtel familial au style architectural du début du XXe siècle a été entièrement restauré. On y trouve d'immenses salons aménagés avec goût qui s'ouvrent sur la mer. Ce petit palais offre une petite plage avec des rochers et une jetée d'où plonger dans la mer. Les bateaux de plaisance peuvent aussi y accoster. Si vous n'êtes pas pressé, alors détendez-vous au bord de la belle grande piscine. Rapport qualité/prix? C'est cher, mais on atteint le sommet du luxe!

Èze-Village

Camping Les Romains
98F
Grande Corniche
☎04.93.01.81.64
Camping Les Romains : dans un tout autre registre. Pour y aller : prendre la D2564 (Grande Corniche). Si vous venez de la mer, montez par la D45. Ce camping, aux portes de l'Italie, offre un magnifique panorama sur les Alpes, la mer et le cap Ferrat. Soleil, calme et confort avec douches chaudes et casse-croûte. Plages, sports, loisirs à 10 min de Nice et à 15 min de Monaco.

La «reine» des corniches, avec vue s'il vous plaît!

Hermitage
170F-320F
bp, tv, ℜ, ≈
Èze, Grande Corniche
☎04.93.41.00.68
L'hôtel Hermitage est une autre bonne adresse. Membre des Logis de France, cet établissement se trouve à 5 km d'Èze-Village tout en étant relativement près de Nice et

de Monaco. Situé à l'entrée d'un parc départemental sillonné de sentiers pédestres. Voilà pour un goût d'arrière-pays! Réservez la chambre avec la très grande salle de bain!

Auberge des 2 Corniches
340F, pdj 35F
dp, tv
15 bd Maréchal Leclerc
☎04.93.41.19.54
⇌04.92.10.86.26
À environ 1 km du village, en direction du col d'Èze, l'Auberge des 2 Corniches va plaire aux voyageurs qui cherchent un endroit confortable sans devoir payer un prix exorbitant. M. et Mme Maume, les gentils propriétaires, vous proposent un endroit calme à l'écart du tourisme. Vous aurez l'impression de séjourner à la campagne! Louez la chambre qui donne sur le coin à l'avant. Elle a deux fenêtres et bénéficie d'une belle vue. Très bon rapport qualité/prix, loin de la folie touristique!

Ceux qui veulent s'offrir une nuit inoubliable dans un endroit de rêve choisiront un des deux hôtels de luxe situés au cœur même du vieux village médiéval :

Le Château de la Chèvre-d'Or
1 700F-3 700F
ℜ, ≈
☎04.93.41.12.12
⇌04.93.41.12.24

Le Château Eza
2 000F-3 500F
ℜ
☎04.93.41.12.24
⇌04.93.41.16.64

Ces deux hôtels procurent essentiellement les mêmes services et les mêmes avantages. Partout, on y respire le raffinement! On y trouve de jolis jardins et des terrasses qui surplombent la mer. De plus, on y mange très bien. Le restaurant du Château Eza (voir p 375) est cependant plus spectaculaire à cause de sa terrasse qui domine littéralement la mer. Ce sont deux endroits de rêve, hors du commun!

Cap-d'Ail

Si vous désirez fuir le clinquant de Monaco et de Monte-Carlo, voici deux bonnes adresses dans ce petit village juste à côté.

Résidence Pierre & Vacances
2 450F-5 750F/sem., studios 2 050F-6 100F/sem., app. deux pièces
bp, ℂ, ℝ, ≈
☎04.93.41.73.00
capdail@pierre-vacances.fr
Pour un séjour d'une semaine ou plus, la Résidence Pierre & Vacances s'impose! Cet impressionnant bâtiment de verre et de pierre a été conçu par Jean Nouvel, réputé architecte français. Perché dans les hauteurs, il a été construit sur des terrasses de niveaux différents qui dominent la mer et offrent une vue superbe. La piscine est une pure merveille. Attention : en dépit de la proximité du village (à 800 m), il faut s'y rendre avec sa propre voiture ou en taxi. Stationnement payant. Les locations, d'une durée minimale d'une semaine, commencent le samedi. Les appartements de deux pièces sont idéaux pour les familles, car ils disposent d'une chambre à l'écart pour les enfants. Bon rapport qualité/prix!

La Turbie

Hôtel Napoléon
300F-450F, ½p 570F
bp, tv, asc, ℜ
7 av. de la Victoire
☎04.93.41.00.54
⇌04.93.41.28.93
Au centre du village, en face de la mairie, se trouve l'Hôtel Napoléon. Cet établissement allie le confort moderne avec l'architecture du pays. Choisissez une chambre à l'arrière pour bénéficier d'un plus grand calme.

Peille

Hôtel Belvédère
200F-240F, ½p 260F
ℜ
1 place Jean Miol
☎04.93.79.90.45
Pour les petits budgets, l'Hôtel Belvédère est tout indiqué. Les chambres sont simples mais propres. La vue s'étend sur Nice et sur les collines de l'arrière-pays de Monaco. Mal-

heureusement, on a également vue sur une monstrueuse carrière de pierre. L'ambiance est rustique avec une grande salle à manger qui s'ouvre sur une grande terrasse. Louez la chambre n° 2 ou n° 4. Membre des Logis de France.

Peillon

Auberge de la Madone
470F-780F
bp, tv, ℜ
☎*04.93.79.91.17*
⇄*04.93.79.99.36*
Permettez-vous de rêver un peu et de profiter de la vie à l'Auberge de la Madone. Situé à l'entrée de ce très beau village médiéval, l'hôtel est garni d'un très beau mobilier de style. Les chambres, très modernes et spacieuses, ont vue sur le village. De plus, il y a un excellent restaurant sur place (voir p 375). Cet hôtel respire la grande classe et jouit du goût très fin du patron. En plus, tout cela, sans la moindre prétention! Cela exige un arrêt!

Auberge du Portail
290F-410F
dp
Pour les budgets plus modestes, le patron de l'Auberge de la Madone a installé une dépendance en contrebas de son hôtel, l'Auberge du Portail.

Roquebrune-Cap-Martin

Hôtel Europe Village
380F, ½p 580F
dp, tv, ℜ
av. Virginie Hériot
☎*04.93.35.62.45*
⇄*04.93.57.72.59*
Au cœur du cap Martin se niche l'Hôtel Europe Village, à 3 km de Monaco ou de Menton. Vous serez séduit sinon impressionné par la beauté et le calme du jardin qui entoure l'hôtel. C'est une oasis de nature entre ces deux villes! Les chambres se révèlent confortables, et certaines possèdent une terrasse qui donne sur le jardin. De plus, l'hôtel est à côté du point de départ de la superbe promenade autour du cap.

Hôtel Westminster
380F-500F, pdj 35F
fermé déc-jan
bp, dp, tv, ≡
14 av. Louis Laurens
☎*04.93.35.00.68*
⇄*04.93.28.88.50*
Westminster@ifrance.com
Un peu avant d'atteindre le cap Martin, on trouve l'Hôtel Westminster dans une petite impasse qui descend vers la mer. Cet hôtel confortable et familial est à 200 m de la plage. Si par hasard vous faites partie des amateurs de parapente, c'est l'endroit tout désigné pour vous, car l'établissement leur porte un intérêt particulier et il vous sera possible d'y obtenir tous les renseignements pertinents. De plus, l'hôtel dispose d'un restaurant *(fermé mer)* surplombant la mer; on y sert des spécialités traditionnelles françaises cuisinées par la patronne.

Les deux Frères
545F-595F, pdj 60F
bp, dp, ℜ, *tv*
☎*04.93.28.99.00*
⇄*04.93.28.99.10*
Situé à un endroit stratégique du vieux village médiéval de Roquebrune, l'hôtel-restaurant Les deux Frères constitue une étape agréable où séjourner. D'abord, l'hôtel donne sur une place sympathique d'où l'on a une très belle vue sur les environs; ensuite, on est à deux pas des charmantes ruelles du village. Toutes les chambres ont été restaurées et portent des noms selon la décoration qu'on y retrouve : mer, marié, africaine, etc.

Vista Palace Hôtel
1 200F-2 300F
suite 2 300F-4 000F
app. 3 000F à 7 000F
pdj 100F-150F
bp, asc, ≡, *tv,* ≈, ℜ, ⌚
Grande Corniche
☎*04.92.10.40.00*
⇄*04.93.35.18.94*
Vistapalace@webstore.fr
Entre ciel et mer, le Vista Palace Hôtel est un endroit des plus spectaculaires. On comprend qu'il fasse partie des *Leading hotels of the world*. Situé sur un éperon rocheux qui surplombe la mer à une hauteur vertigineuse, l'hôtel possède un site

unique. Doté du plus grand confort moderne, l'établissement relève de la plus grande tradition des *resorts* de rêve avec sa piscine, son centre de conditionnement physique, ses jardins, mais surtout avec les vues qui s'affichent partout. Justement, trois suites junior font l'angle, une succession de larges baies vitrées livrant un spectacle exceptionnel qui s'ouvre, d'un côté, sur le Hong-Kong de la côte, Monaco, et de l'autre, sur la beauté encore sauvage du cap Martin. C'est à couper le souffle. Dernier point : en été, on peut manger midi et soir sur la terrasse attenante à la piscine.

Menton

Camping Fleurs de mai
67 Val de Gorbio
☎04.93.57.22.36
Pour y aller : prendre la sortie Menton sur l'autoroute A8 et se diriger vers la D23. Ce camping offre le calme dans un cadre verdoyant à moins de 1,5 km des plages. Piscine, tennis, supermarchés, commerces, etc.

Auberge de Jeunesse
80F, pdj inclus
plateau Saint-Michel
☎04.93.35.93.14
Pour s'y rendre, on peut prendre un minibus à la gare routière. Attention : les réservations par téléphone ne sont pas prises en considération.

Hôtel de Londres
230F-460F
½p 220F-360F
pdj 40F
fermé mi-oct à mi-déc
bp, dp, tv, asc, ≡, ℜ
15 av. Carnot
☎04.93.35.74.62
⇄04.93.41.77.78
À 200 m du Casino, et tout à côté de la plage, niche l'Hôtel de Londres. Puisqu'il faut traverser un grand jardin, où l'on peut prendre un verre ou manger, l'hôtel se trouve donc un peu à l'écart de la rue. Le propriétaire a fait restaurer toutes les chambres et les fenêtre à double vitrage vous assurent le calme. D'ailleurs, pour avoir la grande paix, louez une chambre à l'arrière. Cet hôtel nous a séduits bien sûr grâce à son jardin, mais également à cause de l'agréable charme «vieille France» qui s'en dégage. L'accueil est exemplaire et le rapport qualité/prix, excellent.

Le Mondial
230F-270F, pdj 19F
dp, tv, ℜ
12 rue Partouneaux
☎04.92.10.20.66
⇄04.92.10.20.70
À 5 min de la mer, en face du chic hôtel des Ambassadeurs, l'hôtel Le Mondial offre tout et même plus de ce qu'on peut attendre d'un hôtel simple et pas cher. Le cadre – style vieillot du début du XXe siècle – est et sympathique. L'hôtel propose de petites chambres simples mais très propres. Les petits déjeuners sont servis dans un petit patio bien agréable. Voilà un hôtel avec un très bon rapport qualité/prix! Mais, puisqu'il n'y a que 14 chambres et que, même en janvier quand on a visité l'hôtel, la maison était remplie, prévoyez une réservation. C'est un hôtel très populaire. Malheureusement, l'accueil par le propriétaire est plus que médiocre.

Hôtel Paris-Rome
360F-470F
bp, ≡, tv, ℜ
79 Porte de France
☎04.93.35.73.45
⇄04.93.35.29.30
L'Hôtel Paris-Rome se trouve face à la mer, près du port de plaisance. C'est un petit hôtel sympa, avec un tout petit jardin intérieur où vous pouvez prendre votre petit déjeuner dans le calme. Quelques chambres donnent sur la mer et, donc, sur la route très achalandée en été. Ça peut être bruyant, mais au deuxième étage il y a des doubles-vitrages (les chambres les plus chères). Le cadre est rustique, et une cheminée trône dans le restaurant. Membre des Logis de France. L'accueil s'avère bon. D'ailleurs, si vous passez toute une semaine, vous profitez d'un forfait intéressant, et la direction vous offre gratuitement des visites touristiques commentées dans les cinq jardins exotiques de la ville.

Le St-Michel
360F-480F
½p 352F-380F
pdj 35F
bp, tv, ℜ
1684 promenade du Soleil
☎04.93.57.46.33

Le St-Michel est un autre hôtel qui fait face à la mer. Tenu par un bon vivant italien et sa femme, cet hôtel se trouve à l'entrée de la vieille ville. Il compte quelques chambres calmes à l'arrière en plus des chambres qui font face à la mer, plus bruyantes. Cet endroit offre un très bon rapport qualité/prix.

Narev's Hôtel
375F- 550F, pdj 40F
bp, ≡, tv, asc
12bis rue Lorédan Larchey
☎04.93.35.21.31
⇄04.93.35.21.20

Le Narev's Hôtel est une autre très bonne adresse. Il s'agit d'un hôtel récemment construit, entouré d'immeubles qui datent de la fin du XIXe siècle. Cet hôtel est une entreprise familiale dirigée par Pascale Véran, très sympathique, qui connaît bien la ville et ses restaurants. Les très agréables chambres (quelques-unes avec terrasse) sont dotées de tout le confort d'un hôtel moderne. Bien situé, à 5 min de la mer et en face du Musée de Préhistoire régionale, l'hôtel dispose également d'une salle de conférences et est ouvert toute l'année.

Hôtel Aiglon
550F-720F
½p 495F-580F
deux suites 960F
bp, ≡, tv, ≈, ℜ
7 av. de la Madone
☎04.93.57.55.55
⇄04.93.35.92.39
aiglon.hotel@wanadoo.fr

Ce sont surtout les Québécois amateurs de littérature qui voudront découvrir cet hôtel superbe où est descendu l'écrivain Anne Hébert (décédée en l'an 2000) régulièrement pendant 50 ans! Il s'agit de l'Hôtel Aiglon. C'est l'endroit le plus charmant que nous ayons trouvé à Menton, avec une belle piscine encadrée par un magnifique jardin. En plus, vous êtes proche de la mer et du centre-ville. On peut y manger dehors ou dans un pavillon adorable. La propriétaire, Mme Solange Stiffa, aidée de Nathalie, assure un merveilleux accueil dans un hôtel qui a «une âme...»

Hotel Royal Westminster
590F-770F, pdj 45F
fermé nov
bp, ≡, ℜ, ⏲, asc
1510 promenade du Soleil
☎04.93.28.69.69
⇄04.92.10.12.30

Si vous recherchez un confort luxueux et la proximité de la plage, l'Hotel Royal Westminster est là pour vous. Si vous sortez par l'avant, la mer vous attend à quelques pas; vous pourrez alors jouir, à titre gracieux de l'hôtel, d'un matelas et d'un parasol. Si vous sortez par l'arrière, vous vous retrouverez dans la zone piétonne avec ses magasins et ses restaurants. L'hôtel occupe un immeuble de style élégant situé au milieu d'un joli parc classé. Il possède un centre de conditionnement physique, un billard, un piano à queue, un bar et, bien sûr, un restaurant qui s'ouvre sur une terrasse.

Hôtel des Ambassadeurs
800F-1 150F
1 165F suite
bp, ≡, ℝ, tvc, ℜ
3 rue Partouneaux
☎04.93.28.75.75
⇄04.93.35.62.32
Ambassadeurs-menton@wanadoo.fr

Pour le luxe, en plein cœur du centre-ville, choisissez l'Hôtel des Ambassadeurs. Cet hôtel de style fin XIXe siècle a été complètement restauré et s'impose majestueusement avec la couleur rose de son extérieur. L'entrée est luxueuse et les salons de l'hôtel sont garnis de meubles Art déco. Les chambres sont très claires et offrent le confort moderne des hôtels de luxe mondial. On fournit même les peignoirs. Enfin, l'hôtel est pourvu d'un bar chic et de deux salles de conférences pouvant accueillir jusqu'à 150 personnes. Une plage privée est également accessible. Somme toute, un bon rapport qualité/prix.

Restaurants

Villefranche-sur-Mer

À proximité de l'Hôtel Welcome, nous vous recommandons deux restaurants : le **Carpe diem** *($)*, qui propose une cuisine simple et traditionnelle, et le **Saint-Pierre** *($$)*, spécialisé dans la «cuisine nouvelle» plus raffinée mettant à l'honneur les poissons.

La Grignotière
$$-$$$
3 rue du Poilu
☎04.93.76.79.83.
La Grignotière est un petit restaurant remarquable. Situé dans l'une des ruelles du vieux village, cet établissement propose une très bonne cuisine depuis des années. La soupe de poisson avec sa rouille est copieuse et est une pure merveille! Les spécialités sont les viandes et le saumon en feuilleté. On recommande le menu qui comprend deux entrées, un plat, le fromage et le dessert. Les portions sont très généreuses. Il faut un appétit de loup pour arriver à tout manger. En plus, la gérante est accueillante et le service, très efficace.

Au port, il y a de nombreux restaurants qui disposent de terrasses donnant sur le bord de la mer. Mais attention! On va vous faire payer cet avantage. Les gens du pays qui ne surveillent pas leur budget préfèrent **La Mère Germaine** *($$)*. Le cadre est séduisant, mais le menu à 195F n'offre qu'une entrée.

Saint-Jean-Cap-Ferrat

Sur le port, dans la presqu'île, deux restaurants ont retenu notre attention. Restaurants simples mais qui ont développé une cuisine assez raffinée :

Le Capitaine Cook
$-$$
11 av. Jean Mermoz
☎04.93.76.02.66.
Restaurant qui propose surtout des spécialités de poissons et la bouillabaisse. Un resto très coté...

La Goélette
$-$$
Pâtes, salades et poissons sont au menu. Jolie terrasse. Menus pour enfants. Comme spécialité, les propriétaires attentifs proposent l'aïoli provençal.

N'oubliez pas de prendre un pot au **Bas du Port**, point de rencontre des villageois joyeux et sympathiques.

Beaulieu-sur-Mer

African Queen
$-$$
☎04.93.01.10.85
Situé dans le port de plaisance, l'African Queen propose une cuisine méditerranéenne qui met en vedette poissons et viandes auxquels une petite touche de curry est parfois ajoutée. Mais on y trouve également des pizzas au feu de bois et des choses plus simples. L'attrait principal de ce restaurant reste tout de même sa magnifique terrasse où il fait bon flâner.

Èze-Village

Si vous désirez profiter d'une terrasse avec vue, arrêtez-vous tout en haut du village, près de l'entrée du jardin exotique. Endroit idéal pour l'apéro!

Le Troubadour
$-$$$
fermé dim et lun le midi
☎04.93.41.19.03
Le Troubadour est un restaurant «classique» à l'entrée du village. Il est fortement recommandé par les gens du village. Êtes-vous tentés de goûter le foie gras grillé aux raisins? Un charme vieillot baigne l'atmosphère, et le rapport qualité/prix est bon.

Pour ceux dont l'argent n'est pas une considération importante, essayez le restaurant d'un des deux châteaux (voir p 370). Nous avons cependant une préférence pour le **Château Eza** *($$)* à cause de sa terrasse merveilleusement exposée procurant une pleine vue sur la mer. Les deux châteaux proposent toutefois une cuisine tout aussi raffinée et pratiquent des prix semblables.

Cap-d'Ail

La Pinède
$-$$$
10 boul. de la Mer
☎*04.93.78.37.10*
Si vous aimez les poissons grillés, alors ne ratez pas La Pinède. On peut y manger sur une grande terrasse qui domine littéralement la mer et qui est complètement couverte en cas de mauvais temps.

On peut aussi manger à l'intérieur dans un cadre rustique très chaleureux. Il y a même un arbre qui a été incorporé au bâtiment! Le sympathique patron, M. Guglielmi, veille à ce que tout soit impeccable, que ce soit la nourriture, le service ou l'accueil. Une adresse à retenir!

La Turbie

Hôtel Napoléon
$-$$
7 av. de la Victoire
☎*04.93.41.00.54*
Si vous voulez déguster une soupe dans sa croûte, arrêtez-vous au restaurant de l'Hôtel Napoléon. Jeanine et Dominique Kolinsky vous garantissent aussi la qualité des deux menus affichés et les commandes à la carte.

Peille

Relais Saint-Martin
$-$$
☎*04.93.41.16.03*
Sur la route reliant La Turbie et Peille, vous pouvez vous arrêter au Relais Saint-Martin. On y profite d'une vue panoramique sur les collines de l'arrière--pays de Monaco. Le cadre est rustique avec une grande cheminée. Il y a également une terrasse et une salle de banquet. Endroit idéal pour déguster une cuisine du terroir et des grillades sur le feu.

Peillon

Auberge de la Madone
$$-$$$
L'Auberge de la Madone vous promet des repas gourmands et gourmets choisis à même le terroir provençal. On peut prendre ses repas sur la jolie terrasse ou dans la très belle salle à manger (voir p 371).

Roquebrune

À l'entrée de l'ancien village, sur la place des Deux-Frères, il y a deux restaurants qui offrent la possibilité de manger à l'extérieur.

La Grotte
$-$$
place des Deux Frères
À La Grotte, on sert d'excellentes pizzas et de belles salades. Quant aux frites, elles sont croquantes. À l'intérieur, vous découvrirez un bar à l'abri d'une grotte. Le service est efficace et le rapport qualité/prix, excellent.

Casarella
$-$$
15 rue Grimaldi
La Casarella propose une cuisine familiale dans un cadre convivial, offert par une famille corse qui s'est établie ici depuis quelque temps. Ce resto est aussi recommandé par les résidants de Roquebrune.

L'Idée fixe
$
☎*04.93.28.97.25*
L'Idée fixe est un petit restaurant niché au haut d'un escalier. L'atmosphère y est intime, et l'on y présente de petites expositions temporaires. Amateurs de gnocchis, il faut vous y arrêter car on vous les propose avec plusieurs sauces différentes. Mais au fil des années, les propriétaires ont développé leur cuisine avec des spécialités de poison et de viande. Ouvert le soir.

Au Grand Inquisiteur
$-$$
rue du Château
☎*04.93.35.05.37*
Au Grand Inquisiteur est un restaurant au cadre particulier. Il est

localisé dans une cave médiévale qui, à l'époque, servait de gîte pour les animaux. Ce restaurant est d'ailleurs cité dans plusieurs guides gourmands et est très coté pour l'excellente carte des vins. À ne pas manquer.

Les deux frères
$$
fermé dim soir et lun
place des Deux-Frères
Parmi les nombreux bons restaurants de ce village médiéval, nous vous recommandons aussi Les deux frères. Il propose une «cuisine fraîcheur» à base de produits locaux comme les poissons grillés, de même que du foie gras maison.

Menton

Le Rétro
$
3 rue Saint-Michel
☎***04.93.35.46.16***
Pour l'apéro ou pour une petite collation, nous vous recommandons Le Rétro. Dans ce bar et salon de thé, on s'arrête pour souffler un peu le long d'une charmante rue piétonne où défilent les gens. L'établissement est l'un des plus anciens de Menton, et le personnel est très gentil. Si vous aimez les cocktails, essayez l'apéritif maison constitué d'un mélange d'oranges et citrons pressés ragaillardi de mandarine Napoléon. Rafraîchissant et savoureux! Goûtez également aux délicieuses crêpes.

Don Ciccio
$-$$$
11 rue Saint-Michel
☎***04.93.57.92.92***
Pour les poissons et la cuisine italienne : Don Ciccio. Vous ne serez pas déçu, mais c'est devenu cher.

Le Balico
$-$$$
fermé mar
place aux Herbes
☎***04.93.41.66.99***
Localisé sur l'une des places les plus pittoresques du vieux Menton, Le Balico sert une cuisine mentonnaise appréciée de tous, y compris les gens de la place. Le service est sympathique et efficace. On mange sur la terrasse les uns contre les autres, et c'est ce qui fait le charme de l'endroit. Très bon rapport qualité/prix qui rallie merveilleusement bien les saveurs et les ambiances mentonnaises.

Le Nautique
$-$$$
27 quai de Monléon
☎***04.93.35.78.74***
Le Nautique est recommandé aux amateurs de poissons.

Darkoum
$-$$
fermé lun-mar
23 rue St-Michel
☎***04.93.35.44.88***
Pour changer de la cuisine du Midi, faites un saut au Darkoum. Vous y mangerez des spécialités marocaines excellentes. Nous avons dégusté le poulet au citron, le tagine et le couscous – tout était excellent. On mange à l'intérieur ou sur une petite terrasse dans une ambiance agréable. Ce restaurant est très coté aussi chez les Mentonnais.

Le Chaudron
$$-$$$
fermé mar
26 rue Saint-Michel
☎***04.93.35.90.25***
De l'autre côté de la rue piétonne, vous découvrirez Le Chaudron, où vous mangerez d'excellents plats de viande et de poisson dans un joli cadre intérieur ou sur une petite terrasse. Ce restaurant aussi est très recommandé par plusieurs habitants de Menton.

Gorbio

Restaurant Beau Séjour
$-$$
fermé mer
☎***04.93.41.46.15***
Sur la place du Village, le Restaurant Beau Séjour propose une cuisine régionale dans un cadre rustique champêtre. Naïl et Yvan affichent au menu soupe de poisson et crème d'ail, raviolis farcis aux blettes et lapin sauté à la marjolaine. Et ça reste raisonnable côté prix.

Sainte-Agnès

La Vieille Auberge
$-$$
fermé mer
☎***04.93.35.92.02***
Si vous désirez sortir de la ville, allez prendre une bouffée d'air frais à

La Vieille Auberge. Dans une ambiance simple, cette auberge, tenue par la famille Revel depuis quatre générations, vous propose une cuisine simple et typique de l'arrière-pays. Vous pouvez y passer la nuit dans un cadre simple. Le site de ce village est magnifique.

Sorties

Renseignez-vous aux offices de tourisme pour les «Info-Animations» de chaque ville et de chaque village. Voici quelques suggestions.

Beaulieu-sur-Mer

Casino

Grand Casino de Jeux
19h à 4h lun-jeu, ven-dim jusqu'à 18h, été jusqu'à 17h
av. Blundell Maple
☎04.93.76.48.00

Piano-bar

La Réserve de Beaulieu
5 bd Maréchal Leclerc
☎04.93.01.00.01

Menton

Menton organise chaque année un bon nombre de foires et festivals parmi lesquels :

La Grande Foire d'antiquités
fin janvier
brocante-troc

La fête du Citron
février

La Bourse numismatique et philatélique
un dimanche de mai

Le Festival du cheval arabe
fin juin

Le Festival de musique de chambre
août
sur le parvis de l'église Saint-Michel

Journées méditerranéennes des jardins
1re fin de semaine de sept

Le Festival des oiseaux
mi-novembre

Le Salon de l'artisanat d'art
mi-décembre

Casino

Casino de Menton
machines à sous 11h à 3h; salons de jeu, roulette, black jack, punto banco 20h à 3h, 17h à 4h fin de semaine
av. Félix Faure
☎04.92.10.16.16

Parc de loisirs

Parc de loisirs de la Madona - Koaland
10h à midi et 14h à 18h, été 10h à 1h
5 av. de la Madone

Discothèques

Deux bars pour les jeunes adultes :

Le Brummell
au Casino
☎04.92.10.16.16
et
La Case du Chef
av. R. Schumann
☎04.93.35.91.43

Le Queenie Club
1 av. Pasteur
☎04.93.57.58.46
On peut également y manger.

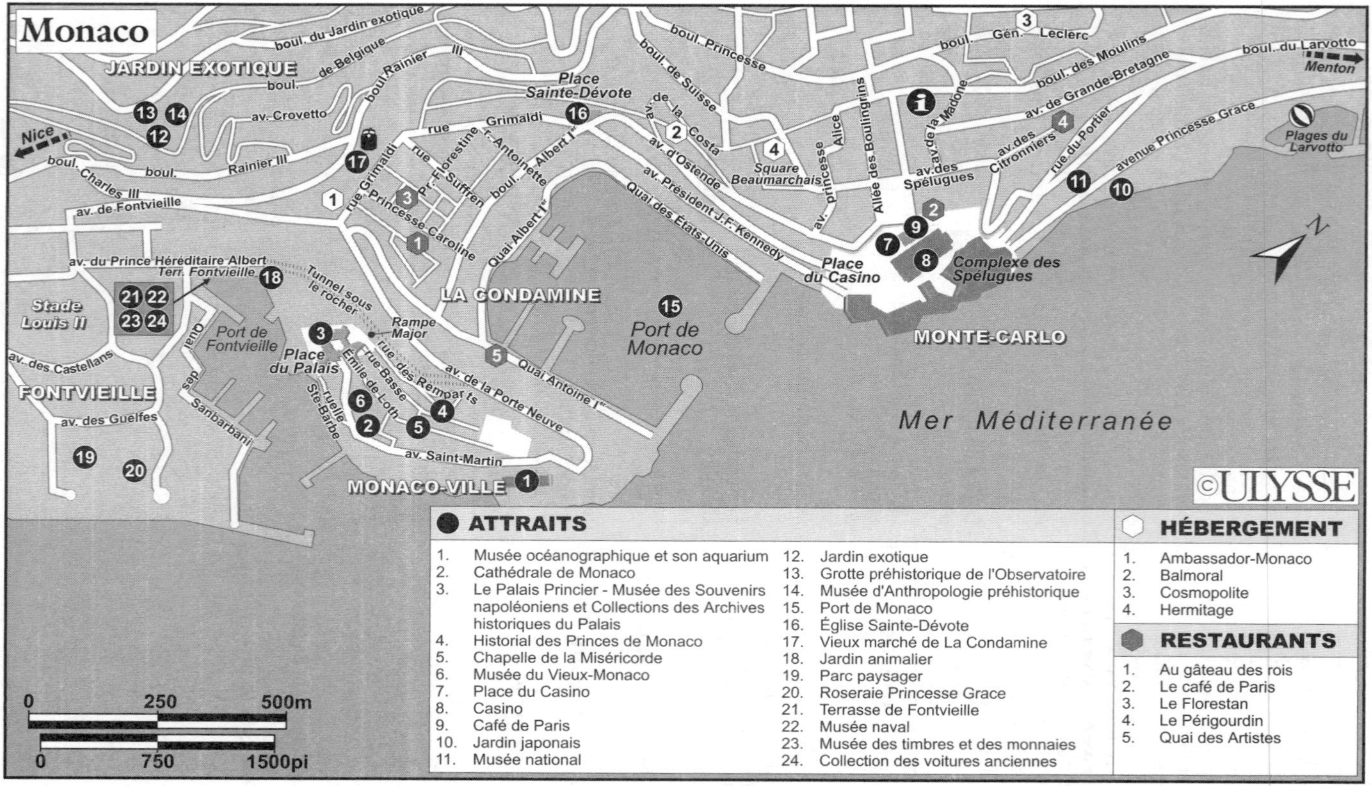

Monaco
JARDIN EXOTIQUE
LA CONDAMINE
MONTE-CARLO
MONACO-VILLE
FONTVIEILLE
Place Sainte-Dévote
Place du Casino
Place du Palais
Square Beaumarchais
Complexe des Spélugues
Port de Monaco
Port de Fontvieille
Stade Louis II
Plages du Larvotto
Mer Méditerranée
Nice
Menton
boul. du Jardin exotique
boul. de Belgique
boul. Rainier III
av. Crovetto
boul. Charles III
av. de Fontvieille
av. du Prince Héréditaire Albert
Terr. Fontvieille
Tunnel sous le rocher
Rampe Major
rue Grimaldi
rue Princesse Caroline
rue Suffren
rue Florestine
r. Antoinette
boul. Albert Ier
Quai Albert Ier
Quai Antoine Ier
av. de la Porte Neuve
rue des Remparts
rue Basse
Émile-de Loth
ruelle Ste-Barbe
av. Saint-Martin
av. des Castellans
av. des Guelfes
Quai des Sanbarbani
boul. Princesse
boul. de Suisse
av. de la Costa
av. d'Ostende
av. Président J.F. Kennedy
Quai des États-Unis
av. princesse Alice
Allée des Boulingrins
av. de la Madone
av. des Spélugues
boul. Gén. Leclerc
boul. des Moulins
av. de Grande-Bretagne
av. des Citronniers
rue du Portier
avenue Princesse Grace
boul. du Larvotto
N
©ULYSSE
0 250 500m
0 750 1500pi
ATTRAITS
1. Musée océanographique et son aquarium
2. Cathédrale de Monaco
3. Le Palais Princier - Musée des Souvenirs napoléoniens et Collections des Archives historiques du Palais
4. Historial des Princes de Monaco
5. Chapelle de la Miséricorde
6. Musée du Vieux-Monaco
7. Place du Casino
8. Casino
9. Café de Paris
10. Jardin japonais
11. Musée national
12. Jardin exotique
13. Grotte préhistorique de l'Observatoire
14. Musée d'Anthropologie préhistorique
15. Port de Monaco
16. Église Sainte-Dévote
17. Vieux marché de La Condamine
18. Jardin animalier
19. Parc paysager
20. Roseraie Princesse Grace
21. Terrasse de Fontvieille
22. Musée naval
23. Musée des timbres et des monnaies
24. Collection des voitures anciennes
HÉBERGEMENT
1. Ambassador-Monaco
2. Balmoral
3. Cosmopolite
4. Hermitage
RESTAURANTS
1. Au gâteau des rois
2. Le café de Paris
3. Le Florestan
4. Le Périgourdin
5. Quai des Artistes

Monaco

Après le Vatican, la principauté de Monaco ★★ est le plus petit État souverain du monde.

Il ne s'étend que sur 195 ha, mais détient la densité de population la plus grande par mètre carré de la planète avec ses quelque 30 000 habitants.

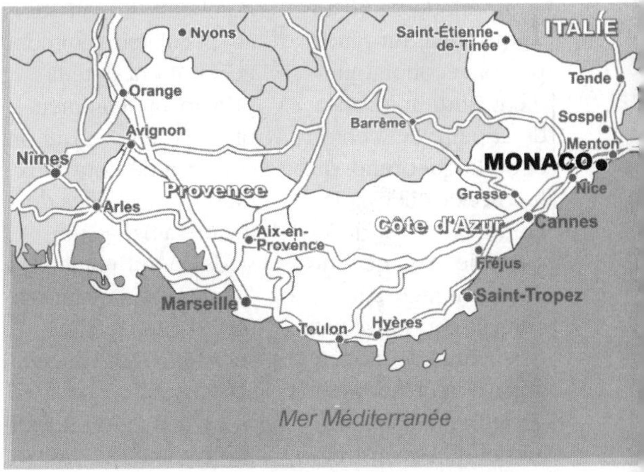

Monaco possède un statut particulier dans le monde en raison de sa taille, sa grande richesse et son histoire un peu rocambolesque. D'ailleurs, le mariage du prince Rainier III avec la très belle et célèbre actrice américaine Grace Kelly en 1956 en a été un point culminant qui a fait rêver des millions de gens à travers le monde. Conte de fées moderne qui s'est terminé abruptement en 1982, lorsque la princesse Grace a trouvé la mort dans un accident de voiture sur l'une des routes tortueuses de la région. Depuis lors, la famille princière semble connaître de multiples déboires, si l'on en croit les journaux à potins qui suivent de près ses moindres faits et gestes.

La vraie histoire de Monaco remonte quand même à beaucoup plus loin. Elle débute à la fin du XIIIe siècle, au moment où les nobles génois divisés en deux camps, à savoir les guelfes, partisans de la papauté, et les gibelins, partisans de l'Empire allemand, se disputaient le pouvoir. En 1297, le guelfe Rainier Grimaldi s'est emparé du rocher de Monaco. Par la suite, en 1342, cette dynastie vieille maintenant de plus de 700 ans a étendu son territoire en s'appropriant Roquebrune et Menton.

Au XVIe siècle, Monaco est devenue un protectorat espagnol, et ce, jusqu'en 1641, date à laquelle la France prit la relève. En 1793, pendant l'époque révolutionnaire, la principauté fut tout simplement annexée à la France et n'a retrouvé un statut demi-souverain qu'après le congrès de Vienne, en 1815. Cette entente rétablissait toutes les monarchies européennes dans leur territoire tel qu'il existait avant la Révolution. Monaco fut alors placée sous le protectorat du roi de Sardaigne.

La période de 50 ans qui suivit fut plutôt pénible économiquement, surtout à cause de la perte de Menton et de Roquebrune, qui furent rattachées à la France. Ce n'est qu'à partir de 1863 que Monaco commença à connaître à nouveau des heures de gloire, grâce à la création de la Société des Bains de Mer et de la construction d'un casino. Par la suite, l'essor de Monaco continua sa poussée lorsqu'elle fut reliée à Nice par chemin de fer en 1869. Peu de temps après, Charles Garnier, architecte de l'Opéra de Paris, fut choisi pour ajouter un théâtre au luxueux casino. Enfin, en 1910, le prince Albert Ier, qui était océanographe, décida d'enrichir la ville d'un musée océanographique et d'un jardin exotique.

Un nouveau chapitre de son histoire commence en 1949 avec l'ascension au trône de l'actuel prince régnant, Rainier III. C'est alors que commence une période d'une extrême floraison économique. L'adoption de lois très favorables attire dès lors de nombreux investisseurs et spéculateurs immobiliers qui ont doté la principauté d'immeubles luxueux, et qui ont construit de nouveaux musées, des salles de théâtre ainsi qu'un stade sportif immense. Monaco est devenue le rêve d'une certaine société très privilégiée.

De nos jours, la principauté est l'hôte de plusieurs manifestations sportives et culturelles qui lui ont donné une renommée internationale, tels le Grand prix automobile de Monaco et le Festival du printemps des arts, sous l'égide du prince, qui accueille plusieurs grands noms du domaine de la musique et de la danse chaque année. De plus, Monaco possède son propre orchestre, l'Orchestre philharmonique de Monte-Carlo, ainsi qu'une troupe de danse, les Ballets de Monte-Carlo. La vie culturelle est privilégiée à Monaco. En effet, le mécénat est largement pratiqué, et Monaco verse 5% de son budget à la culture. Enfin, le climat et le site exceptionnel de Monaco en font un choix idéal pour de nombreuses rencontres internationales et de multiples congrès (souvent d'ordre scientifique).

Ce sont surtout les statuts particuliers dont bénéficie Monaco qui la distinguent des autres États. En effet, le prince détient le pouvoir absolu, et ce, au niveau législatif, exécutif et judiciaire. L'union douanière avec la France existe depuis 1865, et le prince de Monaco est tenu d'accorder ses droits de souveraineté en parfaite conformité avec les intérêts politiques, militaires, navals et économiques de la France, à la suite d'un traité survenu entre les deux États en 1919.

Mais c'est son statut de paradis fiscal qui demeure sa plus grande marque de commerce. À une certaine époque, la France voyait ce statut particulier d'un très mauvais œil et craignait une évasion importante de capitaux vers Monaco. Les deux États ont donc conclu un accord selon lequel les Français ne s'étant établis à Monaco qu'après 1957 seraient soumis au fisc français. Aujourd'hui, les lois fiscales font que les Monégasques, les résidents étrangers ainsi que les entreprises industrielles et financières réalisant moins de 25% de leur chiffre d'affaires à l'extérieur de la principauté sont exonérés d'impôts.

Deux choses sont frappantes à Monaco : le corps impressionnant des forces de sécurité et la propreté. On voit des policiers partout, et de nombreuses caméras surveillent et protègent tous ces milliardaires, millionnaires ou «simples» touristes qui foulent son sol.

Pour s'y retrouver sans mal

Pendant l'été, pour faire une excursion d'un jour à Monaco, il vaut mieux prendre le train à cause des importantes congestions routières. Le train *Métrazur* assure d'ailleurs la liaison Saint-Raphaël–Vintimille et s'arrête à Monaco à toutes les demi-heures environ.

En avion

La principauté se trouve à 22 km de l'aéroport international Nice-Côte d'Azur. De l'aéroport, on peut se rendre à Monaco en hélicoptère *(Héli Air Monaco ☎92.05.00.50)*, en autocar ou en taxi. De nombreuses liaisons quotidiennes sont proposées.

En voiture

L'autoroute A8 dessert Monaco, qu'on arrive de l'est ou de l'ouest. Si vous partez de Nice, vous pouvez opter pour un itinéraire plus attrayant en suivant une des trois routes départementales qui sillonnent la petite, la moyenne et la grande Corniche. Il faut bien sûr compter plus de temps, surtout en été. À votre arrivée à Monaco, vous pourrez garer votre voiture dans l'un des nombreux stationnements couverts qui disposent de 6 000 places payantes.

De plus, un service d'autocars assure une liaison quotidienne entre l'aéroport de Nice et Monaco toutes les heures et demie entre 9h et 19h30. Les autocars empruntent l'autoroute et prennent environ 45 min pour effectuer le trajet. Une fois arrivés à Monaco, ils ont plusieurs points d'arrêt à travers la ville.

Location de voitures

Avis
9 av. d'Ostende
☎ 93.30.17.53

Budget
9 av. du Président J.-F. Kennedy
☎92.16.00.70

Hertz
27 bd Albert Ier
☎ 93.50.79.60

En bateau

Les propriétaires de bateaux de plaisance de tous tonnages peuvent accoster dans les divers ports aménagés à cet effet : le port de Monaco-Condamine, dans la baie d'Hercule, ou un des deux ports de Fontvieille, l'un étant situé au pied du rocher et l'autre sur le territoire de Cap-d'Ail en France.

Service de la Marine - Direction des ports
7 av. du Président J.-F. Kennedy
B.P. 468
MC 98012 Monaco, Cedex
☎93.15.86.78

En train

Tous les trains internationaux s'arrêtent à la gare de Monaco – Monte-Carlo, avenue Prince Pierre.

Information aux voyageurs :
☎36.35.35.35

Transports publics

La Compagnie des autobus de Monaco compte six lignes de bus urbains sur les principaux axes du territoire. En semaine, les autobus passent à toutes les 11 min entre 7h et 21h.

Taxis

Numéro unique
☎93.50.56.28

Renseignements pratiques

Indicatif régional : 00377

Monaco étant construite sur de petits rochers, il existe plusieurs ascenseurs publics qui faciliteront vos déplacements.

De plus, le train touristique *Azur Express (20F; 20h30 à minuit juil et août; circuits commentés en français et en anglais; départs et arrivées : Stade nautique Rainier III, quai Albert Ier, ☎92.05.64.38)* propose deux circuits dans la principauté de jour ou de nuit.

Les seules plages de Monaco se trouvent à l'est de Monte-Carlo et sont accessibles par l'avenue Princesse Grace et sont desservies par des bus.

Direction du Tourisme et des Congrès de la principauté de Monaco
2a bd des Moulins
Monte-Carlo
MC 98030, Monaco Cedex
Administration :
☎ 92.16.61.16
⇄ 92.16.60.00
Renseignements :
☎ 92.16.61.66

Police (Sûreté publique)
3 rue Louis Notari
☎ 93.15.30.15
Police-secours :
☎17

Centre hospitalier Princesse Grace
Av. Pasteur
☎ 93.25.99.00
Urgences :
☎ 93.25.98.69

Compagnie des autobus de Monaco
3 av. du Président J.-F. Kennedy
☎(00377) 93.50.62.41

Fourrière (parking des Écoles)
Av. des Guelfes
☎93.15.30.84

Automobile Club de Monaco
23 bd Albert Ier
☎93.15.26.00

Attraits touristiques

Pour faciliter sa découverte, la principauté peut être divisée en quatre circuits : **Monaco-Ville** ★★★ (qui regroupe la cathédrale, le Palais princier et plusieurs musées), **Monte-Carlo** ★★ (avec le Casino et le Musée national), **le quartier du Jardin exotique** ★★ et les **quartiers portuaires** ★ (La Condamine et Fontvieille, qui sont situées de part et d'autre du rocher de Monaco-Ville).

★★★

Monaco-Ville

Il y a seulement deux façons de découvrir le rocher de Monaco : à pied ou à bord du train touristique ***Azur Express*** *(35F; 10h30 à 18h hiver jusqu'à 17h; circuits commentés en français, anglais, italien et allemand, départs et arrivées : Musée océanographique, av. Saint-Martin, ☎92. 05.64.38)*. Les voitures immatriculées à l'étranger ne peuvent y circuler. Le petit train propose une balade qui fait la tournée des principaux monuments du Rocher. Cette balade peut vous aider à identifier les endroits qui méritent de s'y attarder.

Pour accéder au Rocher, on peut utiliser la rampe Major, un large escalier qui mène à la place du Palais, ou emprunter l'ascenseur – qui mène au Musée océanographique – localisé dans le stationnement couvert qui se trouve au bout de l'avenue de la Quarantaine. C'est sur cette avenue que se dresse le fort Antoine, forteresse construite au début du XVIIIe siècle et transformée en théâtre d'été.

Si vous arrivez par l'ascenseur, vous pourrez découvrir l'histoire des seigneurs et princes de Monaco grâce au spectacle multimédia: ***Le Monte-Carlo Story : L'Histoire d'une Dynastie*** *(38F, 20F enfant; mars à oct 11h à 17h, juil et août jusqu'à 18h, hiver 14h à 17h; ☎93.25.32.33).* L'ascenseur vous amène au **Musée océanographique et son aquarium** *(60F, 30F enfant; mars à oct 9h à 19h, juil à août jusqu'à 20h, hiver 10h à 18h; av. Saint-Martin, ☎93.15.36.00).* Il a fallu 11 ans pour construire ce musée en pierre blanche de La Turbie dont la façade imposante domine la mer. Le prince Albert Ier, océanographe et amoureux de la mer, l'a inauguré en 1910. Le musée renferme de remarquables collections de faune marine qui sont présentées dans d'imposantes salles ouvertes sur deux étages. Au sous-sol, on trouve l'aquarium, qui rassemble plusieurs espèces rares disséminées dans quelque 90 bassins d'eau puisée directement de la mer. De plus, les films du commandant Yves Cousteau sont projetés en permanence dans la salle de conférences. Enfin, la terrasse vous offrira un très beau panorama de la mer et la côte entre l'Italie et l'Estérel.

En sortant du musée, dirigez-vous vers les jardins Saint-Martin, devant la mer.

Voilà une belle occasion d'effectuer une jolie promenade à travers ces jardins qui longent la mer et qui mènent à la ruelle Sainte-Barbe, qui elle-même débouche sur la place du Palais. Un peu avant d'arriver à la ruelle, on aperçoit la **cathédrale de Monaco**, construite en pierre blanche de La Turbie en 1875. On y trouve les sépultures des princes défunts, et l'on peut y admirer un retable de Bréa qui date de l'année 1500.

Cathédrale de Monaco

Dirigez-vous vers la ruelle Sainte-Barbe.

Au bout de la ruelle, on arrive à la place du Palais, où tous les jours à 11h55, devant l'entrée principale du Palais, a lieu la relève de la garde des Carabiniers avec leurs costumes noirs en hiver et blancs en été.

Le **Palais princier** *(30F, 15F enfant; juin à oct 9h30 à 18h20 oct jusqu'à 17h; ☎93.25.18.31)* est édifié sur l'emplacement d'une forteresse établie par les Génois en 1215. On peut y visiter les Grands Appartements, dont le salon Louis XV tout en bleu et or, le salon Mazarin, la salle du Trône, où fut célébré le mariage du prince Rainier et de Grace Kelly, la Chapelle palatine, construite au XVIIe siècle, et enfin la tour Sainte-Marie, au sommet de laquelle l'étendard princier flotte si le souverain est dans le Palais.

Dans l'aile méridionale du Palais, vous pouvez aussi visiter le **Musée des souvenirs napoléoniens et Collections des archives historiques du Palais** *(20F, 10F enfant; été 9h30 à 18h30, oct 10h à 17h, déc à mai mar-dim 10h30 à 12h30 et 14h à 17h, fermé mi-*

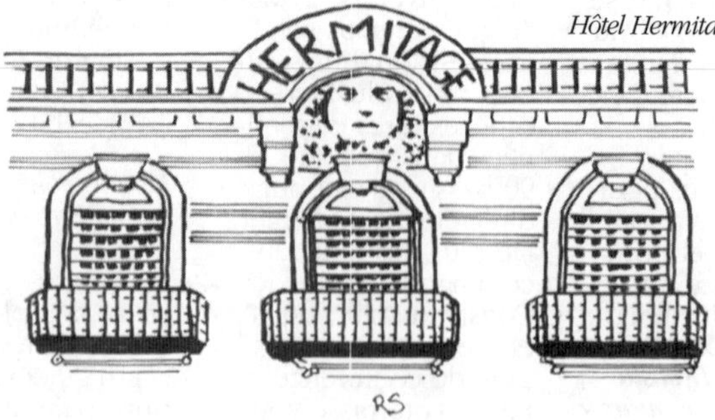

Hôtel Hermitage

nov à mi-déc; ☎93.25.18.31). Ce musée renferme une collection d'objets et documents sur le Premier Empire et sur son empereur Napoléon Ier, ainsi que divers objets évoquant le passé de la principauté.

Quittez la place en empruntant la rue Basse.

Vous êtes maintenant en plein cœur du vieux Monaco médiéval sur l'une des rues les plus pittoresques du Rocher. Au numéro 27, le musée de cire **Historial des princes de Monaco** *(22F, 12F enfant; fév à sept 9h30 à 18h, oct à jan 11h à 16h; ☎00377-93.30.39.05)* retrace les scènes historiques de la dynastie des Grimaldi depuis la fin du XIIIe siècle à nos jours, à l'aide de personnages de cire grandeur nature.

La rue débouche sur la place de la Mairie, sur laquelle se trouve la **chapelle de la Miséricorde**. Construite en 1639, elle était le siège de la confrérie des Pénitents noirs. Cette chapelle est prolongée par un petit **musée** *(20F, 10F enfant; mar-dim 10h à 16h)* qui abrite des œuvres de la collection «Piasecka Johnson», entre autres des tableaux de Rubens, de Zurbaran, de Ribera et des œuvres de la période baroque italienne.

★★

Monte-Carlo

L'attrait principal de cette partie de Monaco est certes la **place du Casino**. Le **Casino** *(50F salons européens dès midi, 100F salons privés dès 15h; interdit au moins de 21 ans; ☎92.16.20.00 ou 92.16.38.62)* attire beaucoup de personnes riches aimant le jeu. On le constate rapidement quand on voit les nombreuses limousines et voitures de luxe qui défilent sur la place. D'ailleurs, tout respire la richesse : que ce soit l'Hôtel de Paris, qui borde la place à l'est, ou les façades des boutiques de luxe qu'on trouve dans les rues avoisinantes. Bien sûr, tout n'est pas toujours de très bon goût : on peut aussi voir du clinquant! La terrasse du **Café de Paris**, une brasserie de style Belle Époque qui borde la place à l'ouest, est certainement le meilleur endroit d'où observer toute cette parade.

Le Casino a été construit en 1878 par Charles Garnier, l'architecte de l'Opéra de Paris. On y trouve d'ailleurs une salle d'opéra, la salle Garnier, tout en rouge et or. Depuis plus d'un siècle, cette salle est le site de créations lyriques internationales, de concerts prestigieux et de ballets célèbres. Caruso, entre autres artistes, y a chanté!

Ce sont cependant les salons de jeu qui attirent les gens. On peut y jouer à tous les jeux américains et européens. De plus, moyennant un supplément au droit d'entrée, on peut accéder à des salons privés.

Alignement harmonieux de barques aux formes longilignes dans le petit port de pêche du vallon des Auffes. À Marseille, la mer n'est jamais loin...
- *C. Sappa*

Parmi les îles Hyères, l'île de Porquerolles, un site classé, réserve aux visiteurs d'attrayantes plages de sable et de superbes points de vue le long des falaises qui dominent une mer aux couleurs chatoyantes.
- *E. Luider*

Au coucher du soleil, les couleurs des maisons de la belle ville de Menton rappellent l'Ita toute proche. - *E. Luider*

Dans les Alpes-de-Haute-Provence, au cœur de l'arrière-pays varois, à mi-chemin entre la Méditerranée et les Alpes, les neiges éternelles dominent des paysages d'une rude beauté. - *C. Sappa*

En face du Casino s'étendent de magnifiques jardins qui grimpent en pente douce et qui arborent une pelouse impeccable agrémentée de fleurs magnifiques, de pièces d'eau et de nombreuses sculptures d'artistes célèbres comme César ou Botéro. D'ailleurs, il existe un circuit pédestre qui traverse Monaco à la découverte des sculptures (parmi lesquelles on peut admirer *Le Poing* de César et la *Eroica* d'Arman) qui garnissent les nombreux parcs et jardins : **la balade des soixante-seize sculptures**. L'itinéraire est décrit dans un dépliant gratuit de l'office de tourisme : *La découverte de l'art à Monaco*. Enfin, derrière le Casino, on peut se promener sur de grandes terrasses baignées de soleil qui offrent une vue splendide sur la mer.

Avant de quitter cette place, vous devez faire une dernière incursion dans les décors luxueux et flamboyants en visitant les aires communes de l'Hôtel de Paris ou de l'Hôtel Hermitage, situé un peu en retrait de la place, derrière le premier.

Enfin, vous devez absolument voir cette place la nuit, car elle s'illumine et s'affiche vraiment sous un jour nouveau!

Dirigez-vous vers l'est en direction de la mer.

L'avenue Princesse Grace mène aux plages du Larvotto. Un peu avant d'y arriver, on passe devant le **Musée national** *(30F, 20F enfant; avr à sept 10h à 18h30, oct à mars 10h à 12h30 et 14h30 à 18h30; 17 av. Princesse Grace, ☎93.30.91.26)*. Ce musée présente une collection de poupées et d'automates d'autrefois dans une magnifique villa du XIXe siècle construite par Charles Garnier.

Sur la même avenue, n'oubliez pas de vous épurer l'esprit et de remplir votre cœur de joie en visitant **Le jardin japonais** *(entrée libre; tlj 9h au coucher du soleil)*. Sur 7 000 m^2 vous allez découvrir une oasis de verdure garnie de superbes bonsaïs, de multiples espèces de végétaux agencés selon l'ordre de la philosophie nipponne et une cascade (Taki) de 3 m de haut.

★★

Le quartier du Jardin exotique

Ce quartier domine Monaco. Le **Jardin exotique** *(40F, 19F enfant; 9h à 18h, mai à sept jusqu'à 19h; bd du Jardin exotique, ☎93.15.29.80)* s'accroche à la Moyenne Corniche et offre une vue plongeante sur la mer. Inauguré en 1933, cet extraordinaire labyrinthe à flanc de rocher regroupe quelque 7 000 variétés de cactées, qu'on appelle aussi «succulentes». Le microclimat exceptionnel dont bénéficie Monaco assure sa permanence et en fait la plus grande rocaille de ce genre au monde.

Sur le site même du Jardin, à 60 m sous terre, on peut aussi visiter la **grotte préhistorique de l'Observatoire**, ornée de stalactites et de stalagmites. Il semble que les tout premiers Monégasques y auraient vécu, et cela pourrait remonter d'aussi loin qu'à 300 000 ans.

Tout près du Jardin se dresse le bâtiment moderne du **Musée d'Anthropologie préhistorique** *(☎93.15.80.06)*. On y trouve des sépultures provenant des alentours de la principauté, et l'on y retrace les jalons les plus marquants de l'histoire de l'humanité.

★

Les quartiers portuaires

Il y a deux quartiers portuaires : **La Condamine**, qui abrite le port de Monaco et qui sépare le rocher de Monte-Carlo, et **Fontvieille**, située à l'ouest du Rocher.

Le **port de Monaco**, ou port d'Hercule, reçoit les plus beaux yachts du monde. Au centre du port se dresse le Stade nautique Rainier III, lieu d'arrêt du train touristique *Azur Express*, qui vous convie à un trajet nocturne entre le port et le Rocher. Pendant la journée, il fait la navette entre Monaco-ville, le port et les plages du Larvotto.

On peut aussi découvrir le littoral en montant sur le **catamaran *Le Monte-Carlo*** *(70F, 50F enfant; promenade de 55 min; avr à mi-oct; quai des États-Unis, ☎00377-92.16.15.15).*

Quittez le port et dirigez-vous vers la place Sainte-Dévote, à l'extrémité est.

L'**église Sainte-Dévote**, du nom de la patronne de la principauté et de la famille princière, a été construite au XIe siècle. Elle fut agrandie et restaurée en 1870. Cette église revêt une importance particulière pour les Monégasques, car, chaque année, le 27 janvier, on y souligne la fête de sainte Dévote en participant à une procession aux flambeaux, suivie d'une messe et d'une bénédiction. Le tout se termine par la mise à feu d'une barque dans le port.

À cette place commence la **rue Grimaldi**, qui mène à la gare. Dans cette rue, l'orangé prédomine. Cette couleur se retrouve aussi bien sur les façades que sur les nombreux fruits des arbres qui jalonnent la rue. Arrivé à la gare, vous pouvez vous arrêter au **vieux marché de La Condamine**, en face de la gare. Ce marché, dont l'ancienne halle remonte au début du XXe siècle, a fait l'objet d'une restauration en 1993. C'est un lieu de rencontres pour les gens des plus anciennes familles de Monaco, qui habitent depuis toujours le quartier de La Condamine.

Un peu plus à l'ouest de la gare, en direction de Fontvieille, on arrive au **Jardin animalier** *(20F, 10F enfant; été 9h à midi et 14h à 19h, oct à févr 10h à midi et 14h à 17h, mars à mai jusqu'à 18h; place du Canton, ☎93.25.18.31).* Fondé par le prince Rainier en 1954, ce parc favorise le développement de divers spécimens de la faune tropicale en raison de sa situation géographique. En effet, installé sur le flanc sud du Rocher, il est protégé des vents du large et bénéficie ainsi d'un climat particulièrement doux.

Vous en êtes maintenant à la dernière étape de votre visite de Monaco : **Fontvieille**. Cette partie de Monaco s'étend à l'ouest du Rocher. Son port fait face à la place du Palais sur le Rocher. On peut bien sûr flâner le long des quais, mais l'intérêt premier de Fontvieille réside dans son **parc paysager** et la **roseraie Princesse Grace**. On y accède par l'avenue des Papalins. Ce magnifique parc, où sont exposés de nombreux bronzes d'artistes connus, couvre près de 4 ha. Voilà un endroit charmant où se promener. Ce parc ombragé renferme aussi un petit bassin d'eau où canards et cygnes évoluent paisiblement. Enfin, la roseraie compte pas moins de 3 500 rosiers qui répandent leurs effluves partout dans l'air.

Sur les terrasses de Fontvieille, vous pouvez visiter trois musées de type très différent. Pour les amateurs de Rolls et autres marques de voitures de prestige, il faut voir la **Collection des voitures anciennes** *(30F, 15F enfant; tlj 10h à 18h; ☎92.05.28.56).* Sur cinq niveaux, une centaine de véhicules vétérans et de voitures de la collection princière sont présentés. La collection va des De Dion Bouton 1903 et Bugatti 1929 aux Rolls Royce 1952 et Lamborghini Countach 1986.

Un peu plus loin, vous tombez sur le **Musée des Timbres et des Monnaies** *(20F, enfant 10F; tlj 10h à 17h, été jusqu'à 18h; ☎93.15. 41.50).* À l'ouverture de ce musée, en 1996, on y a exposé la collection somptueuse du prince Rainier III. On y découvre des timbres rares de la principauté et les outils de leur fabrication à partir du Second Empire (1860) avec la mention *Monaco*. Une bande vidéo présente l'histoire de la philatélie monégasque.

Enfin, le **Musée Naval ★** *(25F, 15F enfant; tlj 10h à 18h; ☎92.05.28.48)*. Il est constitué de 180 maquettes navales qui représentent la marine depuis l'Antiquité jusqu'à l'époque moderne. En font partie le *Titanic* et la *Normandie,* ainsi que la *Gondole impériale* de Napoléon Ier et les bateaux de guerre de Jeanne d'Arc. On y découvre la collection la plus complète existant sur l'histoire européenne de la construction navale.

Hébergement

Quoique nous recommandions quelques hôtels à Monaco – Monte-carlo, nous vous conseillons fortement de loger dans les environs. Autour de Monaco, il y a des villages merveilleux, logés plus haut sur les corniches, ou près de la mer comme Cap-d'Ail ou Menton. La vie y est moins chère et moins artificielle qu'à Monaco.

Cosmopolite
250F-450F, pdj 45F
bp, dp, asc, ℜ
19 bd Général Leclerc
06240 Beausoleil
☎00377-93.78.36.00
⇄00377-93.41.84.22
Nous vous recommandons surtout le Cosmopolite. Cet hôtel de style début du XXe siècle a été entièrement restauré, et toutes les chambres sont munies de salles de bain modernes et sobres. L'hôtel se trouve à 300 m du Casino, un peu plus en hauteur, dans une rue moins passante. On y sert un petit déjeuner de style buffet américain à volonté. Ll'accueil est très gentil.

Hôtel Ambassador-Monaco
720F-970F, pdj 40F
bp, ≡, tv, mini-bar, asc, ℜ
10 av. Prince-Pierre, à côté de la gare SNCF
☎003377-97.97.96.96
⇄00377-97.97.96.99
Si vous aimez le style victorien, descendez à l'hôtel Ambassador-Monaco. Cet hôtel, doté d'un grand hall d'entrée au tapis superbe, offre tous les services nécessaires pour un séjour agréable. Sa situation, dans le quartier de La Condamine, permet l'accès à pied aux portes du Palais princier. L'hôtel propose également des conditions privilégiées pour profiter, en été, des plaisirs de la plage dans le quartier balnéaire du Larvotto.

Balmoral
600F-1 700F, pdj 90F
1 300F-2 000 F pour un app.
bp, ≡, tv, ℝ, ℜ
12 av. de La Costa, Monte-Carlo
☎00377-93.50.62.37
⇄00377-93.15.08.69
Vous êtes nostalgique, vous rêvez encore des jours où les traditions étaient fortes et où chaque chose portait une «vraie» valeur, alors descendez au Balmoral. Cet hôtel victorien, près de la mer et du Casino, bénéficie d'une très belle vue sur le port. L'intérieur très soigné regorge d'antiquités d'époques différentes. L'accueil est très bon : vous serez un client estimé! Le rapport qualité/prix est correct, mais on peut profiter de tarifs de groupe plus intéressants dans le cas d'un congrès tenu dans une salle de conférences de l'hôtel. Le buffet du matin est très copieux et vous y mangerez à volonté.

Hermitage
2 300F-3 100F
suite 6 000F- 10 500F
square Beaumarchais
☎00377-92.16.40.00
⇄00377-92.16.38.52
Vous voulez revivre le faste de la fin du XIXe siècle, lorsque le prince Albert avait transformé Monaco en un îlot de luxe, alors descendez au très luxueux hôtel Hermitage. Cet hôtel haut de gamme, aux salles de bain magnifiques, est tout près du Casino. Il est divisé en deux parties et offre une vue sur le port et La Condamine à l'une de ses extrémités. L'hôtel et son restaurant sont si grandioses que vous pourrez aisément y rêver que vous êtes l'invité particulier des Grimaldi. De plus, un centre de thalassothérapie s'est ajouté au luxe. Vous serez vous-même la princesse ou le prince l'instant d'un soir! Certains quit-

teraient cet hotel les poches vides....

Restaurants

Il existe une multitude de restaurants à Monaco qu'on pourrait qualifier de pièges à touristes. Certains ont un décor séduisant, d'autres se veulent sophistiqués.

Les restaurants, comme les hôtels, sont chers à Monaco. Bien sûr, vous payez pour le site!

Au gâteau des rois
$
rue (piétonne) Princesse Caroline
À la boulangerie Au gâteau des rois, tout près du port, on mange, sur une petite terrasse, d'excellents sandwichs, des tartes aux courgettes, des pissaladières et de petites tartelettes au chocolat ou aux fruits délicieuses. On ne vous proposera que des produits maison dont le pâtissier s'est fait une spécialité.

Le Florestan
$$-$$$
angle rue Princesse Caroline et Princesse Florestan
Vous mangerez très bien au restaurant Le Florestan. Comme plats, on vous propose des pâtes italiennes, le panier du pêcheur ainsi que les succès du Florestan qui se nomment, par exemple la socca aux gambas, la Daurade Royale et les aiguillettes de canard poêlées aux cèpes.

Quai des artistes
$$-$$$
4 quai Antoine Ier
☎00377-97.97.97.77
Une brasserie de style parisien a vu le jour côté port. Il s'agit du Quai des artistes. Cet espace à haut plafond fut décoré par des peintres qui, pour la plupart, travaillent autour du port. Le midi, un petit menu est offert avec une boisson incluse; le soir, le grand menu vous est proposé. La carte change selon les saisons (pot-au-feu en hiver par exemple), mais des spécialités comme les gnocchis ou les fruits de mer sont servis tout au long de l'année.

Monte-Carlo

Le Café de Paris
$$-$$$
☎00377-92.16.20.20
Le Café de Paris, sur la place du Casino à Monte-Carlo, offre le beau cadre élégant de La Belle Époque. Si vous voulez être aux premières loges de l'action, allez prendre un apéritif ou manger un dessert sur leur grande terrasse. Cependant, nous exprimons des doutes sur le rapport qualité/prix, et le service laisse à désirer.

Le Périgordin
$$-$$$
fermé sam midi et dim soir
5 rue des Oliviers
☎00377-93.30.06.02
Un excellent petit resto se trouve dans la seule rue ancienne de Monte-Carlo : Le Périgordin. Gérard, son patron très accueillant, propose des spécialités du sud-ouest de la France : magrets et confits de canard, foie gras, cassoulet, etc. Sur cette carte, vous trouverez d'autres délicatesses, comme le filet de loup au champagne ou la fricassée de pintade. Évidemment, ce restaurant a trouvé, entre temps, son entrée dans de multiples guides gastronomiques. Vous serez accueilli dans un endroit qui semble à des lieues du strass de Monaco. Vous y ferez un repas copieux et profiterez d'un service affable et personnalisé. Voilà un restaurant où vous passerez une bonne soirée tout en bénéficiant d'un très bon rapport qualité/prix.

Louis XV
$$$-$$$$
Hôtel de Paris, place du Casino
☎00377-92.16.36.36
Si la chance vous sourit au Casino et si vous voulez flamber votre magot dans un cadre très luxueux, alors offrez-vous une soirée au Louis XV de l'Hôtel de Paris. Le décor est royal et très ornementé. Le chef, Alain Ducasse, jouit d'une réputation internationale. C'est l'un

des restaurants les plus sélects de la Riviera française.

Sorties

Casino

Casino de Monte-Carlo
place du Casino
☎*00377-92.16.21.21*
Roulette européenne, roulette anglaise, chemin de fer, black jack, craps à partir de midi (salons européens) et 15h (salons privés).

Le Casino loge également l'**Opéra de Monte-Carlo**. On y trouve aussi un cabaret qui présente des revues musicales.

Discothèques

JIMMY'Z
Monte-Carlo Sporting Club
av. Princesse Grace
☎*(00377) 92.16.22.77*

Piano-bar The Living Room Club
7 av. des Spélugues
☎*00377.93.50.72.24*
Décor raffiné à l'ambiance feutrée. Pour prolonger la nuit...

Stars'N'Bars
6 quai Antoine 1er
☎*00377.93.50.95.95*
Grand bar américain à la mode; ambiance jeune et mondaine.

Festivals

Le **Festival du printemps des arts** débute en avril. On y présente une multitude d'événements musicaux qui attire autant les grandes vedettes que les jeunes artistes.

Le **Grand Prix de Monaco** a aussi lieu en mai chaque année. Circuit des plus prestigieux comptant pour la Coupe du Monde de voitures de formule 1.

Palais princier - Monaco

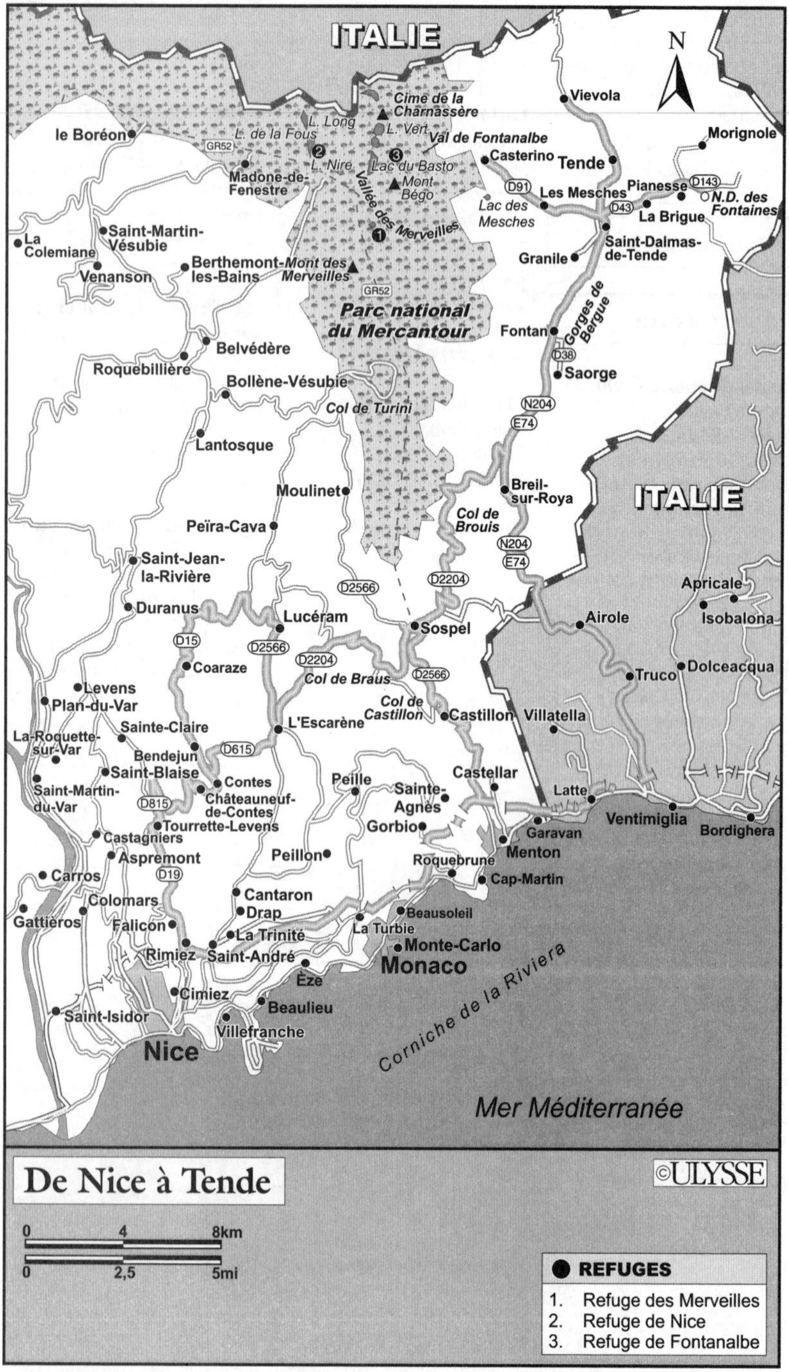

De Nice à Tende

De Nice à Tende

Faisons maintenant une petite incursion du côté de la nature. Cette région est l'endroit rêvé pour l'amateur de randonnée pédestre.

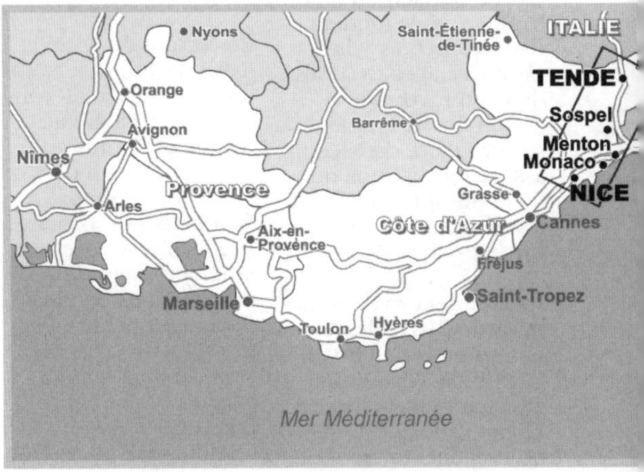

On peut y faire de petites promenades pour le seul plaisir de traverser les collines et les vallées qui peuplent ce coin d'arrière-pays. Mais l'amateur sportif trouvera également de quoi assouvir ses envies grâce à la vallée des Merveilles. C'est un endroit magnifique! Vous pourrez même y passer plusieurs jours si vous le désirez.Sinon, cette région abrite de jolis petits villages dont le charme rivalise parfois avec ceux de l'arrière-pays provençal.

Pour s'y retrouver sans mal

Les offices de tourisme vous donneront de l'information utile sur les différentes possibilités de se rendre d'un endroit à l'autre.

En train

Le train dessert la plupart des villages de l'arrière-pays qui se trouvent dans le triangle Nice-Menton-Tende. En effet, en partant de Nice, on peut s'arrêter à Drap, Le Moulin, Peillon, L'Escarène, Sospel, Breil-sur-Roya, Saorge, Saint-Dalmas-de-Tende et Tende. À partir de Vintimille, en Italie, qui est juste de l'autre côté de Menton, on peut se rendre directement à Breil-sur-Roya et Tende. Une fois arrivé à Tende, vous pouvez même continuer jusqu'à Cuneo et Turin, situés toutes deux en Italie. Voyager en train dans cette région permet de profiter pleinement des paysages pittoresques que l'on traverse, car le voyage en automobile se fait par des routes étroites et tortueuses.

Voici les numéros de téléphone des gares SNCF de Nice, Monaco et Menton. Vous pourrez ainsi vous renseigner sur les horaires des trains qui en partent et qui desservent l'arrière-pays.

Gares SNCF de Nice et de Menton
☎08.36.35.35.35

Gare SNCF de Monaco-Monte-Carlo
☎***(00377) 36.35.35.35***

En bus

Il existe un réseau très important de bus qui partent des plus grandes villes de la Côte (Nice, Monaco ou Menton) et qui se rendent dans les petites villes ou les villages localisés dans un rayon de 30 km. Par exemple, la gare routière de Nice assure des liaisons quotidiennes tôt le matin et en début de soirée avec l'arrière-pays.

Pour se rendre dans la **vallée des Merveilles**, on peut prendre un bus à la gare de Tende qui effectue le trajet Tende - Saint-Dalmas - Casterino en juillet et en août.

Gare routière de Nice
☎***04.93.85.61.81***
☎***04.93.80.08.70***

Gare routière de Menton
☎***04.93.28.43.27***

Gare routière de Tende
☎***04.93.04.65.60***

Gare SNCF
☎***04.93.04.40.15***

Gare SNCF
☎***04.93.04.65.60***

Hôpital
☎***04.93.04.60.50***

En voiture

Pour bénéficier de toute la flexibilité voulue, mieux vaut louer une voiture. Équipez-vous d'une bonne carte routière, car il existe souvent une multitude de petites routes pour vous rendre à un endroit précis. Cette carte vous permettra d'établir un itinéraire qui correspondra plus étroitement à vos goûts personnels.

En partant de Nice, la «célèbre» route des Cols constitue le circuit touristique le plus pittoresque et le plus intéressant : col de Nice, col de Braus, Sospel, col de Brouis, Breil-sur-Roya. Cet itinéraire plein de charme vous conduit à travers les petits villages du haut pays niçois. Le trajet entre Nice et Breil peut se faire en 1 heure 45 min, mais tout dépend du nombre d'arrêts effectués en chemin.

Si vous disposez de moins de temps, prenez alors l'autoroute A8 de Nice jusqu'à Menton, puis la D2566 pour vous rendre à Sospel. C'est le chemin le plus court, et les paysages restent quand même intéressants. Vous sauverez environ 30 min de trajet.

Pour aller dans la **vallée des Merveilles**, il faut se rendre à Saint-Dalmas-de-Tende, un peu avant Tende. De là, suivez les indications en direction de Casterino.

?

Renseignements pratiques

Si vous désirez loger chez «l'habitant» à Breil, Fontan ou Tende, adressez-vous au bureau des **Gîtes de France** à Nice :

Gîtes de France
55 promenade des Anglais
B.P. 602
06011 Nice
☎***04.92.15.21.30***

Le label «Gîtes de France» assure un standard de qualité. La location se fait à la semaine et s'entend du samedi à 16h au samedi suivant à 10h. Il faut compter entre 1 040F pour une personne et 1 800F pour six personnes.

Offices de tourisme

Sospel

Office de tourisme et d'animation de Sospel (OTAS)
Le Pont-Vieux
06380 Sospel
☎***04.93.04.15.80***
⇌***04.93.04.19.96***

Breil-sur-Roya

Syndicat d'initiative
ouvert l'après-midi seulement en dehors de la saison estivale
☎***04.93.78.01.55***
⇌***04.93.78.79.87***

Saorge

Mairie
☎*04.93.04.51.23*

La Brigue

Syndicat d'initiative
ouvert en été seulement
place St-Martin
☎*04.93.04.36.07*
⇄*04.93.04.36.09*

Office de tourisme de la Haute-Roya
hors saison
☎*04.93.04.73.71*

Tende

Office de tourisme de la Haute-Roya
Tende - La Brigue
☎*04.93.04.73.71*

Vallée des Merveilles

Pour être bien documenté sur cette région, procurez-vous le guide *Le parc national de Mercantour* de Béatrice Charpentier, aux éditions Glenat.

Information sur les randonnées :

Destination Merveilles
☎*04.93.73.09.07*

Destination Nature
☎*04.93.32.06.93*

Refuges

Les refuges sont ouverts de juin à septembre.

Un acompte (chèque) de 30% est exigé sur toute réservation.

Refuge des Merveilles
60 places
86F, 185F ½p
été : gardien du refuge des Merveilles
06430 Saint-Dalmas-de-Tende
☎*04.93.04.64.64*
hiver : M. Ferrier
40 rue Lascaris, 06430Tende
☎*04.93.04.69.22*

Refuge de la Valmasque
62 places
86F, 185F ½p
gardien du refuge de la Valmasque
06430 Saint-Dalmas-de-Tende

Refuge de Fontanalbe
30 places
50F, 146F ½p
M. Ferrier
40 rue Lascaris, 06430 Tende
☎*04.93.04.69.22*

Ambulance des Merveilles (Tende)
☎*04.93.04.64.15*

Divers

Sospel

Gendarmerie
☎*04.93.04.02.67*

Cabinet médical
☎*04.93.04.18.88*

Hôpital
☎*04.93.04.30.30*

Pharmacie
☎*04.93.04.01.48*

Taxis
☎*04.93.04.01.40*
☎*04.93.04.01.24*

Guichet automatique
avenue Jean Médecin

Breil-sur-Roya

Hôpital
☎*04.93.04.37.00*

La Brigue

Hôpital
☎*04.93.04.60.29*

Tende

Hôpital
☎*04.93.04.60.50*

Attraits touristiques

Une ou deux journées suffisent pour parcourir cette région. Toutefois, plus de jours sont nécessaires si vous désirez profiter pleinement des nombreuses activités de plein air que le parc national du Mercantour propose. Voici un circuit complet qui vous fera découvrir les principaux points d'intérêt entre Nice et Tende.

Quittez Nice par la route départementale D19, direction Contes.

★

Tourrette-Levens

Voilà un petit village qui a gardé une intimité un peu sauvage. De la petite place à l'entrée du village, monte une rue bordée de maisons ravissantes, parfois ruinées par l'abîme du temps. D'une ancienne chapelle, il ne reste que le clocher. En haut, l'ancien château domine. On peut y visiter

«Le Bonheur» Maupassant à la Côte d'Azur

Guy de Maupassant, le grand écrivain normand, décrivit avec autant de justesse la rudesse de la vie paysanne en Normandie et la douceur des jours sur la Côte d'Azur. De nombreux étés, il avait choisi la baie de Nice et sa mer tranquille qui semble venir s'y réfugier.

Mieux que personne, il avait trouvé les mots pour décrire la sensation qui vous saisira lorsqu'en bord de mer le soleil implacable de la journée laissera place à la lumière chatoyante du soir : *«La ville dominait la mer; le soleil disparu avait laissé le ciel tout rose de son passage, frotté de poudre d'or; et la Méditerranée, sans une ride, sans un frisson, lisse, luisante encore sous le jour mourant, semblait une plaque métal polie et démesurée.»*

«Le Bonheur»
Maupassant

un merveilleux petit musée *(entrée libre; tlj 14h à 18h)* consacré aux plus beaux papillons et insectes du monde avec environ 3 500 espèces.

Continuez par la D19 et prenez la D815 vers Contes.

Châteauneuf-de-Contes et Contes

À cause de l'insécurité qui régnait à la fin du Moyen Âge, les habitants de Contes ont construit Châteauneuf-de-Contes dans les hauteurs environnantes pour se protéger contre d'éventuelles dévastations. Il a fallu attendre jusqu'au XVIIIe siècle avant un retour important des villageois vers Contes. Les ruines de l'ancien château et des remparts de Châteauneuf en témoignent. Ce village vaut le détour pour la vue magnifique qu'on y a sur les Alpes lorsqu'on se trouve au château (de 10 min à 15 min pour y aller). On peut aussi y visiter l'**église Madone-de-Villevieille**, qui porte la preuve de la percée de l'art roman en Provence, malgré les bandes verticales qu'on retrouve sur sa façade qui sont, elles, d'influence lombarde.

L'**église Sainte-Marie-Madeleine** ★ de Contes, construite au XVIIe siècle, comporte un portail datant de 1575 ainsi qu'un beau polyptique de l'école de Bréa à l'intérieur.

En quittant Contes, vous pouvez vous rendre directement à L'Escarène en empruntant la D615 ou, si vous disposez de plus de temps, faire un grand détour par Coaraze et Lucéram en prenant la D15.

Coaraze ★ et Lucéram ★★

Il ne faut pas rater la **chapelle Saint-Sébastien**, qui se trouve 2 km avant le village de Coaraze. On peut y voir de belles fresques du début du XVIe siècle montrant les martyres de saint Sébastien, de sainte Ursule et de sainte Lucie, qui eut les yeux arrachés.

À Coaraze, sur la place de l'Église, vous pouvez admirer plusieurs cadrans solaires en céramique réalisés par différents artistes. Il faut noter, en particulier, celui signé **Jean Cocteau**, qui orne la façade de la mairie. Le tout a aidé à inclure ce village dans la liste des plus beaux villages de France.

Lucéram est un village fortifié du Moyen Âge qui renferme quelques maisons de style gothique ainsi qu'une tour d'angle assez impressionnante. Jusqu'au XIXe siècle, ses habitants vivaient du commerce, de la production d'olives, de l'élevage et de la distillerie de lavande sauvage.

L'**église Sainte-Marguerite ★★**, qui a été refaite dans le style rococo italien au XVIIIe siècle, abrite cinq retables de bois de l'école niçoise qui datent des années 1500. On y trouve également une belle petite collection d'orfèvrerie, parmi laquelle la statuette reliquaire en argent *Sainte Marguerite issant du dragon* est d'une beauté sans pareille.

Grâce à la belle vue qu'on y a sur les collines, à ses maisons hautes accrochées au rocher et à sa place de l'Église, avec sa fontaine et son lavoir, Lucéram fait foi des beaux villages perchés de l'arrière-pays niçois.

L'Escarène

Dès la fin du XVIe siècle, ce village a occupé une position stratégique sur la Route du sel, qui reliait Nice et Tende. À cette époque, le sel était essentiel car il était utilisé pour la conservation des aliments.

Le village de L'Escarène est une merveille pour l'amateur du style baroque. L'**église Saint-Pierre-aux-Liens ★** en est un bel exemple. Sa construction a été achevée en 1656 et est l'œuvre de Guibert, ingénieur de la cathédrale Sainte-Réparate de Nice, œuvre baroque s'il en est une. Même si le corps de l'église Saint-Pierre revêt une architecture plutôt simple, le style baroque prend vraiment toute son ampleur dans ses chapelles latérales.

Quittez L'Escarène par la D2204. Sospel est à 22 km.

★

Sospel

La route de Sospel traverse le col de Braus, qui se trouve à 1 002 m. Sospel est une petite ville située dans un bassin verdoyant qui fut pendant longtemps une étape sur la route entre Nice et Turin. La vieille ville a un certain charme (malgré son état assez délabré), et les environs invitent à de multiples promenades et randonnées.

Visite de la ville

Le circuit pédestre commence à la mairie. Si vous avez une voiture, vous pouvez la garer à cet endroit ou derrière la place des Platanes.

Face à la **mairie**, on peut voir quelques colonnes de chapiteaux, derniers vestiges de l'ancienne église Saint-Pierre, dont les fondations sont ensevelies sous la place des Platanes.

*Dirigez-vous maintenant vers la **rivière Bévéra**.*

En suivant la rivière, vous remarquerez des maisons peintes en trompe-l'œil qui sont assez frappantes. Vous arriverez ensuite au **Pont-Vieux**, emblème du vieux village et siège de l'Office de tourisme. Jusqu'au XVIe siècle, ce pont était en bois. La tour centrale servait d'habitation, et l'on devait s'acquitter d'un droit de péage pour traverser le pont. Les deux arches ont été reconstruites en 1951 après avoir été démolies lors de la retraite allemande en 1944.

De l'autre côté du pont, on atteint la **place Saint-Nicolas**. À l'époque où la ville jouissait d'une administration libre, mais quand même d'une protection des comtes de Provence, la bâtisse centrale, appelée la «Loggia», était utilisée pour les réunions des syndics et du Parlement de Sospel. Le mouton sculpté sur sa façade représente la protection divine. La fontaine date du XVIIIe siècle.

Prenez la rue de la République.

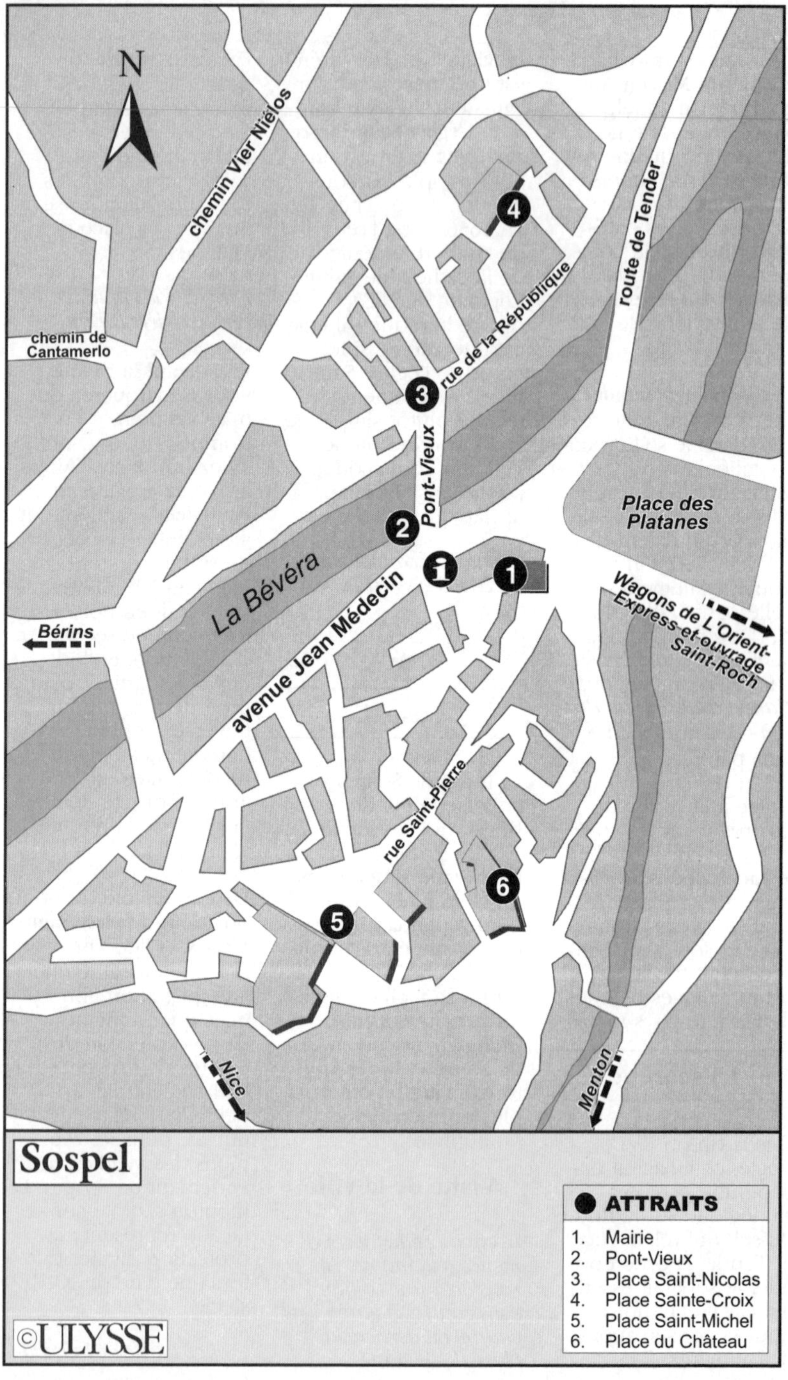
N
chemin Vier Niélos
chemin de Cantamerlo
route de Tender
rue de la République
Pont-Vieux
Place des Platanes
La Bévéra
avenue Jean Médecin
Bérins
Wagons de L'Orient-Express-et-ouvrage Saint-Roch
rue Saint-Pierre
Nice
Menton
Sospel
ATTRAITS
1. Mairie
2. Pont-Vieux
3. Place Saint-Nicolas
4. Place Sainte-Croix
5. Place Saint-Michel
6. Place du Château
©ULYSSE

Au Moyen Âge, cette rue s'appelait «rue Longue» et fourmillait d'activités. Bordée d'échoppes, sous des arcades aujourd'hui comblées, elle était à l'abri des intempéries. Remarquez les armoiries des familles gravées sur le linteau des portes. Prenez ensuite la ruelle des Tisserands, la plus étroite du village, nommée ainsi pour rappeler la culture du chanvre et du mûrier pratiquée dans la vallée dans le but de faire l'élevage des vers à soie.

Sur la **place Sainte-Croix** s'élève la chapelle des Pénitents blancs, construite au XVIe siècle et restaurée aux couleurs italiennes. Le clocher triangulaire date du XIXe siècle.

Revenez au Pont-Vieux pour le traverser à nouveau. Montez la rue Saint-Pierre.

Cette rue avec ses vieilles façades abrite l'ancien **palais de la Gabelle**, où l'on percevait l'impôt sur le sel. Cette maison de pierre taillée comporte une fenêtre Renaissance et de très beaux cordons sculptés.

Au bout de cette rue, on arrive à l'endroit le plus beau de Sospel : la **place Saint-Michel**. Pavée de galets et bordée de maisons à arcades du Moyen Âge et des chapelles des Pénitents gris et rouges, elle est dominée par l'imposante façade de la **cathédrale Saint-Michel**. Cette église, reconstruite entre 1641 et 1720 dans le style baroque, a cependant conservé son clocher lombard du XIIe siècle. Ses dimensions imposantes en font la plus grande église des Alpes-Maritimes. L'intérieur recèle des orgues italiennes du XIXe siècle ainsi que plusieurs œuvres d'art, parmi lesquelles il faut souligner le tryptique de la Pietà, qui date de la fin du XVe siècle, et le retable de la Vierge Immaculée, attribué à François Bréa, neveu de l'illustre peintre niçois Ludovic Bréa.

Quittez cette place en direction de la place du Château.

D'étroites ruelles montent vers la **place du Château**, dont les vestiges des anciens remparts témoignent des besoins de protection qui existaient dans les villages au Moyen Âge. À remarquer, la très belle porte de l'enceinte sud près du lavoir et la tour d'angle avec ses archères. À l'ouest de cette tour, situées sur un promontoire, les ruines d'une abbaye de carmélites sont envahies par le lierre.

Vous pouvez rejoindre le point de départ de l'itinéraire en dévalant l'une des ruelles qui conduisent à la rue Saint-Pierre et à la mairie.

Voulez-vous monter à bord d'anciens **wagons de *L'Orient-Express*** *(lun-dim midi à 18h; ☎04.93.04.00.43)?* Rendez-vous alors à la gare de Sospel. Vous pourrez y visiter quatre wagons, dont un wagon-restaurant au style Art déco surprenant.

Ceux intéressés par les forteresses voudront visiter l'**ouvrage Saint-Roch** *(été mar-dim 14h à 18h; ☎04.93.04.00.70)*, situé un peu en dehors de la ville sur la route D2204. Cette forteresse souterraine, construite entre 1930 et 1934, pouvait en temps de guerre loger pendant trois mois plus de 200 hommes, chargés de surveiller l'arrivée possible des Italiens.

Enfin, il est possible de faire plusieurs randonnées intéressantes autour de Sospel (voir p 400).

En quittant Sospel, vous pouvez continuer vers Breil-sur-Roya (à 23 km) en prenant la D2204, qui traverse le col de Brouis. Vous pouvez aussi retourner à Menton (à 15 km) par la D2566, qui passe par Castillon et traverse le col de Castillon (707 m).

Breil-sur-Roya

Breil-sur-Roya marque l'entrée de cette région sublime qu'est le **parc national du Mercantour**. Les ruelles pittoresques de sa vieille ville, bâties dans l'anse de la Roya, suivent les pentes de la montagne. On peut y admirer ses façades en trompe-l'œil et les vestiges de ses remparts. Le clocher Saint-Jean, qui se trouve derrière la gare, présente aussi un intérêt puisqu'il est le seul vestige d'une église romane du XIe siècle. Mais il faut surtout visiter l'**église Santa Maria**, monument historique donnant sur la place de Brancion, en face d'un palais rose à arcades. Cette église baroque à l'architecture en croix grecque est prolongée latéralement par des chapelles. Parmi ses trésors artistiques figurent ses voûtes peintes qui illustrent l'Assomption de la Vierge, un triptyque consacré à saint Pierre qui date de 1400, de belles pièces d'orfèvrerie et, enfin, un magnifique buffet d'orgue.

Chaque année, début juillet, vous pouvez assister au **Festival d'art baroque** *(les Baroquiales)*, qui vous présente concerts, opéras et théâtre.

Quittez par la route E74 - N204, direction Saorge.

★★

Saorge

Lorsqu'on est sur la route en provenance de Breil, on découvre cet étrange village perché dans les hauteurs, et l'on se demande comment on pourra s'y rendre. En effet, il faut faire une sorte de détour qui conduit enfin à la petite route D38, qui y mène. Accroché à une montagne qui domine les gorges de la Roya, ce village classé monument historique a une allure de village tibétain. Mais il s'agit bien d'un village médiéval occidental, qui a connu de nombreux combats à cause de sa position géographique stratégique. Déjà à l'époque, les ducs de Savoie l'ont fortifié pour contrôler la route entre Nice et Turin.

Le village est un dédale de rues étroites au milieu desquelles se succèdent de nombreuses maisons des XVe et XVIe siècles. Il faut surtout visiter l'**église paroissiale Saint-Sauveur**, qui a été reconstruite en 1500 après qu'un incendie eut dévasté le village en 1465. La voûte a cependant été refaite au début du XVIIIe siècle. L'expression du baroque y culmine avec ses peintures en trompe-l'œil. Les retables datent du XVIIe siècle et les orgues italiennes, du milieu du XIXe siècle.

En contrebas du village, on aperçoit la **chapelle de la Madone del Poggio**, propriété privée qui date du XIe siècle. De cette époque, ne subsiste que le chevet à trois absides. Cette chapelle se fait remarquer aussi par son beau clocher roman de style lombard qui compte sept étages.

Enfin, au bout du village, on arrive au **couvent des Franciscains**, qui remonte au XVIIe siècle. Sa façade baroque restaurée cache un retable en bois sculpté du XVIIe siècle. Le cloître est décoré de fresques ayant saint François comme sujet. Saorge a connu un fort déclin au XIXe siècle, qui s'est intensifié avec la construction de la route dans la vallée au XXe siècle. Le village a alors subi un dépeuplement constant. Certains habitants ont même émigré au Canada. De nos jours, cependant, grâce à sa vocation établie de site touristique, la situation s'est rétablie. Ainsi, dans un cas extrême, une maison achetée pour 2 000F dans les années soixante peut maintenant se négocier autour de 300 000F.

La E74 - N204, direction nord, conduit à Saint-Dalmas-de-Tende en longeant les gorges de Bergue.

Saint-Dalmas-de-Tende

Ne se trouvant en sol français que depuis 1947 à la suite d'un référendum, ce village revêtait une grande importance dans les années trente. En effet, à l'époque, il agissait en tant que gare frontalière entre la France et l'Italie. Sa gare impressionnante avec ses balustres en témoigne.

Saint-Dalmas est le point de départ de la route qui mène vers la vallée des Merveilles (voir p 400).

On atteint la vallée des Merveilles par la route D91, qui conduit jusqu'à Les Mesches ou Casterino. Au nord se trouve Tende, but de notre circuit; à l'est, la D143 conduit à La Brigue.

★

Tende

Voilà, à première vue, un village dont l'aspect frappe à cause de son étalement le long de la montagne. Au sommet subsistent les restes du château des comtes Lascaris, qui dominait le village jusqu'à la fin du XVIIe siècle. Au Moyen Âge, Tende jouissait d'une importance capitale puisqu'elle permettait l'entrée au Piémont.

De nos jours, la ville est plutôt quelconque, et ses maisons hautes à toit de lauzes, qui paraissent posséder beaucoup de caractère au loin, se révèlent un peu décevantes de plus près. Par contre, Tende vaut bien un arrêt pour l'excellent **Musée de Tende** *(30F, 15F enfant; fermé mi-nov au 25 déc, mer-lun 10h30 à 18h, en hiver jusqu'à 17h; RN 204, ☎04.93.04.32.50).* Construit en 1996, celui-ci est étroitement lié au mont Bego, qui fut, 2000 ans avant notre ère, un site sacré voué au culte du couple divin primordial, le Dieu-Taureau (symbolisant la foudre et la pluie) et la Déesse-Terre (symbolisant la fertilité de la terre). Dans le musée, on découvre des traces des milliers de gravures sur roche (la plupart en moulages) datant des populations agro-pastorales de l'âge du cuivre et de l'âge du bronze. En passant par les espaces superbement aménagés, trois thèmes vous guideront : l'histoire naturelle, l'archéologie et les arts et traditions populaires. Une bande vidéo vous invite à partager le savoir sacré d'antan. Autre point précieux : on y organise chaque année des expositions temporaires internationales qui ont un lien avec les thèmes du musée.

★★

La Brigue

Ce village, fortement imprégné d'un caractère médiéval, est situé dans le vallon de la Levens. La plupart des maisons du vieux village sont construites de schiste vert qui provient de la Roya. Ce matériau est riche d'une culture religieuse qui a laissé nombre d'édifices architecturaux importants avec des styles différents.

Sur la place, à l'entrée du village, se dresse la **collégiale Saint-Martin**, construite autour de 1500 dans un style roman lombard avec de forts accents gothiques. À l'intérieur, le décor est enrichi de nombreuses peintures sur bois. Ces œuvres, dont il faut noter une Crucifixion, le triptyque sainte Marthe et surtout le retable de la Nativité, attribué à Ludovic Bréa, témoignent d'une valeur artistique considérable.

Il existe deux chapelles autour de la collégiale. La première, à gauche, la **chapelle de l'Annonciation**, présente une forme ellipsoïdale étonnante. On peut y voir une collection d'objets et de vêtements sacerdotaux. L'autre, la **chapelle de l'Assomption**, sur la grande place à droite, cache un décor Renaissance derrière une façade baroque.

On voit donc que la place du petit village de quelques centaines d'âmes seulement qu'est La Brigue est devenue le point de rencontre de l'art roman, gothique, Renaissance et baroque.

Enfin, il ne faut surtout pas rater la visite de la **chapelle Notre-Dame-des-Fontaines**, perdue en pleine nature près d'un cours d'eau et au milieu des arbres. Pour la visite, informez-vous à l'office de tourisme.

La chapelle Notre-Dame-des-Fontaines est située à 4 km de La Brigue par la D43 puis la D143 à droite.

Surnommée la «chapelle Sixtine des Alpes méridionales» à juste titre, cette chapelle regorge de fresques peintes pendant la deuxième moitié du XVe siècle. Exécutées, pour la plupart, par le peintre piémontais Jean Canavesio, ces fresques imprégnées d'un réalisme lourd d'angoisse et de violence traduisent bien les troubles politiques de cette période.

Activités de plein air

Randonnée pédestre

La région permet de faire de magnifiques randonnées, dont le point culminant est sans aucun doute la vallée des Merveilles (voir plus bas). On peut d'ailleurs effectuer de très belles promenades un peu partout dans la région à partir de Levens, Coaraze, Lucéram, Sospel, Breil ou Saorge.

On vous recommande d'acheter le guide *Au pays d'Azur*, aux éditions Didier Richard, lequel décrit 150 randonnées pédestres s'effectuant sur le territoire situé entre le massif de l'Estérel et la Roya.

Sospel

Sospel est le point de convergence d'une bonne demi-douzaine de circuits. On peut s'en procurer une description dans la publication *Itinéraires du bureau de recherche de sentiers touristiques du canton de Sospel*, en vente au Syndicat d'initiative du Pont-Vieux *(☎04.93.04.00.09)*. En voici quelques indications sommaires.

La GR52, qui relie la Méditerranée à la Hollande, passe par Sospel, ainsi que la GR52A, aussi appelée la «Panoramique du Mercantour» et la «GR des huit vallées». On peut aussi effectuer des randonnées guidées en composant le ☎04.93.04.04.72.

Saorge

Une très belle promenade s'impose à partir de ce village perché. Ce circuit de deux heures qui débute derrière le couvent des Franciscains permet de découvrir le canyon de la Bendola et ses cascades ainsi que la chapelle Sainte-Croix.

La Brigue

Ce merveilleux village vous invite à faire de superbes balades dans la région. En plein été, vous serez un peu à l'écart du tourisme sportif de la vallée des Merveilles. La GR52A (voir ci-dessus) passe par là. En se dirigeant vers le nord, on peut grimper le mont Bertrand. Enfin, d'autres randonnées, plus longues, peuvent vous amener sur le territoire italien après avoir franchi des montagnes dont l'altitude varie entre 1 700 m et 2 200 m.

★★★

La vallée des Merveilles

Imaginez une vallée bordée de montagnes de 2 000 m d'altitude : un endroit où les derniers arbres peuvent pousser à cause de l'altitude, un endroit que les loups en provenance d'Italie recommencent à fréquenter. Ce site «merveilleux», comme son nom l'indique, se compose de roches polies par les glaciers et se trouve au pied de sommets imposants aux noms étranges. Dans ce décor exceptionnel, 4 000 ans de l'histoire de l'homme sont écrits sur des centaines de dalles de schiste. La vallée des Merveilles et le val de Fontanalbe, classés monuments historiques, sont des sites uniques au monde où l'on peut admirer près de 30 000 gravures rupestres.

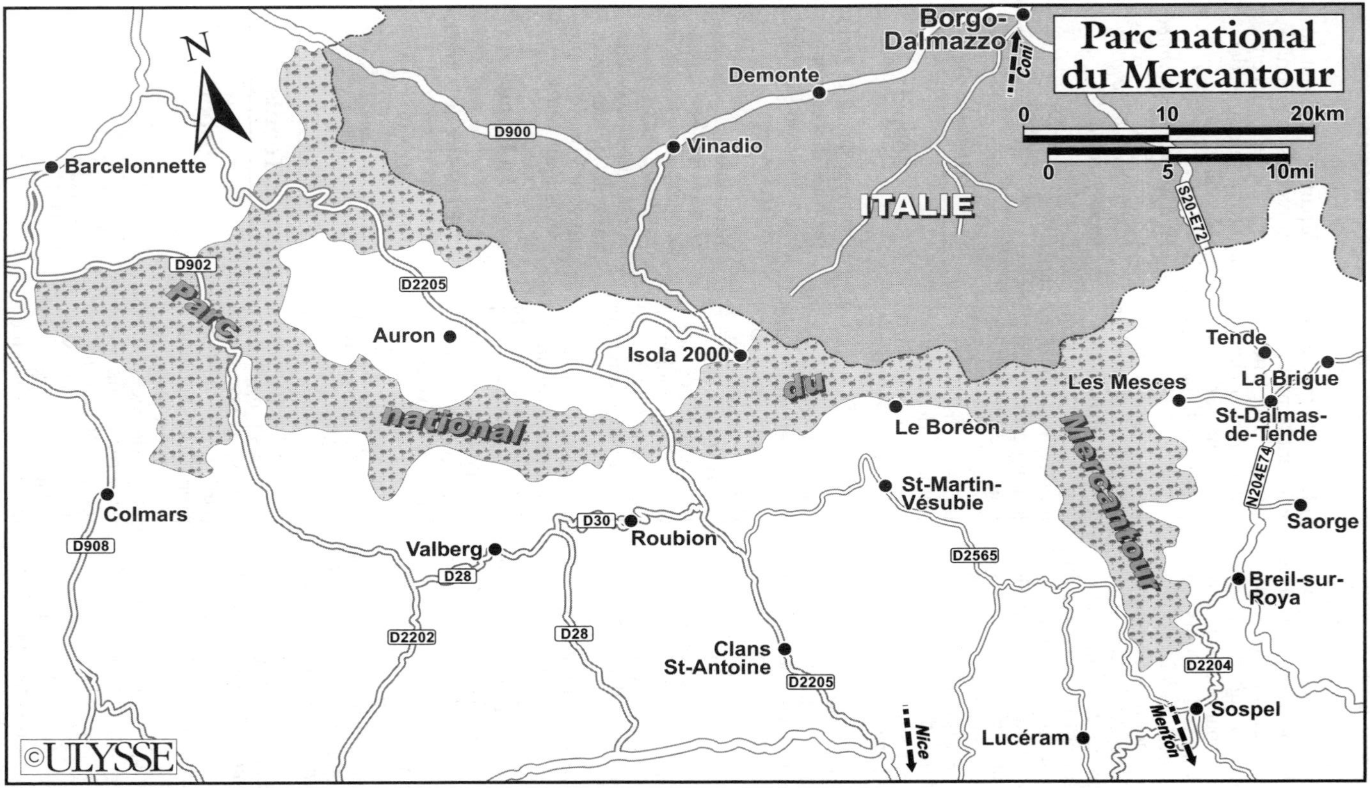
Parc national
du Mercantour
0
10
20km
0
5
10mi
N
Borgo-
Dalmazzo
Coni
Demonte
D900
Vinadio
ITALIE
S20-E72
Barcelonnette
D902
Parc
D2205
Auron
Isola 2000
du
national
Tende
La Brigue
Les Mesces
St-Dalmas-
de-Tende
Le Boréon
Mercantour
N204E74
St-Martin-
Vésubie
Saorge
Colmars
D908
D30
Roubion
Valberg
D28
D2565
Breil-sur-
Roya
D2202
D28
Clans
St-Antoine
D2205
D2204
Sospel
Menton
Nice
Lucéram
©ULYSSE

Certains secteurs sensibles ne sont accessibles qu'avec un accompagnateur agréé par le parc national du Mercantour. D'ailleurs, ces visites guidées vous permettront de mieux découvrir et comprendre la faune, la flore et les gravures du parc. Il faut noter que, sur tout le territoire, les gravures rupestres sont des sites protégés. Graver, enduire de produits, détruire ou marcher sur les gravures est strictement interdit!

Endroit privilégié par tous les amateurs de randonnée pédestre, la vallée des Merveilles est surpeuplée pendant les mois de juillet et d'août. Il vaut mieux la découvrir en juin ou en septembre pour en apprécier toute sa splendeur et jouir d'une plus grande communion avec la nature.

Pour accéder au point de départ des randonnées, prenez la D91 à partir de Saint-Dalmas-de-Tende jusqu'au lac des Mesches ou Casterino. On peut aussi s'y rendre en bus au départ de la gare SNCF de Saint-Dalmas-de-Tende.

On vous conseille un séjour de deux à trois jours.

Le premier jour, vous pourrez rejoindre le refuge de la Fontanalba. Les bons marcheurs s'y rendent en un après-midi. Il faut cependant obligatoirement réserver pour passer la nuit dans les salles communes du refuge. Les très sportifs peuvent terminer la journée avec une montée jusqu'à la cime de la Charnassère, qui passe par le lac Gelé.

Le deuxième jour, la marche vous conduira jusqu'au **mont Bégo**, situé à 2 921 m d'altitude en passant d'abord le long du lac Vert. Une fois à destination, deux choix s'offrent à vous : redescendre vers le point de départ ou passer une nuit supplémentaire dans un autre refuge.

Pour redescendre, vous pouvez effectuer une boucle qui vous conduira vers le lac du Basto et, ensuite, à travers la vallée des Merveilles proprement dite sur la GR52. Une fois la vallée traversée, vous aboutirez au refuge des Merveilles, entouré d'une multitude de petits lacs. Bien sûr, il vous sera possible d'y passer la nuit si vous avez réservé à l'avance. Si vous continuez, il faut compter de deux à trois heures de plus pour rejoindre le lac des Mesches.

Si vous désirez faire une plus longue excursion, vous pourrez, à partir du lac du Basto, prendre la direction nord-ouest jusqu'au refuge de Nice, où vous passerez la nuit. Ce refuge est entouré de trois lacs : le lac Nire, le lac Long et le lac de la Fous. Le troisième jour sera consacré au retour vers le point de départ par le mont des Merveilles et la multitude de lacs concentrés autour du refuge des Merveilles.

Pour les adresses et numéros de téléphone, se référer à la section «Renseignements pratiques».

Équitation

Sospel

L'Auberge du Col de Braus propose des explorations à cheval *(☎04.93.79.61.33)*.

Mercantour
Denis Longfellow
Le Boréon
☎04.93.03.30.23
Randonnées avec chevaux de Merens de quelques heures à plusieurs jours (été).

La Brigue

Club équestre de la Brigue
Mme Vacarezza
☎04.93.04.66.59

Tennis

Sospel

On peut aussi jouer au tennis sur trois courts dont deux disposent d'un éclairage nocturne *(☎04.93.04.04.37)*.

La vallée de la Roya

Trois courts à Breil *(réservations : ☎04.93. 04.40.71).*

Saorge

Deux courts *(réservation à la mairie : ☎04.93.04.51.23).*

La Brigue

Deux courts *(appelez M. Mazzuchi, ☎04.93.06.64. 28).*

Chasse et pêche

Sospel

Pour la chasse et la pêche, vous pouvez obtenir de l'information au Pont-Vieux.

Baignade

Sospel

Enfin, il existe une piscine municipale *(à 500 m de la gare, sur la route du Col de Castillon)* et un minigolf *(La Guinguette du Gard, ☎04.93. 04.10.90).*

La vallée de La Roya

Une belle piscine vous accueille à Breil *(juin à sept; ☎04.93.04.46.66).*

Escalade et alpinisme

Vallée de La Roya - Béréra

La Roya est flanquée de très nombreuses falaises en calcaire ou en gneiss, propices à la pratique de ces sports. On peut aussi effectuer des randonnées aquatiques ou des descentes sportives dans un des six canyons de la région.

A.E.T. Nature
☎04.93.04.47.64

Association Renard
☎04.93.04.77.73

Bureau des guides de la Bévéra
☎04.93.04.07.19

Vélo de montagne

Vallée de La Roya - Béréra

De nombreuses pistes en montagne aux itinéraires souvent très sportifs chevauchent la frontière franco-italienne. Elles sont plutôt réservées aux amateurs avertis.

Tous secteurs
Destination Nature
☎04.93.32.06.93

Roya Évasion
☎04.93.04.91.46

Spéléologie

La vallée de La Roya

Les gouffres du massif du Marguareis sont très connus parmi les amateurs de spéléologie sportive. Ce massif est très sauvage et n'est pas recommandé aux débutants.

Eaux vives et canoë-kayak

La vallée de La Roya

Avec ses parcours tranquilles vers Breil ou très difficiles vers Saorge, la vallée de la Roya est une vallée particulièrement renommée pour le canoë-kayak. Près de 9 km de rivières navigables, dont 6 km ouverts à tous, vous attendent...

Ligue Côte d'Azur de canoë-kayak
49 bd Delfino, 06300 Nice
M. Faloci
☎04.93.04.91.46

Base U.S.T.P.
L'aigara, 06540 Breil-sur-Roya
☎04.93.04.46.66
initiation ou perfectionnement

Hébergement

Tourrette-Levens

Auberge Chez Lucien
180F-220F, ½p 220F
dp, dc, tv, ℜ, C
place de l'Église
☎04.93.91.52.51
Cette petite auberge, située à l'entrée de ce joli village médiéval, est tenue par une famille dont, malheureusement, le fils seul a vraiment le savoir-faire pour accueillir les touristes... Mais il y a une ambiance certaine qui n'est pas déplaisante. Les chambres sont propres et plutôt mignonnes. Très bon rapport qualité/prix.

Sospel

Camping Le Domaine Sainte-Madeleine
route du Moulinet
☎04.93.04.10.48
Ce site calme aux terrains spacieux se trouve un peu en dehors de la ville : il faut prendre la D2566 direction Turini-Moulinet et suivre les indications.

Il n'y a pas d'adresses calmes qu'on puisse vous recommander à l'intérieur du village même. Par contre, si vous allez un peu à l'extérieur, vous trouvez deux excellentes adresses, mais très différentes dans leurs formules.

Auberge Provençale
320F-440F
½p 300F-480F
dp, bp, tv, ℜ, ℝ
route du Col de Castillon
☎04.93.04.00.31
⇌04.93.04.24.54
upro@aol.com
Surplombant le village, l'Auberge Provençale occupe un site enchanteur. Soigneusement tenue par l'accueillant patron, voilà une halte qui s'impose! Il y a un joli jardin ombragé sur lequel s'ouvre la salle à manger, lumineuse et pleine de charme. Les chambres, restaurées, sont d'une propreté éclatante et procurent - un agréable comfort. Bref, c'est un endroit qui garantit un très bon rapport qualité/prix. Enfin, un sentier pédestre vous mènera au village en 10 min.

La Lavina
4 400F pour la chambre d'hôte et le repas du soir pdj inclus
☎04.93.04.04.72
À 9 km à l'ouest de Sospel, sur la route D2204, un panneau indique l'entrée de la «ferme-auberge» La Lavina. La formule «fermes-auberges» permet aux touristes de loger chez l'habitant. Ceux qui aiment la «vraie» campagne, avec poules, coqs et petits cochons, seront comblés par cette ferme plein de charme fait aussi gîte de montagne. Les propriétaires, grands amateurs de la nature, sont accueillants et chaleureux. Ils sont d'ailleurs intéressés à partager leur amour de la nature avec leurs hôtes. De plus, dans la journée, le patron organise des randonnées dans la montagne selon les désirs des clients.

Breil-sur-Roya

Castel-sur-Roya
410F-450F
dp, bp, ≈, ℜ
route de Tende
☎04.93.04.43.66
⇌04.93.04.91.83
L'«hôtel-restaurant» Castel-sur-Roya est très bien situé : un peu à l'extérieur du village et près de la gare. Il donne sur la rivière et bénéficie d'un parc de 2 ha au milieu duquel se trouvent une terrasse et une belle piscine. On y entend le murmure constant de la rivière. Les services hôteliers sont adéquats. Son site avantageux permettra de s'y reposer ou de profiter des nombreuses activités de plein air disponibles à proximité. Son restaurant profite d'une réputation certaine.

Saint-Dalmas-de-Tende

Le Prieuré
305F-350F, pdj 37F
bp, ℜ, tv
av. Jean Médecin
☎04.93.04.75.70
⇌04.93.04.71.58
Aux portes de la vallée des Merveilles, Le Prieuré est un hôtel magnifique situé un peu en contrebas du village. Il donne sur une petite rivière et

procure le calme absolu. La particularité de cet hôtel tient du fait qu'il est aussi un centre d'aide par le travail servant à la réadaptation des jeunes. Sous la surveillance et avec l'aide d'un personnel qualifié, les jeunes gens qui participent au programme assurent tous les services de l'hôtel. On ne peut que constater le succès du programme quand on voit l'état impeccable des lieux. Les chambres, dont certaines ont un plafond voûté, sont grandes et toutes donnent sur la rivière. L'accueil est hors pair : du genre qu'on retrouve dans un établissement qui a l'assurance de l'excellence de son produit. On vous recommande vivement cet endroit!

Casterino

Les Mélèzes
200F-320F
fermé déc, mar soir et mer hors saison
dp, tv, ℜ
☎04.93.04.95.95
⇄04.93.04.95.96
Situé aux portes de toutes les activités sportives offertes dans la vallée des Merveilles, l'«hôtel-restaurant» Les Mélèzes constitue une étape pittoresque avant d'entreprendre une randonnée à pied, en raquettes ou en skis. L'hôtel dispose de deux parties : la plus ancienne renferme des chambres mansardées simples mais dont la rusticité n'est pas dépourvue de charme, alors que la partie plus récente offre plus de confort mais toujours en gardant le charme. Enfin, la communauté gay y sera bien accueillie.

La Brigue

Fleur des Alpes
185F-230F
195F-220F ½p
lavabo, dp, ℜ, tv
☎04.93.04.61.05
Situé en bordure d'une petite rivière, l'hôtel-restaurant Fleur des Alpes est simple mais adéquat. Il est tenu par la patronne, et le patron s'occupe de la cuisine. À voir ce bon vivant, on a d'ailleurs tout de suite confiance! Qu'elles soient à l'avant ou à l'arrière, les chambres offrent une belle vue. L'établissement possède également un vivier à truite. Son restaurant est entouré de larges vitrines qui procurent une vue reposante sur une petite rivière sauvage. Très bon rapport qualité/prix offert par des gens sympathiques!

Mirval
260F-320F
½ p. 270F oblig. en été
fermé nov à mars
dp, bp, ℜ, tv
☎04.93.04.63.71
⇄04.93.04.79.81
Sis de l'autre côté d'un charmant petit pont, l'hôtel-restaurant Mirval jouit d'une excellente situation. La jolie terrasse, la salle à manger panoramique et les forfaits «randonnées» proposés par la maison constituent d'autres attraits. Les chambres sont tout à fait correctes. Étonnamment, les moins chères nous ont paru les plus intéressantes. En plus, les repas sont excellents!

Restaurants

Sur ce circuit, il semble que les meilleurs restaurants soient localisés dans les hôtels ou auberges recommandés dans la section précédente. Cette combinaison permet d'établir un meilleur rapport avec les propriétaires, et ils peuvent en profiter pour vous faire partager l'amour de leur région. En voici tout de même quelques autres.

Saorge

Restaurant Bellevue
$-$$
fermé mer
☎04.93.04.51.37
Dans ce très beau village, le Restaurant Bellevue est tenu par un couple sympathique. L'endroit est superbe et la vue, spectaculaire. Ce couple n'en est pas à ses premières armes puisqu'ils ont eu un restaurant dans le Var pendant longtemps. Ils font une cuisine régionale adaptée aux produits du marché et de saison. Çela peut signifier que les plats de sanglier figurent au

menu d'hiver. Sinon, nous proposons de goûter le pigeonneau au porto et au miel. Monsieur reçoit, Madame cuisine. Petit détail intéressant : les lustres qui assurent l'éclairage apportent une charmante touche baroque dans la décoration.

Sospel

Auberge Provençale
$$-$$$
route du Col de Castillon
☎04.93.04.00.31
Sospel n'est pas un endroit où satisfaire ses envies gourmandes. Par contre, vous pouvez aller manger à l'Auberge Provençale, qui se trouve à peu près à 1 km de la sortie de la petite ville en direction de Menton. Vous serez bien entouré par le propriétaire de l'établissement, qui propose des spécialités provençales.

Rorqual commun

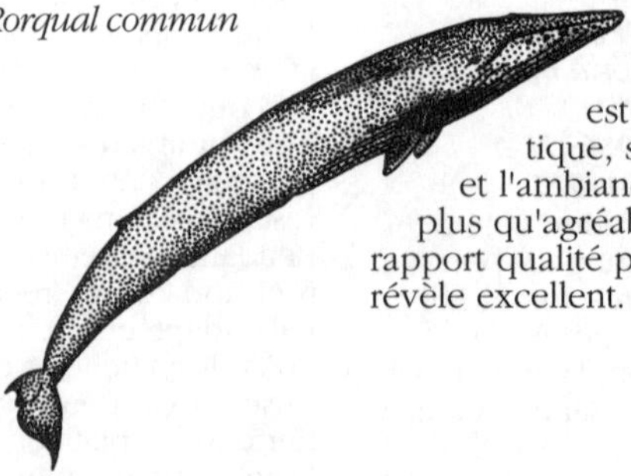

Saint-Dalmas-de-Tende

Le Prieuré
$-$$
av. Jean Médecin
☎04.93.04.75.70
Le Prieuré est un restaurant qui s'impose quand on passe par cette région. Inondé de la lumière qui entre par les grandes vitrines, l'établissement propose des plats typiquement régionaux dont plusieurs pâtés différents. D'autres ont des noms plus éloquents, comme le magret de canard au miel ou la papillote de filets de truite à la provençale.

Tende

Auberge Tendasque
$-$$
65 av. du 16 septembre 1947
☎04.93.04.62.26
Avant ou après la visite du musée de Tende, un sympathique et bon restaurant, l'Auberge Tendasque, vous propose une cuisine traditionnelle préparée par le patron. Vous pouvez y goûter le soufflé de truite, le filet de canard aux cèpes et autres délices. Le cadre est rustique, simple, et l'ambiance, plus qu'agréable! Le rapport qualité prix se révèle excellent.

Casterino

Les Mélèzes
$-$$
fermé déc, mar soir et mer hors saison
☎04.93.04.95.95
L'hôtel-restaurant Les Mélèzes propose une cuisine préparée par le propriétaire, un gars du pays. Outre les spécialités régionales telles que les raviolis maison et le rôti de lapin farci aux épinards, on sert des fondues et raclettes, ce qui sied particulièrement bien au décor rustique et montagnard de l'endroit.

Achats

Coaraze

Vous trouverez dans ce village situé à 20 km de Nice plusieurs artisans qui proposent des articles de cuir ou des objets en étain, des gravures, de la sérigraphie et des pièces tissées.

Au début juin, la commune organise des journées médiévales pendant lesquelles prend place un grand marché d'artisanat avec danse, musique, humour, etc.

De Cannes à Saint-Tropez

Vous êtes un fervent de la mer et des plages? Vous aimez les beaux paysages fortement vallonnés qui invitent aux randonnées?

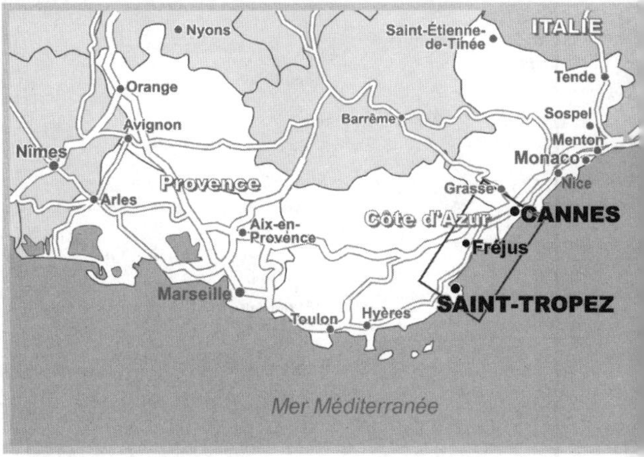

C'est ce que vous trouverez dans cette région magnifique qui s'étend entre Cannes et Saint-Tropez. De multiples stations balnéaires s'étalent le long de la Côte, tandis que, derrière, la région permet la promenade en voiture, à bicyclette ou à pied. On traverse d'abord le massif de l'Estérel, qui s'étend jusqu'à Fréjus, puis ensuite les Maures, vaste massif qui s'allonge jusqu'à Hyères et dont les plus hauts sommets s'élèvent entre 550 m et 650 m d'altitude.

Malheureusement, la Côte commence à être très construite. Le point culminant de cette région est certes Saint-Tropez et sa presqu'île. Saint-Tropez a un charme fou, charme que vous apprécierez d'autant plus en dehors de la grande période d'affluence de l'été. Il faut découvrir sa presqu'île, sur laquelle les plages sablonneuses se succèdent, ainsi que les deux villages ravissants qui s'y trouvent : Ramatuelle et Gassin. Enfin, nous terminerons notre visite de la région en vous proposant un circuit charmant qui vous conduira à travers le massif des Maures.

Pour s'y retrouver sans mal

Si vous désirez concentrer vos vacances dans la région du massif des Maures ou aux environs des îles d'Hyères, il vaut mieux alors arriver par l'aéroport de Toulon-Hyères plutôt que par celui de Nice. Toutefois, l'aéroport de Nice assure également des liaisons en autocar

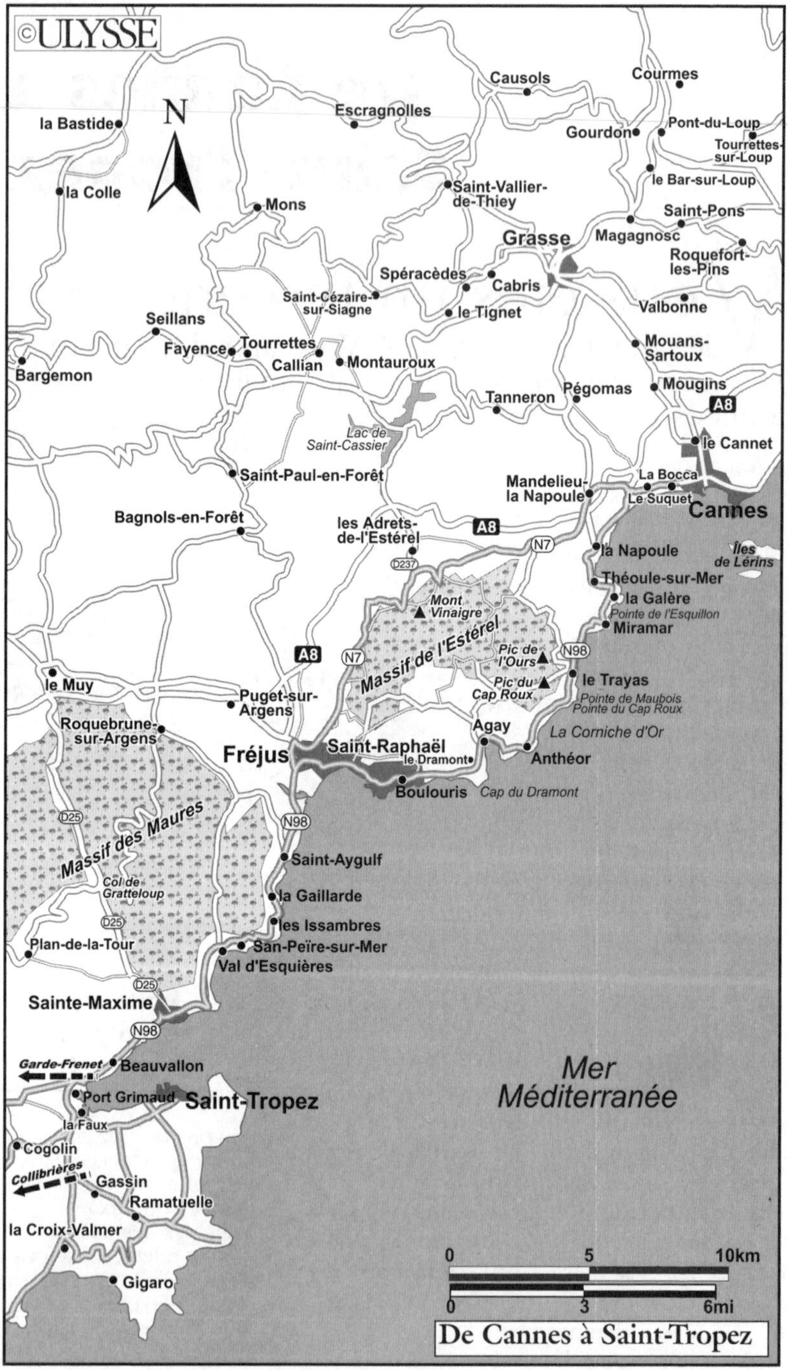
©ULYSSE
N
Causols
Courmes
Escragnolles
la Bastide
Gourdon
Pont-du-Loup
Tourrettes-sur-Loup
le Bar-sur-Loup
la Colle
Saint-Vallier-de-Thiey
Mons
Saint-Pons
Grasse
Magagnosc
Roquefort-les-Pins
Spéracèdes
Cabris
Saint-Césaire-sur-Siagne
Valbonne
le Tignet
Seillans
Mouans-Sartoux
Fayence
Tourrettes
Callian
Montauroux
Bargemon
Pégomas
Mougins
Tanneron
A8
Lac de Saint-Cassier
le Cannet
Saint-Paul-en-Forêt
La Bocca
Mandelieu-la Napoule
Le Suquet
Cannes
Bagnols-en-Forêt
les Adrets-de-l'Estérel
A8
N7
D237
la Napoule
Îles de Lérins
Théoule-sur-Mer
la Galère
Mont Vinaigre
Pointe de l'Esquillon
Miramar
Massif de l'Estérel
Pic de l'Ours
N98
A8
N7
Pic du Cap Roux
le Trayas
le Muy
Puget-sur-Argens
Pointe de Maubois
Pointe du Cap Roux
Roquebrune-sur-Argens
Agay
La Corniche d'Or
Fréjus
Saint-Raphaël
le Dramont
Anthéor
Boulouris
Cap du Dramont
D25
N98
Massif des Maures
Saint-Aygulf
Col de Gratteloup
la Gaillarde
D25
les Issambres
Plan-de-la-Tour
San-Peïre-sur-Mer
Val d'Esquières
D25
Sainte-Maxime
N98
Garde-Frenet
Beauvallon
Mer Méditerranée
Port Grimaud
Saint-Tropez
la Faux
Cogolin
Collibrières
Gassin
Ramatuelle
la Croix-Valmer
0
5
10km
Gigaro
0
3
6mi
De Cannes à Saint-Tropez

vers Fréjus–Saint-Raphaël et Saint-Tropez.

En voiture

Il est plus facile de visiter ce très beau coin si l'on dispose d'une voiture. Mais n'oubliez pas d'éviter de circuler entre midi et 13h ou en début de soirée pendant la haute saison! Il faut particulièrement oublier les environs de Saint-Tropez entre 17h et 20h le soir. Sinon vous êtes assuré de passer un moment très pénible!

Pour vous rendre à Fréjus au départ de Cannes, vous avez deux possibilités : la route N98, qui longe le bord de mer, ou la N7, qui traverse le magnifique massif de l'Estérel. Les deux routes sont très panoramiques et offrent des points de vue magnifiques. Bien sûr, vous pouvez aussi faire une boucle à partir de Cannes. Vous pourriez ainsi profiter de la montagne et de la mer dans une même journée. La traversée de l'Estérel en voiture permet de s'arrêter ici et là pour effectuer des promenades, petites ou grandes. À partir de Fréjus, vous devez obligatoirement suivre la route du bord de mer (toujours la N98) pour vous rendre à Saint-Tropez via Sainte-Maxime et Port-Grimaud. En effet, la N7 à partir de Fréjus monte vers le nord et suit l'autoroute.

Si vous désirez effectuer le trajet Cannes – Saint-Tropez plus rapidement, empruntez l'autoroute A8-E80 et sortez pour rejoindre la D25 (12 km après Fréjus), qui conduit à Sainte-Maxime et, donc, à Saint-Tropez.

Location de voitures

Saint-Raphaël

Europcar
place de la Gare
☎***04.94.95.56.87***

Fréjus

Europcar
308 av. de Verdun
☎***04.94.51.53.88***
⇌***04.94.52.35.12***

En train

Prendre le train pourrait être un bon choix si vous limitez votre visite aux stations balnéaires entre Cannes et Fréjus, car le chemin de fer longe la mer, tout comme la route nationale N98. Cependant, à partir de Fréjus, il monte tout au nord du massif des Maures pour suivre le trajet de l'autoroute et mener directement à Toulon. Ainsi, la section Fréjus – Saint-Tropez – Le Lavandou n'est pas accessible par train, malgré certains efforts qui ont été déployés à la fin du XIXe siècle. Bien sûr, vous pourriez rejoindre ces villes en prenant le bus au départ de Fréjus.

Fréjus

Gare SNCF
123 rue W.-Rousseau
☎***08.36.35.35.35***

En autobus

Plusieurs autocars et autobus desservent les villages et les villes de cette région, mais ces voyages peuvent s'avérer longs. Par contre, il y a un bus chaque heure qui fait la navette entre Cannes, Saint-Raphaël et Fréjus.

Fréjus

Gare routière
square Régis (à côté de la gare SNCF)
☎***04.91.78.78.78***

Saint-Tropez

Gare routière
av. Général Leclerc
☎***04.94.65.21.00***
☎***04.94.97.41.21***

?

Renseignements pratiques

Offices de tourisme

Mandelieu-La Napoule

Office de tourisme et d'animation
270 rue Jean Monnet
☎***04.93.49.95.31***
⇌***04.92.97.99.57***

Agay

Office du tourisme
boul. de la plage, B.P. 45
☎ ***04.94.82.01.85***
⇄ ***04.94.82.74.20***

Saint-Raphaël

Office du tourisme
rue J. Barbier, B.P. 210
☎ ***04.94.19.52.52***
www.saint-raphael.com

Fréjus

Office de tourisme, de la culture et de l'animation
325 rue Jean-Jaurès
☎ ***04.94.51.83.83***
www.ville-frejus.fn

Sainte-Maxime

Office de tourisme
promenade Simon Lorière, B.P. 107
☎ ***04.94.55.75.55***
⇄ ***04.94.55.75.56***
www.ste-maxime.com

Grimaud

Bureau municipal du tourisme
à l'entrée du village
☎ ***04.94.43.26.98***
⇄ ***04.94.43.32.40***

Saint-Tropez

Maison du tourisme Golfe de Saint-Tropez / Pays des Maures
carrefour de la Foux (entre Port-Grimaud et l'entrée de Saint-Tropez)
☎ ***04.94.43.42.10***
⇄ ***04.94.43.42.78***
www.franceplus.com/golfe.de.st-tropez
Grâce à sa centrale de réservation, vous pourrez facilement trouver à vous loger dans les environs.

Office de tourisme du Centre-ville
quai Jean Jaurès
☎ ***04.94.97.45.21***
⇄ ***04.94.97.82.66***
www.nova.fr/saint-tropez

Ramatuelle

Office de tourisme
place de l'Orneau
☎ ***04.94.79.26.04***
⇄ ***04.94.79.12.66***

Cogolin

Office de tourisme
place de la République
☎ ***04.94.55.01.10***
⇄ ***04.94.55.01.11***

Divers

Fréjus

La Poste
av. Aristide Briand
☎ ***04.94.17.60.80***
8h30 à 19h, sam 8h30 à midi

Station de taxis
av. de Verdun
☎ ***04.94.51.51.12***

Commissariat central
place Mangin
☎ ***04.94.51.90.00***

Saint-Tropez

Information sur la liaison estivale en autocar avec l'aéroport de Toulon-Hyères :
☎ ***04.94.97.45.21***

Location Deux Roues (vélos, vélos de montagne, scooters)
3 et 5 rue Quaranta (près de la place du XVe Corps)
☎ ***04.94.97.00.60***

Gendarmerie
☎ ***04.94.97.26.25***

Hôpital
☎ ***04.94.97.47.30***

Attraits touristiques

★★

De Cannes à Fréjus

Au départ de Cannes, nous vous proposons un **très beau circuit** qui s'effectue en une journée et vous ramène à Cannes. Il s'agit d'une boucle qui emprunte d'abord la route du bord de mer, la N98, jusqu'à Fréjus. On retourne à Cannes par la N7, qui traverse le **massif de l'Estérel**. Si vous aimez les couchers de soleil sur la mer, inversez le circuit.

Mandelieu-La Napoule

Lorsqu'on quitte Cannes, on atteint rapidement Mandelieu-La Napoule, reconnue pour la culture du mimosa. On y trouve un grand port de plaisance ainsi qu'un imposant **château** *(25F; visites guidées en après-midi; fév à nov mer-*

Massif de l'Estérel

Entre Méditerranée et Provence calcaire, l'Estérel est un massif volcanique de 32 000 ha dont 13 000 sont classés et protégés. Ce massif, somptueux rocher rouge, offre un relief accidenté et des paysages déchiquetés qui plongent dans la mer.

Son histoire est très ancienne et court sur 300 millions d'années. Il semblerait qu'avant la création de la Méditerranée, l'Estérel ait été rattaché à l'Afrique. À l'ère tertiaire, un pan de l'Estérel est parti à la dérive : la Corse est née.

Son histoire a également été marquée par toutes les civilisations qui ont sillonné le bassin méditerranéen. Déjà les Romains exploitaient l'extraction du porphyre, cette roche très dure qui forme le massif.

Aujourd'hui, le massif est un lieu d'activités multiples. L'Office National des Forêts (ONF) compte de nombreux gardes forestiers qui sauront vous faire partager leurs connaissances et leur attachement à ce massif sauvage. On y trouve 45 km de sentiers pédestres, 100 km de circuits pour vélos de montagne et 100 km de pistes équestres. Pour être au fait de tout, procurez-vous la carte du Massif éditée par l'ONF, en vente à l'Office de tourisme de Saint-Raphaël.

De plus, en vous adressant à l'Office de tourisme de Saint-Raphaël, vous pourrez être informés des différentes activités qu'ils organisent de concert avec l'ONF dans le but de mieux faire découvrir cet endroit splendide. Ainsi, vous pourrez participer à des visites guidées par des forestiers ou mieux encore partir, le mardi seulement, avec eux à la découverte de la flore et de la faune qu'il abrite.

Si toutefois vous êtes plus sédentaire, vous pourrez néanmoins faire la découverte du massif en vous joignant aux excursions en 4X4 organisées par la société JDC Loisirs et Découvertes (*☎06.09.09.73.90).*

Mais le massif, c'est aussi toutes les splendeurs qu'offre la mer. Saint-Raphaël détient la désignation «Station Voile», symbole de qualité, décernée par la Fédération Française de Voile. Vous pouvez donc y pratiquer une multitude de sports nautiques.

La commune de Saint-Raphaël abrite plusieurs clubs de voile, des écoles de navigation et des centres nautiques offrant divers types de prestations répondant à tous les âges ou niveaux.

De plus, la plongée sous-marine y est à l'honneur. En effet, depuis l'Antiquité, les routes commerciales ont placé ses rivages au centre de leur intense activité. Ainsi, une cinquantaine d'épaves gisent au large de Saint-Raphaël. Les sites de plongée sont accessibles aussi bien en apnée qu'avec des bouteilles. Enfin, pas besoin d'être sportif pour explorer les fonds marins puisqu'ils existe des bateaux de vision sous-marine.

Office de Tourisme de Saint-Raphaël
☎04.94.19.52.52
www.saint-raphael.com

Office National des Forêts
www.onf.fr

lun; bd Henry Clews, ☎04.93.49.95.05) dont la construction originale date du XIVe siècle. Au début du XXe siècle, le sculpteur américain Henry Clews en est devenu propriétaire et l'a aménagé. Sa femme s'est occupée des jardins qui entourent le château.

Enfin, du port de Mandelieu, on peut aussi prendre un traversier pour se rendre aux îles de Lérins.

Théoule-sur-Mer

Théoule-sur-Mer est une petite station balnéaire sympathique et paisible tout à côté de Cannes. L'intérêt de ce village réside principalement dans sa proximité du parc forestier de la Pointe de l'Aiguille, dans le massif de l'Estérel. Ce parc est particulièrement spectaculaire, car il s'étend le long de la Côte et offre donc des vues magnifiques. On peut y faire de jolies promenades (voir p 429).

La route traverse ensuite des petits villages qui, toujours, permettent l'accès facile à l'Estérel grâce à des sentiers pédestres. Ainsi, de **Miramar**, on peut monter rapidement vers l'Esquillon et jouir d'une vue magnifique.

★★ Commune de Saint-Raphaël

Trayas marque le début de la commune de Saint-Raphaël ainsi que du département du Var. De Trayas, vous pouvez effectuer d'autres promenades agréables qui vous offrent plusieurs points de vue sur l'Estérel et la mer. Enfin, Trayas constitue le cœur de la **Corniche d'Or**.

Un peu après Trayas, près de la pointe de Maubois, un autre sentier conduit vers le **pic du Cap-Roux**. La montée jusqu'au sommet peut s'avérer difficile pour certains, mais vaut vraiment la peine.

On arrive ensuite à **Anthéor,** qui s'étend en bas du cap Roux. Tout près, une route forestière permet l'accès en voiture vers le cap Roux. À partir d'Anthéor, la roche devient rouge et présente de nombreux signes d'érosion causée par l'eau.

Agay

Après la pointe de la Baumette, on atteint Agay, dont le nom d'origine provient du grec *agathon*, qui signifie «favorable» et qualifie la protection enviée de la rade. Mais ce n'est qu'après l'arrivée du chemin de fer en 1860 que le village s'est vraiment développé grâce à la construction de villas au bord de la mer.

C'est ici qu'en 1932 s'est marié l'écrivain Saint-Exupéry. Il y séjourna jusqu'à sa mort, survenue accidentellement lors d'une mission aérienne en 1944.

La route se prolonge ensuite vers **Le Dramont** – endroit dont l'histoire remonte à 1500 av. J.-C. Un menhir (monument classé historique) de cette époque en témoigne. Il est possible de faire le tour du cap le long d'un sentier qui suit le littoral.

Saint-Raphaël ville

Les débuts notables de ce village balnéaire datent du XIe siècle, alors que son port acquit une importance plus grande que celui de Fréjus. Cependant, les débuts de sa civilisation remontent beaucoup plus loin. À l'époque romaine déjà, Saint-Raphaël était une banlieue plus résidentielle de Fréjus, comme aujourd'hui d'ailleurs.

L'**église Saint-Pierre-des-Templiers ★**, qui occupait le cœur du village médiéval, est de style roman provençal. Elle servait alors de forteresse et de refuge pour la population en cas d'attaque. Près de l'église, on peut visiter le **musée archéologique ★** *(10h à midi et 14h à 17h; ☎04.94.19.25.75)*, aménagé dans le presbytère du XVIIIe siècle. Ce musée a une très grande renommée pour l'archéologie sous-marine grâce à sa riche collection d'amphores qui proviennent de navires échoués dans les environs.

La ville offre l'attrait des stations balnéaires avec, en plus, un casino et un port de plaisance. La station s'est surtout développée au XIXe siècle, comme en témoignent quelques

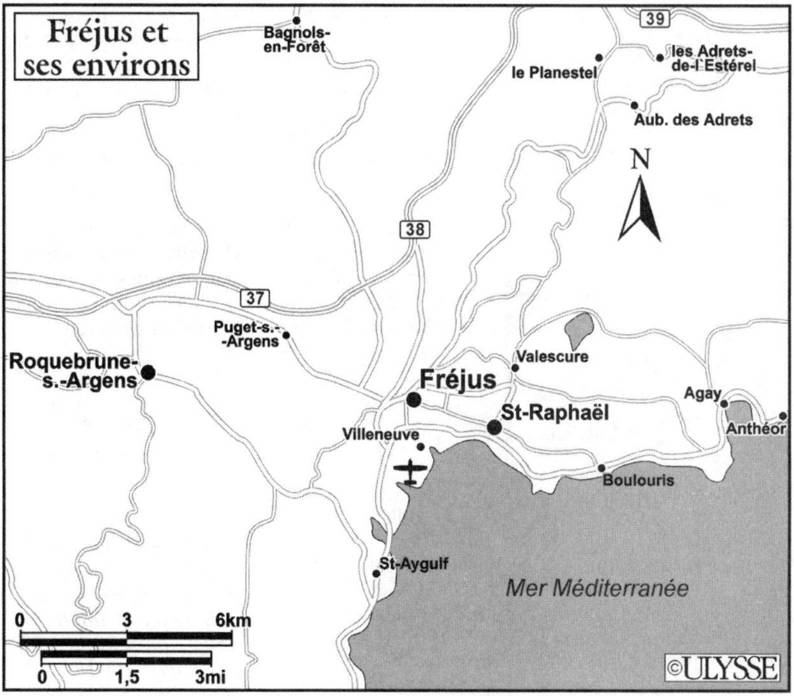

villas qui subsistent de cette époque et qui attiraient artistes et célébrités mondaines. Ce passé de Belle Époque n'est pas sans lui avoir conféré un certain charme.

★★ Fréjus

La ville de Fréjus est très banale dans son ensemble, mais elle cache des trésors et des monuments historiques fabuleux dans sa partie la plus ancienne. Elle compte également quelques rues avec de vieilles maisons joliment restaurées. Le quartier du port, Port-Fréjus, et le quartier balnéaire, Fréjus-Plage, ne méritent pas de détour : ils ont été remplis après la guerre avec des constructions de toutes sortes qui rivalisent en horreur.

Réservez donc tout votre temps à la visite de la **vieille ville ★★**, dont les origines remontent à l'époque romaine, alors que le Forum Julii (marché de Jules), situé sur la voie Aurélienne, qui reliait Rome et Arles, marquait une étape importante pour les Romains. Ensuite, à partir de 374, la ville est devenue une cité épiscopale qui fut fortifiée au début du XIVe siècle.

Après ces périodes de gloire, Fréjus est restée une petite ville insignifiante jusqu'au début du XXe siècle. Saint-Raphaël avait largement pris le dessus avec l'évolution du tourisme dès la fin du XIXe siècle. Ce n'est que depuis la fin de la Seconde Guerre mondiale que cette ville a pu reprendre une certaine importance grâce à un développement intensifié, quoique les conséquences en soient contestables.

La visite commence au cœur de la vieille ville. Pour vous y rendre, suivez l'abondante signalisation pour le centre. Tout près, vous devriez trouver un stationnement pour garer votre voiture.

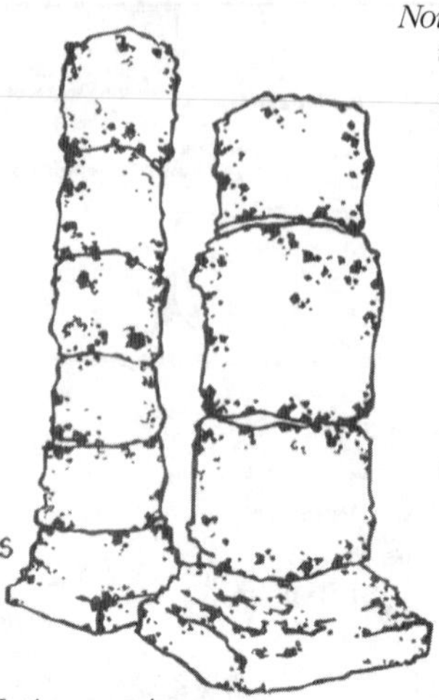
Vestiges romains

La **place Formigé**, du nom de l'architecte qui a effectué d'importants travaux de restauration au baptistère et au cloître entre 1920 et 1930, abrite l'ensemble épiscopal *(9h à 19h avril à sept, oct à mars de 9h à 17h; fermé lundi, ☎04.94.51.26.30)*.

La **cathédrale ★★**, construite sur l'emplacement d'un ancien temple romain, est de style gothique, mais présente quand même de nombreuses particularités romanes. Elle se compose de deux nefs : l'une qui date du XIe siècle, mais qui fut achevée au XIIe siècle, sur laquelle repose le clocher de cette époque; l'autre, la principale, date du XIIIe siècle. Il faut surtout admirer les superbes portes de style Renaissance en bois sculpté.

Nous recommandons vivement la visite guidée du baptistère et du cloître. Vous y apprendrez une foule de détails historiques intéressants.

Le **baptistère ★★**, qui date du Ve siècle, présente un intérêt exceptionnel puisqu'il figure parmi les plus anciens monuments chrétiens de la Gaule. De forme octogonale, il a été édifié à l'aide de colonnes et de chapiteaux qui provenaient de sites antiques romains. Fait intéressant : la porte qui en donne l'accès aujourd'hui n'existait pas à l'origine. Il y avait alors deux portes de part et d'autre : une petite, par laquelle les futurs baptisés pénétraient, et une grande, par laquelle ils ressortaient puisqu'ils étaient dorénavant «grandis».

Le **cloître ★★** incorpore également plusieurs éléments qui provenaient d'anciens édifices romains. Il s'ouvre sur deux étages de galeries qui entourent un puits en leur centre. Les plafonds de bois sont peints de scènes inspirées de l'Apocalypse. Le petit musée archéologique, à l'étage, renferme une magnifique mosaïque qui provient d'un riche palais romain.

Enfin, sur cette place, se dresse aussi l'hôtel de ville, logé dans l'ancien palais épiscopal.

Les rues de la vieille ville recèlent plusieurs autres bijoux d'architecture, notamment la **chapelle du couvent des Dominicaines ★**, dans la rue Montgolfier, la **chapelle Saint-François ★**, de style gothique, qui date du début du XVIe siècle, et l'**Hôtel des Quatre-Saisons ★**, dans la rue du Général de Gaulle.

Pour faire un retour vers l'époque romaine, il faut visiter l'**Amphithéâtre** *(entrée libre dim; 10h à midi et 14h à 18h30, hiver jusqu'à 17h, fermé mar; rue Henri Vaden ☎04.94.51.34.31;)*, qui se trouve un peu à l'ouest du centre et qui, en fait, représente une arène puisqu'il forme un cercle complet. Il date des débuts du premier millénaire, mais il a été ruiné au cours des siècles, et ses matériaux furent recyclés dans d'autres constructions. De nos jours, le site est en cours de restauration et accueille des spectacles en plein air.

De l'autre côté, au nord-est, subsistent les restes du **Théâtre romain** *(10h à midi et 14h à 18h30, hiver jusqu'à 17h, fermé mar)*. On y voit des vestiges de la scène et des murs rayonnants qui soutenaient une partie des gradins.

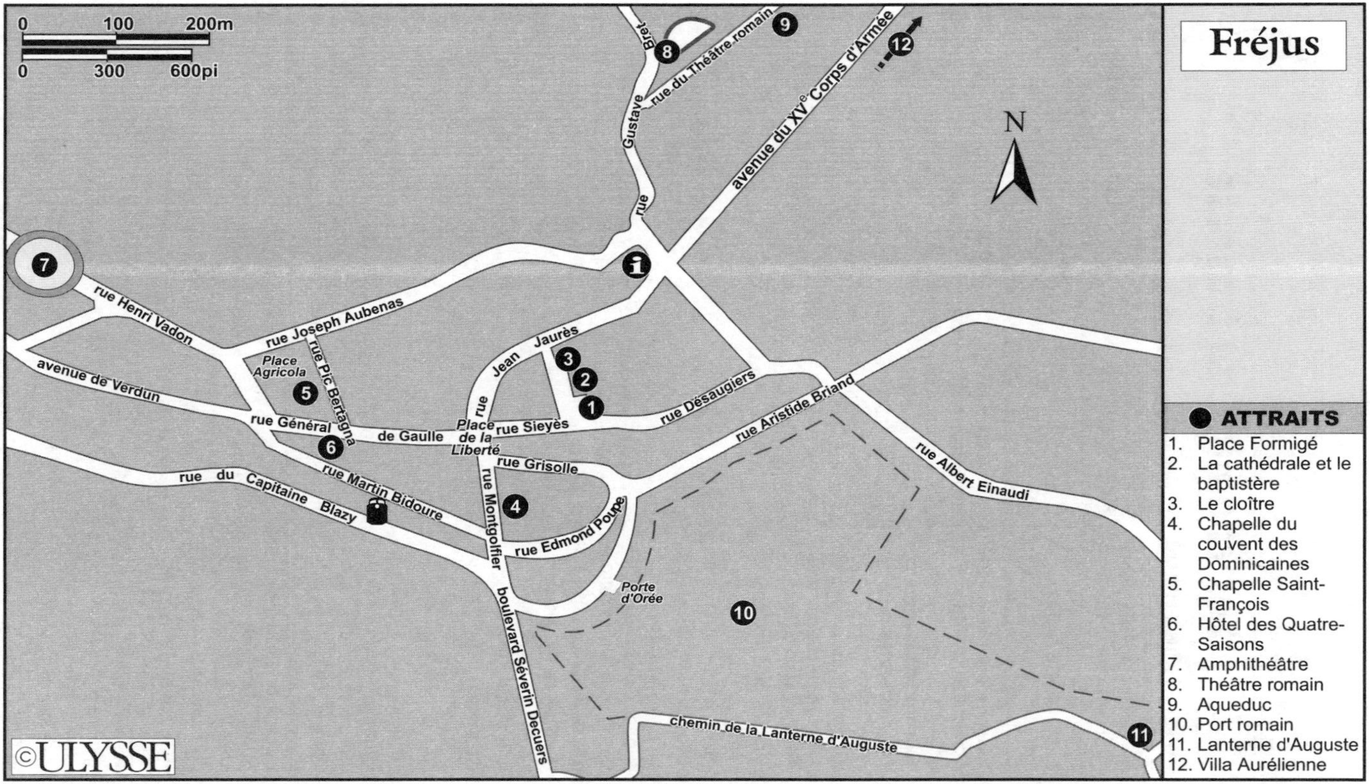

Fréjus
ATTRAITS
1. Place Formigé
2. La cathédrale et le baptistère
3. Le cloître
4. Chapelle du couvent des Dominicaines
5. Chapelle Saint-François
6. Hôtel des Quatre-Saisons
7. Amphithéâtre
8. Théâtre romain
9. Aqueduc
10. Port romain
11. Lanterne d'Auguste
12. Villa Aurélienne
0 100 200m
0 300 600pi
N
rue Henri Vadon
rue Joseph Aubenas
avenue de Verdun
Place Agricola
rue Pic Bertagna
rue Général de Gaulle
Place de la Liberté
rue Jean Jaurès
rue Sieyès
rue Désaugiers
rue Aristide Briand
rue Albert Einaudi
avenue du XVe Corps d'Armée
rue Gustave Bret
rue du Théâtre romain
rue Grisolle
rue Montgolfier
rue Edmond Poupe
rue Martin Bidoure
rue du Capitaine Blazy
boulevard Séverin Decuers
Porte d'Orée
chemin de la Lanterne d'Auguste
©ULYSSE

Les chemins de traverse

La ville de Fréjus a élaboré six circuits de découverte avec des thèmes différents pour nous aider à mieux découvrir la région et a produit de très belles brochures pour les décrire. Par ailleurs, chaque brochure propose une recette de cuisine du terroir.

La route de la terre et des potiers

En empruntant ces petites routes, s'offre à vous une région où, depuis les temps les plus anciens, l'homme a fait de la terre la base même d'une civilisation. La terre cuite, matériau séculaire, et pourtant si actuel, pare les sols, les murs et les toitures provençales. Salernes, haut lieu de la céramique provençale, en est le but. Sachez toutefois que, puisque ce circuit couvre jusqu'à Moustiers-Sainte-Marie, il faudra quelques jours pour l'accomplir. On peut aussi s'en inspirer pour tracer son itinéraire à travers le Var!

La route de l'olivier et de la vigne

Ce circuit vous conduira sur de petites routes qui traversent le superbe paysage provençal dans lequel s'épanouissent les cultures séculaires de l'olivier et de la vigne. Gagnant depuis toujours du terrain sur la forêt, ces cultures se lovent au sein des collines vertes, encore vierges de culture. Ce circuit, comme le précédent, nécessitera plusieurs jours. Il couvre essentiellement le Centre Var et rayonne autour de Draguignan. Vous aurez également l'occasion de parcourir les nombreux vignobles que les environs des Arcs-sur-Argens comptent.

La route des senteurs et du parfum

Ce parcours séduira l'amant sensuel. Tous vos sens y seront sollicités grâce aux parfums et aux couleurs des fleurs, en particulier le mimosa, qui, en février, illumine le paysage de ses boules jaunes, et le genêt, qui habille les collines d'un jaune tout aussi éclatant en juin; sans oublier le violet de la lavande qui s'étend à travers champs. Sans compter les inoubliables effluves des herbes sauvages, notamment le thym et le romarin, qui saisiront vos narines, mais encore cette lumière magnifique – qui atteint des sommets de douceur en décembre - qui laisse sa touche impressionniste sur la nature généreuse de la Provence. Ce circuit couvre essentiellement le Pays de Fayence et l'Estérel, mais aussi Grasse, la ville de tous les parfums. Il sera marqué par nombre de jolis villages, à chacun desquels on peut associer une fragrance propre : Fréjus (le myrte), Les Adrets de l'Esterel (l'origan), Tanneron (le mimosa), Grasse (le jasmin), Saint-Vallier (le thym), Montauroux (la rose), Callian (la sauge), Mons (le romarin), Fayence-Tourrettes (la violette), Seillans (la lavande), Saint-Paul-en-Forêt (la sarriette), Bagnols-en-Forêt (le genêt).

La route des calanques et rivages de Fréjus

Ce circuit emprunte le Chemin des Douaniers ou Sentier du Littoral, nommé ainsi puisque son parcours suit la courbe de la mer. Il est jalonné de plages de sable fin, de calanques rocheuses et de petites criques : la diversité sous-marine est à portée. Suffit seulement de se munir d'un masque pour que commence l'observation de la vie, riche, peuplant les prairies marines que l'on croise ici et là.

La promenade sentimentale entre Fréjus et Maures

Ce circuit vous fera découvrir l'intégralité des communes de Saint-Raphaël et Fréjus. En effet, son circuit commence dans l'Estérel, à

Trayas, qui marque le début de la commune de Saint-Raphaël, et se termine dans la vallée du Reyran, dans les contreforts du massif des Maures. Quoi que la partie entre Trayas et le centre de Saint-Raphaël puisse être un peu difficile (routes sinueuses, étroites et vallonnées), ce circuit pourrait faire l'objet d'une agréable balade à vélo, car les paysages que l'on y rencontre sont fabuleux. Par ailleurs, à partir de Fréjus, il y a une jolie piste cyclable champêtre qui mène vers Saint-Aygulf en traversant les splendides étangs de Villepey, sauvages et préservés.

La route des paysages fleuris et des jardins

Toujours en bordure de mer, ce circuit vous étonnera par la diversité de la végétation que cette partie de la Côte vous offrira. C'est qu'avec le passage du temps les plantes exotiques, associées à la Côte d'Azur depuis que les hommes ont commencé à les y planter il y a de cela 150 ans, se sont parfaitement intégrées aux arbustes originels qui peuplaient le littoral à l'origine. Et, qui plus est, le paysage est inondé de fleurs sauvages, généreuses et débordantes : elles surgissent des haies, se frent un chemin parmi les roches ou encore prennent racine sur les vieux murs de pierre. Encore une fois, ce circuit nécessitera plusieurs jours, car il mène loin dans le massif des Maures et pousse jusqu'à Hyères afin d'inclure le domaine Le Rayol à Canadel, cette immense jardin botanique perché entre mer et collines.

Tout près, on aperçoit les vestiges des remparts qui datent du Ier siècle av. J.-C. et qui entouraient complètement le centre. Ils se rendaient jusqu'à l'Amphithéâtre, construit hors les murs.

Toujours au même endroit, l'**Aqueduc**, qui date du Ier siècle, approvisionnait Fréjus en eau de la Siagnole, un parcours d'environ 40 km.

Au sud de la vieille ville se dressait à l'origine le **port romain**. Aujourd'hui disparu, le port était aménagé au bord d'un étang et non pas sur la mer. On peut encore voir la **Lanterne d'Auguste**, qui annonçait l'entrée. Haute de plus de 10 m, elle a été restaurée au XIXe siècle.

Pour bien apprécier toute la valeur historique qui se cache à Fréjus, il est indispensable de se procurer le plan de la ville à l'Office de tourisme. Ainsi, vous pourrez planifier vos promenades dans la ville vers les endroits qui présentent le plus d'intérêt pour vous.

Sur la N7, en direction de l'autoroute A8, vous trouverez des indications qui conduisent à la **villa Aurélienne** *(av. du Général Calliès; ☎04.94.51.83.83)*, récemment restaurée. On y présente des expositions temporaires de photographies.

Enfin, à proximité de l'autoroute, les enfants voudront rendre visite aux fauves et aux singes qui habitent le **parc zoologique de Fréjus** *(10h à 18h, jusqu'à 17h en hiver; quartier du Capitou; ☎04.94.40.70.65)*.

On revient à Cannes par l'autoroute A8 ou, si l'on dispose de plus de temps, par la N7, qui traverse les beaux paysages du massif de l'Estérel. Chemin faisant, vous pourrez vous arrêter dans le charmant petit village **Les Adrets-de-l'Estérel**, au cœur du massif et accessible par la route D237. Cet endroit pourrait constituer une étape intéressante pour le voyageur qui recherche le calme de l'arrière-pays provençal, car on y trouve quelques bons hôtels et restaurants.

Enfin, si, avant de quitter Fréjus, vous souhaitez faire grand plaisir à vos enfants, amenez-les au **parc Aquatica** *(125F, 100F enfant; juin à sept 10h à 18h; route nationale 98, ☎04.94.51.82.51)*. Ce parc aquatique est le plus grand de la Côte d'Azur. Il possède la plus grande piscine à vagues d'Europe, une rivière à bouées, de nombreuses glissades, un aquatigolf (oui, vous avez bien lu!) et j'en passe. Bref, de quoi mouiller toute la famille.

★

De Fréjus à Saint-Tropez

La partie de la route N98 qui longe la mer entre Fréjus et Saint-Tropez via Sainte-Maxime et Port-Grimaud offre moins d'attraits touristiques que celle qui relie Cannes et Fréjus.

Toutefois, dès qu'on quitte Fréjus, on atteint rapidement les **Étangs de Villepey ★★**, une des rares lagunes entre Nice et Marseille. Protégés, ceux-ci s'étendent sur 255 ha dans un milieu naturel exceptionnel. D'un côté de la route, il y a la mer et son eau salée, et, de l'autre, la lagune sauvage et son eau douce. C'est magnifique! Vous pouvez d'ores et déjà imaginer la faune et la flore qu'ils abritent. On a observé pas moins de 217 espèces d'oiseaux sur les étangs. Malheureusement, étant très sensibles au dérangement, très peu y nichent. C'est en début de matinée, au mois de mars, qu'il est possible d'en voir le plus.

Enfin, pourquoi ne pas essayer le trajet à vélo sur la piste cyclable champêtre qui, indépendamment, longe la route.

On rejoint ensuite **Les Issambres**, qui présente un certain intérêt surtout à cause de la nature sauvage de ses calanques et de ses plages.

Un peu plus loin, à Val-d'Esquières, on peut voir un palace qui fut bâti en 1932 pour attirer la riche clientèle. On dit que c'est à cet endroit qu'en 1935 aurait débuté la pratique du ski nautique en France.

Si vous disposez de beaucoup de temps, quittez Fréjus en direction de **Roquebrune-sur-Argens**, dominé par son rocher. Ce petit village, à l'orée du **massif des Maures** (voir p 425), présente un tissu serré d'édifices qu'on appelle *castrum*. Sa composition : une église, un château et des maisons qui rappellent la période féodale.

Prenez la direction du col de Gratteloup pour rejoindre la D25, qui mène à Sainte-Maxime. La route entre Roquebrune et Sainte-Maxime offre plusieurs beaux points de vue.

Sainte-Maxime

Station balnéaire située en face de Saint-Tropez, Sainte-Maxime s'étend derrière un assez beau front de mer où règne parfois une grande animation. Le site invite à des promenades agréables et à la pratique de tous les sports nautiques.

Son histoire s'intègre avec celle du golfe de Saint-Tropez à cause de sa position géographique. Au début, les Phocéens y installèrent un comptoir où transitaient du vin, de l'huile, des olives ainsi que divers minerais. Après avoir connu une période romaine, le village devint possession des moines de Lérins à partir du VIIe siècle. C'est vers l'an 1000 que les moines lui donnèrent son nom actuel en l'honneur d'une sainte de leur ordre religieux.

Construite par les moines de Lérins au XVIe siècle, la **Tour seigneuriale** ou **Tour carrée** était destinée à plusieurs usages : demeure seigneuriale, prison, etc. On y trouvait également des canons dont les feux croisaient ceux de la **tour du Portalet** à Saint-Tropez, assurant ainsi la protection des eaux du golfe. Aujourd'hui, la tour loge le **Musée des traditions locales** *(fermé mar; ☎04.94.96.70.30)*.

Au XVIIIe siècle, le petit port de Sainte-Maxime connut à nouveau une activité commerciale florissante : le bois, le liège, l'huile et le vin qui provenaient des Maures étaient acheminés vers Marseille et l'Italie. Ce commerce fut toutefois supplanté à la fin du XIXe siècle par l'industrie du tourisme.

★

Port-Grimaud

Cité «vénitienne» moderne du XXe siècle, construite sur une zone marécageuse, Port-Grimaud est le fruit de l'imagination de l'architecte François Spoerry. Commerces et propriétés sont accessibles par des canaux que traversent des ponts. Aucune circulation automobile n'est permise : on laisse sa voiture dans les stationnements payants à l'entrée du village.

La place du Marché et la place du Sud constituent deux pôles animés dans une cité qui arbore un charme entièrement fabriqué. Heureusement, le passage du temps réussit en quelque sorte à authentifier tous ses pastiches et clins d'œil architecturaux d'un passé révolu.

Il peut être agréable de visiter Port-Grimaud en parcourant ses canaux *(départ sur la place du Marché, tlj 8h à 22h30, toutes les 15 min en été, fermé mi-nov à mi-déc; ☎04.94.56.21.13)*.

Port-Grimaud n'en demeure pas moins une réussite financière pour les investisseurs et les spéculateurs qui s'y sont intéressés : le prix du mètre carré a connu une appréciation considérable depuis la création du village.

On trouve un grand nombre de petits restaurants et de commerces divers dans le village; au bout, une grande plage se dessine sur la mer. Enfin, il existe un petit **train touristique** *(30F, 15F enfant; arrêts au camping Les Prairies-de-la-Mer, à l'entrée principale de Port-Grimaud et sur la place de l'Église, à Grimaud; ☎04.94.54.09.09)* qui relie Port-Grimaud au vieux village de Grimaud.

★

Grimaud

Il faut prendre le temps de se promener dans ce village typiquement provençal dominé par les vestiges de son **château** ★. Construit au XIe siècle, ce château était ceinturé de trois enceintes. Il fut démantelé en 1655 sur l'ordre du cardinal Mazarin.

La majorité des ruelles sont piétonnes. La multiplicité des plantes et des fleurs qui ornent les maisons et les jardins font de ce village l'un des plus pittoresques de la région.

En longeant la rue des Templiers, on aperçoit la **maison des Templiers**, de style Renaissance, qu'on appelle aussi «maison aux Arcades». En face, on peut admirer l'**église Saint-Michel** ★, bâtie au XIe siècle dans le pur style roman.

Du côté du cimetière, on découvre le **moulin de Grimaud**, restauré, mais qui date du XIIe siècle, ainsi qu'une chapelle du XIe siècle.

Enfin, Grimaud loge un restaurant, **Les Santons**, qui constitue une étape gastronomique de haute instance (voir p 442).

★★★

Saint-Tropez

Malgré tous les clichés, la position enviable de Saint-Tropez sur sa baie magnifique et l'authenticité préservée de son vieux village – fruit de sages travaux de rénovation – en font sûrement le site le plus beau et le plus charmant de toute la Côte!

Est-ce étonnant que déjà les Ligures, les Celtes, les Grecs et les Romains aient été attirés par la beauté naturelle de ce coin de terre paradisiaque?

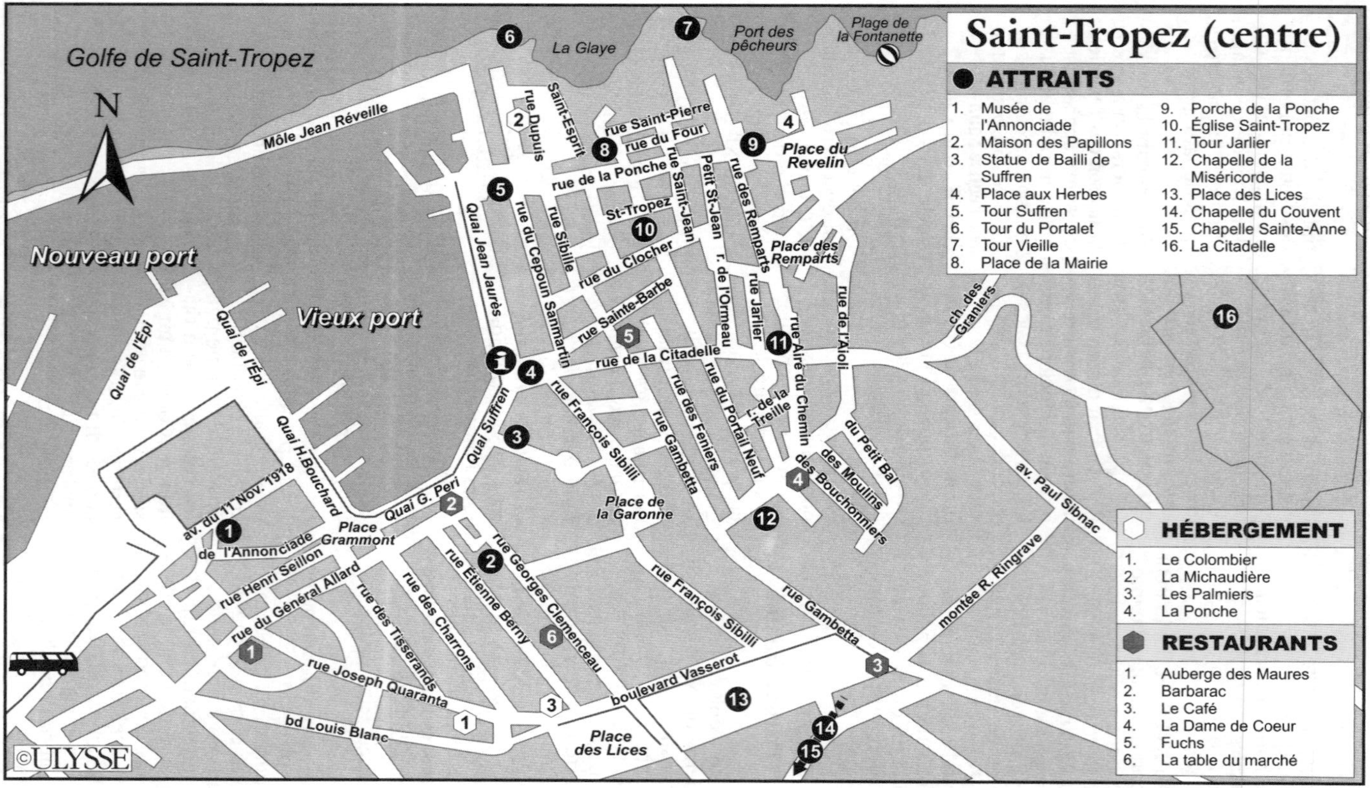
Saint-Tropez (centre)
ATTRAITS
1. Musée de l'Annonciade
2. Maison des Papillons
3. Statue de Bailli de Suffren
4. Place aux Herbes
5. Tour Suffren
6. Tour du Portalet
7. Tour Vieille
8. Place de la Mairie
9. Porche de la Ponche
10. Église Saint-Tropez
11. Tour Jarlier
12. Chapelle de la Miséricorde
13. Place des Lices
14. Chapelle du Couvent
15. Chapelle Sainte-Anne
16. La Citadelle
HÉBERGEMENT
1. Le Colombier
2. La Michaudière
3. Les Palmiers
4. La Ponche
RESTAURANTS
1. Auberge des Maures
2. Barbarac
3. Le Café
4. La Dame de Coeur
5. Fuchs
6. La table du marché
Golfe de Saint-Tropez
N
La Glaye
Port des pêcheurs
Plage de la Fontanette
Môle Jean Réveille
Nouveau port
Vieux port
Quai de l'Épi
Quai de l'Épi
Quai H.Bouchard
Quai G. Peri
Quai Suffren
Quai Jean Jaurès
rue Dupuis
Saint-Esprit
rue Saint-Pierre
rue du Four
rue de la Ponche
rue Saint-Jean
Petit St-Jean
rue des Remparts
Place du Revelin
Place des Remparts
St-Tropez
rue du Cepoun Sanmartin
rue Sibille
rue du Clocher
rue Sainte-Barbe
r. de l'Ormeau
rue Jarlier
rue Airé du Chemin
rue de l'Aioli
ch. des Graniers
rue de la Citadelle
rue François Sibilli
rue Gambetta
rue des Feniers
rue du Portail Neuf
r. de la Treille
du Petit Bal
des Moulins
des Bouchonniers
av. Paul Sibnac
montée R. Ringrave
Place de la Garonne
rue François Sibilli
rue Gambetta
av. du 11 Nov. 1918
de l'Annonciade
Place Grammont
rue Henri Seillon
rue du Général Allard
rue des Tisserands
rue des Charrons
rue Étienne Berny
rue Georges Clemenceau
rue Joseph Quaranta
bd Louis Blanc
boulevard Vasserot
Place des Lices
©ULYSSE

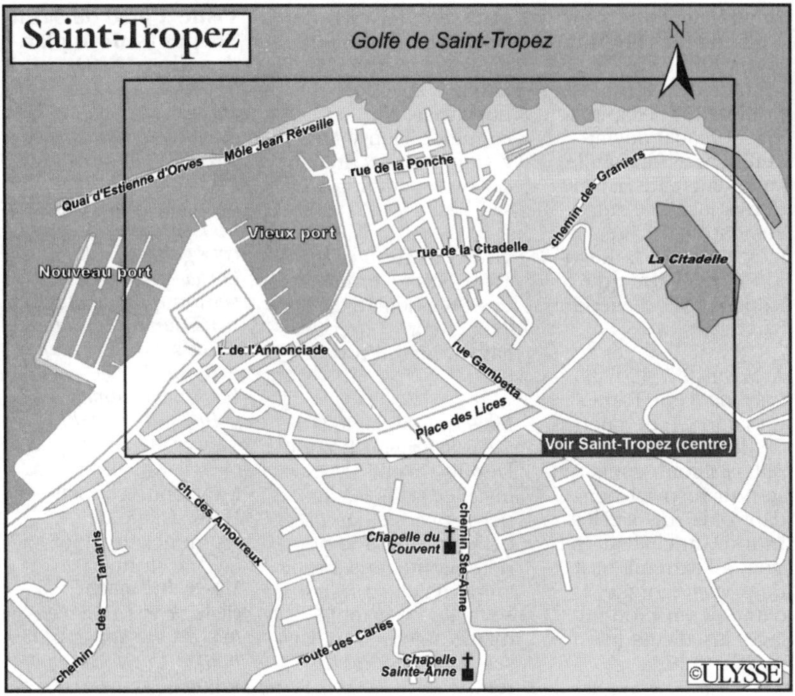
Saint-Tropez
Golfe de Saint-Tropez
N
Quai d'Estienne d'Orves
Môle Jean Réveille
rue de la Ponche
chemin des Graniers
Vieux port
rue de la Citadelle
La Citadelle
Nouveau port
r. de l'Annonciade
rue Gambetta
Place des Lices
Voir Saint-Tropez (centre)
ch. des Amoureux
chemin Ste-Anne
Chapelle du Couvent
chemin des Tamaris
route des Carles
Chapelle Sainte-Anne
©ULYSSE

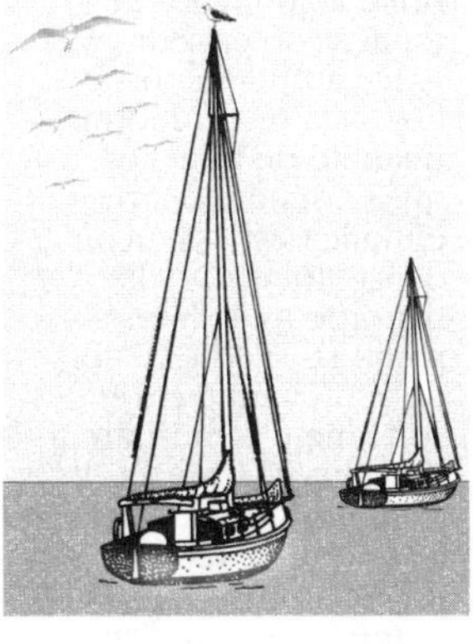

La ville tient son nom d'un certain Torpès qui faisait partie de l'armée romaine de Néron. Cet homme fut décapité à Pise lorsqu'il devint chrétien. Sa dépouille, jetée dans une barque, dériva jusqu'à l'emplacement du village. Ce n'est qu'après la Révolution française que Saint-Torpès deviendra Saint-Tropez.

À partir de 739, l'histoire de Saint-Torpès est jalonnée de guerres, de destructions et de pillages consécutifs qui se poursuivront pendant plusieurs siècles. La tour du château Suffren, à l'extrémité est du port, témoigne d'une défense du village, installée à la fin du Xe siècle.

En 1441, la ville s'établit définitivement grâce à l'arrivée de familles génoises et devint alors une petite république autonome. C'est Colbert, le centralisateur de la France, qui mettra fin à ce statut particulier en 1672.

Dans les siècles qui suivent, pêcheurs et commerçants font du village un centre florissant. Mais le XIXe siècle marque l'arrivée de l'ère industrielle et signifie le début du déclin de Saint-Tropez.

Heureusement, le développement du tourisme sauve la ville à partir de la fin du XIXe siècle. Plusieurs artistes s'y installent : Franz Liszt, le peintre Signac, puis Matisse et Picabia. Colette s'établit dans une maison superbe près de la place aux Herbes, puis Anaïs Nin, compagne de Henry Miller, y vient pour écrire l'épisode «tahitien» de sa vie.

Tous les étés à partir de 1950, Saint-Germain-des-Prés déménage à «Saint-Trop» : Gréco, Sagan, Vian, Prévert, etc.

Mais qui dit Saint-Tropez dit Brigitte Bardot! Depuis qu'elle s'y est installée dans les années soixante, la ville a certes connu une notoriété mondiale. La réputation qu'elle a réussi à se tailler ne semble, même aujourd'hui, laisser personne indifférent.

Malgré les bombardements allemands qui ont détruit le port en 1944, Saint-Tropez brille aujourd'hui de toute sa splendeur grâce à une reconstruction éclairée. L'énorme quantité de touristes qui sillonnent ses rues en juillet est la rançon de sa gloire. La ville déborde tout simplement! Le site perd alors de son charme et de son âme d'antan. Attendez plutôt l'hiver ou le printemps pour y venir, alors que la lumière irradie sa beauté intérieure... C'est merveilleux!

Visite à pied de Saint-Tropez (voir le plan de ville p. 420)

Laissez votre voiture dans l'un des stationnements à côté du nouveau port ou sur la place des Lices. N'essayez même pas de trouver une place pour vous garer à proximité de la vieille ville. Vous n'y perdrez qu'en temps et en nerfs, surtout pendant la haute saison touristique.

Le circuit commence à la pointe sud-ouest du Vieux-Port.

L'ancienne chapelle Notre-Dame de l'Annonciade (1568) a été transformée en **Musée de l'Annonciade ★★** *(droit d'entrée; été mer-lun 10h à midi et 15h à 19h, hors saisons 10h à 12h et 14h à 18h, fermé nov; place Gramont, ☎04.94.97.04.01)* en 1955. Les salles sont ravissantes. On y trouve, entre autres œuvres, la prestigieuse collection personnelle de Georges Grammont qu'il a léguée à la Ville en 1963.

Le Musée de l'Annonciade nous rappelle avec brio que Saint-Tropez constituait l'un des foyers les plus actifs de l'avant-garde picturale au début du XXe siècle, surtout grâce à l'installation du peintre néo-impressionniste Paul Signac. Séduit par le site et sa lumière exceptionnelle, il y acheta une maison vers la fin du XIXe siècle. Par la suite, d'autres peintres, tels Matisse, Derain et Marquet, ont aussi été séduits. Les collections sont surprenantes, autant par leur qualité que par leur homogénéité. Les artistes dont les tableaux sont exposés se sont laissé inspirer par la lumière et les couleurs de Saint-Tropez pour en donner une représentation personnelle tout en restant fidèles à la figuration. On y retrouve des œuvres appartenant à plusieurs grands mouvements de peinture qui ont marqué le début du XXe siècle : pointillisme, fauvisme et nabisme.

Prenez la rue des Charrons à partir de la place Grammont, puis la première à gauche et ensuite la première droite.

La **Maison des Papillons ★** *(même horaire que le Musée de l'Annonciade; 9 rue Étienne Berny, ☎04.94.97.63.45)* renferme plus de 4 500 spécimens, dont certaines espèces sont très rares ou en voie d'extinction.

Retournez vers le port et suivez les quais.

Les quais alignent d'innombrables et parfois superbes bateaux de plaisance. En face du quai Suffren se dresse la **statue de Bailli de Suffren**. Tout près, une arche permet d'accéder au marché aux poissons.

En continuant votre promenade le long des quais, vous verrez l'Office de tourisme, qui marque le début du quai Jean Jaurès. Derrière ce quai se cache la très pittoresque **place aux Herbes ★**, dont les marchés aux fruits et légumes viennent animer les matins tropéziens. Au bout du quai, sur la droite, on découvre la **tour Suffren ★**, qui date du Xe siècle et qui a joué un rôle important dans l'histoire de la ville.

La petite rue Portalet mène à la **tour du Portalet ★**, qui a été construite au XVe siècle et qui faisait partie des fortifications. De cet endroit, la vue s'ouvre sur la **Tour vieille ★**, également du XVe siècle, qui marque une extrémité du port des pêcheurs de La Ponche.

Revenez vers la tour Suffren pour accéder au quartier de La Ponche.

La **place de la Mairie ★** abrite une étonnante porte sculptée, dit-on, par des indigènes de Zanzibar. Elle donne accès à la ravissante rue de la Ponche, où se dresse une autre tour du XVe siècle, le **Porche de La Ponche ★**, derrière laquelle on trouve la place du Revelin. Cette place abrite le ravissant **Hôtel La Ponche** (voir p 441), dont la terrasse du restaurant, à l'arrière, donne sur le port des pêcheurs de La Ponche.

Les fortifications ceinturaient la vieille ville. L'**église Saint-Tropez ★**, à l'intérieur des murs, a été érigée au XVIIIe siècle. Elle recèle le buste de saint Torpès, qui parcourt la ville lors des processions de **La Bravade**, cette fête patronale qui se déroule en mai depuis 1558 et qui commémore l'arrivée au village du corps de saint Torpès dans sa barque.

Plus au sud, on trouve enfin une quatrième tour construite au XVe siècle, la **tour Jarlier ★**, qui abritait la prison.

Plus encore au sud, vous pouvez visiter la **chapelle de la Miséricorde ★**, bâtie au XVIIe siècle. La rue de la Miséricorde passe sous les arcs-boutants de la chapelle. Cela lui confère un aspect tout à fait médiéval et un charme indéniable.

La **place des Lices**, haut lieu tropézien, accueille des marchés animés le mardi et le samedi matins. C'est un point de rencontre sympathique où les terrasses des cafés permettent une observation privilégiée sur les parties de pétanque.

Des deux chapelles – la **chapelle du Couvent** et la **chapelle Sainte-Anne ★** – situées complètement au sud du village, il faut plutôt visiter la deuxième. Monument classé, elle a été érigée en 1618 par les Tropéziens en action de grâce pour avoir été épargnés de la peste. Située sur la colline Sainte-Anne, elle profite d'une vue remarquable sur le golfe.

Enfin, terminez votre visite par la **Citadelle ★**. Bâtie au XVIe siècle, elle domine la ville et siège au milieu d'un grand parc naturel. Élément de défense le plus important entre Antibes et Toulon durant des siècles, elle demeure l'un des seuls monuments de cette ampleur sur la côte varoise.

Le donjon abrite le **Musée naval** *(mer-lun 10h à 17h, été jusqu'à 18h; fermé 15 nov au 15 déc; ☎04.94.97.06. 53)*. On y évoque l'histoire de Saint-Tropez.

En se promenant sur les hauteurs de la colline, on jouit d'une vue exceptionnelle sur le golfe et le vieux Saint-Tropez. On peut alors constater que le site a su garder un cachet et un charme malgré les afflux touristiques. Les responsables de la ville ont laissé suffisamment d'espaces verts à caractère sauvage qui permettent de ne pas se sentir «prisonnier» d'un musée aménagé.

Du côté de la mer, on aperçoit le cimetière marin d'où part le **sentier des Douaniers**, qui longe le littoral de la presqu'île jusqu'à Cavalaire-sur-Mer, d'où il est possible de prendre un autobus pour revenir à Saint-Tropez.

Presqu'île de Saint-Tropez

Petit paradis perpétuel! On y trouve les plus belles plages de la Côte, dominées par des collines merveilleuses qui procurent des vues magnifiques sur la mer et les Maures. Même sans parler des deux charmants villages médiévaux de Ramatuelle et de Gassin, qui ajoutent indéniablement à la beauté de l'endroit.

Circuit proposé (50 km) :

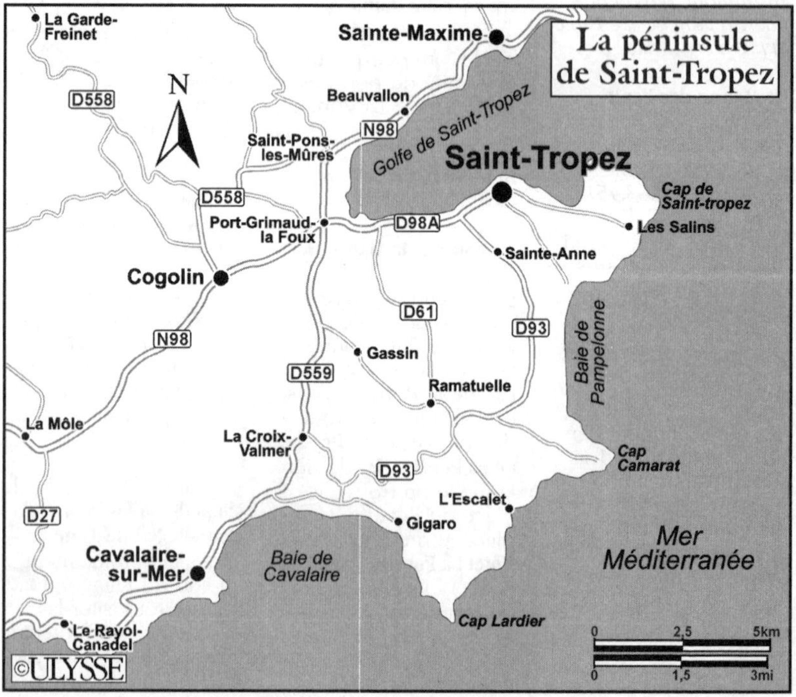

Du carrefour de la Foux (entre Port-Grimaud et Saint-Tropez), empruntez la D559 puis la D89 vers Gassin.

Gassin ★

Voilà un endroit où il fait bon s'arrêter pour effectuer une pause hors de l'activité fourmillante de Saint-Tropez. Ce village médiéval, qui compte parmi les plus beaux villages de France, englobe un panorama de la Côte qui s'étend jusqu'aux îles d'Hyères. Lorsque l'on déambule dans ses ruelles étroites à l'heure de la sieste, un air d'indolence nous envahit et vient nous apaiser.

En sortant de Gassin, prenez la direction de Ramatuelle et dirigez-vous vers les moulins de Paillas. Continuez jusqu'à Ramatuelle.

Ramatuelle

C'est ici que repose le grand comédien Gérard Philippe. Et c'est à Ramatuelle que l'on retrouve l'une des plus belles plages de la Côte, sinon la plus belle : la plage de Pampelonne. Enfin, ce village entouré de nombreux vignobles est l'hôte d'un festival de théâtre chaque été.

Quittez le village en direction des plages.

Vous pouvez, si vous le désirez, vous rendre jusqu'au phare du cap Camarat. La D93 permet l'accès aux nombreuses plages qui se succèdent jusqu'à Saint-Tropez. Les plus connues sont la plage de Pampelonne, la plage de Tahiti, la plage des Salins et, enfin, la plage des Canebiers, qui abrite la Madrague, domaine de Brigitte Bardot.

★★★ Massif des Maures

Le massif des Maures s'étend sur une longueur de 60 km et sur une largeur de 30 km entre Fréjus et Hyères. Ses sommets atteignent près de 800 m. Le massif est jalonné par plusieurs routes et par de nombreux sentiers de randonnée qui offrent des vues splendides sur un paysage resté merveilleusement sauvage.

Nous vous proposons un circuit de 85 km au départ de Saint-Tropez qui permet de découvrir tous ses charmes...

Prenez la direction de Cogolin.

Cogolin ★

Cogolin est un nom d'origine celto-ligure qui signifie «petite colline». Le village a connu une histoire mouvementée qui débuta par les raids des Sarrasins au Moyen Âge et qui se poursuivit par les conflits apportés par les guerres de Religion au XVIe siècle.

Le village connut ensuite un répit jusqu'au début du XXe siècle, au moment où la tourmente reprit lorsqu'une épidémie de phylloxéra attaqua les vignes. Sans oublier les deux guerres mondiales, et en particulier la première, qui toucha durement le village.

Il faut y visiter l'**église Saint-Sauveur** ★, dont l'origine remonte au XIe siècle, mais qui fut modifiée au XVIe siècle. On peut y découvrir un tryptique en bois qui date de 1450 et qui est classé monument historique.

Dans le village, on peut aussi visiter un petit musée, **L'Espace Raimu** *(été 10h à midi et 16h à 19h, hiver 10h à midi et 15h à 18h; 18 av. G. Clemenceau, ☎04.94.54.18. 00)*, consacré au comédien français qui a immortalisé la Provence dans les années trente en jouant, au théâtre et au cinéma, le personnage de César, créé par Marcel Pagnol.

La **Ville Haute** ★ vaut un détour. Ses rues rappellent l'époque médiévale et abritent quelques belles maisons dont le **château Sellier**, dans la rue Nationale. Au sommet de la colline se dresse la **tour de l'Horloge**, vestige du château détruit au XIVe siècle.

Enfin, Cogolin est surtout reconnu pour son activité artisanale. De fait, beaucoup de Cogolinois vivent de la fabrication de pipes, de

Les sentiers du Littoral

Le sentier du Littoral était autrefois appelé «Sentier des douaniers». Comme ce nom l'indique, il a été créé au début du XIXe siècle afin que les douaniers puissent surveiller et contrôler l'arrivée des bateaux.

Aujourd'hui, il a perdu cette vocation et a été recyclé en lieu de promenade spectaculaire. La côte du territoire entre Cannes et Saint-Tropez étant souvent très escarpée et difficile d'accès, le sentier est parfois discontinué. Toutefois, plusieurs tronçons ont déjà été aménagés pour notre plus grand plaisir. La description va d'ouest en est, mais les parcours peuvent s'effectuer dans une direction comme dans l'autre

Commune de Saint-Raphaël

Longueur : 8 km
Durée : 2h30
Parcours : le sentier débute à la plage du camp Long, à l'extrémité orientale de la baie d'Agay, et se termine au Port de Santa-Lucia.

Vous atteindrez rapidement la plage du Débarquement, qui tient son nom du débarquement de 20 000 soldats américains en cet endroit le 15 août 1944. Une stèle commémore cet événement sur l'esplanade du Dramont.

Cette promenade vous permettra d'admirer les diverses teintes spectaculaires de la roche. Le plus souvent du grès rouge, elle se métamorphose parfois le long du parcours. Ainsi, juste après la plage du Débarquement, elle devient gris-bleu, l'estérellite, une roche volcanique plus récente. Mais elle peut également devenir noire, comme c'est le cas un peu avant d'atteindre la plage d'Aiguebonne. Ces roches noires sont les cendres d'un volcan actif il y a 230 millions d'années.

Les Issambres

Longueur : 11 km
Durée : 3h30
Parcours : le sentier commence à la plage de la Gaillarde, après Saint-Aygulf, et se termine face à la mairie annexe des Issambres.

Lors du trajet, vous découvrirez de jolies calanques comme celle de Tardieu et de Bonne Eau.

La péninsule de Saint-Tropez

Longueur : 18 km
Durée : 5 heures
Parcours : le sentier débute à la tour du Portalet à Saint-Tropez et se rend jusqu'au cap Camarat.

Voilà la randonnée par excellence de cette région. Les paysages y sont très jolis mais surtout la randonnée peut s'ajuster au temps dont vous disposez. Ainsi de la tour du Portalet, vous atteignez la baie des Canebiers en 45 min. Puis, il faut 1 heure 45 min pour atteindre la plage des Salins et une heure de plus pour rejoindre celle de Tahiti.

Une fois que vous aurez atteint le cap Camarat, où se trouve un phare, il est possible de rallonger la randonnée. En effet, on peut pousser jusqu'à Cavalaire-sur-Mer et ajouter 19 km à notre randonnée et 6 heures de marche de plus. Heureusement, il est possible de revenir à Saint-Tropez par autocar. Renseignez-vous auprès de l'Office de tourisme pour les horaires.

tapis, de bouchons de liège ou d'anches pour les clarinettes.

La **Fabrique de pipes Courrieu** *(tlj 9h à midi et 14h à 19h; 42 av. Clemenceau, ☎04.94.54.63.82)* existe depuis plus de deux siècles et jouit d'une renommée mondiale. On y fabrique des pipes en vieille bruyère, qui sont en fait des racines provenant des arbres de la forêt des Maures qui se trouvent à proximité. Les amateurs voudront visiter la fabrique et ensuite s'arrêter au magasin pour en choisir une, question de se rapporter un petit souvenir. Le magasin vend également de très beaux saladiers et des moulins à poivre artisanaux.

La **Manufacture de tapis de Cogolin** *(lun-ven; 10 boul. Louis-Blanc, ☎04.94.55.70.65)* possède une salle d'exposition ouverte au public. Elle a été créée par des réfugiés arméniens dans les années vingt. Leurs tapis décorent entre autres la Maison-Blanche aux États-Unis et l'un des palais de l'Aga Khan. Notez toutefois que l'atelier de fabrication ne se visite pas.

Prenez la D48 jusqu'à la D14, qui mène à Collobrières.

Environ 5 km avant d'arriver au village, ne ratez pas le carrefour qui mène vers la **Chartreuse de la Verne** ★ *(30F; 10h à 18h, sauf mar d'oct à juin; fermé jan; ☎04.94.43.45.41).* Classée monument historique en 1921, la Chartreuse a une histoire qui remonte à 1170. Dans les siècles qui ont suivi, elle a toutefois subi de multiples destructions, principalement à cause d'incendies de forêt. Il reste donc peu de vestiges de l'époque romane. Après le dernier feu, en 1721, la Chartreuse a connu une période importante de rénovation et fut considérablement agrandie, sans être vraiment tout à fait achevée. Le monastère est devenu «bien national» à la Révolution. Depuis 1982, la Chartreuse est un monastère occupé par les sœurs de Bethléem.

Collobrières

Capitale des Maures, ce village est l'un des plus pittoresques et des plus authentiques du Var. Entouré d'immenses forêts, il est traversé par une petite rivière à l'allure sauvage qui lui confère un air champêtre. Vous pouvez vous y arrêter brièvement, le temps d'aller acheter quelques marrons glacés à la **Confiserie Azuréenne** *(04.94.48.08.00).* Dans ce petit village, la châtaigne est reine.

Quittez le village en direction de Notre-Dame-des-Anges en empruntant la D39 (accessible à 2 km du village).

Notre-Dame-des-Anges est une ancienne chapelle dont l'origine remonte à 517. Elle a été bâtie sur une colline qui domine Collobrières. La chapelle a été entièrement refaite au XIXe siècle et est devenue un lieu de pèlerinage.

Continuez vers Gonfaron et suivez les indications vers le Village des tortues (sur la D75).

Le **Village des tortues** *(droit d'entrée; 9h à 19h, été jusqu'à 20 h; fermé déc à mars; ☎04.94.78.26.41)* a été créé pour assurer la continuation d'une espèce de tortue, la tortue d'Hermann, qui peuple le massif des Maures. Cette espèce souffre beaucoup des incendies qui ravagent les forêts du massif. La Corse est le seul autre endroit où l'on retrouve encore cette espèce vieille de plus de 50 millions d'années.

Continuez par la D75 en direction de la Garde-Freinet, puis rendez-vous sur la D558 en direction de Grimaud et de Cogolin, pour revenir rapidement au point de départ du circuit.

Si vous disposez de plus de temps et que vous désirez profiter du massif des Maures, dirigez-vous vers le petit village des **Mayons**, qui vit essentiellement des ressources des châtaigniers et des chênes-lièges (desquels on produit des bouchons) peuplant la forêt qui l'entoure. De cet endroit, vous pourrez rejoindre une petite route qui mène jusqu'au Cros-de-Mouton. Enfin, vous pourrez accéder à la Garde-Freinet par une magnifique petite route forestière qui parcourt les sommets du massif. Si vous aimez les randonnées, alors chaussez vos souliers de marche, car le sentier GR9 passe par là et pourra aussi vous conduire à la Garde-Freinet.

Activités de plein air

Baignade

Commune de Saint-Raphaël

On compte une trentaine de plages dans cette commune étendue. Chacun devrait y trouver son plaisir puisqu'elles sont très différentes les unes des autres. Il y a d'abord les plages que l'on pourrait qualifier de sauvages, puisqu'elles se retrouvent essentiellement dans la partie escarpée du massif de l'Estérel. Certaines sont petites, voire minuscules, pas toujours sablonneuse et surveillées, car elles sont nichées dans de petites criques et des calanques formées à même la falaise rouge. En revanche, elles offrent l'avantage d'être plus intimes et plus calmes, étant moins accessibles aux familles. De plus, on y a un panorama exceptionnel, compte tenu des contrastes offerts par la mer bleu turquoise qui frappe les rochers rouges rugueux les entourant et l'eau qui vient mourir sur le gravier rouge les pavant.

Les plages les plus longues se trouvent dans le centre de Saint-Raphaël et dans la baie d'Agay. Ces plages sont sablonneuses et offrent normalement tous les services balnéaires : restauration, location de matelas, surveillance, etc. Vous devinez que Saint-Raphaël constitue un endroit privilégié pour la pratique de tous les sports nautiques.

Saint-Aygulf

La plage de Saint-Aygulf est en plein cœur d'un parc naturel offrant un paysage splendide. Sablonneuse, longue et large, elle fait miroir aux étangs de Villepey (voir p 418), qui se trouvent de l'autre côté de la route.

★★
La péninsule de Saint-Tropez

La réputation des plages de cette péninsule n'est plus à faire. Elles se succèdent et se révèlent sablonneuses et propres. La plage des Canebiers, connue grâce à Brigitte Bardot, est sympathique car elle est nichée dans une jolie baie. Toutefois, vu la proximité du centre de Saint-Tropez, elle devient rapidement bondée pendant l'été.

Il vaut sans doute mieux dépasser le cap de Saint-Tropez et se rendre sur la péninsule même, jusqu'à la plage de Pampelonne. Certes, la plus belle, cette plage a l'avantage de s'étendre sur 5 km, ce qui permet de se trouver un petit coin même en période de grande affluence. De plus, elle compte de nombreux plagistes offrant toute la gamme des services que l'on retrouve habituellement dans les stations balnéaires.

Golf

Saint-Raphaël

Golf de Cap Estérel
(9 trous : 120F; deux parties; 180F; B.P. 940, 83708 Saint-Raphaël, ☎04.94.82.55.00, ⇌04.94.82.58.73).
On y jouit d'une vue superbe sur la mer.

Golf de l'Estérel Malva Latitudes *(18 trous : 250F; 280F fin de semaine; av. du Golf, 83700 Saint-Raphaël, ☎04.94.52.68.30, ⇄04.94.52.68.31).*

Sainte-Maxime

Golf de Beauvallon *(9 trous : 150F; 18 trous : 240F; 300F fin de semaine; bd des Collines Beauvallon, 83120 Sainte-Maxime, sur la route de Grimaud; ☎04.94.96.16.98).*

Golf de Sainte-Maxime *(9 trous : 150F; 18 trous : 250F; route du Débarquement, 83120 Sainte-Maxime, ☎04.94.55.02.02, ⇄04.94.55.02.03).* Parcours tracé dans la montagne offrant de superbes panoramas.

Roquebrune-sur-Argens

Golf de Roquebrune-sur-Angens *(220F; C.D. 7, 83520 Roquebrune-sur-Argens, ☎04.94.19.60.35, ⇄04.94.82.94.20)* Au pied du rocher de Roquebrune, en pleine nature.

Randonnée pédestre

Fréjus - Saint-Raphaël

On peut se prélasser sur les plages ou faire des randonnées pédestres dans le **massif de l'Estérel**, tout à côté. On vous propose ici quelques randonnées. Il est cependant préférable de se munir d'une bonne carte qui indique les différents sentiers pédestres. L'Office de tourisme *(☎04.94.19.52.52)* pourra sûrement vous être utile.

Attention : il est interdit de camper, d'allumer un feu ou même de fumer dans le massif. Prévoyez de l'eau potable. Enfin, la cueillette de toute espèce végétale est défendue.

L'Office National des Forêts (ONF) exerce un contrôle sur les forêts. On trouve donc des repères de différentes couleurs lorsqu'on s'y promène. Mais attention! Ces marques ne sont pas nécessairement des balises, et les suivre à l'aveuglette pourrait contribuer à vous égarer dans la forêt.

Enfin, si vous laissez une voiture derrière, ne tentez pas les voleurs en y laissant des choses.

Si vous désirez voir le site de l'ancien barrage de Malpasset, qui a tragiquement cédé en 1959, entraînant la mort de plus de 400 personnes, vous pouvez emprunter un sentier qui commence à l'endroit où se termine l'ancienne route D37. La dénivellation n'est pas trop importante, soit seulement de 300 m. Il faut au moins deux heures pour effectuer cette randonnée.

Le **mont Vinaigre** ★★ domine le massif avec ses 614 m. Du sommet, la vue est éblouissante. On peut y accéder à partir d'un sentier qui commence au pont de l'Estérel sur la N7. Comptez au moins quatre heures.

Le **pic de l'Ours** et le **pic d'Aurelle** ★ procurent des vues splendides sur la Côte. On y accède au départ de la gare de Trayas, qui se trouve sur la Côte entre Cannes et Saint-Raphaël. La dénivellation atteint presque 500 m.

Enfin, il existe beaucoup d'autres randonnées que vous pouvez effectuer au départ des aires de stationnement disséminées un peu partout sur la route forestière qui parcourt le massif. On peut même souvent apercevoir le tracé des sentiers à flanc de colline. Ces sentiers permettent de faire des randonnées dont la durée peut varier considérablement.

Équitation

Saint-Raphaël

L'Estérel à cheval
Domaine du Grenouillet
Agay
☎06.85.42.51.50

Fréjus

La Tourrache
☎*04.94.51.29.49*.
Centre équestre de Fréjus.

Sainte-Maxime

Centre hippique des Maures
☎*04.94.56.16.55*
Le centre fait partie du domaine du Bouchage de Beauvallon, situé sur la route N98, à 5 km environ de la sortie de la ville en direction de Port-Grimaud; on y organise des randonnées à cheval dans les Maures.

Activités nautiques

Saint-Raphaël

Saint-Raphaël détient la désignation «Station Voile». Par conséquent, une multitude de sports nautiques peuvent y être pratiqués.

Wind Club d'Agay
☎*04.94.82.08.08*
Pour les amateurs de voile légère.

Club nautique de Saint-Raphaël
☎*04.94.95.11.66*
Diverses activités pour tous les niveaux.

Martin pêcheur

Péninsule de Saint-Tropez

Union sportive tropézienne
route des Salins - baie des Canoubiers
toute l'année
☎*04.94.97.73.07*
Catamarans, dériveurs, planche à voile, aviron. Cours d'initiation et de perfectionnement disponibles pour tous les niveaux et tous les âges.

Pêche en mer
☎*04.94.54.40.61*
Bateau *Brigantin*. Matériel et appâts fournis.

École de Voile
baie des Canebiers, route des Salins, direction cap des Salins, à l'est de la vieille ville
☎*04.94.97.73.07*

Team Water Sports
route de l'Épi, plage de Pampelonne
☎*04.94.79.82.41*
Parachute ascensionnel, motomarine (scooter des mers), ski nautique, planche à voile.

Plongée sous-marine

Saint-Raphaël

C.I.P. Odyssée
quai Albert 1er
☎*04.94.83.03.53*
À côté de la gare maritime, pour découvrir les plus beaux sites de la région. Baptême, passage de brevets, exploration d'épaves, plongées de nuit.

Club de plongée d'Agay
☎*04.94.82.02.03*

Saint-Tropez

Octopussy
stationnement du port
04.94.56.53.10
École pour tous niveaux.

Tennis

Saint-Raphaël

Centre Rolland Garros
tlj
boul. de l'Aspé, Valescure
☎*04.94.95.43.00*
16 courts dont 6 éclairés

Saint-Tropez

Les Tennis de Saint-Tropez
Route des Salins
☎*04.94.97.36.39*
Terre battue, gazon synthétique, béton poreux.

Aviation

Saint-Tropez

M.S.C. Yachting
10 rue du Portalet
☎04.94.97.73.86
⇌04.94.97.64.68
Hydravion, promenades, vols d'initiation.

Hébergement

Il y a de nombreux campings dans la région. Ils sont classés en deux catégories : les campings du type habituel, plutôt grands, et les campings ruraux et aires naturelles, beaucoup plus petits.

Si les premiers offrent beaucoup plus de services et d'activités que les seconds, en revanche ceux-ci offrent une meilleure communion avec la nature. Par exemple, certains de ces campings sont situés à la ferme.

Les Adrets-de-l'Estérel

Si vous préférez le calme et la beauté de la nature, l'intimité et la simplicité des petits villages, alors rendez-vous dans ce village du massif de l'Estérel, entre Cannes et Fréjus, à proximité de la route N7 et du lac de Saint-Cassien.

Les Philippons
avr à oct
d, ℜ, ≈
D237, quartier Les Philippons
☎04.94.40.90.67
En pleine nature, ce camping est agréable car il n'est pas trop grand.

Hôtel de la Verrerie
fermé oct à nov
290F-330F
bp, tv
☎04.94.40.93.51
L'Hôtel de la Verrerie est un petit établissement de sept chambres occupant une grande villa de style provençal. Il est un peu en retrait à flanc d'une petite colline, mais le chemin est bien indiqué. Vous aimerez profiter du calme de la nature pour prendre votre petit déjeuner dans le jardin et admirer la vue magnifique sur l'Estérel. Les chambres sont spacieuses, propres, modernes et très claires. Il en est de même pour les salles de bain. Cet hôtel offre un rapport qualité/prix intéressant. Petit déjeuner à la carte payant.

L'Estirado des Adrets
410F pdj
bp, ≈, tv, S, ℜ
☎04.94.40.90.64
⇌04.94.40.98.52
www.estirado.com
Cette auberge familiale offre une vue panoramique sur l'Estérel grâce à sa situation un peu en hauteur. Les chambres, simples, arborent une décoration rustique. L'endroit dispose également d'une petite boutique qui met en vente des produits artisanaux et d'un restaurant qui sert une cuisine du terroir. Selon la saison, on dîne à l'extérieur ou près de la cheminée.

Auberge des Adrets
990F-1 400F
bp, ≡, tv, S, ℜ
route nationale 7
☎04.94.82.11.82
⇌04.94.82.11.80
www.auberge-adrets.com
Cet ancien relais de poste du XVIIe siècle, qui fut marqué par les amours du brigand Gaspard de Besse et Dame Rose (les chambres portent leurs noms), a bénéficié d'une superbe restauration. La décoration est de bon goût, luxueuse et raffinée. Vous aurez compris que cet hôtel offre des prestations haut de gamme (voir p 438).

Théoule-sur-Mer

Hôtel de la Corniche d'Or
570F-1 200F, pdj 60F
mi-mars à mi-nov
bp, ≈, S
10 boul. Esquillon – Miramar
☎04.93.75.40.12
⇌04.93.75.44.91
Situé en contrebas de la route, cet hôtel tenu par des Allemands offre une vue exceptionnelle entre mer et montagne. Le calme y est garanti, ainsi que le confort. La réception est immense et aérée, et s'ouvre sur un salon aux larges baies vitrées invitant à la flânerie en regardant la mer. Vous aurez compris que les cham-

bres les moins chères ont vue sur la montagne et non sur la mer.

Commune de Saint-Raphaël

Le Trayas

Auberge de jeunesse
mi-fév à déc
9 av. de Véronèse
☎04.93.75.40.23
⇄04.93.75.43.45
Localisation idéale pour cette auberge de jeunesse de 110 places puisqu'elle donne accès à toutes les activités sportives que l'Estérel peut offrir.

Camping Azur Rivage
avr à sept
ℜ, ≈
sur la route nationale 98 à Anthéor
☎04.94.44.83.12
⇄04.94.44.84.39
www.saint-raphael.com/azurivage
Ce petit camping de 66 emplacements offre le grand avantage d'être à 30 m des plages et à proximité de Cannes. De plus, il propose tous les services requis afin que votre séjour soit agréable.

Anthéor-Cap-Roux

Auberge d'Anthéor
780F-1 070F pdj
fermé nov et déc
bp, tv, ℂ, ≈, ⌂, ℜ
☎04.94.44.83.38
⇄04.94.44.84.20
À mi-chemin entre Cannes et Saint-Raphaël, en bordure du massif de l'Estérel, vous découvrirez l'Auberge d'Anthéor. Vous apprécierez le site remarquable donnant directement sur la mer. L'hôtel n'a pas de plage, mais bénéficie d'une petite plate-forme en béton qui surplombe littéralement la mer et sur laquelle sont installés des transats. On peut donc y sauter dans la mer ou même y accoster en bateau. Sinon vous pouvez vous prélasser au bord de la belle piscine d'eau de mer. Cet hôtel de style provençal moderne fait partie de l'association des Châteaux et Demeures de Tradition. Les chambres, à la décoration provençale rustique, sont propres et disposent de tout le confort moderne. De plus, elles donnent sur la mer. Certaines possèdent même une grande terrasse privée. Voir p 438.

Agay

Hôtel Beau Site
260F-340F
studio 500F, pdj 40F
bp, dp, tv, ℜ
Camp Long, RN98
☎04.04.82.00.45
⇄04.94.82.71.02
À 30 m de la plage, sur la Corniche d'Or, un peu avant d'arriver au centre, on trouve l'Hôtel Beau Site. Simple mais propre, l'établissement propose des chambres plutôt spacieuses pourvues le plus souvent d'un balcon. L'hôtel dispose également d'une terrasse fleurie attenante au restaurant.

Cap Estérel
835F, pdj
bp, tv, ℜ, ≡, ≈
☎04.94.82.51.00
⇄04.94.82.58.73
Sur une petite colline surplombant la baie d'Agay, l'organisme Pierre & Vacances a construit un complexe de villégiature très moderne qui comprend des résidences hôtelières qu'on loue à la semaine et l'hôtel Cap Estérel. La vue est superbe. On y admire aussi bien le massif de l'Estérel que la mer. Cet endroit est idéal pour les familles et les personnes plutôt âgées qui ne veulent pas trop bouger pendant leurs vacances, car on trouve tout sur le site : de nombreux restaurants, une immense piscine, des courts de tennis et un petit terrain de golf. Enfin, il y a même un service de médecins, un salon de massage et des soins de thalasso disponibles sur place.

Saint-Raphaël-centre

Hôtel du Soleil
230F-340F, pdj 28F
fermé nov à mars
bp/dp, tv, ℂ
47 bd du Domaine du Soleil
☎04.94.83.10.00
⇄04.94.83.84.70
Aménagé dans une villa des années vingt, dans le quartier des Plaines, l'Hôtel du Soleil est à l'écart de l'animation quelquefois indésirable du centre. Et pourtant on n'est qu'à 15 min à pied des plages et du

centre. Cet endroit de charme offre un bon confort et est calme; vous y profiterez de l'accueil chaleureux des propriétaires. Enfin, on peut aussi y louer, à la semaine *(1 400F-2 600F)*, des studios meublés et dotés d'une cuisinette et d'une terrasse privée. Idéal pour les familles avec des enfants.

Le Clocher
240F-330F pdj
mars à oct et sur réservation nov à fév
bp/bc
50 rue de la République
☎04.94.19.06.96
leclocher@yahoo.fr
Seul *bed and breakfast* de Saint-Raphaël, Le Clocher est tenu par un très sympathique couple d'Italiens. Situé en plein cœur de la vieille ville dans une zone piétonne, cet établissement non-fumeurs occupe des espaces entièrement rénovés, très propres et bien éclairés. Meublé simplement, il offre un environnement calme tout en étant à proximité de la gare et de la plage. De plus, les petits déjeuners sont de style buffet, donc copieux. Notez toutefois qu'il n'y a que trois chambres et qu'une seule possède une salle de bain privée. Enfin, les cartes de crédit ne sont pas acceptées.

Hôtel de Flore
380F-450F
fermé jan
bp, ≡, tv, ℜ, S
56 rue de la Liberté
☎04.94.95.90.00
⇄04.94.83.75.57
Toujours en plein centre de la vieille ville, cet hôtel offre les mêmes avantages que le précédent établissement quant à sa localisation. Il donne toutefois des prestations de qualité supérieure comme ses prix l'indiquent. Si vous préférez un peu plus d'anonymat...

La Chêneraie
570F-750F, pdj
fermé nov
bp, ℜ, ≈, S
167 av. des Gondins – Résidence Quercus
☎04.94.95.03.83
⇄04.94.19.49.23
Assurément l'une de nos plus belles découvertes, cet hôtel familial, un peu excentré mais complètement paisible, est installé dans un magnifique manoir victorien de la fin du XIXe siècle. Séjourner dans cet hôtel au service personnalisé donne l'impression d'être comme à la maison. Laurence, la jeune propriétaire, s'occupe de vous avec une affabilité peu commune. Le décor est soigné, mais l'ambiance reste décontractée. C'est l'endroit rêvé pour effectuer une halte et se reposer un peu. Il y a un grand jardin étagé avec une piscine où l'on peut traînailler à loisir. En fait, tout invite au calme dans cet endroit. La décoration des lieux communs est douce et sobre : les tissus qui ornent les fenêtres ou le mobilier ont été choisis méticuleusement et ont été cousus main. Enfin, ce qui ne gâche rien, on y mange divinement (voir p 439) et tous les pains et viennoiseries sont faits maison. Incontournable!

Fréjus

Sur la route des Commandants d'Afrique du Nord, qui mène vers Bagnols-en-Forêt, les campings se succèdent : neuf en tout dont quatre avec plus de 500 emplacements. Bonjour l'intimité! Ouverts généralement d'avril à octobre, ils sont tous très bien équipés, avec restaurants, piscine, discothèques, installations pour enfants, etc. Le plus petit, **Le Dattier** *(☎04.94.40.88.93, ⇄04.94.40.89.01)*, compte 180 emplacements; le plus grand, le **La Baume Green** *(☎04.94.19.88.88, ⇄04.94.19.83.50)*, propose 780 emplacements.

Auberge de jeunesse
fév à mi-déc
chemin du Counillier
☎04.94.53.18.75
⇄04.94.53.25.86
Il est souhaitable de s'informer au préalable de l'emplacement de cette auberge de 140 places auprès de l'Office de tourisme de Fréjus, car la commune de Fréjus est très étendue.

Les Résidences du Colombier
380F, pdj 35F
bp, ≡, tv, ≈, ℜ, S
sur la route de Bagnols-en-Forêt
1239 route des Commandants d'Afrique du Nord
☎04.94.51.45.92
⇄04.94.53.82.85
Excentrée, cette résidence hôtelière propose des forfaits hebdomadaires. Adéquates, sans plus, les chambres sont réparties en plusieurs petits pavillons et toutes possèdent une petite terrasse privée. Toutefois, on trouve sur place une piscine et un restaurant qui propose un menu fixe à 100F, vin inclus.

Café Galerie du Monde
3 600F-4 000F par semaine
bp, tv, ≡
49 place Formigé
☎04.94.17.01.07
Le Café Galerie du Monde loue également de grands appartements jusqu'à six personnes. Chaque appartement compte un salon et une cuisine tout équipée. En hiver et hors saison, des longs séjours sont proposés à des prix plus intéressants allant jusqu'à 2 300F par semaine. Ses atouts : l'emplacement calme, des restaurants et commerces très proches, la propreté et le fait que le propriétaire tient le café en bas et habite à 100 m des logements. Voir p 440.

Saint-Aygulf

L'Escale au Soleil
240F-350F
fermé nov à fév
dp, tv, ≡, ℜ
75 av. Marius-Coulet
☎04.94.81.20.19
Saint-Aygulf se trouve à 5 km de Fréjus sur la N98 en direction de Sainte-Maxime. On y trouve L'Escale au Soleil. C'est un petit hôtel sympathique au confort simple, mais très propre et avec un bon rapport qualité/prix. Il est situé dans un endroit calme à 50 m de la mer. De plus, une terrasse ombragée et un stationnement sont à la disposition des clients. Louez une chambre sur le toit! Enfin, les patrons sont très accueillants.

Les Issambres

Villa Saint-Elme
1 750F-1 950F, pdj
suites 2 400F-4 600F
fermé mi-jan à mi-fév
bp, ⊛, ≡, tv, ℝ, ≈, ℜ
☎04.94.49.52.52
⇄04.94.49.63.18
Si vous aimez le luxe princier, descendez à la Villa Saint-Elme. Cet endroit vous donnera presque l'impression de vivre sur un bateau, tant il est près de la mer. Les chambres sont décorées avec un raffinement particulier, et les salles de bain sont équipées d'une baignoire à remous. Les chambres et suites les moins chères se trouvent dans une annexe de l'hôtel, de l'autre côté de la route – elles ne donnent donc pas sur la mer mais sont aussi très belles. Enfin, vous profiterez d'une grande piscine remplie d'eau de mer et d'un bain sauna doublé d'un bain turc. Voir p 441.

Sainte-Maxime

L'Ensoleillée
240F-350F
fermé oct à mars
dp, bp, tv, ℜ
29 av. Jean Jaurès
☎04.94.96.02.27
⇄04.94.29.06.21
Nous avons trouvé un autre hôtel calme dans le centre de ce grand village côtier. L'Ensoleillée est un petit hôtel sympathique de style provençal qui se trouve à 50 m de la plage. Cet endroit apparaît idéal pour passer une nuit, mais pas vraiment pour un long séjour, quoique les chambres de taille plutôt modeste soient sans faille.

Royal Bon Repos
340F-530F, pdj 40F
fermé mi-oct à mars
dp
11 rue Jean Aicard
☎04.94.96.08.74
Situé en plein cœur du village, un peu en hauteur, l'hôtel Royal Bon Repos est paisible tout en étant à quelques pas des plages. Il ne faut pas se fier à la façade extérieure de l'hôtel, plutôt laide, car les chambres sont agréables et plutôt grandes, assurant tout le confort. On y trouve également des studios

avec cuisinette loués à la semaine *(1 900F-4 000F)*. Ces derniers ont soit une terrasse ou un balcon, et plusieurs offrent une vue sur la mer et sur le golfe de Saint-Tropez. Enfin, il faut surtout préciser qu'un accueil charmant vous y sera réservé.

Port-Grimaud

La Giraglia
990F-1 700F
suites 2 000F-2 200F
bp, tv, ℝ, ≡, ≈
☎04.94.56.31.33
⇄04.94.56.33.77
Dans ce village «fabriqué», il y a peu d'endroits où loger. La Giraglia est un peu à l'écart des sites principaux du village. Les chambres sont dotées d'un très grand confort et les salons communs ainsi que les suites ont fait l'objet d'une jolie rénovation récemment. De plus, les clients ont accès à une plage sablonneuse privée et à une piscine avec bassin à remous donnant directement sur la mer. Sans doute, l'accueil est un peu moins personnalisé, mais il demeure courtois. Enfin, il est possible d'y accéder avec sa voiture grâce à un laissez-passer émis par l'hôtel.

Grimaud

À Saint-Pons Les Mûres se trouvent deux campings agréables avec toutes les installations nécessaires : **Les Prairies de la Mer** *(☎04.94.79.09.09, ⇄04.94.79.09.10)* avec courts de tennis et le **Domaine des Naïades** *(☎04.94.56.35.41)* avec piscine.

Domaine du Prignon
340F-380F pdj
bp, S
sortir de Grimaud par la D14 et suivre les panneaux «Chambres d'hôtes» (environ 3,5 km)
☎04.94.43.34.84
Au pied des Maures, cette chambre d'hôtes est tenue par de jeunes viticulteurs, Christelle et Paul. Vous séjournerez dans une bastide provençale au cœur de leur vignoble. Les chambres sont assez spacieuses, propres, et chacune possède sa propre entrée et une terrasse indépendante. Enfin, les petits déjeuners sont servis sur la terrasse en saison. Argent liquide seulement.

Athénopolis
550F-660F
fermé nov à mars
bp, tv, ℝ, *S,* ≈
quartier Mouretti
☎04.94.43.24.24
⇄04.94.43.37.05
À environ 3 km de Grimaud, sur la route qui conduit à La Garde-Freinet, vous pouvez loger très confortablement voire luxueusement à l'Athénopolis. Les chambres, dotées d'un balcon ou d'une terrasse privée, s'ouvrent sur la piscine. De plus, l'hôtel dispose d'un restaurant qui propose une cuisine provençale du marché.

Le Verger
600F-1 200F
bp, ≈, *tv, S,* ℜ
route de Collobrières
☎04.94.43.25.93
Si La Boulangerie (voir ci-dessous) est complète, essayez l'hôtel-restaurant Le Verger, sur la même route. Autre endroit champêtre au milieu d'un grand parc avec jardin et piscine, cet établissement saura vous séduire. Certaines chambres ont été rénovées récemment : elles sont très spacieuses et leur salle de bain tout autant. Les repas sont servis à l'intérieur ou sur la jolie terrasse au décor pastoral. Une fois de plus, le calme est roi.

La Boulangerie
680F-820F, pdj 60F
suite 1 580F
fermé mi-oct à Pâques
bp, tv, S, ≈
☎04.94.43.23.16
⇄04.94.43.38.27
À environ 3 km à l'ouest du village sur la route vers Collobrières, La Boulangerie est un petit hôtel plein de charme niché dans un très beau jardin. À l'arrière, une piscine entourée d'une terrasse permet une vue champêtre sur les collines du massif des Maures. Vous pourrez y flâner toute la journée, si vous le désirez, ou seulement le temps du petit déjeuner. L'endroit assure calme et repos. Vous aurez l'impression d'être l'invité dans une grande villa privée. Enfin, vous bénéficierez

d'un grand confort et serez accueillis chaleureusement par la charmante propriétaire. On sert également de petits repas le midi, sur demande. Court de tennis.

Saint-Tropez

La Michaudière
320F-520F
dc, bp, ℂ
8 rue Portalet
☎04.94.97.18.67
Au cœur du vieux Saint-Tropez, dans une ruelle au bout du port (tout près de la tour Suffren), vous pouvez descendre à La Michaudière, petit hôtel modeste avec une petite terrasse sur le toit. Le patron, M. Thomas, se fera un plaisir de partager avec vous ses grandes connaissances du village : son histoire, ses coutumes, les sorties à faire et les restaurants à fréquenter. Notez toutefois que la maison n'accepte ni chèques ni cartes de crédit.

Hôtel Le Colombier
350F-470F
suite 800F
fermé nov à jan
bp, tv
impasse des Conquettes
☎04.94.97.05.31
⇄04.94.97.32.57
Au fond d'une impasse très calme, à proximité du centre et du port, vous devez traverser un jardin fleuri pour rejoindre l'entrée de ce petit hôtel. Très propres et rénovées, les chambres revêtent des tons pastel. Le jardin est un atout puisque y prendre son petit déjeuner commence bien la journée.

Hôtel Les Palmiers
430F-730F
bp, ≡, *tv,* ℜ
place des Lices
24 boul. Vasserot
☎04.94.97.01.61
⇄04.94.97.10.02
D'une catégorie supérieure au précédent, cet hôtel occupe une jolie maison qui donne sur la place des Lices, ce lieu magique de Saint-Tropez ombragé par de grands platanes. Vous y trouverez tout le confort moderne requis. D'ailleurs, les chambres sont propres et ravissantes, et certaines donnent sur le jardin verdoyant et fleuri où l'on prend également le petit déjeuner.

La Ponche
1 100F-1 950F, pdj 90F
suites avec vue sur mer
2 600F
fermé mi-nov à mars
bp, ℝ, *tv,* ≡, ℜ
3 rue des Remparts, port des Pêcheurs
☎04.94.97.02.53
⇄04.94.97.78.61
Voulez-vous dormir dans un lieu mythique réminiscent de *Et Dieu créa la femme,* un lieu où Romy Schneider séjournait souvent et où Françoise Sagan venait pour écrire? Alors, vous devez obligatoirement passer quelque temps à La Ponche. L'hôtel se trouve au cœur du vieux village; il est donc appréciable qu'un voiturier s'occupe de votre voiture à votre arrivée. Les chambres sont splendides et sont équipées de salles de bain en marbre très luxueuses. Les teintes utilisées pour la décoration des chambres sont douces et sobres. Si vous désirez vibrer aux souvenirs les plus marquants de cet établissement, alors réservez la chambre qu'occupait Françoise Sagan lors de ses séjours. Toute bleue, cette chambre possède aussi une magnifique terrasse. De plus, disséminées un peu partout dans l'établissement, plusieurs peintures sont signées de la main de l'artiste local Jacques Cordier. L'accueil personnalisé atteint l'excellence, mais reste amical. Mme Duckstein, la propriétaire, est un livre d'histoire ambulant. Témoin des mille et une histoires qui ont marqué ce lieu, elle se fera un plaisir de vous les raconter. Voir p 326.

Ramatuelle

Camping La Cigale
avr à oct
ℜ, ≈
rte de l'Escalet
☎04.94.79.22.53
⇄04.94.79.12.05
Près d'une des plages de la péninsule de Saint-Tropez, ce petit camping de 75 emplacements demeure à l'échelle humaine.

La Ferme d'Augustin
620F-1 100F, pdj 75F
suite 1 600F-1 800F
fermé mi-oct à mi-mars
bp, ℝ, ≡, *S*, *tv*, ≈, ℜ
plage de Tahiti
☎04.94.97.23.83
⇄04.94.97.40.30
À environ 5 min (en voiture) de Saint-Tropez et à 300 m de la plage, nous vous recommandons La Ferme d'Augustin. Cet hôtel du genre «ferme de luxe» est entouré d'un jardin magnifique où l'on trouve une très belle piscine et des courts de tennis. Il est à quelques pas des belles plages de Saint-Tropez. Bref, vous profitez d'un coin de paradis à des prix raisonnables, compte tenu du site. Le charme discret de cette ferme, meublée d'antiquités provençales, nous a tout de suite convaincus. De petits repas simples, un service de bar et un salon sont également disponibles.

Les Tourterelles
400F-600F, pdj 45F
fermé nov à Pâques
bp, *tv*, ≈, ℂ, ℜ, *S*
rte de L'Escalet
☎04.94.79.22.84
⇄04.94.79.13.17
Près de la plage de l'Escalet, mais assez loin de la route principale pour que vous jouissiez du calme de la nature, cet établissement, bien tenu et propre, propose des chambres et des studios avec cuisine et terrasse privée où vous pourrez manger en toute tranquillité. De plus, certaines chambres sont climatisées. Pas cher pour la péninsule de St-Trop! Enfin, pas de cartes de crédit et d'animaux.

Les Bouis
1 120F-1 220F, pdj 72F
fermé nov à mi-mars
bp, *tv*, ≈, *S*, ℝ
rte des Plages, Pampelone
☎04.94.79.87.61
⇄04.94.79.85.20
L'hôtel Les Bouis se trouve à environ 1 km de la mer et à 6 km de Saint-Tropez. Entouré d'une forêt de pins parasols, ce site calme bénéficie d'une vue exceptionnelle. L'hôtel, construit il y a quelques années dans le style provençal, dispose de tout ce dont on a besoin pour un séjour agréable, grande piscine y compris.

Gassin

La dame de cœur
fermé déc à fév
320F-400F, pdj 40F
bp
☎04.94.56.14.17
La dame de cœur est une adresse très sympathique. «*Un hôtel à votre image*» laisse entendre la carte de visite! De toute façon, deux choses sont certaines : vous profiterez d'une atmosphère paisible et y jouirez d'une terrasse avec vue sur la mer. De plus, on pourra vous conseiller les bons restaurants de la région. Pas de cartes de crédit.

Cogolin

Coq'hôtel
240F-480F
bp, *tv*, ℜ
place de la Mairie
☎04.94.54.13.71
⇄04.94.54.03.06
Ce petit hôtel fort sympathique en plein centre de Cogolin se démarque par la diversité des chambres qu'il propose. L'endroit est très bien tenu et la décoration en est jolie et chaleureuse. De plus, on prend le petit déjeuner dans une courette. Les chambres les plus chères sont climatisées et celles qui donnent sur le devant sont équipées d'un double-vitrage pour protéger du bruit. L'hôtel possède également un plaisant petit restaurant avec terrasse qui sert une cuisine traditionnelle.

La Croix-Valmer

Le Souleias
630F-1 530F, pdj 85F
fermé nov à Pâques
bp, *tv*, ≡, ≈, ℜ
plage de Gigaro
☎04.94.55.10.55
⇄04.94.54.36.23
Il y a un très bel hôtel de style néo-provençal qui domine la mer du haut d'une colline : Le Souleias. On a l'impression d'être sur un îlot au milieu d'un très beau parc avec une grande piscine. La plupart des chambres s'ouvrent sur le parc, sinon elles bénéficient d'un balcon. Très confortables, presque toutes ont une orienta-

tion plein sud, direction mer. On peut accéder à la plage avec sa voiture en cinq minutes ou à pied par un sentier qu'il faut, bien sûr, remonter au retour... Enfin, l'hôtel dispose d'une table gastronomique reconnue. Les prix sont donc en conséquence. Mieux vaut tenter d'y manger le midi, car on y propose alors un menu à 190F.

Restaurants

Massif de l'Estérel

Les-Adrets-sur-L'Estérel

Auberge des Adrets
$$$-$$$$
fermé nov; dim soir et lun sauf été
rte nationale 7
☎04.94.82.11.82
⇄04.94.82.11.80
Si vous faites une excursion dans le massif de L'Estérel, prévoyez une halte à ce restaurant réputé. En été, la très belle salle à manger, meublée d'antiquités d'un goût raffiné, se prolonge par une grande terrasse qui offre une vue superbe sur la baie de Cannes. Son menu propose des plats du terroir minutieusement choisis. Que diriez-vous de noix de Saint-Jacques poêlées, sauce crémeuse aux morilles et vieux Vermouth, ou encore d'un dos de cabillaud cuit à la *plancha* avec sa brandade de morue et son croustillant de jambon de Sérano?

Théoule-Miramar

Restaurant Follies
$$
fermé lun
port de Figuerette, Théoule-sur-Mer
☎04.93.75.03.97
⇄04.93.75.45.14
Il faut être attentif pour voir le panneau qui indique l'entrée de ce restaurant car la route est sinueuse à cet endroit. Est-ce que la solution serait d'y arriver par bateau? C'est possible! Quoi qu'il en soit, on y mange des crustacés, des poissons et des viandes grillées. C'est simple mais bon. Enfin, la vue sur la mer est agréable et, autre distinction, on y mange à des tables installées sur la pelouse.

Auberge du Père Pascal
$$-$$$
fermé mer soir et jeu sauf saison et de nov à fév
rte du Bord-de-Mer, entre Cannes et Saint-Raphaël
☎04.93.75.40.11
L'Auberge du Père Pascal est un endroit chic reconnu pour ses poissons et crustacés. On y mange sur une très grande terrasse de laquelle on a une belle vue sur la mer. Spécialité : fleurs de courgettes farcies au crabe.

Anthéor

Auberge d'Anthéor
$$-$$$
fermé nov et déc
cap Roux, Anthéor
☎04.94.44.83.89
Ce restaurant offre certes l'un des panoramas les plus exceptionnels de l'Estérel. La terrasse du restaurant surplombe littéralement la mer et les rochers rouges. On ne se lasse pas de regarder le paysage, et ce, d'autant plus en soirée, à mesure que la nuit tombe et que la lumière modifie le spectacle qui s'offre à nos yeux. La carte est composée essentiellement de poissons et de fruits de mer. Une des spécialités du restaurant est d'offrir des assiettes de dégustation. Ainsi, vous avez la chance de goûter à différentes choses réunies sous un même thème, notamment une assiette de divers poissons, fumés au bois de hêtre, ou encore une assiette de crustacés.

Saint-Raphaël-centre

Chez Pascal
$-$$
fermé juil et août, mer et le jeu midi
144 rue de la Garonne
☎04.94.95.54.14
Endroit très prisé des habitants de la région à cause de son côté convivial, ce petit restaurant cherche constamment à créer

une cuisine du marché haute en couleur et en saveurs. En voici deux exemples : rillettes de rouget ou tartare de canard en vinaigrette d'agrumes et marjolaine. Malgré qu'il soit situé dans une petite rue calme du centre, dès qu'on y entre on sent que quelque chose s'y passe. De plus, c'est très bon marché, compte tenu de ce qui est offert!

Le Sémillon
$$-$$$
fermé dim soir, lun et mar midi sauf juil et août
21 place Carnot
☎04.94.40.56.77
Restaurant vivement recommandé, Le Sémillon mérite un détour. D'abord parce que les jeunes propriétaires, Laurent et Sophie Loutz, veilleront sur vous avec affabilité et simplicité; ensuite parce que le chef vous séduira avec ses spécialités régionales, préparées avec délicatesse par Madame. Laissez-vous tenter par la noisette de selle d'agneau, les andouillettes d'agneau ou le loup (bar) poêlé aux tomates confites et olives picholines, le carpaccio de thon et aubergines. Les desserts sont des purs délices; on vous recommande la croquette de chocolat au gingembre confit ou une trilogie de crème brûlée (à goûter selon les indications de la patronne...) que vous garderez en souvenir bien longtemps! N'avez-vous pas déjà l'eau à la bouche? À noter que, le midi, on y trouve un menu à 95F, vin compris.

Restaurant Pastorel
$$$
fermé nov et 2 premières semaines de fév
54 rue de la Liberté
☎04.94.95.02.36
⇌04.94.95.64.07
Charles Floccia, le chef-propriétaire, fait partie de l'association des Maîtres Restaurateurs varois. Ce sympathique bon vivant est un vrai Provençal. Tandis qu'il œuvre à la cuisine, sa femme s'active en salle, le sourire toujours bienveillant. On dîne sous une tonnelle protégée par une toile rétractable en cas d'intempéries ou de trop grande chaleur. Dès qu'on s'installe à table, le défilé des saveurs débute avec une délicieuse tapenade, servie pour mieux nous faire patienter. Aimez-vous l'ail? Vous serez comblé car on y prépare un aïoli succulent. L'usage de l'ail ne s'arrête toutefois pas là. Ces deux spécialités de la maison le prouvent bien : d'abord, la goûteuse salade de filets de rouget à l'anchoïade légère, puis la copieuse bourride raphaëlloise, qui se distingue de la traditionnelle par l'ajout de safran. Accompagnée d'une rouille bien relevée en ail, la combinaison ail-safran fonctionne à merveille. Bien sûr, il y a d'autres plats moins relevés parmi lesquels choisir, mais... Enfin, les desserts ne sont pas en reste; à preuve, ce délicieux gratiné de pêches blanches au sabayon de romarin. Quelle saveur!

La Chêneraie
$$$-$$$$
midi et soir, fermé nov
167 av. des Gondins, Résidence Quercus
☎04.94.95.03.83
Vous avez envie de bien dîner dans un cadre soigné, détendu et agréable? Qu'à cela ne tienne, vous avez trouvé! Dans cet établissement familial, on a confié la cuisine à l'oncle de Laurence, votre hôtesse. Après la délicieuse mise en bouche, pourquoi ne pas vous laisser tenter par le foie gras de canard des Landes maison aux raisins blonds confits au muscat de Beaumes-de-Venise à la cannelle? À moins que vous ne préfériez quelque chose de plus léger comme cet émincé de filet de thon au jus de vin blanc de Provence concassé d'olives, ou encore une queue de langoustine en lasagne au beurre d'orange? Quoi qu'il en soit, vous serez gâté du début à la fin. Les tables sont dressées joliment, les plats sont présentés dans de jolies assiettes et l'essentiel s'y trouve : les saveurs sont fines, inventives et, surtout, légères. Vous sortirez de table repu et satisfait, et vous n'aurez pas à traîner une lourdeur désagréable. De plus, la carte des vins propose une très bonne séle

tion afin de rehausser cette farandole de saveurs. Bref, un repas parfait! Voir p 433.

Fréjus

Café Galerie du Monde
$
49 place Formigé
☎04.94.17.01.07
Tout près de la cathédrale, le Café Galerie du Monde donne sur une grande place piétonnière. Sur sa terrasse ou dans l'espace intérieur, originalement décoré, Françoise (la patronne) et Michael (aux fourneaux) vous proposent des plats africains ou sud-américains ainsi que des *bagels* et autres petits *snacks*. Dans le sous-sol se trouvent une boutique et une galerie d'art présentant des expositions temporaires (voir p 434).

Le Poivrier
$$
fermé dim
52 place Paul Albert Février
☎04.94.52.28.50
Quelque 100 m plus loin, à l'ouest de la cathédrale, vous serez bien accueilli au restaurant Le Poivrier. Avec Marie-Lou dans la cuisine et Florence au service, vous allez découvrir de bons plats comme le charret d'agneau, le magret de canard et les gambas au pastis. Vous mangez sur une petite terrasse ou dans un magnifique sous-sol voûté qui date du XVe siècle.

La Voûte
$$-$$$
19 rue Désaugiers
☎04.94.53.89.89
Aux amateurs de poisson, nous recommandons La Voûte. Son chef cuisinier, José Parodi, et sa femme, qui dirige le service, garantissent d'excellents repas à un bon rapport qualité/prix, et ce, tout près de l'emplacement de la cathédrale (place Formigé). Pour sa spécialité, la marmite de pêcheur, il faut faire une commande la veille; elle sera fraîche, c'est promis.

Saint-Aygulf

Envie d'une glace? Rendez-vous chez **Angelo**, au 493 du boulevard de la Libération.

Le Jardin
$
583 av. de la Corniche d'Azur
☎04.94.81.17.81
Le Jardin vend de petits plats sympathiques et pas chers : grillades, pizzas et glaces maison. Ce petit restaurant se trouve tout près de l'hôtel l'Escale au Soleil (voir p 434).

Les Issambres

La Réserve
$$-$$$
fermé oct à avr et mar soir et mer
☎04.94.96.90.41
Pour un repas agréable, essayez le petit restaurant La Réserve, situé à 300 m de la villa Saint-Elme. Il y règne une bonne atmosphère et l'accueil est chaleureux. Outre les marmites du pêcheur et les bourrides, on vous recommande spécialement le thon cru à l'huile d'olive et au genièvre frais!

Saint Elme
$$$-$$$$
☎04.94.49.52.52
Le restaurant de l'hôtel Saint Elme profite d'une vue magnifique sur le golfe de Saint-Tropez et compte deux salles à manger. Dans un cadre très chic, on vous sert des spécialités régionales parfumées de menthe, de pistou ou de tapenade (voir p 434).

Roquebrune-sur-Argens

Le Gaspacho
$-$$
fermé mer d'oct à mars
21 av. de Général de Gaulle
☎04.94.45.49.59
Ne vous laissez pas confondre avec le nom du restaurant, car la carte propose des spécialités régionales et des grillades. Dans cette petite entreprise familiale, l'accueil, comme la cuisine, est personnalisé. Enfin, on a le choix de dîner sur la terrasse ombragée ou dans la salle à manger décorée de nappes provençales vraiment attrayantes.

Saint-Tropez

Chez Fuchs
$-$$
7 rue des Commerçants
☎04.94.97.01.25
Lieu plutôt branché du centre-ville, Chez Fuchs propose une cuisine provençale dans un décor de «cantine». Très recommandé par les connaisseurs locaux qui s'y retrouvent pour fumer un cigare vendu sur place tout en sirotant un pastis.

Auberge des Maures
$$-$$$
4 rue Dr Boutin
☎04.94.97.01.50
soir seulement
fermé nov à mars
L'Auberge des Maures est un très bel endroit à l'écart dans un petit passage. Sa grande terrasse ombragée vous séduira : c'est l'endroit rêvé pour fuir la chaleur d'été et passer un moment de détente en dînant sous la tonnelle. De plus, le cadre provençal est soigné. On y sert une cuisine du marché qui fait la belle place aux poissons.

Le Café
$$-$$$
à l'extrémité de la place des Lices
☎04.94.97.44.69
Le Café est réputé pour sa cuisine gastronomique provençale.

La table du Marché
$$-$$$
fermé mi-jan à fév et mi-nov à mi-déc
38 rue Georges Clemenceau
☎04.94.97.85.20
Dans une petite rue débouchant sur la place des Lices se trouve un traiteur haut de gamme : La table du Marché. Vous pourrez vous y restaurer sur place ou emporter les plats préparés. On n'y vend que des trucs vraiment délicieux et de haute qualité. Un seul coup d'œil sur les étals suffit pour comprendre que les produits doivent être bons mais également chers. On peut aussi s'y procurer quelques produits : pains, miels, confitures et plusieurs sortes d'huiles, notamment de noix, d'amande et bien sûr d'olive. Enfin, l'étage loge un *sushi bar ($$)* moins onéreux pour le portefeuille.

La Ponche
$$-$$$
fermé mi-nov à mars
3 rue des Remparts, port des Pêcheurs
☎04.94.97.02.53
Le restaurant de l'hôtel La Ponche vaut vraiment une visite, que vous y dormiez ou non. Pendant la belle saison, les repas sont servis sur une très belle terrasse qui donne sur une placette animée du vieux village, tout près de l'ancien port. Les plats de viande ou de poisson sont d'une grande qualité culinaire et les desserts, sublimes. De plus, la carte des vins propose de bons crus régionaux. Vous n'avez donc pas à regarder plus loin. Le service est gentil et efficace.

La patronne, Mme Duckstein, prend les commandes et vous initie, si vous le désirez, à la mémoire grandiose de ce lieu «presque sacré». Vous savez : Picasso et bien d'autres sont venus boire un coup dans cet établissement, qui, à l'origine, n'était qu'un lieu de rencontre pour les pêcheurs du petit port voisin. Une suggestion : la délicieuse tulipe de fruits frais (voir p 436).

La Dame de Cœur
$$$
soir seulement
2 rue de la Miséricorde
☎04.94.97.23.16
Anciennement à Gassin, La Dame de Cœur est une bonne adresse. Le menu change *(200F)* tous les jours selon l'humeur du «gros» (entendez le patron cuisinier).

Finalement, on trouve au port un excellent glacier, **Barbarac**, qui, nous en sommes certains, saura vous séduire.

Péninsule de Saint-Tropez

L'Esquinade
$$
fermé déc à mi-mars
plage de Pampelonne, route de Bonne Terrasse
☎04.94.79.83.42
Directement sur la plage, cette «cabane»

pour le moins rustique est bien appréciée des gens. On y sert surtout des poissons et des salades, et l'on peut manger en terrasse avec vue sur la mer.

Chez Camille
$$-$$$
fermé nov à mars et mar sauf été
Bonne Terrasse, près du cap Camarat
☎04.94.79.80.38
Ce restaurant s'est acquis l'une des meilleures réputations dans la péninsule. Demandez aux gens de la place où ils aiment aller manger des poissons grillés, des langoustes et de la bouillabaisse (réputée) et ils vous indiqueront Chez Camille.

Grimaud

Les Santons
$$$$
fermé mer et nov à mi-mars, sauf pendant la période des fêtes
☎04.94.43.21.02
Attention gourmands et gourmets! Un endroit s'impose : Les Santons. Laissez-vous gâter pour un soir! À commencer par l'excellent accueil de Mlle Girard, suivi de la cuisine exquise de M. Girard, le chef. Le tout dans un décor provençal haut de gamme où chaque élément de décoration relève de beaucoup de goût.

Le seul survol du menu vous annonce une soirée de délices. Et, ce qui est encore mieux, vous ne serez pas déçu! Comme entrées, on vous propose, selon la saison, le risotto crémeux de homard, les ravioles de truffes ou le saumon d'Écosse Label Rouge. Comme plat principal, la selle d'agneau de Sisteron, rôtie à la fleur de thym, reste mémorable et demeure un incontournable du menu depuis plusieurs années.

De plus, vous êtes assuré de boire un bon vin; d'une part, à cause de la bonne cave, et, d'autre part, grâce aux excellents conseils que pourra vous prodiguer le très aimable sommelier. Côté prix, ce n'est pas donné, c'est vrai! Mais c'est justifié, compte tenu de la qualité exceptionnelle de la cuisine et du service impeccable qu'on y reçoit. Bref, un événement inoubliable, fin et divin!

Collobrières

La Petite Fontaine
$$-$$$
place de la République
☎04.94.48.00.12
La Petite Fontaine est une excellente adresse où déjeuner. Vous pouvez manger dehors sur la terrasse calme qui donne sur une placette ombragée où, bien sûr, se trouve une fontaine! On y prépare des spécialités provençales. Les plats sont copieux et le rapport qualité/prix est excellent. Attention! Le restaurant n'accepte pas les cartes de crédit.

Sorties

Saint-Raphaël

Compétition internationale de jazz de New Orleans. Dans la rue, début juillet.

Festival du cinéma européen *(fin octobre)*

Grand Casino *(machines à sous 11h à 4h; jeux traditionnels 20h à 4h, été jusqu'à 5h; square de Gand, ☎04.94.95.10.59).*

Coco Club *(Port Santa Lucia, ☎04.94.95.95.56)* Piano-bar agréable pour y prendre un verre.

Fêtes traditionnelles

Fête des pêcheurs. Tradition, folklore, joutes, bal. Au port, une fin de semaine au début août.

Fête du mimosa *(fin février)*

Fréjus

La Playa
tlj 23h à l'aube
☎04.94.52.22.98
La Playa est certes l'endroit le plus couru de Fréjus. La musique, très variée, plaît à une vaste clientèle. La soirée dînette du jeudi soir en saison est le clou de la semaine : dès 20h30, les gens mangent (buffet froid,

un plat et vin à volonté) puis dansent. Très animé. Et ce qui n'est pas à dédaigner, cette discothèque se trouve sur la plage et possède deux pistes de danse extérieures.

Les Nuits Auréliennes *(fin juillet)*. Concerts musicaux.

Festival d'art pyrotechnique *(juillet et août)*

Saint-Tropez

Le Papagayo
entrée et consommation : 100F
tlj 23h à l'aube
Résidence du Port
☎06.87.80.83.64
Rendez-vous à la discothèque Le Papagayo pour une ambiance folle...

Les Caves du Roy
☎04.94.56.68.00
Les Caves du Roy est certes la discothèque la plus huppée de la Côte d'Azur; elle attire les stars. Au chic et cher hôtel Byblos.

Bravade de Saint-Tropez *(mi-mai)* : fêtes traditionnelles célébrant le saint patron de la ville.

Salon des Peintres de Saint-Tropez *(août)*

Noël à Saint-Tropez *(tout le mois de décembre)*

Discothèques gays

Le Pigeonnier
consommation 70 F
tlj dès 23h
13 rue de La Ponche
☎04.94.97.36.85

Stéréo Club
tlj dès 22h
6 rue de Pullis
☎04.94.97.06.69

L'Esquinade
ven et sam sauf été
23h à 4h
rue du Four, derrière la place de la Mairie
☎04.94.97.87.44

Sainte-Maxime

Festival des écoles de musique Théâtre de la mer *(deuxième moitié du mois de juillet)*

Festival d'automne Chopin, Georges Sand et leur temps *(début octobre)*

Semaine du Goût et des terroirs *(mi-octobre)*

Saint-Hilaire-de-la-Mer

Le Saint-Hilaire-de-la-Mer *(ven-sam 23h à l'aube; av. Général Leclerc, en bordure de mer, ☎04.94.96.19.20.)*

Ramatuelle

Jazz au Théâtre de Verdure *(mi-juillet)*

Temps musicaux : Festival de musique classique. Théâtre de Verdure *(deuxième moitié du mois de juillet)*

Festival de théâtre. Théâtre de Verdure *(première moitié du mois d'août)*

Cogolin

Les soirs d'été à Cogolin *(1er juillet au 31 août, renseignements au Centre culturel, ☎04.94.55.01.10)*

Achats

Saint-Raphaël

Salon «Marché de Provence» *(avril)* : salon de tourisme, loisirs et gastronomie.

Salon du Palais Gourmand *(fin novembre)* : des exposants de toutes les régions de la France proposent des dégustations et la vente de leurs spécialités.

Fréjus

Art Tendance Sud - Salon des Métiers d'Art. Port-Fréjus; pendant trois jours au milieu du mois de mai.

Sainte-Maxime

Foire aux antiquaires. Place Jean Mermoz; deuxième moitié du mois de mai.

Saint-Tropez

Poterie Augier
22 rue Clemenceau
☎*04.94.97.12.55*
Ce magasin, situé dans cette charmante rue commerçante, vend une gamme étonnante de produits en terre vernissée aux couleurs attrayantes qui va du coquetier au grand plat de service. Autre succursale à l'entrée du joli village de Gassin.

La Tarte Tropézienne
rue Clemenceau
C'est dans cette pâtisserie qu'un Polonais a créé, en 1955, cette fameuse tarte qui en fait est une génoise coupée en deux et fourrée à la crème.

Château Suffren
place de la Mairie
☎*04.94.97.85.15*
Vous trouverez de très belles pièces d'antiquités et des bibelots d'une grande qualité au Château Suffren.

Salon des antiquaires *(fin août à début sept)*

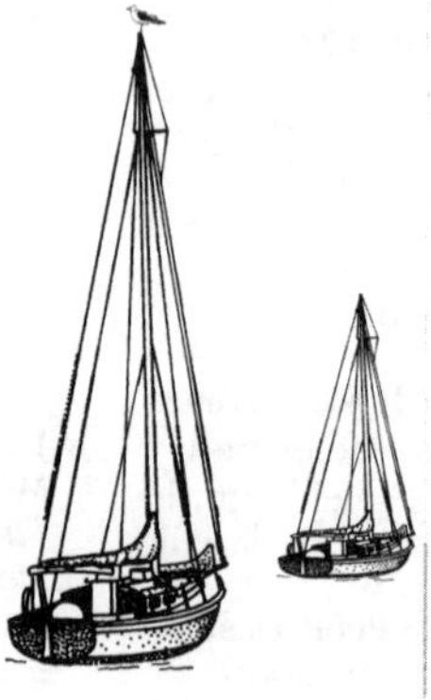

Entre Saint-Tropez et Bandol

Dès qu'on quitte la presqu'île de Saint-Tropez pour se diriger vers l'ouest, on laisse derrière soi la partie de la Côte d'Azur qui lui vaut sa réputation internationale.

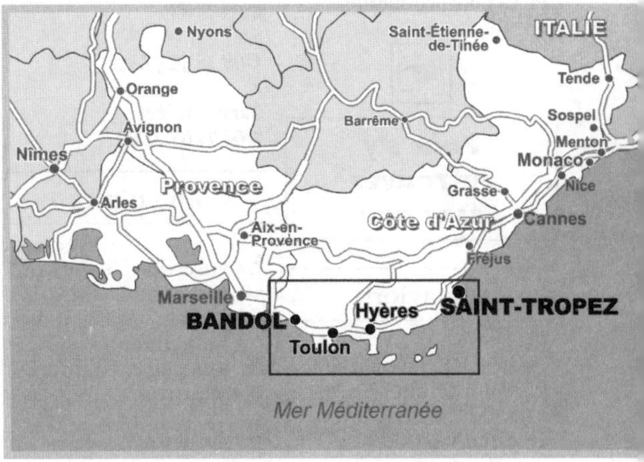

Pourtant, la dénomination «Côte d'Azur» origine d'Hyères. La vie mondaine n'y est certes pas aussi importante et ses plages sont sans doute moins reconnues, mais cette partie de la Côte reste tout de même un ensemble de lieux de villégiature regorgeant de beautés naturelles. Il n'existe qu'un bémol dans cette région : Toulon. Cette ville, la plus importante, n'offre que peu d'intérêt. Elle a été fortement touchée par la Seconde Guerre mondiale et a été reconstruite, semble-t-il, avec un maximum de constructions à l'esthétique discutable que le temps malheureusement n'embellit pas. C'est plutôt décevant, considérant le côté naturel spectaculaire de son site originel.

Mais parlons plutôt de la beauté! Les îles d'Hyères forment un pôle d'attraction de premier plan; le massif des Maures étale ses magnifiques collines jusqu'à Hyères; la région de Bandol, avec son île face au port (l'île de Bendor) et les ravissants villages qu'elle cache dans son arrière-pays (la Cadière-d'Azur et le Castellet, par exemple), possède un charme indéniable.

Enfin, la mer, omniprésente, invite à de nombreuses activités nautiques, et l'arrière-pays attend que vous fouliez son sol lors de promenades et de randonnées sublimes. Sans oublier les vignes et les caves à vins, abondantes dans cette région, qui promettent de joyeuses soirées bien arrosées... Et ne parlons pas tout de suite de bonne bouffe, car on vous réserve quelques belles surprises!

Notez que le Comité Régional de Tourisme (CRT) du Var divise cette région en trois secteurs. D'ouest en est, nous traversons d'abord **La Provence d'Azur, Toulon et sa rade** et **La Côte provençale**.

Pour s'y retrouver sans mal

En avion

L'aéroport régional le plus important se trouve à Hyères, à 18 km à l'est de Toulon. Il est desservi par toutes les villes françaises d'importance. De plus, le quai d'embarquement pour se rendre aux îles d'Hyères n'est qu'à 5 km de l'aéroport. Par contre, les vols internationaux n'arrivent que par les aéroports de Marseille (à 50 km de Bandol) ou de Nice (à 100 km de Toulon).

En train

Le train dessert la Côte entre Marseille et Toulon. À partir de Toulon, la ligne de chemin de fer longe la bordure nord du massif des Maures et se rend directement à Fréjus. Ainsi, outre une petite liaison ferroviaire qui relie Toulon à l'aéroport d'Hyères, le train ne dessert pas la Côte entre Hyères et Fréjus. Il est donc impossible d'accéder à Saint-Tropez par train.

Toulon

Gare SNCF
place Europe
☎***08.36.35.35.35***

Gare routière
☎***04.94.65.21.00***

En voiture

À cause des lacunes du système ferroviaire dans cette région, il est probablement plus sage de louer une voiture à votre arrivée.

Le réseau routier est dense et très développé. L'autoroute A50 relie Marseille, La Ciotat, Bandol, Toulon et Hyères. La A57, au départ de Toulon, rejoint la A8-E80, qui mène à l'est vers Fréjus, Cannes et Nice.

Les routes nationales et départementales sont très bien entretenues et traversent des paysages souvent magnifiques. Les deux routes principales sont la D559, qui longe le bord de la mer, et la N98, qui passe un peu plus au nord. Le hic dans cette région, c'est qu'il faille presque obligatoirement toujours se farcir la traversée de Toulon. On a voulu y construire une voie rapide pour la franchir, mais malheureusement les travaux ont dû être interrompus à cause d'une erreur de planification. Bref, depuis longtemps, la traversée de Toulon demeure une galère!

En car

De nombreuses excursions en car sont possibles. Les départs peuvent se faire à partir de la majorité des villages qui longent la côte. Renseignez-vous auprès de l'office de tourisme le plus près de votre lieu de séjour.

Toulon

Europcar
rond-point Bir-Hakeim
☎***04.94.41.09.07***
≠***04.94.46.65.12***

En bateau

Le bateau joue un rôle important dans la région à cause de l'importance des îles que l'on y retrouve. Ce sont normalement des vedettes ou des petits bateaux qui assurent les liaisons de façon régulière.

Îles d'Hyères

Les départs peuvent s'effectuer à la Tour-Fondue, à l'extrémité de la presqu'île de Giens, située au sud de la ville d'Hyères et de l'aéroport Toulon-Hyères. Mais on peut aussi accéder aux îles à partir de Toulon, d'Hyères-Plage, du Port-de-Miramar (13 km à l'est d'Hyères), du Lavandou et de Cavalaire-sur-Mer (18 km à l'ouest de Saint-Tropez).

Embarcadère du port d'Hyères
Pour se rendre aux îles du Levant et Port-Cros
☎04.94.57.44.07
⇄04.94.38.30.58

TLV (Transport Littoral Varois)
☎04.94.58.21.81
⇄04.94.58.91.73
Navette pour les îles. Le stationnement payant est obligatoire (25F par jour.).

Île de Porquerolles

Départ au **port de la Tour-Fondue** *(☎04.94.58.21.81)*, à la pointe extrême-sud de la presqu'île de Giens car c'est la distance la plus courte. On propose à peu près cinq aller-retour par jour en basse saison et une vingtaine par jour pendant juillet et août. De plus, en juillet et en août, on peut effectuer un circuit de deux îles regroupant Porquerolles et Port-Cros.

Île du Levant et île de Port-Cros

Les départs se font le plus souvent au Lavandou (distance la plus courte, donc moins cher), mais également au Port-de-Miramar, au Port Saint-Pierre ou sur la presqu'île de Giens. Du Lavandou et de la Tour-Fondue, on peut, d'avril en octobre, combiner dans la même journée Port-Cros et l'Île du Levant.

★★
Circuit des trois îles

En juillet et août, deux ou trois fois par semaine, on peut effectuer un circuit qui permet de visiter les trois îles dans la même journée. Le départ se fait au port de la Tour-Fondue. C'est une bonne formule, idéale pour ceux qui sont plus sédentaires, car elle ne laisse que peu de temps pour découvrir les îles à pied.

Île des Embiez

À partir du port de Brusc, la traversée dure 10 min. En saison, il y a un départ toutes les 30 min environ. Comptez environ 25F par personne pour l'aller-retour. Renseignements : ☎04.94.74.93.00.

Île de Bendor

La traversée dure 7 min. Rotations toutes les demi-heures.

Toulon

Gare maritime
Port de Commerce
☎04.94.22.80.82
Départs vers les îles et la Corse.

?

Renseignements pratiques

Offices de tourisme

Maison du tourisme La Provence d'Azur
☎04.94.01.84.30
⇄04.94.01.84.31
www.provence-azur.com
Pour obtenir de l'information générale sur cette région qui s'étale du Lavandou à Hyères, y compris les îles.

Le Lavandou

Office de tourisme
quai Gabriel Péri
☎04.94.00.40.50
⇄04.94.00.40.59
www.lelavandou.com
Cet office de tourisme mériterait cinq étoiles pour son service. Le personnel est si gentil et accueillant.

Vedettes Îles d'Or
quai Gabriel Péri
☎04.94.71.01.02
⇄04.94.71.78.95

Bormes-les-Mimosas

Office de tourisme
1 place Gambetta
☎04.94.71.15.17
⇄04.94.64.79.57

Place Raimu

Hyères-les-Palmiers

Office de tourisme
Forum du Casino
3 av. Ambroise Thomas
☎***04.94.01.84.50***
⇄***04.94.04.84.51***
www.ville-hyeres.fr

Îles d'Hyères

Bureau d'information porquerollais
☎***04.94.58.33.76***
⇄***04.94.58.36.39***
www.porquerolles.com

Bureau du Parc National de Port-Cros
☎***04.94.01.40.72***
⇄***04.94.01.40.71***

Bureau de tourisme de l'Île du Levant
☎***04.94.05.93.52***

Toulon

Office de tourisme
place Raimu
☎***04.94.18.53.00***
⇄***04.94.18.53.09***

Le mercredi à 9h30 (ou sur demande), l'Office de tourisme organise une **visite à pied commentée**.

Comptoir d'information touristique à l'aéroport Toulon-Hyères
☎***04.94.08.83.83***

La Seyne-sur-Mer

Office de tourisme
corniche G. Pompidou
☎***04.98.00.25.70***
⇄***04.98.00.25.71***

Île des Embiez
www.ile-des-embiez

Sanary-sur-Mer

Maison du Tourisme
Les Jardins de la Ville
☎***04.94.74.01.04***
www.sanarysurmer. com

Bandol

Office de tourisme
allée Vivien
☎***04.94.29.41.35***
⇄***04.94.32.50.39***
www.bandol.org

La Cadière-d'Azur

Office de tourisme
place Général de Gaulle
☎***04.94.90.12.56***
⇄***04.94.98.30.13***

Le Beausset

Office de tourisme
place Général de Gaulle
☎***04.94.90.55.10***
⇄***04.94.98.51.83***

Divers

Toulon

Taxi (24 heures par jour)
☎***04.94.93.51.51***

Téléphérique du mont Faron
☎***04.94.92.68.25***

Poste (bureau hôtel de ville)
rue Jean-Bartolini
☎***04.94.01.51.20***

Attraits touristiques

Nous commencerons la description avec la corniche des Maures, qui longe la mer entre Saint-Tropez et Hyères. Suivra la description des îles d'Hyères. La dernière section couvrira la partie entre Toulon et Bandol, y compris les villages qui se trouvent dans l'arrière-pays.

Quittez Saint-Tropez par la D559 en direction de La Croix-Valmer.

Au croisement de la D93 et de la D559 se trouve la croix qui donna un nom au village de **La Croix-Valmer**. Ce n'est qu'en 1935 qu'on ajouta Valmer afin d'éviter toute confusion avec d'autres villages.

Cavalaire-sur-Mer est une station balnéaire qui jouit d'une certaine renommée auprès des touristes, en particulier les familles. Depuis le début du XXe siècle, sa longue plage de sable fin a attiré beaucoup de gens, dont Marie Curie.

Un peu après Cavalaire, on atteint le **Rayol**. Les amateurs de jardins doivent s'arrêter au **Domaine du Rayol ★** *(40F, 20F enfant; visite accompagnée obligatoire; toutes les demi-heures, juil et août mar-dim 10h à 11h et 16h à 18h, sinon mar-ven 15h, sam-dim 10h et 15h, hiver fermé; av. du Commandant Rigaud, ☎04.94.05.32.50).* Ce magnifique domaine de 20 ha abrite une somptueuse villa Art nouveau, avec un escalier qui descend jusqu'à la mer et d'immenses jardins qui comportent plus de 400 espèces exotiques. Depuis 1989, le site est entretenu et géré par le Conservatoire du Littoral, un organisme public.

Si vous voyagez en famille, les enfants seront ravis de faire une halte au **Parc Nautique Niagara ★** *(route du Canadel, La Môle, ☎04.94.49.58.85).* Ils y trouveront des glissoires géantes, une piscine, des bassins à remous et des murs d'escalade nautique. On y accède à partir de Canadel par la D27 en direction de La Môle. L'endroit est bien indiqué.

★

Le Lavandou

Cette station balnéaire à l'ombre du massif des Maures recèle des kilomètres et des kilomètres de plages de sable fin. On la surnomme d'ailleurs «La Station aux 12 sables». Le chiffre 12 est important au Lavandou : les plages au nombre de 12 s'étalent sur 12 km. Toutes différentes, elles vont de la vaste plage de sable fin à la petite crique sauvage. Par contre, elles ont une chose en commun : leur grande propreté. Le Lavandou détient le Pavillon Bleu d'Europe en raison de la qualité de ses eaux et de son environnement.

La vieille ville, quoique petite, est vraiment charmante. On y trouve une multitude de petits restaurants sympathiques avec des terrasses où il fait bon flâner un peu. Sinon la ville est généralement très fréquentée pendant la haute saison puisque s'y trouve le port principal d'embarquement pour se rendre à l'île du Levant et l'île de Port-Cros (voir p 447). De plus, on a la possibilité d'y louer des bateaux pour visiter les nombreuses baies et les caps magnifiques qui se multiplient au sud-ouest du village. Ces endroits sont aussi accessibles en vélo. D'ailleurs, Le Lavandou constitue un point de départ idéal pour faire des randonnées superbes à vélo dans l'arrière-pays.

Quittez Le Lavandou par la D41 en direction de Bormes-les-Mimosas.

★★

Bormes-les-Mimosas

Ce village vous enchantera avec ses vieilles maisons coiffées de tuiles roses et étagées à flanc de colline, ses ruelles en pente, les vestiges de ses remparts et les imposantes ruines de son château.

Son histoire remonte à 400 av. J.-C., lorsqu'une tribu ligure venant d'Italie, les Bormanis, s'installa au bord du littoral. Longtemps peuple de pêcheurs, les Bormanis émigrèrent sur les collines au IXe

Les plages du Lavandou

La commune du Lavandou s'étend sur plusieurs kilomètres et compte plusieurs lieudits tels Pramousquier, Cavalière et Aiguebelle. Toutefois, la côte change souvent, créant ainsi une multitude de plages, chacune affichant une personnalité différente. Au nombre de 12, les plages portent toutes un surnom suggestif de leur caractère. De quoi satisfaire tous les amateurs de plage!

Les plages du Lavandou sont sécuritaires, car surveillées par des maîtres nageurs (sauveteurs diplômés). De plus, le sable est nettoyé quotidiennement. Enfin, «Le Pavillon Bleu» d'Europe, décerné par la Fondation de l'Éducation à l'Environnement, flotte sur le Lavandou pour souligner la qualité de ses eaux et de son environnement.

Voici l'énumération des plages d'ouest en est :

La plage de l'Anglade - La Branchée
C'est la première plage de la station. Pour donner le ton.

La plage du Lavandou ou Grande Plage - La Familiale
La plus longue des plages, avec son sable doré qui vous séduira. Elle attire beaucoup les familles, car sa grandeur leur permet de se livrer à de multiples activités.

La plage Saint-Clair- La Perle
Plage sympathique moins longue que celle du Lavandou. Son environnement est toutefois plus naturel grâce aux pins qui la surplombent. De plus, son exposition au soleil est maximale.

La plage de la Fossette - La Souriante
Toute petite, cette plage recèle un petit côté sauvage puisqu'elle semble s'être creusée une place entre deux avancées rocheuses.

La plage d'Aiguebelle- La Charmeuse
L'attrait majeur d'Aiguebelle («belle eau») tient dans la transparence de l'eau.

La plage Jean Blanc - L'Écrin d'argent
Cette «petite sauvage» surgit du cœur d'une crique. Voulant préserver son intimité, elle se fait moins accessible. Mais le petit effort est vite oublié lorsque les pins, le soleil et la mer nous accueillent.

La plage de l'Eléphant - La Sauvage
Son surnom dit tout. Elle est si sauvage qu'il faut franchir des rochers ou l'aborder par la mer pour y accéder. On se rapproche de l'île déserte enviée par les amoureux.

La plage du Rossignol- L'Intégrale
Intégrale pour bronzage intégral. Intime, elle incite à se dévoiler...

La plage du Layet- L'Anse du Boucanier
Cachée des regards, elle invite, comme la précédente, au naturisme.

La plage de la Cavalière - La Sportive
Que voulez-vous faire aujourd'hui? De la voile, de la motomarine (scooter des

mers), du catamaran, de la plongée, du ski nautique, du pédalo, jouer au badminton ou au volley-ball. Bingo!

La plage Cap Nègre - La Paisible
Pour retrouver un peu de paix après l'activité débordante de la précédente.

La plage du Pramousquier - La Mystérieuse
Le mystère se trouve dans les couleurs de son eau qui joue à nous tromper en empruntant d'innombrables reflets qui n'arrivent pas à se fixer entre le vert, le bleu et le turquoise.

Enfin, toutes ces plages sont toutes accessibles grâce au **Petit train des Plages** voyageant d'une extrémité à l'autre. Il y a quatre départs par jour dans chaque direction. Le premier s'effectue vers 10h et le dernier vers 19h. La durée totale du trajet est de 50 min.

siècle pour se défendre contre les attaques incessantes des Sarrasins. Le village ne fut toutefois construit qu'au XIIe siècle, et, malgré la construction de remparts, les habitants ont dû subir de nouvelles invasions. En 1913, la commune a perdu une grande partie de son territoire et de ses habitants, lorsque le quartier du Lavandou, désireux de développer son activité maritime, s'est séparé. En 1968, un décret rend officielle l'appellation de Bormes-les-Mimosas en raison de l'importante floraison (janvier à mars) de cet arbre de la famille des acacias. Le troisième dimanche de février, cet arbre, symbole de la commune, est l'objet d'une fête dont le clou est un magnifique défilé de chars fleuris qui attire des milliers de spectateurs. Depuis 1970, Bormes-les-Mimosas a en outre le privilège d'arborer le label «quatre fleurs» en raison du classement de premier village fleuri qu'elle se mérite dans sa catégorie.

Vous ne cesserez d'être ébahi par la beauté des bougainvillées et des glycines qui partout s'agrippent aux façades des maisons. Alors, prenez le temps de flâner dans les très jolies ruelles de l'ancien village. Le haut du village est occupé par le **château de Bormes**, dont il ne reste que des vestiges. Construit entre les XIIIe et XIVe siècles, il fut incendié en 1589. Aujourd'hui propriété privée, il ne peut être visité. Mais vous pouvez quand même bénéficier du panorama qui s'ouvre sur la plaine et la mer.

La **chapelle Saint-François-de-Paule ★** perpétue le souvenir de ce saint qui guérit Bormes de la peste en 1481. Depuis 1560, l'intérieur abrite un retable du XVIIe siècle à la gloire du protecteur du village.

Située hors des remparts de la cité médiévale, l'**église Saint-Trophyme ★**, à trois nefs d'inspiration romane, date du XVIIIe siècle. La devise en latin du cadran solaire sur la façade signifie «de l'heure du jour à l'heure de Dieu». À l'intérieur, les piliers portent des bustes reliquaires en bois doré, un chemin de croix comptant 14 peintures à l'huile d'Alain Noon (1980) et un majestueux tableau dominant la nef centrale et représentant saint Trophyme.

Dans la rue Carnot du vieux village se trouve le **Musée «Arts et Histoire» ★** *(10h à midi et 15h à 18h, jusqu'à 17h en hiver; fermé mar et dim après-midi).* Sis dans un édifice du XVIIe siècle magnifiquement restauré, il étonne par ses splendides pla

Entre St-Tropez et Bandol

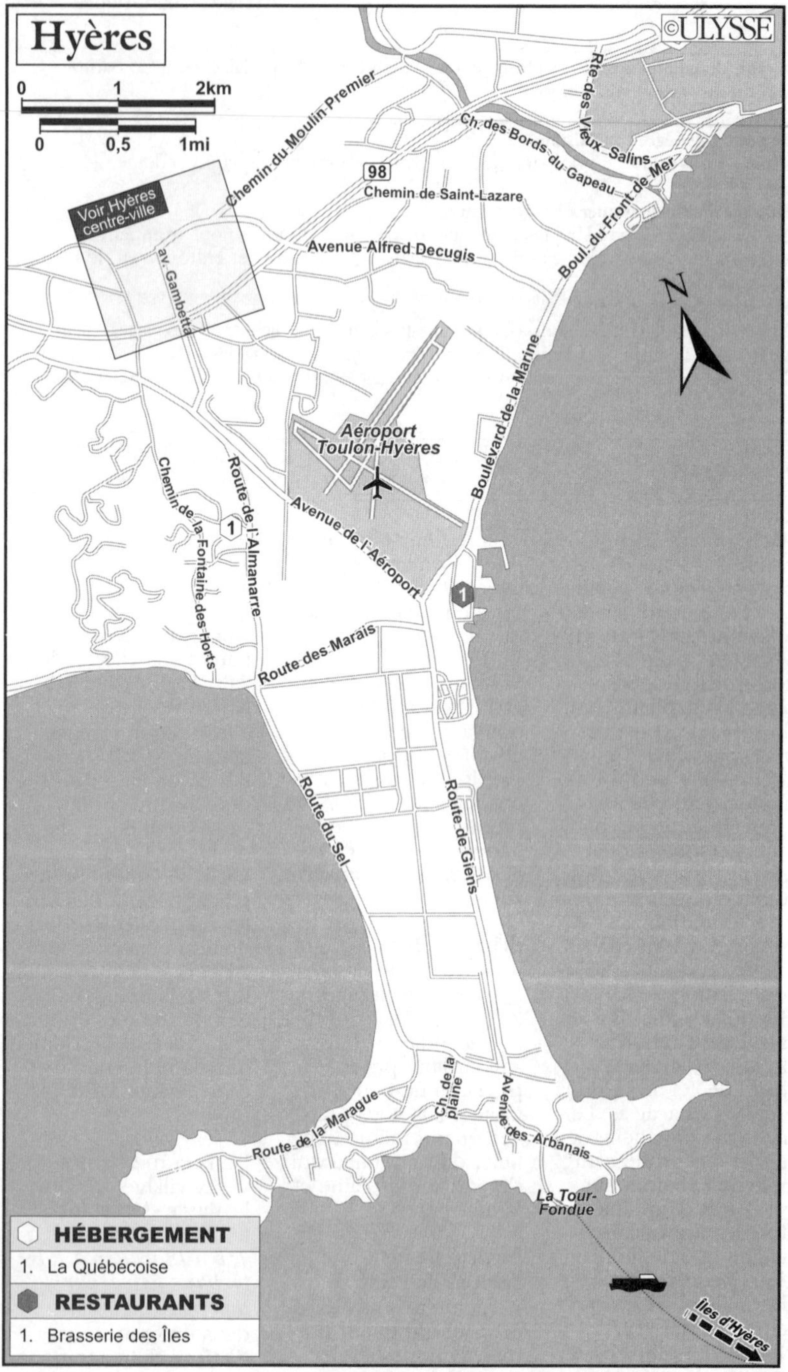
Hyères
©ULYSSE
0
1
2km
0
0,5
1mi
Voir Hyères centre-ville
Chemin du Moulin Premier
Rte des Vieux Salins
Ch. des Bords du Gapeau
98
Chemin de Saint-Lazare
Boul. du Front de Mer
Avenue Alfred Decugis
av. Gambetta
N
Boulevard de la Marine
Aéroport Toulon-Hyères
Chemin de la Fontaine des Horts
Route de l'Almanarre
Avenue de l'Aéroport
1
1
Route des Marais
Route du Sel
Route de Giens
Ch. de la plaine
Avenue des Arbanais
Route de la Marague
La Tour-Fondue
Îles d'Hyères
HÉBERGEMENT
1. La Québécoise
RESTAURANTS
1. Brasserie des Îles

fonds de pierre. S'il fut déjà utilisé comme prison ou école de garçons, depuis 1926 il abrite des collections qui retracent l'historique de Bormes, de Collobrières, de Brégançon et de la Chartreuse de la Verne. Peintures des XIXe et XXe siècles.

En descendant du vieux village vers Cabasson, vous atteindrez le **fort de Brégançon** ★. Érigé au XVIe siècle sous François Ier, sur le cap du même nom qui sépare les rades d'Hyères et de Bormes, le fort est une résidence présidentielle depuis 1968. Il ne peut être visité qu'en septembre, lors de la journée «Portes ouvertes des Monuments historiques de France».

Cabasson est l'endroit idéal pour faire des balades à pied ou des randonnées à vélo. D'ailleurs, le village n'est pas toujours accessible en voiture. Vous y profiterez pleinement de la nature, car la forêt, les vignes et la mer bordent le village.

La corniche des Maures s'achève ici. Si vous désirez rentrer à Saint-Tropez, prenez la N98 en direction de **La Môle**. Si vous voulez manger, vous trouverez un très bon restaurant dans ce village (voir p 477).

Si l'on continue vers l'ouest par la N98, on atteint Hyères.

Hyères-les-Palmiers

Cette station balnéaire est très étendue puisqu'elle regroupe, outre son centre, un port (le port Saint-Pierre), plusieurs plages, la presqu'île de Giens et les îles d'Hyères. De plus, c'est sur son territoire que se trouve l'aéroport de Toulon-Hyères, le seul entre Nice et Marseille.

La station balnéaire a connu la gloire pendant la deuxième partie du XIXe siècle. Elle était alors fréquentée par de nombreux artistes et des membres de la haute société – anglaise surtout – parmi lesquels figuraient la reine Victoria, la reine d'Espagne, Tolstoï et Victor Hugo.

Malheureusement, aujourd'hui, il ne reste plus beaucoup de traces de ce passé glorieux. Au XXe siècle, Hyères a perdu son statut mondain au profit de Cannes et de Nice. Cependant, depuis plusieurs années, elle est redevenue une station balnéaire populaire, et l'on y a bâti un **casino** dans une ancienne villa qui intègre une construction contemporaine en verre. Cela en fait une œuvre architecturale assez originale.

Il y a peu de choses à voir à part la **vieille ville** ★. Lorsqu'on s'y promène, on découvre des passages couverts et des maisons médiévales qui lui confèrent un charme, et, un peu partout, on peut encore voir des traces des anciens remparts.

Il faut s'arrêter à la **collégiale Saint-Paul** *(14h30 à 17h; ☎04.94.65.83.30)* pour voir l'escalier monumental qui mène à l'entrée et les nombreux ex-voto qu'elle renferme.

Enfin, une fois de plus, le haut du village est occupé par les ruines d'un château détruit lors des guerres de Religion.

En contrebas des ruines, les amateurs d'architecture des années trente peuvent visiter la **villa Noailles** ★ *(été 9h à 19h; château Saint-Bernard, montée de Noailles, ☎04.94.01.84.50)*. La maison fut construite par le célèbre architecte Mallet-Stevens. Ses propriétaires, mécènes fortunés, y ont accueilli de nombreux artistes, parmi lesquels on retrouve Man Ray, Giacometti, Buñuel et Cocteau.

Afin de rejoindre l'embarcadère pour vous rendre aux îles d'Hyères, vous traverserez la presqu'île de Giens. En route, vous pourrez bifurquer vers l'une des plages pour faire saucette dans la mer! Il y a une route assez spectaculaire dans la partie extrême-ouest de la presqu'île. Cette route étroite est bordée par les salins des Pesquiers sur un côté et, de l'autre, par la mer.

Le port de la Tour-Fondue, à l'extrémité de la presqu'île, assure la traversée directe pour Porquerolles uniquement. Mais on peut aussi, au départ du Port St-Pierre, accéder directement aux trois îles *(voir p 447).*

★★

Îles d'Hyères

Pendant la Renaissance, ces îles s'appelaient les «îles d'Or». Il existe toutefois une vieille légende beaucoup plus attrayante. Il y a bien longtemps vivait en cette contrée le roi Olbianus, père de quatre princesses aussi belles qu'intrépides, si bien que leur passion de la nage les entraînait fort loin au large.

Mais hélas un jour, elles furent prises en chasse par des navires pirates. Heureusement, les dieux sont intervenus : avant que les malfaiteurs ne parviennent à les attraper, les ondines se muèrent en îles d'Or! C'est d'ailleurs «sûrement» ce qui explique l'existence de la quatrième île. Très petite, l'île de Bagaud fait face à celle de Port-Cros.

Pour rester plus près de la réalité, disons que ces îles subirent des influences successives (ligure, étrusque, grecque et romaine), avant d'être régulièrement ravagées par les Sarrasins. On pourrait dire que ces princesses ont continué de partager les mêmes fatalités...

Conseil : pour vraiment apprécier la flore et la faune de ces îles, il est préférable de venir au printemps ou en automne. L'été n'est pas la période la plus favorable car la végétation aura depuis longtemps achevé sa floraison, et la plupart des oiseaux seront partis en migration.

★★★

Île de Porquerolles

Au début du XIXe siècle, cette île, la plus vaste des trois, n'avait pas encore trouvé sa vocation touristique. Elle servait plutôt de centre de convalescence aux soldats rapatriés des guerres coloniales. C'est à ce moment-là que le génie militaire décida de créer le village.

Au tournant du XXe siècle, un riche commerçant a acheté l'île pour enchanter sa jeune épouse. Et cela n'est pas une légende! Après la mort de l'acquéreur, l'État français a racheté le territoire – à l'exclusion de quelques propriétés qui sont restées entre les mains des descendants de cette famille. La patronne du chic hôtel Le Mas du Langoustier est la petite-fille de ce monsieur.

Depuis 1988, l'île est devenue site classé. Elle réserve aux visiteurs de magnifiques promenades pédestres ou cyclables, d'attrayantes plages de sable et de superbes points de vue le long des falaises du Sud qui dominent une mer aux couleurs chatoyantes.

Puisque l'île ne fait qu'environ 8 km de long sur 2 km de large, on recommande la location d'un vélo. On trouve plusieurs boutiques qui en louent à l'entrée du port. Il faut toujours se rappeler qu'il est interdit de fumer ou même d'allumer un feu en dehors du village. De plus, il faut respecter la nature.

Lorsqu'on débarque au port, on reconnaît tout de suite l'atmosphère particulière qu'ont les lieux de vacances insulaires. On pourrait aussi bien être dans une île des Caraïbes. Toutefois, on reconnaît l'Europe dès qu'on aperçoit la place centrale du village où trône l'église.

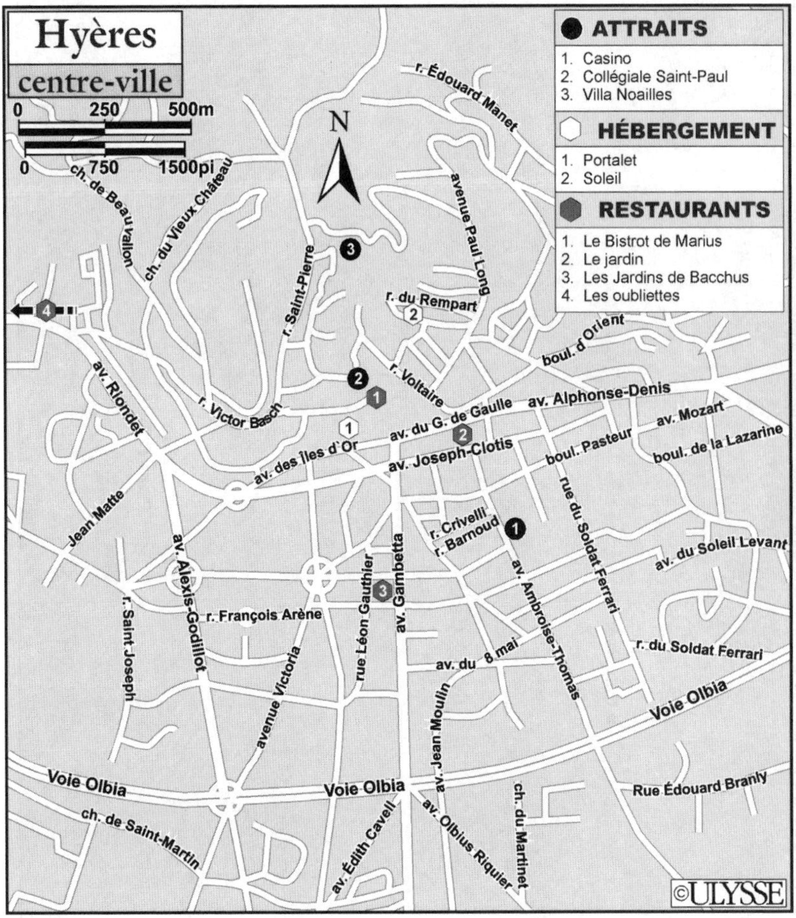

Avec une bicyclette, vous aurez le loisir de parcourir l'île dans tous les sens. Il y a cependant quelques arrêts que vous devriez effectuer.

Le **fort Sainte-Agathe** *(mai à sept 10h à midi et 14h30 à 17h30; ☎04.94. 12.30.40)* a été construit au XVIe siècle pour assurer la défense de l'île. On y présente une exposition sur le parc national de Port-Cros ainsi que quelques pièces d'archéologie trouvées au fond de la mer. On peut aussi accéder à une tour qui offre un panorama de l'île.

L'île renferme aussi le **Conservatoire botanique national** *(mai à sept 9h30 à 12h30 et 13h30 à 18h; ☎04.94.12.30.40)*. On peut y visiter les jardins et des vergers de collection qui recèlent différentes variétés d'espèces communes de fruits.

★★★
Île de Port-Cros

Quand on arrive dans la rade de cette île, on a l'impression d'avoir effectué un voyage lointain et d'avoir atteint le petit port d'une ancienne colonie française... en Afrique! En effet, il n'y a que très peu de bâtiments, beaucoup de palmiers et une certaine indolence dans l'air...

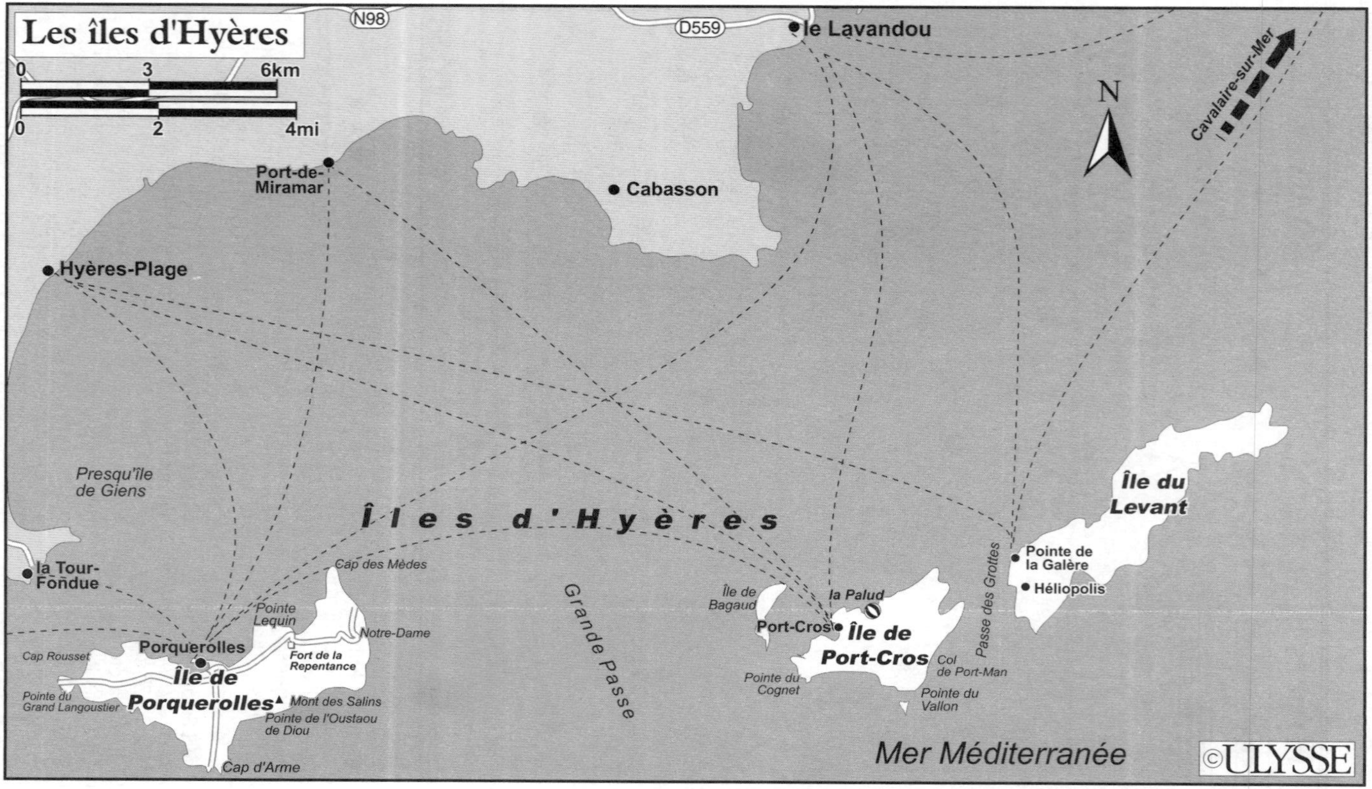
Les îles d'Hyères
0
3
6km
0
2
4mi
N98
D559
le Lavandou
Cavalaire-sur-Mer
N
Port-de-Miramar
Cabasson
Hyères-Plage
Presqu'île de Giens
Îles d'Hyères
la Tour-Fondue
Cap des Mèdes
Pointe Lequin
Notre-Dame
Porquerolles
Cap Rousset
Fort de la Repentance
Île de Porquerolles
Pointe du Grand Langoustier
Mont des Salins
Pointe de l'Oustaou de Diou
Cap d'Arme
Grande Passe
Île de Bagaud
la Palud
Port-Cros
Île de Port-Cros
Pointe du Cognet
Col de Port-Man
Pointe du Vallon
Passe des Grottes
Pointe de la Galère
Héliopolis
Île du Levant
Mer Méditerranée
©ULYSSE

Depuis 1963, cette île est un parc national dans son entièreté, autant terrestre que marin. Depuis une trentaine d'années, la végétation littorale connaît de sérieux ravages causés par la pollution des fonds marins. On dit que «La terre a le mal de mer». De nombreux efforts sont déployés pour remédier à la situation ou, du moins, l'améliorer. Beaucoup d'efforts, mais malheureusement des résultats modestes. Vous pourrez en savoir plus long une fois sur place, car le parc est doté d'un centre d'information au port, où un personnel qualifié et aimable pourra répondre à toutes vos questions.

En raison de sa vocation de parc national, l'île est restée très sauvage. Vous pourrez y effectuer de jolies promenades et ainsi rejoindre le **fort de l'Estissac**, qui propose des petites expositions en été. En contrebas commence le **Sentier botanique ★★**, qui mène à la plage de **La Palud**.

Cette plage est le site d'un **sentier sous-marin ★★★** *(pour emprunter un masque et des palmes gratuitement, renseignez-vous au centre d'information au port).* Voici quelque chose qui sort de l'ordinaire : on a balisé un sentier dans une eau peu profonde. Des guides sont sur place pour vous faire découvrir les nombreux beaux poissons et espèces végétales. On peut même y voir une espèce d'algue qui, calcifiée, ressemble au corail. Enfin, l'intimité avec les poissons est telle qu'une méduse a même insisté pour «prendre contact» avec nous...

★ Île du Levant

Cette île est surtout reconnue pour abriter Héliopolis, un village naturiste. Mais le principal «occupant» de l'île est la Marine nationale! En effet, elle occupe 90% du territoire de l'île.

Héliopolis, la «Cité du Soleil», a été fondée en 1931 par des médecins naturistes. C'est un tout petit paradis pour naturistes qui occupe la pointe méridionale de l'île. On y trouve une réserve naturelle, Le Domaine des Arbousiers, où des petits sentiers sauvages traversent des espaces boisés ou longent la mer du haut des falaises. On devient Adam et Ève, mais malheureusement les barbelés de la «Marine» nous ramènent à la réalité. Ce n'est pas l'endroit rêvé pour les plages, car il n'y a qu'une seule petite plage sablonneuse. Sinon, on peut se jeter à l'eau du haut des rochers le long de la côte. Mais il faut alors faire attention aux oursins. Il y en a beaucoup.

La description continue avec Toulon. À partir de Hyères, il faut prendre la N98 puis l'autoroute A570. Si vous venez de la Tour-Fondue, traversez la dune de l'Étang-des-Pesquiers et suivez la D559.

Toulon

La ville occupe une position géographique exceptionnelle entre le mont Faron et une large rade qui se targue d'être la plus belle d'Europe. Cela était sans doute vrai il y a longtemps!

Elle fut occupée dès l'Antiquité par des pêcheurs celto-ligures. Au Ve siècle, la ville a intensifié son développement grâce à l'établissement d'un évêché. Les habitants vivaient alors de la pêche, de la tannerie, du commerce du vin, du sel et aussi... de la piraterie.

Ce n'est qu'à partir de 1481 que Toulon prend une position stratégique d'importance, lorsque le comte de Provence lègue la Provence au roi de France. En 1514, la tour Royale est édifiée pour défendre l'entrée de la Petite Rade. En 1595, Henri IV crée l'Arsenal maritime, qui est chargé principalement de la construction des galères royales. Dès lors, les chantiers navals se développent, et Toulon devient le premier établissement militaire de la France. Dès son arrivée au pouvoir,

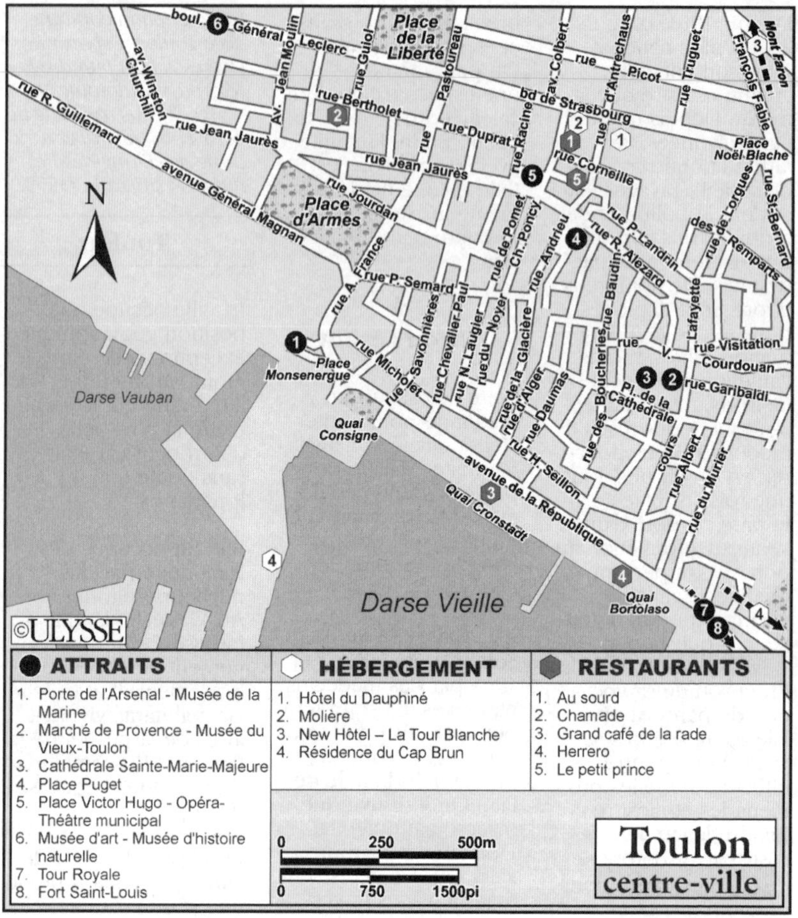

Louis XIV demande à Vauban d'édifier des fortifications destinées à défendre l'approche de Toulon par terre et par mer.

Au XVIIIe siècle, Toulon est à l'apogée de sa puissance maritime et devient le premier port d'Europe. Après avoir été livrée aux Anglais et aux Espagnols en 1793, elle est reconquise par Bonaparte.

Après des années de déchéance, Toulon ne retrouve sa prospérité que sous le Second Empire. L'ouverture du canal de Suez, en 1869, renforce encore sa position stratégique.

Jusqu'à la Seconde Guerre mondiale, la Marine est omniprésente, mais, à l'issue de cette guerre, la ville est à moitié détruite.

Toulon porte les marques de son histoire et de sa destinée en tant que port militaire stratégique. «La plus belle rade d'Europe» est un bon exemple de beauté naturelle complètement sacrifiée aux mains de stratèges, de militaires et d'envahisseurs. Le quartier du port, par exemple, a dû être reconstruit massivement après la dernière guerre. Édifié dans un style «moderne» de la fin des années quarante, ce quartier est loin d'être une réussite architecturale. Et le temps, malheureusement, n'a pas arrangé les choses! Bref, la reconstruction de Toulon a été loupée sûrement à cause du manque d'argent et de la précipitation à l'accomplir.En 1974, Toulon est redevenue le siège de la préfecture du Var après une interruption de 181 ans. Depuis les années quatre-vingt, la ville déploie beaucoup d'efforts pour revitaliser son image et est en train d'entreprendre d'importants changements d'infrastructure. Il semble que tout cela ait porté fruit, car la vieille ville est devenue un site agréable où se promener. On constate également que les efforts se perpétuent et que la restauration va bon train. Il faudra suivre son évolution, car, en dépit de ces améliorations, la ville semble néanmoins demeurer terne.

Politiquement, Toulon représente une spécificité douteuse : celle de la plus grande ville de France dont le maire fait partie de l'extrême-droite nationale.

La visite de la ville

Laissez votre voiture dans le stationnement public sur la place d'Armes. Dirigez-vous vers le port.

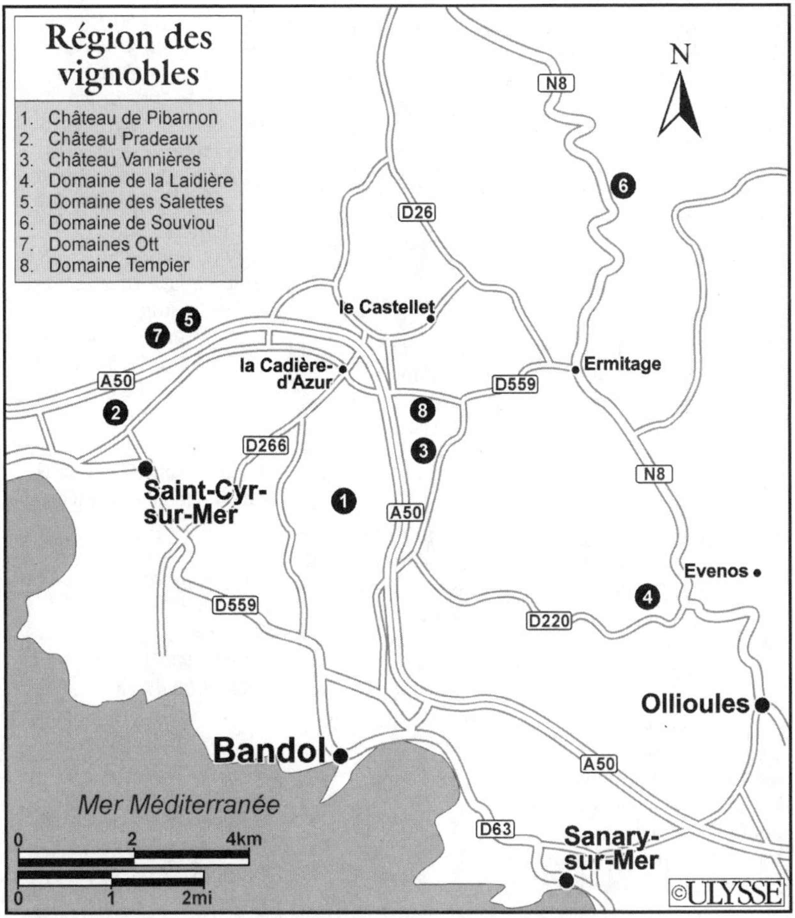

Les grands vins de Bandol

Avant que les côtes-de-Provence ne prennent du galon, les Bandol étaient les seuls vins qui jouissaient d'une bonne réputation dans le sud de la France. Encore aujourd'hui, celle-ci ne se dément pas : on compte de très grands domaines parmi les vins de Bandol.

Les vins de Bandol sont essentiellement rosés ou rouges, mais on produit quelques blancs. Les rouges sont des vins de garde qui sont obligatoirement élevés en foudres de chêne pendant un minimum de 18 mois. Ils ne donnent leur pleine mesure qu'après plusieurs années de vieillissement.

Le Domaine Tempier
9h à midi et 14h à 18h
Situé à quelques minutes de Bandol sur la route menant vers le Castellet, ce domaine jouit d'une excellente réputation et appartient à la même famille depuis 1834, qui produit non seulement un très bon vin rouge mais également du vin rosé. On peut déguster et acheter au domaine. C'est toujours un plaisir de s'y arrêter car on y profite d'un service personnalisé et courtois.

Le Château de Pibarnon
9h à midi et 14h à 18h, fermé dim
Comte de Saint-Victor
La-Cadière-d'Azur
☎ ***04.94.90.12.73***
⇄ ***04.94.90.12.98***
Il faut longer une petite route sinueuse sur plusieurs kilomètres avant de rejoindre le château. Cela peut paraître long, mais il en vaut la peine! Le château est situé sur un site admirable offrant une vue magnifique sur la campagne varoise. C'est un endroit de grande classe : la salle des ventes et le caveau de dégustation sont situés dans des caves voûtées splendides qui ont été restaurées avec le plus grand discernement. Jouissant d'une réputation inébranlable et encensés par les plus grands spécialistes, les vins sont à la hauteur des lieux. Les rouges doivent être gardés un minimum de cinq ans et sont distribués au Québec.

Les Domaines Ott
Les Domaines Ott possèdent trois domaines différents dont deux produisent des vins d'appellation Côtes-de-Provence contrôlée et l'autre des vins d'appellation Bandol contrôlée. Peu importe lequel, les trois domaines produisent des vins qui se sont distingués depuis toujours et qui n'arrêtent pas d'étonner grâce à la consistance qu'arbore la qualité de leur production. Ce sont de grands vins, plus chers également, que l'on repère immédiatement grâce à la forme imposante et singulière de leur bouteille. Toujours agréables à boire, et ce, dans toutes ces dénominations et couleurs!

Château Romassan (appellation Bandol contrôlée)
10h à 12h30 et 14 à 18h, jus qu'à 19h en été, fermé dim
601 route de Mourvèdres
Le Castellet
☎***04.94.98.71.91***
⇄***04.94.98.65.44***
Domaine le plus récent (1956), offrant la production la plus variée, il propose six cuvées différentes : trois rosés, deux rouges et un blanc. Le caveau de dégustation se trouve

dans de très jolies caves voûtées qui ont été sobrement restaurées. On y produit entre autres un rosé remarquable, le Cœur de grain, ainsi qu'un rouge de longue garde très prisé.

Château de Selle (appellation Côtes-de-Provence contrôlée)
10h à midi et 14h à 18h fermé dim
route départementale 73, Taradeau
☎**04.94.47.57.57**
⇄**04.94.47.57.58**
Situé dans le centre du Var, près de Lorgues. C'est dans ce château qu'en 1912 Marcel Ott a débuté son exploitation. On y crée quatre cuvées dont deux rouges, un blanc et un rosé. Comme pour les Bandol, le rosé Cœur de grain et le rouge de longue garde volent la palme.

Clos Mireille
9h à midi et 14h à 18h, jusqu'à 19h30 en été, fermé dim sauf été
route de Brégançon, La Londe-Les-Maures
☎**04.94.98.71.91**
⇄**04.94.98.65.44**
Entre Le Lavandou et Hyères, on trouve le plus petit des trois domaines. Il ne produit que deux blancs parmi lesquels figure le merveilleux Blanc de Blancs, créé en 1938. Un grand vin blanc qui ne laisse jamais en reste!

Si toutefois vous ne désirez pas faire la visite de ces vignobles, sachez que l'on trouve deux organismes qui ont pignon sur la même rue que l'office de tourisme. Ceux-ci font la vente (au prix des producteurs) et la promotion des vins de Bandol en les faisant goûter.

La Maison des vins de Bandol
22 Allées Vivien, au port
☎**04.94.29.45.03**
D'une gentillesse peu commune et animée d'une grande passion, Michel vous aidera à faire des découvertes parmi les producteurs membres du Syndicat des Domaines en appellation Bandol contrôlée. Si par la suite l'envie vous prend de visiter les vignobles des vins que vous aurez goûtés, il pourra vous y guider grâce à l'énorme plan qui est affiché au mur. Voici quelques suggestions : le rosé des Domaines de La Laidière et du Château Pradeaux, le blanc du Domaine des Salettes, le rouge des Château Vannières et du Domaine de la Tour du bon.

Le Caveau des vins de Bandol
Allées Vivien
☎**04.94.29.60.45**
Presque à côté de l'autre, on y propose des vins différents puisqu'ils proviennent des vignerons membres du Syndicat des producteurs de vins d'appellation d'origine contrôlée Bandol.

On atteint rapidement la **porte de l'Arsenal ★★**, classée monument historique. Les quatre colonnes supportent les statues de Mars, dieu de la Guerre, et de Minerve, déesse de l'Infanterie, des Arts et de l'Intelligence. Elles sont l'œuvre de Puget. La porte cache le **Musée de la Marine ★** *(29F, 19F enfant; mer-lun 9h30 à midi et 14h à 18h; place Monsenergue, ☎04.94.02.02.01)*. On y évoque plus de deux siècles de l'histoire maritime de la France à l'aide de maquettes, plans, photos, peintures, etc.

Vous pouvez ensuite flâner le long des quais. Le quai Stalingrad aligne de nombreux petits restos qui arborent des terrasses. Notez les **Atlantes de Puget**, qui datent de 1657 et qui ornent la mairie d'honneur.

Dirigez-vous vers la vieille ville et le cours Lafayette.

Le marché de Provence se tient sur le **cours Lafayette**, bordé de platanes. C'est là aussi que loge le **Musée du Vieux-Toulon** *(entrée libre; lun-sam 14h à 18h; ☎04.94.92.29.23)*, qui retrace l'histoire locale.

La vieille ville possède encore quelques coins charmants. Certaines vieilles rues abritent toujours quelques maisons médiévales. Sur la place de la Cathédrale trône la **cathédrale Sainte-Marie-Majeure ★**. Cette ancienne église romane du XIe siècle a été agrandie au XVIIe siècle. Derrière sa façade classique se cachent un bel autel baroque en marbre et en stuc, réalisé par Veyrier (élève de Puget), et de nombreux tableaux, dont un de Puget.

Dirigez-vous vers l'Opéra, au nord-ouest.

Vous atteindrez la place Puget et sa célèbre fontaine des Trois-Dauphins. D'ailleurs, on peut effectuer un circuit qui permet de découvrir les fontaines de la ville. Pour de plus amples renseignements, adressez-vous à la mairie d'honneur au port.

Dans les rues avoisinantes, vous trouverez deux ou trois hôtels sympathiques (voir p 473).

Un peu à l'ouest, la place Victor Hugo accueille l'**Opéra-Théâtre municipal** *(☎04.94.92.70.78)*, un très beau bâtiment édifié en 1862. Les statues, à l'extérieur, sont l'œuvre d'artistes toulonnais et représentent, pour la plupart, des muses du domaine de l'art. Cet opéra est réputé pour son acoustique. L'intérieur est richement décoré de peintures, de stucs et de bronzes de style Napoléon III. On y présente chaque année entre 12 et 15 opéras et opérettes.

Prenez la direction ouest par le boulevard de Strasbourg, qui se trouve derrière l'Opéra.

Le **Musée des beaux-arts** *(entrée libre; 13h à 18h; 113 bd Maréchal Leclerc, ☎04.94.93.15.54)* est un édifice de style Renaissance construit en 1887. Il abrite la bibliothèque, la deuxième collection française d'art contemporain (1960-1988) et des peintures de l'école provençale qui couvrent la période entre les XVIIe et XXe siècles. L'édifice loge aussi le **Musée d'Histoire naturelle** *(entrée libre; lun-sam 9h30 à midi et 14h à 18h; ☎04.94.93.15.54)*.

Dirigez-vous maintenant vers le sud en direction de l'arsenal, près du point de départ.

L'arsenal est le lieu de travail d'un nombre considérable de Toulonnais. Il s'étend sur 10 km. La meilleure façon de le découvrir est de monter sur l'une des vedettes qui sillonnent la rade *(45F; avr à oct; ☎04.94.64.41.14)*.

Vous pouvez terminer votre visite de Toulon par le quartier du Mourillon, à l'est.

C'est là que se trouve la plage la plus populaire de Toulon. Bordée de cafés et restaurants, la plage du Mourillon offre tous les plaisirs vacanciers. De plus, c'est de cette plage que part le Sentier du Littoral, menant à l'anse Méjean en passant par le cap Brun, qui abrite la Résidence du Cap Brun, un hôtel de charme jouissant d'un environnement paisible (voir p 474). Par conséquent, on y trouvera une grande animation. Au bout de cette pointe, on découvre la **tour Royale**, qui date de 1514 et qui a été construite afin de protéger le port. Cette tour était équipée de canons et servait aussi de prison. Un peu plus à l'ouest se dresse le **fort Saint-Louis**, bâti en 1692 pour défendre l'entrée de la Grande Rade. Ni l'une ni l'autre de ces constructions stratégiques ne peut être visitée.

★★

Excursion sur le mont Faron

Si vous disposez d'une voiture, suivez les indications vers le mont Faron au départ de la gare SNCF. On peut se rendre jusqu'en haut par une petite route tortueuse qui dévoile de très beaux points de vue. On peut également prendre un téléphérique *(été tlj 9h30 à midi et 14h30 à 19h, hiver mar-dim; bd Amiral Vence, ☎04.94.92.68.25)*. Attention : le téléphérique n'est pas en service les jours de grand vent.

En haut, à une altitude de 500 m, vous profitez d'une très belle vue sur Toulon et sa rade. Un magnifique parc boisé invite au calme et à la détente. Vous y trouvez des sentiers aménagés, des tables de pique-nique et des aires de jeux pour les enfants.

On peut aussi y visiter le **Zoo** *(☎04.94.88.07.89)*, qui s'occupe de l'élevage et de la reproduction de fauves, et le **Mémorial du Débarquement en Provence** *(droit d'entrée; mar-sam 9h30 à 11h30 et 14h30 à 19h; ☎04.94.88.08.09)*.

La gare du téléphérique, au sommet, propose un service de restauration et possède de larges baies vitrées qui embrassent le splendide panorama. Dommage que l'atmosphère semble avoir été figée dans les années soixante!

Quittez Toulon par la D559 en direction de La Seyne-sur-Mer, qui occupe la partie orientale du cap Sicié.

La Seyne-sur-Mer

Le **fort Balaguier** *(mer-dim 10h à midi et 14h à 18h, juil et août 15h à 19h; bd Bonaparte, ☎04.94.94.84.72)* fut érigé au XVIIe siècle pour défendre la petite rade, car son emplacement offrait une vue stratégique sur celle-ci. Aujourd'hui, il abrite un petit musée naval et sert de lieu d'exposition.

En longeant la côte, vous atteindrez Tamaris, un quartier de la Seyne où se trouve le **fort Napoléon**, également bâti au XVIIe siècle. En été, on peut y voir des expositions temporaires d'art contemporain et s'y tiennent les festivals.

Si vous désirez passer un moment à la plage, continuez vers Les Sablettes, une station balnéaire qui donne son nom à la plage. Ce quartier marque aussi l'entrée de la presqu'île de Saint-Mandrier. Il vaut mieux, à notre avis, ne pas faire de détour pour la visiter.

Dirigez-vous plutôt vers le sud-ouest, en direction de la chapelle Notre-Dame-du-Mai. Vous traverserez alors ce qu'on appelle «la corniche varoise». La petite route est ravissante et vous mènera au Brusc et à l'île des Embiez en traversant la jolie forêt de Janas.

★

Six-Fours-les-Plages

Occupant la partie occidentale du cap Sicié, cette «Station Voile» invite à l'art de vivre entre mer et forêt. En effet, son territoire, en plus de compter l'île des Embiez, compte 1 000 ha de forêt préservée ainsi que 18 km de côtes où alternent plages de sable et criques secrètes.

Vous aurez compris que les amateurs de sport y sont comblés. Outre les activités nautiques, de nombreuses randonnées pédestres sont possibles le long du Sentier du Littoral ou dans sa forêt peuplée de mimosas, de genêts, de lavande, d'eucalyptus et de pins de toutes sortes.

Ainsi, il vous est possible d'effectuer une randonnée jusqu'à la chapelle **Notre-Dame-du-Mai ★**, objet de pèlerinages, construite en 1653 au sommet du cap Sicié. La vue est impressionnante car l'endroit surplombe les falaises. On y voit jusqu'à la presqu'île de Giens et la rade de Toulon. Une table d'orientation vous aidera à vous situer. Pour en faire la visite, il faut s'informer au ☎04.94. 34.54.93.

Monument historique depuis 1967, la chapelle **Notre-Dame de Pépiole** *(15h à 18h)* remonte au VIe siècle. Pré-romane, elle compte trois nefs juxtaposées et trois absides, et est ornée d'un clocher et d'un campanile. Ses parties les plus modernes datent du XIIe siècle.

Île des Embiez

Stationnez votre voiture dans le petit quatier du Brusc. Prenez le traversier (25F aller-retour, 18F enfant).

Cette charmante petite île invite aux promenades le long de ses sentiers fleuris ou sur sa côte sauvage qui cache des petites calanques, du haut des rochers desquels on peut se laisser glisser dans l'eau. Si vous préférez, un petit train touristique *(19F, 12F enfant)* vous guidera sur l'île.

Le fort Saint-Pierre abrite l'**Institut océanographique Paul Ricard ★** *(20F, 10F enfant; 10h à 12h30 et 13h30 à 17h45; ☎04.94.34.02.49)*, qui renferme un aquarium méditerranéen et une bibliothèque. Dans un but de sensibilisation du grand public, on y présente également des expositions temporaires, avec conférences et des projections de films.

Attraction touristique de premier ordre, l'**Aquascope** *(75F, 40F enfant; durée 35 min, embarquement aux 45 min; ☎04.94.34. 02.49)* vous invite à découvrir les fonds marins lors d'une promenade en bateau. Vous pourrez, entre autres choses, admirer de riches herbiers, véritables oasis de vie et refuges de nombreux poissons herbivores.

★

Sanary-sur-Mer

C'est une station balnéaire non dépourvue de charme, surtout grâce à quelques édifices anciens qui se trouvent autour du port. Remarquez notamment la **chapelle Notre-Dame-de-Pitié**, qui date du XVIe siècle et qui domine le port pour offrir ainsi un joli panorama sur la baie

Plusieurs écrivains illustres ont séjourné dans le village : Aldous Huxley, Joseph Kessel, Jean Anouilh. Mais le village est surtout reconnu pour avoir été le refuge de nombre d'écrivains allemands célèbres lors de l'avènement d'Hitler, notamment Thomas Mann, Ernst Bloch, Arthur Koestler, Bertolt Brecht, Franz Werfel et Herbert Marcuse.

Êtes-vous amateur de voitures de sport? Alors visitez le **Musée de l'automobile sportive** *(été 9h à midi et 14h à 20h, hors saison seulement les fins de semaine et les jours fériés; ☎04.94.29.63.63)*. Pour vous y rendre, suivez les indications sur la route D559. Il se trouve près de l'autoroute A50.

De l'autre côté de l'autoroute A50, les enfants voudront visiter le **Jardin exotique et Zoo de Sanary-Bandol** *(tlj sauf dim matin 8h à midi et 14h jusqu'au crépuscule; ☎04.94.29.80.59)*. Ils y découvriront de nombreuses espèces d'oiseaux et de plantes exotiques.

★

Bandol

L'histoire de Bandol débute véritablement sous Henri IV, lorsqu'en 1594 il y fit construire un fort en face de l'île de Bendor.

Au XIXe siècle, le village était surtout peuplé de tonneliers qui produisaient le fameux vin de Bandol. Le port servait alors de voie d'acheminement. Malheureusement, l'arrivée du train et les maladies de la vigne furent dévastatrices pour ce port florissant.

Aujourd'hui, Bandol est devenue la station balnéaire la plus importante sur cette partie de la Côte. Sans l'être vraiment, elle voudrait bien devenir une sorte de «petit Saint-Tropez». Cette image, recherchée par les responsables de la ville, n'a pas forcément contribué à l'attrait de cette ville. Enfin, que dire de l'accueil douteux qui nous est parfois réservé dans ce village?

Le village n'est tout de même pas démuni de charme : derrière le port se cachent de jolies ruelles. Sur une placette qui tient lieu de marché, on aperçoit la petite **église Saint-François-de-Sales**, construite au milieu du XVIIIe siècle.

L'intérêt principal de Bandol demeure quand même les jolies promenades qu'on peut y faire. En montant l'allée Alfred Vivien, vous bénéficierez d'une très belle vue sur l'**anse de Renecros**, petite baie avec plage qui se trouve de l'autre côté du port. Sur la colline, on trouve d'ailleurs un très bel hôtel, l'Île Rousse (voir p 475), qui offre une vue magnifique sur la baie mais aussi sur le port de Bandol.

★★

Île de Bendor

Traversiers aux demi-heures (aux quarts d'heure en été); derniers départs vers minuit; transport des véhicules entre 8h30 et 11h30 en semaine.

Les origines de Bendor remontent d'aussi loin qu'au XIIe siècle. Au XVIIe siècle, l'île devient la terre d'exil du comte Robert, voleur et pirate. Par la suite, ce petit bijou d'île a été délaissé et est devenu un rocher désertique.

Tout change en 1950, lorsque Paul Ricard l'achète. L'île devient alors un grand jardin, coiffé de maisons multicolores et de quelques hôtels superbes. Malheureusement, le temps a pâli l'auréole de ces bâtiments. De plus, l'île semble un peu trop construite. En revanche, on y trouve quelques belles plages, certaines sablonneuses, d'autres rocheuses, qui permettent la pratique de toutes les activités nautiques. On y trouve d'ailleurs un centre international de plongée.

L'arrière-pays de Bandol

Quittez Bandol par l'autoroute A50. Sortez à la Cadière-d'Azur. On peut aussi prendre la D559, plus pittoresque.

Le Castellet ★, un charmant petit village perché mérite une visite à travers ses jolies ruelles serrées.

De l'autre côté de l'autoroute, on aperçoit sa sœur jumelle, La Cadière-d'Azur. Quel beau nom!

★★

La Cadière-d'Azur

La construction de ce village juché sur une colline (144 m) remonte au Moyen Âge, comme en témoigne le labyrinthe de ses ravissantes ruelles. Mais ce qui est fantastique encore aujourd'hui, c'est que le village ait pu garder tout son charme d'antan!

La vue autour du village est panoramique. Sous la lumière exceptionnelle de la Provence, son ciel d'azur permet de découvrir la campagne luxuriante de la plaine des Paluns et au loin le massif de la Sainte-Baume. Au sud, le ruisseau du Grand Vallat coule paresseusement dans la plaine et les vignobles jusqu'à la plage de Bandol. Sa luminosité, exempte de brouillard, a d'ailleurs été immortalisée par de nombreux peintres célèbres, notamment Van Gogh.

Enfin, visiter la Cadière sans s'arrêter à l'**Hostellerie Bérard** (voir p 476) relève du péché. Voilà un endroit exceptionnel qui allie art culinaire et beauté provençale.

Quittez par la D559 en direction du Beausset.

Le Beausset est un autre petit village provençal médiéval. Sur une petite butte, un peu à côté du village, se dresse la chapelle du Beausset-Vieux, une chapelle sobre de style roman provençal, seul vestige du village original. On y jouit également d'un beau panorama.

En redescendant vers le sud, on atteint le village d'**Évenos**, avec sa jolie église romane du XIIIe siècle, dominée par les ruines d'un vieux château du XVIe siècle. De là, on peut également effectuer une promenade de 14 km (aller-retour) vers le village de Sainte-Anne.

Plus au sud, on arrive à **Ollioules**. Renommé surtout pour ses **gorges**, qui déjà étaient peuplées pendant la préhistoire et qui se trouvent tout près, le village a été fondé au Xe siècle. Encore une fois, on y trouve un château féodal et une chapelle romane provençale. Enfin, Ollioules est également un autre point de départ pour effectuer de plaisantes balades dans les environs.

Chevreuil

Activités de plein air

Randonnée pédestre

La Croix-Valmer

Stationnez votre voiture à la plage de Gigaro.

De cet endroit, vous pouvez effectuer une randonnée magnifique vers le **cap Lardier** et le **cap Cartaya** – deux caps qui se trouvent au sud-ouest de la presqu'île de Saint-Tropez. Le sentier côtier vous fera découvrir des criques et de petites plages sympathiques qui invitent à une petite saucette dans la mer. Comptez une demi-journée.

Hyères et ses îles

Plusieurs possibilités de randonnée existent à Hyères. D'abord, on peut faire le tour de la presqu'île de Giens. Cela nécessite environ cinq heures car le circuit compte 17 km. Le circuit commence à la plage de la Madrague et se termine à celle de la Badine.

Le meilleur moment de l'année pour effectuer cette balade est à la mi-septembre, car, à cette époque, quelque 1 500 flamants roses s'y rassemblent.

On peut également faire le tour de Porquerolles (28,5 km en neuf heures et demie de marche) sur le Sentier du Littoral. Si la partie nord de l'île est développée, la partie sud est restée sauvage et offre des sites magnifiques.

Enfin, le Sentier du Littoral ceinturant Port-Cros nécessite un peu moins de temps. D'une longueur de 17 km, il demande cinq heures de marche. Port-Cros Parc national constitue une réserve pour la faune et la flore méditerranéennes.

Toulon

Le mont Faron est un endroit merveilleux pour faire de la randonnée. L'Office de tourisme vous remettra une carte des sentiers sur demande. Déjà la vue qu'on a d'en haut est impressionnante. Côté mer (sud) c'est déjà pas mal, mais côté nord c'est féerique : il y a une telle rugosité et l'on ne vous dit pas quand le mistral se met de la partie…

Bandol – île de Bendor

L'Office de tourisme de Bandol distribue des plans qui indiquent différentes randonnées à effectuer dans l'arrière-pays bandolais, notamment celles qui mènent au Gros Cerveau, au massif de la Sainte-Baume ou aux gorges d'Ollioules.

Par ailleurs, il y a toujours le Sentier du Littoral, qui, de l'Anse de Renécros à Bandol, mène aux Lecques, situés 11 km plus à l'ouest. Vous découvrirez chemin faisant le port d'Alon et ses très belles calanques, et passerez par la **pointe de la Fauconnière ★**, le point culminant de cette promenade qui offre un panorama superbe sur la baie des Lecques. Une fois aux Lecques, il est possible de revenir à Bandol par bus si vous le désirez.

Aussi, le club des **Randonneurs pédestres de Bandol** *(16 rue Pons, ☎04.94.32.56.11)* organise des excursions tous les vendredis de l'année, sauf en juillet et en août. Les inscriptions se font le mardi matin entre 9h30 et 11h au Centre nautique de Bandol. Ouvertes à tous, ces excursions vous permettront de faire de plus ample connaissance avec les charmants habitants de la région...

Enfin, il ne faut pas oublier non plus les chemins et sentiers de «Grandes Randonnées» (GR 9, 90, 98, 99, 51 et 49). Certains guides, disponibles dans les librairies spécialisées, donnent plus de détails.

Vélo

Le Lavandou

Les environs de cette station balnéaire invitent à de nombreuses et belles balades à bicyclette ou à pied en direction du cap Bénat. Renseignez-vous à l'Office de tourisme.

Location de vélos Holiday Bikes
av. Vincent Auriol
☎04.94.15.19.99

Île de Porquerolles

Cette île privilégie le vélo. On peut ainsi rejoindre de belles plages et s'adonner à différents sports nautiques, notamment la plongée. On peut louer un vélo au débarcadère de l'île :

Locavélo
☎04.94.58.33.03

La Méduse
☎04.94.58.33.03

Bandol – île de Bendor

Location de vélos Holiday Bikes
127 rte de Marseille
☎04.94.32.21.89

Golf

Le Lavandou

Golf Club du Lavandou
350F
av. de la Grande Bastide, Plaine du Batailler, route du Golf
☎04.94.71.88.28

La Garde (entre Hyères et Toulon)

Golf de Valgarde
Les Castelles, chemin de Rabasson
☎04.94.14.01.05

St-Cyr-sur-Mer

Golf de Frégate
un peu à l'ouest de Bandol sur la route départementale 559
☎04.94.29.38.00
Certes un des plus beaux golfs de la région : les panoramas sont grandioses.

Plongée sous-marine

Les îles d'Hyères sont un lieu de plongée très apprécié pour la pureté de leur eau et la variété des espèces maritimes que l'on y trouve.

Le Lavandou

Plongée C.I.P. Lavandou
port du Lavandou
stationnement du port, face à Lavandou Tourisme
☎ ***04.94.71.54.57***
⇄ ***04.94.15.13.09***
Stages, épaves, baptêmes, plongée aux îles d'Hyères.

Île de Porquerolles

Porquerolles plongée
Carré du Port, local 7
☎ ***04.98.04.62.22***
⇄ ***04.98.04.62.21***

Île des Embiez

Centre de plongée de l'Île des Embiez
☎ ***04.94.34.12.78***

Bandol – île de Bendor

Centre International de plongée Bendor
îe de Bendor
mi-fév à mi-déc
☎ ***04.94.29.55.12***

Centre de Plongée bandolais
2 boul. Victor Hugo
☎ ***04.94.29.41.57***

Pêche en haute mer

Le Lavandou

À bord D'ORCA
quai Baptistin Pins
☎ ***04.94.71.69.07***
⇄ ***04.94.64.92.77***
Pêche au thon et promenade en mer.

Bandol

Hooker
19 corniche Bonaparte
☎ ***04.94.29.46.93***
⇄ ***04.94.32.49.03***
Pêche au gros, location journalière d'un bateau *(4 500F-6 000F pour 6 personnes).*

Voile

Il faut savoir que cette région compte deux «Station Voile», une étiquette garantissant des conditions idéales pour la pratique des sports nautiques.

Le Lavandou

École de voile du Lavandou
plage du Lavandou
☎ ***04.94.71.53.01***
☎ ***06.14.71.83.98***
Stages par moniteurs diplômés d'État : dériveurs, catamarans, planche à voile.

Six-Fours-les-Plages (Station voile)

La Cahute
23 corniche du Cros – Le Brusc
☎ ***04.94.34.11.01***
Stages et locations.

Bandol – île de Bendor (Station voile)

Société nautique de Bandol
port de Bandol
☎ ***04.94.29.42.26***
⇄ ***04.94.32.56.07***

Club nautique de Bendor
île de Bendor
☎ ***04.94.29.52.91***

École de voile L'Île du Fun
île de Bendor
☎ ***04.94.32.46.56***
⇄ ***04.94.32.28.80***
Location de plaches à voiles et *Funboards.*

Tennis

Le Lavandou

Tennis-Club du Lavandou
av. Vincent Auriol, à 50 m de la plage
☎ ***04.94.64.83.79***

Bandol – île de Bendor

Tennis Club de Bandol
av. Albert Ier
tlj 8h à 22h
☎ ***04.94.29.55.40***

Équitation

Saint-Cyr-sur-Mer

Pian Cavale
quartier de La Plaine - entre Bandol et Saint-Cyr
☎ ***04.94.26.69.32***
⇄ ***04.94.25.09.64***

Sport aérien

Le Castellet

Aéro Club du Soleil
Aérodrome du Castellet
☎04.94.90.70.50

Circuit automobile

Le Beausset

Circuit Paul Ricard
R.N.8
☎04.94.90.74.27
⇄04.94.90.72.75

Hébergement

Le Rayol-Canadel

Les Mimosas
250F-290F, pdj 40F
½p 360F
dp, S
rte de La Môle
☎04.94.05.61.06
En prenant la route de La Môle, vous atteindrez rapidement l'hôtel Les Mimosas, petit, très sympathique et de style familial. Un peu vieillot peut-être, mais c'est ce qui fait son charme! Il est néanmoins très soigné et propre. Le bar et la salle à manger (cuisine provençale familiale), sont particulièrement réminiscentes d'images de la France, désormais perdues. Saveur d'arrière-pays, à l'abri du grand tourisme de la Côte, mais sans être trop éloigné de la mer. Attention : l'établissement n'accepte pas les cartes de crédit.

Le Lavandou

Camping de Pramousquier
mai à sept
☎04.94.05.83.95
⇄04.94.05.75.04
À 400 m de la plage la plus à l'est du Lavandou, ce camping propose 180 emplacements, dont beaucoup sont à l'ombre, et un restaurant. De cet endroit, vous pourrez vous rendre jusqu'au centre en passant par les 12 plages du Lavandou en prenant le petit train des Plages qui part de Pramousquier.

Le Lavandou – plage d'Aiguebelle

Le Grand Pavois
400F-450F, 470F-600F ½p
bp, S, ℜ, ≈
plage d'Aiguebelle
☎04.94.05.81.38
⇄04.94.05.81.38
L'hôtel Le Grand Pavois est sous la gouverne de patron dynamique. Il rénove son hôtel de façon incessante. Les chambres, décorées avec goût, sont très confortables et possèdent des balcons. Malgré le fait que l'hôtel ne donne pas directement sur la mer, il dispose d'une passerelle souterraine qui le relie à une plage sablonneuse. Cela représente un grand avantage pour qui voyage avec des enfants. De toute façon, la petite rue devant l'hôtel est un cul-de-sac. Vous jouissez donc plutôt du calme lorsque vous êtes côté mer.

Les Roches
2 200F-3 000F
3 800F-6 200F suite ou app. pdj
fermé mi-oct à Pâques
bp, tv, ℝ, ≡, ℜ, ≈
1 av. des Trois Dauphins
☎04.94.71.05.07
⇄04.94.71.08.40
L'hôtel Les Roches fait partie des hôtels de grand luxe portant la bannière de l'association des Relais et Châteaux. Il donne directement sur la mer, tout comme la piscine et la superbe salle à manger. Chaque chambre dispose d'un balcon ou d'une terrasse et de peignoirs blancs dans la salle de bain. Les clients peuvent accoster en bateau. En haute saison, l'établissement privilégie la demi-pension.

Le Lavandou-plage de Saint-Clair

Auberge de La Falaise
355F-385F/pers. ½p obligatoire
fermé nov et déc
bp, tv, S, ℜ
à l'entrée de la plage de Saint-Clair
☎04.94.71.01.35
⇄04.94.71.79.48
Dans ce petit hôtel familial simple, séparé de la mer seulement par une petite rue, vous trouverez un service personnalisé en plus

d'obtenir le confort nécessaire. De plus, certaines chambres ont une vue sur la mer, tout comme la terrasse où l'on prend le petit déjeuner. Enfin, le repas du soir, servi dans la salle à manger à la décoration rustique qui s'ouvre sur de larges baies vitrées, est inspiré par la cuisine provençale familiale.

Hôtel Tamaris
450F-500F, pdj 40F
de Pâques à oct
bp, tv, S
☎04.94.71.79.19
⇄04.94.71.88.64
De catégorie supérieure, cet hôtel est un grand complexe. L'immeuble est du type motel à la provençale. Sur deux étages, les chambres du rez-de-chaussée disposent d'une petite terrasse, alors que celles du haut possèdent un balcon. Les chambres sont propres et adéquatement meublées. Enfin, on trouve deux restaurants tout près.

Le Lavandou – centre

Auberge provençale
170F-300F
fermé jan à mi-fév
bp/dp, tv, ℜ
11 rue Patron Ravello
☎04.94.71.00.44
⇄04.94.15.02.25
Situé au cœur du centre piétonnier, dans une des plus vieilles maisons du Lavandou, ce petit hôtel est certes simple, mais il est tenu par un jeune homme très sympathique dont les parents tiennent un restaurant très agréable, La Favouille (voir p 477), dans la rue derrière. Si vous désirez plus de confort, optez pour les chambres les plus chères, car elles disposent d'une salle de bain privée. Le principal avantage de cet hôtel est d'être localisé dans la partie la plus agréable de la ville tout en étant à quelques minutes des plages. Le restaurant de l'auberge propose des spécialités régionales (bourride, aïoli) que l'on sert en terrasse ou dans la chaleureuse salle à manger.

Auberge de la Calanque
570F-800F
650F-1 200F ½p
mi-mars à oct
bp, ≡, tv, ℜ, S, ≈, ℜ
62 av. du Général de Gaulle
☎04.94.71.05.96
⇄04.94.71.20.12
Cet hôtel grandiose vole au-dessus de la mêlée. Lorsque l'on arrive au centre par le bord de mer, il est difficile de le rater, tellement il en impose. Le *lobby* est vaste et aéré. Puis vient une succession de salons aux larges baies vitrées offrant une vue sur le jardin verdoyant et fleuri où se trouve la piscine, et bien sûr, sur la mer. De surcroît, il a subi des transformations majeures au cours des récentes années afin de répondre aux nouvelles normes européennes. Martine Dalpozzo, la charmante propriétaire, doit être bien heureuse que la galère des rénovations soit maintenant chose du passé. Nous avons bien hâte de voir quelle direction ce magnifique hôtel prendra, maintenant qu'il a retrouvé toute sa gloire, d'autant qu'il était déjà fort confortable et agréable. Enfin, l'hôtel dispose d'un restaurant dont les spécialités proviennent de la mer.

Bormes-les-Mimosas

Camping Clau Mar Jo
avr à sept
895 chemin de Bénat
Bormes-les-Mimosas
☎04.94.71.53.39
À environ 1 km de la plage, ce camping offre l'avantage d'être près du cap Bénat, lieu idéal pour faire des balades à vélo ou de la randonnée. Petit, il n'offre que 71 emplacements, mais dispose tout de même d'un restaurant.

Le Grand Hôtel
210F-400F, pdj 40F
fermé mi-nov à mi-déc
bp, S, ℜ, ℂ
167 route du Baguier
☎04.94.71.23.72
⇄04.94.71.51.20
Au nord du village, encore plus haut perché, on aperçoit Le Grand Hôtel. Cet établissement a été entièrement restauré et offre une très belle vue sur la Côte. Certaines chambres possèdent un balcon. Vous y trouverez le calme et le repos dans une atmosphère «vieux-rose» douillette à quelques minutes seulement du

village. Le rapport qualité/prix et l'accueil sont excellents. On y trouve également un restaurant *($$, fermé sam).*

La villa Naïs
290F pdj
½p obligatoire juil et août 300F/pers.
bp, S, ℜ, ≈
rte N98, près de Bormes-les-Mimosas
☎04.94.71.28.57
⇄04.94.71.64.39
Localisée sur la route N98, en plein cœur du massif des Maures, La villa Naïs est une table d'hôte avec chambres. Dans cet établissement de l'arrière-pays, près de Bormes-Les-Mimosas, vous serez à courte distance de la mer tout en ayant les collines du massif à vos pieds. M. et Mme Devos vous assurent un bon séjour dans cette jolie villa perdue dans la nature avec piscine et tennis. Madame fait la cuisine et Monsieur, un pêcheur, peut sur demande vous emmener à la pêche au thon. À découvrir pour apprécier la beauté sauvage des Maures dans un cadre agréable.

Hyères

Les plus beaux campings se trouvent aux environs de la commune d'Hyères, car ils sont souvent en bordure de mer et mieux équipés. Par ailleurs, vous aurez le choix car on en dénombre près de 50 dans le coin. Sinon les alentours du Lavandou ou de Sanary-sur-Mer peuvent constituer une alternative.

Presqu'île de Giens

Camping La pinède
avr à sept
268 boul. Alsace Lorraine
☎04.94.58.22.61
⇄04.94.65.39.42
À 150 m de la plage, on y trouve 120 emplacements, un magasin d'alimentation et un restaurant.

Camping International La Réserve
avr à sept
1737 route de la Madrague
☎04.94.58.90.16
⇄04.94.58.90.50
Disposant de 160 emplacements, ce camping compte aussi un magasin d'alimentation, un restaurant et un bar. De plus, on y organise quelques activités et des animations.

Plage des Salins

Camping Port Ponthuau
avr à mi-oct
101 chemin des Ourlèdes
☎04.94.66.41.17
⇄04.94.66.33.09
Immense camping de 380 emplacements à 1 km de la plage avec une multitude d'activités : minigolf, tennis, piscine, volley-ball et cinéma. Alimentation et restaurant sur place.

Camping Rebout
avr à mi-oct
Clos Rose-Marie, B.P. 30
☎04.94.66.41.21
⇄04.94.66.40.41
Ce camping à l'échelle plus humaine que le précédent n'offre que 54 emplacements. Étant plus petit, il faut s'attendre à y retrouver moins d'activités et d'animation. Toutefois, il dispose d'un magasin d'alimentation, d'une piscine et d'un court de tennis.

Hôtel du Portalet
170F-280F, pdj 30F
bp
4 rue de Limans
☎04.94.65.39.40
⇄04.94.35.86.33
Au cœur de la ville, dans une rue piétonne, vous pouvez loger à très bon prix à l'Hôtel du Portalet. Ce petit hôtel simple, au cœur de la cité médiévale, subit de constants travaux de rénovation afin de l'améliorer. Il n'y a pas de restaurant, mais on pourra vous guider vers les bons endroits.

Hôtel du Soleil
340F-390F
bp
rue du Rempart
☎04.94.65.16.26
⇄04.94.35.46.00
soleil@hotel-du-soleil.fr
L'Hôtel du Soleil se trouve très près du centre-ville, mais profite d'un plus grand calme grâce à sa situation un peu en retrait sur les hauteurs (on monte à partir de la place Clemenceau). Une fois installé, on peut rejoindre la place Massillon en empruntant les ruelles sinueuses derrière. C'est beaucoup plus agréable! L'hôtel est maintenant sous l'égide de nouveaux propriétaires, des Belges fort gentils. D'ailleurs, l'hôtel

semble se dynamiser à l'image du patron, car, depuis son arrivée, il est devenu le président de l'Association des hôteliers d'Hyères. C'est un endroit simple et charmant qui offre un très bon rapport qualité/prix. On peut, en rajoutant 120F par personne, obtenir la demi-pension.

Hostellerie provençale la Québécoise
280F-440F, pdj 45F
juil et août 340F-385F ½p
dp, bp, ≈, ℜ
20 av. de l'Amiral Costebelle
☎04.94.57.69.24
⇌04.94.38.78.27
L'Hostellerie provençale la Québécoise est, selon nous, l'adresse qui s'impose à Hyères. Cet hôtel se trouve à 3 km au sud du centre-ville, direction Almanarre, vers la D559. À mi-chemin entre le centre d'Hyères et la mer, vous verrez d'ailleurs un panneau qui indique où se trouve ce refuge très sympathique. L'accueil de la patronne, une Québécoise – vous l'aurez deviné – est très chaleureux. Les chambres sont belles et très propres. Les repas sont servis sur une grande terrasse qui surplombe un magnifique jardin – sorte de plantation exubérante inondée du chant des oiseaux –, au milieu duquel se trouve une piscine. C'est vraiment un endroit parfait pour se reposer quelques jours. De plus, vous êtes à proximité du point de départ de nombreuses excursions, notamment les îles d'Hyères. Excellent rapport qualité/prix. Attention : au moment d'aller sous presse, la propriétaire cherchait à vendre. Vérifiez donc à l'avance.

Îles d'Hyères

Porquerolles

Auberge des Glycines
790F-890F/pers. ½p oblig. en été
bp, tv, ≡, ℜ
place d'Armes
☎04.94.58.30.36
⇌04.94.58.35.22
www.porquerolles.net
Cet hôtel de charme se trouve du côté de l'église sur la place d'Armes, le point névralgique de l'île. Les chambres sont décorées avec goût dans un style provençal raffiné. Les salles de bain sont modernes et très bien équipées. La surprise vient une fois à l'intérieur : il cache un joli jardin où l'on prend ses repas (voir p 478) pendant la belle saison. De plus, l'établissement se trouvant à l'extrémité la moins passante de la place, on jouit de tout le calme nécessaire. Enfin, en dehors de la haute saison, l'hôtel offre des forfaits «5 nuits» très avantageux en demi-pension : 1 390F par personne.

Hôtel et résidence Les Mèdes
900F-950F hôtel, pdj 55F
fermé nov à jan sauf Fêtes
bp, tv, ≡, ℂ, ℜ
rue de la Douane
☎04.94.12.41.24
⇌04.94.58.32.49
www.hotel-les-medes.fr
Cet endroit offre deux types de service : l'hôtellerie normale et un service de résidence (minimum deux nuitées) donnant accès à une cuisinette, mais sans nettoyage quotidien. Les seconds tarifs sont légèrement inférieurs aux premiers. De construction plutôt récente, les chambres disposent de tout le confort moderne. De plus, le petit déjeuner-buffet très copieux est servi dans une véranda très éclairée. Enfin, l'endroit possède également un parc de loisirs pour les enfants et un jardin avec des tables et des parasols où l'on peut flâner.

Le Mas du Langoustier
1 100F-1 650F/pers. ½p
hors saison 3 330F-4 485F, ½p pour cinq jours
bp, ℜ, ≡, *tv*
fermé mi-oct à avr
☎04.94.58.30.09
⇌04.94.58.36.02
www.langoustier.com
Vous cherchez un confort luxueux, alors choisissez Le Mas du Langoustier. Ce très bel établissement, entièrement restauré, se trouve à un bout de l'île, dans un endroit où la beauté de la forêt et de la mer se mêle au doux bruit du vent pour vous faire rêver. Au port, une voiture

vous conduira jusqu'à destination. Une fois installé, vous pourrez découvrir le beau paysage à pied ou à vélo. L'établissement dispose aussi de courts de tennis et d'une plage. Mme Richard, la propriétaire, peut vous raconter l'histoire de Porquerolles, car c'est son grand-père qui l'avait achetée au tournant du XXe siècle. On peut prendre les repas, assis dans le parc, ou dans une grande véranda vitrée, en cas de mauvais temps (voir p 479).

Île de Port-Cros

Le Manoir
880F-1 060F/pers. ½p
fermé oct à mi-avr
bp, ℂ, ≈, ℜ
☎04.94.05.90.52
⇄04.94.05.90.89
Cette île, dont le port nous fait penser à un site colonial, abrite le très bel hôtel Le Manoir, qui ne fait que confirmer notre impression. Cet endroit est recommandé pour les gens aisés qui veulent s'offrir un calme presque absolu pour se refaire une santé. La maison ne tolère ni animaux ni poste de télévision. Tout est fait pour protéger les clients contre les perturbations intérieures et extérieures. Vous serez dans votre propre îlot sur une île... Les salons communs et les chambres sont meublés d'antiquités provençales, quoique l'annexe de l'hôtel nous semble un peu trop austère. Il y règne une ambiance de cloître de luxe. Le restaurant arbore un style et un décor vraiment noble, et offre une vue agréable sur la mer toute proche.

Île du Levant

Chez Valéry
375F ½p
fermé oct à Pâques
bp
☎04.94.05.90.83
☎04.94.05.92.95
Le meilleur rapport qualité/prix se trouve probablement à l'«hôtel-restaurant» Chez Valéry. Cette pension comprend huit chambres tout confort, une grande terrasse et un jardin fleuri. Elle se trouve au cœur de l'île et vous assure le calme. L'obligation de la demi-pension est d'autant plus avantageuse que la qualité de la cuisine est vraiment remarquable.

La Brise Marine
450F ½p obligatoire
fermé oct à fév
dp, ≈
☎04.94.05.91.15
⇄04.94.05.93.21
Au sommet de cette île magnifiquement fleurie, vous pouvez aussi loger à La Brise Marine. Autant l'établissement est simple et modeste, autant le site est superbe. On y trouve un jardin magnifique et, sur le toit, un immense patio avec une piscine qui donne sur un panorama grandiose.

Héliotel
900F-1 400F
bp, ≈
☎04.94.05.90.63
⇄04.94.05.90.20
Dans une catégorie supérieure, l'Héliotel vous séduira par son site superbe et son accueil chaleureux. Encadrés par une forêt de pins, les bâtiments entourent une très belle et grande piscine sur trois côtés. De plus, l'hôtel possède une suite pour deux personnes *(1 250F)*, un peu en retrait, dans un petit bâtiment séparé qui jouit de l'usage exclusif de sa propre piscine. Enfin, un forfait «5 nuits» avantageux est disponible hors saison.

Toulon

Ce n'est peut-être pas la ville la plus intéressante pour passer la nuit, mais les prix sont sensiblement inférieurs à ceux des stations balnéaires.

Hôtel Molière
150F-180F
dp, tv
12 rue Molière
☎04.94.92.78.35
L'Hôtel Molière est une bonne adresse pour qui cherche un confort modeste. Cet endroit sympathique et accueillant est situé au centre-ville, sur la place de l'Opéra, au cœur même de la zone piétonne. Très bien tenu, cet hôtel renferme un salon agréable. De plus, ce qui n'est pas négligeable, vous pourrez garer votre voiture tout

près de l'hôtel pour un prix abordable.

Hôtel du Dauphiné
290F-310F, pdj buffet 35F
bp, tv, ℜ, ≡
10 rue Berthelot
☎04.94.92.20.28
⇄04.94.62.16.69
Voilà une excellente adresse idéalement localisée en plein cœur de la zone piétonne, à deux pas de l'Opéra. Cet hôtel agréable a subi d'importants travaux de rénovation récemment : la réception a été dégagée et agrandie, et les chambres, déjà confortables, ont été améliorées, notamment par la pause de doubles-vitrages pour assurer le calme et par l'installation de l'air conditionné. Bref, un vrai *lifting!*

De plus, les patrons sont accueillants et charmants. C'est tellement bien tenu qu'on ne s'étonne pas que le directeur de l'Opéra y loue une chambre toute l'année et que nombre d'artistes s'y produisant le choisissent.

La Résidence du Cap Brun
350F-700F
bp, tv, ≡, ≈, S
chemin de l'aviateur Gayraud
☎04.94.41.29.46
⇄04.94.63.10.11
À l'est de la ville de Toulon, un peu à l'écart, cet hôtel en bordure de mer offre l'avantage de bénéficier d'une atmosphère paisible. En revanche, on y tient des séminaires, des réceptions et des banquets, ce qui le rend un peu achalandé. Alors, mieux vaut s'informer à l'avance si les foules vous gênent.

New Hôtel-La Tour Blanche
390F-440F, pdj 50F
bp, tv, S, ℜ, ≈
boul. A. Vence, mont Faron
☎04.94.24.41.57
⇄04.94.22.42.25
Le New Hôtel-La Tour Blanche est un bel établissement situé à côté du téléférique qui monte au sommet du mont Faron. On y jouit d'une belle vue et d'un calme total. La très belle terrasse entoure une piscine de taille moyenne. De nombreuses activités sont possibles, entre autres le ping-pong et le billard. De plus, un terrain de golf se trouve à proximité.

Six-Fours-les-Plages

Camping La Pinède
juin à sept
chemin de la Forêt, Le Brusc
☎04.94.34.06.39
⇄04.94.74.99.94
Sur la presqu'île du Brusc et à 1 km de la mer, 200 emplacements paisibles vous attendent. Beaucoup d'activités sportives proposées.

Auberge des Jeunes l'Abeillé
île des Embiez
☎04.94.88.08.30
Cette auberge de jeunesse propose des séjours à la carte avec des activités organisées comme la plongée, la voile, le tennis, etc. Ces séjours s'adressant seulement aux enfants et aux adolescents, cela pourrait constituer pour vous une alternative si vous voyagez avec les vôtres et que vous désirez vous retrouver en couple pendant quelques jours.

Hôtel du Parc
268F-308F/pers. ½p
mars à nov
bp, tv, ℜ
112 rue Marius Bondil, Le Brusc
☎04.94.34.00.15
⇄04.94.34.16.94
L'Hôtel du Parc a été repris en juin 2000 par le sympathique neveu de Monica, la dynamique propriétaire de l'Hôtel Bagatelle à Saint-Jean-Cap-Ferrat. Il faudra voir ce qu'il adviendra de ce petit hôtel simple qui offre beaucoup de potentiel. D'abord la maison est plutôt jolie et il y a un grand jardin ombragé derrière. Puis il est dans l'intention du nouveau propriétaire d'améliorer graduellement les chambres pour les rendre plus attrayantes et confortables. Par ailleurs, l'établissement ne se trouve qu'à 50 m de la mer, face à l'île des Embiez.

Sanary-sur-Mer

Camping Les Girelles
avr à sept
1003 chemin de Beaucours
☎04.94.74.13.18
⇄04.94.74.60.04
Situé en bordure de mer, ce camping compte 170 emplacements dans un cadre ombragé. Restaurant et alimentation sur place.

Hôtel Beauséjour
170F-250F
dp/dc, ℜ
13 rue Gabriel Péri
☎04.94.74.00.79
⇄04.94.88.10.29
Dans la zone piétonne juste derrière le boulevard qui longe la mer, cet hôtel familial simple pourra vous satisfaire sans trop délier les cordons de votre bourse. Le confort est modeste, mais l'hôtel abrite une jolie courette intérieure où l'on peut prendre le petit déjeuner ou une collation. Restauration possible sur place. Attention : pas de cartes de crédit.

Hôtel-Restaurant Bon Abri
235F-270F/pers. ½p obligatoire juil à sept
fermé jan
bp, tv, ℜ
94 rue Pasteur
☎04.94.74.02.81
⇄04.94.74.30.01
Ce charmant petit hôtel est niché dans une rue calme. Bien tenu, il vous assurera tout le repos désiré sans être éloigné du centre des activités puisque les plages ne sont qu'à 100 m. Enfin, il est très agréable d'y prendre ses repas (voir p 480) dans le jardin ombragé.

Hôtel-Restaurant Le Castel
335F-350F/pers. ½p obligatoire juin à sept
fermé les 2 dernières semaines d'oct et de jan
bp, tv, S, ℜ
925 chemin de la Canolle (entre Sanary et Bandol)
☎04.94.29.82.98
⇄04.94.32.53.32
Le Castel fait partie ce type de petite auberge provençale rustique où l'on a envie de revenir. Entreprise familiale caractérisée par l'accueil impeccable et discret de Madame et les «mitonneries» de Monsieur, elle a également l'avantage d'être à 50 m des plages et à moins de 1 km de Bandol. Enfin, on peut également prendre ses repas en terrasse (voir p 480).

Bandol

La Réserve
270F-630F, pdj 45F
bp, tv, ℜ
237 av. de la Libération, route de Sanary
☎04.94.29.30.00
⇄04.94.29.30.13
Aménagées dans une maison centenaire bâtie directement sur le bord de la mer, toutes les chambres de cet hôtel s'ouvrent sur la mer. Mieux encore, certaines ont une terrasse privée. Par ailleurs, on peut se rendre à l'hôtel par bateau puisqu'il possède un ponton pour y accoster. Enfin, son restaurant est réputé.

Les Galets
280F-350F ½p
fermé nov à mars
bp, S, tv, ℜ
montée Voisin
☎04.94.29.43.46
⇄04.94.32.44.36
L'hôtel Les Galets est situé dans un endroit surélevé à l'entrée du village; il bénéficie d'une vue magnifique sur la mer. Le cadre est provençal et l'ambiance, sympathique. Les repas sont servis sur une grande terrasse qui regarde vers la mer. Enfin, les plages et le Casino se trouvent à proximité.

Hôtel Bel Ombra
320F-350F, pdj buffet 39F
avr à mi-oct
bp, ℜ
rue de la Fontaine
☎04.94.29.40.90
Situé dans un petit quartier résidentiel tranquille mais seulement à 300 m du centre et 200 m de la magnifique baie de Renécros, ce petit hôtel saura vous charmer par sa simplicité et sa propreté étincelante. De plus, s'y trouve un petit jardin où l'on peut prendre le petit déjeuner. Enfin, pendant l'été, l'hôtel fait également restaurant.

Splendid
390F-430F, pdj 45F
fermé mi-nov à mi-déc
bp, tv, ℜ
plage Rénecros
☎04.94.29.41.61
⇄04.94.32.50.87
Si vous préférez logez dans un hôtel qui donne directement sur la plage, descendez au Splendid. Entièrement rénové depuis peu, cet hôtel propose de jolies chambres et un bon rapport qualité/prix. De plus, un jardin et un restaurant panoramique vitré donnent sur la mer. À 5 min du centre.

L'Île Rousse
1 200F-1 800F, pdj 90F
bp, ≡, *tv,* ℝ, ≈, ℜ
17 boul. Louis Lumière
☎04.94.29.33.00
⇄04.94.29.49.49
www.ile-rousse.com
Les voyageurs qui ai-

ment le luxe voudront s'arrêter à l'hôtel l'Île Rousse. À l'architecture moderne des années soixante très bien conservée, cet établissement est situé sur la presqu'île de Bandol, à deux pas du centre-ville et du port. On voit la mer de partout! Tout est spacieux et lumineux. Les chambres sont luxueuses (peignoirs fournis) et sont dotées d'une terrasse. Une plage privée se trouve en contrebas de la piscine remplie d'eau de mer. Enfin, l'hôtel dispense également des soins de thalassothérapie que l'on peut choisir à la carte (voir p 480).

Île de Bendor

Cette charmante petite île, au large de Bandol, présente deux hôtels soignés : **le Soukana** *(fermé mi-nov à Pâques; 550F; bp, tv, ≈; ☎04.94.25.06.06, ⇌04.94.25.04.89)* et le **Delos** *(fermé jan-fév; 550F-1 300F, pdj 70F, bp, tv, ℝ, ≈; ☎04.94.32.22.23)*, d'une catégorie supérieure et donc plus luxueux. Enfin, ces deux hôtels disposent d'un restaurant dont les prix s'harmonisent à ceux des chambres.

L'arrière-pays de Bandol

Auberge des Pins
300F-400F
fermé jan
bp, tv, ℜ
2249 rte du Beausset
☎04.94.29.59.10
⇌04.94.32.43.46

À 3 km des plages, sur la route des vins de Bandol, vous pouvez loger à l'Auberge des Pins. Situé dans un cadre champêtre, cet hôtel sympathique compte neuf chambres, dont trois avec terrasse. Tout a été rénové il y a quelques années et continue d'être amélioré. Si vous prenez la demi-pension (pas obligatoire), vous pouvez manger sur une grande terrasse ombragée. Restaurant fermé dimanche soir et lundi midi.

La Cadière-d'Azur

Hostellerie Bérard
510F-895F, pdj 90F
1 120F-1 370F suite
fermé jan à mi-fév
bp, bc, tv, ℝ, ≡, ≈, ℜ, ⌂, ⊙
☎04.94.90.11.43
⇌04.94.90.01.94

Bijou précieux de la région, l'Hostellerie Bérard jouit d'un site magnifique au cœur même de ce beau village perché. Les Bérard ont su transformer cet ancien couvent en un lieu presque magique. Grâce à la décoration provençale appuyée par les antiquités, la finesse des tissus et les carrelages qui donnent le ton et le nom aux différentes chambres, vous serez complètement séduit par l'ambiance de cet établissement. L'accueil est très chaleureux et le cadre, impressionnant et calme. Le confort des chambres est douillet. Certaines des chambres sont vraiment spacieuses. D'autres donnent directement sur un petit jardin adorable où l'on trouve également une belle piscine. Venir ici, c'est vivre la Provence dans toute sa splendeur. Mme Bérard, la patronne, est une érudite de cette Provence qu'elle aime passionnément. Nous sommes certains qu'après l'avoir rencontrée vous subirez un coup de cœur encore plus spectaculaire pour la Provence. Elle connaît des tas d'histoires sur les vieilles traditions et coutumes provençales. Bref, c'est le genre d'endroit qui laisse des traces indélébiles dans le cœur, l'âme et le ventre (voir p 481).

Restaurants

Veuillez aussi consulter la section «Hébergement» car certains restaurants rattachés à des hôtels y sont décrits.

La Môle

Auberge de La Môle
$$-$$$
fermé mi-nov à mi-mars
place de l'Église
☎04.94.49.57.01
L'Auberge de La Môle bénéficie d'une très bonne réputation dans la région. Vous y mangerez surtout des spécialités du sud-ouest de la France (confits de canard, cassoulets, etc.). Attention : ce restaurant n'accepte pas les cartes de crédit.

Le Lavandou

La Favouille
$$
mars à oct
9 rue Abbé Hélin
☎04.94.71.34.29
Françoise, la restauratrice, fait son métier avec savoir-faire et grâce. Quand elle vous accueille, c'est pour vous inviter personnellement chez elle. Cela n'a rien à voir avec le sourire obligé ou intéressé. Ce sourire vient du cœur, mais aussi de la confiance qu'elle voue en son produit. Attendez de voir l'assiette d'anchoïade! Elle déborde de légumes frais – de quoi nourrir un régiment! –, mais surtout, l'anchoïade, la chose qui intéresse, est savoureuse! Sinon, la carte propose de bons poissons grillés, une marmite du pêcheur et le traditionnel aïoli. Bref, elle est honnête, Françoise! Que demander de plus à une restauratrice?

Massif des Maures

La route des Crêtes est un endroit magnifique où il fait bon se balader. Comme il faut se ravitailler de temps en temps, pourquoi ne pas profiter de l'occasion pour essayer une table d'hôtes, façon conviviale de manger chez l'habitant. Les tables d'hôte étant le plus souvent situées un peu à l'écart, il faut obligatoirement réserver à l'avance pour y manger, la plupart fonctionnant à la demande. Il faut également savoir que le menu est imposé et qu'il se compose en majorité de produits frais et naturels provenant de l'endroit. On ne peut apprécier le terroir de plus près. Enfin, le plus souvent, on mange de façon conviviale autour d'une grande table commune. Voici deux adresses :

Clos Charlot
☎04.94.71.62.90

La Colline
☎04.94.64.82.87

Le Relais du Vieux Sauvaire
$$
de Pâques à sept
route des Crêtes
☎04.94.05.84.22
≠04.94.15.21.02
Si la convivialité des tables d'hôte ne vous attire pas ou si vous avez des enfants, ce restaurant constitue une bonne alternative. Sa cuisine familiale est simple et propose tout aussi bien des pizzas que des poissons en croûte de sel ou encore de la bouillabaisse. Ainsi, chaque membre de la famille y trouvera son compte.

Bormes-les-Mimosas

Lou Cantoun de Mireïo
$
place Gambetta
☎04.94.71.27.80
Agréable petite crêperie où l'on peut manger crêpes et salades sans trop perdre de temps. Repas en terrasse possible. Vous aurez compris que la cuisinière se prénomme Mireille!

Lou Poulid Cantoun
$$
avr à sept
6 place Lou Poulid Cantoun
☎04.94.71.15.59
Qu'il fait bon dîner dans un jardin fleuri! C'est exactement cela que propose ce joli restaurant. La place sur laquelle il se trouve est des plus invitantes et il figure parmi les bonnes tables de Bormes.

Lou Portaou
$$-$$$
fermé de nov à fév sauf Fêtes et mar
1 rue Cubert des poètes
☎04.94.64.86.37
≠04.94.64.81.43
Quel endroit magique que ce restaurant! À commencer par le nom de la rue où il se trouve. Mais le plus sensationnel provient du fait que sa terrasse occupe un passage voûté de pierres avec plafonds en madriers et

poutres de bois. C'est un endroit unique qui recèle tout le charme du vieux Bormes. Les tables sont dressées joliment et l'on propose un petit menu provençal très invitant. Enfin, juste à côté, les propriétaires possèdent également une très jolie boutique d'objets décoratifs et d'antiquités.

Hyères

Pastor
Pâtissier – traiteur
au début de l'avenue Gambetta, en direction de la vieille ville
☎***04.94.01.46.46***
Fortement recommandé, cet endroit ne vous décevra pas. Bien au contraire! Qualité exceptionnelle, que ce soit salé ou sucré! Si vous avez un petit creux à combler…

La Bergerie
$
16 rue de Limans
☎***04.94.65.57.97***
Pour les crêpes et les glaces maison!

Le Bistrot de Marius
$$
fermé nov et jan
1 place Massillon
☎***04.94.35.88.38***
Dans le vieux Hyères, sur une jolie place, se trouve un petit restaurant, Le Bistrot de Marius, simple et mignon, qui mérite une visite. Pourquoi? On y mange très bien et le rapport qualité/prix est excellent. En particulier la queue de lotte rôtie à l'ail et son confit de légumes.

Le jardin
$$
midi à minuit
19 av. Joseph Clotis
☎***04.94.35.24.12***
Face à la mairie, ce petit restaurant possède une terrasse ombragée vraiment chouette. De plus, avec ses heures d'ouverture étendues, il peut s'avérer pratique. On y mange des poissons et des salades, et il est possible d'y boire le vin au verre.

La Brasserie des Îles
$$-$$$
☎***04.94.57.49.75***
Dans le port, agréable endroit en saison, on trouve un restaurant qui a été complètement rénové : La Brasserie des Îles. Le restaurant est devenu une immense verrière qui s'ouvre sur l'animation ambiante. Bien apprécié des gens de la place, il pratique des prix raisonnables compte tenu de la qualité de la bouffe, mais également en raison de tous les frais encourus par la rénovation. Cela dit, on y mange de bons plats de poisson comme le duo de loup et filet de rouget au coulis de langoustines, la lotte grillée en broche sauce aux trois herbes ou encore le pavé de turbot en bourride.

Les oubliettes
$$-$$$$
carrefour Saint-Gervais, en direction de Toulon
☎***04.94.35.64.19***
Ce restaurant constitue une attraction puisque sa création est inspirée des cachots médiévaux lui donnant son nom. On dira qu'il s'agit d'un restaurant thématique. En revanche, il faut admettre que le concept est bien mené. L'atmosphère rend bien le thème et l'on mange des grillades sur feu de bois dans des truelles. Curiosité singulière!

Les Jardins de Bacchus
$$$-$$$$
32 av. Gambetta
fermé dim soir et lun
☎***04.94.65.77.63***
Dans un cadre contemporain, on y sert une cuisine provençale où figurent, entre autres plats, la galette de Saint-Jacques embeurrée de poireaux et le cappucino de raviole de homard aux truffes et parmesan.

Porquerolles

Auberge des Glycines
$$-$$$
place d'Armes
☎***04.94.58.30.36***
Le restaurant de cette auberge (voir p 472) se spécialise dans la cuisine provençale régionale, comme en témoigne la dorade farcie à la porquerollaise. En fait, la carte fait la belle place aux poissons et autres produits de la mer. En particulier, nous avons beaucoup apprécié la soupe de poisson et sa rouille. Sinon, plusieurs plats proposés mettent à l'honneur le pistou, ce délice provençal. Ainsi, on peut y déguster des tagliatelles ou du thon rehaussés par ce mer-

veilleux condiment. Enfin, ce qui ne gâche rien, on mange dans un jardin agréable. Ah l'été!

Auberge L'Arche de Noé
$$-$$$
avr à oct
place d'Armes
☎04.94.58.33.71
La place d'Armes, point névralgique de Porquerolles, est bordée d'une multitude de restaurants. Alors lequel choisir? L'Arche de Noé se trouve à côté de la Boucherie-Traiteur (voir p 483). Spécialiste des poissons grillés, de la bouillabaisse et autres bourrides, ce restaurant apprécié étale sa terrasse sur la place.

Le Mas du Langoustier
$$$$
mai à mi-oct
☎04.94.58.30.09
Le restaurant de cet hôtel de luxe (voir p 472) s'est acquis l'une des meilleures réputations de la région. Et pour cause! On y mange finement dans une atmosphère des plus agréables : la salle à manger se trouve dans une énorme verrière qui s'ouvre pendant la belle saison. Bien sûr, comme dans la majorité de ces établissements de grande qualité, le service est à la hauteur. Le chef fait partie de la nouvelle génération des grands cuisiniers qui croit aux combinaisons légères mais débordantes de saveurs. Et, comme toujours en cette contrée, les poissons sont à l'honneur. Alors pourquoi ne pas vous laisser tenter par une des concoctions du chef : des filets de rouget poêlés (on ne peut plus provençal!), purée d'amandes, salade de tomates confites et pourpier!

Île du Levant

Chez Valéry
$$$
fermé mi-oct à Pâques
☎04.94.05.90.83
☎04.94.05.92.95
Le «restaurant-hôtel» Chez Valéry se veut «semi-gastronomique» et propose des poissons et des spécialités de la mer servis sur des assiettes en ardoise. Il nous a pleinement convaincus grâce à l'accueil, au service et aux plats qu'on y a dégustés.

Toulon

La vieille ville a subi plusieurs transformations et est devenue aussi plaisante que l'accueil que l'on reçoit dans les établissements. Deux nouvelles découvertes tout à côté du Théâtre municipal (Opéra) :

Le Petit Prince
$$
fermé 3 premières semaines d'août et dim
10 rue de l'Humilité
☎04.94.93.03.45
Primo, le restaurant Le Petit Prince fait partie des nouveautés de Toulon. Dans un décor provençal aménagé d'une manière contemporaine, avec goût, la jeune et jolie propriétaire nous accueille avec un sourire irrésistible, tandis que son mari prépare ce qui apparaîtra plus tard dans nos assiettes. Il fait de la cuisine traditionnelle : foie gras et confit de canard maison ainsi qu'un délicieux nougat glacé maison et coulis de fruits rouges. C'est le genre d'endroit qui donne envie d'y entrer même quand on ne le connaît pas car il y règne un charme indéniable.

Au Sourd
$$-$$$
fermé dim et lun
10 rue Molière
☎04.94.92.28.52
Le restaurant Au Sourd est une institution. D'ailleurs, il se targue d'être le plus ancien restaurant de Toulon. Son menu affiche principalement des plats de poisson frais provenant de la pêche locale. Les prix sont pour 100 grammes. On peut ainsi y déguster du loup ou du Saint-Pierre, mais également une bouillabaisse toulonnaise.

La chamade
$$$
fermé première quinzaine d'août et dim
25 rue Denfert Rochereau
☎04.94.92.28.58
La charmante Madame Bonneau vous accueillera, alors que Monsieur essaiera de laisser une impression mémorable dans votre assiette. Le cadre est plu-

tôt classique, mais reste intime.

Au port se trouve une bonne douzaine de restaurants dont la qualité ne fait pas trop écho dans la région. Cela ne veut pas dire que vous y mangerez nécessairement mal, compte tenu des prix.

Le Grand Café de la Rade
$$
224 av. de la République, carré du Port
☎04.94.24.87.02

Nous avons essayé Le Grand Café de la Rade. C'est le cadre branché qui nous a attirés. Ici tout est copieux, car l'Alsace est au rendez-vous. Essayez surtout la «Flammeküche» (une portion suffit pour deux!), sinon la choucroute alsacienne. Le restaurant dispose d'une grande terrasse qui donne sur le port. Le service est efficace et courtois.

Herrero
$$
45 quai de la Sinse
☎04.94.41.00.16

Si vous avez envie de manger du poisson, alors le restaurant Herrero s'impose. Pour 110F, vous dégusterez une *parillada,* spécialité espagnole goûteuse qui est en fait un poisson grillé. On y trouve également de la bouillabaisse et de la bourride toulonnaise.

Sanary-sur-Mer

Hôtel-Restaurant Bon Abri
$-$$
fermé jan et lun oct à juin
94 rue Pasteur
☎04.94.74.02.81
⇄04.94.74.30.01

Le souci principal de la maison est de créer une cuisine familiale qui utilise le plus de produits régionaux possibles. On retrouve donc beaucoup de poissons à la carte comme la région l'impose. Le grand atout de ce restaurant d'hôtel (voir p 475) consiste en sa terrasse sise dans la cour arrière, complètement paisible et ombragée par des platanes et palmiers centenaires.

Hôtel-Restaurant Le Castel
$$$
fermé les 2 dernières semaines d'oct et de jan
925 chemin de la Canolle (entre Sanary et Bandol)
☎04.94.29.82.98
⇄04.94.32.53.32

Ce qui séduit le plus en pénétrant dans ce restaurant, c'est la décoration rustique singulière puisque les nappes sont bleues et orangées. Cela change du provençal habituel et c'est très joli. Ce restaurant propose une cuisine régionale familiale si bonne qu'il a réussi à se fidéliser une clientèle au fil des années.

Bandol

L'Oulivo
$-$$
fermé fév et dim
19 rue des Tonneliers
☎04.94.29.81.79

Découvert par hasard, au centre de la ville, dans une petite rue, à l'ouest de la place de l'église : l'Oulivo. L'ambiance de ce petit resto est très conviviale. La cuisine se trouve dans les mains de Marc, le patron, alors que Véro est en salle. C'est un endroit vraiment très sympathique, à recommander à tous ceux qui veulent mieux connaître le charme des Provençaux du Var. Vous serez à l'abri du grand afflux touristique et bénéficierez d'un très bon rapport qualité/prix.

Au Fin Gourmet
$-$$
16 rue de la République
☎04.94.29.41.80

Pour savourer des poissons et des fruits de mer, nous vous recommandons Au Fin Gourmet. Le midi, vous y mangez deux plats pour 79F et des «moules-frites» à 45F. Le chef de cuisine peut même vous préparer une bouillabaisse ***($$$)*** sur commande.

Les Oliviers
$$-$$$$
17 boul. Louis Lumière
☎04.94.29.33.00

Les Oliviers de l'hôtel l'Île Rousse est un haut

lieu. Tout y est élevé. D'abord la magnifique terrasse qui surplombe la baie de Renécros, puis, la qualité de la nourriture. C'est plus cher bien sûr, mais le site de cet établissement est tellement spectaculaire que les prix s'en justifient. D'autant plus qu'il est rare de trouver un restaurant de grand hôtel dont la qualité gastronomique égale celle des installations hôtelières (voir p 475).

Auberge du Port
$$$
9 allée Jean Moulin
☎04.94.29.42.63
Il y a également l'Auberge du Port, qui donne sur le port. Endroit très recommandé par les habitants et les connaisseurs de la scène culinaire de Bandol, car la cuisine est sous la supervision du chef de l'Île Rousse. L'établissement est reconnu pour ses huîtres, ses paellas et, bien sûr, ses poissons. On y trouve même un menu complet pour 120F tout compris.

La Cadière-d'Azur

Hostellerie Bérard
$$$-$$$$
fermé jan et hiver
fermé lun et dim soir
☎04.94.90.11.43
Si vous voyagez dans l'arrière-pays entre Toulon et Bandol, vous ne devez, **en aucun cas**, vous priver d'un repas à l'Hostellerie Bérard. Vous pouvez choisir un des quatre menus : «marché», «saison», «gourmand» ou «dégustation». Vous allez vous régaler grâce à la baguette magique de René Bérard, qui vous concoctera une envolée de saveurs légères et de haut niveau!

De plus, Danièle Bérard, maître de céans de la salle, saura vous conseiller pertinemment dans vos choix, car elle la connaît, la cuisine de René! Et, si René est en constante recherche de nouvelles combinaisons culinaires, Danièle n'est pas en reste : elle y réfléchit aussi. Il n'est donc pas étonnant que les surprises s'y multiplient à chaque visite. À preuve, le divin millefeuille d'artichauts violets et foie gras au jus de barigoule ou le fin St-Pierre étuvé en fleur de courgettes, concassé de pommes d'amour et accompagné de légumes en tempura arrosés d'un bouillon à la coriandre fraîche ou encore le beignet de rhubarbe accompagné d'une exquise glace à la pétale de rose. Que dire de plus de cet établissement sinon que le risque d'y développer une dépendance est dangereux! Et, si tous les dangers étaient comme celui-là, que la vie serait belle! Peuchère!

Sorties

Cavalaire-sur-Mer

Les Estivales : concerts et spectacles sur l'Esplanade du Port. Tout l'été.

Rayol-Canadel
Soirées musicales du Domaine du Rayol : musique classique. Juillet et août.

Le Lavandou

Spectacles gratuits et concerts : entre le 15 juillet et 15 août

Bormes-les-Mimosas

Mimosalia : fête du Mimosa. Janvier.

Grand Corso fleuri : février

Soirées musicales de Bormes : musique classique et jazz *(juillet, ☎04.94.71.15.08)*

Hyères

Coupe du Monde de Funboard : mars

Festival de jazz : pinède de l'Hippodrome *(☎04.94.35.90.81, deuxième quinzaine de juillet)*

Bars et casinos

The Night
tlj 21h à l'aube
av. 1re Division Brosset
☎04.94.65.54.21
Discothèque, orchestre, piano-bar et soirées thèmatiques.

Le Loft
Complexe Beach au port d'Hyères
☎04.94.57.57.49
Discothèque dans un cadre très agréable avec vue imprenable sur le port. Musique et clientèle variées.

Casino des Palmiers
tlj midi à 4h
av. Ambroise Thomas
☎04.94.12.80.80
Casino, restaurant, bar, club privé.

The New Dream
été tlj 22h à 4h, hors saison ven-dim
port de la Capte
☎04.94.58.00.07
Discothèque. On organise aussi des soirées avec un thème. Enfin, on peut y trouver de quoi grignoter.

Toulon

Festival de musique de Toulon : tout l'été

Jazz à Toulon : juillet

Danse à Châteauvallon : dans l'arrière-pays toulonnais, en juillet

Salon des beaux-arts : octobre

Salon des antiquaires : décembre

Bars

Le Magot
tlj jusqu'à 5h
3261 av. de la Résistance, Cap Brun
☎04.94.27.08.55
Piano-bar. Écran vidéo géant, karaoké.

Bars gays

Le Boy's Paradise
tlj 23h à l'aube
1 boul. Pierre Toesca
☎04.94.09.35.90
Cabaret-discothèque sur deux niveaux. Soirées avec spectacle.

Le Pussycat
entrée plus consommation 50F mer-jeu-dim 60F sam
fermé lun-mar, 23h à l'aube
655 av. de Claret
☎04.94.92.76.91
Discothèque-cabaret. Rendez-vous lesbien. Animations.

La Seyne-sur-Mer

Fête de la Mer et des Pêcheurs : fin juin

Festival des Arts et de la Poésie : juin

Festival de jazz *(début août; fort Napoléon; s'adresser à l'Office de tourisme)*

Discothèque

Le joker
entrée plus consommation 80F
entrée gratuite mer, jeu et dim
tlj 23h à 5h
Les Sablettes
☎04.94.87.25.70
Discothèque. Animation tous les vendredis.

Six-Fours-les-Plages

Les voix du Gaou : musiques du monde. Deux dernières semaines de juillet.

Sanary-sur-Mer

Floralies : tous les deux ans depuis 1995, en mai.

La Fête des pêcheurs : juin. Grande bouillabaisse.

Bandol

Printemps des potiers : fin de semaine de Pâques *(☎04.94.29. 37.35)*

Fête des vins : premier dimanche de décembre. La naissance du millésime est fêtée en grande pompe. Nombreuses animations autour d'une dégustation des vins de Bandol.

Casino *(16h à 4h; ☎04.94.29.31.31)* : on peut y jouer à la roulette, au black jack, au craps et aux machines à sous. Aussi, deux bars, un restaurant de nuit et une discothèque (dès 23h) vous accueillent.

La Cadière-d'Azur

Fête des vendanges : septembre

Défilé de santons : décembre

Achats

Porquerolles

Boucherie Traiteur
place d'Armes
☎04.94.58.30.81
Très animé que ce petit commerce sympa. Les gens se serrent à l'intérieur pour trouver de quoi grignoter ou préparer un repas. Choix de plats à emporter, charcuterie, fromage, olives et sandwichs.

Bandol

Caves de la Poste
157 av. du 11 Novembre
☎04.94.29.45.27
⇄04.94.32.36.23
Voilà un endroit qui plaira aux amateurs de vins. On y vend des grands crus en provenance de toutes les régions de la France. Bien sûr, on y trouve également de bons Bandol. Nous disons bien «trouver», car les vins de Bandol sont vite épuisés, car la nouvelle production des vignerons est souvent achetée à l'avance. On y vend aussi des produits provençaux à la mode de Bandol comme de la tapenade (délicieuse) ou de l'anchoïade au vin de Bandol, ainsi que du confit de vin de Bandol, une sorte de gelée de raisins alcoolisée. Hic!

Plan du Castellet

Les vins de Bandol sont reconnus mondialement. Dans cette région, les domaines vinicoles fourmillent. Il y en a un que nous apprécions particulièrement : **Le Domaine Tempier** *(9h à midi et 14h à 18h; ☎04.94.98.70.21, ⇄04.94.90.21.65)*. Situé à quelques minutes de Bandol sur la route du Castellet, ce domaine jouit d'une excellente réputation et appartient à la même famille depuis 1834, qui produit non seulement un très bon vin rouge mais également du vin rosé. On peut déguster et acheter au domaine. C'est toujours un plaisir de s'y arrêter, car on y profite d'un service personnalisé et courtois.

Le Beausset

Domaine de Souviou
fermé dim hors saison
rte nationale 8
☎04.94.90.57.63
⇄04.94.98.62.74
L'huile exquise que ce domaine produit est utilisée par les plus grands restaurateurs, notamment ceux de l'Hostellerie Bérard et de La Bastide de Moustiers. Le domaine possède 3 000 oliviers de six variétés différentes. La cueillette des olives s'effectue à la main entre novembre et janvier. L'huile de Souviou provient exclusivement de la première pression à froid, permettant ainsi d'en recueillir les éléments les plus purs. Son acidité étant inférieure à 1%, c'est une huile «extra-vierge». On y produit trois variétés d'huiles dont la «Olea Plinia», qui s'avère une merveille pour assaisonner les salades. Enfin, le domaine produit également de bons vins de Bandol, en particulier un rosé.

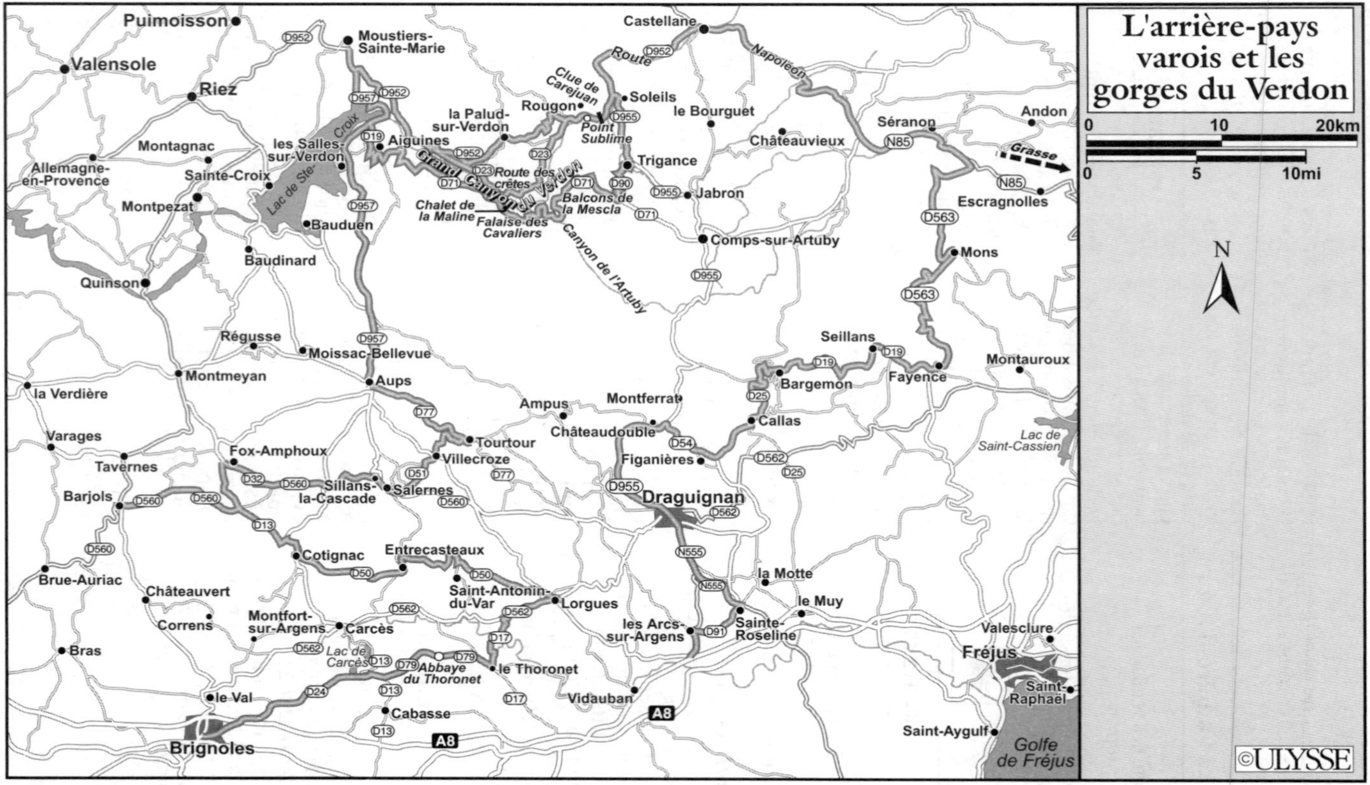

L'arrière-pays varois et les gorges du Verdon
0
10
20km
0
5
10mi
N
©ULYSSE
Puimoisson
Valensole
Riez
Moustiers-Sainte-Marie
Montagnac
Allemagne-en-Provence
Sainte-Croix
Montpezat
les Salles-sur-Verdon
Lac de Ste-Croix
Aiguines
la Palud-sur-Verdon
Rougon
Clue de Carejuan
Point Sublime
Soleils
Castellane
Route Napoléon
le Bourguet
Châteauvieux
Séranon
Andon
Grasse
Escragnolles
Trigance
Jabron
Grand Canyon du Verdon
Route des crêtes
Balcons de la Mescla
Chalet de la Maline
Falaise des Cavaliers
Canyon de l'Artuby
Comps-sur-Artuby
Mons
Bauduen
Baudinard
Quinson
Régusse
Moissac-Bellevue
Montmeyan
Aups
la Verdière
Varages
Tavernes
Barjols
Fox-Amphoux
Tourtour
Villecroze
Sillans-la-Cascade
Salernes
Ampus
Châteaudouble
Montferrat
Figanières
Draguignan
Callas
Bargemon
Seillans
Fayence
Montauroux
Lac de Saint-Cassien
Cotignac
Entrecasteaux
Saint-Antonin-du-Var
Lorgues
Brue-Auriac
Châteauvert
Correns
Montfort-sur-Argens
Carcès
Lac de Carcès
Bras
Abbaye du Thoronet
le Thoronet
le Val
Cabasse
Brignoles
Vidauban
les Arcs-sur-Argens
Sainte-Roseline
la Motte
le Muy
Valescure
Fréjus
Saint-Raphaël
Saint-Aygulf
Golfe de Fréjus
D952
D957
D19
D23
D71
D955
D90
D563
N85
D77
D51
D560
D32
D13
D50
D562
D17
D79
D24
D54
D25
N555
D91
A8

L'arrière-pays varois et les gorges du Verdon

Le Var couvre une partie importante du territoire de la Côte d'Azur. Cependant, puisque l'autoroute A8 le traverse en plein cœur dans l'axe est-ouest et le divise en deux parties égales, l'arrière-pays varois constitue la partie située au nord de l'autoroute.

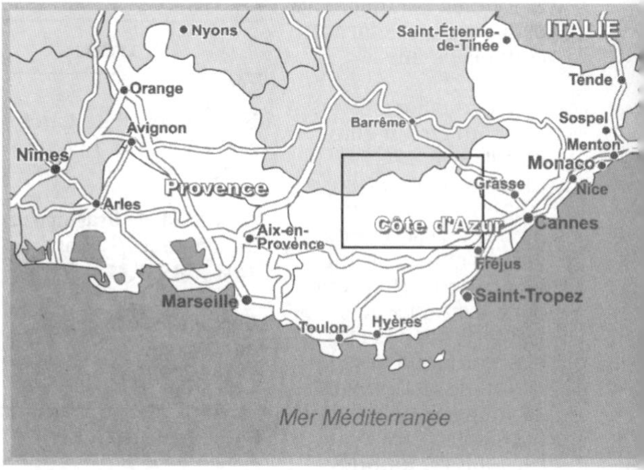

L'arrière-pays varois, c'est l'arrière-pays provençal, ou Provence varoise, empreint de la sérénité de ses hauts lieux de patrimoine culturel, dont l'abbaye du Thoronet est certainement le point culminant.

Mais l'arrière-pays varois, c'est aussi le Verdon avec la beauté sauvage de ses gorges, de son grand canyon et de son impressionnante falaise des Cavaliers. En bout de course, le Verdon se jette dans un immense lac artificiel dont la couleur magnifique oscille entre le vert émeraude et le turquoise. La création de ce lac est née du besoin de l'établissement d'un réservoir d'eau potable pour alimenter la région; on a même dû y sacrifier un village.

Pour s'y retrouver sans mal

La région n'est pratiquement pas desservie par le train. Il n'y a que deux villes où le train passe : Draguignan et Brignoles. Il faut donc obligatoirement disposer d'une voiture si l'on veut apprécier la diversité et la grande beauté des paysages que le Var offre. Vous pourrez facilement en louer une dans une des grandes villes de la Côte (se référer aux sections «Renseignements pratiques» de ces villes).

Il existe bien sûr des services d'autocars qui relient les villages entre eux et dont la majorité sont assurés au départ de Draguignan ou Brignoles. Vous serez toutefois alors à la merci d'horaires contraignants et surtout restreint à certains circuits.

Nous vous proposons donc un circuit automobile qui traverse toute la région. Ce circuit en boucle commence à l'est, monte vers le nord, fait une incursion d'est en ouest dans les Alpes-de-Haute-Provence et redescend enfin vers le sud. Il faudra prévoir au moins quatre journées complètes pour l'accomplir; tout dépend du temps que vous voulez réserver aux activités de plein air, lorsque vous atteindrez les environs des gorges du Verdon et du lac de Sainte-Croix.

En voiture

Que vous soyez n'importe où en Provence ou sur la Côte d'Azur, l'accès au Var est très facile grâce à l'autoroute A8. En effet, cette autoroute traverse tout le territoire et relie Menton à Aix-en-Provence. L'itinéraire proposé commence d'ailleurs dans le petit village Les Arcs, accessible par une sortie de l'autoroute. À partir de là, il existe une multitude de petites routes départementales qui desservent tout le territoire.

Draguignan

Dépannage automobile
24 heures sur 24
Var Dépannages
☎04.94.68.70.73

En train

Seulement deux gares SNCF sur tout le territoire :

Gare SNCF de Draguignan
av. du Maréchal Gallieni
☎08.36.35.35.35

Gare SNCF de Brignoles
av. de la Gare
☎08.36.35.35.35

En autocar

Il existe deux points de liaison principaux : l'un à Draguignan et l'autre à Brignoles. De ces deux villes, on a accès à un réseau important de circuits effectués par un grand nombre de transporteurs. Or, l'ennui c'est que ces deux villes, malgré qu'elles soient les plus importantes du territoire, n'ont pas beaucoup à offrir. Il peut donc s'avérer un peu ennuyeux de devoir y passer pour accéder aux endroits qui valent une visite.

Mais, de toute façon, munissez-vous de *L'indicateur des lignes routières départementales du Var,* disponible à l'office de tourisme des localités desservies. Vous y obtiendrez toute l'information nécessaire pour bien planifier vos déplacements.

Enfin, il existe des services d'autocars qui assurent une liaison directe entre Draguignan et les aéroports de Nice ou de Toulon *(renseignements à Draguignan : Comité départemental du tourisme, ☎04.94.50.55.50).*

Draguignan

Gare routière
parvis des Droits de l'Homme
☎04.94.68.15.34

Brignoles

Transvar (autocars)
☎04.94.28.93.28

?

Renseignements pratiques

Renseignements touristiques

Les Arcs-sur-Argens

Office de tourisme
21 boul. Gambetta
☎/≠04.94.73.37.30
www.ville-lesarcs.com

Draguignan

Office de tourisme
av. Lazare Carnot
☎***04.98.10.51.05***
⇄***04.98.10.51.10***
www.ville_draguignan.fr
Voilà où s'arrêter pour obtenir de l'information complémentaire pour votre voyage (une multitude de dépliants couvrent la région mais également tout le pays et l'étranger). Le personnel connaît très bien la ville et la région. En plus, il déploie tous les efforts pour vous aider, et cela avec une gentillesse sans pareille!

Fayence

Syndicat d'initiative
☎***04.94.76.20.08***
⇄***04.94.84.71.86***
www.mairie-fayence.com

Castellane

Office de tourisme
B.P. 8, rte nationale
☎***04.92.83.61.14***
⇄***04.92.83.76.89***

Aqua Verdon Rafting
☎***04.92.83.72.75***

Trigance

Office de tourisme
☎***04.94.76.91.01***
⇄***04.94.76.92.44***

Le Verdon

Verdon Accueil
83630 Aiguines
☎***04.94.70.21.64***
⇄***04.94.84.23.59***
www.verdon-provence.com
04120 Castellane
☎***04.92.83.67.36***
⇄***04.92.83.73.11***

Bureau des guides
La Palud-sur-Verdon
☎***04.92.77.30.50***
Pour obtenir de l'information sur les activités sportives accompagnées par des guides.

Moustiers-Sainte-Marie

Syndicat d'initiative
15 juin au 15 sept (matin et soir)
☎***04.92.74.67.84***
⇄***04.92.74.60.65***
www.ville.moustiers-sainte-marie.fr
Le reste de l'année :
Mairie
14h à 16h
☎***04.92.74.66.19***

Aups

Office de tourisme
place Frédéric Mistral
☎***04.94.70.00.80***
www.aups98.citeweb.net

Tourtour

Office de tourisme
hôtel de ville
☎***04.94.70.57.20***
⇄***04.94.70.53.42***

Salernes

Office de tourisme
place Gabriel Péri
☎***04.94.70.69.02***
⇄***04.94.70.73.34***

Barjols

Syndicat d'initiative
boul. Grisolle
☎***04.94.77.20.01***

Cotignac

Syndicat d'initiative
2 rue Bonaventure
☎***04.94.04.61.87***

Entrecasteaux

Syndicat d'initiative
☎/⇄***04.94.04.40.50***

Lorgues

Syndicat d'initiative
place d'Antrechaus
☎***04.94.73.92.37***

Brignoles

Maison du Tourisme de La Provence Verte
Carrefour de l'Europe
☎***04.94.72.04.21***
⇄***04.94.72.04.22***

Office de tourisme
Hôtel de Clavier
☎***04.94.69.27.51***

Divers

Draguignan

Service médical d'urgence dracénois
24 heures sur 24
☎***04.94.67.01.01***

Police municipale
Mairie Annexe - rue Notre-Dame-du-Peuple
☎***04.94.60.61.60***

La Poste
boul. Maréchal Joffre
☎***04.94.50.57.35***

Brignoles

Centre hospitalier
☎***04.94.72.66.00***

Attraits touristiques

Le circuit commence à la sortie «Les Arcs» de l'autoroute A8.

★

Les Arcs-sur-Argens

Ce joli village provençal constitue un trait d'union entre la Méditerranée et les Alpes. L'ancienne cité moyenâgeuse domine la ville neuve du haut de son piton rocheux. On y trouve encore aujourd'hui des vestiges de cette époque, notamment l'enceinte et le vieux château du XIIe siècle avec son impressionnante tour de guet. De nos jours, l'ancien château abrite un hôtel plein de charme (voir p 502).

Il fait bon parcourir les rues étroites et les escaliers voûtés de ce vieux village qui regorge de ravissantes maisons. Enfin, les amateurs du peintre Ludovic Bréa trouveront un retable gothique de l'artiste dans l'**église Saint-Jean-Baptiste**.

Sortez du village par la route D91 en direction de Sainte-Roseline.

Sainte-Roseline

De nos jours, le **château Sainte-Roseline** est un vignoble qui produit des crus classés Côtes-de-Provence. On peut d'ailleurs les déguster sur place.

Son histoire remonte au XIIe siècle, alors que c'était une abbaye. Au début du XIVe siècle, et pendant environ deux siècles, elle est devenue la seule chartreuse de femmes dans le Var. La **chapelle** ★ *(été mar-dim 14h à 19h, hiver jusqu'à 17h; ☎04.94.99.50.30)*, classée monument historique en 1980, peut être visitée. En plus d'abriter la dépouille de celle qui a donné son nom au château et à la chapelle, cet endroit renferme, outre un retable baroque, des œuvres de plusieurs artistes, dont une mosaïque de Chagall, un lutrin en bronze de Giacometti et des vitraux de Raoul Ubac et de Jean Bazaine.

Continuez par la D91 jusqu'à la N555, qui conduit à Draguignan.

Draguignan

Cette ville a des origines qui remonteraient d'aussi loin qu'au IIe siècle av. J.-C. En 843, la Provence a été rattachée au Saint-Empire romain germanique, et Draguignan est alors devenue une cité comtale. Vers la fin du Moyen Âge, elle a obtenu le statut de cité royale, après que la France eut pris possession de la Provence. Sous Napoléon, elle a acquis le titre de capitale administrative du Var. L'histoire de Draguignan démontre bien son importance dans le passé.

Aujourd'hui, c'est une ville plutôt moche qui a peu à offrir aux visiteurs. La municipalité a d'ailleurs entrepris un vaste programme de réhabilitation destiné à redonner vie à cette ancienne cité comtale. En été, on propose donc de multiples activités : fêtes de toutes sortes, spectacles et animations diverses.

Par contre, la ville possède un beau musée : le **Musée des arts et traditions populaires** ★ *(20F, 8F enfant; mar-dim 9h à midi et 14h à 18h sauf dim matin; 15 rue Roumanille, ☎04.94.47.05.72)*. Installé dans les anciens locaux d'une congrégation religieuse, ce musée est consacré à la préservation du patrimoine provençal. C'est l'histoire du terroir qui défile sous nos yeux grâce, entre autres choses, aux reconstitutions d'un moulin à huile et d'une cuisine provençale.

Le **Musée municipal** *(lun-sam 9h à midi et 14h à 18h; 9 rue de la République, ☎04.94.47.28.80)* renferme, entre autres œuvres, quelques toiles

Tour de l'Horloge

de Rembrandt et un beau marbre de Camille Claudel.

Enfin, avant de quitter Draguignan, allez vous promener du côté de la **tour de l'Horloge**. Voilà l'un des plus importants vestiges du patrimoine dracénois. Elle a été construite sur un plateau duquel on a une vue intéressante sur les environs. De plus, au pied de la tour, s'étend le **Théâtre de Verdure**, un «espace-jardin» qui respire le calme. Tout à côté s'élève la **chapelle Saint-Sauveur**, de style roman provençal, qui, comme la tour, date du XIIIe siècle.

Quittez Draguignan par la route D955 en direction de Châteaudouble.

★

Châteaudouble

Si vous disposez d'un peu de temps, vous pouvez faire un court arrêt dans ce village. De plus, la route pour s'y rendre est très agréable. Véritable nid d'aigle dont l'entrée est percée dans le roc, le village domine les **gorges de la Nartuby**, classées site historique. On peut se promener à loisir à travers les rues car aucune route ne traverse le village. Les maisons ont été récemment restaurées de façon à préserver le style médiéval du village.

De plus, le village possède quelques placettes abritant la traditionnelle fontaine provençale. L'une d'elles, la place Vieille, offrant une vue splendide sur le paysage, accueille une chambre d'hôtes sympathique avec restaurant (voir p 502).

Enfin, les amateurs de plein air peuvent profiter des dizaines de kilomètres de sentiers de randonnée qui sillonnent la contrée et qui s'étendent jusqu'aux gorges. Les gorges permettent aussi de faire de l'escalade, de se baigner et de pêcher la truite.

Quittez Châteaudouble pour aller rejoindre la route qui mène à Callas.

Callas

Ce petit village typiquement provençal a été fondé au XIe siècle. Son terroir presque millénaire est constitué de vignes et d'oliviers; le moulin de Callas produit d'ailleurs une très bonne huile (voir p 517). Le charme provençal s'affiche partout grâce à ses hautes maisons très anciennes, à ses placettes fleuries et aux collines recouvertes de pins, d'oliviers et de chênes qui entourent le village. On peut aussi y voir les **ruines de l'ancien château des seigneurs de Pontevès**, qui fut brûlé par les villageois en 1579 lors d'une révolte. Vous pouvez aussi jeter un coup d'œil sur l'**église romane Notre-Dame**, nouvellement restaurée.

Prenez la jolie route D25, qui conduit à Bargemon.

Bargemon

On peut s'arrêter rapidement dans cet autre petit village provençal pour y voir les vestiges de son enceinte médiévale dont subsistent encore deux tours : la tour de l'Horloge et la tour du Clos. Il faut aussi découvrir la petite **église Notre-Dame-de-Montaigu**, au bel autel doré de style baroque.

Prenez la D19 en direction de Seillans.

★

Seillans

La route entre Bargemon et Seillans est ravissante et conduit à l'un des plus beaux villages de France. Ce village perché a un air de mystère. Est-ce à cause de ses pittoresques ruelles aux hautes maisons étroites, de son église ou de son château? On a l'impression de faire un voyage dans le Moyen Âge. L'**église Saint-Léger** et le château datent du XIe siècle, époque de la construction des premières maisons autour du château.

Notre-Dame de l'Ormeau est une chapelle construite au XIe siècle, mais rebâtie au XIIIe siècle dans un style roman très dépouillé. Elle se trouve à 1 km sur la route de Fayence. On croit que le village se serait d'abord établi autour de cette chapelle au XIe siècle avant d'occuper son site actuel. La chapelle possède plusieurs œuvres qui intéresseront l'amateur d'art religieux. Si vous désirez la visiter, adressez-vous à l'office de tourisme du village.

★

Fayence

Fayence a servi de résidence aux évêques de Fréjus dès le XIIIe siècle, et ce, jusqu'à la Révolution, alors qu'ils abandonnent leurs droits seigneuriaux sur le village. Le vieux village a conservé son labyrinthe de ruelles étroites qui montaient, à l'époque, vers le château des évêques, érigé au sommet de la colline. En bas du village subsiste aussi une porte fortifiée du XIIIe siècle, la **Porte Sarrasine**.

À cause de sa position géographique qui domine la plaine, Fayence est devenue un centre de vol à voile après la Seconde Guerre mondiale. Ce centre jouit maintenant d'une réputation mondiale.

Si l'on veut faire une courte promenade, on peut se diriger vers **Tourettes**, village jumeau de Fayence, situé un peu en contrebas. Avant d'arriver à Tourettes, on atteindra l'**église Saint-Jean-Baptiste**, construite en 1750, qui possède un beau maître-autel en marbre rose, gris et blanc. Une fois à Tourettes, on peut voir **Notre-Dame-des-Cyprès**, une jolie chapelle romane du XIIIe siècle.

Quittez par la D563 en direction de Mons.

★

Mons

Village perché le plus au nord du pays de Fayence, il a été complètement repeuplé par des Génois après que la peste de 1348 eut décimé toute la population.

Détail intéressant : dans les villages provençaux, le nom des rues est indiqué sur les panneaux en français avec la traduction provençale en dessous. À Mons, on a fait l'inverse.

L'**église Notre-Dame** a été construite au XIIIe

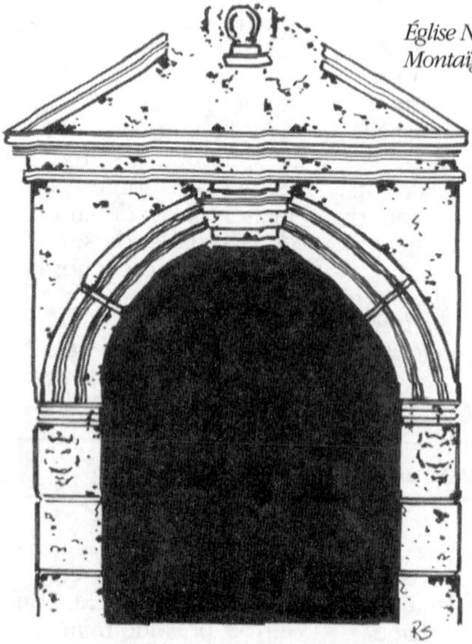

Église Notre-Dame de Montaïgu

siècle à côté du château (détruit) des seigneurs de l'endroit. Elle vaut une visite surtout à cause de ses trois retables classés.

Enfin, vous pouvez admirer le panorama qu'on a depuis la **place Saint-Sébastien**, située à l'une des extrémités du village. Grâce à la table d'orientation qui s'y trouve, vous pourrez mieux visualiser et comprendre votre situation dans le contexte régional. Cette table suggère aussi de petites randonnées, Enfin, l'office de tourisme est à portée de main.

★

Bargème

Ce village médiéval du XIIe siècle compte parmi les plus beaux villages de France. Site classé, il est également le village le plus élevé du Var (907 m). En fait, c'est un village provençal typique.

Il en possède toutes les caractéristiques : il est perché sur un piton rocheux pour être mieux protégé contre l'ennemi, il était fortifié (il en reste encore quelques vestiges) et il est dominé par un château et une église.

Le **château de Pontevès** fut détruit pendant les guerres de Religion, mais on peut encore en deviner la silhouette grâce à quelques tours rondes et son donjon carré qui subsistent encore.

L'**église Saint-Nicholas** est une église romane du XIIe siècle dont la cuve baptismale date du Ier siècle. Elle renferme également un retable du XVIe siècle classé.

La meilleure façon d'apprécier ce type de village consiste à s'y balader doucement sans but aucun, en le découvrant au gré d'un tournant ou d'une ruelle qui tout à coup nous invite.

Reprenez la D563 en direction nord pour aller rejoindre la route Napoléon, ou N85, qui vous conduira à Castellane.

La route Napoléon est celle que Napoléon et son armée ont parcouru à pied pour se rendre de Golfe-Juan, sur la Côte d'Azur, à Grenoble, dans l'Isère. Elle ne présente que peu d'intérêt dans la section que nous empruntons.

Castellane

Nous voilà maintenant dans le département des Alpes-de-Haute-Provence, à mi-chemin entre la Méditerranée et les Alpes. Castellane, aux portes des gorges du Verdon, est un village typiquement provençal avec ses ruelles étroites, ses placettes, ses fontaines et sa place centrale aux platanes centenaires. Le village est dominé par un rocher gigantesque duquel la chapelle Notre-Dame semble assurer une garde bienveillante sur le village. C'est d'ailleurs assez frappant comme vue! C'est sûrement grâce à tout cela que Castellane fait partie des «Villages et Cités de Caractère».

L'**église Saint-Victor**, dont la façade étonne par sa simplicité et sa sobriété, a été construite au XIIe siècle. Elle présente une architecture intéressante qui laisse entrevoir la période de transition entre l'art roman et l'art gothique. Elle a été classée monument historique en 1944.

On accède au Roc par un sentier pédestre qui commence derrière l'église. Le sentier ne présente pas de difficultés réelles malgré ce que l'on pourrait penser. Il serpente le long des vestiges des anciens remparts qui entouraient Castellane au XIVe siècle et il mène à la **chapelle Notre-Dame-du-Roc**, lieu de pèlerinage depuis des temps très anciens. D'ailleurs, chaque année, le soir du 14 août, se déroule la Veillée aux flambeaux, procession spectaculaire qui se rend jusqu'à la chapelle.

Castellane, c'est aussi la nature. Encore sauvage et protégée, loin de la pollution et du vacarme. Que de l'air pur, de l'espace, de la lumière et des parfums de la nature! On peut y faire des randonnées pédestres ou équestres, de la pêche ou de la chasse; enfin, plein d'activités s'offrent à vous!

Quittez par la D952 en direction des gorges du Verdon jusqu'au Point sublime, du côté nord des gorges du Verdon.

★★★

Le Point sublime

Le Point sublime offre une vue remarquable sur l'entrée du Grand Canyon du Verdon. C'est aussi le lieu le mieux aménagé pour le touriste. On y trouve des stationnements, des télescopes, de la documentation et une auberge. De cet endroit, on peut accéder au **sentier Martel**, qui est considéré comme la «grande classique» des randonnées : 14 km en huit heures de marche pour se rendre au chalet de la Maline. Cependant, il est conseillé de la faire en sens inverse. Si vous disposez de moins de temps, vous pouvez emprunter le **sentier du couloir Samson**, qui descend au fond des gorges et se fait en deux heures aller-retour. Ce sentier donne un bon aperçu des gorges.

★★★

Les gorges du Verdon

Les gorges du Verdon et leur Grand Canyon font partie des sites naturels les plus importants d'Europe et se doivent d'être vus. Mais vous devrez décider quel côté emprunter pour les visiter. Toutefois, que vous suiviez l'une ou l'autre des rives du Verdon, le panorama sera spectaculaire, et vous aboutirez à Moustiers-Sainte-Marie en fin de course. Nous vous conseillons cependant le circuit de la rive gauche (sud). Il n'offre pas autant de points de vue spectaculaires que celui de la rive droite (nord), mais, par contre, il permet de visiter Trigance et Aiguines. Bien entendu, il est aussi possible de faire la boucle en parcourant les deux rives. Ce circuit d'environ 130 km nécessite toute une journée et peut même s'accomplir à partir de Nice ou Cannes à la limite, car les gorges ne s'y trouvent qu'à environ 1 heure 30 min en voiture.

Pour le circuit de la rive droite, remontez vers la D952.

Le **circuit de la rive droite** commence à l'Auberge du Point Sublime, sur la D952. Au début du circuit, vous pourrez prendre une route secondaire pour vous rendre à **Rougon**. Monter jusqu'à ce village garantit un panorama exceptionnel sur le Verdon. De retour sur la D952, vous arriverez à un carrefour un peu avant d'arriver à La Palud. Optez pour cette route, la D23 ou route des Crêtes. Par cette route, une succession de belvédères offrant des points de vue vertigineux forme une boucle qui se termine à La Palud, «village-étape» ancien qui renferme quelques commerces et hôtels (voir p 504). C'est aussi sur cette route que se trouve le refuge de la Maline, point de départ suggéré de la randonnée suivant le sentier Martel et menant jusqu'au Point sublime.

Pour terminer ce circuit, il faut reprendre la D952, qui offre des vues panoramiques jusqu'à Moustiers.

Fin du circuit de la rive droite.

Le circuit de la rive gauche commence par la visite du village de Trigance, auquel on accède en prenant la D955 à Pont-de-Soleils et la D90 par la suite.

★

Trigance

Bâti en nid d'aigle sur un éperon rocheux à 800 m d'altitude, ce vieux village est domi né par une forteresse qui date du XIe siècle et qui abrite aujourd'hui un hôtel de l'association des Relais et Châteaux (voir p 501).

Au gré d'une promenade dans le village, vous découvrirez des passages voûtés, des linteaux de pierre sculptés et une église romane du XIIe siècle.

L'ancienne forteresse n'est pas accessible à moins d'y loger. De sa terrasse, on embrasse du regard une vue magnifique sur les environs. Vous pouvez également prendre un repas dans la salle à manger du château (voir p 512), logée dans une belle salle voûtée médiévale. Bien sûr, ce n'est pas à la portée de toutes les bourses!

Si les plantes et les herbes vous intéressent, vous pouvez effectuer une jolie balade sur le sentier aromatique qui débute à la mairie. Balisé, il vous fera découvrir les parfums du thym, de la sarriette et de la lavande. Il se prolonge ensuite par un sentier botanique, toujours balisé, qui fait partie du Parc naturel régional du Verdon.

On peut loger à Trigance lorsqu'on visite les gorges du Verdon, car on peut facilement accéder aux deux rives des gorges.

Prenez la D90 en direction sud pour accéder à la D71, qui mène à la rive gauche des gorges.

Le **circuit de la rive gauche** suit la Corniche sublime. Il débute par les **Balcons de la Mescla**, point de rencontre du Verdon et de la rivière Artuby. On y jouit d'une vue spectaculaire. La route continue ensuite en une succession de points de vue magnifiques qui culmine lorsqu'on arrive à la **falaise des Cavaliers**. À cet endroit, l'à-pic de la falaise est très impressionnant. L'**Hôtel du Grand Canyon** (voir p 504), localisé en ce point, présente l'avantage d'offrir une vue saisissante sur les gorges, que l'on soit dans sa chambre ou dans le restaurant. De nombreux parcours de randonnée – qu'ils soient sur la rive gauche ou sur la rive droite – sont accessibles à partir de cet endroit, car une passerelle permet de traverser de l'autre côté. On arrive alors près du refuge de la Maline et du départ du «fameux» sentier Martel.

La route longe ensuite les gorges et rejoint Aiguines. Fin du circuit de la rive gauche.

Aiguines

À plus de 800 m d'altitude, Aiguines offre une vue remarquable sur le lac de Sainte-Croix. L'intérêt de ce village, outre son château (privé) et son église tout à côté, réside dans son **Musée des tourneurs sur bois** *(☎04.94.70.20.89)*. Cette industrie a fait vivre les habitants du village depuis le Moyen Âge, et ce, jusque vers 1939, date à laquelle la dernière usine ferma. Cette industrie était unique en Provence. Le musée la fait revivre en présentant divers objets, machines et matériaux qui étaient utilisés.

Prenez la D19 vers le lac de Sainte-Croix, puis la D957, qui rejoint la D952, laquelle conduit à Moustiers-Sainte-Marie.

★

Lac de Sainte-Croix

La route D19, qui descend vers le lac, offre de superbes panoramas. Au lac, cela devient de plus en plus féerique. Surtout lorsqu'on arrive à l'endroit où le Verdon s'y jette. À ce moment-là, l'eau prend toutes les nuances, allant de l'émeraude au turquoise.

Le lac de Sainte-Croix est un grand lac artificiel de 3 000 ha qui alimente en eau potable Aix-en-Provence, Toulon et Marseille. Ses rives comportent quelques stations balnéaires qui permettent de pratiquer tous les sports nautiques.

★★

Moustiers-Sainte-Marie

Moustiers-Sainte-Marie porte plusieurs noms : Cité de la faïence, perle de la Provence, porte des gorges du Verdon. Quoi qu'il en soit, l'endroit jouit d'un paysage d'une sereine et impressionnante grandeur.

Le village, divisé en deux par un torrent qui gronde, s'accroche à la montagne de chaque côté. Cela en fait un site intéressant pour se promener, car, en plus d'être confronté à la pierre de la montagne, on a toujours conscience du mouvement de l'eau à cause des ponts qu'on doit traverser. Les ruelles du village abritent des maisons qui datent pour la plupart du XVIIIe siècle. De plus, on y trouve de nombreux restaurants et boutiques qui proposent, entre autres choses, la spécialité du village : la **faïence de Moustiers**, célèbre dans le monde entier. Les amateurs d'objets de faïence voudront d'ailleurs visiter le **Musée de la Faïence** *(avr à oct merdim 9h à midi et 14h à 18h; dans la crypte, près de l'église; ☎04.92.74.61.64).*

Dans le village, il faut voir l'**église Notre-Dame**, qui date en majeure partie du XIIe siècle. Il faut surtout admirer son clocher roman de style lombard.

Ceux qui désirent faire une balade un peu plus exigeante voudront se rendre jusqu'à la **chapelle Notre-Dame-de-Beauvoir**, qui domine le village et permet une vue magnifique sur les toits du village. La chapelle comporte une partie romane à nef unique qui date du XIIe siècle, à laquelle deux travées gothiques ont été ajoutées au XVIe siècle.

La fin de semaine suivant la Pentecôte *(entre mi-mai et mi-juin, selon la date de Pâques)*, le village devient le Carrefour international de la faïence pendant deux jours. C'est la fête de la Cité de la faïence! C'est alors l'occasion pour la population, en costume du XVIIIe siècle, de gravir le sentier qui mène à la chapelle Notre-Dame-de-Beauvoir pour assister à une grand-messe. Pendant toute la fin de semaine, l'atmosphère est à la fête et le village s'anime de jeux de toutes sortes pour amuser petits et grands.

Les Salles-sur-Verdon

Ce village, le plus jeune de France, a été fondé en 1973 en remplacement du vieux village qui a été submergé lors de la création du lac. Les amateurs de plein air qui s'adonnent aux sports nautiques voudront s'y arrêter.

Continuez vers le sud par la D957. Avant d'atteindre Aups, vous pouvez faire un petit détour vers Bauduen, une autre station balnéaire du lac.

Bauduen

Ce petit village jouit d'un ensoleillement plein sud. Avant la création du lac, le village se trouvait à 1 km du Verdon. Aujourd'hui, il est à son pied et a même failli être englouti lui aussi. À l'époque romaine, c'était une étape sur la voie romaine qui reliait Fréjus et Riez, village qui se trouve maintenant «de l'autre côté du lac», depuis la création du réservoir d'eau potable.

Les rues étroites grimpent jusqu'à l'église médiévale, ce qui en fait un village typiquement provençal. De l'église, on jouit d'ailleurs d'un panorama sur les Maures et le lac.

Les amateurs de baignade seront ravis d'apprendre que la température de l'eau du lac y est même plus élevée que celle de la Méditerranée.

Revenez vers la D957 pour continuer vers Aups.

Bourges.

★

Aups

Malgré qu'il soit situé sur les premiers contreforts des Alpes, ce village ne se trouve qu'à 60 km de la mer. Vous pouvez y faire un bref arrêt pour vous y balader quelques moments à travers ses vieilles rues pittoresques. Vous y découvrirez le vieux lavoir, les fontaines, les platanes, les cadrans solaires, la tour de l'horloge, autant de traits caractéristiques des villages provençaux.

Les amateurs d'art voudront aussi visiter la **collégiale gothique Saint-Pancrace** *(été 9h à midi et 16h à 18h, hors saison 9h à midi et 15h à 17h; rond-point du Général de Gaulle, ☎04.94.70.00.53)*. Cette église de style gothique provençal fut commencée en 1489 et connut quelques revers au cours de son histoire. Ainsi, l'admirable portail d'origine a dû être refait et c'est pourquoi il arbore le style Renaissance. De plus, les curieux pourront jeter un coup d'œil sur la collection du **Musée Simon Segal** *(été; av. Albert Ier, ☎04.94.70.01.95)*, installé dans l'ancienne chapelle des Ursulines construite en 1629, qui présente des œuvres de différents peintres de Toulon, de Paris et de Bourges.

Enfin, les amateurs de gastronomie ne peuvent manquer le **marché aux truffes noires**, qui se tient à Aups chaque jeudi matin entre novembre et février. Les truffes sont découvertes par des chiens spécialement dressés qui reniflent la terre.

Quittez le village par la petite route D77 en direction de Tourtour.

★★

Tourtour

La route qui mène à Tourtour est splendide. Situé sur un piton rocheux, le village, qui figure parmi les plus beaux de France, domine un étalement de collines. Au XIIe siècle, on y trouvait un château et une église, comme dans tous les villages médiévaux. Aujourd'hui, l'**église Saint-Denis** remplace l'église médiévale. Son site offre une vue superbe sur les environs et permet de voir jusqu'à la Côte.

Ce village n'offre pas d'attraits autres que la possibilité de s'y promener doucement. Vous pourrez y flâner et même vous y reposer un peu sur l'une des terrasses qui occupent la grande place au centre du village.

Quittez par la D51 en direction de Villecroze.

Villecroze

Le village est adossé aux premiers contreforts des Alpes de Provence à 350 m d'altitude. Il conserve son caratère moyenâgeux grâce à ses ruelles étroites et ses arcades pittoresques.

Il faut surtout visiter les **grottes** ★ qui surplombent un joli parc. Les habitants du village s'y réfugiaient lors des invasions. On peut même y voir un lac souterrain qui servait à les ravitailler en eau.

Continuez par la D51 vers Salernes.

Salernes

Ce village n'est pas très beau. Il est reconnu surtout pour son industrie du carrelage qui débuta avec la production des tomettes, ces carreaux hexagonaux rouges qui composaient le sol des maisons provençales entre le XVIIe siècle et 1945. De nos jours, cette industrie existe toujours, mais on fabrique dorénavant des carreaux vraiment carrés!

Quittez par la D560 vers Sillans-la-Cascade.

La cascade intéressera les sportifs. On peut y faire du *canyoning*, une variante du *rafting* qui consiste à descendre une rivière en se guidant à l'aide d'une corde.

Continuez par la D560 vers Fox-Amphoux, accessible par la D32.

★

Fox-Amphoux

Voilà un charmant vieux village complètement à l'écart, mais qui a gardé toute son authenticité. Il est perché au haut d'une butte et n'est pas envahi par les commerces touristiques. La petite place ombragée est vraiment adorable. De plus, s'y trouve une auberge qui pourrait constituer une halte agréable, car vous y trouverez le calme absolu (voir p 507).

Il est très plaisant de se promener à travers le village car il est resté presque à l'état sauvage.

Retournez vers la D560 pour vous rendre à Barjols.

Sillans-la-Cascade

Cet autre village médiéval est connu grâce surtout à sa fameuse cascade. On y accède par un sentier bucolique, marqué par d'énormes platanes centenaires, qui débute près de l'entrée du village. D'une longueur de 800 m, il est facilement accessible à toute la famille. Haute de 42 m, la **cascade** ★ se précipite dans un petit lac bouillonnant aux teintes d'émeraude.

Barjols

L'étymologie de son nom provient de «barre» (collines) et de «joulx» (jolies). Toutefois, on ne peut pas dire que ce soit un village particulièrement séduisant, mais il récèle tout de même quelques attraits qui méritent une visite!

La **collégiale Notre-Dame-de-l'Assomption** est un monument historique classé. De style gothique provençal, elle date du XIe siècle. Derrière la collégiale se cache la demeure des Pontevès, dont l'entrée est marquée par un **porche en pierre** (autre monument historique) qui date de 1532. De plus, le village compte pas moins de 30 fontaines et 12 lavoirs.

Enfin, le village est reconnu pour sa foire du cuir qui se tient en août. Événement qui rappelle la grande prospérité qu'a connue le village au XIXe siècle grâce à l'industrie du cuir, car aujourd'hui il ne reste plus que des tanneries désaffectées.

Quittez par la D560 en direction de Cotignac.

★

Cotignac

Construit au pied d'une falaise en tuf couronnée de deux tours, vestiges de l'ancien château du XVe siècle, le village révèle de jolies ruelles, des fontaines et un magnifique cours central qui jouit de l'ombre de ses nombreux platanes.

On peut y faire une promenade agréable qui monte vers la falaise, le long d'une ruelle aux maisons en ruine. La falaise, percée de grottes, servait jadis d'abri.

Quittez par la D50 en direction d'Entrecasteaux.

★

Entrecasteaux

Entrecasteaux est un authentique village provençal dans un site verdoyant de collines peu élevées, entre lesquelles une petite rivière se fraie un passage tortueux.

La masse imposante du château domine la vallée. Ses origines remontent au XIe siècle, quoiqu'il ait été l'objet de transformations successives au cours des siècles et l'objet de nombreux pillages. Devenu très délabré avec le temps, il fut acheté en 1974 par un riche Britannique dont l'intention était de le sauver. Entreprise monstrueuse s'il en fut, car il y a englouti toute sa fortune. Aujourd'hui, il est restauré mais il nécessiterait tout de même des investissements supplémentaires importants pour le remettre en bon état. C'est ce que compte faire le tout nouveau propriétaire. Pour l'instant, le château ne devrait pas être ouvert au public, mais il est possible qu'il le devienne une fois les travaux de rénovation terminés. Informez-vous de la situation au préalable auprès du syndicat d'initiative *(☎04.94.04.40.50)*. Sachez également que le syndicat organise des visites guidées du village.

Le village, site classé, est un beau petit ensemble de maisons anciennes aux façades hautes et étroites, et abrite de jolis porches du XVIIe siècle et des passages voûtés. L'église fortifiée Saint-Sauveur date du XIIIe siècle.

Enfin, on peut effectuer de saines promenades dans la campagne environnante en suivant des parcours fléchés.

Quittez par la D50 vers Lorgues.

Lorgues

Ce village offre tout le charme d'un vieux village pittoresque du Var – ses origines remonteraient au VIe siècle. Il reste encore 9 des 12 tours qui constituaient l'enceinte qui entourait le village. S'y trouve aussi la collégiale Saint-Martin, édifice classique de masse imposante qui cache un beau maître-autel en marbre polychrome décoré de putti attribués à Puget.

Quittez par la D562 et rejoignez la D17, qui mène vers le Thoronet. À partir de là, la D79 vous conduit à l'abbaye du Thoronet. C'est bien indiqué.

★★★

Abbaye du Thoronet

Si vous avez décidé de ne visiter qu'un seul endroit religieux pendant toute la durée de votre séjour, vous êtes maintenant arrivé à destination. Cet endroit est magnifique. Cette abbaye *(35F; été 9h à 19h, hors saison 10h à 13h et 14h à 17h; messe chantée dim midi; ☎04.94.60.43.90)* est un des hauts lieux de Provence. Établie en 1160 dans l'arrière-pays boisé du massif des Maures, elle constitue l'un des ensembles architecturaux les plus purs et les plus émouvants de l'époque romane en Provence. Cette abbaye cistercienne dégage une sérénité étonnante. Cela répond à l'esprit des moines fondateurs qui vivaient selon une application stricte de la règle de saint Benoît.

Pour profiter au maximum de votre visite de ces lieux, nous vous recommandons vivement de suivre l'un des guides des Monuments historiques. Ces personnes vous feront découvrir et partager leur amour des lieux. Les visites guidées ont cours plusieurs fois par jour entre avril et septembre.

L'**église** ★★★, d'un dépouillement suprême, nous envahit complètement et nous communique une paix intérieure sans pareille. Que dire de plus! Une émotion profonde nous transperce! Et c'est chaque fois pareil car la qualité de la lumière, à l'intérieur, est exceptionnelle. Céleste! Chaque année, on y accueille un festival de musique avec des chants grégoriens qui prennent des dimensions extraordinaires grâce à l'excellente acoustique dont bénéficient les lieux.

On peut aussi visiter la salle capitulaire, le cloître et le **pavillon de la fontaine**. Ce dernier renferme le lavabo avec ses 16 robinets, utilisés par les moines avant de passer au réfectoire qui s'ouvrait tout près, mais qui est aujourd'hui disparu.

Quittez vers Brignoles par la D79 puis la D13 pour rejoindre la D24.

Brignoles

Située sur l'antique voie Aurélienne, qui relie l'Espagne à l'Italie, Brignoles est fort ancienne. Ses débuts remontent au VIe siècle.

De la place Caramy, on peut emprunter le «Grand Escalier» pour rejoindre le Brignoles médiéval, où se dresse l'église Saint-Sauveur. Non loin, le **Musée du pays brignolais** loge dans l'ancien **palais des comtes de Provence** *(mer-dim 10h à midi et 14h30 à 17h, été jusqu'à 18h; ☎04.94.69.45.18)*, qui a servi de lieu de séjour à cette illustre famille et même de siège au Parlement provençal épisodiquement.

Il y a une balade à pied qui peut s'avérer intéressante. Elle conduit de Brignoles à Le Val, situé de l'autre côté de l'autoroute. À destination, vous pourrez voir trois dolmens, témoins d'une présence humaine pendant la préhistoire qui pourrait remonter d'aussi loin qu'à 2500 av. J.-C.

Activités de plein air

La région privilégie les amateurs de la nature et les sportifs. Ces derniers y découvriront de nombreuses possibilités pour satisfaire leurs envies, grâce surtout aux gorges du Verdon et au lac de Sainte-Croix. Le Verdon est un endroit prisé pour la pratique de la randonnée pédestre, de l'escalade et du canoë-kayak, et le lac de Ste-Croix offre la possibilité d'y pratiquer les sports nautiques.

Pour obtenir des informations pertinentes sur tous les types d'activités sportives ou si vous désirez être accompagné par un guide, renseignez-vous auprès du **Bureau des Guides** *(☎04.92.77.30.50)*, localisé à La-Palud-sur-Verdon.

Pour profiter pleinement du Verdon, il existe quatre points de ralliement principaux : le Point sublime et le refuge de la Maline, du côté nord des gorges; la falaise des Cavaliers, du côté sud; le lac de Sainte-Croix, à l'endroit où débouche le Verdon.

Peu importe l'activité que vous choisirez de pratiquer dans les gorges du Verdon, vous serez complètement séduit par la beauté des paysages. Mais attention, il faut le répéter: **soyez très prudent!**

Pour terminer, voici les procédures à suivre en cas d'accident :

- indiquer avec exactitude : rive, lieu, type d'accident;
- protéger la victime sur place;
- alerter les pompiers des villages ou signaler le ☎18;
- contacter la Gendarmerie au ☎17.

Randonnée pédestre

Dans le Verdon, la «grande classique» des randonnées pédestres consiste à emprunter le **sentier Martel**. Ce circuit de 14 km s'effectue généralement en huit heures; il part du refuge de la Maline et se rend au Point sublime – c'est le sens conseillé. Il faut cependant prévoir le retour au point de départ. Les gens qui sont en groupe s'organisent généralement pour laisser une voiture à chacune des extrémités.

Près du Point sublime, on peut atteindre le fond des gorges en empruntant le **sentier du couloir Samson**. Il se fait en deux heures aller-retour. Ce sentier donne un bon aperçu des gorges et ne pose aucune difficulté. Il est néanmoins conseillé de se munir d'une lampe de poche car, à un endroit, le sentier traverse un tunnel. À partir de la falaise des Cavaliers, on peut facilement accéder aux sentiers de randonnée qui parcourent l'une ou l'autre des rives des gorges. En effet, à cet endroit, au fond des gorges, une passerelle permet la traversée entre les deux rives. De l'autre côté, on se trouve près du refuge de la Maline et donc du départ du «fameux» sentier Martel. On peut aussi choisir de rester sur la rive sud des gorges et emprunter le sentier de l'Imbut. Ce sentier est toutefois considéré difficile et dangereux. On le qualifie de plus beau du canyon, mais, attention, il est «sportif» car il est abrupt par endroits. Il est déconseillé aux enfants et aux chiens de la marcher.

En général, il faut mentionner la qualité de l'aménagement des sentiers de randonnée. Ainsi, les parties difficiles des sentiers sont pourvues de câbles qui suivent les parois rocheuses. Cela procure une sécurité supplémentaire pour les randonneurs.

Toutefois, peu importe la randonnée qu'on choisit, il faut savoir faire preuve de prudence en tout temps afin d'éviter des contretemps ou des accidents. Ainsi, il faudrait prévoir de bonnes chaussures, un chandail, une lampe de poche, et surtout s'assurer d'avoir une quantité d'eau potable suffisante (les sources sont rares ou taries). De plus, il est avisé de ne pas quitter les sentiers balisés et de ne pas traverser le Verdon. Enfin, il vaut mieux se renseigner sur la météo avant le départ, car les orages prennent une tout autre ampleur au fond des gorges.

Escalade

Les gorges du Verdon demeurent le haut lieu de l'escalade dans cette région. Plus particulièrement, il existe un site d'escalade assez impressionnant à Aiguines. Pour de plus amples renseignements, communiquez avec le **Club d'escalade Aiguines-Verdon** *(☎04.94.84.23.07)*. On y dénombre 400 voies ouvertes pour tous niveaux, de l'initiation à l'extrême.

Mis à part le Verdon, la région compte un autre site d'escalade reconnu : les gorges de la Nartuby. Toutefois, l'escalade de ces gorges n'atteint pas le niveau de difficulté de celles du Verdon et plaira aux alpinistes moins expérimentés ou à ceux désireux d'effectuer une «petite pratique» avant d'attaquer les gorges du Verdon.

Kayak

Les mordus de descente en kayak – mais attention, expérimentés! – voudront tenter la descente du Verdon depuis le pont de Carrejuan (plus à l'est du Point sublime) jusqu'au lac de Sainte-Croix, 24 km plus loin. Il faut compter deux jours pour l'effectuer, si tout va bien, dit-on! Cette expédition est qualifiée d'exploit sportif qui nécessite une telle manœuvre que la contemplation des sites n'est possible qu'en s'arrêtant souvent. De plus, le trajet comporte plusieurs portages pénibles. Il est fortement recommandé de se faire accompagner d'un guide ou d'un «ancien» du Verdon. Il faut de plus prévoir suffisamment de ravitaillement et des vêtements de rechange, car il n'est pas vraiment possible de quitter ce circuit avant le point d'arrivée au lac de Sainte-Croix.

Enfin, il existe un parcours plus commode – mais néanmoins sportif – qui part de Castellane et qui se rend jusqu'au Point sublime. Ce parcours se termine donc au début du Grand Canyon.

Hébergement

Fayence

La Sousto
240F-300F, pdj 38F
bp, ℂ
place du Paty
☎04.94.76.02.16
Ce petit hôtel est exceptionnel grâce au service et à l'accueil personnalisés que confère Chantal, l'aimable patronne qui veille à tout. Sousto signifiant «refuge» en provençal, elle tient à

ce que ses clients se sentent bien chez elle. Cela lui réussit puisqu'ils reviennent! Chaque chambre est pourvue d'une petite cuisinette. La chambre nº 5 est souvent louée car c'est la seule avec une terrasse, tout juste refaite et immense de surcroît. La vue y est splendide. De plus, en été, les petits déjeuners sont servis sur une placette devant l'hôtel. Somme toute, cette charmante maison ancienne est un endroit plaisant où règne une ambiance familiale. Il faut la découvrir!

Auberge des Pins
350F-480F, pdj 45F
bp, tv, ≈, ℂ, S, ℜ
Domaine Le Chevalier
Tourrettes
☎04.94.76.06.36
⇌04.94.76.27.50
Vous bénéficierez d'un service remarquablement affable dans cet hôtel moderne. M. et Mme Garcia œuvrent dans le commerce depuis longtemps et y sont entièrement à leur place. En plus des chambres tout confort, ils proposent des studios en duplex, loués un peu plus chers, qui possèdent un salon séparé, une cuisinette et une terrasse privée avec une table pour y prendre ses repas. Ces studios peuvent accueillir jusqu'à quatre personnes et ne sont loués qu'à la semaine en juillet et en août. L'hôtel dispose également d'un restaurant (voir p 511).

Moulin de la Camandoule
600F-760F/pers. ½p oblig. sauf hors-saison
bp, tv, ≈, ℜ, S
ch. de Notre-Dame des Cyprès, entre Fayence et Seillans
☎04.94.76.00.84
⇌04.94.76.10.40
Installé dans un ancien moulin à huile restauré, au cœur d'un parc paisible de 4 ha, cet hôtel de charme saura vous ravir grâce au caractère qu'il dégage. Que dire? Sinon que vous y serez assuré de prestations supérieures à tous les points de vue. De surcroît, l'hôtel dispose de deux très jolies suites avec la chambre en mezzanine. Enfin, outre le restaurant haut de gamme (voir p 511), on offre un service de restauration près de la piscine.

Séranon (entre Castellane et Grasse)

L'Aigle d'Argent
220F-240F
480F-500F ½p
fermé jan
ℜ
La Clue, N85
☎04.93.40.56.80
⇌04.93.60.35.15
Au milieu de nulle part, sur la route Napoléon, l'auberge L'Aigle d'Argent vous dépannera pour une nuit. Les chambres sont correctes, et il y a un restaurant. Cependant, rien de plus à espérer.

Il faut ajouter qu'il y a beaucoup d'«auberges-restaurants» sur la route Napoléon, mais que toutes se trouvent exposées aux bruits de la circulation.

Mons

Petit Bonheur
140F-230F, pdj 22F
½p disponible
dp, bp
place Frédéric Mistral
☎04.94.76.38.09
Si vous aimez le calme et que vous ne cherchez pas le luxe, vous pouvez vous arrêter au Petit Bonheur. Vous y bénéficierez d'un joli panorama sur la région, le tout dans une atmosphère provençale. Étape intéressante car le village est charmant, et les prix pratiqués par la maison sont très raisonnables. De plus, l'hôtel possède un restaurant ***($$, fermé mer hors saison)*** qui dispose d'une terrasse agréable sur la place avoisinante.

Castellane

À Castellane et dans les environs, il y a au moins 16 terrains de campings. La région est privilégiée puisqu'elle se trouve à proximité des gorges du Verdon. Voici une sélection de ces campings.

Castillon de Provence
(centre naturiste)
fermé oct à mars
100 emplacements
location de roulottes
douches, ≈, ℜ
La Grande Terre, La Baume
☎04.92.83.64.24
⇌04.92.83.68.79
Cet endroit où le naturisme est pratiqué est

situé à 11 km de Castellane, près du lac de Castillon. On peut y pratiquer la pêche et le canotage. Enfin, on peut s'y ravitailler.

Camping Le Frédéric Mistral
60 emplacements
douches
boul. Frédéric Mistral
☎04.92.83.62.27
C'est le seul camping qui est ouvert pendant toute l'année. Il se trouve à 100 m seulement du centre-ville sur la route des gorges du Verdon. Par contre, les gens qui cherchent les activités sportives nombreuses doivent s'abstenir.

Camping des Gorges du Verdon
fermé oct à avr
235 emplacements
location de bungalows et de maisons mobiles
douches, ℝ, tv, ≈
rte des gorges du Verdon
☎04.92.83.63.64
⇌04.92.83.74.72
Ce camping se trouve à 9,5 km de Castellane. Il faut prendre la direction des gorges du Verdon. Site très agréable et sympathique qui offre de l'animation et beaucoup d'activités sportives et qui dispose d'une piscine.

Camp du Verdon
fermé oct à avr
500 emplacements
location de bungalows roulottes, studios et maisons mobiles
douches, ℝ, tv, ≈
☎04.92.83.61.29
⇌04.92.83.69.37
Ce camping est localisé à 1,2 km de Castellane en direction des gorges du Verdon. C'est le plus grand et le plus étendu des campings de la région. Il y a beaucoup d'animation sur place. On peut y pratiquer presque toutes les activités sportives d'été, y compris l'équitation, mais pas le tennis. Très recommandé pour les familles.

Camping L'International
200 emplacements
location de bungalows roulottes et maisons mobiles
douches, ℝ, tv, ≈
quartier de La Palud
☎04.92.83.66.67
Pour y aller, prenez la N85 en direction de Digne. Vous pouvez y pratiquer l'équitation, entre autres activités sportives. Très intéressant pour les familles car on y propose de multiples jeux pour les enfants et sans doute plus agréable que le précédent car plus petit.

Trigance

Le Vieil Amandier
290F-450F, pdj 40F
300F-370F ½p
fermé nov à fév
dp, bp, tv, ℜ, ≈
montée de Saint-Roch
☎04.94.76.92.92
⇌04.94.85.68.65
À l'entrée du village se trouve Le Vieil Amandier. Les propriétaires, M. et Mme Clap, sont des gens dynamiques (M. Clap est maire du village) sans cesse soucieux d'améliorer la qualité de leur établissement. Les chambres sont confortables, mais il est préférable de choisir une des chambres qui donnent sur la piscine car elles possèdent une petite terrasse privée. Attention : la demi-pension est préférée car la restauration constitue l'intérêt principal des propriétaires (voir p 512).

Château de Trigance
625F-775F/pers., pdj 75F
600F-1 000F ½p
fermé nov à mi-mars
bp, ℝ, tv, ℜ
☎04.94.76.91.18
⇌04.94.85.68.99
Vous cherchez l'atmosphère d'un château à l'époque médiévale? Alors il faut descendre (ou plutôt monter) au Château de Trigance. Tout en haut du village, dans une ancienne forteresse du IXe siècle, Guillaume Thomas vous accueille dans le château que ses parents ont entièrement reconstruit et aménagé il y a environ 30 ans. Mais sans doute y rencontrerez-vous M. Thomas, père, car ce joyeux luron rôde encore dans les parages. Toutes les chambres sont équipées d'un grand lit avec un ciel de lit médiéval. Très soignées et de très bon goût, elles sont décorées de meubles anciens et sont régulièrement réaménagées. C'est un site calme et reposant qui s'ouvre sur un panorama grandiose. Membre de l'association des Relais et Châteaux (voir p 512).

Les Arcs-sur-Argens

Le Logis du Guetteur
fermé mi-jan à fév
650F-850F
½p 580F/pers., pdj 60F
bp, ℝ, S, tv, ≈
☎04.94.99.51.10
⇄04.94.99.51.29
Situé tout en haut du charmant village médiéval, l'hôtel Le Logis du Guetteur constitue une merveilleuse halte champêtre. Dans les lieux mêmes de l'ancien château fort, on embrasse d'un regard magnifique tous les environs. Les chambres sont très confortables et bénéficient grandement du charme ancien du site. De plus, la terrasse et la belle piscine vous assureront des moments de détente, avec une vue splendide sur la région. L'hôtel possède également un restaurant gastronomique (voir p 502).

Draguignan

Il pourrait s'avérer difficile de dénicher un hôtel au calme à Draguignan. De surcroît, la ville n'offrant que peu d'intérêt, il vaut sans doute mieux en sortir au profit de la campagne dracénoise qui défile ses collines paisibles et verdoyantes où nichent de jolis petits villages sympathiques, qui, à leur tour, cachent des adresses vraiment agréables, comme en font foi les quelques coups de cœur d'Ulysse.

Hostellerie du Moulin de la Foux
310F, pdj 45F
285F ½p
bp, tv
quartier de la Foux, direction Trans-en-Provence
☎04.98.10.14.14
⇄04.94.68.70.10
Quoi qu'il en soit, si vous désirez quand même passer une nuit à Draguignan, vous pouvez vous arrêter à l'Hostellerie du Moulin de la Foux. Cet hôtel excentré, complètement calme, est un ancien moulin et se trouve au cœur d'un grand jardin champêtre. Les chambres procurent tout le confort nécessaire. Le restaurant de l'hôtel (voir p 509) propose des spécialités régionales.

Flayosc

Hôtel-Restaurant La Vieille Bastide
360F-480F, pdj 50F
fermé 3 premières semaines de nov et 3 dernières de jan
bp, tv, ≈, ℜ, S
226 rue du Peyron
☎04.98.10.62.62
⇄04.94.84.61.23
Située à 10 min de Draguignan, cette bastide provençale logée dans une vieille bergerie du XIXe siècle constitue une étape agréable et gourmande grâce à son restaurant (voir p 509). Isabelle et Alain d'Aubreby, les propriétaires, sont entièrement à votre disposition, car ils ont confié la cuisine à un autre couple, Marie et Frédéric Guigoni. Cela transparaît car les petites attentions s'en trouvent multipliées. Les chambres sont confortables et toutes sont munies d'une grande baignoire. Décorées avec goût sur un thème provençal, certaines possèdent même une petite terrasse privée. Cet endroit invite décidément à la farniente. Dernier point non négligeable car, s'il est une chose banale en France, ce sont bien les petits déjeuners. Ici, au contraire, il est de grande qualité : le jus d'orange est frais pressé et les viennoiseries sont délicieuses. Excellent rapport qualité/prix.

Châteaudouble

Le Restaurant du Château
320F pdj
bp, ℜ
place Vieille
☎04.94.70.90.05
Le jeune chef propriétaire, Jean-Michel Bélin, met quelques chambres d'hôtes à la disposition de ses clients. Très propres, elles offrent également un beau panorama. Par ailleurs, cela vous permettra d'apprécier ce plaisant village plus longuement et de prendre votre petit déjeuner sur la place le lendemain matin (voir p 509).

Callas

Les Gorges de Pennafort
850F-1 100F
800F-900F/pers. ½p
fermé mi-jan à mi-mars
bp, tv, ≈
☎04.94.76.66.51
⇄04.94.76.67.23
Sur un domaine de 32 ha, l'hostellerie Les Gorges de Pennafort vous propose le Var dans toute sa splendeur. Vous y connaîtrez l'hospitalité méridionale dans un cadre calme et luxueux où la nature côtoie l'élégance. Les chambres sont bien décorées et équipées de salles de bain magnifiques. Vous êtes assuré d'un séjour des plus charmants et des plus reposants (voir p 510).

Seillans

Hôtel-Restaurant des Deux Rocs
300F-600F, pdj 50F-85F
fermé nov
bp, ℜ
☎04.94.76.87.32
⇄04.94.76.88.68
De cet hôtel, on jouit d'une vue exceptionnelle sur la verte campagne environnante. Il occupe une vieille maison bourgeoise un peu vieillotte mais pleine de charme. Meublées d'antiquités, les chambres ont du caractère, et plus particulièrement celles qui donnent devant, face aux deux rocs et à la place où trône une jolie fontaine provençale, place sur laquelle on peut manger (voir p 511) à la lueur des chandelles et sous les arbres. Féerique!

Montauroux

Hostellerie de Montauroux
500F
bp, ≡, tv, S, ℂ, ≈, ℜ
7 rue Eugène Second
sur la place au centre
☎04.94.39.12.00
⇄04.94.39.12.01
On vous propose des studios de 45 m², spacieux, clairs, bien équipés (magnétoscope, chaîne stéréo) et bien meublés. De plus, l'hôtel devrait disposer d'une piscine à partir de l'été 2001. Certains studios ont des terrasses avec une vue splendide sur les collines avoisinantes. Idéal pour les séjours prolongés d'autant plus qu'on peut également s'y restaurer ***($$)*** si on le souhaite.

Montferrat

La Bastide des moines
280F-300F, pdj 35F
bp, tv, ℜ, S
☎04.94.70.92.09
⇄04.94.70.92.41
Situé sur la route entre Draguignan et les gorges du Verdon, cet hôtel est installé dans une demeure rustique du XVIIe siècle rénovée en 1992. Il offre tout le confort nécessaire pour un séjour agréable.

Bargemon

Hôtel-Restaurant Auberge des Arcades
250F-300F
bp/dp, tv, S
av. Pasteur
☎04.94.76.60.36
⇄04.94.76.68.33
Voilà l'endroit idéal où séjourner dans ce petit village médiéval. Si les chambres sont simples, elles sont néanmoins confortables. L'hôtel possède également un restaurant ***($$-$$$)*** qui cuisine la truffe en saison et où l'on mange sur une terrasse ombragée en été.

Comps-sur-Artuby

Grand Hôtel Bain
265F-415F, pdj 38F
fermé mi-nov à Noël
bp, S, ℜ
☎04.94.76.90.06
⇄04.94.76.92.24
Cela fait 260 ans que la famille Bain tient cet hôtel. Aujourd'hui trois des descendants poursuivent la tradition avec leurs épouses. La façade de l'hôtel est invitante car elle est bien entretenue, tout comme les chambres. De plus, grâce à son bar, on peut être témoin des discussions des habitués qui y sirotent leur verre. Bref, c'est le genre d'endroit familial simple dont les murs respirent l'authenticité. Et le Verdon se trouve à côté. Cet établissement se trouvant en bordure de route, louez une chambre à l'arrière. Il est également possible

d'y prendre ses repas (voir p 512).

La Palud-sur-Verdon

Voilà un lieu d'étape agréable lorsqu'on visite les gorges du Verdon, car on s'y trouve en plein cœur de la nature tout en étant dans un endroit qui offre un peu d'animation si on le veut. D'autant plus qu'il s'y trouve une belle brochette d'établissements hôteliers.

Auberge de jeunesse
70F pdj
draps 17F
d
rte de la Maline
☎/⇌04.92.77.38.72

L'Auberge de jeunesse conviendra à ceux qui ont des besoins simples. Dotée de 65 lits disséminés dans plusieurs dortoirs à huit lits (moyennant un léger supplément, on peut réserver une des deux chambres avec chacune deux lits), l'auberge est tenue par des jeunes très sympa. Lavabo dans les chambres. De plus, on peut camper *(27F, pdj 19F)* sur un des 25 emplacements disponibles et l'on peut faire une lessive au coût de 25F.

Le Provence
235F-320F, pdj buffet 45F
225F-270F ½p
fermé nov à Pâques
bp, S, tv, ℜ
rte de la Maline
☎04.92.77.38.88
☎04.92.77.36.50
⇌04.92.77.31.05

Véritable coup de cœur, Le Provence est un petit hôtel familial tenu par des gens vraiment sympathiques. Simples, les chambres offrent un bon confort. Toutefois, notre cœur a été littéralement conquis par trois des chambres : la 18, la 19 et la 20. Récentes, petites et adorables avec leurs toits mansardées, elles ont également l'avantage d'être les moins chères. Cet hôtel est une adresse au rapport qualité/prix imbattable! Enfin l'hôtel dipose d'un restaurant ***($-$$)*** qui propose une cuisine familiale provençale.

Hôtel des Gorges du Verdon
490F-540F/pers.
½p obligatoire
fermé nov à Pâques
bp, ℜ, S, tv, terrasse privée, ≈
rte de la Maline
☎04.92.77.38.26
⇌04.92.77.35.00

Si l'on désire encore plus de confort et être au «sommet» de la situation, alors il faut choisir l'Hôtel des Gorges du Verdon. Dominant les gorges et le village, cet hôtel tout confort, tenu par la même famille depuis 25 ans, a fait peau neuve pendant l'hiver 1997-1998. En effet, tous les 10 ans, par souci de préserver la qualité de leur hôtel, les propriétaires cassent tout et refont. Cet hôtel a de quoi nous détendre : piscine chauffée (prévue pour 2001), tennis, ping-pong et terrasses où l'on peut flâner et admirer le splendide paysage qui s'offre à nous. Restaurant ***($-$$)*** également sur les lieux.

Les gorges du Verdon

Hôtel-Restaurant du Grand Canyon
380F-460F, pdj 40F
350F-390F ½p
fermé mi-oct à mars
bp, tv
falaise des Cavaliers, D71
Aiguines
☎04.94.76.91.31
⇌04.94.76.92.29

Les gorges du Verdon, site magnifique du Var, sont bien mises à profit par l'Hôtel-Restaurant du Grand Canyon. À 800 m d'altitude, on y bénéficie d'un panorama exceptionnel sur les gorges, que ce soit du restaurant ou de la terrasse de sa chambre. Le plus grand avantage demeure néanmoins la proximité des sentiers de randonnée qui commencent juste à côté de l'hôtel. De plus, les chambres sont correctes. Enfin, le propriétaire se fera un plaisir de vous conseiller sur les promenades à effectuer. Il ne faut jamais oublier qu'à cet endroit la nature est reine (voir p 512)!

Moustiers-Sainte-Marie

Le Relais
280F-480F
300F-380F ½p, pdj 50F
fermé déc et jan
bp, dp, asc, tv, ℜ
place du Couvent
☎04.92.74.66.10
⇄04.92.74.60.47
En plein centre, à l'endroit où passe la cascade qui sectionne le village en deux, se trouve Le Relais. Vous y serez bien accueilli et servi. L'hôtel est propre et confortable (notamment les matelas), et l'ambiance, sans pareille à cause de sa situation. Par ailleurs, la vue qu'on a depuis la chambre est admirable : attendez de vous y réveiller et d'ouvrir les volets au matin, vous verrez! Enfin, l'hôtel dispose également d'un restaurant agréable où l'on sert une cuisine régionale (voir p 512).

Hôtel le Baldaquin
300F-450F, pdj 40F
bp, tv
place Clérissy
☎/⇄04.92.74.67.28 portable 06.08.06.49.95
Logé dans une maison bourgeoise du XVIIe siècle sur une placette calme à l'écart des commerces, cet hôtel possède beaucoup de charme. D'abord les propriétaires, M. et Mme Dumont, sont charmants et toujours empressés à faire en sorte que votre séjour soit des plus agréables. Et c'est eux exclusivement qui s'occupent de tout! Les chambres spacieuses et les salles de bain modernes sont impeccables grâce à Madame tandis que Monsieur s'occupe de l'entretien de l'immeuble, qu'il a lui-même rénové.

La Bouscatière
750F-980F, pdj 65F
fermé mi nov à mi-déc et mi-jan à mi-mars
bp
☎/⇄04.92.74.67.67
www.labouscatiere.com
Cet endroit porte bien sa désignation : Demeure d'hôtes. Construite en 1765 et ayant servi de lieu d'entreposage pour le bois de chauffage (un tel lieu répondait au nom de «bouscatière» autrefois) d'un faïencier, cette maison accrochée à la falaise est splendide et d'une originalité singulière. Les aires communes sont splendides, à commencer par le convivial séjour du troisième étage avec sa cheminée et sa luminosité éclatante. Mais aussi le petit jardin blotti entre maison et rocher qui invite à la détente.

La décoration des chambres s'inscrit dans le raffinement. D'ailleurs, c'est la propriétaire, Tonia Peyrot, qui a assuré la décoration des chambres de la **Bastide de Moustiers** de Ducasse, dont la description suit. Les salles de bain sont spectaculaires, et vous ne pouvez imaginer les astuces qu'elles recèlent dans leur utilisation de l'espace singulier qu'occupe la maison du fait qu'elle est accrochée à la roche.

La Bastide de Moustiers
1 000F-1 750F, pdj 85F
bp, tv, ≡, ℜ, ℝ ≈, S
ch. de Quinson
☎04.92.70.47.47
⇄04.92.70.47.48
www.bastide-moustiers.i2m.fr
Installée dans une ancienne propriété d'un maître faïencier restaurée et réaménagée avec le plus grand soin par des artisans du pays afin de respecter la tradition, La Bastide de Moustiers, partie intégrante de l'empire du renommé chef Alain Ducasse (voir p 513), allie raffinement et grand confort sans le côté guindé que l'on retrouve habituellement dans ce genre d'établissement haut de gamme. Le site respire le calme et offre des vues champêtres d'une beauté exemplaire sur la campagne voisine. On pourrait dire que le concept repose sur le principe de la résidence secondaire à la campagne. Dans cet esprit, les chambres sont équipées de tout ce qui est essentiel pour assurer votre bien-être. Par exemple, elles mettent à votre disposition une chemise de nuit, un peignoir et des chaussons pour vous sentir comme à la maison. De plus, certaines chambres possèdent un télécopieur, une chaîne stéréo ou une terrasse privée. Par ailleurs, si la piscine et le bassin à remous ne vous satisfont pas, vous pouvez toujours emprunter un

vélo pour vous balader. On pourra même vous préparer un pique-nique si vous le souhaitez. Bref, une résidence secondaire avec valets et bonnes.

Bauduen

La région du lac de Sainte-Croix compte plusieurs sites agréables pour faire du camping et profiter des activités nautiques disponibles.

Camping Les vallons
Pâques à oct
☎04.94.70.09.13
⇌04.94.84.39.93
Petit camping de 65 emplacements près du lac offrant piscine, restaurant, ravitaillement et activités pour enfants.

Domaine de Majastre
380F pdj
dp, ≈
☎04.94.70.05.12
Situé à quelques minutes du magnifique lac de Sainte-Croix, le Domaine de Majastre est une chambre d'hôtes au charme provençal. Les chambres sont vraiment attrayantes. Au sol, on retrouve du carrelage provençal ou du parquet et les meubles sont de style. Enfin, l'hôtel met à votre disposition une piscine avec un comptoir de restauration rapide attenant.

Les-Salles-sur-Verdon

Ces deux campings ont des capacités d'accueil semblables (environ 100 emplacements) et sont situés près d'une plage. Ils offrent des activités pour les enfants et possèdent un restaurant sur place.

Camping Les pins
avr à oct
☎04.94.70.20.80
⇌04.94.84.23.27

Camping La Source
avr à oct
☎04.94.70.20.40
⇌04.94.70.20.74

Gîtes de France
1 800F (2 pers.) – 2 300F (4 pers.) par semaine
bp, tv, ≡, ℂ, S
8 traverse St-Joseph
☎04.94.70.66.24
⇌04.94.70.79.84
Dans ce village de villégiature du lac de Sainte-Croix, la fille de M. et Mme Bouillard, de Tourtour (voir p 495), propose quatre appartements meublés situés à 500 m du lac. Tout confort, ils possèdent une terrasse privée et un barbecue : les deux premiers sont pour deux personnes et font 35 m^2, incluant même un lave-vaisselle et une machine à laver; les deux autres peuvent accueillir quatre personnes sur 55 m^2 avec le même confort en plus d'avoir la climatisation.

Aups

Camping International
150 emplacements
douches, ℝ, ≈
☎04.94.70.06.80
À Aups, il y a trois campings. Cela peut constituer une étape intéressante car c'est très près des gorges du Verdon. On vous recommande le Camping International.

Auberge de la Tour
260F-350F, pdj 30F
fermé nov à mars
bp, dp
☎04.94.70.00.30
⇌04.94.70.05.22
L'Auberge de la Tour, située dans une cour un peu en retrait, propose des chambres simples mais correctes. Les chambres plus chères sont toutefois préférables. L'hôtel, en plein cœur du village, se trouve à côté de nombreux restaurants, bars et boutiques. Cet hôtel nous a semblé celui qui pouvait offrir le plus de calme dans ce village (voir p 513).

Tourtour

Le Mas de l'Acacia
320F pdj
bp, tv, ≈
☎/⇌04.94.70.53.84
Véritable découverte que la chambre d'hôtes Le Mas de l'Acacia! Dans cet établissement surplombant les plaines environnantes, vous pourrez vous prélasser sur la belle terrasse fleurie où trône la piscine. Mais parlons plutôt de l'accueil

franchement sympathique de M. et Mme Bouillard. Ils feront tout pour rendre votre séjour agréable. Sans oublier la propreté étincelante des chambres, la qualité et le confort... C'est vraiment une aubaine, d'autant plus qu'elle se trouve à Tourtour! Ils proposent également une suite à deux chambres communicantes et un appartement avec terrasse privée (barbecue inclus) qui comprend une cuisine, un salon, une salle de bain et une chambre *(500F/j)* ou deux chambres *(650F/j)*.

Auberge Saint-Pierre
450F-530F
425F-470F ½p, pdj 55F
fermé mi-oct à mars
bp, ≈
☎04.94.70.57.17
⇄04.94.70.59.04
L'Auberge Saint-Pierre se trouve à l'extérieur du village, en pleine campagne. C'est une demeure du XVIe siècle qui a été convertie en un hôtel tenu par la même famille depuis 40 ans. Les actuels jeunes propriétaires sont fiers de leurs racines provençales. Puisqu'ils sont soucieux du détail, l'hôtel présente un cadre provençal rustique authentique. Les chambres procurent tout le confort requis, et certaines ont des terrasses qui donnent sur la belle piscine, couverte lorsqu'il fait plus frais, afin d'en profiter plus longtemps. Vous pouvez aussi effectuer de jolies promenades autour de la propriété. L'endroit est très bucolique (voir p 514).

La Petite Auberge
490F-1 060F, pdj 60F ½p
490F-735F
fermé mi-nov à mi-déc
bp, ℝ, tv, ℜ, ≈, ⌂
☎04.94.70.57.16
⇄04.94.70.54.52
La Petite Auberge fait partie de l'association des Relais du Silence. Située en bas du village, à flanc de colline, elle profite tout de même d'une belle vue sur la campagne avoisinante. Les élégantes chambres offrent des dimensions généreuses et leur décoration vient tout juste d'être refaite à neuf. Elles procurent tout le confort moderne et sont pourvues de très jolies salles d'eau avec carrelage italien. Vous y trouverez tout le calme souhaité et pourrez vous prélasser au bord de la piscine ou dans le sauna. Voir p 514.

La Bastide de Tourtour
950F-1 500F, pdj 75F
770F-1 000F ½p
bp, ℝ, tv, ℜ, ≈
☎04.98.10.54.20
⇄04.94.70.54.90
L'association des Châteaux et Hôtels Indépendants possède un établissement dans le village : La Bastide de Tourtour, qui se trouve à quelques minutes à pied de la petite église Saint-Denis. C'est une ancienne bastide soigneusement tenue. Vous y trouverez tranquillité et gastronomie dans un cadre luxueux. Les chambres sont bien aménagées, y compris les moins chères. Certaines ont même de très belles terrasses qui s'ouvrent sur un panorama qui respire le calme. Enfin, l'établissement est entouré d'un parc magnifique qui invite à de paisibles balades. Voir p 514.

Fox-Amphoux

Auberge du Vieux Fox
380F-530F, pdj 40F
dp, bp, ℝ, tv
☎04.94.80.71.69
⇄04.94.80.78.38
L'Auberge du Vieux est située à l'ombre des arbres d'une placette du vieux village qui ne compte que... 15 habitants! Aménagées dans l'ancien prieuré d'une église romane du XIIe siècle, ses huit chambres ont une personnalité différente et ont été refaites en 1998. Ne risquez pas une déception, et faites votre réservation à l'avance, surtout en haute saison! Voir p 514.

Cotignac

Domaine de Nestuby
350F pdj inclus
mars à oct
bp, S, ℜ
☎04.94.04.60.02
⇄04.94.04.79.22
Nathalie et Jean-François vous reçoivent dans leur bastide provençale du XIXe siècle entièrement rénovée et située au cœur de leur vignoble. Bercée par le chant des cigales, cette chambre d'hôtes a bénéficié d'une très

belle rénovation : on prend le petit déjeuner (pain délicieux et confitures maison) ou le repas du soir (voir p 515) dans la vaste salle à manger qui, en fait, servait d'écurie lors de la construction. De plus, les carrelages d'origine sont magnifiques. Les chambres sont vastes et les salles de bain, modernes, procurant ainsi tout le confort nécessaire. Il y en a une qui peut loger une famille entière car, en plus d'un grand lit, elle possède des lits superposés. Et, bien sûr, on peut s'approvisionner en vin avant de partir.

Entrecasteaux

Auberge de Mamie Thérèse
230F-270F
dp
fermé jan et fév
rte de Carcès
☎04.94.73.84.00
Localisée entre Lorgues et Entrecasteaux, une ancienne bastide qui a gardé ses écuries, l'Auberge de Mamie Thérèse vous accueille au sein d'un parc ombragé. C'est un endroit qui a beaucoup de caractère. On est en pleine communion avec la pierre, les poutres de bois et le carrelage provençal. Les chambres, peu nombreuses, offrent tout le confort souhaité et sont agréablement décorées. Voir p 515.

Lorgues

Hôtel du Parc
170F-280F
160F-215F ½p
fermé mi-nov à mi-déc
dp, bp, tv
25 boul. Georges Clemenceau
☎04.94.73.70.01
Grâce à son parc ombragé et à sa cuisine régionale, l'Hôtel du Parc vous promet un séjour agréable. Y mettre le pied, c'est se retrouver dans la France profonde des années cinquante ou soixante. Mais ce qui plaît, c'est le charme d'antan qu'on y respire. Cet hôtel simple propose des chambres décorées de meubles anciens. Demandez la n° 7 ou la n° 8 (au plafond mansardé), qui offrent toutes les deux une vue très plaisante sur le parc (voir p 515).

La Celle

Hostellerie de l'Abbaye de la Celle
1 300F-1 900F, pdj 90F
bp, tv, ≡, ℜ, S, ≈
place du Général de Gaulle
☎04.98.05.14.14
⇄04.98.05.14.15
www.abbaye-celle.com
Constituée de plusieurs bâtiments dont le principal, une maison bourgeoise provençale, date du XVIIIe siècle, cette hostellerie est le produit d'une collaboration entre Alain Ducasse et Bruno Clément du restaurant **Chez Bruno** (voir p 515) . Le concept et l'esprit qui s'en dégage ressemblent beaucoup à celui de **La Bastide de Moustiers** (voir p 513). Calme et volupté sont à l'ordre du jour : les chambres sont spacieuses et bien meublées, certaines possèdent même une terrasse privative; les salons et les aires communes ont été magnifiquement restaurés, les boiseries et les portes en faisant foi; l'immense jardin cache une piscine et enfin, l'évidence s'imposant, l'hôtel dispose d'un restaurant gastronomique de haut niveau (voir p 516).

Restaurants

Les hôtels de cette région renferment généralement de très bons restaurants.

Les Arcs-sur-Argens

Le Logis du guetteur
$$$-$$$$
fermé mi-jan à fév
☎04.94.99.51.10
⇄04.94.99.51.29
Le restaurant de cet hôtel (voir p 502) propose une cuisine pleine de saveurs provençales, une réjouissance pour le palais. Comme entrée, si l'on peut résister aux fleurs de courgettes à la ricotta en beignets, on peut opter pour la savoureuse écrevisse accompagnée de son gâteau de champignons. Parmi les autres spécialités de Max Callégari, le chef

propriétaire du lieu, on retrouve le carré d'agneau, servi en croûte d'herbes et gousses d'ail confites, garni de petits farcis provençaux. D'ailleurs, Max attache toujours une grande importance à la présentation des légumes. Sans oublier la soupe de fraises et son sorbet à la lavande, un dessert sans pareil au goût fin et délicat qui couronne bien un repas. Par ailleurs, votre repas sera bien arrosé grâce à l'excellente carte des vins établie par le sympathique et passionné sommelier, Joël, qui saura également vous éclairer judicieusement. Somme toute : un repas inoubliable!

En été, l'expérience s'avère d'autant plus agréable dans la mesure où l'on peut s'attabler sur la magnifique terrasse qui offre une vue sur la jolie campagne.

Draguignan

La Mangeoire
$-$$
fermé dim
18 rue Pierre Clément
☎***04.94.68.08.05***
Le petit restaurant La Mangeoire apprête des spécialités italiennes et provençales dans un cadre rustique et sympathique. On y a placé quelques tables dans une petite enclave qui s'ouvre sur la rue. De plus, il propose un pichet de vin (750 ml) très abordable. Voilà de quoi agrémenter un repas sans trop augmenter l'addition.

Hostellerie du Moulin de la Foux
$-$$
fermé dim soir
☎***04.98.10.14.14***
Le restaurant de l'Hostellerie du Moulin de la Foux prépare, entre autres plats, du foie gras et du saumon fumé maison. Parmi les spécialités, on trouve la paillarde (volaille) au basilic, le gratin dracénois et des truites fraîches provenant du vivier. Alors, si vous êtes amateur... (voir p 502).

Châteaudouble

Le Restaurant du Château
$$$-$$$$
fermé mar, mar-mer (hors saison)
Place Vieille
☎***04.94.70.90.05***
Le jeune chef Jean-Michel Bélin crée des plats contemporains dans lesquels la cuisine française rencontre la cuisine «fusion». La carte propose une cuisine du marché qui se renouvelle au gré des arrivages. Marché que le chef effectue à Nice, car dit-il *«le choix est incomparable»*. Une de ses spécialités consiste à travailler le foie gras poêlé.

En été, on mange à l'extérieur sur la place où des tables sont dressées devant le panorama exceptionnel qu'offrent les gorges de la Nartuby. Et pourquoi n'y passeriez-vous pas la nuit (voir p 502)?

Flayosc

Hôtel-Restaurant La Vieille Bastide
$$-$$$$
fermé 3 premières semaines de nov et 3 dernières de jan et dim soir et lun (hors saison)
226 rue du Peyron
☎***04.98.10.62.62***
⇄***04.94.84.61.23***
Il est vraiment agréable de manger sur la vaste terrasse ombragée par des chênes centenaires. De plus, le soir, à mesure que la nuit s'installe, les petites lumières accrochées aux arbres créent vraiment une belle ambiance, agrémentée de musique classique douce et d'un service impeccable. Voilà pour la forme! Concentrons-nous maintenant sur le fond... de l'assiette. Le couple de chefs, Marie et Frédéric Guigoni, s'estiment complémentaires. Ils ont bien raison, car ils nous offrent un mariage de savoir-faire qui crée des saveurs inoubliables. Il suffit de penser aux noix de St-Jacques, queues de gambas et Sot-l'y-laisse de poulet fermier, cuits dans un bouillon de poule au pistil de safran, une entrée si copieuse qu'elle pourrait être substituée comme plat principal. Si vous avez déjà l'eau à la bouche, sachez que toute la carte est aussi inspirante. Du début à la fin!

Ampus

La Fontaine
$$-$$$
fermé fév et oct et lun-mar (midi seul juil et août)
place de la Fontaine
☎04.94.76.07.59
Quel endroit sympathique! D'emblée, Alexandra nous accueille avec simplicité et sans aucune prétention. On se sent à l'aise immédiatement. Marco, à la cuisine, n'a qu'une envie : s'occuper du bien-être de nos papilles gustatives. Et ça lui réussit, car il a son étoile au Michelin. Et c'est nous qui en bénéficions, car le prix du menu est fixe à 198F le soir et 120F le midi. Ce genre de prix est incroyable, compte tenu de la catégorie dans laquelle il se classe. Et de surcroît, ils ont décroché leur étoile pour les bonnes raisons : bouffe intéressante, créative et savoureuse, service attentif et jovial (elle aime ce qu'elle fait, Alexandra!), mais surtout, sans le décorum lourd et pompeux qu'il faut souvent subir dans ces restaurants. Marco et Alexandra sont jeunes et rafraîchissants, et c'est ce qu'ils nous livrent dans leur restaurant : une cuisine fraîche et raffinée servie amicalement pour mieux s'y concentrer et nous la faire apprécier. Aller dans cette région et ne pas s'y arrêter est un délit!

Callas

Le restaurant des Gorges de Pennafort
$$$-$$$$
fermé dim soir et lun hors saison
☎04.94.76.66.51
Le restaurant des Gorges de Pennafort est un restaurant réputé. Considéré comme l'un des meilleurs de la région, le chef crée une cuisine provençale où les saveurs se bousculent.

Fayence

Voici quelques restaurants qui nous ont été recommandés par les gens du village.

L'Entracte
$
place Léon Roux
☎04.94.84.73.37
L'Entracte est une crêperie (pizzeria également) parfaite pour de petits repas simples à toute heure de la journée. Petite terrasse sur la place.

Restaurant des Arts
$-$$
fermé mer sauf été
1 rue Font de Vins
☎04.94.76.00.20
Magali et Bernard Baranco tiennent ce petit restaurant simple et convivial dans une des ruelles en pente de la ville. Magali, vibrante et provençale jusqu'au bout des ongles, est également comédienne. Elle organise donc de façon ponctuelle des dîners-spectacles. La maison qui abrite le restaurant a beaucoup de charme. Vieille de 250 ans, elle est voûtée et possède des poutres en bois apparentes. On y mange très bien et pour peu. La cuisine est provençale et l'on s'attable sur une placette sympathique en été.

Le patin couffin
$$
fermé lun
place de l'Olivier
☎04.94.76.29.96
Le patin couffin, du nom d'une expression provençale qui signifie qu'on passe du coq à l'âne lorsque l'on parle... Une atmosphère très spéciale y règne, et c'est le lieu de rencontre de nombre de villageois qui mettent en pratique cette délicieuse expression. Ce restaurant offre un rapport qualité/prix intéressant et possède également une petite terrasse à l'avant permettant de capter tout le patin couffin…

Auberge Fleurie
$$
quartier Saint-Éloi
☎04.94.84.76.64
L'Auberge Fleurie est située en bas du village. Les spécialités sont les poissons, les huîtres et les fruits de mer. On y trouve d'excellentes moules frites à 50F, mais surtout une délicieuse fricassée de crustacés. Au dessert, il est très facile de se laisser tenter par le gratin de fruits rouges.

L'Auberge des Pins
$$
Domaine Le Chevalier
Tourrettes
☎04.94.76.06.36
⇄04.94.76.27.50
Dans cet établissement situé dans le village voisin de Fayence, les viandes et poissons grillés sur feu de bois figurent parmi les spécialités. Sinon la carte propose des spécialités provençales à saveur du marché telles que l'aïoli, l'anchoïade et les petits farcis niçois en été. On peut aussi, avec 48 heures de préavis, commander de la bouillabaisse. En hiver, la cuisine s'alourdit un peu en offrant du gibier et des terrines de foie gras maison. Toutefois, le clou mémorable demeure le tiramisu aux fruits rouges arrosé de liqueur de framboise. Un pur délice tout frais!...

Moulin de la Camandoule
$$$-$$$$
ch. de Notre-Dame des Cyprès, entre Fayence et Seillans
☎04.94.76.00.84
⇄04.94.76.10.40
Ce restaurant propose une cuisine gastronomique dans une ambiance raffinée. Vous pouvez opter pour le restaurant de la piscine *($$)* dont les grillades sont la spécialité ou le restaurant *($$$-$$$$)* plus sophistiqué qui, en été, sert aussi en terrasse. La carte propose alors une cuisine du marché innovatrice, comme en fait foi ce marbré de langoustines royales et mangues à la pulpe d'avocat, vinaigrette d'agrumes, offert comme entrée.

Le temps des cerises
$$$-$$$$
fermé 3 dernières semaines de nov et 2 dernières de jan sinon mar soir seulement en été
place de la République
☎04.94.76.01.19
Difficile de rater ce nouveau restaurant dominant la rue principale qui traverse le village. D'autant plus que le nom et la décoration sont très attrayants. Le propriétaire, un Hollandais, a tout démoli pour refaire la salle et créer la cuisine de ses rêves. Ses concitoyens diraient : elle est top nickel, cette cuisine! Pour l'instant, sa cuisine reste française, mais on voit poindre sur la carte de petites touches exotiques. Son objectif est d'en arriver à une cuisine «fusion» avec le temps, de manière à ce que les produits frais et de haute qualité qu'il utilise prennent définitivement leur envol.

Seillans

Hôtel-Restaurant des Deux Rocs
$$-$$$
avr à oct, fermé mar hors saison
☎04.94.76.87.32
Ce restaurant offre certes l'un des endroits les plus féeriques pour y manger en été, le soir venu. Éclairées à la lueur des chandelles, les tables sont dressées sous les arbres, autour de la fontaine provençale trônant au milieu de la place qui se trouve devant l'hôtel (voir p 503). La carte du restaurant propose des spécialités françaises traditionnelles et une cuisine provençale du marché. On sert également des brunchs le dimanche.

Montferrat

La Bastide des moines
$$
☎04.94.70.92.09
⇄04.94.70.92.41
Situé sur la route entre Draguignan et les gorges du Verdon, cet hôtel propose une formule buffet pour les entrées et les desserts. La sélection en est variée et copieuse, et le pain et les viennoiseries sont fabriqués sur place. En outre, la viande cuite à la broche sur feu de bois constitue une spécialité et le vin de pays à volonté fait partie du repas.

Mons

La pierre sur le toit
$
fermé nov à mai et lun
☎04.94.76.39.89
Cette pizzeria, en plus des pizzas, propose de petits repas simples qui sauront satisfaire toute la famille. Une terrasse donne sur la place Saint-Sébastien.

L'Auberge provençale
$-$$
fermé nov et mar
☎04.94.76.38.33
L'attrait majeur de ce petit restaurant localisé près de la place Saint-Sébastien est son emplacement, accroché à la colline. Les baies vitrées de la salle surplombent littéralement le paysage. De plus, une terrasse court tout autour. On parle souvent de vue panoramique : dans ce cas-ci, c'est un euphémisme car c'est vraiment spectaculaire! On peut s'y arrêter pour un repas simple ou pour une collation, car il fait également salon de thé.

Comps-sur-Artuby

Grand Hôtel Bain
$-$$$
fermé mi-nov à Noël
☎04.94.76.90.06
⇄04.94.76.92.24
La cuisine familiale assurée par toutes les générations de Bain s'inscrit dans la pure tradition provençale : soupe au pistou, pigeon farci, menu truffes en saison et délice glacé à la lavande. Le tout en terrasse! Pourquoi pas?

Trigance

Vieil Amandier
La salle à manger du Vieil Amandier, au goût sobre et chic, vous séduira grâce à sa cuisine aux senteurs du Midi ***($$-$$$)***. On peut d'ailleurs y déguster un menu «truffes» ***($$$$)***, lesquelles proviennent de la région. Croyez-le ou non, mais ce menu contient des truffes dans tous les plats, même le dessert, qui consiste en une crème brûlée aux truffes. Tandis que Madame veille à ce que tout aille bien en salle, distribuant des sourires francs et engageants de-ci de-là, Monsieur est aux fourneaux. Ses spécialités comptent les filets de rouget comme entrée et le carré d'agneau comme plat de résistance.

Château de Trigance
$-$$
Le restaurant du Château de Trigance (voir p 501) prépare une cuisine «gastronomique» raffinée dont l'une des spécialités est l'agneau farci aux pistaches en croûte de miel et fleur de thym. La salle à manger est spectaculaire. Parce qu'elle est nichée au creux d'une voûte de pierres, cela lui confère une atmosphère vraiment médiévale. Mais si vous préférez la grande lumière, alors optez pour la terrasse (10 places seulement). La vue y est admirable.

Les gorges du Verdon

Hôtel-Restaurant du Grand Canyon
$$
L'Hôtel-Restaurant du Grand Canyon (voir p 504) propose une cuisine qui va du plat simple à la cuisine plus élaborée. On vous recommande la soupe au pistou.

Moustiers-Sainte-Marie

Le Bellevue
$$
fermé mar hors saison et nov-déc
☎04.92.74.66.06
Restaurant offrant un intérêt particulier grâce à sa terrasse, Le Bellevue semble flotter sur un îlot... Il faut y aller pour la terrasse surtout, car l'intérieur est plutôt triste. On y mange des spécialités provençales et du gibier en saison.

Le Relais
$$-$$$
fermé déc, jan et ven
place du Couvent
☎04.92.74.66.10
⇄04.92.74.60.47
Le restaurant de l'hôtel Le Relais sert une cuisine du marché appréciable qui favorise l'usage des produits régionaux. De plus, le service est gentil et efficace. Nous retenons particulièrement une entrée : le caviar d'aubergines et son coulis de tomates. De plus, le plateau de fromages compte nombre de fromages frais de la région en plus des traditionnels. Enfin, le vin sélectionné par le patron est très agréable et reste des plus abordables.

Les Santons
$$$$
fermé mi-nov à mi-déc, jan et mar (lun et mar hors saison)
☎**04.92.74.66.48**
⇄**04.92.74.63.67**
www.les-santons.com
Lorsqu'on sort de son restaurant après un bon repas chez lui, on a compris que M. Abert, le propriétaire, est un homme de grand goût. Bien sûr, les faïences de Moustiers agrémentent le bonheur qu'elles contiennent, mais, en plus, on mange sur une petite terrasse fleurie joliment aménagée sous une tonnelle qui surplombe le cours d'eau qui traverse le village. À l'arrivée, une délicieuse tapenade, servie avec des gressins, une sorte de biscotte effilée, nous est proposée en guise d'accueil. Parmi les spécialités, on trouve comme entrée le délicieux ragoût d'escargots «petits gris» de la robine comme en bourride, petits croûtons et pommes de terre, puis le carré d'agneau de Sisteron (très reconnu) rôti aux herbes et accompagné d'une courgette ronde farcie (remarquable), panisses et tomates séchées. Ensuite, les fromages sélectionnés pour le plateau se révèlent être un ravissement, ainsi que la crème brûlée à la lavande. Le menu annonce que les produits sont sélectionnés auprès des meilleurs fournisseurs : ce n'est pas de la frime! Garanti!

La Bastide de Moustiers
$$$$
ch. de Quinson
☎**04.92.70.47.47**
⇄**04.92.70.47.48**
www.bastide-moustiers.i2m.fr
Décor somptueux, rien de moins, pour ce restaurant où les saveurs font notre fête. Divisée en plusieurs salles, la salle à manger est magnifique. Si l'authenticité du décor est respectée dans les marqueteries, les boiseries et les cheminées, les splendides luminaires créés spécialement par un maître-artisan apportent une touche un peu plus contemporaine qui transcende le tout. Mais parlons cuisine! Que vous dirait ce bouillon de haricots coco légèrement vinaigré, caillé de brebis et *aceto balsamico?* Ah! Vous êtes plutôt viande et un pigeonneau contisé de truffes d'été, girolles et jus aux abats vous siérait mieux. Soit! Enfin, pour ajouter au plaisir, optez pour une table sur la terrasse ombragée du jardin qui s'ouvre sur la campagne, ou encore faites-le durer en y passant la nuit (voir p 505).

Bauduen

Domaine de Majastre
$$
☎**04.94.70.05.12**
Situé à quelques minutes du magnifique lac de Sainte-Croix, le restaurant du Domaine de Majastre propose en été des tables d'hôte à 120F tout compris, incluant l'apéro et le vin. Restaurant simple, la soupe au pistou est l'une des spécialités. Enfin, de décembre à mars, sur demande, vous pourrez y déguster un «menu truffes» à 300F.

Aups

Chez Catherine
$$
fermé lun soir et mar hors saison
☎**04.94.70.12.11**
De plus, les villageois nous ont recommandé Chez Catherine, situé à côté de la place Général Girard. Endroit très convivial, on y mange de petits plats sympathiques. Derrière le restaurant se trouve un joli jardin ombragé et fleuri où il est agréable de s'attabler en été. Également traiteur, ce restaurant met en vente des produits provenant du terroir régional : huiles, tapenades, miels, vins et confitures.

Auberge de la Tour
$$
fermé nov à mars
Enfin, le restaurant de l'Auberge de la Tour propose des prix intéressants. Et, ce qui n'est pas à dédaigner, on y mange dans un jardin agréable, protégé du bruit du village (voir p 506). Cuisine du marché régionale.

Restaurant l'Aiguière
$$-$$$
fermé mar et mer hors saison
6 place Maréchal Joffre
☎***04.94.70.12.40***
Nouvelle administration et changement de nom pour ce petit restaurant sympathique qui s'impose d'évidence à Aups. Outre le cadre chaleureux à l'intérieur, il offre une jolie terrasse ombragée à l'avant. Michèle Boyer et Luc Dahot vous proposent une cuisine aux saveurs provençales (cannellonis de saumon au coulis de favouilles fraîches) ainsi que du foie gras, du gibier ou des plats à base de truffes, suivant ainsi le rythme des saisons.

Tourtour

Alechou
$
fermé déc et jan
☎***04.94.70.54.76***
Pour un petit repas du midi simple et léger, un peu en retrait de l'animation de la grande place du village, arrêtez-vous à l'Alechou. C'est une «crêperie-saladerie» avec un intérieur intime. De plus, on a installé quelques tables sur une petite terrasse. Très bon choix de salades délicieuses. Seul inconvénient : le restaurant se trouve à côté de la route. Ça peut devenir bruyant en pleine saison estivale.

Les Girandolles
$$
☎***04.94.70.54.29***
Ce restaurant-traîteur en bas de la place de l'Église vend des produits d'épicerie fine, notamment des confitures, en plus de proposer des plats à emporter.

L'Amandier
$$-$$$
place des Ormeaux
☎***04.94.70.56.64***
Le jeune chef Gouabault a fait ses classes auprès de grands comme Ducasse. Il tient maintenant un restaurant sur la grande place animée du village. Il propose une cuisine du marché traditionnelle.

La Petite Auberge
$$$
fermé mi-nov à fév
☎***04.94.70.57.16***
⇄***04.94.70.54.52***
Le restaurant de ce charmant hôtel propose une cuisine régionale qui n'utilise que des produits frais. En hiver, on mange près de la cheminée alors qu'en été c'est la belle terrasse fleurie qui nous reçoit. Parmi les spécialités, mentionnons les langoustines poêlées et ses champignons de saison, accompagnées d'asperges, ou encore les raviolis provençaux à la crème d'ail doux et au pistou. On peut également s'offrir des repas plus simples au bord de la piscine grâce au gril qu'on y installe pendant la belle saison.

Auberge Saint-Pierre
$$-$$$
fermé mer et mi-oct à mars
Le restaurant de l'Auberge Saint-Pierre (voir p 507) se targue d'utiliser des produits de la ferme familiale qui contribuent au caractère sain et naturel de l'endroit. Les spécialités sont, bien sûr, du terroir provençal.

La Bastide de Tourtour
$$$$
Le restaurant de La Bastide de Tourtour propose un menu du midi avantageux les fins de semaine (160F), compte tenu de la qualité de l'établissement. On y sert une cuisine régionale raffinée (voir p 507).

Fox-Amphoux

Auberge du Vieux Fox
$$-$$$
Le restaurant de l'Auberge du Vieux Fox propose une cuisine simple du terroir. Parmi ses vieilles recettes, il faut noter la Galette du berger, qui est une spécialité à base d'agneau. La salle à manger s'ouvre sur le jardin, où l'on peut dîner tranquillement en saison. Par ailleurs, la salle à manger qui donne sur l'arrière offre une vue splendide sur la campagne environnante (voir p 507). Détail appréciable : les plats sont tous garnis d'une délicieuse gousse d'ail entière, cuite au four, en chemise.

Cotignac

Domaine de Nestuby
$$
mars à oct, fermé sam et dim
☎04.94.04.60.02
⇄04.94.04.79.22
Cette chambre d'hôte (voir p 507) fait également table d'hôtes. Les invités et la famille mangent tous ensemble réunis autour de l'immense table qui trône au milieu de la salle à manger. C'est très convivial et cela permet de connaître un peu mieux la vie de vos hôtes, des vignerons. On sert une cuisine familiale provençale et le vin, inclus dans le prix, coule à flots.

Entrecasteaux

Auberge de Mamie Thérèse
$$
fermé fév et dim soir et lun
route de Lorgues
☎04.94.73.84.00
La salle à manger de l'Auberge de Mamie Thérèse propose des spécialités provençales qui sont servies sur la terrasse du jardin en saison. En hiver, la cheminée réchauffe l'atmosphère chaleureuse et rustique. Les prix sont très raisonnables, compte tenu de la qualité de la cuisine de Madame. (voir p 508)

La Fourchette
$$-$$$
fermé jan, fév, dim soir et lun
☎04.94.04.42.78
⇄04.94.04.40.91
À côté du château, tout en haut sur la petite colline, se dresse ce restaurant de type petite auberge familiale. Dans le calme, on peut manger sur sa belle terrasse tout en admirant la campagne provençale qui s'offre à nous. Les propriétaires, Pierre et Léa Nicolas, forment un couple charmant et sans prétentions. Léa, une Américaine à l'accent délicieux, nous accueille avec la plus grande gentillesse, tandis que Pierre s'affaire en cuisine. En plus d'apprêter les truffes (cassolette de St-Jacques aux truffes et feuilletage, par exemple!) qu'ils cueillent eux-mêmes, aidés de leur chienne, Pierre fait un plat tout à fait divin dont, dit-il, les gens ne se lassent pas. Et pour cause! Ses cannellonis au foie gras et magret fumé procurent un plaisir tellement heureux, et surtout leur souvenir reste avec vous longtemps après! La maison propose, entre autres, un menu intéressant à 200F qui inclut un verre de vin à chaque service et dans lequel figurent les fameux cannellonis. Mérite une visite!

Lorgues

Chez Doumè
$-$$
fermé lun en saison, dimmer hors saison et mi-nov à mi-déc
place Clemenceau
☎04.94.67.68.97
Chez Doumè est un petit restaurant simple qui donne sur une jolie place où l'on s'attable en saison. C'est un endroit fort sympathique où s'arrêter le midi.

Hôtel du Parc
$$-$$$
fermé dim soir hors saison
Le restaurant de l'Hôtel du Parc (voir p 508), doté d'une terrasse dans le jardin, se spécialise dans la cuisine de gibier, notamment le sanglier et le lapin, et dans les truffes en saison. Bref, cet hôtel constitue une étape agréable au cœur même du Var et garantit un très bon rapport qualité/prix.

Chez Bruno
$$$$
fermé dim soir et lun sur la route entre Lorgues et Les Arcs
☎04.94.85.93.93
⇄04.94.73.78.11
Chez Bruno est une institution. Dans cette bastide provençale, complètement cachée dans la campagne varoise, on vient de partout pour déguster les truffes de Bruno. On peut manger à l'extérieur à l'une des nombreuses tables joliment disposées sur une terrasse fleurie. Le

cadre et la nourriture sont sans doute trop bourgeois, mais semblent être très appréciés de ces dames et messieurs.

Hostellerie de l'Abbaye de la Celle
$$$$
place du Général de Gaulle
☎04.98.05.14.14
≠04.98.05.14.15
www.abbaye-celle.com
Que dire du restaurant de cette hostellerie (voir p 508) trônant dans un haut lieu de l'histoire? Le plus grand soin est apporté à la préparation des repas, le service lui fait écho et les lieux où l'on s'attable sont ravissants. Enfin, le tout ne tombe jamais dans la prétention.

Sorties

Pour connaître toutes les activités touristiques et culturelles se déroulant dans le Var, visitez le site Internet ***www.cg83.fr***.

Les-Arcs-sur-Argens

Les Médiévales : reconstitutions, défilés et costumes d'époque. Juillet, années paires.

Draguignan

Foire de l'olive : 10 jours de fêtes alliant traditions et spectacles. Fin juin.

Draguifolies : variété, jazz, rock, classique, folklore *(entrée libre; mi-juil à mi-août; ☎04.98.10.51.05)*

L'Été contemporain : spectacles, expositions, animations en 14 lieux différents dans la ville. Août et sept; ☎04.98.10.51.05

Festival de jazz : octobre.

Callas

Festival de musique ancienne : deux dernières semaines de juillet

Fayence

Championnat du monde de voltige et de vol à voile : septembre

Festival «Musique en pays de Fayence» : ☎04.94.47.75.90; fin octobre
Les églises gothiques, romanes et baroques des communes du canton de Fayence deviennent le décor de concerts de musique de chambre.

Bargème

Festival de musique ancienne : mi-juillet à mi-août

Aups

Journée de la truffe noire : janvier

Fête de l'olive : mars

Les nuits musicales : concerts en juillet

Entrecasteaux

Festival international de musique de chambre : fin août, début sept *(information, ☎04.94.04.40.50)*

Lorgues

À l'écoute des jeunes artistes – cinq concerts en cinq jours *(début août; ☎04.94.67.67.62)*

Le Thoronet

Rencontres de musique médiévale du Thoronet : une semaine à la mi-juillet

Brignoles

Piano Var : une semaine à la fin juillet *(☎04.94.69.41.70)*

Festival de jazz : ☎04.94.69.30.19; août

La Celle

Soirées musicales de l'abbaye de La Celle : musique classique, de la mi-juillet à la mi-août

Achats

Draguignan

Marché de Noël
artisanat, produits régionaux et santons
place du Marché
avant Noël jusqu'au 31 décembre
☎04.94.47.07.47

Châteaudouble

Bastide de Fonteye
☎04.94.70.90.00
Dans cette ferme que l'on peut visiter, on fait l'élevage des chèvres, vaches et brebis, et l'on en tire des fromages artisanaux que l'on peut acheter.

Callas

Le Moulin de Callas
8h à midi et 14h à 18h sauf dim matin
quartier les Ferrages
☎04.94.76.68.05
Depuis 1928, la famille Bérenguier exploite ce moulin. On y produit une huile d'olive naturelle de grande qualité. De plus, on y vend des produits de fabrication artisanale : confitures, miel, savons et saladiers.

Fayence

Marché paysan de la Ferme du Laquet
tlj 8h à 12h30 sauf lun, plus ven-sam 16h à 19h30
entre Fayence et Callian
☎04.94.47.68.07
Les producteurs du canton de Fayence y proposent leurs produits frais.

Fayence Tissu
fermé jan et dim
24 place Léon Roux
☎04.94.76.10.61
Spécialiste du tissu provençal avec 400 références différentes. Trois couturières sont sur place et peuvent vous fabriquer nappes, serviettes, dessus-de-lit et coussins avant la fin de la journée.

La Faïencerie
fermé jan et dim
placette de l'Olivier
☎04.94.76.03.79
Ce magasin vend d'authentiques faïences provençales, des verres et des plats à four en provenance de toute la région.

Trigance

Le moulin de Soleils
☎04.94.85.66.17
⇌04.94.76.91.89
M. Amoros est meunier. Une espèce rare! En fait, il s'occupe passionnément du seul et dernier moulin à farine traditionnel en activité. Imposante machinerie artisanale qui fonctionne grâce à la force hydraulique, son moulin produit une farine biologique comme on en fait plus. Ensuite, il en tire un pain à l'ancienne qu'il cuit en énorme miche. Sa réputation commence à se répandre. Ainsi, de grands restaurateurs, ayant eu vent de son pain, s'approvisionnent chez lui. Son entreprise étant artisanale, petite et familiale, il lui est toutefois difficile d'en faire la distribution malgré l'intérêt qu'on lui porte. Alors mieux vaut aller sur place le rencontrer. Outre le pain, on y vend des savons et des miels en provenance du Verdon. Enfin, sa femme tient une petite crêperie qui sert des jus de fruits bio et des crêpes faites avec sa farine.

Moustiers-Sainte-Marie

Vous ne pouvez quitter ce magnifique village sans fouiner dans les nombreux magasins qui proposent la **faïence** produite localement.

Le cloître
dans une ruelle du village
☎04.92.74.62.03
⇌04.92.74.62.15
L'industrie de la faïence fait vivre beaucoup de gens à Moustiers. La faïence de Moustiers, la traditionnelle, est très typée : motifs pastel sur fond blanc. Si la majorité des boutiques en vendent, celle-ci propose des faïences fabriquées par des artistes. Les formes sont plus originales et les

couleurs changent (le vert est magnifique!). De plus, la gentille propriétaire fait des paquets au rembourrage sans faille. On n'a donc pas à s'inquiéter.

Aups

Au très beau magasin Atmosphère, vous pouvez acheter une gamme de produits provençaux : vin, fleurs séchées, cosmétiques, tissus, vaisselle, savons,...

Le mille Morceaux
place Gauthier
☎***04.94.84.02.32***
Yveline Gatau fabrique et vend des mosaïques incroyables. Elle utilise des morceaux de carrelage de Salernes pour en faire des lampes, tables et objets de décoration étonnants. Il n'est pas question de kitsch ici mais d'art. Ses œuvres sont vraiment originales et singulières! Pas étonnant qu'elle expédie partout dans le monde!

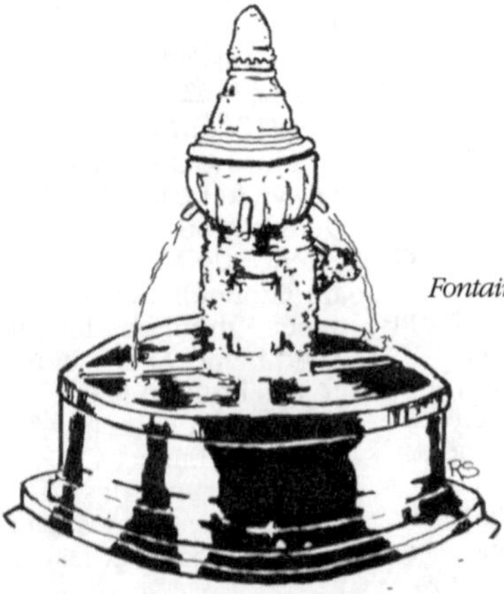

Fontaine

Brocante la Déniche
dans le centre piétonnier
☎***06.80.22.81.28***
Si vous avez envie de rapporter de beaux draps brodés anciens ou une chemise de nuit en dentelle brodée.

Tourtour

Fol avoine
cour du château Raphaelis
☎***04.94.70.55.19***
Jolie boutique vendant des nappes en jacquard, des objets décoratifs de qualité supérieure, des services de vaisselle et des savons. De plus, on y trouve toute une gamme intéressante de produits éducatifs, de jeux et d'accessoires pour les enfants.

L'Estoffe
☎***04.94.70.59.13***
Vente de tissus provençaux et de nappes, serviettes et vêtements fabriqués en tissus provençaux. La propriétaire est couturière et peut, avec préavis, vous fabriquer ce que vous désirez.

Barjols

Ce petit village qui offre peu d'intérêt touristique est surtout reconnu pour la fabrication de divers **produits du cuir**. La Foire du cuir s'y déroule en août.

Lorgues

La truffe et le vin
sur la route entre Lorgues et les Arcs
À l'endroit même où se trouve le restaurant Chez Bruno, loge La truffe et le vin *(sur la route entre Lorgues et les Arcs)*, une boutique de produits fins qui vend foie gras, huile, carafes, etc.

Le Thoronet

Monastère de Bethléem
à coté de l'Abbaye du Thoronet
☎***04.94.85.92.05***
Les moines et moniales de Bethléem fabriquent de beaux objets d'artisanat parmi lesquels figurent des icônes peintes, des sculptures en bois, des faïences, des cartes de vœux ainsi que des produits diététiques et d'hygiène à base de plantes.

Index

Index

Index

Notes de voyage

Notes de voyage

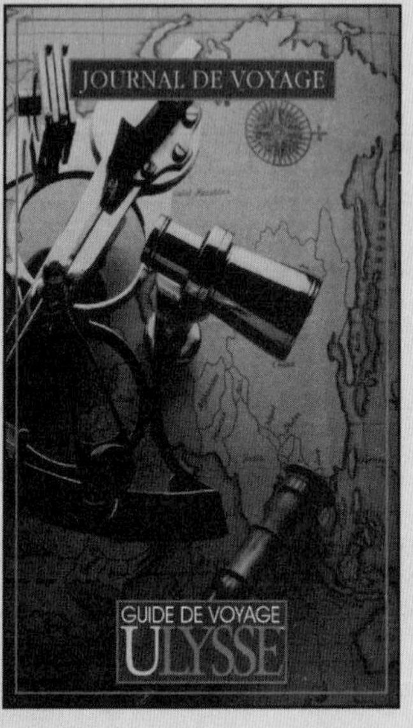
JOURNAL DE VOYAGE
GUIDE DE VOYAGE
ULYSSE

Bon de commande Ulysse

Guides de voyage

☐	Abitibi-Témiscamingue et Grand Nord	22,95 $	135 FF
☐	Acapulco	14,95 $	89 FF
☐	Arizona et Grand Canyon	24,95 $	145 FF
☐	Bahamas	24,95 $	129 FF
☐	Belize	16,95 $	99 FF
☐	Boston	17,95 $	99 FF
☐	Calgary	16,95 $	99 FF
☐	Californie	29,95 $	129 FF
☐	Canada	29,95 $	129 FF
☐	Cancún et la Riviera Maya	19,95 $	99 FF
☐	Cape Cod – Nantucket	16,95 $	99 FF
☐	Carthagène (Colombie)	12,95 $	70 FF
☐	Charlevoix – Saguenay – Lac-Saint-Jean	22,95 $	135 FF
☐	Chicago	19,95 $	99 FF
☐	Chili	27,95 $	129 FF
☐	Colombie	29,95 $	145 FF
☐	Costa Rica	27,95 $	145 FF
☐	Côte-Nord – Duplessis – Manicouagan	22,95 $	135 FF
☐	Cuba	24,95 $	129 FF
☐	Cuisine régionale au Québec	16,95 $	99 FF
☐	Disney World	19,95 $	135 FF
☐	El Salvador	22,95 $	145 FF
☐	Équateur – Îles Galápagos	24,95 $	129 FF
☐	Floride	29,95 $	129 FF
☐	Gaspésie – Bas-Saint-Laurent – Îles-de-la-Madeleine	22,95 $	99 FF
☐	Gîtes du Passant au Québec	13,95 $	89 FF
☐	Guadalajara	17,95 $	89 FF
☐	Guadeloupe	24,95 $	99 FF
☐	Guatemala	24,95 $	129 FF
☐	Hawaii	29,95 $	129 FF
☐	Honduras	24,95 $	145 FF
☐	Hôtels et bonnes tables au Québec	17,95 $	89 FF
☐	Huatulco et Puerto Escondido	17,95 $	89 FF
☐	Jamaïque	24,95 $	129 FF
☐	La Havane	16,95 $	79 FF
☐	La Nouvelle-Orléans	17,95 $	99 FF
☐	Las Vegas	17,95 $	89 FF
☐	Lisbonne	18,95 $	79 FF
☐	Louisiane	29,95 $	139 FF

Guides de voyage

☐ Los Cabos et La Paz	14,95 $	89 FF
☐ Martinique	24,95 $	99 FF
☐ Miami	18,95 $	99 FF
☐ Montréal	19,95 $	117 FF
☐ New York	19,95 $	99 FF
☐ Nicaragua	24,95 $	129 FF
☐ Nouvelle-Angleterre	29,95 $	145 FF
☐ Ontario	27,95 $	129 FF
☐ Ottawa	16,95 $	99 FF
☐ Ouest canadien	29,95 $	129 FF
☐ Ouest des États-Unis	29,95 $	129 FF
☐ Panamá	24,95 $	139 FF
☐ Pérou	27,95 $	129 FF
☐ Plages du Maine	12,95 $	70 FF
☐ Porto	17,95 $	79 FF
☐ Portugal	24,95 $	129 FF
☐ Provence – Côte d'Azur	29,95 $	119 FF
☐ Provinces atlantiques du Canada	24,95 $	129 FF
☐ Puerto Plata – Sosua	14,95 $	69 FF
☐ Puerto Rico	24,95 $	139 FF
☐ Puerto Vallarta	14,95 $	99 FF
☐ Le Québec	29,95 $	129 FF
☐ République dominicaine	24,95 $	129 FF
☐ Saint-Martin – Saint-Barthélemy	16,95 $	89 FF
☐ San Francisco	17,95 $	99 FF
☐ Seattle	17,95 $	99 FF
☐ Toronto	18,95 $	99 FF
☐ Tunisie	27,95 $	129 FF
☐ Vancouver	17,95 $	89 FF
☐ Venezuela	29,95 $	129 FF
☐ Ville de Québec	17,95 $	89 FF
☐ Washington, D.C.	18,95 $	117 FF

Espaces verts

☐ Cyclotourisme au Québec	22,95 $	99 FF
☐ Cyclotourisme en France	22,95 $	79 FF
☐ Motoneige au Québec	22,95 $	99 FF
☐ Le Québec cyclable	19,95 $	99 FF
☐ Le Québec en patins à roues alignées	19,95 $	99 FF
☐ Randonnée pédestre Montréal et environs	19,95 $	117 FF
☐ Randonnée pédestre Nord-Est États-Unis	22,95 $	129 FF
☐ Ski de fond au Québec	22,95 $	110 FF
☐ Randonnée pédestre au Québec	22,95 $	129 FF

Guides de conversation

☐ L'Anglais pour mieux voyager en Amérique	9,95 $	43 FF
☐ L'Espagnol pour mieux voyager en Amérique latine	9,95 $	43 FF
☐ Le Québécois pour mieux voyager	9,95 $	43 FF
☐ French for better travel	9,95 $	43 FF

Journaux de voyage Ulysse

☐ Journal de voyage Ulysse (spirale) bleu - vert - rouge - jaune	11,95 $	49 FF
☐ Journal de voyage Ulysse (format de poche) bleu - vert - rouge - jaune - «sextant»	9,95 $	44 FF

Budget•zone

☐ Amérique centrale	14,95 $	69 FF
☐ Ouest canadien	14,95 $	69 FF
☐ Le Québec	14,95 $	69 FF
☐ Stagiaires Sans Frontières	14,95 $	89 FF

Titres	Qté	Prix	Total
Nom :		Total partiel	
		Port	4$/16FF
Adresse :		Total partiel	
		Au Canada TPS 7%	
		Total	

Tél : Fax :

Courriel :

Paiement : ☐ Chèque ☐ Visa ☐ MasterCard

N° de carte______________________ Expiration______________________

Signature______________________

Guides de voyage Ulysse
4176, rue Saint-Denis,
Montréal (Québec)
H2W 2M5
☎(514) 843-9447,
Sans frais : ☎1-877-542-7247
Fax : (514) 843-9448
info@ulysse.ca

En Europe:
Les Guides de voyage Ulysse, SARL
BP 159
75523 Paris Cedex 11
info@ulysse.ca
☎01.43.38.89.50
Fax : 01.43.38.89.52
voyage@ulysse.ca

Consultez notre site : www.guidesulysse.com